基礎から学ぶ
体育・スポーツの科学

大阪体育大学体育学部編

大修館書店

発刊にあたって

　体育・スポーツ科学は，体育原論，スポーツ教育学，体育科教育学，コーチ学，スポーツ生理学，バイオメカニクス，スポーツ心理学，スポーツ健康科学，スポーツ経営学，スポーツ社会学などの専門分野からなる総合科学である。各専門分野はそれぞれ独自の方法を駆使して体育・スポーツ現象を研究し，その成果は体育・スポーツの発展のみならず，人々の健康的なライフスタイルの構築およびQOL（Quality of Life）の向上にも大きく貢献している。

　大阪体育大学は，1965年の開学以来，体育・スポーツ科学の発展とその専門的知識と経験を備えた指導者と教育者の育成を目指し，カリキュラムの改革と充実に取り組んできた。しかし，一方では各専門分野の独立に基づくカリキュラムの細分化の傾向も強まり，学生が各専門分野の関連性を理解するのが難しいという課題を抱えていた。そこで大阪体育大学体育学部では，平成18年度からスタートする新カリキュラムの検討過程において，将来の体育・スポーツ文化の発展を担う人材に必要な知識，技術，経験について論議を重ねてきた。その結果，体育・スポーツ科学を構成する各専門分野の相互関連性や，体育スポーツが直面する課題への各専門分野からの取り組みについて，総合的に解説する必要があるという結論に達した。

　本書は，「スポーツ科学概論」のテキストとして，人文，社会，自然科学からなる複合研究領域である体育・スポーツ科学の全容および相互の関連性を理解することをねらいとしている。したがって，体育・スポーツ科学の理論的構築を目指すのではなく，それを学ぶ学生の入門書的視点を重視し，各専門分野間の関連性と，現代社会で体育・スポーツが直面する課題と体育・スポーツ科学との関連性をわかりやすく解説した読みやすい本づくりを目指した。本書は，「第1部：スポーツ文化を育む体育・スポーツ科学の基礎」「第2部：生涯スポーツ振興」「第3部：スポーツと教育」「第4部：競技力向上への取り組み」「第5部：スポーツと健康」の5部で構成した。それぞれの課題に対して各専門分野からの具体的な取り組み内容や考え方を解説し，体育・スポーツ科学を総合的に捉え応用できるように工夫を凝らした。また，学生に体育・スポーツ科学に関する興味や関心を喚起させ，将来の目標を見つけ，体育・スポーツ界で活躍する一助となるように努めた。

　本書が大阪体育大学体育学部の学生だけでなく，大学院生，体育教師，スポーツ指導者など，体育・スポーツを愛し，それに携わる全ての人々の体育・スポーツ科学の包括的な理解につながり，スポーツ文化の発展に多少とも貢献することができれば幸いである。最後に，本書の発刊にあたりご尽力いただいた大修館書店編集部の丸山真司氏に深謝したい。

平成19年3月
編集委員会

目 次

第1部 スポーツ文化を育む体育・スポーツ科学の基礎 ……………………1

第1章 スポーツ文化とは ―「スポーツ文化」を考える― ……………………3
1 文化としてのスポーツ ―オリンピックを中心とした―（杉本政繁）……………………4
2 スポーツと審美的経験（林　信恵）……………………8
3 武道の伝統的な価値とスポーツ化（作道正夫）……………………12
4 スポーツの社会的，文化的，経済的価値（永吉宏英）……………………16

第2章 体育・スポーツ科学の基礎 ……………………21
1 身体観の変遷（杉本政繁）……………………22
2 社会的現象としてのスポーツ（井田國敬）……………………26
3 スポーツをマネジメントする（藤本淳也）……………………30
4 教育学から見た「スポーツ」（岡崎勝博）……………………34
5 コーチ学から見た「スポーツ」（坂本康博）……………………38
6 運動学から見た「スポーツする身体」（大西仁久）……………………42
7 機能解剖学から見た身体が動くしくみ ―骨格筋のはたらき―（上　勝也）……………………46
8 スポーツ生理から見た「スポーツする身体」（増原光彦）……………………50
9 バイオメカニクスから見た「スポーツする身体」（淵本隆文）……………………54
10 栄養学から見た「スポーツする体」（岡村浩嗣）……………………58
11 医学から見たスポーツする身体（前島悦子）……………………62
12 心理学から見た「スポーツする身体」（荒木雅信）……………………66
13 体力科学から見た「スポーツする身体」
　―ヒトのエネルギー供給・利用能力とその高め方―（豊岡示朗）……………………70

第2部 生涯スポーツ振興 ……………………………………………………… 75

第1章 生涯スポーツ振興の意義 …………………………………………… 77
- 1 生涯スポーツと学校教育（神﨑　浩）………………………………… 78
- 2 生涯スポーツ振興とコミュニティ形成（冨山浩三）………………… 82
- 3 国際スポーツ論　―諸外国のスポーツ文化―（坂田好弘）………… 86
- 4 生涯スポーツと健康づくり（増原光彦）……………………………… 90

第2章 生涯スポーツ振興の現状と課題 …………………………………… 93
- 1 スポーツ政策（松永敬子）……………………………………………… 94
- 2 するスポーツ　―世代別参加状況―（冨山浩三）…………………… 98
- 3 障害者スポーツ（高橋　明・矢部京之助）…………………………… 102
- 4 野外教育（福田芳則）…………………………………………………… 106
- 5 みるスポーツ（藤本淳也）……………………………………………… 110
- 6 地域スポーツクラブ（松永敬子）……………………………………… 114
- 7 学校の運動部活動（中大路　哲）……………………………………… 118
- 8 民間スポーツクラブ（古澤光一）……………………………………… 122
- 9 プロスポーツと企業スポーツ（藤本淳也）…………………………… 126
- 10 生涯スポーツ指導者養成（古澤光一）……………………………… 130

第3部 スポーツと教育 ……………………………………………………… 135

第1章 スポーツの教育的可能性を探る …………………………………… 137
- 1 スポーツ教育とは？（伊藤美智子）…………………………………… 138
- 2 生涯スポーツの教育的意義（永吉宏英）……………………………… 142
- 3 スポーツ種目の教育的意義（伊藤美智子）…………………………… 146
    - ①体つくり運動（林　信恵）……………………………………… 146
    - ②陸上競技（髙本恵美）…………………………………………… 148

③器械運動（田原宏晃）··150
　　　④水泳（川島康弘）··152
　　　⑤球技（木村　準）··153
　　　⑥武道（平野亮策）··155
　　　⑦ダンス（伊藤美智子）··157
　　　⑧野外活動（福田芳則）··159
　　　⑨レクリエーション（松永敬子）··161

第2章　学校における教育 ···163
  1 欧米学校体育の歴史（杉本政繁）··164
  2 日本の学校体育の歴史（杉本政繁）······································168
  3 体育を教える（柏森康雄）··172
  4 保健を教える（山崎　武）··176
  5 教えるという科学（授業分析）（伊藤美智子）····························178
  6 教材研究と科学（髙本恵美）··182
　　　①バイオメカニクス（淵本隆文）··182
　　　②機能解剖学（上　勝也）··184
　　　③生理学（松村新也）··185
　　　④測定・評価　―体育・スポーツ活動における測定・評価―（中井俊行）····187
　　　⑤トレーニング（梅林　薫）··189
　　　⑥体力科学（宍倉保雄）··190
　　　⑦体育経営管理学（冨山浩三）··192
  7 カウンセリング・マインドを持った体育教員（土屋裕睦）················194
  8 クラブ活動における教育（中大路　哲）································198

第3章　社会におけるスポーツ教育の可能性 ·································201
  1 スポーツ指導者「コーチ」のための教育論（坂本康博）··················202
  2 スポーツ指導者のリーダーシップ（河島英隆）··························206
  3 運動学習とコーチング　―発達段階からの検討―（荒木雅信）············208
  4 子どもの発育とコーチング（中井俊行）································212
  5 障害のある人へのスポーツ指導（高橋　明）····························216

第4部 競技力向上への取り組み …………………………………… 221

第1章 競技力向上をめざす …………………………………………… 223
- **1** 体力科学的取り組み（梅林　薫）………………………………… 224
- **2** スポーツ生理学的取り組み　－スポーツと骨格筋－（上　勝也）…………… 228
- **3** バイオメカニクス的取り組み（伊藤　章）………………………… 232
- **4** コーチングの立場から（1）（坂本康博）………………………… 236
- **5** コーチングの立場から（2）（中野尊志）………………………… 238
- **6** ゲーム分析　－戦略，戦術，作戦を考えるために－（浅井正仁）…………… 240
- **7** トレーニング計画（栗山佳也）…………………………………… 244

第2章 競技力向上を支える …………………………………………… 249
- **1** 栄養の管理（岡村浩嗣）………………………………………… 250
- **2** スポーツ心理学的取り組み（1）－ストレスの観点から－（荒木雅信）…………… 254
- **3** スポーツ心理学的取り組み（2）－スポーツカウンセラーの立場から－（土屋裕睦）… 258
- **4** スポーツ傷害とリハビリテーション（岩田　勝）…………………… 262
- **5** アスレティックトレーナーの役割（鶴池政明）……………………… 266
- **6** アンチ・ドーピング（森北育宏）………………………………… 270
- **7** スポーツ組織の現状と課題（冨山浩三）…………………………… 274
- **8** 障害者の競技スポーツにおける現状（高橋　明・矢部京之助）……… 278

第3章 競技力向上について考える …………………………………… 283
- **1** 発育・発達，加齢の立場から（松村新也）………………………… 284
- **2** アマチュアリズムとプロフェッショナリズム　－自立する競技者の志－（井田國敬）… 288

第5部 スポーツと健康 ……293

第1章 スポーツによる健康づくりの意義 ……295
  1 健康と体力（増原光彦）……296
  2 生きがいづくりとレクリエーション（福田芳則）……300
  3 フィットネス産業　—フィットネスクラブ業界について—（古澤光一）……304
  4 健康づくりの経済効果（藤本淳也）……308

第2章 スポーツによるからだと心の健康づくり ……313
  1 年齢に応じた体力づくり（吉田精二）……314
  2 加齢と身体運動（松村新也）……318
  3 運動療法（滝瀬定文）……322
  4 高齢者の動きの特徴　—歩行運動を中心に—（金子公宥）……326
  5 健康づくりの栄養管理（岡村浩嗣）……330
  6 スポーツと疾病予防（前島悦子）……334
  7 スポーツとメンタルヘルス（土屋裕睦）……338
  8 ウォーキング，ジョギングと健康づくり（豊岡示朗）……342
  9 水泳運動と健康づくり（滝瀬定文）……346
  10 筋力トレーニングと健康づくり（梅林　薫）……350
  11 ダンスと健康づくり（北島順子・林　信恵）……354
  12 アダプテッド・スポーツと健康づくり（矢部京之助・高橋　明）……358

索　引 ……363

第 1 部

スポーツ文化を育む体育・スポーツ科学の基礎

第 1 部編集責任者　杉本政繁

　第1部のねらいは,「スポーツ文化」を考え「体育・スポーツ科学の基礎」を学ぶことにある。そのために第1章では,スポーツ文化の考え方と継承・伝播すべき事柄・内容として,近代オリンピック,武道・審美的運動を代表させその文化的意味を紹介し,さらに今われわれが生活している人間社会において進展させる必要のあるスポーツの公益性などを説いている。第2章では,スポーツ現象の起点である身体とその活動及びそこから生起する様々な現象を取り扱う体育・スポーツ科学を,13の研究領域(人文・社会・自然・中間及び実践方法)に分類し,基本的項目(内容)を分かりやすく紹介,解説している。

第1部　第**1**章

スポーツ文化とは
―「スポーツ文化」を考える―

1 文化としてのスポーツ
―オリンピックを中心とした―

杉本政繁（スポーツ史・体育原論）

1 文化の概念

　文化という言葉は，広狭いろいろに解されている。たとえば，学校や会社の多くのクラブを大別して，スポーツ関連のものは，「運動部」といい，音楽，美術等のものを総称して「文化部」という言い表し方がある。この場合の「文化」は体育・スポーツを除外して捉えており，いわば「文化」についての狭義の考え方ではあるが，今日でもなお広く用いられている。

　またスポーツを文化として捉える場合にも，人類の平和や青少年の教育やフェアプレイなど精神文化と連関させたときに，スポーツ文化という名に値するという場合がある。これは文化一般と区別したドイツ流のいわゆる「高文化」（hoch kultur, high culture）の考え方に立つ場合に使用されている。

　文化の概念については，アルフレッド・クローバー（Alfred clover）とクライド・クラックホーン（Cride klacchorn）が西欧の「文化」を巡る定義を160ほど集めて検討した「文化―その概念と定義の批判的検討」（1963）という有名な研究がある。ここでは，「文化とは集団の成員によって，後天的に学習され，成員によって共有され，世代を通して継承される行動様式と価値観」というジュリアン・スチュワードによる定義を採用しておく（※1）。

2 スポーツ文化

　これらを総合すると，文化とは精神的所産ばかりでなく，慣習，制度，娯楽までを含む広い概念であり，この広義の解釈からすれば「スポーツ」もまさに人の作り出した文化そのものであり，それは「民族文化」とか「国民文化」と言う言葉が示す通り各民族，国家で独特のものを形成していると同時に，国際（異文化）交流によって，他民族，他国のスポーツがそれぞれの国に紹介，導入されてそれぞれの国の文化の中に融合している。

　わが国の場合には，日本古来の武道と，明治以来欧米諸国から導入された（審美的なものを含む）外来スポーツが，日本の国民文化の中に渾然融合して，今日のわが国のスポーツを形づくっていると言える。

　ここでは，現代における異文化が融合した小世界として，また各国家のスポーツ文化に影響してやまない世界規模の装置として，そしてスポー

（※1）
この研究の中には他にも「人間の手で創成され，世代から世代へと伝承されてゆく人工的なものの総体」とか「知識・信仰・芸術・道徳・法律・慣習その他社会の成員としての人間によって獲得されたいろいろな能力や習慣を含む複合的全体」とか，さらに簡単に「一定民族の活動と所産の総体」とかの定義も紹介されている。

| key word | 文化，スポーツ文化，平和教育，オリンピック，奮闘努力 |

ツ史上の画期的偉業としての近代オリンピックをその精神的原理の面から取り上げることにする。

3 近代オリンピック —クーベルタンとオリンピズム—

近代オリンピックは，前776年にはじまったとされ393年に禁止されるまで，およそ1200年間続いた古代オリンピックが，その禁止令から1503年を経た1896年に復活したものである。提唱者クーベルタン（Pierre de Coubertin, 1863～1937）はフランスの貴族の出身であったが，彼の最初の構想は，スポーツに対する世論を啓発し，ラグビー校アーノルド校長が成し遂げたような競技・スポーツによる青少年の性格形成を通して（※2），伝統的な中等教育を20世紀に相応しいものに刷新することであった。

彼は，人類の歴史を育んできた健全な人間精神が，豊かさの表明として国際的祭典の自立を求め，一貫してスポーツ競技の技術主義的・商業主義的堕落，政治的歪曲を批判したのである。その経過は，『オリンピックの回想』（1936）に記録されている。ここではこの中に含まれている「近代オリンピズムの哲学的原理」（1935）に見られる基本原理と2001年版の「オリンピック憲章」の根本原則から，継承され，伝播すべき思想を取り挙げることにする。

図1-1　五輪マーク
世界の5つの大陸の統合・連帯を表す

4 近代オリンピック競技会の根本精神とは

まず，2001年版のオリンピック憲章から取り挙げよう。Fundamental Principles（根本原則）には次のように説明されている。オリンピズムについては，2.「オリンピズムは，身体（body）と意志（will）と精神（mind）の資質（※3）を高揚させ，全体としてバランスが取れるようこれらを結合させることを目指す人生哲学（a way of life）である。文化および教育とスポーツを統合するオリンピズムが求めるものは，努力のうちに見い出される喜び，立派なお手本（good example）となる教育的価値，普遍的・基本的・倫理的諸原則の尊重などをもとにした生き方の創造（to create a way of life）である」。

オリンピズムの目的については，3.「これ（goal）は，人間の尊厳を保つことに重きを置き，平和な社会の確立を奨励することを

（※2）
エリート教育機関で興隆したアスレティシズムは，play the game（正々堂々と闘う），play up（最後まで敢闘する），pass the ball（協力する）等多くの比喩を持つ慣用句を生み出した。教育的イデオロギーと結合したスポーツマンシップは，クーベルタンの創始した近代オリンピックの理念，オリンピズムを触媒として20世紀初頭に急速に普及したのである。

（※3）
クーベルタンは自らのスポーツ哲学の中でこのように言っている「常に身体は従属性と劣等性を身に感じさせられている劣者のようであった。この大きな誤りの科学的・社会的な結果を推定することは不可能である。つきつめれば，人間は身体と霊魂（body and soul）の2つの部分から構成されているのではなく，身体・精神・性格（body, mind and character）の3つの部分から成り立っているものである。そして性格を形成するものは精神ではなくて，主に身体である。古代人はこれを理解していたが，我々の祖父はそれを忘れてしまい，そのため我々は苦心してそれを学びなおしているのである。」（マッキントシュ，p.182）

視野に入れ，あらゆる場で調和の取れた人間の発達にスポーツを役立てることにある。この趣旨において，オリンピック運動（Olympic movement）は単独または関係する組織と力を合わせて，出来うる範囲内で平和を推進する活動に従事する」。

オリンピック運動の目的としては6．「いかなる差別をも伴うことなく，友情，連帯，フェアプレー（fair play）で相互に理解しあうオリンピック精神，その精神に基づいて行われるスポーツを通して青少年を教育し，平和でよりよい世界を作ることに貢献することにある」（一部筆者が訳出し直した）。

この文書を通じて注意すべき点の一番目は，オリンピズムを「文化」と「教育」とスポーツを一体化するものと捉えていることである。二番目は，このフェアプレー，友情，連帯等の精神で行うスポーツを通じて調和のとれた青少年（人間）を育成することと捉え，教育的性格を基調としていることである。そして三番目は，国際親善や人類平和の実現は，このオリンピック運動の結果として期待すること，としていることである。こうした原理で展開されるオリンピック運動の意味は，知る人ぞ知るにとどまらせることなく，オリンピック教育を普及させることでスポーツ文化に反映させていく必要があろう。

5 オリンピック（クーベルタンの哲学）で重要なこととは

クーベルタンは，勝利第一主義や低俗なナショナリズムを否定して「参加重視の哲学」を強調したことは人の知るところである。彼はロンドンで行われた第4回オリンピック大会（1908）でかの有名な演説を行っている。「オリンピックで重要な点は，実に勝つことではなくて，それに参加することであります。諸君，我々は大きな考えに立ち返って各国にこれを宣伝し，健全な哲学を築こうではありませんか。人生の価値は勝つことよりもむしろ戦うことにあります。その一番大切なことは，ときには征服することよりもむしろ美しく負けることにあります。この教訓を宣伝することは，一層強くたくましい型の人道を築き上げることにあります。これこそ私たちの心を支配しているオリンピックの理想であります。」

この「参加重視」の哲学が，1932年の第10回ロスアンジェルス大会の際，主会場の正面にある聖火台の下の掲示板に"The most important thing in the Olympic Games is not to win but to take part, just as the most important thing in life is not the triumph but the struggle. The essential thing is not to have conquered but have fought well."（オリンピック大会で最も重要なことは，勝つことではなく参加することである。それはちょうど人生で最も大事なことが，勝利を収めることではなく精一杯自分の力を出し切るということと同じである。主要なことは征服することではなく，立派に戦ったかどうかである。）

という言葉で掲げられ，以後広く世界のスポーツ関係者の間に浸透していったのである。

ここに見られるクーベルタンの哲学は，勝利すると言う結果を重視するのではなく，人生において努力を重視する人生観に支えられた考え方であり，いわば動機論的態度を重視しているのである。

クーベルタンのスポーツ哲学で今1つ取り上げなければならない点は，彼が1935年にドイツで行ったラジオ演説の一節にある有名な言葉である。

「100人がその肉体を鍛えるには，50人がスポーツをする必要がある。50人がスポーツをするには，20人が専門化する必要がある。20人が専門化するには，5人が優れた高い技術の持ち主であることが必要である。」

この言葉には，オリンピックの最高記録を出した優秀選手の背後には二線級の選手が数多く存在するし，さらにその背後には体育・スポー

ツを楽しむ多くの国民が存在するということ意味しているのである。クーベルタンは、そのためにもスポーツ精神の具現者たちは、拘束のない自由を求め、そこで生まれた標語が、Citius（より速く），Altius（より高く），Foltius（より強く）であると論じている点も忘れてはならないであろう。

　スポーツが近代社会において組織化されたのは1850年以降のことであり、それは1896年のオリンピック開始とともに急激な速度で世界各国に発達していった。今日の文化としてのスポーツのすさまじい発展は実にオリンピック（クーベルタンのオリンピズム）を軸として成し遂げられたものといっても過言ではなく、22世紀に向かって伝播されることが望まれる。

図1-2　東京オリンピックのポスター
（1962年製作、AD：亀倉雄策、P：早崎治、PD：村越襄）
さまざまな人種の人々が同等のスタートを切った瞬間を表している。

参考図書
1）ウエブスター著,宮原治,森田俊彦訳(1937)日本オリンピック競技史,日本青年館.
2）加藤橘夫著(1985)オリンピック・ムーブメントの向かうべき道,加藤橘夫著作選集,第二巻,ベースボールマガジン社.
3）カール・ディーム著,大島鎌吉訳(1988)ピエール・ド・クーベルタン「オリンピックの回想」,ベースボールマガジン社.
4）清水重勇,阿部生雄ら(1988)成田十次郎編,スポーツと教育の歴史,不昧堂.
5）杉本政繁,木村吉次(1988)日本オリンピック・アカデミー編,オリンピックものしり小事典,池田書店.
6）田原淳子(2001)木村吉次編,体育・スポーツ史概論,市村出版.
7）水野忠文(1977)水野ら編集,スポーツの科学的原理,大修館書店.
8）日本オリンピック委員会編(2001)オリンピック憲章.
9）ピーター・マッキントシュ著,寺島,岡尾ら訳(1991)現代社会とスポーツ,大修館書店.
10）米山俊直ら(1997)比較文明の社会学,新しい知の枠組み,放送大学教育振興会.

2 スポーツと審美的経験

林 信恵（舞踊論・身体表現論）

1 表現するからだ

　私たちは自分のからだについて意識したり考えたりすることは非常に少なく，高山に登って呼吸が困難になったとき，空気の存在に気づくように，病気や怪我で痛みをおぼえたときに自分のからだに気づくくらいで，からだはほとんど無意識的な状態に置かれていることが多い。しかし，意識的であろうがなかろうが，からだは常に生理的な変化と心のはたらきを伴って，何かをしゃべり続けている。だからただそこに存在するというだけでまわりに雰囲気を漂わせ，空間に独特な意味と生気を与えている。
　我々人間は集団を形成することによって生き延びてきた生物であり，自然や他者とコミュニケーションする方法を見つけ出してきた。思想や感情を伝える最も強力な表現手段は言語と言われるが，実際言葉で伝えられる情報は全体の約30％といわれ[1]，表情や姿勢，身振りや視線，空間のとりかたなど，人間のからだは言語をこえて非常に多くの情報を発信している。
　からだに現れる感情の変化は，恐怖を感じたとき顔は蒼白になり，興奮したとき紅潮し，落胆したとき首はうなだれて視線が下を向くなど，こころの動きが身体の形状の変化となってあらわれる。他者はこれらのからだの変化を視覚的にキャッチして，その裏にある意味を読み取る。うなだれて肩を落としている姿勢から「元気がない」とか「考え事をしている」，大股で元気に歩く姿勢からは「何か良いことがあったらしい」，肩をすぼめて小さくなっている姿勢からは「何かに怯えている」など，直感的にその人の心を読むことが出来る[2]。
　このように人間のからだは非常に表現的であるが故に，生きるための日常の生活をこえて，ダンスやスポーツなど美と表現の世界を築きあげることができたのである。

2 からだと動き

　我々のからだは生命を得た瞬間から，生きていくために欠くことのできない心臓の鼓動や呼吸など，本能的に動きに対する欲求を持っており，感情や意思，意欲と結びついて実に様々な運動を出現させる。
　ルドルフ・ラバン（R.Laban）（※）は人間の動きをdoingとdancingという2つの概念に分類している[3]。物を取るために腕を伸ばしたり跳びあがったり，移動するために歩いたり走ったり，休養するために寝転んだりするように，ある目的を持って骨格や筋を動かせる場合は，doing（目的動作）に該当し，目的が達成されたり欲求が満足できれば動きは停止する。一方，dancingは直接現実の目的にむかって運動が行われるのではなく，子どもの遊びの中にその典型的な形を見ることが出来るが，動きたくて仕方がないとか，動くことが楽しいというように，自己満足，自己充足的な動きの現象で，これは

（※）
ルドルフ・ラバン（R.Laban）
（1879-1958）オーストリー・ハンガリー帝国のブラティスラバ（現在のチェコ）に生まれ音楽，生理学，解剖学，身体運動について学ぶ。人間研究の基本は運動であるという主張から，教育や産業，舞踊における運動を科学的に研究した。ドイツからヒットラーの迫害を逃れて英国に行き，舞踊教育，舞踊療法，運動指導に多大な貢献をした。英国のラバンセンターが彼の理念を継承している。

key word 芸術スポーツ，ダンス，表現，模倣，感動，美的経験

無目的動作といってよいであろう。この動きは目的動作と違って動きが連続していくことが特徴である。心理学者オール・ポートも同様の考えを述べており，前者すなわち生理的欲求のため，物を獲得したり移動したりする，などの動きを意図的な適応行動と言い，後者すなわち心理的にアンバランスになったこころの状態を，もとに戻す無意識的な感情や情緒の発散を，非意図的な表出行動と言っている[4]。このように多種多様で複雑そうにみえる人間の動きは，大きく2つに分類して考えることができる。

3 動きと表現
❶スポーツと表現

人間のからだは動物界ではとびっきりの変わり者で，直立姿勢と2足歩行という形状が，ダンスやスポーツなど人間以外には作れない運動文化をつくった。2足歩行という状態は自然の法則から考えれば非常に不安定であるが，水平方向に伸びたからだが垂直になることによって，前足すなわち手が食物獲得や移動など，仕事としての動きから開放されて，芸術や信仰，スポーツやダンスなど，こころと結びついた動きの獲得へと多様化の道を辿っていった。人間は猫のような動きが出来るし，馬のような走り方を表現することが出来るし風や花に変身することも出来る。しかし人間のような動きをする猫や馬をみることは出来ない。このように感情やこころを表現するために，他の動物とは非常に異なった動きの形態と機能を持つようになった[5]。ダンスやスポーツはこのような身体の存在によって成り立つ活動であり，芸術であり，ここにあらわれる動きは日常生活の中に存在する動きとは趣を異にしている。

ここでスポーツの動きとはどのようなものか具体的に考えてみよう。

スポーツとは，人間が生きていくために必要な動き，すなわち生命欲求から開放された自由な動きがその根底にあるが，一方で他の人に勝ちたい，他の人より強くなりたいというような生の欲求が形をかえて形成されたもので，ある目標に向かって他者に勝つという行動が形式化されたものである。

「スポーツに共通な形式は，あるものを空間移動させることである。あるものとは競技者自身のからだであり，戦う相手のからだであり，物体や動物の場合もある」[6]が，スポーツの究極の目的は，物体の慣性の作用をいかに克服するかということである。そして慣性に打ち勝つためには，いかにうまく小さなエネルギーで障害を克服し，他者より優位な結果を出すことが出来るかが重要である。一方，スポーツの中でも特に新体操，シンクロナイズドスイミング，フィギュアスケート，バトントゥワリングなど芸術スポーツといわれる種目は，他の競争種目とは異なって美しさが採点の基準になり，芸術的な要因が勝敗の基礎になる。他のスポーツでは，客観的な勝敗の結果に大きな意味があるのに対して，芸術スポーツは主観的な美の基準が問題となる。しかし，プレーヤーの演技において柔軟性や伸展，高さや持続性もあり，身体各部の可動域も広く非常に訓練されたスキルを持ちながらも，表現性の乏しい演技には心に訴えかける力が弱く，人を感動させることは出来ない。

表現とは，観る人とみられる人の二極分化の構造をなすもので，演技者にとって「自己の表出としての表現は，同時にみられるものとしての創造的な変形（Transformation）を強く意識するようになる」[2]。すなわち芸術スポーツには創造性（creativity）の要因が非常に大切である。創造的変形というのは，ただ演じるだけの域を越えて，演技者がどのように生きてきたかという心の歴史や態度，ものの感じ方をも含め

た丸ごとのからだが醸し出す表現である。瞬時に消えていくからだの動きが，空間に残した残像の視覚的美しさはもちろんのこと，演技者のからだから観る人に直接はたらきかける感動の総体が，芸術スポーツの真髄であり勝敗の基本である。そのような意味で競争種目が最後の一点に重点がおかれるのに対して，芸術スポーツは演技のプロセスに大きな意味づけがなされるものである。

❷ダンスと表現

スポーツもダンスも人間の生身のからだの動きによってなりたつ現象であり，スポーツが現実の空間から遊離した象徴的空間での遊びであるのと同じように，ダンスも現実とは異なった時間や空間を体験する非日常の世界である。しかし異なるところは，同じ運動でもスポーツの運動は「力と勝敗」「競争」が目的であるが，ダンスの運動は「表現」の手段である。

スポーツの行われるコートやグラウンドは疑似闘争空間の意味が強いが，ダンスが行われる空間は或るときは宇宙になったり，或るときは狭い箱の中に変化したり，或るときは海の水の中のように，いろいろなイメージの現れる意味空間である[7]。またスポーツではからだや物を空間移動させるのに，その速さや，距離や重さなどを競うものであるが，ダンスではからだやものを空間移動させる速さや高さに意味があるのではなくて，動いたからだによってそこにどんな意味やイメージを浮かび上がらせることが出来たかということが重要なのである。

たとえば，「速く走る」という運動でも，スポーツでは何時間何分とか何分何秒というように，客観的な時間が競われるのに対して，ダンスの場合は速く走ることによって空間が変容するのである。表現者はどんな表現意図を持って「走る」という運動を行うのか。恐怖のために一目散に逃げていたのか，それとも何かに強く惹かれて走ったのか。これらの表現には背中や肩など上半身の形はどうすればいいか，手や顔はどのように動かせばよいか，脚は高く上げた方がよいか，ひざを曲げて重心を低くして走った方がよいか，というように，からだ全体の運動を複合させながら演じなければならない。

スポーツの動きがよい結果を出すための効率性を中心に練習するのに対して，ダンスの場合は表現したい内容やイメージを，創造的で伝達性のある運動として作らねばならない。同じ手の動きでも自然に舞う蝶のような動きにもなり，硬い壁の抵抗に耐える運動にもなり，ぎこちなく動くロボットのような表現にもなり，実に自由に豊かな動きを作り出す。その影には自由に動き回るこころの動きがあるからであろう。心が動かないとからだからは決して表現的な動きは出てこない。ダンスの動きを視覚的に取り出せばそれは手を伸ばした，脚を上げた，身体を曲げた，斜めに走ったなど物理的事実であるが，そこに意味やイメージが読み取れるのは表現者の思いや感情，伝達への情熱など，丸ごとのからだが空間の中に描き出す世界だからである。

4 動きと感動

人はなぜスポーツや踊りを見て感動するのだろうか？サッカーや野球の試合ではスタジアムまで出かけて行き，割れるような歓声の中で選手の一挙手一投足に目を凝らす。ゴルフでは緑の芝生に白いボールを目で追い，選手と一緒にグリーンを移動する。踊りでは舞台の光の中に立つダンサーを見るためホールまで足を運び，祭りの踊りを見るため沿道に並ぶ。

スポーツを観戦するためにわざわざ出かけて行って，生身のプレーヤーを直に見るということは，勝敗の行方を出来るだけ早く自分の目で見極めたいからだろうか。「そうではない。人の身体の動きに同調してみたいのである。」[8] 相手方の強烈なキックの攻めにあったとき，思わず味方のゴールキーパーの動きのように，手が動いたり背中が反ったりした経験はないだろうか。同点で迎えた最終回，ランナーがホームスチールをしようとする野球観戦で，見ている方

も全速力で走って，ホームにスライディングするようなからだの動きを感じたことはないだろうか。つまり，スタジアムでスポーツを見ることは自分も一緒になって相手と戦っているのである。バレエダンサーが舞台で風のように軽くジャンプしたとき，観ている人は一緒にふわーっと飛び上がるような軽さを感じたことはないだろうか。激しいビートのリズムに乗って足は床を打ち，肩や背中をぴくぴく動かしながら，ジャズやヒップホップをダンサーと一緒に踊った感じになったことはないだろうか。人は強いものに憧れ，美しいものに惹かれる。人間のからだは強いアスリートのからだに同調して共に戦い，美しいダンサーに同調して一緒に踊ることができるのである。

からだには「想像力」[8]があるからだ。他人のからだの運動は目で見るだけではない。「からだ」が見るのである。目で捉えたプレーヤーやダンサーのからだの中に起こっている動きを，自分のからだの中で模倣（内的模倣）しているのである[9]。

小さい子どもが身近な人の動きやしゃべり方まですばやく真似するように，人間とは模倣の天才であり，模倣をとおして実際に経験したような快感さえ得られるのである。子どもは意識して親の真似をするわけではない。からだ全体で直接反応するのだ。子どもが人のまねをして喜ぶ快感も，スポーツやダンスに反応して快感をおぼえるのも感動である。新体操の選手が難度の高いテクニックの演技をするとき，バレリーナの空中に浮くようなジャンプを見たとき，人は視覚的に捉えた身体の美しさや動きの難しさに感動するわけではない。動きは視覚を通って筋肉へと伝わる。芸術スポーツといわれるスポーツの選手やコーチ，ダンスの創作者やダンサーは，ただ視覚的な美しさをねらっているのではなく，観客をいかに感動させるか，それが最も重要であるということを非常によく知っているのである[8]。

我々がビデオや映像ではなく，スタジアムやステージへ赴くのは，からだからからだへと直接感動が伝わる快感を求めているからに他ならない。これこそ動きの享受を通して得られる真の美的経験ではないだろうか。

図1-3 踊る空間は，動きによって意味ある空間へと変貌する（写真提供：フォトスタジオ八木）

文献
1) 佐藤綾子(1995) パフォーマンスおよびパフォーマンス学の概念と目的, パフォーマンス研究No.2, p7-17.
2) 松本千代枝(1970) 岸野雄三他編, 序説運動学, 大修館書店, p247-298.
3) Laban, R.,(1971) Edited by Lisa Ulman, Movement and Dance, Laban Art of Movement Center, p11-21.
4) オールポート, G.W.(1986) 琢磨武俊訳, パーソナリティ, p398-402.
5) 香原志勢(1986) 人体に秘められた動物, 日本放送協会, p77-79.
6) Metheny, E., 山口恒夫他訳(1980) 身体運動の表現学, p49-67.
7) 林信恵, 伊藤美智子(1996) 踊るこころ 踊るからだ ダンス, 青山社, p39-45.
8) 三浦雅士(1999) 考える身体, NTT出版, p8-10, p54-67.
9) マーチン, J., 小倉重夫訳(1980) 舞踊入門, 大修館書店, p34-39.
10) 三浦雅士編(1996) 芸術スポーツって何？, 新書館.

3 武道の伝統的な価値とスポーツ化

作道正夫（武道論）

1 「武術」から「武芸」へ，そして「武道」への系譜

武道群の中にあって，種目間の違いこそあれ「武道はスポーツか否か」という問題は常に論議され，今日も尚火ダネは消えていない。競技化を基軸とする近代化過程が未だ終結されていないことを物語っている。その実態は次の二層化図式として捉えられる（図1-4）。

さらに「武」の文化性というものの歴史的経緯を俯瞰すると図1-5のように要約することができよう。まず，発生的には人間同士の命のやりとりである「生死を賭けた闘いの場面」（武術—殺傷・実用文化）の段階がある。ここでの斬突技法と心法の開発は「殺人剣」そのものであった。次には武と文や芸との交流によって芸術性や精神性の高い文化的内容が形成され，先の実用文化的価値を下敷きながらの「東洋的身体論に裏打ちされた修行・稽古という場面」（武芸—演武・芸道文化）が登場してくる。ここでは〈わざ〉と〈こころ〉の洗練・深化に自己修養的価値が重ね合わされ，世界的にも比類のない日本の武の特異性が生み出されていった。つまり，相手の存在をよりどころとして自己を鍛え高める技術としての「殺人剣即活人剣」が「型」文化として開発されていったのである。また，驚くことにこの期にあって，すでに「芸道性」の中に「競技性」をも自生化させている。続く「芸道性」を下敷きつつ「競技化」を推進していく近代化過程にあっては，「技（＝1本・有効打突）を競い合うことによって勝敗を争う場面」（武道—勝敗・競技文化）の設定が慎重かつ反芻的に検討されていった。つまり一定の価値基準以上の技を競い合い，勝敗を争うことによって，一連の「武の文化性」の継承と，新たなる価値の創造が希求されていったのである。「創造なき継承は形骸化をもたらし，継承なき創造は稚拙の域を出ない」（森政弘，ロボット工学博士）という指摘は的を射抜いている。このように時と場を移し変えての武の生成・発展の過程を各々の「文化性」における〈継承〉と〈創造〉の相克過程として捉え直していくことは今後極めて重要な作業となることであろう。

いずれにしても中世の実用性，近世の芸道性，これらをどう下敷き競技文化としての新たなる価値をどのように創造していくかが現代武道群それぞれの課題となっている。

2 芸道文化としての醸成

「実用文化」から「芸道文化」へ，さらには「競技文化」への継承と創造の連鎖は時間系列的把握であった。と同時に先に図示した通り（図1-5），常に求心的かつ三位一体的体系としても捉えられるものである。それは何故であろうか。ここでは，その芸道文化としての「武」

武道（文化）＜勝負 — 競技 — 勝敗＞スポーツ（文明）

図1-4（作道作成）

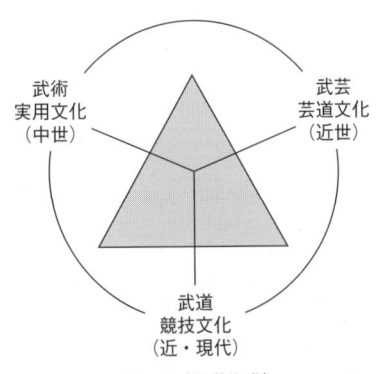

武術実用文化（中世）　武芸芸道文化（近世）　武道競技文化（近・現代）

図1-5（作道作成）

Key word 武道，競技，スポーツ，文化，文明

の特異性を整理しておきたい。

　歴史を紐解くと，ゲルマン民族が古代ローマ世界から独立して，ヨーロッパに中世騎士による封建制を形成させた。ちょうどその時期に中国をはじめアジア諸国にあって，日本だけが古代国家から抜け出して中世武士による封建国家を確立させている。その後，徳川幕藩体制の終焉に至るまで，武士階級による政治が700年もの長きにわたって継続したことの日本的特異性がまず挙げられる。当然のなりゆきとして侍政権を維持する為に，中国の「崇文軽武」の思潮とは異なる「文武両道」思想の啓蒙が必要であったであろう。ノエル・ペリンの『鉄砲を捨てた日本人』という書は，今日における核兵器廃棄による世界平和を訴えているものであるが，17世紀という国内外が火器最盛の時代に何故に家康は鉄砲を捨てたのか，この世界的にも類例のない政策の地球規模的意義を問うている。裏を返せば，このことによって剣という武の文化性の芸道文化としての醸成期間が与えられ，かつ延長されることとなったのである。

　湯浅泰雄[2]は，中世以降，仏教における修行のあり方が芸術の場に移行させられ稽古論が生み出されたとし，そこにあって「悟りの境地」は，「幽玄」や「花」といった美的境地に重ね合わせられ，芸道論が形成されるに至ったこと，さらには，戦国・近世においてこの芸道論から武道論が開花されていった経緯に詳しい。ここでは武術を単なるテクニックや，実用的価値に限定するのではなく，芸術性や精神性の高い芸道文化として捉え「術を媒介として道の工夫をする」[1]ことが色濃く体質化されていった。その修行・稽古論の底流に流れるものが「肉体のなんらかの行為を通じて高い生命に与ろうとする日本の道は，高い真理の世界を肉体の最も合理的な持ち方の中に，さながら反映せしめる」（同）という「東洋的身心論」にあることは他

に論をまたない。一般に「実用」から「芸道」への移行は「型」の形成過程として捉えられ，16世紀末から17世紀初頭に起こり18世紀には十分に整理，洗練された。いわゆる中国の古代思想（仏教〈禅〉，儒教，道教）などを文明的基準として展開され，「わざとこころ」の洗練化と，「論」としての集積とが，各流派間での「技法論」と「心法論」への振幅として展開され，「型」剣術としての隆盛を見るのである。しかし，18世紀の初めの頃には世は太平となり，よく知られる華法剣術化が進行し，近世剣術史上まれにみる衰退期をむかえたことも事実であった。この期にあって起死回生の特効薬として登場してくるのが「竹刀・防具の考案と改良」であり，実践さながらに行える「竹刀打ち込み稽古法」の開発であった。このことは剣道が運動文化としていつの時代にあっても存在することのできる様式を獲得した画期的な出来事であった。19世紀には竹刀や防具も現在のものに近いものに改良され，講武所設立も手伝って，流派間の交流と他流試合が流行し，「打突部位の確定」とその「技の体系化と技術化」が進展していく。そして幕末期のこうした流れの中に登場したのが北辰一刀流の千葉周作であった。千葉は広く剣道近代化の父と目されている。それはこの同居・拮抗関係から一歩を踏み出し，「竹刀打ち込み稽古法」の定着化と斬突から打突への組み替えとしての「技の体系化とその技術化」へ大きく旋回させていった功績によるものと考えられる。

　この期の特徴を要約すると，日本刀の実用性と芸道性の兼備に象徴されるように《実用→〈芸道〉←競技》という図式の芸道文化としての醸成にある。つまり実用性を下敷く斬突から打突への組み替え（継承）が，よく言われる「剣術の華法化」・「打突の一人歩き」（創造）との拮抗の中に醸成されていった。こうして演武

第1章　スポーツ文化とは ―「スポーツ文化」を考える―

を中心としながらも，三位一体的な芸道文化の醸成が，演武と競技の同居形態の中で深く進行していくところに特殊性があったのである。

3 民族文化としての競技文化

民族文化が競技性を獲得し，その発展過程において国際化を推進する。柔道を先行例として，このことの一連の経緯について見ておきたい。

一般的に，柔術から柔道への近代化過程は，近代国家建設と軌を同じくした嘉納治五郎創始の講道館柔道に集約される。その近代化の基本的枠組みと内容については明治22年5月に嘉納が講じた「柔道一班，並びにその教育上の価値」に端的に現れている。簡潔に言えば，「武術としての勝負法」から「競技としての勝負法」への組み替えであった。明治近代という歴史的・社会的潮流の中にあって，古代の武術的技術体系を「精力善用」「自他共栄」の二大理念のもとに受け止め，「体育」と「修心」を目標とした「乱取」による「競技としての勝負法」の開発にあった。そして，明治15年に「講道館柔道」を標榜した当初には他の柔術諸流派と横一線であったものが，時代の先見性，術理の整合性，さらには他との競合において着実に実績を挙げ，次第に柔術界の主流となり，近代柔道の確固たる基盤が築かれていった。その「技の体系化と技術化」について要約すれば，立技を中心としていた固技（抑，絞，関節技）を含む「乱取法」，つまり「競技としての勝負法」の検討に熱中する。そして，古流の危険技（当身技など）を形として「乱取」の枠外に取り出し，別枠で形として修練することをはかり，それとは別に「乱取の形」（投の形，固の形）を制定して「形＝基本」「乱取＝応用」の諸式整理をしつつ「乱取法」を進展させていったのである。当然のこととして，「畳」の常敷と「受身」重視とが不可欠なものであった。もちろん，この「乱取法」や「受身」が嘉納一人の独創によるものではなく，すでに柔術諸流派の中にあって開発され，実践されてきていたことも事実である。特に起倒流や関口流の「受身」の創意工夫と幕末期に起こった自剛天真流の「乱捕」稽古法は講道館柔道の特色である投技の発展に著しく貢献し，固技もふくめた「乱取法」の開発に大きな影響を与えたと推察される。

剣道近代化の指標の1つは「竹刀・防具等用具の考案と改善」が図られ「竹刀打ち込み稽古法」が定着化していったこと（江戸中期以降）。2つ目は，このことと同時進行的に「打突部位の確定」とその「技の体系化と技術化」が推進され，これに伴う「指導法」および「競技法」の開発が進展していったこと。3つ目は，流派性統合の象徴としての「剣道形」の制定（大正元年）が挙げられる。先の嘉納柔道の近代化に見られる東西文化の融合共存路線と軌を同じくするのが高野剣道である。千葉周作によって先に体系化された北辰一刀流の「剣術六十八手」は，高野佐三郎によって教育剣道用に「手法五十種」に精選された。これが大正期の教育現場で実施され，これが高野の弟子の富永堅吾等によってさらに修正が加えられ，打突部位別の技の体系化と技術化が〈一応の完成を見る〉のである。

4 国際化と競技文化

ここでは，〈文化〉と〈競技〉のバランスシートを求める国際化論考として，その方向性の確認と展望について検討しておきたい。

柔道は，国際柔道連盟の創立以来半世紀が経過した。嘉納柔道の投げ技の見事さ，「柔能制剛」という小さな者が大きな者の力を利用して倒す技術的特性，さらに精神的境地の高さに魅力が集中して，海外普及が進展していった（文化交流と摩擦）。やがてその競技内容の明確化という名目で，先行格闘技であるレスリングなどの洗礼を受けて技のポイント化や反則の細分化による数量化が着手され，〈着衣レスリング＝ポイントJUDO化〉が進行する（文化変容）。そして近年では一本勝ちへの回帰現象が目立つようになり，普遍的な世界共通の競技文化とし

ての「柔道」の地歩を固めつつある（文化ヘゲモニー）。

　剣道では次のような指標を掲げての国際化が求められている。まず第1に，〈太刀―木刀―竹刀〉と用具の違いこそあれ，全剣道史〈武術―武芸―武道〉を貫く剣道という運動に固有の時間・空間とは何かという問題がある。これは片手剣的（盾〈防御〉と矛〈攻撃〉）ではない，「諸手剣の理」に集約される〈対人的・運動的・技術性〉の継承と創造の連鎖として捉えられるものである。「双手剣の理」とは防御と攻撃が2つにならない「攻防一致」という内容である。一触即発的な，瞬間的かつ連続的攻防の中で発揮・開発される「わざ」と「こころ」という運動の質（有効打突）をどう選定していくかが最重要課題となる。同時にこの「有効打突」を競い合う競技場面をどう設定し，展開させていくか（競技規則）ということになる。しかも，この2つのことが数量化（技や反則のポイント化）を出来る限り排除して推し進められなければならない。第2は，この文化・文明論を地球上に〈人間圏―文明〉が形成された人類史1万年の歴史に逆登って捉える視点が大切となる。つまり〈三世代〉という括りの視点が大事ということである。この三世代共習・共導の文化としての剣道の意義，さらにそれを社会文化現象として捉えていく国際化の視点が重要となるであろう。第3は，先の1，2を基底的に支える「東洋的心身論」の世界である。近い将来，武道群の更なる国際化の進展に伴って国や民族を超えてこの東洋の叡智の重要性が認識されてくるに違いない。自らの心身が「どう在るか」ではなくて「どう成るか」の世界として…。「スポーツ フォア オール」「スポーツ フォア エブリワン」という標語が定着化して久しい。そして，スポーツ万能の時代を迎えているかの観さえある。そんな中にあって，武道群にとっての国際化は，単に近代スポーツという乗合いバスに乗り遅れないための口実となってはならないのも明白である。また，今後武道の国際化を日本文化の文明化過程と捉えることが重要である。文化多元主義の立場では文化の交流は相互尊重でありながらも，その相互作用の中にあって，常に摩擦と変容の過程にある。いわば，武道が東西文化融合共存という普遍化を達成していく過程とは，とりも直さず，"日本的"という時代的（時間），民族的（空間）限定性をでき得るかぎり取り除く作業である。つまり，武道の属性的な付加価値を削ぎ落とし，本質的特殊性を明確化していくことこそが普遍化としての文明化をよい一層促進していくことになるであろう。

参考図書
1) 佐藤通次(1955)この道(調和の哲学)，元々社．
2) 湯浅泰雄(1986)気・修行・身体，平河出版社．
3) 梅棹忠夫(1967)文明の生態史観，中公文庫，同編著(2005)日本文明77の鍵，文芸春秋．
4) ノエル・ペリン(1984)鉄砲を捨てた日本人，紀伊国屋書店．
5) 杉江正敏(1974)近代武道の成立過程に関する研究―武道の近代化への適応を巡る諸問題についての一考察―資料．
6) 大塚忠義(1995)日本剣道の歴史，窓社．
7) 中村民雄(1995)剣道の技の体系と技術化について―打突部位別の体系から対応の仕方による体系へ―，渡邊一郎先生古稀記念論集刊行会，武道文化の研究，第一書房．
8) 平野亮策ら(2002)柔道の国際化に関する一考察―オリンピック大会に見られる一本勝率の推移から見て―，大阪体育大学紀要．
9) 平野亮策，作道正夫(1992)柔道受身に関する考察―近代化過程(教育化，競技化)を中心として―，大阪武道学研究第5巻1号．
10) 村上太一(2000)武道の国際化の一考察―剣道のオリンピック種目化から展望する―，大阪体育大学大学院修士論文．
11) 作道正夫(1992)教育としての武道の成立根拠を問う，体育科教育1992年4月号．
12) 作道正夫(2004)快剣撥雲―豊穣の剣道―，体育とスポーツ出版社．

4 スポーツの社会的，文化的，経済的価値

永吉宏英（生涯スポーツ学）

　朝早くプールで一汗流したサラリーマンが，スポーツクラブから足早に会社に出勤するのによく出会う。早朝や昼休みにウォーキングやランニングに汗を流す中高年の人たちを見るのは毎日のことだ。電車の中でハイキングに出かける高齢者のグループや，テニスラケットを小脇に抱えた女性グループに出会うのも，もう見慣れた光景になった。フィットネスクラブは，昼間は家庭の主婦や高齢者，5時を過ぎてからは，アフターファイブをフィットネスでエンジョイするOLやサラリーマンで大にぎわい。そう言えば初めの頃は少し露出気味かなと思えたレオタードも，すっかり女性の若々しいライフスタイルを象徴するウェアとして定着してきた。ほんとうに，「まち中にスポーツがあふれているようだ」，これは昨今のスポーツ状況に対する私のいつわらざる実感である。

　ところでスポーツは，社会生活の様々な営みと関わっている。スポーツが楽しまれるためには，それを肯定する価値観，経済的，時間的ゆとり，場所や施設，用具等の物的条件，協力し合う仲間や組織などの社会的条件が必要である。こうした条件は，政治や経済，教育や文化等の社会的諸力と，直接・間接に深い関連を持っている[1]。今日ほどスポーツが政治，経済，社会，文化，さらには我々の生活のあらゆる側面に深く関わる時代は，人類の歴史上かつてなかった現象である[2]と言われるように，スポーツは，全体社会の営みと密接に関わりながら，かつてないほどに影響力を強めている。それゆえに，上述した「まち中にスポーツがあふれている」ようなスポーツ状況を理解するには，全体社会に果たしているスポーツの機能について詳細に検討していくことが必要である。

1 スポーツの社会的価値

❶スポーツの教育的機能

　体育は，明治5年の「学制」発布以来，時代，時代の社会状況による軽重はあっても，常に教育の重要な柱の1つとして位置づけられてきた。木下（1971）によれば，「体育」という概念には，それが明治期に日本に導入された経緯やそれを必要とした社会的状況から，もともと「身体のための教育」，「身体活動を手段とした教育」，「運動やスポーツ」という，質的に異なった3つの教育が含まれていた。身体のための教育は，児童・生徒の健康・体力の維持・増進に体育の独自性を見出そうとする立場である。身体活動を手段とした教育は，運動・スポーツによる人格形成に力点を置く立場である。運動やスポーツは，教育上の概念というよりも"スポーツや運動"という現象そのものから規定された概念である[3]。高等学校学習指導要領に，体育の目標について「各種の運動の合理的な実践を通して，運動技能を高め運動の楽しさや喜びを深く味わうことができるようにするとともに，体の調子を整え，体力の向上を図り，公正，協力，責任などの態度を育て，生涯を通じて継続的に運動ができる資質や能力を育てる」と述べられているように[4]，3つの体育の考え方は，社会状況の変化に応じてその力点を移しながら現在まで連綿と受け継がれている。30％を越える子どもたちが体育の授業以外に運動らしい運動をしない[5]という社会状況の下で，生活習慣病の低年齢化や子どもたちの体力の低下が大きな社会問題となっており，「身体の教育」の持つ比重はますます大きくなっている。また，生涯にわたるスポーツの実践者を育てるために，学校期に運動特有の楽しさ・喜びを体験し，学

> **Key word** 教育的機能，健康づくり機能，生きがいづくり機能，まちづくり機能，共生社会づくり，スポーツの規範的価値

習するという"楽しい体育"の実践は，20年以上の歴史を刻んでいる。生涯スポーツの時代を迎えて，「運動やスポーツの教育」の役割はますます大きくなっている。さらに，近年，欧米では，スポーツと人間形成との関係を重視する体育の考え方が見直されてきた。日本においても学級崩壊，いじめ，薬物乱用，凶悪な犯罪等，子どもたちに様々な問題が生じる中で，体育と人間形成との関わりが求められている[6]。「身体活動を手段とした教育」の役割もまた，大きくなっている。

❷スポーツの健康づくり機能

日本の65歳以上人口は，平成17年に20％を超えた。高齢化が社会に与える最も大きな問題は，医療費負担の増大である。国民医療費は増大の一途をたどっており，2001年には31兆3,234億円と初めて31兆円を突破した。このうち老人医療費は10兆7,623億円で，国民医療費全体の3分の1以上を占めている。医療費を押し上げているのは，高血圧性疾患，糖尿病，心臓病，脳血管疾患，癌など，運動不足や過剰栄養，過剰ストレスなど，健康によくない生活の積み重ねが主要な誘因とされる生活習慣病である。それゆえ，国民医療費の問題は，これまでの病気の治療に重きをおいた対応だけでは抜本的な解決につながらない。2000年からスタートした「健康日本21」（厚生労働省）では，運動を21世紀の健康づくりの重要施策として位置づけている。日頃から運動・スポーツに親しんで，健康的なライフスタイルを確立し，病気の予防と健康・体力づくりに取り組むことが大切で，"健康に対する市民一人ひとりの自発的な努力を促して，それを社会全体で支える仕組み"づくりが求められている。

❸スポーツの生きがいづくり機能

スポーツの生きがいづくり機能については，第3部「スポーツと教育」第1章2「生涯スポーツの教育的意義」（p 142）で詳細に述べた。ここでは，自由時間を積極的に活用し，生きがいのある生活や人生を求める人々や，家族や友達，地域の人々とのコミュニケーションのチャンネルとしてレジャーを活用し，心の糸をつなごうとする人々にとって，スポーツは自己実現の機会を提供し，人間的ふれあいを育む可能性を豊かに含んだ文化であることを強調するにとどめておく。

❹スポーツのまちづくり機能

1995年に地方分権法が成立した。自治体の役割が増大し，主体的で地域の個性を生かしたまちづくりが期待されている。市民の地域意識も変わりつつある。自分が住む地域への関心が高まり，地域活動，ボランティア活動への参加も活発になってきた。これまでの企業誘致や産業の活性化を中心としたまちづくりの手法に加えて，生活者の視点に立ったまちづくり，健康で，心豊かな，住んで楽しいまちづくりが求められている。

市民の関心が地域に向けられ，健康や生きがいへの関心が高まる中で，スポーツがまちづくり，地域づくりの主要なコア（核）の1つになりつつある。まちづくりの方向は，都市の規模や産業構造の違いによって様々である。大別すれば，①サッカースタジアムやドーム球場の建設，Jリーグやスポーツビッグイベントの誘致など「みるスポーツ」の振興をまちづくりに生かそうとするタイプ，②ウォーキングや市民マラソン，トライアスロンなど，参加型のスポーツイベントをまちづくりに生かそうとするタイプ，③ニュースポーツ等を中心として地方発の個性的なスポーツイベントを創造し，まちづくりに生かそうとするタイプ，④大学やアマチュアスポーツ，プロスポーツのためのスポーツキャンプをまちづくりに生かそうとするタイプなどに分けることができる[7]。しかし，その多

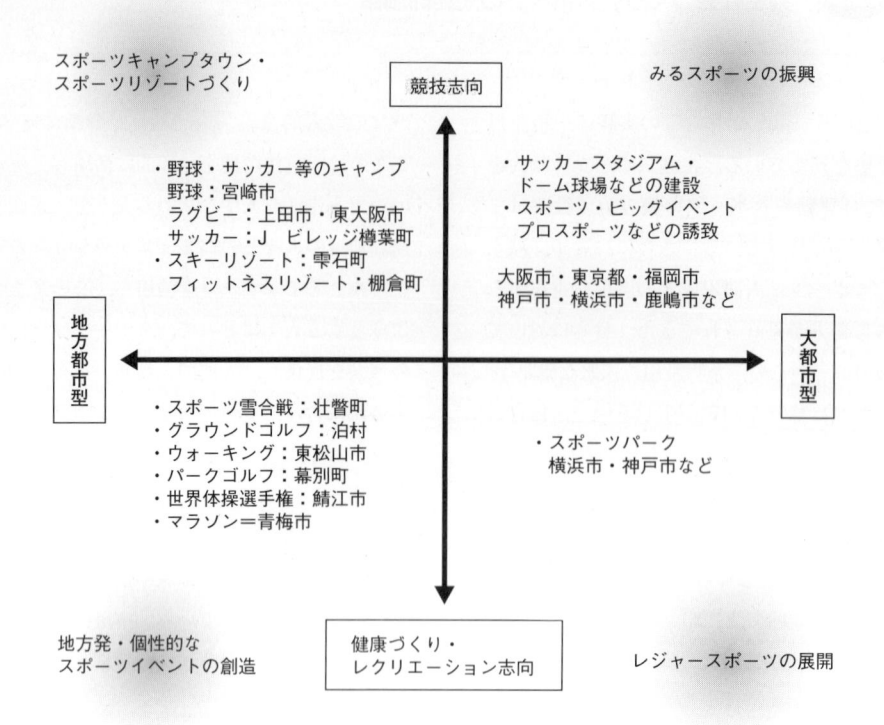

```
スポーツキャンプタウン・              競技志向              みるスポーツの振興
スポーツリゾートづくり                 ↑
                                      │
          ・野球・サッカー等のキャンプ   │   ・サッカースタジアム・
            野球：宮崎市               │     ドーム球場などの建設
            ラグビー：上田市・東大阪市 │   ・スポーツ・ビッグイベント
            サッカー：J ビレッジ樽葉町 │     プロスポーツなどの誘致
          ・スキーリゾート：雫石町     │
            フィットネスリゾート：棚倉町│   大阪市・東京都・福岡市
                                      │   神戸市・横浜市・鹿嶋市など
  ┌─────┐                             │                         ┌─────┐
  │地方 │                             │                         │大都 │
  │都市 │←────────────────────────────┼────────────────────────→│市型 │
  │型   │                             │                         │     │
  └─────┘                             │                         └─────┘
          ・スポーツ雪合戦：壮瞥町     │
          ・グラウンドゴルフ：泊村     │
          ・ウォーキング：東松山市     │   ・スポーツパーク
          ・パークゴルフ：幕別町       │     横浜市・神戸市など
          ・世界体操選手権：鯖江市     │
          ・マラソン＝青梅市           │
                                      ↓
  地方発・個性的な           健康づくり・              レジャースポーツの展開
  スポーツイベントの創造     レクリエーション志向
```

図1-6　スポーツ都市の類型[8]

くが市民参加型で，行政と市民が一体となって進められている点で共通している。

❺共生社会づくりとスポーツの役割

長野やシドニー，アテネで開催されたパラリンピックでは，障害を持つ人々が発揮するすばらしい技と力が，私たちに新鮮な感動を与え，障害者の持つ可能性の大きさに気づかせてくれた。これらの可能性がより多くの障害者に開かれるためには，障害者を対象としたスポーツ施設の整備や公共スポーツ施設のユニバーサルデザイン化，障害者スポーツの団体や指導者の育成等，多くの課題が残されている。

障害に応じて用具やルール，チーム構成，クラス分けなどを工夫して，スポーツを障害者に近づけようとする考え方は，スポーツに意欲はあっても体力の衰えや技術上の困難，社会的制限（たとえば，小さな子どもを持つ母親など）のためにスポーツに参加できないでいる人たちのスポーツ参加を促進していくことにつながり，社会全体の共生社会化を促していくことに

つながっていく。

2 スポーツの文化的価値

スポーツは人間の文化としての運動である。文化としての運動とは，社会的に承認された価値の獲得を目指して，スポーツにおける望ましさや行動の基準（スポーツ規範）としてのルールやフェアプレー，スポーツマンシップやマナーに従って，そのスポーツに固有の技術や戦略を駆使し，施設や用具を利用して行われる運動である。それらはトレーニングによる人間の身体能力の発達や工夫によってさらに洗練され，高度化される[9]。スポーツの高度化を促進してきたのがスポーツ科学の発達である。

スポーツ文化をこのように理解すると，現代社会に特有ないくつかの価値が指摘できる。

❶人間行動の望ましさの基準としてのスポーツ規範の価値の高まり

価値観が多様化し，人間行動の望ましさの基準がゆらぐ中で，人間関係の希薄化が進み，先

述したような学級崩壊，いじめ，薬物乱用，凶悪な犯罪等，子どもたちをめぐる様々な問題が噴出している。大人社会においてはその病理的現象はより深刻さを増している。そのような時代にあってルールやフェアプレー，マナーに代表されるスポーツ規範，協力や頑張り，勇気，忍耐，献身などといったスポーツ的徳目は，人間行動の望ましさの基準としてより一層の価値を持つようになった。

❷人間の可能性の限界を広げ，生活を豊かなものにするスポーツ科学の発達

　スポーツ科学の発達が与える影響も見過ごせない。スポーツは，その基本的特徴である競争の性格を強調し，その正確さを追求することによって，運動のメカニズムや生理的変化，トレーニングに関する科学的研究を促し，その成果は私たちの生活にも生かされて，健康・体力の維持・増進等に大きく貢献している。また，スポーツ記録の計測が時計や計測装置の精度を高めて，1/1000秒を競うスポーツ種目にふさわしいスポーツウェアの材質の開発や筋肉疲労を最小限にくいとめるシューズの開発などを可能にしてきた[10]。スポーツ科学の発達は，人間の身体的可能性の限界への挑戦を可能にするとともに，それらの成果は私たちの生活や社会の様々な分野に生かされて，より健康で快適な生活を可能にするのに役立っている。

❸ スポーツの経済的価値

　日本ではスポーツと経済について語ることは，長い間タブー視されてきた。スポーツは，社会の道徳的標準を象徴するシンボルとして位置づけられ，精神の崇高性が強調された。お金について語ることは，スポーツを堕落に導くものとして，商業主義や営利主義というステレオタイプなレッテルを貼ることによって注意深く避けられてきた。

　しかしながら，スポーツと全体社会との関わりが深まる中で，状況は大きく変わりつつある。保健体育審議会は，1997年9月の答申において，「スポーツの振興は，スポーツ産業の広がりとそれに伴う雇用創出等の経済的効果や健康の保持増進による医療費の節減の効果等の側面もある」と，初めてスポーツの経済的価値について言及した[11]。生活習慣病による国民医療費の巨大化や介護費用の増大が大きな社会問題となる中で，運動・スポーツの医療費削減効果が注目を集めている。また，Jリーグが起爆剤となって，スポーツによるまちづくり，地域おこしが盛んになる中で，地域経済の活性化に及ぼすスポーツの波及効果に期待が高まっている。オリンピックに代表されるようなエリートスポーツや巨大イベントの経済的波及効果はいうまでもなく，健康づくりや生きがいづくりとしてのスポーツの価値が高まる中で，レジャー・スポーツの経済的価値も高まっている。

文献
1) 佐伯聰夫(1988)スポーツの隆盛と危機,スポーツ社会学講義,大修館書店,p12.
2) 池田勝(2002)現代社会とスポーツ,講座・スポーツの社会学,杏林書院,p5.
3) 木下秀明(1971)日本体育史研究序説,不昧堂出版,p14-15.
4) 文部省(2003)高等学校学習指導要領解説・保健体育・体育編,p22-25.
5) 笹川スポーツ財団(1999)スポーツ白書2001,笹川スポーツ財団.
6) 髙橋健夫,佐伯年詩雄,森川貞夫ら(2002)スポーツ教育に向けて,いま学校体育がなすべきこと,体育科教育 2002年1月号,p11.
7) 永吉宏英(2002)生涯スポーツ論,スポーツ科学講習会標準テキスト,(財)柔道整復研修試験財団,p5.
8) 永吉宏英(2002)同上,p6.
9) 三本松正敏(1988)スポーツの文化システム,スポーツ社会学講義,大修館書店,p26.
10) 三本松正敏(1988)同上,p31.
11) 文部省保健体育審議会(1997)生涯にわたる心身の健康の保持増進のための今後の健康に関する教育及びスポーツの振興のあり方について(答申),p9.

第1部　第2章

体育・スポーツ科学の基礎

1 身体観の変遷

杉本政繁（体育・スポーツ史，体育原論）

　私たちにとって身体とは何か，また身体の活動とはどういう現象なのか。人間を研究対象とする体育・スポーツ科学にとって，この問いかけは避けて通れない重要な問題である。言うまでもなく，自己（私）の存在は自己（私）の身体を離れてあり得ないということは自明の事実である。この自明の，身近かにある身体を普遍的に考察しようとするとき，哲学の領域では，それを「身体論」もしくは「心身関係論」として論及するのが一般的である。

　近年，哲学的問題としての身体論が多く提出されているが，私たちがその変遷を考察しようとする場合，身体論が何故，どういう背景で必要とされるようになってきたのか，という点をまず観ておく必要があるが，その前に簡単に東洋と西洋の身体観の違いを概観しておくのも無意味ではないであろう。

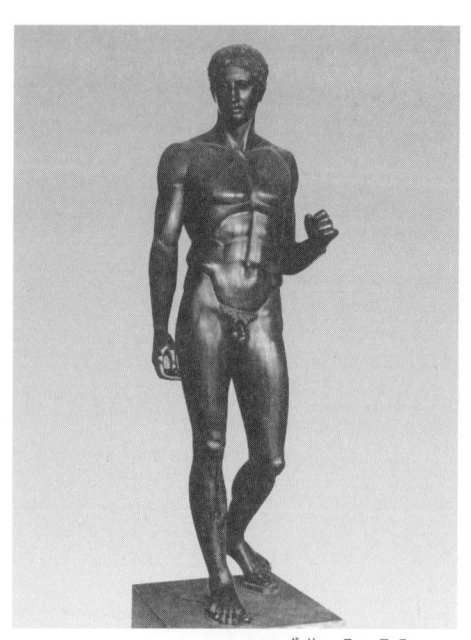

図1-7　ポリュクレイトス作の槍をかつぐ青年像
（ポリュフォロス）
（ミュンヘン，古代彫刻館）

1 西洋と東洋における身体観の違い

　身体観については，西洋と東洋ではかなり異なっている。「身体」を表すヨーロッパ語〈body（英），corps（仏），Körper（独）など〉は，同時に生命のない〈物体〉をも意味しており，身体は物体の一種であると考えられていた。つまり西洋では〈物〉と〈心〉を分ける二元論の考え方が強く，この考え方の基にはユダヤ教とキリスト教があると見做されている。ユダヤ思想では霊（ルーア）と肉（バーサール）を明確に分けたが，この霊肉二元論がキリスト教に受け継がれ，さらに近代の物心二元論が発展したと見なされている。

　これに対して（今回は触れることができないが）東洋では，身体と物体とは同じものではない。湯浅によれば，〈身〉と言う漢字は女性が身ごもった形を示す象形文字である。一方，〈体〉は身体，四肢，姿などを示す文字であるとともに，物事の理，本質，筋道といった精神的意味をも含んでいる。〈心〉は元来心臓の形を示す文字であるが，心のありかが心臓にあると考えられていたので，〈こころ〉を意味する文字になったのである。したがって〈心〉も元来身体から分けられない。つまり東洋では，身体は精神と物質との中間にあって，両方を1つに結びつけているものであったのである。

2 心身二元論の身体観

　さて身体論が必要となった背景であるが，それは，精神は「意識」を属性とし，物質（身体）は「延長」を属性とする，つまり精神も身体も「完全実体」（Substantia completa）であるとするデカルト（Rune Descartes：596－1650）のいわゆる心身二元論の影響に身体論が必要と

> **key word** 身心関係論，身体論，心身二元論，運動図式

される遠因が求められると言える。すなわちこの二元論によって，一方では物質がそれ固有の精神によって動かされることもなくなり，西洋医学や物理学といった経験科学に寄与し，殊に19世紀の実証主義や科学的合理主義の展開に貢献したのであった。しかし他方で身体から切り離された精神は，デカルトその人が自ら問題にしたような，二元論の枠内は言うに及ばず，とりわけ近年の実証主義，科学的合理主義の枠内にもおさまり得なくなり，いわゆる心身関係論が哲学上の論争として続くようになった訳である。

このようにして二元論からはみ出した精神部分の問題が，これまでの身体観の見直し，再検討を促す契機となったのであるが，しかしロック（John Locke 1632 – 1704）やカント（Immanuel Kant 1724 – 1804）らの西洋近代の認識論の立場からは，認識主観の基本的能力を「悟性」と「感性」，すなわち思考による判断作用と，感覚器官による知覚作用，との2つに置くもので，したがってこれはこの2つの能力を認識主観における意識の能力としてのみ把握し，身体の在り方は認識作用から一切排除するものであった。しかしながら，少なくとも感性的直感としての知覚の作用を身体の働きから切り離すことはもとより不可能なことであったのである。

またデカルト派の立場からは，ゲーリンクス（A. Geulincx 1624 – 1669）やマールブランシュ（N, de Malebranche 1638 – 1715）の心身間で一方の状態が他方の変化の機会となりあっている，と捉える「機会原因説」（Occasionalism）や物的現象と心的現象とは互いに全く独立であって，並行的対応関係があるだけだという「心身並行論」（Psycho-physical parallelism）などが西洋哲学史上で論じられた。

しかし，これらは，「身体」（その構造や状態や行動）と「精神」（霊魂，魂，心）にそれぞれ実体を認めるデカルト的二元論の延長上にあると言えるもので，以下に述べる，身体を言わば自然科学的世界観に定位して見ることから離れ，人間を心身不可分の存在（身体の意識性という観点も含んだ）として注意を払う考え方はまだなかったのである。

3 現象学や実存哲学から観た身体

先に触れた人間存在の心身不可分性に注意を払う基盤は，フッサール（Edmund Fusserl 1859 – 1938）の問題提起によって展開されたような現象学の見方の中にみられる。フッサールは，存在と意識に着目して，あたかもそれ自体として存在しているかのように見なす立場で，存在している者を問うのではなく，主観の意識作用，意識生活との相関関係の中で「私」および「私たち」に対するあらゆる存在者の在り方を問い明かそうとした。つまり意識するものとされるものとを常に必然的な相関関係の場において考察しようとしたのである。このような相関関係を認める見方は，我々の身体は常に世界のただ中にあるということ，言い換えれば，身体と世界とはなんらかの状況もしくは布置をなしてなんらかの意味ある全体として我々の前に現れてくるというハイデッガー（Martin Heidegger 1889 – 1996）のドイツ実存主義の思想につながるのである。ここでいわれるような「状況」での身体は，前もって人工的に分離したうえで概念的に規定したものではなくて，無媒介的に反省以前の意識に立ちのぼってくる，つまり自らの体験のうちに自然に浮かび上がってくる身体の意識であって，解剖学などの自然科学的な対象としての身体ではないという意味で「生きられる身体」（gelebt Leib）と表現されるのである。

こうした現象学（あるいは実存哲学）の立場からサルトルやメルロ・ポンティーらは，身体

第2章　体育・スポーツ科学の基礎

が示す主体的＝客体的な両義性に着目する訳であるが，近年の心身関係論の変遷を考察するに当たって，その前に生の哲学，(生の創造的進化)の立場からデカルト以来の心身二元論的思考様式を克服し身体と精神の相関性に新しい光を投じたベルグソン (Henri Bergson 1856－1941) に簡単に触れておく必要があろう。ベルグソンは，身体とは生活の有用性に向って習慣化された感覚一運動機構であると定義する。彼はここで知覚に関して身体の生理心理的メカニズムを一定の方向に習慣化させる「運動図式(シェマ)」(1e scheme moteur) というものの存在を仮定する。このシェマについては，メルロ・ポンティーの考え方の紹介の箇所で説明するが，身体のメカニズムはそういう運動図式によって活性化されてはじめて生ける身体となる，と彼は考えるのである。

さてフランス実存哲学からは，サルトル (Jean-Paul Sartre 1905－1980？) の身体観を簡単に紹介しよう。彼は，実存における身体を，「世界に関する意識としての，また私の未来へ向かっての超越的投企 (Project transcendent) としての，私の意識の可能性の恒常的条件である。」と説くのである。しかしそれは，身体が１つの「指示の中心」として抽出されるものに過ぎず，一次的に「生きられる身体」ではない，と言われるものであり，この意味でサルトルは意識の観点性を身体性に置きはしたが，身体の意識性については特に語らないのである。

4 生物学・生理学から見た身体と運動図式

これに対して，身体の意識性を明確に取り上げたのは，メルロ・ポンティー (M, Merlea-Ponty 1908-1961) である。彼の説くところによると「重要なことはもはや物理的実在でも心的実在でもなくて，本来外的世界にも内的生活にも属さないような意味的全体ないし構造である」と言うのである。そして人間的レベルでの「構造」の性格は，「意識とは身体を媒介とした事物への存在である」と説くのである。湯浅によれば，このメルロ・ポンティーや前に紹介したベルグソンの考えでは「身体は１つの習慣化した《感覚一運動回路》(ないしは過程) と見ることができる」と言うことになる。この回路を，生理学的知見で説明すると，感覚一運動回路はまず，感覚器官を通じて外界の状況を受動的に認知し，求心性回路 (感覚神経)) によって情報のインパルスを中枢 (大脳皮質) に送る。その情報に基づいて意識が判断を下し，中枢から指令が発せられ，遠心性回路 (運動神経) によって身体運動が起こされる。そのことによって身体は能動的に世界へ関わるのである。したがって感覚運動回路は，自己と世界との間に受動的一能動的な回路を形成して自己を世界に関係させるのであるが，湯浅によれば，「ベルグソンとポンティーは，この感覚一運動回路としての生理学的身体の底に，生理心理的次元を越えた「運動図式」ないしは「身体図式」が存在するものと見なし，生理的回路は，その図式による活性化作用に導かれて初めて活動するものと考えた」のである。

それはともかくベルグソンらのいう生理心理的次元を越えた「**運動図式**」「**身体図式**」(※) を発想することによって，我々は身体を私の意識と関連させる「身体論」に，そして我々の体育・スポーツ科学にとって新しい意味の提起を

(※)
「運動図式」との関連で身体運動を考える場合，私たちはダーウインの進化論の影響を受けた生物学的な身体観に触れる必要があろう。G. S. ホールは，基本的に身体が運動を起こすのは先祖の遺伝子に組み込まれている生存に必要な筋の記憶に規定されていると説いている (先祖がえり説。Recapturation theory)。この仕組み (彼は運動図式と言う語は使用しない) によって人間は，運動し，遊び，スポーツをすると言う仮説が，米国の体育界で影響を及ぼした点も指摘しておかなければならないだろう。
この他，身体と心の関係を行動とその背後にあると想定されるものとの関係で捉えようとするワトソンらの「行動主義」behaviourism という米国の考え方もある。

予想させてくれる「身体論」になり得るとも観ることが可能であろう。

　以上，大雑把に観てきたように，西洋の身体観に端を発するデカルト的二元論の破綻と人間の実存が心身不可分の世界内存在として自覚されるに伴い，今日では精神ではなく身体が現代哲学の主題となり，身体の使い方が人間形成の基底として，体育・スポーツ科学のみならず，教育学の緊急の課題となってきている。それというのも，我々の注目の起点となり，その注目が向けられているものの形をとって絶えず我々に直接経験されているのが我々の身体なのであって，この「自分の身体」こそが人間のあらゆる行動（体育・スポーツを含めた）と知識の基盤であるからである。この意味でも現代における身体論は，ますます重要性を増しており，近代的人間観のみならずスポーツ問題を克服する大きな契機を孕んでいるといえるであろう。

参考図書
1) Ellen W. Gerber, etc (1979) SPORT AND THE BODY: A Philosophical Symposium. Lea and Febiger.
2) 市川浩 (1977) 身体の現象学, 河出書房新社.
3) 木村慎欲 (1983) 19世紀以降の身心関係論, 新岩波講座《哲学9》.
4) 宮本忠雄 (1970) 身体性の現象学, 岩波講座《哲学, 人間の哲学》.
5) 水野忠文 (1984) 身体論とスポーツ,《現代体育・スポーツ大系》, 第一巻, 講談社.
6) レールス著, 杉本政繁ら訳, 長谷川守男監訳 (1987) 遊戯とスポーツ, 和田修二解説, 玉川大学出版.
7) 塩川徹也 (1983) 17, 18世紀までの身心関係論, 新岩波講座《哲学9》.
8) 杉本政繁 (1989) 身体観の変遷, 加賀谷, 麓編, 小学校教育のための体育学概論, 杏林書院.
9) 杉本政繁 (1982) G.S.ホールのMotor Education論の一考察, 体育学研究.
10) 立松弘孝ら (1977) 現象学フッサールからメルロ・ポンティーへ, 情況出版.
11) 湯浅泰雄 (1979) 身体—東洋的身心論の試み, 創文社.

2 社会的現象としてのスポーツ

井田國敬（スポーツ社会学）

1 スポーツ社会学の関心：社会的現象としてのスポーツ

　社会学は，端的に「人間の社会的共同を研究する学問」と定義される。その社会学を基盤として生まれた「スポーツ社会学」の関心は，ごく簡潔に表現すれば，「様々な集団でのスポーツに係わる社会的現象」あるいは「社会的現象としてのスポーツ」である。

　したがって，スポーツをめぐる種々の現象のうちで，スポーツ社会学の対象となる現象とは，一個人における生理的・身体的変化あるいは心理的メカニズムに関わる現象ではなく，二人以上の人間で構成される集団・組織において生起されるスポーツ現象である。

　一人で黙々と長い道のりを走る長距離ランナーの行為は，全身の筋肉や心肺機能，心理的働き，さらに思考力や技術などを駆使するランナー個人がもっぱら生み出す現象であり，それはスポーツの生理学，心理学，医学，物理学などの研究対象である。

　ところが，そのランナーが大会に出るためにチームとしてコーチや仲間とトレーニングをするとなると，そこには人間同士の様々な相互作用が生じるし，さらに大会ではライバルとの交流や駆け引き，大会関係者，観客，マスメディア等との直接的・間接的関係も生じてくる。そのような他者との関係性や複数の人々で構成される種々の集団において生じる社会的現象は，それぞれスポーツ社会学の対象となる。

　あるいはまた，自由な時間での子どもたちの遊び，学校での体育の授業や運動部での教育的な営み，様々な人々の楽しみや親睦の活動，産業化されたスポーツ状況や高度な技能の専門家選手たちによる国際的な競技会をめぐる経済的・政治的そして倫理的な問題，さらにはそのファンやサポーターたちの特異な行動など，実に多様なスポーツの場での集団的行動から生じる様々な現象は，スポーツ社会学が関心を向ける対象である。スポーツ社会学のフィールドで展開される活動と，そこで引き起こされる現象は極めて多様である。

2 スポーツの社会的現象への視点

　様々なスポーツ場面での多様なスポーツ活動の現象を見ると，今やスポーツ自体が普遍的で，人間にとって不可欠な，いわば「空気」のような大切な存在であり，またスポーツは，それをとりまく社会と深い関係をもった社会的・文化的な存在であることが認識される。したがって，スポーツを自然科学的にのみ捉えるのではなく，社会科学的さらには人文科学的な対象としても捉える必要がある。特にスポーツ活動の実践者かつスポーツ科学の専攻生として，スポーツ陣営の真っ只中にいる者は，スポーツとスポーツ集団が陥る否定的な状況，社会病理的現象に注意深く目を向け，問題意識を鋭敏にすることが重要である。

　また上記のような多様なスポーツの集団や組織にまつわる社会的現象に対するスポーツ社会学のアプローチの視点は，およそ次の2つに分けられよう。1つはスポーツ集団・組織の内部の現象に対する微視的（ミクロ）な視点であり，もう1つはスポーツ集団とそれを取り巻く環境としての社会や時代との相互関係から生じる現象に対する巨視的（マクロ）な視点である。前者の微視的視点では，スポーツに係わる人々の価値観や規範，互いの関係性など，集団内部の諸要素のダイナミックスが課題となる。また後者の巨視的視点では，現代社会や地域生活での

Key word スポーツ社会学，集団，社会的現象，他者との関係性

スポーツの意味，社会的・時代的な変遷に伴うスポーツの変容やスポーツへの要請，またスポーツによる社会への影響などの問題などが注目される。

今，最近大きな話題になったスポーツ界での2つの事件を事例的に取り上げ，「社会的現象としてのスポーツ」に対する問題意識を高めるウォーミング・アップをしてみよう。2つの事件それぞれについて，新聞等のメディアからの情報内容〈資料〉を整理し事件の展開を要約した。その概要と後に挙げたいくつかの〈考察のヒント〉を参考にして，スポーツをめぐる社会病理的な現象が事件の表層の内部にある様々な要因とその複合的な作用により引き起こされている経緯を考察してみよう。

事例1　"夏の甲子園連覇"駒大苫小牧高校野球部での部長による暴力事件

〈資料〉
- 読売新聞『明徳義塾が甲子園出場を辞退，喫煙や暴力で』（2005/8/4）
- 苫小牧民報『駒大苫V2球児凱旋：歓喜の2000人迎える』（2005/8/22）
- 毎日新聞『高校野球：連覇の駒大苫小牧高で野球部部長が部員に暴力』（2005/8/23）
- 読売新聞『駒苫に衝撃走る：部長が部員に暴力ふるう：優勝旗返還の可能性も』（2005/8/23）
- サンケイスポーツ『駒大苫小牧の野球部長が部員に暴力：大会前の発覚，報告せず』（8/23）
- 産経新聞『暴力問題で「事実まだ分からず」駒大苫小牧副校長』（2005/8/26）
- 朝日新聞『学校側が改めて謝罪，被害者と和解：駒大苫小牧暴力事件』（2005/8/27）
- 朝日新聞『駒大苫小牧の全国優勝変わらず，部長は謹慎：高野連結論』（2005/8/28）
- 『暴力根絶へ，脇村高野連会長が緊急通達』（2005/8/28）

2005年の第87回全国高校野球選手権大会は，8月20日，南北海道代表の駒大苫小牧高校が，57年ぶり史上6校目の夏の大会連覇の偉業を成し遂げて閉幕した。翌日21日夕，監督はじめ選手の一行は2千人を越える市民が絶大な拍手と歓声で待ち受ける母校に凱旋し，挨拶に立った監督は「今回は，参加に意義があると考えた。楽しくやればと思ったのが，自分たちの野球につながった。…」と語った。

その翌日の22日，不祥事が発覚し，夜10時，同校は校内で記者会見を開き，「野球部部長の教員が，6月中の朝練習でエラーをしながらもふざけた3年生部員（大会ベンチ入りせず）を殴打した。さらに部長は同じ部員が大会期間中の8月7日，大阪府下の宿舎で〈夏ばて防止のご飯3杯の決まり〉を姑息にごまかして食べ残し，その指導に対しても反抗的な態度をとったためにスリッパで頭を殴打した」ことを発表した。同校は保護者からの連絡で8月8日に事実を把握していながら，日本高等学校野球連盟（高野連）に報告せず，そのまま11日の初戦に出場していた。ちなみに，大会開幕2日前の8月4日，高知県代表で甲子園出場常連の強豪・明徳義塾高校が上級生部員（ベンチ入り選手を含む）による下級生への暴力と部員10名余りの喫煙の事件を隠蔽していた不祥事発覚で出場を急遽辞退し，大きな話題になったばかりだった。

8月23日，学校長は会見で，報告をしていなかったことについて「子どもの将来を考えて対応が遅れた。粛々と大会が進んでいたので，関係者に迷惑をかけたくなかった」と説明した。さらに，「優勝旗返上の話が出るかもしれないが，どのような結論でも受けとめる」と語った。その後，苫小牧高校の当該の部員親子と学校

側は，暴力の程度と事件公表の遅れの理由について見解の顕著な差異により厳しく対立していたが，8月26日夜，学校側・部長自身の謝罪により部員親子と学校側は和解した。

8月28日，日本高野連は「野球部長は有期の謹慎，チームには咎めなし，優勝は有効」の処分を発表した。また同連盟会長は，全国の高校野球部の指導者と部員生徒に対し，「…日本高野連は，戦後一貫して暴力絶滅を強く訴えてきました。特に上級生が無抵抗の下級生に対し，制裁を科す行為は厳しく戒めてきました。…体育会系の部活動では多少の暴力は許されるとか，以前からあった，などというのは誤った考えであり，長い間引きずってきたこうした暴力を許す体質を指導者がどう断ち切っていくかが厳しく問われています。学校教育活動として行われる部活動では生徒間の暴力はもちろんのこと，指導者の暴力もいささかも許されるものではありません。…相次ぐ不祥事をふまえ，この機会に全国の加盟校指導者と選手，部員の皆さんに，暴力のない・暴力を許さない野球部の確立を…強く要望します…」との緊急通達をした。

〈考察のヒント〉
① 野球部内部の状況（指導スタッフ・部員の特性，各々の人間関係と両者間の関係，指導者・部員の目標と満足度，役割と規範，練習状況，学業へ取り組みなど）
② 野球部を取り巻く状況（練習と寮などの生活環境，学校・野球部後援会・地域社会の期待と関係，日本高野連の指導性・あり方など）
③ 強豪高校野球部共通の状況と問題点（部員数と部の運営，野球留学，学校経営と運動部の関係など）
④ 日本のスポーツ集団共通の特性と問題点

事例2 2006年サッカー・ワールドカップ大会アジア最終予選，日本対北朝鮮戦の第三国・無観客試合の背景

〈資料〉
・読売新聞『スポーツと政治は別：サッカー北朝鮮戦で官房長官』（2005/2/2）
・日刊スポーツ『日本協会，北朝鮮への過熱取材自粛要請』（2005/2/4）
・産経新聞『日本対北朝鮮戦のテレビ視聴率』（2005/2/9）
・黄慈権『牧歌的な北朝鮮，狡猾なバーレン』（2005/3/28），『アジアの悪役・北朝鮮代表の真実』（2005/4/1），（http://suportsnavi.yahoo.co.jp）
・sanspo.com『6・8アウェー北朝鮮戦，観客ゼロも』（2005/4/1），『異例の「誤審抗議」報道：朝鮮中央通信』（2005/4/1）
・アジアサッカー情報『来月8日バンコク確定＝サッカーW杯予選日朝戦』（2005/5/12）『日本，3大会連続出場』（2005/6/9）（http://www.worldtimes.co.jp）
・asahi.com『北朝鮮戦＝抱き合って喜ぶサポーターたち／東京国立競技場』（2005/6/9）

積年の政治的懸案で厳しい関係にある日本と北朝鮮両国のサッカー代表チームが，2006年のドイツ・ワールドカップ大会アジア最終予選として，イラク，バーレンとともに同じグループでホーム・アンド・アウェイ方式により戦うことになった。その緒戦は，2005年2月9日，埼玉スタジアムでの日本対北朝鮮戦であった。

2月2日，政府の細田博之官房長官は，記者会見で，前年の8月に中国国内で開催されたサッカー・アジアカップの日本対中国戦の際に，中国側に冷静な対応と安全を要請したことに触れながら，9日の北朝鮮との試合について，「スポーツという政治と離れた世界の話だ。観戦に出掛ける人も，冷静に対応しサッカーを楽しむことをお願いしたい」と国民への異例の呼び掛けをした。また，長官は円滑な運営のために，日本サッカー協会による自主警備の充実とともに，警察が必要な警戒警備に当たる方針を示した。その翌日の3日には，日本協会は各メディアに向け，「開催国は安全を保障しなければならない。あくまでスポーツの大会として扱

ってもらいたい。北朝鮮代表に対する過熱取材を自粛して欲しい」と特別の要請をした。また、両国サポーターの接触を避けるような誘導、入り口での金属探知機での手荷物検査の実施などについて説明した。

2月9日の試合は日本の辛勝で無事に終わったが、6月8日に北朝鮮で行われるアウェイの試合は、日朝の政治情勢が絡んでどのような事態になるか案じられていた。ちなみに、9日のテレビ朝日の中継放送の平均視聴率は、関東で47.2％、関西で43.5％で、2002年のＷ杯で日本が第1戦のロシアに勝利したときの66.1％に次ぐものであった。

その後、3月25日に北朝鮮は自国の平壌の金日成スタジアムで、主審の度重なる"不公平な"判定に大きな不満を残しながら、バーレンに1－2で敗退した。試合後、一部の観客が物を投げ入れたが、それでも北朝鮮の選手とほとんどの観客は紳士的に振舞い、大きなもめごとはなかった。（※3/25、3/30の2試合をスタジアムの観衆の中で観戦し、北朝鮮の選手・観衆の様子や心理を観察したスポーツ・ライター黄慈権のレポートは興味深い。）

3月30日の北朝鮮対イラン戦の金日成スタジアムは、会場アナウンスのマイクで「拍手」とか「ブー」とか観客に応援を指揮するといった異様な熱気で包まれ、選手だけでなく観客もこの試合に掛ける気持ちは高揚していた。しかも何よりも問題は、審判に対しての不満が潜在していたことである。数十分遅れて開始した試合は、イランが2－0でリードしていたタイムアップ直前に、ペナルティエリア内で北朝鮮選手が倒された。しかしファウルとは判定されなかった。バーレン戦以来、審判に対して鬱積していた不満が噴出した北朝鮮の選手たちは主審に詰め寄り、その1人が主審に体当たりして抗議し、退場処分になった。そのまま北朝鮮が敗れた試合後には、観客席からまた物が投げ込まれ、審判は競技場中央から動けなかった。さらにスタジアム玄関口にサポーターがなだれ込み、イラン選手、報道陣に石やビール瓶を投げつける暴挙に及んだ。北朝鮮の朝鮮中央通信は、31日、試合結果とともに、観客の暴徒化に関して「競技が終わるや観客すべてがシリア人の主審と副審らの誤審に怒り、強い抗議の意思を表した」と、北朝鮮としては国際試合では異例の「誤審抗議」の報道をした。

4月29日、国際サッカー連盟規律委員会は北朝鮮協会に対し、騒乱の処分として、6月8日に金日成スタジアムで予定されていた日本戦を、「第三国タイのバンコクの国立競技場において無観客で実施する」という極めて厳しい処分を科した。その試合の当日、日本から駆けつけた熱烈なサポーターによるスタジアムの外からの声援をピッチで聞きながら、日本チームは北朝鮮を2－0で降し、ドイツでの本大会への出場を決めた。一方、長く世界サッカーの大きな舞台から離れ、国際感覚を欠如していた北朝鮮チームとそのサポーターは、最下位でこの予選を終えた。

〈考察のヒント〉
①北朝鮮の政治状況と国際スポーツ界への参加
②日本・北朝鮮関係とスポーツ交流
③サッカー（スポーツ）とナショナリズム（政治）
④スポーツ・ファン（サポーター）の行動と文化
⑤スポーツにおける暴力と倫理規範

参考図書
1) 森川貞夫, 佐伯聰夫編(1988)スポーツ社会学講義, 大修館書店.
2) 池田勝, 守能信次編(1998)スポーツの社会学(講座・スポーツの社会科学・Ⅰ), 杏林書院.
3) 井上俊, 亀山佳明編(1999)スポーツ文化を学ぶ人のために, 世界思想社.
4) 江刺正吾, 小椋博編(1994)高校野球の社会学, 世界思想社.

3 スポーツをマネジメントする

藤本淳也（スポーツマーケティング）

　私たちがスポーツを「する」場面を想像してみよう。そこには，よく利用しているグラウンドや体育館があり，駐車場や更衣室などの付帯施設が整備され，利用するために料金を払う。また，実際にスポーツをしている人以外に，施設を運営・管理している人，スポーツイベントであればその企画や運営を行っている人，そしてスポーツを指導している人がいて，そこでのスポーツ活動をサポートしている。スポーツを「みる」場面はどうだろうか。雑誌やインターネット等で調べた試合スケジュールから観戦する日程を決め，チケットを購入してスタジアムやアリーナに行くと，そこには音響やスクリーンで演出された空間があり，そして駐車場や売店などの付帯施設がある。また，選手がプレーしている試合を多くの人が観戦し，チケット販売から会場設営，試合運営に携わる人がいる。

　このように，スポーツの場面では，「場（施設，空間など）」があり「人（実施者，観戦者，運営者など）」がいて，「お金（会費，利用料，チケット代など）」や「情報（施設情報，スケジュール，広告など）」が動いている。スポーツを実施あるいは観戦する**スポーツ消費者**(※)は，これらの要素を用いて効率よくシステマティックに作り出された空間を利用して，それぞれの活動を楽しんでいる。つまり，私たちは「そこにスポーツがあるから」スポーツを楽しむことができるというよりも，そこにあるスポーツが「マネジメントされているから」スポーツを楽しむことができるのである。本節では，人々が楽しんでいる（消費している）マネジメントされたサービスとしてのスポーツの特性と，スポーツをマネジメントするために求められる能力について理解する。

1 スポーツサービスの特性

　日常生活の中で使われている「サービス」という言葉は，「無料」「奉仕」「おまけ」という意味が含まれていることが多い。しかし，実際には，私たちはサービスに対して料金を払い，購入している。たとえば，レストランの食事代には食べたメニューの食材や料理手数料の他に，ウェイトレスが対応したことに対する料金も含まれている。また，ホテルの宿泊費にはシーツの洗濯代だけではなく，部屋という空間を利用した料金やフロントなどでの従業員の対応に対する料金も含まれている。

　スポーツも例外ではない。スポーツ教室で受けた指導は，明らかに商品（物）ではなくサービスであり，フィットネスクラブの会費には，指導料や施設利用料，受付接客の他に，会員としての様々な権利が含まれている。また，スポーツ観戦では，試合やスタジアムでのイベント，そして様々な演出やファンによって作り出され熱狂と興奮に満ちあふれた空間というサービスを楽しむことに対して，私たちはチケットを購入しているのである。このように，「スポーツをする」そして「スポーツをみる」ことを提供

(※)
「スポーツ消費者」
運動・スポーツ活動やスポーツ観戦などを実施するために，時間，お金，個人的エネルギーを投資する人々。または，スポーツ参加者やスポーツ観戦者の総称。

key word スポーツサービス，スポーツ消費者，スポーツ組織，マーケティング・マネジメントサイクル

しているサービス，言い換えれば，私たちが「スポーツをする」そして「スポーツをみる」ことを購入しているサービスを，スポーツサービスという。

それでは，スポーツサービスの特性とは何だろうか。まず，第1に，「（スポーツサービス）＝（経験）」である。経験（Experience）とは，「人間が外界との相互作用の過程を意識化し自分のものとすること」であり「人間が自分自身を変化させる活動が基本的」である[1]。人々は，スポーツ指導を受けている時間（あるいはその過程）を通して技術的，精神的，社会的，身体的に成長できる。また，スポーツ観戦では，スタジアムやアリーナで作り出される非日常的な空間の中で，好きなチームの応援を通して自分がファンの一員であることを確信し，誇りを持つようになっていく。スポーツサービスを購入するということは，その活動している時間あるいは中長期的なプロセスにおいて自分自身を変化させていく「経験」を購入するということなのである。

第2に，スポーツサービスは経験であるが故に，それが良いサービスになるか悪いサービスになるかはスポーツ消費者の態度への依存度が大きい点である。フィットネスクラブでのエクササイズは，インストラクターから指導を受けている時間よりも自分自身で活動している時間の方が長い。スポーツ指導の場面では，どんなに良い指導者であっても参加者に積極的に取り組む姿勢がなければ，良い教室・スクールにはならない。スポーツサービスは，スポーツ消費者自らの態度で良いサービスづくりに貢献できるのである。

第3に，スポーツサービスの質が不安定な点である。レストランやホテルのサービスは，同じ金額であれば比較的同等のサービスを受けることができる。つまり，事前にサービスの内容や質を認識したうえで料金を払い，予想通りのサービスを購入することができる。ところが，スポーツをする場合は，どんなに積極的に取り組んでも「技術が伸びない」「チームメイトとの連携プレーがうまくできない」「試合に負ける」ことがあり，反対に「思いがけずできた」「勝てないと思ったのに勝った」ということもある。この質の不安定さがスポーツの本質であり，安定して良い結果を導き出せるように努めることがスポーツの楽しみでもある。

第4に，スポーツサービスの購入は計画性が高い点である。スポーツを「する」ときには，日程の調整，場所の確保（予約），一緒にする人とのスケジュールの調整，用具・ウェアの調達，交通手段の確認など，多くのことを事前に決めておく必要がある。また，教室やスクールの場合は，その予定が日常的な生活の中に計画的に組み込まれている。スポーツを「みる」ときにも，試合や大会の開催日に合わせて自分の時間やお金，仲間や家族のスケジュールを検討して計画する。スポーツサービスの購入では，お金，時間，場所，仲間，情報収集など，多くのことを判断および調整する必要があるため，計画的に購入される場合が多いのである。

最後に，スポーツサービスにはスポーツそのものの価値以外に，スポーツ消費者が求める付帯的・周辺的価値が含まれる点である。たとえば，テニス教室やスクールというサービスを提供するには，指導者，テニスコート，道具をそろえることができれば開催することは可能である。しかし，参加者は駐車場や更衣室，シャワー，売店，喫茶店など，スポーツ活動を快適に楽しむための付帯的施設やサービスを重視する場合も多い。また，スポーツ観戦者は，ただ単に試合観戦を楽しむだけではなく，試合前後のイベント，子どもが退屈しないような施設やサービス，そしておいしい飲食物の販売なども求

めている。つまり，スポーツ消費者は，これらすべてをスポーツサービスとして消費しているのである。

図1-8は，スポーツサービスの領域的特性を示している。スポーツ消費者は，スポーツ活動やスポーツ観戦に対して様々な「価値」を求めている。その価値には，スポーツ活動やスポーツ観戦そのものが持つ価値以外にそれらに付帯されたり，それらを演出したりすることによって生み出されるものも多く含まれている。前述のように，日頃私たちが楽しんでいるスポーツ活動や観戦は，スポーツ組織によってマネジメントされたスポーツサービスである。したがって，スポーツ消費者を楽しませるためには，スポーツサービスの特性を理解し，どのような要素をマネジメントして質の高いスポーツサービスを創造することが重要である。

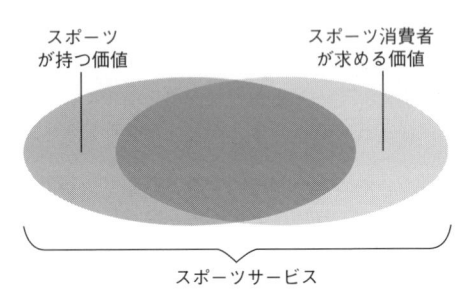

図1-8　スポーツサービスの領域的特性（筆者作成）

2 スポーツ組織のマネジメント

スポーツサービスを提供している組織を「スポーツ組織」という。スポーツ組織には，民間スポーツクラブ・フィットネスクラブ，野外教育施設，公共体育館，スタジアム，プールなど主に施設を管理・運営している組織や，学校運動部活動，地方自治体のスポーツ振興関連部署，スポーツ競技団体，地域スポーツクラブ，スポーツNPO，スポーツイベント企業，プロスポーツチーム，企業スポーツチームなどの指導やプログラム，システムなどを提供している組織が含まれる。これらのスポーツ組織は，それぞれ「場」「人」「お金」「情報」の要素を用いてスポーツサービスを創造・提供（販売）している。

図1-9は，スポーツ組織とスポーツサービスとの関係を示している。一般に，それぞれのスポーツ組織が創造できるスポーツサービスの質や量は限られている。たとえば，民間フィットネスクラブでは，健康の維持増進のためのエクササイズ（運動）とその指導を提供できるが，バレーボールやサッカーなどのスポーツ種目の指導ができないクラブも多い。また，公共の体育館の多くは，スポーツ活動をする「場」や「空間」を提供しているが，スポーツ競技種目を指導する機能を備えてない。つまり，各スポーツ組織によって，創造そして提供できるスポーツの価値が限られているのである。

スポーツサービスを提供する対象者も，スポーツ組織によってそれぞれ異なる。各スポーツ競技団体の活動は，その特定の種目に関するものに限られている。また，地域スポーツクラブにも，子どもだけ，大人だけ，サッカーだけ，野球だけなど，対象者を限定したものが多く，レベルも初心者から上級者まで様々である。1つのスポーツ組織がスポーツサービスを創造して提供できる対象者は限られている。それは，各スポーツ組織が持っている資金，施設，人材，情報が異なるため，これらの経営資源によって創造できるスポーツサービスの質と量が決まってくるからである。つまり，各スポーツ組織がマネジメントしているスポーツサービスは，図1-9の色が濃い部分が示しているように，一般

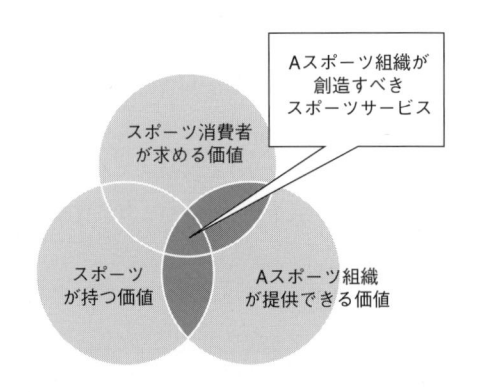

図1-9　スポーツ組織とスポーツサービス（筆者作成）

的に言われているスポーツサービスの領域の中で，その組織が持つ「場」「人」「お金」「情報」を考慮して，提供することが可能な価値なのである。

3 スポーツをマネジメントする能力

スポーツ組織には，その組織が対象としているスポーツ消費者が求める価値を満たすスポーツサービスを創造できる人材（マネジャー）が不可欠である。マネジャーに求められる大きな能力の1つは，マーケティング・マネジメントサイクルの立案・実施・管理である。このサイクルは，「スポーツ消費者のニーズや地域状況の分析・把握」「経営資源の把握・評価」「経営目標の設定」「事業の企画・計画」「事業の運営」「事業の評価・反省」の一連のプロセスのくり返しである（図1-10）。図1-8と図1-9にも示したように，スポーツサービスの創造にはスポーツ消費者が求める価値を知ることが不可欠なため，彼らの状況や求める価値を分析および把握することは非常に重要である。そして，自組織の経営資源（場，人，お金，情報）と照らし合わせて経営目標を決定し，企画，実施する。最後に，スポーツサービスの内容だけではなくこのプロセスのすべてを評価してフィードバックするのである。

スポーツマネジメントにおいて，「スポーツ消費者のニーズや地域の状況の分析・把握」が重要な理由は，スポーツサービスが提供される「場」の特性に関係する。たとえば，スポーツ活動やスポーツ観戦が行われる「場」は，公共

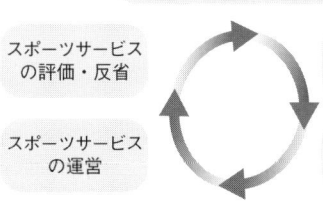

図1-10　マーケティング・マネジメントサイクル

スポーツ施設，民間スポーツ施設，学校，広場，アリーナ，スタジアムなどの特定の比較的規模が大きい施設である。つまり，一般的な製品やサービスは人がいる場所に「売りに行く」ことが容易であるが，スポーツサービスは特定の場所に人を「集める」ことによってはじめてサービスを提供することができるのである。1つの施設が人を集めることのできる範囲や地域（これを商圏という）は限られており，その商圏内の人口や年齢構造，産業や交通事情は常に変化する。また，人々のスポーツ活動やスポーツ観戦に求める欲求やニーズ，そしてそれらの活動に関連して（通して）求める欲求やニーズも常に変化しているのである。

スポーツ組織で働く人材には，マーケティング・マネジメントサイクルの1つひとつを確実に実施し，的確な意思決定とリーダーシップを通して，質の高いスポーツサービスを創造し，提供していく能力が求められる。

文献
1) 新村出編(1998)広辞苑,岩波書店.
2) 原田宗彦編著,藤本淳也,松岡宏高著(2004)スポーツマーケティング,大修館書店.

参考図書
1) 池田勝,守能信次編(1999)講座・スポーツの社会科学3：スポーツの経営学,杏林書院.
2) 原田宗彦編著(2003)スポーツ産業論入門第3版,杏林書院.
3) 原田宗彦編著,藤本淳也,松岡宏高著(2004)スポーツマーケティング,大修館書店.

4 教育学から見た「スポーツ」

岡崎勝博（体育科教育学）

1 君たちはスポーツで何を学んできたのか

君たちはこれまでの小学校，中学校，高等学校の体育授業や運動部活動，あるいは地域スポーツクラブなどで，様々なスポーツと出会ってきたと思う。いったい何種類のスポーツと出会ってきたのだろうか。

ところで，数多くのスポーツとの出会いの中で何を学んできたのだろうか。「うまくなること」「スポーツそのもの」「仲間づくり」「チャレンジ精神」「限界への挑戦」「忍耐力」「努力」「克己心」「自信や自尊心」，あるいは「挫折感」「劣等感」など，様々なことが挙げられるだろう。

これらの意見はどれもその通りだが，意外と気付かれていないのが「その社会の文化や思想も学んでいる」ということである。

たとえば，ラグビーの有名な用語に「ノーサイド」がある。「ピピー」と審判が終了の笛を鳴らすと，もうそこには敵味方の区別が無く，あとはお互いの健闘をたたえ合うという社交の場が設定されることになる。勝敗へのこだわりよりも，社交の方が大切だと考えられていたのである。また，メンバーチェンジが何回もできるスポーツと3人などに限定されているスポーツの違いは何か。ここにもそのスポーツが生み出された背景やそれが発展してきた過程（ルールや技術，制度の変更）にその社会の考え方が反映されている。

ちなみにラグビーやサッカーは，鉄片を先につけた靴で相手を蹴っていたというような荒々しいゲームから（図1-11），ルールが整備され，社交を大切に考える思想のもとに発展してきた。サッカーの親善試合でPK戦がないことや，メンバーチェンジが制限されているのはそのためである。反対にバスケットボールやアメリカンフットボールなどは勝敗にこだわり，人間を機能主義的（人間を「1つの部品」と見なす考え方）に捉える思想がベースにある。

図1-11　19世紀中ごろのラグビー校のフットボール[1]
（Seaborne, M.「Education」より）

さらに，現代社会の文化や思想をたどっていくと19世紀に生み出された近代社会の思想に行き着く。たとえば「自由，平等，公正」などの思想である。だから貴族だからできるスポーツがあったり，税金をたくさん納めているからできるスポーツがあったり，ルールをゲーム毎に変えても良いというスポーツがあったりすることはない。

19世紀に示されたスポーツ規範では，play the game（ゲームをする）は「立派に振る舞う」を意味し，it's not cricket（それはクリケットではない）は「公明正大でない」ということを示す言葉として使われていた。

このように，私たちはスポーツを通じてフェアプレイの精神やルールを厳守する精神を養ってきたといえる。さらに，この精神性がベースにあるからこそスポーツが世界に広がったといえる。なぜなら，「自由・平等・公正」の精神は，「誰でもがスポーツに参加し」，「誰でもがスポーツを楽しめる」という道を世界中の多くの人々に切り拓いたからである。

key word スポーツ文化，教育学，体育授業，部活動

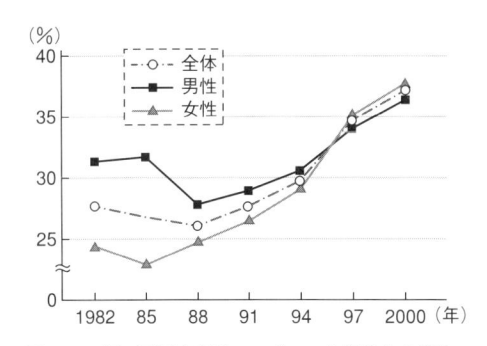

図1-12 週1回以上運動・スポーツを行う人の推移（成人の場合）[2]
（総理府「体力・スポーツに関する世論調査」2000年より）

このようにスポーツをすることは，技術力や体力を養うだけでなく，その社会の文化や精神性を身につけることであり，広い意味で「スポーツ文化」を学ぶことなのである。そしていまやスポーツ文化を享受する人口は大きな広がりを見せ，サッカーの日韓ワールドカップでは世界213カ国，地域で延べ約420億もの人々がテレビ観戦したといわれている。

2 なぜ，教育としてスポーツ文化を学ばなければならないのか

学校では，なぜ短距離走の授業があったり，鉄棒の逆上がりなどを学ばなければならないのだろうか。このことを考えてみよう。

図1-13は人間の発育には順次性があることが示されている。人はまず脳・神経系を早くから発達させて生まれ，3～4歳あたりで大人のほぼ70～80％できあがっている。そのため人間の赤ちゃんは「頭でっかち」として生まれてくる。他の動物の子どもは，サイズは小さいが親と同じ形をして生まれてくる。

このことは何を意味しているのだろうか。それは，生まれてすぐに脳・神経系を使った学習が生存に最も必要なことを示しているのである。他の動物は，捕食，生殖行動など，ほとんどの行動が遺伝子に組み込まれているが，人間はそれらを文化として学び取らなければ行動できないことが多い。

たとえば，オオカミの子離れは，わが子が大きくなりそろそろ子離れという時期になると，親オオカミが子どもを噛むことにより子離れしていく。また，アザラシの子離れは，ある日突然に親が子どもの前から姿を消してしまうことにより子離れしていく。ところが人間はこれらの行為を文化として学ばなければならない。たとえば昔でいえば「十五元服」（武士階級の子どもは15歳で大人入りするという文化）や現代の「成人式」など。

このように，私たちは文化をわがものとすることにより考え方や行動の仕方を学んでいくのである。まさにヒトから「人間」になるには，歴史的に積み上げられてきた文化の学習が必要なのである。

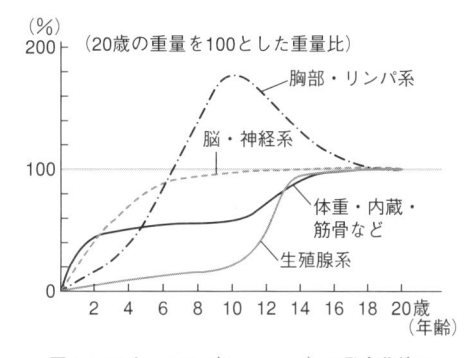

図1-13 スキャモン（Scammon）の発育曲線[3]

そしてスポーツにおいても同じで，文化として生み出された野球やサッカー，体操競技や陸上競技などを学ぶことにより，私たちは野球やサッカーができる「からだ」，「態度」，「考え方」などを身につけ，スポーツができる「人間」となるのである。先に挙げた短距離走の授業や鉄棒運動の授業は，陸上競技文化や体操競技文化を学ぶ入り口として位置づけられているのである。

それではスポーツ文化を学ぶことがなぜ必要なのかというと，楽しく豊かな人生を送るためである。考えても見てください，毎日のスポー

第2章　体育・スポーツ科学の基礎

ツニュースやスポーツイベントがない生活を。テレビ・新聞のかなりのスペースがスポーツ報道で占められていることを。すばらしい芸術や音楽を学び、身につけることにより人生を豊かにすることと同じである。

そして文化を効率よく伝えるものが、教育制度（これも人間が創り出した文化の1つ）である。

3 教育活動におけるスポーツ

教育としてすべてのスポーツが体育授業で扱われてよいのかというと、そうではない。教育として扱うに値するスポーツ種目が選び取られているのである。その基準は、安全性、多くの生徒の実行可能性、心身の発達への有効性などが挙げられるが、さらにスポーツ文化の継承や創造に貢献される可能性が高いものが選び取られる。

そもそも教育の目的とは何かということに立ち返ると、多くの子どもたちに様々な文化を身につけさせるということ、そしてその社会をさらに発展させることにある。文化の継承と発展が目的であり、人類の歴史はそのことをくり返すことにより発展してきた。

この考え方のもとに、体育授業で扱われるスポーツはスポーツそのもの（正式なルールやコートのもとで行われるもの）ではなく、スポーツ文化を継承し、さらに発展させるにふさわしい方法で教えられる。たとえばソフトボールや野球の授業で「指名代打制」が採用されないのは、そのルールがあまりにも人間を機能主義的に扱うからであり、人間を全面的に発達させようとする教育の目的からはずれているからである。

体育授業の目的が、スポーツ文化の継承・発展とされるならば、「うまくなること」はもちろんのこと、様々なスポーツを「見て・わかる」こと、さらにそのスポーツの練習や試合を運営したり、審判ができることなどスポーツ実践を「ささえる」ことも重要な教育内容となってくる。

「うまくなること」、「勝つこと」だけが学校でのスポーツ教育の目的ではなく、「見るスポーツ」や「ささえるスポーツ」についての教養も高め、生涯にわたって楽しめる主体を形成することに目的がある。体育授業では、「うまいこと」だけで成績がつけられることがないのはその理由である。

かつて野球のイチロー選手がアメリカに渡ったとき、スタンディングオベーションや野球を見る目・教養の高さに驚いたということが語られていた。さすがに、野球文化発祥の地だけあり、野球に対する教養（「できる」「わかる」「みんなで支える」）が根付いているといえよう。

学校の中でもう1つスポーツと接する機会があるのが運動部活動である。この目的は、文化を深く学ぶためであり、そのためにはある程度の習熟が必要となってくる。そして習熟する過程の中で技術的な壁や精神的な壁にぶつかり、それを乗り越えていくところに人間形成作用がある。このように教育活動の中で部活動に期待されていることは、スポーツ文化を深く学ぶことと人間の全面的な発達であり、人間形成である。

ところが、残念ながら現状では「勝つこと」だけを目的にしている部活動も少なくない。もちろん「勝つ」ために最大限の努力を惜しまないことは大切であるけれども、それは結果であって目的ではない。「勝つこと」だけが目的とされ、選手の健康が阻害されたり、選手が部品の1つのように扱われたり、強い者・うまい者だけが常に称賛を浴びるような部活では、わざわざ学校で行う必要はないのである。

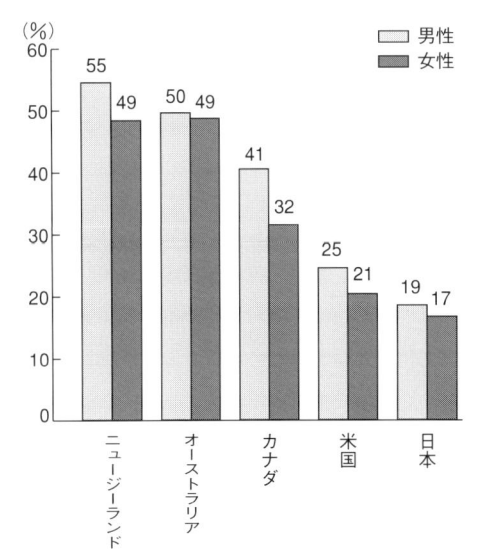

図1-14 日本は国際的にも「するスポーツ」の人口は少ない
(「スポーツ白書2010」笹川スポーツ財団)

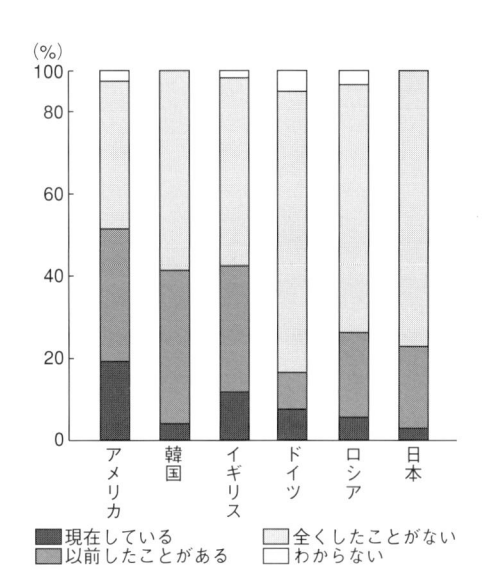

図1-15 青少年ボランティア活動実施率
日本では「スポーツを支える」という意識がまだまだ根づいていない。「勝つためだけのスポーツ」や「うまくなるだけのスポーツ」観は、スポーツ文化・教養の一面にすぎない。幅の広いスポーツ教育が求められている。
国際比較（総務庁青少年対策本部「第6回世界青少年意識調査」1999年）

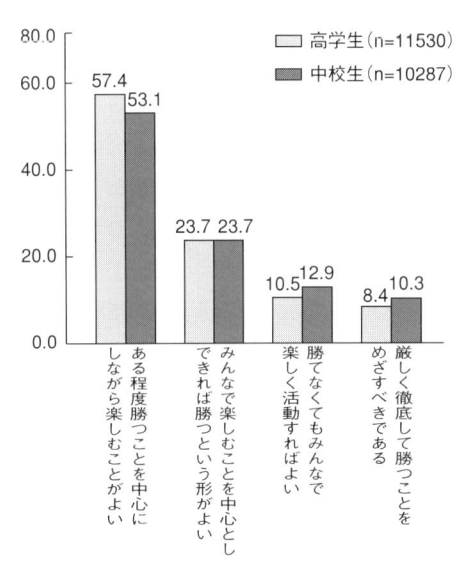

図1-16 運動部活動のあり方について
(総務庁「中学生・高校生のスポーツ活動に関する調査」平成10年より)

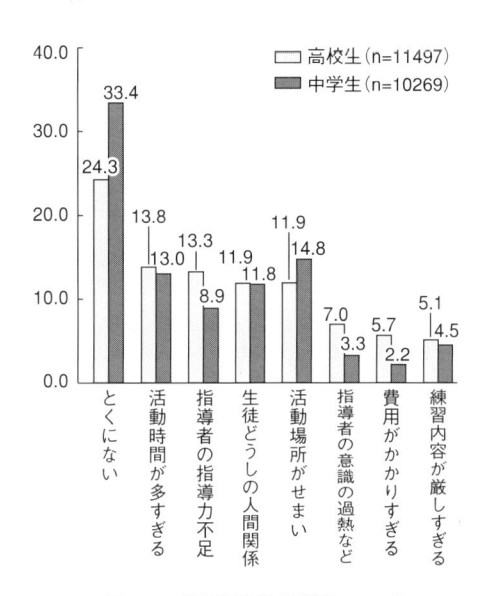

図1-17 学校運動部の問題について
(総務庁「中学生・高校生のスポーツ活動に関する調査」平成10年より)

文献
1) 中村敏雄(1981)スポーツの風土, 大修館書店, p13.
2) 菊幸一(2005)教養としての体育原理, 大修館書店, p94.
3) 編集代表 渡邉功(1992)学校保健ハンドブック, ぎょうせい, p151.

参考図書
1) 中村敏雄(1995)オフサイドはなぜ反則か, 三省堂.
2) 高橋健夫(2002)体育科教育学入門, 大修館書店.
3) 友添秀則, 岡出美則編(2005)教養としての体育原理, 大修館書店.

5 コーチ学から見た「スポーツ」

坂本康博（コーチ学）

1 「学」とは
体系化された知識

　現実の全体あるいはそれの特殊な諸領域または側面に関する系統的認識。

　哲学ないし専門諸科学を含む。―広辞苑・岩波書店　1991年―

　したがって，コーチ学とは　スポーツ領域または側面に関するコーチングの系統的認識。哲学ないしスポーツ科学を含むものと定義づけられる。

2 「論」とは
意見　見解

　教理を体系的に叙述したもの。―広辞苑・岩波書店　1991年―

　したがって，コーチング論とはこれまでの科学を駆使し，経験に裏打ちされたその人の体系的考え方と考えられる。多くのコーチはこれまでの体系化された知識をもとに様々な研究を重ね，実践を通して更なる知識を加え，おのおの独自のコーチングを展開している。

3 スポーツの捉え方
❶スポーツの中の教育
　ヨーロッパ・アメリカにおいては，スポーツという大きな概念の中の1つに，体育という位置づけがなされている。体育のための運動施設が学内に整備されているところはほとんど無く，スポーツクラブがその役割を担っている。そこでは子どもから老人まで，好きな種目を好きな時間に，健康づくり，楽しみ，仲間作り，競技スポーツのためのレベルアップといったそれぞれ目的に応じてスポーツに取り組んでいる。

そこには，市民レベル，行政レベル，企業レベルでのあらゆる関わり方がなされ，スポーツが文化（人間が自然に手を加えて形成してきた物心両面の成果）として定着している。したがって，スポーツ・パーソンの業績は他の様々な職業の業績と同等に扱われ，スポーツによって成果をあげ名声を博した人の社会的な地位は高く評価されている。

❷生産活動としてのスポーツ
　社会主義国家においては，生産活動すなわち労働活動をすることとスポーツ活動により世界的に名声を高めることは，国民の志気を鼓舞し国威発揚に繋がるという考え方で，同等の評価が与えられる。したがって，国の政策としてスポーツ活動が行われる。そこには，自由選択は無く，能力の無い選手は生産性が無いと判断され，一部のエリートのみが恵まれた環境で，手厚い国の支援の下にスポーツ活動（生産活動）を行ってきた。しかし，ベルリンの壁崩壊による東西ドイツの統一やソビエト連邦解体により社会主義国家は減少の一途を辿りつつあるが，スポーツ界においては依然として大きな影響を持ち続けている。

❸教育の中のスポーツ
　日本の近代学校制度の創設に際して，教育については知育・徳育・体育の三本柱が掲げられている。ヨーロッパ・アメリカの影響を受け，体育は身体の健康，身体の健全な発達に大きな役割を果たすという立場から「体操」を中心に始まった。身体活動を通しての教育，すなわち体育は学校教育の中で重要な位置づけがなされてきた。その体育の充実のためにスポーツを駆使してきたという経緯があり，学校教育の体育の中にスポーツが位置づけされ，体育の手段と

keyword 学，論，研究，実践

してスポーツを捉えてきた。

　第二次世界大戦後も武道における修行という概念が影響し，スポーツに取り組むその人の評価は，個人の能力や向き不向きに関わらず，途中の離脱は非難され最後までやり通すことが美徳とされてきた。日本では本来面白くて楽しいはずのスポーツが，我慢し努力し鍛えるといった要素を多く含む身体活動を通しての教育が体育であるという捉え方がなされてきた。

　しかし，日本での教育の中のスポーツは，いたるところで大きな変化が起きてきている。現状は，ほとんどの人々が経済力の向上の恩恵を受け，様々なスポーツを行い楽しむことができるし，マスメディアの普及で世界中のあらゆるスポーツを見ることもできる。このような意味では日本はスポーツ天国といっても過言ではない。しかし，世界の大半の国々ではスポーツが楽しみのレベルで行われているとは言い難い。

　世界一を競うオリンピックや各種目の世界選手権においても，その取り組み方は千差万別である。経済的な要因が大きな比重を占めるが，科学トレーニングを取り入れ世界の頂点を目指す国々もあれば，世界の仲間入りを目指し参加することに意義を見出す国々もあり，その内容は各国様々である。しかし，オリンピックに代表される世界のスポーツ界も，その在り方（開催地決定方法，大会運営，強化策…）に大きな変化が見られる。ドーピングに代表されるような諸問題を抱えていることも事実である。

　以上のように，「スポーツ」の捉え方は各々の国家体制によって，その国がスポーツをどのように位置づけるかによって大きく異なる。

　1989年11月9日，東西対立の象徴であるベルリンの壁崩壊。続いて1991年12月25日，ソビエト連邦の崩壊は社会主義の実験の失敗を意味すると同時に世界的混乱を引き起こした。

　これまでのスポーツ界における超強国であった東ドイツとソビエト連邦の解体によって，両国のスポーツ強化体制の状況（エリートのみの集中強化・ドーピング問題等）も明らかにされてきた。国家体制の変化により，スポーツ政策も新たな方向に舵取りすることも考えられる。

　今日，マスメディアの発達や交通手段の進歩による世界のグローバル化によって，世界のスポーツ界の知識の共有が進み，多くの国々では競技力の向上はさらに拡大するものと思われるが，その国の経済力に大きく左右されることは確かである。

　したがって，これまでのスポーツの捉え方についての明確な分類は非常に困難になってくるであろう。

4 スポーツ科学者とコーチ「現場指導者」

　スポーツ現場で起こる様々な現象は，これまでに科学的に分析され解明され続け，指導現場に大いに貢献してきた。しかし，多くの未解決問題が存在していることも事実である。

　現状のスポーツ科学は，細分化され，人体のミクロな視点からの研究が多く見受けられる。体系化された身体の動き，そのトレーニング，それを実際の試合の場でいかに駆使できるかといったところまでの追究・提供が十分になされているとは言い難く，現実のスポーツ・コーチングの現場への還元は十分ではない。

　インターナショナルな一流選手の登場は，スポーツ科学にとっては格好の研究材料となる。その選手のあらゆる部分を測定したデータ（体格的特徴・筋力・柔軟性等）やその運動のメカニズム等が研究・分析され，その成果は現場指導に大いに寄与してきたしこれからも大いに研究が進むであろう。しかし，その一流選手と身体的に精神的に環境的にもまったく同じ選手を作り出すことは不可能である。双子の選手でも

相当な違いが見られる。将来，クローン人間が出現したらその可能性は膨らむであろうが。

単純動作（歩・走・跳・投・蹴）においてもそれぞれに個性がある。団体種目，特に球技種目における選手同士のコンビネーションプレイ，ましてはメンタル面については個々人の状態は千差万別である。これからは，このような研究成果も今後さらに指導現場に還元されることを期待する。

コーチ「現場指導者」は日々のトレーニングの場において，試行錯誤しながら選手の競技力向上に力を注いでいるが，個々の選手の発育・発達状況には個人差がある。指導現場においては，そのときの体調，心理状態には当然それぞれ差があり，同じ状況下においても選手に与えるアドバイスはそれぞれ異なる。これまでの科学的な成果を十分に駆使するためにも，特に，ジュニア世代の多人数での一斉指導，同年齢でのグループ分けには大きな問題がある。きめ細かいコーチングのためにも，適切な人数で同レベルのグループでのコーチングが必要である。

選手の成長は図1-18のように直線的に伸びるわけではない。上昇と下降をくり返しながら徐々に成長をしていくものである。選手にとって，上昇している状態でのコーチの存在はそれほど必要としない。この状態では，選手は自信を持って楽しくトレーニングに取り組んでいる。しかし，下降もしくは停滞している状況では，選手は自信を失くし迷いながら不安だらけのトレーニングをしている。このときこそコーチの出番である。的確なアドバイスが選手の上昇へのステップに繋がる。コーチは選手のこのような過程を，身体的・精神的コンディションも含めて，トレーニング現場に出向き視線を合わせ会話をし，選手のコンディションを「観察」すること，「観察し続けること」によって適切なコーチングが可能となる。「観察し続けること」はコーチの重要な仕事である。サンデー・コーチでは選手の成長の過程・コンディションを的確に判断できないし，適切なアドバイスを与えることもできない。このような接し方では，コーチと選手との間で信頼関係は築けない。

コーチは日々のトレーニングの中で，選手のコンディションを確かめながら，様々な工夫をこなしながらコーチングに取り組んでいる。このような意味でも，コーチはスポーツ科学者である。しかし，指導現場の疑問を研究・分析する時間的な余裕が無く，迷いながら指導しているのも事実である。この現状打破のためには，コーチング現場の問題点をその分野のスポーツ科学者に提起し，議論し合い，お互いにもっと歩み寄ることが必要である。経験のみでは進歩が無いし，机上の空論では説得力に欠ける。

5 スポーツ・コーチング

それぞれ個人が実践する独自のコーチング理論がチャンピオンシップを獲得したとしても，その理論が永久に通用するとは限らない。まったく同じ条件でコーチングが出来ることはほぼ不可能に近いし，プレイヤーとしての最盛期には限りがあり，何年も同じメンバーを対象にコ

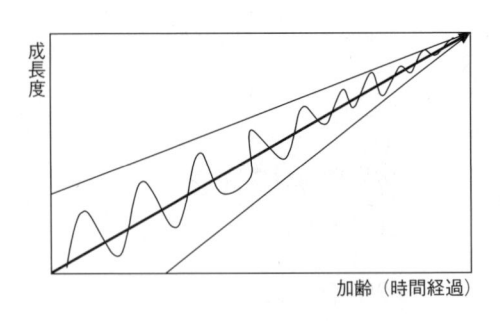

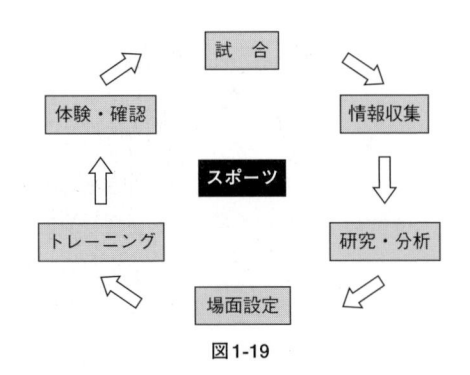

図1-18 選手の成長過程

図1-19

ーチングは出来ないからである。

　そこで，コーチングとは，試合で起こったあらゆる情報を収集し，その状況を研究・分析し（トレーニング科学），場面設定しトレーニングして（コーチング）試合に臨む。そして，さらに情報を収集し，その結果を研究・分析して新たな場面設定を行い試合に臨むという具合に限りの無いくり返しの作業となる。

　あるコーチが作り出した独創的なトレーニングとは，様々なトレーニングの基礎を理解し，実践を通して培った感性（感覚によってよび起され，それに支配される体験内容）によって，必要に迫られた場合に生まれる。そして，そのトレーニングをあらゆる角度から分析し，確固たるものとして証明することがトレーニング科学である。

　ある時点までのそれぞれの「論」を集体系したものが「学」と考えられる。

　そこで，これまでの先人達の「コーチング論」を辿り，「コーチ学」を紐解き，比較・検討して大いに議論し，「実践」に結びつけることがコーチの重要な役割である。

　「実践」においてコーチ・選手が考えながら・迷いながら，いわゆる「意識動作レベル」でトレーニングしても，ハイレベルの試合では通用しない。

　相撲の世界では，四股を踏み，股割りをし，鉄砲を繰り返し，汗だくになった時点で土俵に上がり稽古を続行する。最初は「意識動作レベル」で，そのうちに身体的にも精神的にも疲労困憊状態で，技を掛けたり掛けられたりする状況の中で，身体が咄嗟にいわゆる「反射動作レベル」で反応しだす。科学的なトレーニングかと問われたら，そうでもあるしそうでもない。しかし，身体が覚えこみ「反射動作レベル」で発揮されたものがその力士の「技」となる。

　勝利者インタビューで，あの「技」はと聞かれ「よく覚えていません，身体が咄嗟に」といった答えが返ってくる。親方にアドバイスをもらい，毎日毎日，何百回・何千回と稽古をし，「反射動作レベル」に達したことを物語っている。

　コーチは「技術」を選手に意識させてトレーニングさせる。そして，選手がその「技術」を無意識に反射的にできるまで対応しなければならない。デモンストレーション・アドバイスは勿論，どの部位を意識して動作を行うのか，どの筋肉を使い身体を動かすのか，身体に触れて体感させ，さらに修正し「反射動作レベル」になるまで何十回・何百回と繰り返す必要がある。技術の説明をして，「意識動作レベル」の技術はできたとしても，選手はすぐに忘れてしまう。選手が無意識に「反射動作レベル」でその技術を発揮できるためには反復トレーニングとコーチの修正が必要である。そのためには，コーチには相当の労力と時間が求められるし，忍耐も必要である。いわゆる「サンデーコーチ」では本物の選手は育たない。

　コーチは数多くの経験を積み，豊富な知恵を蓄えているからこそ，勝負の場において「ひらめき」が湧き，一瞬のうちに求められる的確な決断ができる。このことはコーチ・選手共に言えることである。これらを探求し続けることがコーチの役割である。コーチングにはスポーツを愛し，巧くなりたい，速くなりたい，強くなりたいという人々がいる限り時間の制限も終着駅もない。

（When you stop learning, you stop teaching.）
「学ばざる者，教えるべからず」
－ロジェ・ルメール（フランスサッカー代表チーム元監督）－

6 運動学から見た「スポーツする身体」

大西仁久（運動学）

1 運動学的視点

❶スポーツ科学としての運動学的視点の特異性と有用性

近代の自然科学の発展によって、運動も自然科学的に分析するのが一般となってきている。自然科学的分析が運動の合理性を検証し、トレーニングの方法に示唆を与えてくれる点では有効な手法である。しかし、自然科学的分析は比較できる数値が絶対的な役割を果たしており、運動を外から客体として比較検討するのである。それは傍観者として運動を分析し、評論、解説するのであり、主体としての立場で運動の改善に関わっているとは言いがたい。そこに、スポーツ科学と悩める実践現場との遊離が生まれている。

運動学が取り扱う運動は、機械の運動でも動物の運動でもない、人間の運動の中でも、規制された運動や労働運動、無意識に行う仕草、表情、身振りなどではなく、目標指向性を持った行為としての多彩なスポーツ運動（遊戯・競技・体力作りを含む行為としての身体活動）である。動物にスポーツ運動は無い、思考と言語を持つ人間のみにスポーツ運動がある。それは人間とそれを取り巻くすべての環境との関わりの中で、ある動機から出発して一定の目的を達成するために課題を解決していく人間の行為なのであり、有意味な社会現象なのである。スポーツ運動を単に身体活動として考えると、それはまさに生物学的、力学的現象の何物でもなくなり、自然科学的考察法によって余すところ無く明らかにされるであろう。しかし、スポーツ運動を見るには、主体の運動の目的、設定課題、運動の行われる具体的条件から出発し、一回性の運動の中からその運動の意味（本質）に迫らなければならない。

優秀なコーチは、現在の科学技術、自然科学の知識を最大限利用するが、もっと大切なものは、実践現場で一回性の運動現象に対して、直感的にその本質を見抜く目と感性を持っていることである。さらに、選手の求める回答を端的に与える能力を持っていることである。優秀な選手も同様に、運動を鋭い感性で捉える能力を持っている。

ヴァイオリニストは、なぜストラディバリ（Antonius Stradivarius）にあこがれるのか。日本でも人気の高いピアニストのブーニン（Stanislav Bunin）は、なぜスタインウエイ（STEINWAY & SONS）を好んで使うのか。音の深み、華麗さなどの音色・質感は、卓越した音楽家の感性である。自然科学は音の波形、周波数、振幅を計ることはできても、感性を計ることはできない。優秀な臨床外科医は、医学的知識の優秀さだけではない。「人間」を視座に置き実践的経験から得た知によって、起こり得るあらゆる事象と最善の診断処置を直感的に把握するのである。さらに、卓越した技量（巧みさ、神の手）を持つと言う。囲碁・将棋のプロも盤面一目、最善手が見えるという。このような、感性、直感的現象に「なぜ？」と問うなら、いくつかの確かな答えが返るかもしれない。しかし、事実は、それ以上に、説明できない複雑に絡み合った内部事情があり、あるいは説明しても他人には理解できないその人の経験知（目的に向って努力、経験、修練する中で、多種多様事象を個人の中で体系化する機能、経験則も含む）、人生観が絡み合っている。

これらの、「感性、直観力は何に依存し、はたして、養えるのであろうか？」。演奏家であ

> **Key word** スポーツ運動，運動モルフォロギー，運動観察，運動共感，運動の質

れ，臨床医であれ，棋士であれ，実践家の感性は現象を素直（主体として客観的）に捉える体系化された知識・方法（専門知）を基に，努力，経験，修練を経て（経験知），直観力が養われ磨かれる．スポーツの指導者，選手の感性も，あらゆる種類の実践家と同様に，運動を素直に捉える目（専門知）を基に，努力を重ねて，養われていくのである．

運動学は，運動の伝承と開発，運動の修正・改良などに直接関わる実践学，運動教育学を視座に据え，運動モルフォロギーを中心に，運動の観察，分析，運動質など運動現象に関わる専門知を提供するものである．つまり行為としての運動現象を詳細に把握し，問題点を見抜き，分析し，運動の合理性を判断する方法を提供するものである．それは実践に活かされ，検証され発展する．体系化された専門知は運動を観る視点を定め，直観力，感性を養成する道程を短縮するのに貢献する．現場で熱心に指導する指導者，目的を目指して汗水流す選手の場こそ運動を見る目が育つ土壌である．指導に対するモティベーションも低く，運動を見る視点を持たない指導者に運動を見抜く目は育たない．

運動学は専門知を与えてはくれるが，実践に活かされなければ，感性も直感も磨いてはくれないし，運動学自体も発展しはしない．その意味では，体育・スポーツの「現場の学」であり，実践に寄与することしかその有用性，正当性は認められないのである．

❷モルフォロギー的運動観察・運動把握

モルフォロギー（Morphologie）は一般には生物学の形態学や言語学の形態論に使われる．MorphologieはゲーテがMorphe（形態）から作った造語である．ギリシャ語に語源をもつMorpheはありさま（形に現れた姿）の意以上に，ゲシュタルト（Gestalt：部分の寄せ集めではなく，それらの総和以上の体制化された全体的構造をさす概念）の意味を含んでいる．ボイテンディックは運動現象に対して初めてMorphologie der Bewegungの不可欠性を強調し，さらにマイネルやフェッツらがBewegungsmorphologieの必要性を唱導して今日に至っている．日本では，金子がマイネルのBewegungslehre（スポーツ運動学）の翻訳でBewegungsmorphologieを"運動形態学"とせずに，その本意を大切に"運動モルフォロギー"と訳し，運動学では定着している用語である．

モルフォロギー的運動認識は，体験した自分の運動や他人の運動を観察して，「感じ」として知覚することから始まる．それは，五感とそれに協働する運動覚（全身の腱，筋肉，関節などに散在する運動性感覚受容器による求心性インパルスの統合としての感覚）から「感じ」として知覚するのである．この主観的知覚は非科学的とも取れるが，運動感覚は運動を行う自分自身以外に「感じる」方法は無く，その内的知覚は，主体としての運動経過を客観化する大きな役割を果たしている．さらに，運動共感として他者観察の重要な手がかりとなる．モルフォロギー的運動観察には，自分自身の運動の自己知覚に基づく自己観察と他者の知覚に基づく他者観察がある．自己観察とは，内観，内省と呼ばれ，自分の運動の内的知覚であり，それを言葉に置き換えることによって初めて成立する．他者観察は，他人の運動の運動経過を直接観察したり，他人あるいは自己の運動の運動経過を映画（音声を伴う動画）などによって観察して，その運動徴表（運動経過に特徴的に表れる本質的特性）を言葉で捉えることである．あらゆる身体各部の運動は全身の運動に関わっているので各部の運動の特徴を切り離して捉えることはできない．したがって，運動観察は全体の運動経過から各部の詳細な運動へ，さらに全体の印

象分析へと進められる。運動観察力，運動共感の能力は豊富な経験と意図的な訓練でしか獲得できない。そのことが，非科学的，経験的と言われる所以であろうが，優秀な指導者，選手は，一過性の運動の中に，専門外の人より驚くほど多くの真実を見抜く事実がある。

観察された運動は，正確に言語で把握される。それは，「感じ」として知覚できる現象から抽象化を経て，認識される過程であり，それは比較判断される運動分析への道を開く。

運動把握は運動徴表を言語で捉え，運動経過を詳しく規定し，運動質を把握できるようにすることである。マイネルは，運動における質を詳しく規定しようとすると，抽象化と一般化の3つの異なるレベルが成立すると言う。第1は運動経過を言葉で詳細に描写することである。そこには，運動経過の特徴を浮き彫りにし，説明するために，運動の目的を判断基準とし，本質的徴表を記述することとなる（運動記述）。第2は運動全体の諸徴表を「局面構造」「運動リズム」などのカテゴリーによって把握することである。運動記述より高次の抽象化であり，運動経過の諸連関が簡潔に表され運動系の徴表や特質が客観的に反映される（カテゴリーによる把握）。第3は，運動を「合目的性」「経済性」の観点から抽象的に捉える立場である（運動原理による把握）。運動学では高次の抽象化が客観的に示されることを"原理"と呼ぶ。

2 運動学の課題領域

運動学の領域は，極めて広く，運動観察，運動の質的な徴表，個人の運動発達，運動の学習過程，スポーツ種目とその技術の史的発展，スポーツ種目に特殊な実践的課題，さらに，運動の伝承（指導・コーチング法）などが挙げられる。それぞれが実践事例研究の集積から体系化され発展を続けている。以下，運動学の内容を示唆する項目の一部を簡単に挙げる。

❶運動の質の把握（カテゴリーによる把握）

運動技能の向上のために，運動そのものの量的な諸徴表（速度，角度，回数など）や生理学的変化は研究対象にされ，正確に検証されてきた。しかし，運動の質的な諸徴表はきわめて捉え難く，表すことが難しく，研究に取り上げられることは少ない。しかしながら，運動の獲得，改善，習熟は運動質の変化に基づいており，運動の実践者と指導者にとっては質的諸徴表こそ大きな意味がある。マイネルは質的諸徴表を表すカテゴリーとして「空間・時間的構造（局面構造）」「運動調和」「力動・時間構造（運動リズム）」「運動の流動」「運動の弾性」「運動の伝導」「運動の正確さ」「運動の先取り」の8つのカテゴリーを上げている。すべての徴表が良い協調を示す運動経過の本質を確認するのに役立ち，運動を評価する指針となる諸々点である。

❷運動の発生・獲得・習得・習熟

運動系の学習は新しい運動を獲得し，洗練させ，定着させ，さらに適用していくことである。生まれたばかりの人間は生得的（反射的・本能的）な運動しかできない。この初期の段階から幼少年期を経て生活と遊びの中から多くの運動経験を蓄積し，あらゆる感覚を発達させる。それらの感覚の発達は新しい運動へのレディネスとなる。目的・課題を持った運動の学習において，絶対に新しい習得というものは存在しない。新しい運動を獲得する前提条件には「運動経験とレディネス」「目標指向性とモティベーション」「模倣」「言語と運動想像力」などが挙げられる。トレーニングが進むと言葉は重要となる。特に専門的運動用語と運動感覚の一致は重要である。言葉は運動と相乗的に発達し，運動は言葉によって制御され，記憶されるようになる。言葉は運動イメージに働き，運動の習得，習熟，さらには運動の創造に大きく影響する。

運動を獲得・洗練・定着・適用していく過程には，3つの明確な段階的順序性（学習課程）がある。新しい運動を習得するとき，課題とする運動のイメージを頼りに，実際にその運動を行うことによってのみその運動の粗形態が現れる（位相A）。獲得された荒削りな運動は反復

や修正によって磨きがかけられ，粗協調から精協調が成立する（位相B）。その運動が使用されるあらゆる場面・情況に適応できることによって始めて運動学習課程の完結と見なされる（位相C）。しかし，学習課程の完結は万人に共通する理想像，あるいは個人の理想像の完成を意味するものではない。その後も運動は個人の中で習熟され進歩し続けるのである。そのような運動の学習課程には逆戻りできない順序性が示され，この弁別できる位相は，必ず通り抜けなければならない運動学習の道程や発展段階を特徴づけている。故に，各位相での指導の質的内容，指導上の留意点も明らかな相違がある。

❸ 運動の指導（コーチング）

スポーツ運動の技能は，ある状況下で課題（目的）を達成する能力である。トレーニングは技能の向上を目指していることは言うまでもない。技能は客観的に時間，距離，得点，確率，運動回数，速度変化・角度変化など数量的指標で表される。しかし，それらは，トレーニングする主体にとってはトレーニング成果の指標でしかなく，運動の改善に直接関わることはない。運動現場での技能は，数値ではなく運動質（運動経過の良し悪し）によって判断され，その改善が最大の関心事となる。さらに，運動現場での主題は，運動の獲得，改善，つまり，運動技術（課題の客観的解決法）の転移とその習得，習熟である。運動を獲得，習熟することは，その運動が主体の運動感覚として取り入れられることであり，言葉と思惟による運動イメージの銘記が不可欠である。運動を教えることは，運動感覚に支えられた現象学的身体（人間そのもの）に働きかけることであり，指導者は，運動形態と感覚の類似性による運動の系統的発展を体系的理解と運動共感能力が必要である。

身体を道具に見立てて，試行錯誤と反復を経て努力すれば，自らの身体を意のままに動かすことができ，それが，技能の向上に繋がると考える指導者も選手も多い。下手なコーチほど，形としての手足の動かし方や姿勢にうるさい。また，反復の意味も分からず反復を強要する。優秀なコーチは教える相手の運動感覚世界に共生し，コーチは自ら選手の特異な感覚的時空間に共感するのである。そこに初めて有効なコーチングが生まれる。

3 運動学から見た「スポーツする身体」

体育学がその独自性を確立するためには，その基礎として運動現象を素直に，運動ゲシュタルトとして見る「学」が必要である。体育の自然科学が実践性を持つためには，運動モルフォロギーは避けて通れない最初の段階であり，実践に活かす最終の段階である。体育の専門家は，悩める実践者の運動感覚に入って合理的に教えられるプロでなければならない。運動学は究極的に運動の実践者とその指導者に運動の技術転移（伝承）の図式と方法論の提供を目指している。

運動学的に見ると「スポーツする身体」とは，「スポーツする人間」である。「スポーツする身体」の「身体（体）」は「精神（心）」との対立的，二元論的表現であり，身体は主体の意識を具現化する道具の感がぬぐいきれない。スポーツするのは，それに価値観を持ち，目標を持って思考し活動する人間なのだから。

参考図書
1) マイネル，金子明友訳(1981)スポーツ運動学,大修館書店.
2) フェッツ，金子明友,朝岡正雄共訳(1979)体育運動学,不昧堂.
3) メルロ・ポンティ,中島盛夫訳(1967)知覚の現象学,みすず書房.
4) 金子明友(2002)わざの伝承,明和出版.

7 機能解剖学から見た身体が動くしくみ
―骨格筋のはたらき―

上　勝也（機能解剖学）

　私たちは自分の意志により手や脚を動かし，ボールを受けたり，投げたり，また階段を駆け上がったり，泳いだりと自由に運動を行うことができる。しかし，事故や病気になって手足が不自由になると身体が動くことの不思議さを改めて感じる。体育・スポーツ活動は，身体を動かして行うものである。したがって，私たちの身体が動くしくみを良く知ることは，自分の競技力向上や体育・スポーツ活動を指導するための重要な基礎知識となる。「機能解剖学」は人の身体が動くしくみをおもに関節と筋肉（骨格筋）のはたらきから学ぶものである。

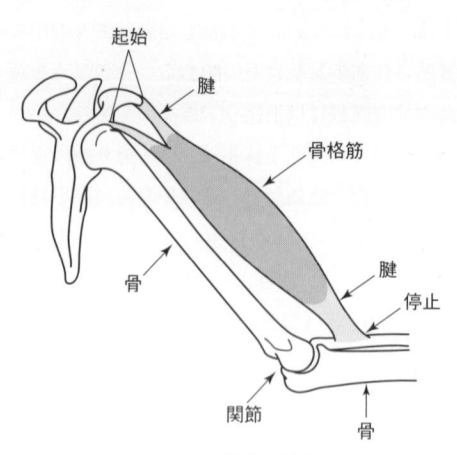

図1-20　骨格筋の特徴[1]
「骨格筋の両端は腱となり，関節をまたいで骨に付く」

1　機能解剖学からみた骨格筋の基礎知識

　筋肉は3種類に分類されている（骨格筋，心筋，平滑筋）。骨格筋はおもに骨に付き，力を生みだして関節を動かすために機能している筋肉である。心筋は心臓を作る筋肉であり，平滑筋は胃や腸などを作っている。実際の筋肉の色や形などは，肉屋で牛，豚，鶏の骨格筋を見ることができるし，魚屋でも鯛や鮪の骨格筋を見ることができる。また，骨格筋，平滑筋および心筋は焼肉の食材として身近な存在でもある。これら3種類の筋肉に共通の特徴は，「収縮して力を生み出し運動を起こす」ことであるが，心筋や平滑筋にはない骨格筋だけの特徴がある。それは「骨格筋の両端は腱となり，関節をまたいで骨に付く」ことであり（図1-20），骨格筋の両端をその筋の「起始」あるいは「停止」と呼んでいる。

　筋収縮様式（骨格筋の力の出し方）には，おもに3つのタイプがある。たとえば，肘関節を90度にして手でダンベルを持っているとしよう。このときに力を発揮している筋は肘関節を曲げると力こぶしの出る筋，すなわち上腕二頭筋である。手でダンベルを持っているが，肘関節を曲げたり伸ばしたりしない（肘関節角度を90度に維持（静止）している）ときにも上腕二頭筋は力を発揮している。このときの上腕二頭筋の筋収縮様式は等尺性筋収縮（アイソメトリック筋収縮）と呼ばれている。また，肘関節を曲げるときの筋収縮様式を短縮性筋収縮（コンセントリック筋収縮）といい，逆に伸ばされるときの筋収縮様式を伸張性筋収縮（エキセントリック筋収縮）と呼んでいる。スポーツ活動中に見られる様々な動作には，これら3つの筋収縮様式が含まれている。たとえば，腕立て伏せの動作を行うときに力を発揮している筋の1つは，上腕の後面にある上腕三頭筋である。腕立て伏せ動作で身体を床に下ろす（肘関節を曲げる）ときには，上腕三頭筋はエキセントリック筋収縮を行い，逆に身体を持ち上げる（肘関節を伸ばす）ときにはコンセントリック筋収縮により力を生み出している。このような一連の腕立て伏せ動作は，上腕三頭筋のエキセントリッ

key word 骨格筋，筋収縮様式，筋痛，関節運動

クおよびコンセントリック筋収縮のくり返しで行われている。

興味深いことにこれら3つの筋収縮様式の中で，激しい筋痛はエキセントリック筋収縮後に起こる（図1-21）。一般的に筋痛はエキセントリック筋収縮数時間後から起こり，そのピークは1～2日後程度に認められる。このような運動後に発症する筋痛を遅発性筋痛（Delayed Onset Muscle Soreness: DOMS）と呼んでいる[2]。その他のDOMSの特徴としては，「①初めて行ったエキセントリック筋収縮後の筋痛はひどいが，2回目以降の痛みは軽減される（「くり返し効果」）」，「②乳酸は筋痛の原因ではない」，「③運動の種類によって筋痛の出る時期が異なる（マラソンは運動直後から，腕立て伏せでは翌日以降）」，「④幼児は筋痛が起こりにくい」などの現象が知られているが[3]，DOMSが起こるメカニズムは十分に分かっていないのが現状である。

機能解剖学では数多くの骨格筋のはたらきを勉強することになるが，「骨格筋のはたらき」を知るためのポイントがある。それは①その筋は身体のどの部位にあるのか（大腿前面，下腿後面），②その筋の「起始」と「停止」はどの

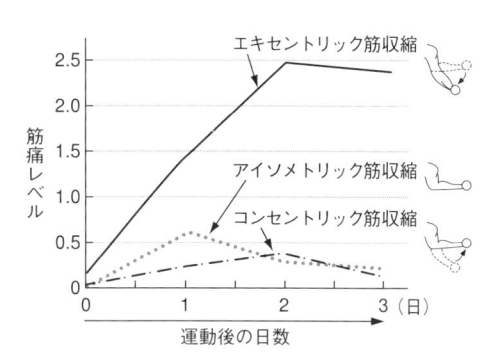

図1-21　筋収縮様式と筋痛との関係[4]
激しい筋痛は3つの筋収縮様式の中でエキセントリック筋収縮後に起こる

骨なのか（大腿骨－脛骨，肩甲骨－上腕骨），③その筋はどの関節をまたいでいるのか（股関節，股関節と膝関節），④その関節の関節タイプは何か（球関節，蝶番関節）である。これらを総合的に捉えることにより「○○筋が力を出すと，△△関節をどの方向に動かすのか（筋の機能）が分かる」ようになる。

2 スポーツ動作と筋活動

私たちの下肢は直立姿勢を維持するため，また左右の下肢を交互に振り出して身体を移動させるために（歩行・走行）重要な役割を担っている。図1-22aは陸上競技選手の疾走中の一

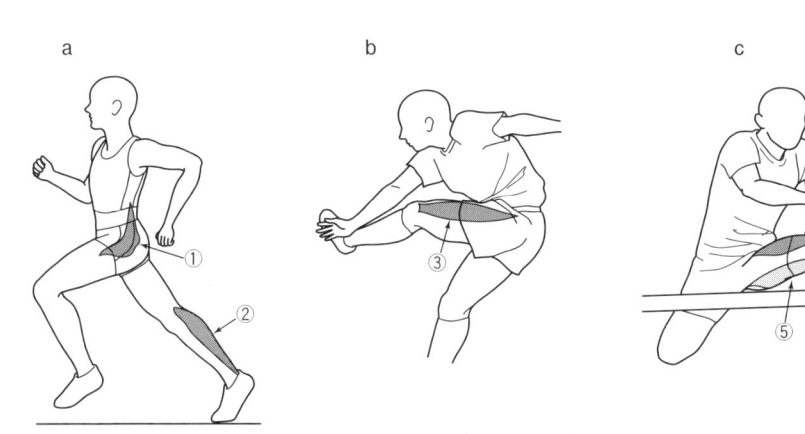

図1-22　スポーツ動作と筋活動
a：走動作における股関節屈曲には腸腰筋が働き（矢印①），足関節底屈には下腿三頭筋（矢印②）が機能する。b：大腿四頭筋（矢印③）が働くとキック動作（膝関節伸展）が起こる。c：ハードルの振り上げ足の膝の動き（膝関節伸展）は，大腿四頭筋（矢印④）の収縮とハムストリング（矢印⑤）の弛緩が同時に起こることで生み出される。

場面を捉えたものである。この動作を見て下肢のどの筋が活動しているかを考えてみよう。まず、彼の左大腿は「もも上げ」の状態になっている。この「もも上げ動作」の関節の動きを専門的に「股関節屈曲」と呼ぶ。股関節を屈曲させるために力を発揮している筋の1つは腸腰筋である（図1-23A）。したがって、腸腰筋の機能は「股関節屈曲」を起こすことである。腸腰筋は大腰筋と腸骨筋を総称したもので、短距離選手、サッカー選手、一般人の大腰筋の横断面積を比較した実験結果によると、大腰筋が最も太かったのは短距離選手であった[5]。この結果から大腰筋は走動作に重要な筋であることが分かる。

下腿後面（ふくらはぎ）の表層部には腓腹筋、また深層部にはヒラメ筋があり、これらをまとめて下腿三頭筋と呼ぶ（図1-23D）。それでは、下腿三頭筋の腱は何であろうか。答えは、私たちが知っている腱の中で最も知名度の高い「アキレス腱」である。アキレス腱は足関節をまたいで踵の骨（踵骨）に停止する。したがって腓腹筋とヒラメ筋が力を発揮すると踵骨を持ち上げる動き、すなわち足関節の底屈（伸展）が起こる。図1-22aの右足関節を見てみると底屈が起こっており、これは推進力を地面に伝えるための重要な動きである。

大腿部前面には大腿直筋、外側広筋、内側広筋、中間広筋からなる大腿四頭筋がある（図1-23B）。大腿四頭筋のはたらきは膝を伸ばす、すなわち「膝関節伸展」である。図1-22bはサッカー選手がボールを蹴った瞬間を捉えたものである。このようなキック動作は大腿四頭筋が力を発揮して膝関節を伸展することで生み出される。ここで膝関節伸展動作に焦点を当てて次のことを考えてみたい。「膝関節を伸展するには大腿四頭筋が力を発揮するだけで起こるのであろうか？」。大腿後面には膝関節を曲げる（膝関節屈曲）ときに機能するハムストリング（大腿二頭筋、半膜様筋、半腱様筋）がある（図1-23C）。関節を動かすために主に働く筋（収縮する）を「主働筋」と呼び、関節をはさんで主動筋の反対側にあり、主働筋とは逆方向に関節を動かす筋を拮抗筋と呼んでいる。したがって膝関節伸展動作をスムーズに起こすには、大腿四頭筋が力を発揮して膝関節を伸展すると同時にハムストリングが弛緩しなければならない。このように関節運動は主働筋が収縮して力を発揮し、拮抗筋が弛緩することにより起

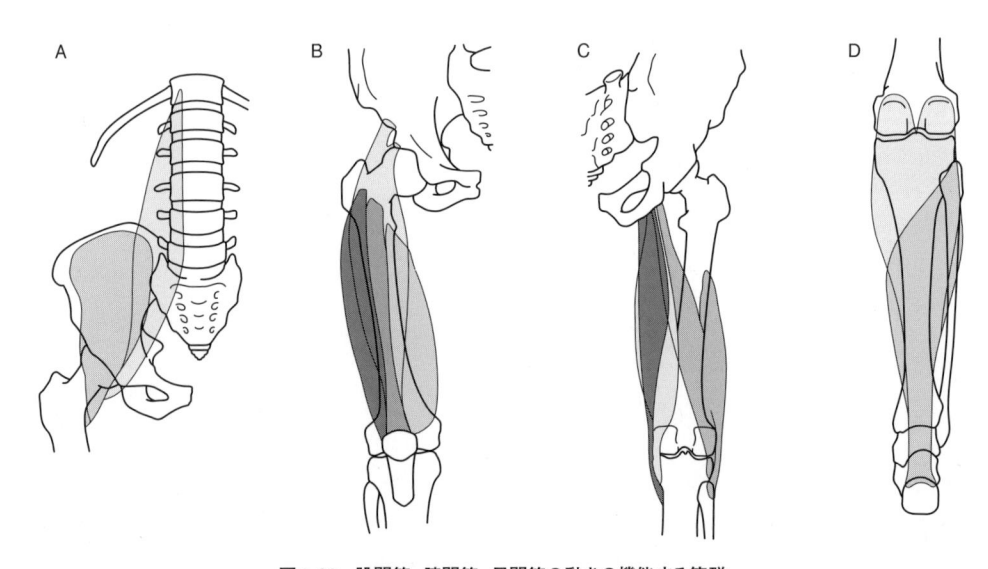

図1-23　股関節，膝関節，足関節の動きの機能する筋群
A：腸腰筋：股関節屈曲，B：大腿四頭筋：膝関節伸展，C：ハムストリング：股関節伸展・膝関節屈曲，D：下腿三頭筋：足関節底屈
（浦井久子 女史が作図）

こるのである．図 1-22c はハードルを飛び越えようとしている瞬間であるが，このハードルの振り上げ足の膝の動き（膝関節伸展）は，大腿四頭筋の収縮とハムストリングの弛緩が同時に起こることで生み出された動きである．

3 筋力トレーニングの機能解剖

いくつかの筋力トレーニングを紹介しながら，そのトレーニングで鍛えられる筋はどれかを知ることも機能解剖学で学ぶことができる[6]．良く知られている筋トレの1つにベンチプレスがある．それではベンチプレス時の肩関節と肩甲骨の動きを観察し，どの筋が活動しているのかについて見てみよう．

ベンチプレス動作でバーベルを胸から持ち上げるとき，肩関節は屈曲し，肩甲骨は外転する．したがって，この動作は肩関節屈曲と肩甲骨外転に作用する筋群が活動することになる（肩関節屈曲：大胸筋，肩甲骨外転：前鋸筋，小胸筋）．懸垂は特別な器具を使わずに体幹の筋群を鍛えることができる代表的なトレーニングである．懸垂動作中（身体を持ち上げる）には肩関節は内転するとともに肩甲骨には内転と下方回旋が起こる．肩関節の内転には大胸筋が力を出し，肩甲骨の内転と下方回旋には菱形筋が力を発揮している．筋トレの一連の動作中にはいくつもの関節運動が含まれ，それぞれ異なった筋が力を発揮することでバーベルを持ち上げたり，懸垂で身体を持ち上げたりすることが可能になる．

4 まとめ

機能解剖学では骨格筋や関節の基礎を知ることに加えて，様々なスポーツ活動やトレーニングでみられる一連の動作は，主働筋がアイソメトリック，コンセントリック，あるいはエキセントリックに力を発揮するとともに拮抗筋が弛緩して関節を決められた方向に動かすことにより生み出されることを学ぶことになる．したがって機能解剖学で得た知識は，「①スポーツ種目別に良く使われる筋はどれかを知る」ことで，「②競技力向上を目指す効果的なトレーニングの選択」や，「③スポーツ障害の予防」などに役立てることができる．

文献
1) 三井但夫, 嶋井和世, 安田健次郎, 加藤信一, 久保田くら, 井上芳郎改訂(1986)新版岡嶋解剖学, 第1版, 杏林書院.
2) 上勝也, 仙波恵美子(2004)運動と痛み, 体育の科学, 第54巻, p524-530.
3) 野坂和則(2003)筋肉痛と筋損傷に関する最新情報と予防＆対策, コーチング・クリニック, 第17巻, p10-13.
4) エドワード・フォックス著(1984)スポーツ生理学, 第2版, ホルトーサンウンダース, p98.
5) 勝田茂(1993)筋の特性からみたスポーツ選手の素質, 体育の科学, 第43巻, p874-880.
6) フレデリック・ドラウィエ著, 白木仁監訳, 今井純子訳(2002)目で見る筋力トレーニングの解剖学, 初版, 大修館書店.

参考図書
1) 福林徹監修, 中村千秋, 渡部賢一監訳(2001)動きでわかる解剖と機能, 初版, 医道の日本社.
2) 栗山節朗監修, 中村千秋, 土屋真希翻訳(2001)身体運動の機能解剖, 2版, 医道の日本社.

8 スポーツ生理から見た「スポーツする身体」

増原光彦（スポーツ生理学）

1 スポーツ生理学とは

　スポーツ生理学とは一体どういう学問だろうか。一般にスポーツと生理学がくっついたような名前であるが，ただ単純にスポーツと生理学がくっついて「スポーツ生理学」というわけではない。"生理学"というのは"身体（からだ）の機能的しくみ"を追究する学問である。身体が機能を持つためには"からだつき"とか"からだを構成する要素"というものが必要になるが，それらは"解剖学"という学問となる。解剖学，あるいは生理学というと，どうしても医学の範疇のように見受けられるわけであるが，医学だけではなく，スポーツ科学，体育学を志す者にとっては，基本的な学問になることは事実である。

　大相撲の力士の卵であるこれからどんどんと実力をつけて，横綱に向けて頑張っている若い相撲取りにも研修会があり，スポーツ生理学を基本的な学問として勉強している。また，プロ，アマ問わずスポーツ選手は皆この「スポーツ生理学」を勉強し，実力（performance）の向上を目指している。選手のみならず，スポーツの指導者，体育教師，スポーツトレーナにとって最も重要な体育・スポーツ科学の基本的な学問だということになる。

　一般に生理学というと，静的な状態の身体機能の学問である。身体というのは細胞から構成されていて，細胞が生きているということがまず前提になるわけであるが，細胞が生きるためには時々刻々エネルギー獲得の活動をし，細胞はじっとしていない。むしろ細胞そのものが絶えず運動している。運動生理学またスポーツ生理学はこの細胞の静的な状態における動的な機能に，さらなるレベルアップした外的動刺激を与えることにおける細胞レベルの生理機能の真理を見極めることである。しかしながら細胞が何兆と集まった人間の身体を総合的なものとしてみる場合には，どうしても一般的生理学は静的な状態といわざるを得ない。

　これに対して「スポーツ生理学」には運動現象が大きくここに関わってくる。そうすると，言うなれば動的な状態における身体の機能ということになる。最終的に，スポーツ・運動の質・量，あるいはスポーツを行う生活環境，こういうものと，身体の機能との間に，いろいろな法則性があるだろうし，あるいはその間に関連する"からくり（メカニズム）"があるだろう。ということで，その本質を追究していく学問がスポーツ生理学であると定義できる。

2 体育学の主要科目としての「スポーツ生理学」

　体育大学においては，「スポーツ生理学」，あるいは「バイオメカニクス」そして「体力科学（体力トレーニング論）」という科目が必須科目として存在する。そのうえに基本となる「生理学」や「解剖生理学」との兼ね合い，関連性を示したものが図 1-24, 25 である。そうすると，それぞれの学問の間には当然，重なり合うところが多く存在する。そして，重なり合わない部分，そこにそれぞれの学問の特異性，特性があるということになる。特にこういう重なり合う部分は，授業が進むにつれ，スポーツ生理学と，あるいはたとえば「バイオメカニクス」の講義で同じような内容が重複して出てくるかも知れない。重複部分は同じ領域でも捉え方が異なり互いに討論・議論される重要なところだと言える。したがって，講義を聴いて同じような内容が何度も出てきた場合は，「これは重要な内容

Key word　スポーツ生理学，バイオメカニクス，生理学，解剖学，生物学

なのだな」と思うことだ。

　運動・スポーツをする主体はヒトであるから，ヒトの身体を理解することがまず大切である。医者が扱う患者もヒトである。そうすると，その生体に対する基礎的な知識を育む学問を見逃すわけにはいかない。それを生体基礎科学と結んでみた。先ほどの生理学あるいは生物・生化学その他関連するたとえば分子生物学，遺伝学などいろいろな学問がこの生体基礎科学の範疇に入る。これらの学問は身体を理解するうえには基礎的なものである。

　それに対して，かつては運動生理学といわれた，あるいは体育の生理学という表現をされていたスポーツ生理学は運動基礎科学といわれるものである。さらに学問的にいろんなことがわかって，深く入り込んでいくと，今までの運動生理学・スポーツ生理学の範疇であった学問体系が独立していく。この代表的な1つが運動生化学である。この運動生化学も運動生理学の範疇で，今まで長く研究されてきたが，研究技術が非常に複雑になり高等な手法を使っての研究となり，医学研究，生物学研究と同様に，遺伝子工学の手法を使ってのスポーツ生理学的な研究内容となってきた。

　1つの例を挙げると，運動すると筋が肥大する，あるいは筋肉は使わなければ萎縮してしまう。これを一般に「ルーの法則」と言う。ところが，ではなぜ，筋肉は使うと肥大するのか，使わなかったらなぜ萎縮するのか，当たり前のことのように思われるが，科学というのは，何故そうなるか（Why?），を突き詰めていく。ここに科学の面白さがあると思う。今では遺伝子工学が主流を占めてきて，DNA（デオキシリボ核酸）という言葉を日常的に耳にするようになった。数年前まではそれほど出てこなかった言葉である。それほど研究技術・学問体系が変化してきたことになる。またバイオメカニクスも本来，運動生理学の一分野であったが，今ではバイオメカニクスという独立した学問となっているが，かつてはキネシオロジーという言葉で言った時代があった。

　いずれにしてもこういう運動生理学・スポーツ生理学・運動生化学・あるいはバイオメカニ

図1-24　生体基礎科学—運動基礎科学—実践科学の関係

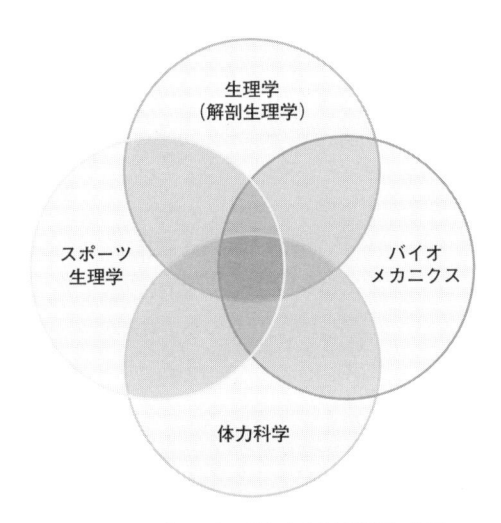

図1-25　スポーツ生理学と主な関連学問の関係
（図の構成上，最も関係の深い"運動生化学"，"運動栄養学"は省いたが，スポーツ生理学に包含される）

第2章　体育・スポーツ科学の基礎　51

クス，等々をスポーツ科学における運動基礎科学に位置づけられるものと考えられる。これらの研究は，研究することに意味がある研究もあれば，研究することによって次につなげる，要するに，現場，医学であれば病気を治す方向へ，実践へと進まなくてはならない。このようにこの運動基礎科学の研究がスポーツ・運動の指導実践へ役立つものとなるように，応用されていくことが重要である。

そして，生体基礎科学・運動基礎科学をいろいろ駆使しながら，最後にトレーニング科学，あるいは体力科学という実践科学に向かうわけである。そこでは競技力向上のトレーニングというのが，その1つの狙いどころとしてあるだろうし，健康維持・増進，さらに疾病予防へとつながるような，最近の生活習慣病予防対策としての運動ということで，「健康スポーツ」が成立する。

3 スポーツ生理学の内容

ところが研究材料としての「健康スポーツ科学」というのは非常に難しい。どちらかというと競技力向上の研究というのは，面白みもあるし，究極的に明確な変化が現れ，非常に明確な研究の結果が出やすいものであるように錯覚する。したがって，「スポーツ科学」の中でも「競技のためのスポーツ科学」の研究が非常に進み，たとえばマラソン選手のトレーニングの1つに高地トレーニングというトレーニング方法がある。これは高い山に登ると酸素が薄いために，その酸素の薄いところでトレーニングすると身体は運動によってどんどん酸素を必要とし，酸素を有効に取るための適応反応が現れる。これは単純に言えば，赤血球の数が増えてくる，赤血球は骨髄でつくられるから，それが血液循環中にどんどん放出される。普通，1 mm³の升に血液を入れると，その中に約450から500万の赤血球があるが，それが高地に行くと，600から700万に増加することが知られている。すなわち，少ない酸素を出来るだけ有効に身体の中に取り込もうとする反応である。そして赤血球が増えた状態でマラソン競技のスケジュールに合わせて，高いところから競技直前の平地に戻り，戻ってじっとしていると，当然元の状態の赤血球数に戻るから，元の状態に戻る前に競技に臨む。そうすると充分な酸素のあるところで，今までにない血液中に赤血球が増えた状態でドンドン酸素を運搬するためにスタミナをつけることができる，ということになる。このようにトレーニング方法の研究1つをとっても非常に明確な変化が現れるということになる。

昭和39年に東京オリンピックが開催された。その4年前がローマオリンピックで，そのときにエチオピアのアベベ・ビキラ選手が彗星の如く現れて，裸足でローマの街を走ってマラソンで優勝した。それから4年後，またアベベ選手は東京オリンピックでも優勝した。ローマでアベベ選手が現れたとき，エチオピアのアジスアベバという都市，あるいはエチオピアは高地で標高2400メートルくらいのところに都市があるので，元々酸素の希薄なところで生まれてそこで育って運動を続けてきた人がローマという平地に下りると，当然（身体の）機能はグンと高い状態で維持されているため，早く走れるという1つのいい成果が出たわけである。それから以降，アベベ選手の優勝した原因をスポーツ生理科学者らが中心になって研究を進め，高地トレーニング法が確立した。さらに東京オリンピックの4年後にはメキシコシティーでオリンピックが行われたが，メキシコシティーもやはり2400メートルの高いところにあるということで，高いところで競技をするとなれば，空気の希薄なところで行うために，それに応じた高地トレーニングを日本では乗鞍などの3000メートル級の高山でトレーニングを実施したり，実験や検査が行われた。大阪体育大学は昭和40年に開設されたが，当時は，メキシコオリンピックを目指して，空気を抜いて低圧状態にする装置（低圧室）を作ったこともある。その装置はその後20年近く活動し，日本スポーツ界やまた登

山家などに大いに貢献した。メキシコオリンピックのマラソン競技では君原選手が銀メダルを獲得したが，その当時の君原選手や宇佐美選手，沢木選手など，日本の錚々（そうそう）たる長距離ランナーが本学で検査された。メキシコオリンピックが終わり，ミュンヘンオリンピックなどが行われることになるに従い，その装置の利用頻度は減ったが，それでもその低圧室を利用したトレーニングが行われた。

さらに進んで，エベレストなどの高山に登る登山家の身体能力の検査等にも本学の低圧室（正確には，"環境制御室"）が利用された。いずれにしても，このような究極の記録を求める科学的手法が確立されてきたのである。マラソン競技だけでなく，その他のスポーツ競技の記録の向上に科学をうまく取り入れており，平成16年のアテネオリンピックの日本の成績向上へそのスポーツ科学の貢献が多とする評価が認められた。

次に，運動療法であるが，これは疾病治療として特に医学関係で利用されていた。たとえば糖尿病でも，高度な糖尿病であればやはり薬事療法に頼らなければならないが，そうでなければ運動療法で充分治るというところまで来ている。あるいは高血圧症の療法など，これらも大きく言って「トレーニング科学」と呼んで差し支えない。以上のことを簡潔にまとめたものが図 1-25 である。

参考図書
1) 増原光彦（2006）運動生理学読本 第5版，不昧堂出版．
2) 伊藤朗（1990）図説・運動生理学入門 初版，医歯薬出版．
3) 石河利寛，杉浦正輝（1989）運動生理学 初版，建帛社．
4) Per-Olof Astrand, Kaare Rodahl (1970) Textbook of Work Physiology, McGraw-Hill Kogakusha, Ltd.
5) Fox (1979) Sports Physiology, W.B.Saunders company.

9 バイオメカニクスから見た「スポーツする身体」

淵本隆文（バイオメカニクス）

1 バイオメカニクスとは

バイオメカニクスとは「運動に関係する生態系の構造や機能を力学の法則に照らして研究する応用学」[1]である。上記の「運動に関係する生態系」が「スポーツに関係するヒト」の場合はスポーツ・バイオメカニクスと呼ぶ。バイオメカニクスの研究成果を見ると、実際には力学に限定されている訳ではなく、生理学、解剖学や動作分析などの内容が多く含まれている。バイオメカニクス研究で使われる主な手法はビデオ撮影などを用いた動作分析、地面反力の測定に代表される力の測定、筋の働きを調べる筋電図分析などである。

2 バイオメカニクスの重要性

各種スポーツ連盟などが設けている医科学スタッフの中にはバイオメカニクスの研究者が入っている場合が多い。また、リハビリテーションの分野ではバイオメカニクス研究が盛んに行われている。スポーツや健康に関する資格等の講習カリキュラムにもバイオメカニクスが含まれている場合が多い。バイオメカニクスの知識や研究手法が重要である理由の1つは、身体運動が力学の法則に支配されているからである。垂直跳や走り高跳びを行う場合、足が地面から離れるときの上昇速度が同じなら、体重が大きいと高く跳べないと思っている学生が時々いる。実際には跳躍高は体重とは無関係であり、上昇速度が大きいと高く跳べる。このような最低限の基本知識はスポーツ指導や身体運動に関わる領域で必須のものである。

3 動作分析からみたスポーツする身体

ビデオの映像分析では、フォームを観察したり、距離、角度、時間、速度、角速度、加速度、角加速度、力、回転力（トルク、力のモーメント）、力学的エネルギー、運動量、角運動量などを求めることができる。

図1-26は、野球の投手が球場のマウンドから直球を全力で投げたときのフォームを2台の高速度カメラで撮影し、そのときのボールの速度と加速度の変化を示したものである。時間ゼロがリリース時点である。リリース後のボール速度はUHが147km/h（時速）、NGが137km/h、HSが134km/h、MTが129km/hであった。UHのボール速度が最も大きかった理由は早い時期から加速しているからであった。ボール速度は投球腕の肩の速度と肩を中心に腕を振る速度の和である。UHの肩の速度（図1-27下段）は他の選手とあまり変わらないので、

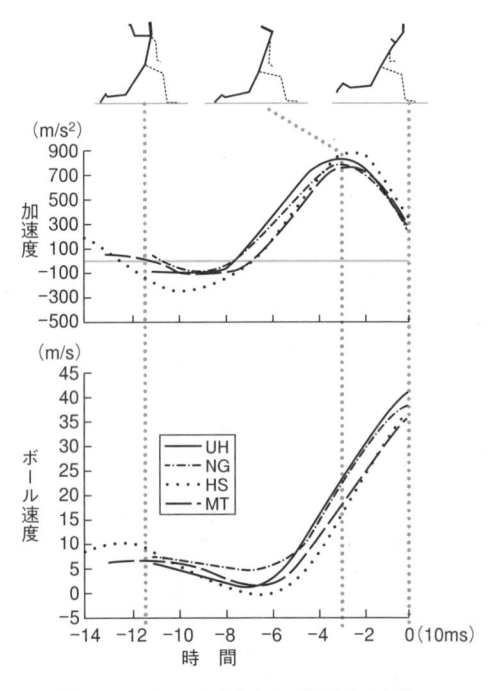

図1-26　ボールの速度および加速度の変化[2]

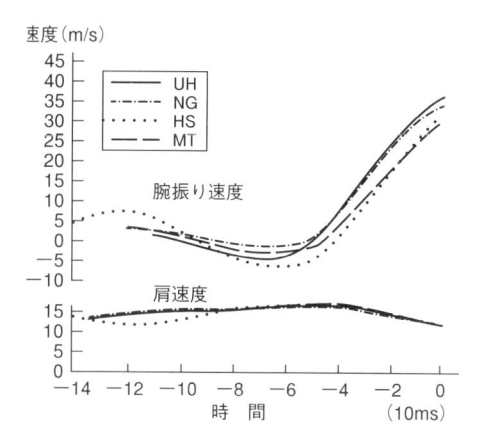

Key word 動作分析，筋電図，地面反力，力学，生理学，解剖学

図1-27 肩の速度（下段）および肩を中心としたボール速度（上段）の変化[2]

UHのボール速度が大きかったのは肩を中心に腕を振る速度（図1-27上段）が大きかったからである。図1-28は真上から見た両肩と両腰の回転を示したものである。一般に投球では肩よりも腰の回転を先行させて胴に捻じれをつくり，その後捻り戻して肩を回転させるイメージがある。UH以外の3名はS字の曲線を描いており，このように胴の捻り戻しを利用していたが，UHはリリース直前まで直線を示し，捻り戻しを利用せずに腰の回転の力を直接肩の回転に結び付けていた。

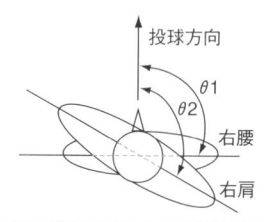

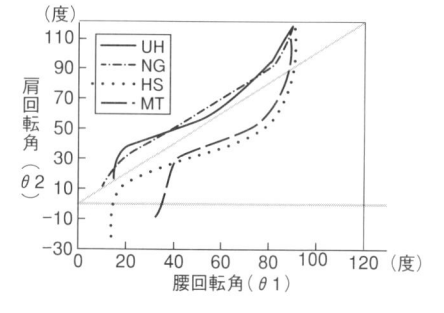

4 力の測定からみたスポーツする身体

　力はすべての運動の源である。力が無ければ速度の変化も，運動方向の変化も起こらない。走幅跳の練習では試合のときと同じ助走距離で行う全助走の他に，距離を短くして行う短助走が用いられる（図1-29）。図1-30はこの2種類の跳躍で踏み切った場合の地面反力を比較したものである。鉛直方向の力は地面が人を上に向かって押し上げた力を，水平方向の力は負の値がブレーキの力（地面が人を前から後ろに向かって押す力）を示している。鉛直方向の力は短助走の場合，接地直後のピーク値（P1）は小さいが，第2ピークは全助走と変わらず，全体の接地時間が長い。人は地面から大きな鉛直力を長い時間受けると高く跳ぶことができる。その量は図の地面反力曲線とゼロの基線で囲まれた面積（これを力積という）になり，その面積が大きいと高く跳べる。この力積は短助走の

肩と腰の関係を表した模式図（水平面）

図1-28 腰回転角（θ1）と肩回転角（θ2）[2]

図1-29 短助走と全助走による走り幅跳びフォーム[3]

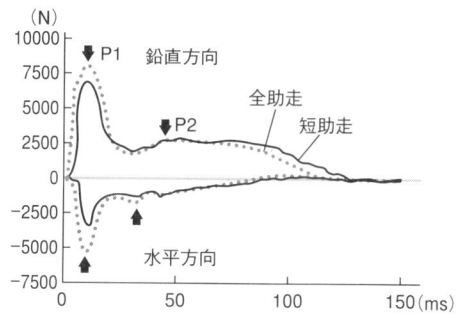

図1-30 短助走と全助走による走り幅跳びの地面反力の典型例[3]

第2章 体育・スポーツ科学の基礎　55

方が大きかった。したがって，短助走跳躍は高く跳ぶ練習や空中フォームの練習に役立つと思われる。一方，水平方向の反力では，第1ピークが短助走の方が小さく，第2ピーク以降はあまり差がなかったので，力積は短助走の方が小さかった。この結果は，短助走の方が踏み切りでの前方速度の減速（ブレーキ）が小さかったことを意味する。ここで注目してもらいたいのは，水平方向の地面反力はほとんどがブレーキ力（負）であり，後方へのキック力（正）は足が地面から離れる直前にほんのわずかだけ現れる点である。選手はできるだけ遠くへ跳ぶために踏み切りで後方へキックしているつもりであるが，実際には後方へのキックはほとんどなされていないのである。

5 筋電図からみたスポーツする身体

心臓が収縮する様子を調べるのに心電図が用いられることは良く知られているが，これと同じ原理で骨格筋の活動を調べることができる。筋が収縮するときには筋の中や表面を電気が流れる。この電気を筋の上に貼った小さな2つの電極で取り出し，アンプで約千倍に増幅すると活動の様子を目でみることができる。図1-31は，アーチェリーの弓を用いて18m離れた的に向かって実射を行ったとき（図1-32）の熟練者3名と未熟練者3名の筋電図を比較したものである。最下段は弓の張力の強さを示しており，急激に減少している時点がリリースの瞬間である。弦を引いているのは右腕，弓を押しているのが左腕である。未熟練者は熟練者より弓の張力が小さいにもかかわらず，全般的に多くの筋群で顕著な放電が見られ，特に左上腕二頭筋，右橈側手根伸筋，左僧帽筋で顕著であった。熟練者は左腕による弓の支えが三角筋主体であり，左腕を一本の棒のように突っ張っているが，筋はかなりリラックスしていたことを示している。さらに右腕も肩や肘の筋が主体に弦を引き手頸や指に関する筋はそれほど緊張していないことが示されている。弓に取り付けた加速度計

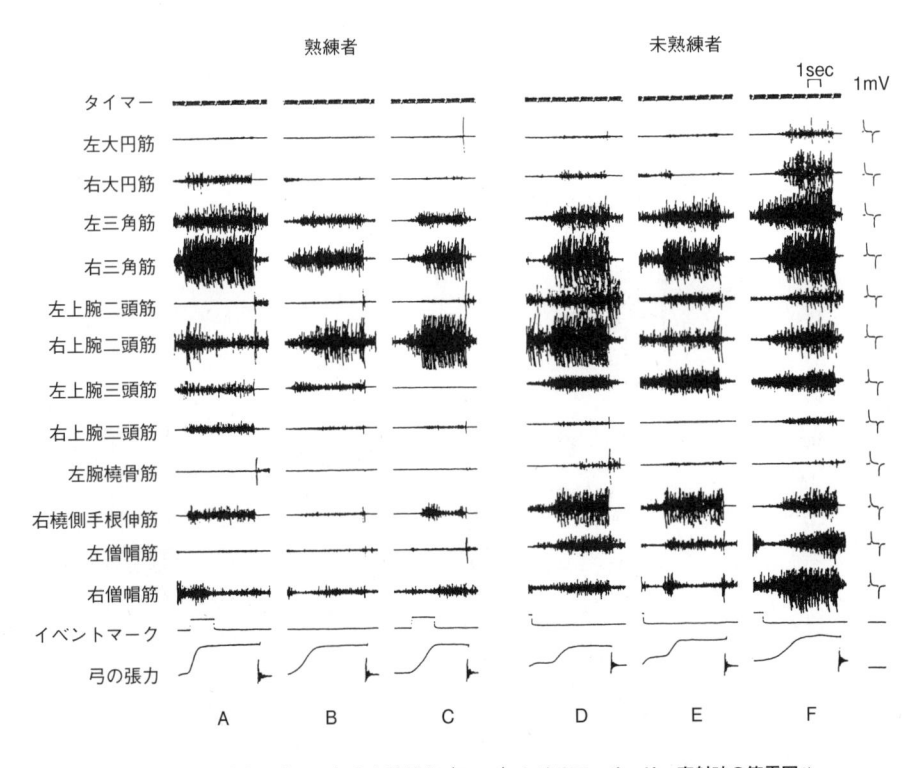

図1-31 熟練者（A～C）と未熟練者（D～F）おけるアーチェリー実射時の筋電図[4]

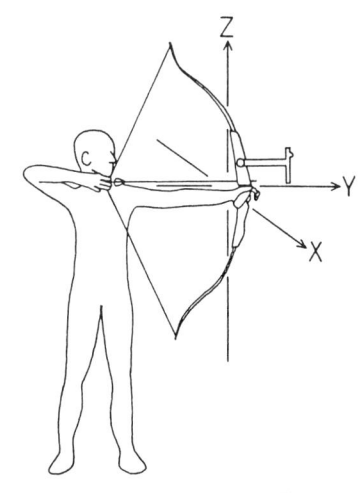

図1-32　アーチェリーのエイミングフォーム[4]

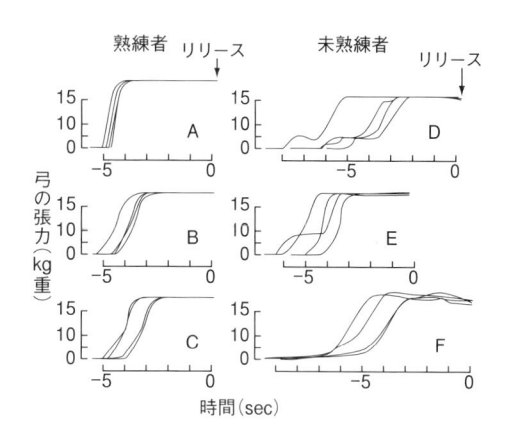

図1-33　アーチェリーで4回実射した時の45ポンド用弓の張力変化[4]

で左右（X），上下（Z），前後（Y）の三方向における弓の揺れを測定しているが，熟練者は未熟練者より明らかに揺れが小さかった．図1-33は弦を引くときの張力変化を4試行分重ねたものであるが，熟練者は未熟練者より明らかに安定している．この熟練者による安定性の要因の1つが必要最小限の筋活動だけで弦を引いていることにあると考えられる．

文献
1) 金子公宥，福永哲夫編著（2004）バイオメカニクス，杏林書院，p2.
2) 村上雅俊，淵本隆文，金子公宥（2002）三次元動作解析による超一流大学野球投手のピッチングに関する事例的研究，大阪体育大学紀要33: 1-8.
3) 淵本隆文，伊藤章，山本正敬，金子公宥，許樹海（1995）走幅跳練習における短助走跳躍の意義，生体・運動のシステム，第12回日本バイオメカニクス学会大会実行委員会，p66-71.
4) 淵本隆文，柿本博司，辻幸治，金子公宥（1991）アーチェリーのバイオメカニクス的研究：特にエイミングの調整について，大阪体育大学紀要22: 121-129.

参考図書
1) 金子公宥（1988）パワーアップの科学，朝倉書店．
2) 金子公宥（1994）スポーツ・バイオメカニクス入門，杏林書院．
3) 佐々木秀幸，小林寛道，阿江通良監修（1994）世界一流陸上競技者の技術，陸上競技連盟強化本部バイオメカニクス研究班編，ベースボール・マガジン社．
4) 深代千之，桜井伸二，平野裕一，阿江通良編著（2000）スポーツバイオメカニクス，朝倉書店．

10 栄養学から見た「スポーツする体」

岡村浩嗣（スポーツ栄養学）

1 栄養とは何か，栄養素とそのはたらき

栄養とは，「生物が生命を維持し生活してゆくために体外から適当な物質を取り入れ，体を成長させ機能を保ちエネルギーを得ること」であり，「体外から取入れる適当な物質」を「栄養素」という。栄養素の種類と主要な役割を図1-34に示した。すべての栄養素には必要な量があると同時に過剰になる量があるので，不足しないようにするとともに取りすぎないようにする。

スポーツ栄養には，摂取するだけで運動能力の向上を期待されることがあるが，現実にはそのようなものは存在しないと考えるべきである。質の高いトレーニングの積み重ねで運動能力が向上する。したがって，スポーツにおける栄養の役割は，質の高いトレーニングを行うための良好なコンディションをつくり，トレーニング効果を確実にすることといえる。

2 必要な食事量

食事量が適性かどうかの目安は，成人では体重や体脂肪率が変化しないことである。成長期では体重は増加するものなので，体脂肪率が増えすぎないことが目安となる。慢性的に少食にしていると，少食に適応して基礎代謝が低下しかえって太りやすくなる可能性があるので，極端に少食にせず体重を維持するようにする。

目安量は体格によって異なり，大きな人は多く，小さな人は少ない。日本人のエネルギーの食事摂取基準が表1-1である。男女ともに，身体活動レベルが3段階にわけられている。一生

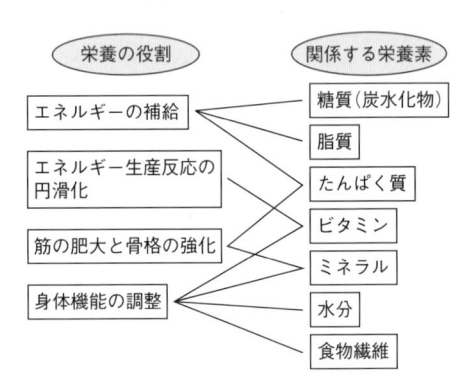

図1-34 栄養素の種類と主要な役割

表1-1 エネルギーの食事摂取基準：推定エネルギー必要量（kcal/日）

年齢	男性 身体活動レベル Ⅰ	Ⅱ	Ⅲ	女性 身体活動レベル Ⅰ	Ⅱ	Ⅲ
0～5（月）母乳栄養児	—	600	—	—	550	—
人工乳栄養児	—	650	—	—	600	—
6～11（月）	—	700	—	—	650	—
1～2（歳）	—	1,050	—	—	950	—
3～5（歳）	—	1,400	—	—	1,250	—
6～7（歳）	—	1,650	—	—	1,450	—
8～9（歳）	—	1,950	2,200	—	1,800	2,000
10～11（歳）	—	2,300	2,550	—	2,150	2,400
12～14（歳）	2,350	2,650	2,950	2,050	2,300	2,600
15～17（歳）	2,350	2,750	3,150	1,900	2,200	2,550
18～29（歳）	2,300	2,650	3,050	1,750	2,050	2,350
30～49（歳）	2,250	2,650	3,050	1,700	2,000	2,300
50～69（歳）	2,050	2,400	2,750	1,650	1,950	2,200
70以上（歳）	1,600	1,850	2,100	1,350	1,550	1,750
妊婦　初期（付加量）				＋50	＋50	＋50
中期（付加量）				＋250	＋250	＋250
末期（付加量）				＋500	＋500	＋500
授乳婦　　（付加量）				＋450	＋450	＋450

日本人の食事摂取基準（2005年版），第一出版

key word 食事摂取基準，エネルギー，基礎代謝量，活動指数

のうちで最もエネルギーが必要なのは，男子では15－17歳，女子では12－14歳である。

身体活動レベルは，一日にどんな活動をどのくらいの時間，行っているかによって分類されている（表1-3）。それぞれの身体活動に必要なエネルギー量は，基礎代謝を1としたときの倍数（Af，Activity factor，活動指数）で表される（表1-4）。身体活動に必要なエネルギーは，各人の基礎代謝量と活動指数から算出される。表1-5は，体重70kgの男子大学生の練習のある日とない日のエネルギー消費量の算出例である。練習のある日は3,066kcal，練習のない日は2,086kcalであり，約1,000kcalの差がある。練習がないにもかかわらず練習があるときと同じだけ食べていると，一日あたり1,000kcalのエネルギーが余剰になる。この余剰エネルギーは体脂肪として蓄積される。体脂肪は1kgあたり約7,000kcalなので，1週間で1kgの体脂肪が蓄積することになる。オフシーズンや怪我などで練習量が少なくなったときや現役引退後の体重増加は，このようにして起こる。

スポーツ選手の平均エネルギー必要量は男子で3,500kcal，女子で2,700kcal程度であり一般の人よりも多いが，競技・種目によって異なり，練習量が多いとエネルギー必要量も多い。エネルギー必要量の多いアスリートでは，3食で必要量が摂取出来ない場合があり補食や間食が必要なこともある。

市販弁当や定食のエネルギー量は700－1,000kcal程度である。主な定食のエネルギー量を表1-2に示した。

表1-2 各種定食のたんぱく質量とエネルギー量

定食	たんぱく質(g)	エネルギー(kcal)
刺身	32.5	594
サワラの照焼き	26.7	497
アジの塩焼き	29.0	480
サバのみそ煮	33.3	665
エビフライ	24.6	836
豚肉のしょうが焼き	31.6	926
ロースかつ	30.2	1,090
天ぷら	24.7	914
ポークソテー	30.3	917
ヒレカツ	30.2	834

外食・市販食品のエネルギー・塩分・たんぱく質ガイドブック，女子栄養大学出版部[2]

表1-3 身体活動レベル別にみた活動内容と活動時間の代表例（15～69歳）

		低い（Ⅰ）	ふつう（Ⅱ）	高い（Ⅲ）
身体活動レベル[2]		1.50 (1.40～1.60)	1.75 (1.60～1.90)	2.00 (1.90～2.20)
日常生活の内容		生活の大部分が座位で，静的な活動が中心の場合	座位中心の仕事だが，職場内での移動や立位での作業・接客等，あるいは通勤・買物・家事，軽いスポーツ等のいずれかを含む場合	移動や立位の多い仕事への従事者。あるいは，スポーツなど余暇における活発な運動習慣をもっている場合
個々の活動の分類（時間/日）	睡眠（1.0）	8	7～8	7
	座位または立位の静的な活動 (1.5：1.1～1.9)	13～14	11～12	10
	ゆっくりした歩行や家事など低強度の活動 (2.5：2.0～2.9)	1～2	3	3～4
	長時間持続可能な運動・労働など中強度の活動（普通歩行を含む） (4.5：3.0～5.9)	1	2	3
	頻繁に休みが必要な運動・労働など高強度の活動 (7.0：6.0以上)	0	0	0～1

日本人の食事摂取基準（2005年版），第一出版[1]

第2章 体育・スポーツ科学の基礎

表1-4 身体活動の分類例

身体活動の分類（Af^1の範囲）	身体活動の例
睡眠（1.0）	睡眠
座位または立位の静的な活動（1.1～1.9）	横になる。ゆったり座る（本などを読む，書く，テレビなどを見る）。談話（立位）。料理。食事。身の回り（身支度，洗面，便所）。裁縫（縫い，ミシンかけ）。趣味・娯楽（生花，茶の湯，麻雀，楽器演奏など）。車の運転。机上事務（記帳，ワープロ，OA機器などの使用）。
ゆっくりした歩行や家事など低強度の活動（2.0～2.9）	電車やバス等の乗物の中で立つ。買物や散歩等でゆっくり歩く（45m／分）。洗濯（電気洗濯機）。掃除（電気掃除機）。
長時間持続可能な運動・労働など中強度の活動（普通歩行を含む）（3.0～5.9）	家庭菜園作業。ゲートボール。普通歩行（71m／分）。入浴。自転車（ふつうの速さ）。子供を背負って歩く。キャッチボール。ゴルフ。ダンス（軽い）。ハイキング（平地）。階段の昇り降り。布団の上げ下ろし。普通歩行（95m／分）。体操（ラジオ・テレビ体操程度）。
頻繁に休みが必要な運動・労働など高強度の活動（6.0以上）	筋力トレーニング。エアロビックダンス（活発な）。ボートこぎ。ジョギング（120m／分）。テニス。バドミントン。バレーボール。スキー。バスケットボール。サッカー。スケート。ジョギング（160m／分）。水泳。ランニング（200m／分）。

日本人の食事摂取基準（2005年版），第一出版[1]

表1-5 練習の「ある日」と「ない日」のエネルギー消費量

時刻	所要時間（分）	ある日 日常生活活動の種類	Af	エネルギー所要量(kcal)	ない日 日常生活活動の種類	Af	エネルギー所要量(kcal)
700		起床			起床		
700-730	30	身の回り	1.5	53	身の回り	1.5	53
730-750	20	食事	1.4	33	食事	1.4	33
750-850	60	通学（電車）	1.5	105	通学（電車）	1.5	105
850-1200	190	授業	1.6	355	授業	1.6	355
1200-1220	20	食事	1.4	33	食事	1.4	33
1220-1250	30	ゆったり座る	1.0	35	ゆったり座る	1.0	35
1250-1600	190	授業	1.6	355	授業	1.6	355
1600-1800	120	クラブ（サッカー）	8.0	1120	ゆったり座る	1.0	140
1800-1830	30	身の回り	1.5	53	身の回り	1.5	53
1830-1930	60	通学	1.5	105	通学	1.5	105
1930-2000	30	食事	1.4	49	食事	1.4	49
2000-2300	180	ゆったり座る	1.0	210	ゆったり座る	1.0	210
2300-0700	480	睡眠	1.0	560	睡眠	1.0	560
合計	1440			3066			2086

体重（kg）　　　　　　　　　　　　　70
基礎代謝量（kcal/kg/day）　　　　　24.0
1分間当たりの基礎代謝量（kcal/min）1.17

3 食品群，バランスよく栄養素を摂取するために

食品群とは，食品を含まれる栄養素の似ているもので分類して，それぞれの食品群の食品を組み合わせて摂取することで，バランスの良い食事ができるように考えられたものである。3つの食品群（表1-6），4つの食品群（表1-7），6つの食品群（表1-8）がよく知られている。

表1-6 3つの食品群

赤群	黄群	緑群
魚・肉・豆類・乳・卵	穀物・砂糖・油脂・いも類	緑色野菜・淡色野菜・海藻・きのこ
たんぱく質／脂質／ビタミンB₂／カルシウム	炭水化物／ビタミンA, D／ビタミンB₁／脂質	カロチン／ビタミンC／カルシウム／ヨード
血や肉をつくるもの	力や体温となるもの	からだの調子をよくするもの

表1-7 4つの食品群

第1群	第2群	第3群	第4群
栄養を完全にする	血や肉をつくる	からだの調子をよくする	力や体温となる
良質たんぱく質／脂質	良質たんぱく質／脂質／カルシウム／ビタミンA／ビタミンB₂	ビタミンA／カロチン／ビタミンC／ミネラル／繊維	糖質／たんぱく質／脂質
乳・乳製品・卵	魚介・肉・豆・豆製品	野菜・いも・果物	穀類・砂糖・油脂

表1-8 6つの食品群

第1群	第2群	第3群
魚・肉・卵・大豆・大豆製品	牛乳・乳製品・海藻・小魚類	緑黄色野菜
骨や筋肉等を作る／エネルギー源となる	骨・歯をつくる／体の各機能を調節	皮膚や粘膜の保護／体の各機能を調節

第4群	第5群	第6群
淡色野菜・果物	穀類・いも類・砂糖	油脂類・脂肪の多い食品
体の各機能を調節	エネルギー源となる／体の各機能を調節	エネルギー源となる

同じ群内の食品は適宜交換でき，それぞれの群を組み合わせて摂取することで，個々の栄養素などを気にせずバランスのよい食事が摂取できる。食品群の考え方によって，穀類・油脂はエネルギー，野菜・果物はビタミンや食物繊維，魚や肉はタンパク質，などが一般に認識されるようになった。

その他に，食事バランスガイドが2005年に厚生労働省より示された（第5部第2章5，図5-28）。

4 バランスのよい食事の目安，弁当箱の主食：主菜：副菜＝3：1：2

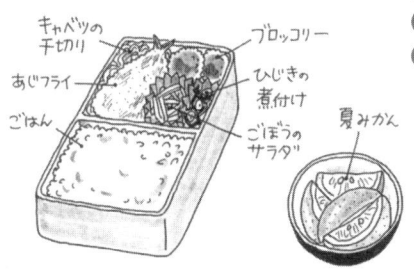

弁当箱を利用する方法が簡単である。弁当箱の半分に主食（ごはんやパンなどの穀物），残りの1/3に主菜，2/3に副菜を詰めるとバランスがよくなる（図1-35）。また，内容量が700mLの弁当箱に上記のように詰めると，エネルギー量が700kcal程度になり，1,000mLの弁当箱だと1,000kcal程度になる。スポーツ選手の弁当箱は1,000mLが基本ともいえる。また，この他に果物や牛乳・乳製品を加えるとよい。

弁当箱に入っていない場合には弁当箱に詰めた場合を想像して，少ないものを加えたり，間食や次の食事で取ったりするとよい。また，多すぎるものは次の食事で減らすなどしてバランスを調整する。

図1-35 弁当箱を利用した栄養バランスの調整[3]

参考図書
1) 第一出版編集部(2005)厚生労働省策定日本人の食事摂取基準(2005年版)，初版，第一出版．
2) 女子栄養大学出版部(1986)外食・市販食品のエネルギー，塩分，たんぱく質ガイドブック，女子栄養出版部．
3) 小林修平，樋口満編著，財団法人日本体育教会スポーツ医・科学専門委員会(2002)アスリートのための食事ガイドブック，財団法人埼玉県体育協会．

11 医学から見たスポーツする身体

前島悦子（スポーツ医学）

　日本人の平均寿命は，厚生労働省による平成16年簡易生命表によれば，男性78.64歳，女性85.59歳で，男性はアイスランドに次いで世界第二位，女性は世界第一位の長寿国である。ただ長生きをするだけでなく，生活の質（Quality of Life；QOL）が問われる時代となり，QOL向上のために，「いかに健康を保つか」が，大きな鍵となっている。

　世界保健機構（World Health Organization；WHO）は，「健康とは，単に病気でないことをいうのではなく，身体的にも，精神的にも，社会的にも完全に調和のとれた状態であること」と提唱している。積極的に健康増進に取り組むことをactive health（積極的健康）といい，食事による栄養管理に加え，積極的な運動が不可欠であると考えられている。

　本稿では，スポーツが安全に，有効に，快適に行われるために，スポーツがヒトの身体に及ぼす影響を，スポーツ内科学の分野から論じる。

1 スポーツと貧血（Anemia）

❶貧血の定義

　貧血とは，血液中のヘモグロビン値が正常値に比して低下した状態を指す[1]。

　ヘモグロビンは血液中の赤血球に存在し，酸素を運搬する役割を担っている。

> ヘモグロビンの正常値：
> 　　　男性　14～18g/dl
> 　　　女性　12～16g/dl

❷貧血の症状

　自覚症状として，立ちくらみ，めまい，動悸，息切れ，易疲労感，食欲不振，無月経などがある。他覚的身体所見として，皮膚蒼白，眼瞼結膜蒼白がみられる。また頻脈，呼吸回数の増加，心拍数，心拍出量，1回拍出量，心筋収縮力の増加，循環時間，血液粘稠度，末梢血管抵抗の低下がみられる。

❸原因

　スポーツ選手にみられる貧血の原因は，鉄欠乏性貧血，溶血性貧血，消化管出血，骨髄造血機能低下が挙げられる。

　鉄欠乏性貧血は，トレーニングに伴う鉄の需要増大，摂取量の低下，大量発汗による鉄喪失によるものが原因と考えられている。溶血性貧血は，Footstrike hemolysis[2]と言われ，運動中の足底部への強い衝撃の反復によって血管内の赤血球が物理的に破壊されることによって起こる。消化管出血は，長距離ランナーにみられる。

❹診断

　貧血が疑われる自覚症状や他覚的身体所見がみられた場合は血液検査を行い，ヘモグロビンの低下を確認する。

❺治療

　鉄の体内への吸収率は獣肉，魚肉，とり肉などの動物性食品で高く，野菜や乳卵製品などでは低い。ビタミンCを併用することにより鉄の吸収率が高まる。

　蛋白質を十分に摂取することは，鉄欠乏性貧血だけでなく，溶血性貧血の場合にも，赤血球膜を堅固な状態にし，溶血を起こりにくくするため推奨される。

　溶血性貧血の場合には，体重を減少させる，柔らかな面を走ること，クッション性の高いシューズを履くこと，軽快に走ることなどの工夫が必要となる。

❻スポーツ貧血

　スポーツ貧血は偽性貧血とも言われ，血液中

> **Key word** 貧血，熱中症，突然死，メディカルチェック

のヘモグロビンが減少する本来の貧血とは異なる。体液（水分と塩分）を保持する反応により血液が希釈され，ヘマトクリットが低下した状態となり，一見，真の貧血のように見えるのである。

2 熱中症（Heat injury）
❶定義
　熱中症は，暑熱環境における身体の適応障害により起こる状態の総称である[3]。高温の環境下で，自己の生理的温度調節機構が破綻することにより発生する熱性障害である。炎天下でのスポーツや労働作業中に発症する他，屋内で行うスポーツや労働作業中にも発症する。また，自宅にいる高齢者が真夏に室内を閉め切っていたり，乳幼児が車内に放置されたりするなどして発症する場合もある。

❷分類
①病態による分類
　熱中症は病態により，熱痙攣，熱疲労，熱射病の3型に分類される。

・**熱痙攣**（heat cramps）
　高温の環境下での大量の発汗により体液（水分と電解質）の喪失がみられ，水分のみを補給すると低ナトリウム血症になる。ナトリウム欠乏性脱水と筋の興奮性が亢進した状態となり筋痙攣や筋肉痛がみられるが，体温はあまり上昇しない。

・**熱疲労**（heat exhaustion）
　高温の環境下で大量に発汗することにより体液が枯渇し，脱水状態となる。末梢循環不全に陥り，全身虚脱，頭痛，嘔吐，血圧低下，頻脈，尿量減少を認める。体温は軽度上昇する。

・**熱射病**（heat stroke）
　高温環境下あるいは運動負荷により自己の温度調節機構が破綻し，その結果全身の臓器に熱性障害を来す。発汗異常，低血圧，頻脈，頻呼吸や昏睡，痙攣などの意識障害の他，心筋壊死，肝細胞障害，腎機能障害を認め，死に至る。体温は一般的に40℃以上となる。

②重症度による分類
・Ⅰ度（軽度）
　こむら返り，立ちくらみなどの症状がみられる。水分の経口摂取を十分に行う。
・Ⅱ度（中等度）
　強い疲労感，めまい，頭重感，嘔気，嘔吐，体温上昇などの症状がみられる。輸液が必要となるため，病院への搬送を要する。Ⅱ度の場合，対応が遅ければ，重症化してⅢ度に移行する危険がある。
・Ⅲ度（重度）
　深部体温が39℃以上となり，脳神経障害や，肝臓，腎臓などの臓器障害がみられ，血液凝固異常の状態に陥る。専門病院での全身管理を要するため，ただちに病院へ搬送する。

❸予防
　炎天下で運動や労働作業をする場合風通しがよく，白系統の軽い衣服を着用する。活動の前や合間に水分を摂取する。摂取する水分としては，4～8％程度の糖分と，0.1～0.2％程度の塩分（Naの量なら40～80mg/100ml）を含んだスポーツドリンクがよい。暑いときには，0～5℃程度の水分が吸収しやすい。「喉が渇いてから」ではなく，「喉が渇く前」に水分を補給する。運動の前後で体重測定を行い，体重の減少を2％以内に抑えるようにする。

❹治療
①身体の冷却
　頸部，腋窩，鼠径部に氷あるいは冷水を入れた氷嚢を置き，体表面を冷却する。患者を

冷房下や木陰に移し，衣服を脱がせて霧吹きなどで体の表面に水をかけ，扇風機やうちわなどで送風し，気化により熱が奪われる効果を利用する方法も行われている。

水分補給は意識の有無により，経口投与（飲水）または点滴静注どちらかの方法が行われる。水分のみでなく，ナトリウムの補給を考えて水分補給を行う。

②熱射病の治療

最も重症である熱射病の治療は身体の冷却と水分補給の他に，速やかに全身管理の行える病院へ搬送する。

熱中症は誰にでも起こりうる。救急処置として，水分補給（Fluid），身体の冷却（Ice），運動の休止（Rest），緊急事態の認識（Emergency）を忘れず，適切な処置が行わなければ，死に至る病態であることを肝に銘じておく。

3 突然死とメデイカルチェック（内科系）

❶突然死

スポーツに関連した突然死の原因として最も多いのは循環器疾患である[4]。本邦の若年者では，明らかな基礎疾患がなく，運動中に誘発された不整脈による急性心機能不全が最も多く，中高年では虚血性心疾患，次いで脳血管障害が多いと報告されている。

このようなスポーツ活動に関連した死亡事故を防ぐため，メデイカルチェックの重要性が説かれている。

❷メデイカルチェック

メデイカルチェックとは，運動参加前に医師が行う医学的検査のことである。内科系のメデイカルチェックの場合には，スポーツ活動中の死亡事故の原因として多い循環器疾患を発見することに重きを置いている。一般成人の場合には，日本臨床スポーツ医学会のメデイカルチェック項目のガイドラインが参考となる[5]。

❸メデイカルチェックにおける基本検査項目

①血液検査

赤血球数，ヘモグロビン，ヘマトクリット，白血球数。

②生化学検査

GPT，（GOT），γ-GTP，総タンパク，総コレステロール，中性脂肪，尿酸，BUN，クレアチニン，血糖。

③尿検査

尿タンパク，尿鮮血，尿糖。

④胸部X線検査

⑤安静心電図

最も問題となるのは基本検査の結果から，運動負荷心電図検査の適応を判断することである。すべての症例に運動負荷心電図検査を行うことは，マンパワーや施設の面で不可能であり，費用の点でも効果的でない。問診で異常がある場合，40歳以上の男性，50歳以上の女性で安静時心電図に異常所見がみられる場合，冠動脈危険因子を2つ以上持っている場合は適応となる（図1-36）。

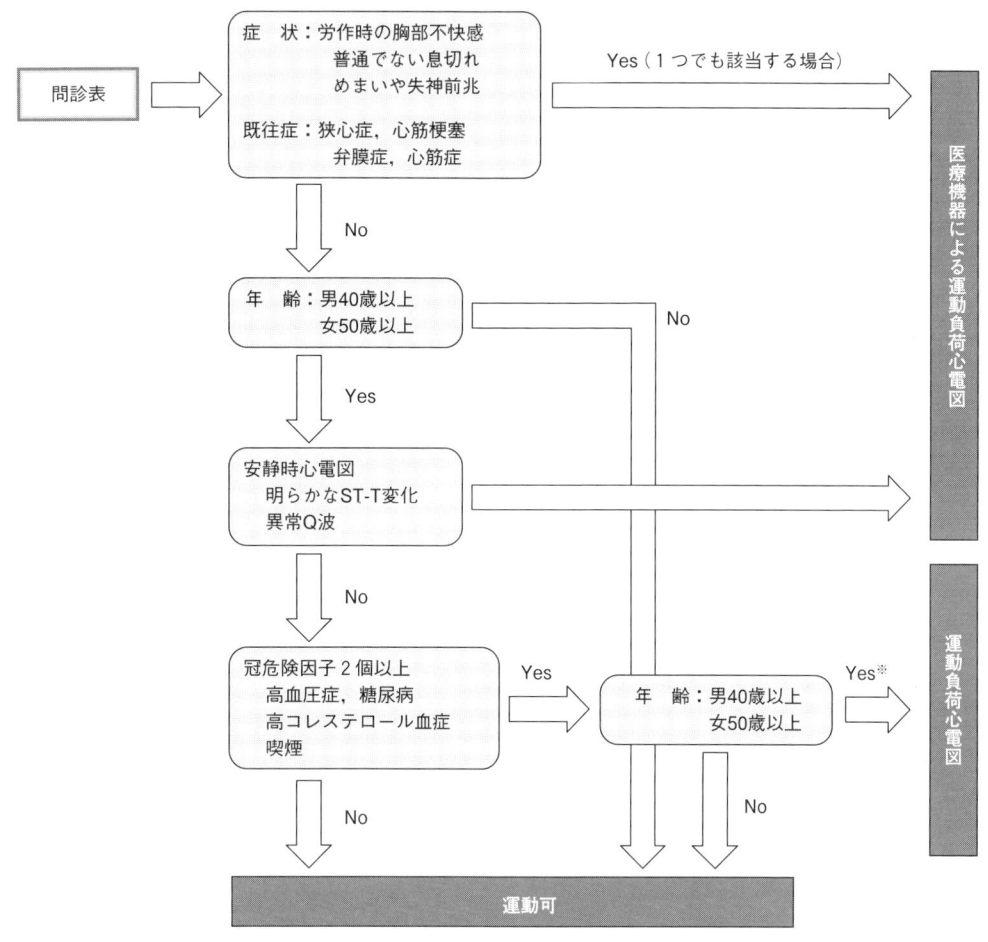

図1-36　運動過負荷試験を行うかどうか判断するためのフローチャート[2]

※：40〜60%VO₂max程度の運動なら必ずしも行わなくてよい

文献
1) 堀田知光(2001) 内科学　第八版, 朝倉書店, p1789-1793.
2) 阪本静男(2002) スポーツ医学-基礎と臨床-, 朝倉書店, p278-282.
3) 和久貴洋, 河野一郎(2003) スポーツ指導者のためのスポーツ医学, 南江堂, p124-128.
4) 武者春樹(2001) スポーツにおける突然死とメディカルチェック, 日本臨床スポーツ医学会誌 9: 10-13.
5) 本臨床スポーツ医学会学術委員会内科部会勧告(1999) 日本臨床スポーツ医学会誌 7: S112-127.

参考図書
1) 新スポーツのためのメディカルチェック(2002)村山正博監修, 武者春樹編集, 南江堂.
2) スポーツ指導者のためのスポーツ医学(2003)小出清一, 福林徹, 河野一郎編集, 南江堂.
3) スポーツ医学-基礎と臨床-(2002)日本体力医学会学術委員会監修, 朝倉書店.

12 心理学から見た「スポーツする身体」

荒木雅信（スポーツ心理学）

「運動って，何」，あまりに身近なことで，普段は考えたり意識したりしないけど，そのプロセス（練習したり・覚えること）は重要である。また，「運動は，こころから始まりこころで終わる。」ということも，普段は意識できない。図1-37で，そのプロセスを説明する。運動することは身体を動かすことだが，その始まりは，脳（こころ）でこれからやろうとする運動を決めて，命令する。そして，身体が動いて，その運動について起こったこと（反応・結果）を脳（こころ）で確かめて運動が終了するか，つぎに続けるか…の，高速な繰り返しである。この最初の過程で，「快と不快」・「好きと嫌い」・「報酬と罰」といった要素が，人のこころを動かすのである。また，スポーツ活動は「非日常的な活動」である。人は，スポーツをするとき「日常的な活動（生活）」から「非日常的な活動」に入り，終わると「日常的な活動（生活）」に戻るのである。ここでの，「ウォーミングアップ」と「クールダウン」は，その気持ちの切り替えに重要な役割を果たすことを忘れてはいけない。

1 動き（運動）の変化 [こころと身体の発達]

基本運動の代表である移動運動（ハイハイ，歩く，走る，跳ぶ）は，どのように習得していくのだろうか。生後から15ヵ月までの間で，基本的な移動運動と掌握運動を習得する。この時期には，安全を重視するあまり，運動を制限することは後の知的発達に重要な影響を及ぼす。

たとえば，「どうしたら速く走れるようになるのだろうか？」という質問を受けたら，あなたはどう答えますか。答えるには，どれくらいの知識が必要だろうか。

まず，走運動のスキルはどのように習得するのか。走フォームを分析してどこに違いをみつけるのか。このようなことを解決するためには，事象を観察する力（観察眼）が必要になる。観察眼を養うには，知識と経験が重要な要素になる。具体的には，「一般的な動きの知識と経験」と「専門的な動きの知識と経験」が必要である。

動き（運動）の巧みさと発達との関係は，こころと身体の発達に深く関係している。発達は，個人差があるので平均化した見方は好ましくない。

❶思春期の不器用

思春期に達すると，身体の発達と神経系の発達のアンバランスが原因で，これまで出来ていた動作が一時的に出来なくなることがある。

運動の指導には，身体とこころの発達の違いを理解しないと学習者に「こころの怪我」を負わすことになる。

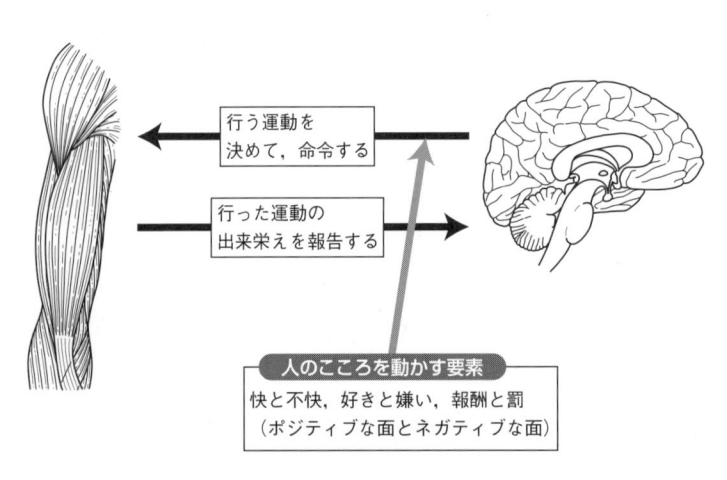

図1-37 運動は，こころで始まりこころで終わる（荒木作成）

Key word 動きの巧みさ，快・不快，ストラテジー，スキーマ

2 動きの巧みさはどこから生まれるのか

スポーツにおける巧みな動きの獲得は，同じ動作のくり返しによってはじめて可能となる。言い換えれば，自動的に行えるようになる（人は「身体で覚える」という）。しかし，スポーツの場面で，「練習では出来るが，本番になると出来ない」ということをよく耳にする。これは，「意識する」という心的過程（高次認知過程）の働きで説明が可能である。人は，練習を繰り返すことで〈自動的〉に運動することが出来るようになる。これは，〈無意識〉に行われるのではなく，〈意識に上らない意識〉の領域で行われるのである。これを，「自動化」と呼ぶ。これが本番になると，プレッシャーや不安を感じて，「ミスなくやろう」「成功させよう」として，意識して運動を行おうとするのである。これを「脱自動化」とよび，普段の練習と違った動き（外見上は，同じにみえる）をするから，「練習では出来るが，本番になると出来ない」ということになる。

❶動きは身体で覚える？

運動を行う過程をみると，受容器（眼・耳・皮膚・腱紡錘・筋紡錘）によって刺激を受容し，中枢神経系で刺激を同定し，行うべき運動を選択・決定する。そして，運動実行の命令を筋肉に伝えて，運動が行われる。

❷身体とこころの捉え方

自動的に行われているようにみえる四肢と体幹各部位の動きは，脳とそこから全身に拡がる神経系の働きに，すべてが委ねられている。

3 運動はこころで始まり，こころで終わる

これまでみてきた身体とこころの関係から，脳のはたらきを「こころの機能」と捉えて，一歩踏み出して運動をみると運動を行うとき，まず，刺激の処理と運動の選択・決定という処理が脳で行われる。それから行おうとする運動を身体に伝えて，運動を行い，その結果（成果）を脳（こころ）に戻して運動が終了する。

この過程で，最初の段階で別のこころの働きが運動に影響する。それは，「快と不快・好きと嫌い」に代表されるポジティブなこころの面とネガティブなこころの面である。快の面にはドーパミン神経が作用し，不快な面にはノルアドレナリン神経が作用する。この2つの神経に抑制をかけるのがセロトニン神経と呼ばれる神経である。これら3つの神経を「こころの3原色」と呼ぶ。セロトニン神経がしっかり働けば，不安にもならず舞い上がりもせず平常心でいられる。この神経を活性化させるものが，実はリズム運動であり，適度な紫外線だといわれている。つまり，太陽の下で，運動することがこころに栄養を与えることであり，部屋に引きこもり，一日のうちの大半をコンピューターと付き合っていると，その結果は容易に想像される。突然，切れるのは，セロトニン神経の働きが弱いからである[1]。

❶こころと身体のつながり

これまでの説明通り，身体には運動を覚える機能も，特別なもの（反射）を除けば運動を始めさせる機能もない。これらのはたらきは脳（こころ）で行われる（図1-38）。

❷こころのエネルギーの特徴

こころのエネルギーは，普段は意識に上らないけれども不安になったり舞い上がったりすると意識に上ってくる。こころのエネルギーは身体のエネルギーと違って，少なくても多くてもだめでちょうど良い最適水準がある（図1-39）。

4 動きの「巧みさ」に関わる心理学的側面

動きの「巧みさ」を，認知というこころの働きからみると，認知には「知覚・注意・記憶」の3つの要素が含まれる。知覚は，五感とよばれる5つの感覚をいい，注意はこころのエネ

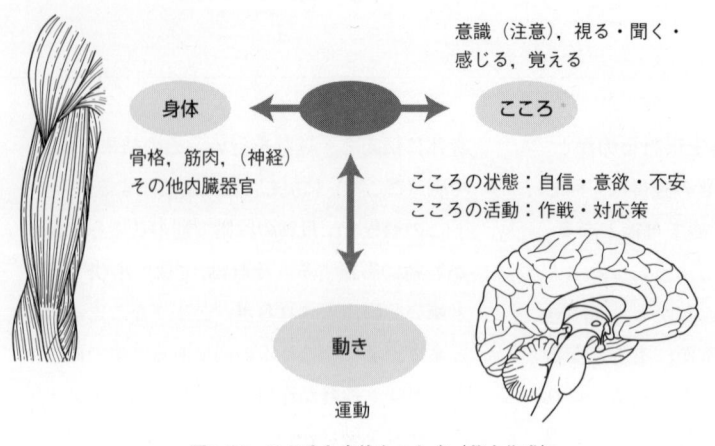

図1-38 こころと身体をつなぐ（荒木作成）

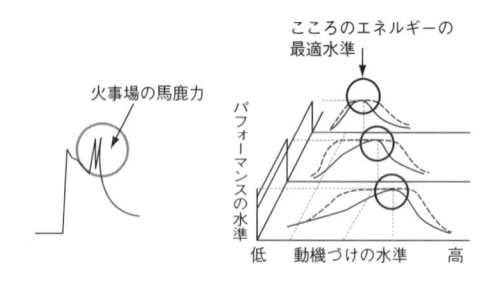

図1-39 こころと身体のエネルギーの出方

ギーの「方向（内・外）と範囲（狭・広）」で説明される。また、運動は覚えるのだから記憶のはたらきは「巧みさ」に関係する。

❶記憶と練習の関係

記憶（こころ）と練習（身体）は、切っても切れない関係にあるといえる。運動における記憶の方略（ストラテジー）とは、「人がある運動を覚えよう（記憶）とし、さらに確実に自分のものにする（保持）ための、計画的、系統的な練習（意図的な方法）」のことを指す。この方略が使いこなせるようになるまでには、①方略の基本技能のない時期、②試行錯誤の時期、

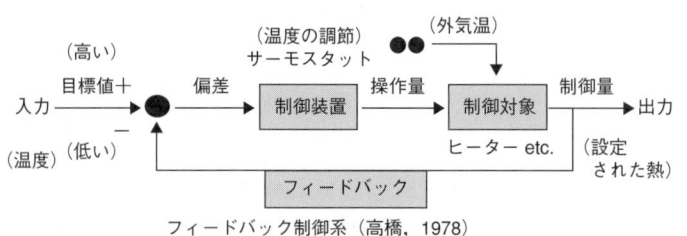

図1-40 フィードバック制御と運動システム[2]

③方略を十分に使いこなす時期という、3つの段階を踏んでいく。

5 運動の学習理論

❶フィードバック制御と運動システム（図1-40）[2]

運動の多くは、フィードバックによって制御されている。

❷2つの学習理論

Adamsの閉回路理論とSchmidtのスキーマ理論（図1-41）[3]

❸スキルの分類

クローズドスキルは、変化が少なく、予測することが可能な環境で行われる運動スキルを指し、体操競技や陸上競技、水泳などの運動スキルを含む。このスキルの習熟の目安は、動きの安定性である。

オープンスキルは、絶えず変化し、不安定で予測不可能な環境で行われる運動スキルを指し、バスケットボールやサッカー、テニスなどの運動スキルを含む。このスキルでは、動きを一定にしながら、状況の変化に柔軟に対処できることが重要な点である。

❹学習の転移ということ

学習されたスキルは、転移する場合と転移しない場合がある。

6 運動の練習

❶「練習をする」ということの心理学的意味

「うまくなる」ためにすることの代表的な方略（ストラテジー）は、「練習（リハーサル）」である。練習（リハーサル）で、基本的な動作を繰り返し行うことの心理学的意味は、記憶材料の「体制化」と「精緻化」にある。この2つのことが「うまさ」の基となる。

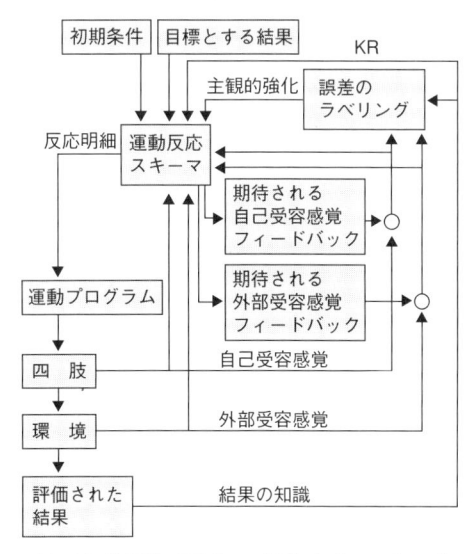

Schmidt (1975) のスキーマ理論 (schema theory)
図1-41　運動学習理論のモデル[3]

①**体制化**；いろいろな動きを，類似性・関連性によってまとめて覚えること。
②**精緻化**；覚えている知識を利用して，新しい情報や刺激に意味づけをすること。

❷**記憶の種類と練習の機能**

記憶の種類には，以下のものがある。

①**超短期記憶**（ワーキングメモリ；作業記憶）；こころのメモ帳とよばれる。
②**短期記憶**；短い時間（分単位）だけ覚えている。
③**中期記憶**；比較的最近（数日間），覚えておく。
④**長期記憶**；数年・数ヵ月間，覚えておく。

長期記憶には2種類あり，意味記憶は知識や概念を貯蔵する。エピソード記憶は場所や時間の文脈（流れ）と結びつけて符号化（コード化）し貯蔵する。

練習（リハーサル）は，短期記憶に動きの情報を留めておく保持機能と，長期記憶へ動きの情報を送る転送機能がある。したがって，練習の回数が多いほど，長期記憶へ送られる確率が高くなることを意味している。しかし，特に最初は意識して練習しなければいけない。

❸**なぜ，意識して練習をしなければならないのか**

意識して練習をすることで，覚えようとする動きの〈体制化〉と〈精緻化〉が進むのである。意識して練習を繰り返すことで，〈体制化・精緻化〉された動きの情報は，長期記憶に送られる。そして，巧みな動きは神経回路の構造的な変化（神経の結びつきが，整理され目的に合った情報伝達回路となる）として維持されるという意味では，記憶は構造的・物理的といえる。

文献
1) 有田秀穂 (2005) セロトニン欠乏脳, 生活人新書, p44-53.
2) 高橋安人 (1978) システムと制御第2版, 上, 岩波書店.
3) 松田岩男編 (1976) 運動心理学入門, 大修館書店.

参考図書
1) 荒木雅信 (1997) 臨床スポーツ心理学の構築に向けて, 平成9年度日本私学振興・共済事業団　補助対象研究報告書, 大阪体育大学.
2) 荒木雅信 (1998)「臨床スポーツ心理学」構築に関わる基礎研究,「臨床スポーツ心理学の構築に向けて（平成10年度　日本私学振興・共済事業団　補助対象研究報告書）」, 大阪体育大学, p3-66.
3) 荒木雅信 (1999)「臨床スポーツ心理学の構築に向けて, 平成11年度日本私学振興・共済事業団　補助対象研究報告書）」, 大阪体育大学.
4) 荒木雅信 (2000) メンタルトレーニングースポーツライフをささえるー, アエラムック「新心理学がわかる」, 朝日新聞社, p52-53.
6) 中込四郎ら (1996) イメージがみえる, 道和書院.
7) R.マートン著, 猪俣公宏監訳 (1991) メンタルトレーニング, 大修館書店.
8) 勝部篤美 (1986) イメージトレーニング, サイエンス, 日経サイエンス社, p76-86.
9) R.シュミット著, 調枝孝治監訳 (1994) 運動学習とパフォーマンス, 大修館書店.
10) 大川信明 (1977) 運動イメージの心理学, 新体育, 新体育社, p810-813.
11) P.A.アルバート他共著, 佐久間徹他監訳 (1992) はじめての応用行動分析, 二瓶社.
12) 杉原隆 (1998) スポーツ対する動機, レクリエーション・コーディネーター共通テキスト, (財)日本レクリエーション協会, p49-56.

13 体力科学から見た「スポーツする身体」
―ヒトのエネルギー供給・利用能力とその高め方―

豊岡示朗（体力科学）

体力の評価は体格と身体組成，生理学的測定，パフォーマンステストなどから実施されている。近年，これらの要素を調べる測定法が増えて精度も高まり，体力科学分野の研究が急速に発達してきている。この章では，我々がスポーツするときの，身体が使うエネルギー源と供給システムを理解し，加えて，社会情況，生活習慣の変化によって生じている現代人のそれらの能力低下を防ぐ方法をトピックス的に説明する。

1 エアロビクス運動とアネロビクス運動

エアロビックとは酸素のある状況下あるいは酸素が必要とされる状況下で起こっている状態や過程のことを意味する。それ故，エアロビック運動とは，大筋群を用いた比較的，低強度の運動であり，エアロビックエネルギーシステム（酸素の存在下で食物の分解によるエネルギー源を用いてATPを生むシステム）に依存している。エアロビック運動のエネルギー源は主として，食物から得られた炭水化物と脂肪であるが，運動強度が低～中程度で，時間が長くなると，脂肪がエネルギー源として用いられてくる。

エアロビック運動により身体の酸素摂取量が高まるので，心臓や肺に負担がかかり，心拍数が増加してくる。このような運動を数ヵ月ないし数ヵ年，規則的に継続すると，呼吸循環系の能力が改善され，長時間の運動を持続する能力や最大酸素摂取量なども増加する。1960年代後半に「エアロビクス」を提唱したケネス・クーパー博士は，エアロビクスの五大運動として「ウォーキング」，「ジョギング」，「水泳」，「サイクリング」，「クロスカントリースキー」を推めている。その理由としていずれも単位時間当りの酸素摂取量が大きく，一人で行え，強度も自分で決められること，技術も容易であることを挙げている[1]。

ただし，「クロスカントリースキー」は，この5つの中で，毎分当りのエネルギー消費量が最大であるものの，日本の都会では，その実施が難しいし，道具を必要とする。

アネロビックとは，酸素のない状況下，あるいは酸素が必要とされない状況下での状態や過程を意味する。それ故，アネロビック運動とは，ATP・CP(※1)と筋グリコーゲンをエネルギー源とした，通常「短時間の激運動」を示している。具体的には，①投擲（砲丸投，ハンマー投など），重量挙げ，ゴルフのスイング，野球のバッティング，盗塁などの4－5秒以内の全力運動，②100mのスプリントなどの10－20秒前後の全力運動，③スピードスケートの500－1000m，50m－100m競泳，400m走などの45－90秒の全力運動である。アネロビクス運動はパフォーマンスの時間によって，エネルギー源が①はATPのみ，②はATP＋CP，③はATP＋CP＋筋グリコーゲンが主力となるので3つに分けて捉えられている。

また，種々の運動種目はマラソンのようなほとんどエアロビックエネルギーのみの供給種目とゴルフや100mといったアネロビックな種目を除けば，エアロビックとアネロビックの2つのエネルギー供給系を用いて運動している。その供給量の割合は，運動の時間条件によって異なっている。

2 現代人のための運動処方

筋グリコーゲン貯蔵量（0.4－0.7kg）に比べると，体脂肪量はその10－20倍（4－15kg）もあり，脂肪量の増大が身体にいろいろな問題

> **Key word** エアロビクス，アネロビクス，運動処方，体脂肪燃焼，hitting the wall

を発生させている。現代人の生活習慣の特徴は，運動不足と過剰なカロリー摂取であり，そのことが脂肪の多い身体を形成し，「運動不足病」，「生活習慣病」，「**メタボリックシンドローム**（※2）」などの用語を生み出してきている。脂肪の過剰蓄積を防ぐ方法は，薬では無理なため，食物の摂取カロリーを減らすか，運動で脂肪を燃やすしか選択肢はない。カロリー制限は，体重の減少を引き起こすものの筋肉をも減らす[2]。運動の効用は，筋肉量を高め，脂肪を減らし，見かけが良い身体を作っていくことが特徴である。そのためには，各自の現在の体力を把握し，たとえば「持久力を高める」，「体脂肪を減らす」という目標を設定して，運動の質と量を最も目的にかなうように決めていくことが必要である。この一連の方法を「運動処方」という。

運動不足によって損なわれる健康に関わる体力要素には，心臓血管系の働き，**身体組成**（※3）筋力，筋持久力および柔軟性がある。これらの向上を目指して行う運動は，安全で効果的であることが第一である。98年に発表されたアメリカ大学スポーツ医学会の「健康成人の心肺持久力，筋力，柔軟性の発達と維持に関した運動の量と強さ」の勧告によれば，それぞれの要素を高めたり，改善するための運動処方が次のように示されている[3]。

❶ **心肺持久力を高め身体組成を改善する具体策**
　①トレーニングの強さ：最大心拍数の55／65％〜90％。低い強度は，体力のない人々に適用する。
　②トレーニングの時間：20－60分の連続的ないし間欠的な有酸素運動。間欠運動は最低10分間として1日に何回かくり返す。
　③運動様式：持続的に維持でき，大筋群を使うリズミカルな有酸素運動が推められる。例としてウォーキング，ジョギング，サイクリング，なわとび，水泳，階段上がりなど。

❷ **筋力，筋持久力，柔軟性と身体組成を高める方策**
　①**レジスタンストレーニング**（※4）：このトレーニングは筋力，筋持久力を高め，除脂肪体重を維持するために成人の体力プログラムの一部として必要である。主要筋群を週2－3日の頻度で8－10種目（8－12回の反復）のプログラムを1回当り1セット実施したい。
　②柔軟性のトレーニング：柔軟性の運動は動

（※1）
「ATP・CP」
筋肉中にある高エネルギーリン酸化合物。

（※2）
「メタボリックシンドローム」
内臓脂肪蓄積型肥満（腹部肥満）を基盤として，複数の動脈硬化危険因子の異常が個人に合併した心血管病の易発症状態のこと。

（※3）
「身体組成」
身体を構成する3つの主な組成は筋肉，脂肪と骨。除脂肪体重とは脂肪を除いた体重を意味し，筋肉，骨，皮膚と器官の重さである。

（※4）
「レジスタンストレーニング」
バーベルやダンベルを用いる筋力トレーニング。

第2章　体育・スポーツ科学の基礎

きの範囲を広げ，維持するために必要であり，主要筋群を最低週2日，ストレッチすべきである。ストレッチは静的と動的ストレッチを組み合わせたい。少し張りを感じるポイントで，10－30秒保持する。それ以上長くストレッチしてもほとんど効果は変わらない。

③体重コントロールと身体組成の改善法

体重と脂肪量の減少は，運動だけでは適度な効果しかない。食事によるカロリー制限が必要である。運動による身体組成の変化に対する反応には個人差が見られるものの，体重と脂肪量は持久的トレーニングで減少する。一方，除脂肪体重はコンスタントか，わずかに増加する。体重と脂肪減少に対する**閾値**（※5）は，トレーニング当り少なくとも250－300Kcal消費する強度と時間（30－45分必要）を組み合わせた，週4日以上のプログラムである。頻度の少ない処方は身体組成の変化をもたらさないことが明らかとなっている。

3 運動によるFat Burning
―効果的な強度，毎分当りの燃焼量，運動のタイミング―

「運動処方」のところでも体脂肪を減らす方法について述べているが，ここでは，さらに具体的に運動で脂肪を燃やす方法（様式，強度，タイミング）について説明したい。

❶ウォーキングとランニングの脂肪燃焼の違い

脂肪燃焼に関して，強度の低いウォーキングが効果的と言われたこともあった。確かに**呼吸交換比**（※6）から見た脂肪の燃焼％は，ウォーキングが約40％となり，ランニングの約30％を上回るが，毎分当りの脂肪燃焼量（g／分）はランニングの場合が高くなる。運動中の酸素摂取量が約2倍近く異なる（ウォーキング0.8～1.0ℓ／分，ランニング1.5～2.0ℓ／分）からである。また，ウォーキングは皮下脂肪燃焼型，ランニングは筋肉内脂肪＋皮下脂肪燃焼型である[4]。

❷運動強度と体脂肪燃焼

脂肪がよく燃焼する運動強度は，55－72％$\dot{V}O_2max$（※7）の範囲であり，**Fat Max Zone**（※8）と呼ばれている[5]。また，65％VO_2maxが筋肉内脂肪を最もよく燃やす強度である。そのことから，脂肪を運動で燃やすのは低強度（ウォーキング）より中程度〈ジョギングやランニング〉以上の強度が薦められる（図1-42）。運動による最大脂肪燃焼量は，毎分当り0.5－0.6gである。しかしながら，運動時間が長くなるほどこの燃焼量は大きくなり，2時間のジョギング後には約1g／分以上となる人も見られる。この値は身体の大きさ，持久力レベル，食後からの運動開始時間などにより影響を受ける。

（※5）
「閾値」
刺激に対して反応が現れるポイント。

（※6）
「呼吸交換比」
肺のレベルで消費された炭酸ガスと酸素の比率。定常状態の運動中の脂肪と炭水化物の燃焼比率を間接的に示す。

（※7）
「％VO_2max」
最大酸素摂取量に対する割合。

（※8）
「Fat Max Zone」
脂肪燃焼量が最大に高まる強度の範囲。

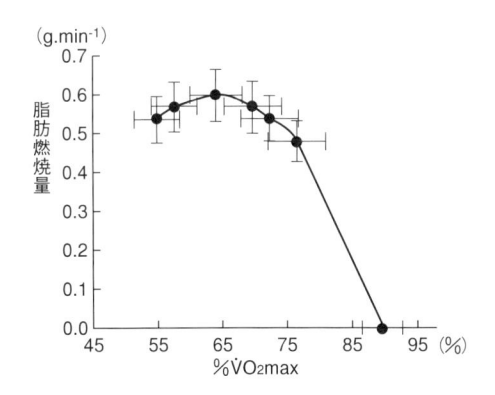

図1-42　脂肪燃焼量と運動強度（％VO2max）
N＝11，データは平均と標準誤差（Achten 2002, 文献5）

❸脂肪を燃やす効果的タイミング

有酸素運動を始めると，まず血液中のグルコースや筋グリコーゲンがエネルギー源として消費され，運動を続けると脂肪の使われる割合が増加してくる。

運動経験のある20－30歳代の女性を対象として，起床後何も食べないで60分間走った場合と夕食2時間後に60分走った場合の，脂肪と炭水化物の燃え方を比較してみると（図1-43），夕食2時間後に走った場合は，炭水化物からのエネルギー供給が約70％を占め，脂肪の燃焼は運動の後半でも，40％に満たないことが分かった[6]。一方，起床後朝食前に走った場合は，走り始めた直後から脂肪の燃焼は40％を超え，30分後には炭水化物より脂肪からの割合の方が多くなる。夕食後の脂肪燃焼％が低い原因は，食事により血糖が増加し，血中に**インスリン**（※9）（脂肪燃焼を抑制）というホルモンが高まっていることによる。

4　筋グリコーゲンの重要性
―スタミナ切れ，bonking―

第25回東京国際女子マラソン（2003年11月）は，最近のエリートマラソンレースではあまり見かけない展開となった。シドニーオリンピックの金メダリスト，女子ランナーで初めて2時間20分を突破して当時の世界最高をマークした

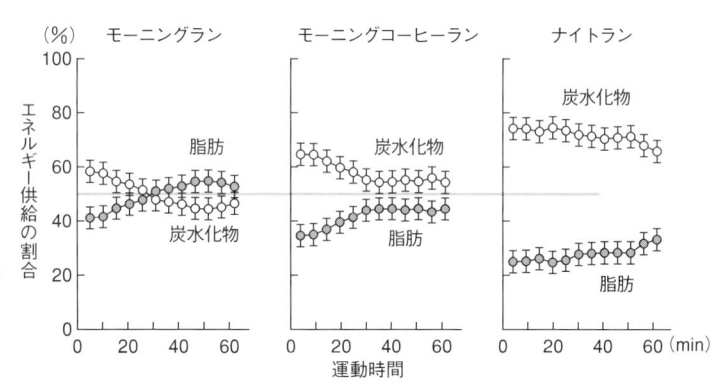

図1-43　3条件で60分間のジョギングを実施した際の運動時間とエネルギー供給％の関係（豊岡と和田，2001, 文献6）

（※9）
「インスリン」
血中のグルコースやアミノ酸が高まるとすい臓から分泌されるホルモン。両者の組織での取り込みを高めるが脂肪の利用を抑制する。

高橋尚子選手が，35km以後，急激なスピードダウンを起し，立ち直ることなくゴールしたのである。このような状況に陥ることを英語では「hitting the wall」とか「bonking」という。

マラソンランナーは「壁に当たる（hitting the wall）」をよく使う。この意味は，2時間以上の持続的運動で「身体が動かない」，「エネルギー切れの感じがする」，「運動を継続出来ない」ということを表す。走っている本人は「がんばろう」とするのだが，脚が言うことを聞いてくれない。その原因は，身体のグリコーゲン量が意外に少ないこと，加えてオーバーペースで運動〈%$\dot{V}O_2max$が高い〉すると，グリコーゲンの消費が急速に進むからである。1gで4Kcalのエネルギーを持つグリコーゲンの体内貯蔵量は，体重50kgの女性の場合，筋肉に380g，肝臓に60g，血糖に2g。トータルで442gしか貯蔵されていない。そのエネルギー量は442g×4Kcal=1768Kcalとなる。この女性がグリコーゲンだけを燃料として走ると仮定すると，1kmのランニングで体重とほぼ同じカロリーを消費するので，1768Kcal÷50kcal≒35となり，35kmでグリコーゲンが枯渇することになる。マラソンレース中の主要エネルギー源は筋肉のグリコーゲンと脂肪である。レース中，グリコーゲンからのエネルギー量（12－16kcal／分）は脂肪によるエネルギー量（4－7kcal／分）の2倍以上になるのでグリコーゲン量が重要となる。レース前の**グリコーゲンローディング**（※10）が実施される理由である。

筋グリコーゲンの消費速度は，ランニングペースや気温，ランナーの鍛錬度によって異なる。ペースが速いほど，気温が高いほど，グリコーゲンの消費量は急速に増大する。またスタートからハイペースで走ると，すぐに多くのグリコーゲンが消費され疲労を早く招く。マラソンレース中に筋グリコーゲンが枯渇に近づくと，筋線維の収縮に必要なエネルギーが不足してくる。ストライドが狭くなってスピードの維持が出来なくなり，ペースを劇的に低下せざるをえなくなる。

文献
1）ケネス・H・クーパー，広田公一，石川旦訳(1972)エアロビクス，ベースボールマガジン社，p15-24．
2）Zuti,W,B.and L.A Golding(1976), Comparing diet and exercise as weight reduction tools. Physician & Sportsmed. 4:49-53.
3）American College of Sports medicine(1998)The recommended Quantity and Quality of Exercise for Developing and Maintaining Cardiorespiratory and Muscular Fitness and Flexibility in Healthy adults .34,p975-991
4）Romijn.J.A, Coyle.E.F他5名(1993), Regulation of endogenous fat and carbohydrate metabolism in relation to exercise intensity and duration.Am.J.Physiol.265 ［Endocrinol.Metab.28］, E380-E391．
5）Achten.J, Gleeson.M and Jeukendrup .A.E(2002).Determination of the exercise intensity that elicits maximal fat oxidation, Med.Sci.in Sports & Ex. 34［1］, p92-97．
6）豊岡示朗編著(2001)JoggingにおけるMaximum Fat Burning, 平成10年度日本私学振興・共済事業団補助対象研究報告書，大阪体育大学, p38-47．

（※10）
「グリコーゲンローディング」
身体のグリコーゲン貯蔵量を運動と食事内容を組み合わせて高める操作法。

第2部

生涯スポーツ振興

第2部編集責任者　藤本淳也

　生涯スポーツとは，一人ひとりのライフスタイルや年齢，性別，体力，興味などに応じて，誰もが生涯を通じて，いつでも，どこでも，誰とでも気軽に親しみ，楽しむことのできるスポーツのことである。ここでは，生涯スポーツ振興の意義とその現状と課題について学ぶ。第1章では，生涯スポーツ振興の意義を体育科教育，スポーツ経営学，国際比較，スポーツ生理学の各学問領域の視点で理解する。その意義を身体的，社会的，経済的，教育的，そして文化的など広い側面で捉えることは，体育・スポーツ科学の存在意義を理解するうえでも非常に重要である。第2章では，生涯スポーツ振興が実践されている領域の視点で，その現状と課題を理解する。公的機関や民間企業，健常者や障害者，地域や学校，「みる」や「する」など，これらを問わず実践されている生涯スポーツ振興の現状と課題，今後の方向性を学ぶ。本部では，「生涯スポーツ振興」と体育・スポーツ科学の関わりを総合的に捉え，実践するための基礎的知識の習得を目指す。

第2部　第1章

生涯スポーツ振興の意義

1 生涯スポーツと学校教育

神﨑　浩（体育科教育）

1 子どもたちを取り巻く環境

　学校におけるスポーツ活動は，体育の授業以外にも行間体操や運動会，球技大会，それに運動部活動などいろいろな場面が設定されている。それぞれにおいて就学児童生徒の運動そのものの能力を高めると同時に「こころ」と「からだ」の発育発達をうながす意図で行われている。

　子どもたちに関して近年取りざたされることに，体力低下の問題がある。毎年，体育の日にメディアを通じて出される体力テストのデータの傾向は，体格そのものは大きくなりながら，全体的には運動能力の低下が見られるという報告である。また，社会生活をするうえで不可欠なコミュニケーション能力不足も指摘され，そのことから引き起こされる様々な事件は重大な社会問題にもなっている。これらのことは，両親の共働きの増加，少子化，TVゲームの普及，塾通いなど子どもたちを取り巻く生活環境の変化が複雑に絡み合っているといえよう。

　これらのことを踏まえ，国も対策に乗り出し，学校内外における取り組みの工夫が進められている。平成11年12月14日に告示された**学習指導要領**（※1）は，21世紀の学校教育が求めているものが描かれているといってよい。昭和53年の学習指導要領改定で初めて導入された「生涯スポーツ」の考え方は，今の学習指導要領においても同様に重視され，「生きる力」とともに今後の学校教育を支える鍵となる。「生涯スポーツ」とは「すべての人が生涯にわたって自分の生活の中にスポーツを取り入れ，生活の質の向上と充実を図るために行われるもの」である。したがってスポーツを何かの手段としてではなく，スポーツをすること自体が目的であるという考えが必要となろう。

　学校教育における「生涯スポーツ」の取り組みとはどのようなものであるか考えてみたい。

2 戦後のわが国の動き

　表2-1に見られるように，昭和36年の議員立法により，わが国では初めてのスポーツに関する法律である「スポーツ振興法」が制定された。戦前，戦後を通じて，それまでのわが国での国民の体育・スポーツ経験はごく短期間であり，学校に在籍している期間がほとんどであった。在学期間以外の国民の運動の機会といえば地域での運動会ぐらいであったといっても過言ではない。その為，広く，多種多様の職業・年齢の人にスポーツ運動をする機会を与えようとする動きが必要であった。さらに，昭和40年には，「社会体育」という名称のもとで，スポーツの普及・振興を促す動きになっていった。これは各種の「スポーツ教室」として一般にスポーツをする機会が提供されるに至り，大衆の間にスポーツが爆発的な広がりを見せた。

　「生涯スポーツ」学習は，体育行政を担う文部省（現文部科学省）が始めた大衆スポーツ振興策であり，老若男女を問わず，すべての国民が，健康の保持増進やレクリエーションとして

（※1）
「学習指導要領」
学校教育法および同法施行規則の委任を受け，告示という形式がとられており，実質的に法の内容を補充していることから，その性格は，国が定める教育課程の基準である。したがって，各学校においては，これに示されている基準に従って教育課程を編成し，実施しなければならないことになる。

Key word 学校指導要領，体育，生きる力，週5日制

スポーツを楽しむことで，人生の喜びとすることを目的としている。

「高齢化社会」「余暇時代」の到来は，政治や経済の面だけではなく，わが国の体育・スポーツのあり方にも強い影響を与えている。それは，昭和63年の文部省「社会体育局」を「生涯学習局」に改称し，体育局も「スポーツ課」を「生涯スポーツ課」と「競技スポーツ課」に二分し，所管する領域を明確にして行政に当たることにも現れている。

平成元年の「21世紀に向けたスポーツ振興方策について」の答申は，「子どもに"生きる力"と"ゆとり"を」というサブテーマを付したもので，①生涯スポーツ振興策，②競技力向上方策，③学校における体育・スポーツ振興方策，④競技団体その他のスポーツ関係等の在り方，⑤その他，が盛り込まれている。「生きる力」について中央教育審議会（第15期第1次答申，平成8年7月）は，「いかに社会が変化しようと，自分で課題を見つけ，自ら学び，自ら考え，主体的に判断し，行動し，よりよく問題を解決する資質や能力である。また，自らを律しつつ，他人とともに協調し，他人を思いやる心や感動する心など豊かな人間性であり，たくましく生きるための健康や体力が不可欠であるということはいうまでもない。」とし，「これらをバランスよく育んでいくことが重要である。」としている。

平成12年には，スポーツ振興法に基づく「スポーツ振興基本計画」が策定された。その柱の1つが「生涯スポーツ・競技スポーツと学校体育との連携を推進するための方策」であり，具体的には近年見られる子どもの体力の低下傾向に歯止めをかけようとするものである。子どもの体力向上に向けた活動の場の1つとして**総合型地域スポーツクラブ**（※2）を位置づけ，学校・家庭・地域社会が連携してそれぞれの教育機能を発揮して，地域スポーツクラブの指導者も活用しながら，学内外を通じた子どもたちのスポーツ活動を充実させていくことを目指して

表2-1 世の中の動きとスポーツ・教育の動き

年	世の中の動き	スポーツ・教育に関する行政の動き
昭和20年	第二次世界大戦終結	
昭和36年		「スポーツ振興法」設立
昭和39年	東京オリンピック開催	
昭和40年	スポーツ教室の普及	総理府に「体力つくり国民会議」の結成，社会体育の普及振興
昭和52年	ゲートボールの普及	
昭和63年		文部省「社会教育局」を「生涯学習局」とし，体育局の「スポーツ課」を「生涯スポーツ課」と「競技スポーツ化」に分割
平成元年	公務員等の週休2日制実施	「21世紀に向けたスポーツ振興方策」（文部大臣諮問）を答申
平成2年		生涯スポーツコンベンションの実施（文部省主催）
平成3年	バブルの崩壊	
平成4年		小・中・高校で月1回の週休2日制の導入
平成7年		小・中・高校で月2回の週休2日制の導入
平成12年		スポーツ振興法に基づく「スポーツ振興基本計画」の策定
平成14年		小・中・高校で完全週休2日制の導入

（筆者作成）

(※2)
「総合型地域スポーツクラブ」
一定の地域内であれば誰でも入会できるその地域のスポーツクラブで，スポーツ種目やスポーツ活動の目的が多種多様であり，多くの人にスポーツ参加の道が開かれている。

第1章　生涯スポーツ振興の意義

いる。それは大きく2つに分けられ，選手の競技力の向上を目的とする「競技スポーツ」と継続的に誰もが身近にスポーツに親しむ「生涯スポーツ」である。このように週5日制（週休2日制）の導入などによる余暇時間の拡大で，生涯を通じてスポーツを楽しむことの意義が唱えられている。

3 学校におけるスポーツ活動

学校におけるスポーツ活動は，教科としての「体育」はもちろんのこと，学校行事等や運動部活動としてのものがある。

体育は，明治5年の学制頒布以来，学校教育の内容として位置づけられて今日に至っている。言うまでもなく体育は，「**教育基本法**」(※3)に定める教育目標および「**学校教育法**」(※4)に定める学校教育の目標に沿って教育課程の具体的な内容が決められていて，小学校では「体育科」，中学では「保健体育科の体育分野」，高等学校では「保健体育科の体育科目」として，それぞれの必修教科の位置づけを持って展開されている。そして教育課程の基準として文部科学大臣が別に公示する「学習指導要領」があり，これによって目標が示され，各学校がそれに沿った中で具体的な取り組みの内容が決められる仕組みである。そしてこの学習指導要領は，時代の流れや世の中の変化など子どもたちを取り巻く環境の変化により，その時代時代にあった内容に改定され現在に至っている（表2-2）。

現在の学習指導要領は，平成14年度から小・中学校で完全実施され，高等学校では平成15年度より実施されているものである。その改定の経緯を示すと次のようになる。

中央教育審議会の答申（平成10年7月）では，幼児児童生徒の実態，教育課程実施の状況，社

表2-2　学習指導要領改訂の歴史

改訂年	内容の構成
昭和24年(試案)	心身の健全な発達を重視し，運動を身体の発達刺激としてとらえて内容を構成する。
昭和28年	運動を発達刺激としてだけではなく，学習すべき内容を明確にするという観点から，内容を構成する。
昭和33年	効果的な指導法を重視する観点から，各運動の技能の構造に着目して内容を構成する。
昭和43年	目標を達成するための内容を重視する観点から，運動の本質的な特性に着目して内容を構成する。
昭和52年	生涯スポーツを重視する観点から，運動の機能的特性に着目して内容を構成する。
平成元年	生涯スポーツをより重視し，個人差に応じた指導に着目して内容を構成する。
平成10年	生涯スポーツの教育を確実なものにする観点から，運動の学び方を重視して内容を構成する。

杉山重利，園山和夫編著（1999）『体育科教育法』より抜粋[1]

表2-3　中央教育審議会答申（平成10年7月）

①豊かな人間性や社会性，国際社会に生きる日本人としての自覚を育成すること。
②自ら学び，自ら考える力を育成すること。
③ゆとりある教育活動を展開する中で，基礎基本の確実な定着を図り，個性を生かす教育を充実すること。
④各学校が創意工夫を生かし特色ある教育，特色ある学校づくりを進めること。

文部省（1999）『中学校学習指導要領解説』より抜粋[1]

表2-4　中学校学習指導要領「保健体育科」改訂の方針

①豊かなスポーツライフの基礎を培う観点を重視し，生徒の発達的特性を考慮して，運動を一層選択して履修できるようにするなど個に応じた指導の充実を図り，運動の楽しさや喜びを味わうことができるようにすること。
②心と体を一体としてとらえ，自分の体に気付き体の調子を整えることができるようにするとともに，体力の向上の内容を重点化することによって自ら進んで体力を高めることができるようにすること。
③自己の課題やチームの課題の解決を目指して，練習の仕方や試合の仕方を考えたり工夫したりすることができるようにすること。
④保健分野においては，生涯を通じて自らの健康を適切に管理し，改善していく資質や能力を培い，実践力を育成するため，健康の大切さを認識し，健康なライフスタイル確立の観点に立って，内容の改善を図る。

文部省（1999）『中学校学習指導要領解説』より抜粋[1]

(※3)
「**教育基本法**」
日本国憲法の精神に基づきわが国の教育の基本理念を規定したもので，その内容は，教育の目的，教育の方針，教育の機会均等，義務教育，男女共学，学校教育，社会教育，政治教育，宗教教育，教育行政で構成されている。

(※4)
「**学校教育法**」
教育基本法に基づいて法律に定める学校の教育目標，修業年限，教科・課程，就学義務等を定めたもの。

会の変化などを踏まえつつ，完全学校週5日制の下，ゆとりの中で特色ある教育を展開し，幼児児童生徒に生きる力を育成することを基本的ねらいとし，表2-3に示した方針に基づき教育課程の基準を改定することを提言した。そしてこの答申を踏まえて各教科・科目等の編成，単位数，内容の改訂の方針が示された。それによると，保健体育科では，小中高の一貫性を考慮してほぼ同じ内容の基本方針が示されているが，中学校の内容を例に挙げると表2-4のようになる。

保健体育の究極的な目標は，「明るく豊かで活力ある生活を営む態度を育てる」ものであり，この目標を目指すためには「生涯にわたって計画的に運動に親しむ資質や能力の育成」，「健康の保持増進のための実践力の育成」，「体力の向上」の3つが相互に密接な関係を持っていることを強調し，またそれが保健体育科の重要なねらいであることを明確にしている。

学校行事等のスポーツ活動には，一般的に，運動会，スポーツ大会，水泳記録会，マラソン大会などの競技的な行事，スポーツテスト，記録会などの体力や運動能力を測定する行事，スキー教室，臨海学校，林間学校などの自然に親しみながら学習する行事，フィールドアスレチックなど健康・体力の増進を目指す行事などの内容で構成されている。そしてこれらの中から学校や生徒の実態にふさわしい内容を選び実施している。これらの学校における体育的行事は，体育の授業で習得した技能などの成果を発表したりする場でもある。また，体育の授業で培われた技能や態度を基礎として体育的行事の実践活動が展開され，体育的行事における生徒の主体的な実践活動によって体育の授業で培われるべき資質や能力が発展的に高められたり，深められたりするものであり，体育的行事と体育の授業には有機的な関連性を持たせるべきといえる。具体的な例として，企画・運営に際して，生徒の自主的な運営を通じて自主性や責任感を実感させたり，学校だけではなく家庭や地域社会との連携による計画を推し進めることで，地域に根ざした学校を目指すなどの取り組みなどがある。

しかし，完全週休2日制の実施に伴う時間数の減少は，学校行事等の削減，内容の精選などを強いられる結果となり，生徒の生きる力を育む役割を持つこの体育的行事にとっては，そのあり方をどのようにしていくかが当面の課題となっている（運動部活動については，第2部第2章7「学校の運動部活動」を参照のこと）。

生涯スポーツは，誰からも強制されるものではなく，あくまでも自分の自発的意思に基づいて構成される必要がある。自己の能力，適性，興味，関心等に応じて「自ら運動を選択し，実践できる能力を身につける」ことは，生涯スポーツの教育にとって重要なことである。そのために必要となる力量が，自ら学んでいく力，課題を解決する力などの総合的な力であり，これがまさに「生きる力」といえる。つまり，生涯スポーツが目指している資質・能力と「生きる力」とが同質のものといえるのである。

文献
1) 杉山重利，園山和夫編著(1999)体育科教育法,大修館書店.
2) 團琢磨，大橋美勝編著(1994)学校5日制と生涯スポーツ,不昧堂出版.
3) 中学校体育・スポーツ教育実践講座刊行会(1998)SPASS 第13巻,日本文教社.
4) 文部省(1999)中学校学習指導要領解説―保健体育編―,東山書房.
5) 文部省(1999)高等学校学習指導要領解説―保健体育編,体育編―,東山書房.

参考図書
1) 杉山重利，園山和夫編著(1999)体育科教育法,大修館書店.
2) 中学校体育・スポーツ教育実践講座刊行会(1998)SPASS 第13巻,日本文教社.

2 生涯スポーツ振興とコミュニティ形成

冨山浩三 （スポーツ経営学）

1 スポーツとコミュニティ

人々は，学校の授業や部活動，民間のフィットネスクラブや市民体育館でのスポーツ教室に参加したり，道路や公園でのジョギングやウォーキングを楽しんでいるが，これらのうち，私たちが暮らす地域社会で行われるスポーツ活動は「地域スポーツ」という活動領域に分類される。具体的にはスポーツ少年団やママさんバレー，気の合った仲間と作っているサッカーチーム，市民体育館でのスポーツ教室，自宅付近のジョギングやウオーキングなどといった公共性のある活動が，いわゆる地域スポーツの領域といえる。学校での体育の授業や部活動は学校を卒業すると活動する場を失うことになる。また職場にスポーツ施設を有している企業もあるが，職場での活動は退職すれば活動の場を失うことになるし，企業に勤めていない人や，施設のない企業に勤めている人たちは活動の機会が得られないことになる。このように考えると，誰にでも等しく活動の機会が保証され，卒業や退職によって場を失うことのない「地域スポーツ」は，"いつでも"，"誰でも"，"いつまでも"という生涯スポーツの実現のためには適した環境である。

地域でのスポーツ活動に参加する人々は，楽しみや健康の維持・増進，あるいは仲間とのコミュニケーションを主目的として活動しているわけだが，人々が地域でのスポーツ活動に参加することは，地域コミュニティ形成に寄与することになる。地域コミュニティの現状を見ると，かつて地域社会の有していた様々な力は，都市化の進展や人々の価値観の変遷とともに，失われていった。かつての地域社会では，自分の子どもでなくても悪いことをしていれば大人は子どもを叱ったし，何か生活のうえで困ったことがあればお互い様の精神で助け合って生きていた。しかしながら近年では見知らぬ子どもを叱っても"逆ギレ"されてかえって危害を加えられるのではないかと思うと見知らぬ子を叱ることはまれだし，転勤族の増加で，隣に住んでいる人の顔もよく知らない都会人はさして珍しいことではない。

これらのような，いわゆる「地域力」の低下は，人々の関わり，コミュニケーションの機会が不足していることによるものと思われる。かつては野菜でも魚でも八百屋や魚屋で対面方式で購入していたし，事あるごとに人と関わらないと生活は成り立たなかった。しかしながら今日では，ちょっとした日用品はコンビニエンスストアで，店員と会話をしなくても買い物をすることができる。スーパーでも無人レジなどが登場し，人と人との関わり合いは減少する一方である。自動販売機の普及，セルフ式のガソリンスタンド，高速道路のETCシステム，インターネットの普及など，人と人とのフェイス・トゥー・フェイスでのコミュニケーションを減少させる仕組みはきりがない。このようにハイテクが進んで来ると，人は"ハイタッチ"，いわゆる関わり合いを模索するようになる。我々人間は社会的な生き物であり，一方で関わり合いが減少すると，もう一方でその関わり合いを求めるようになるのである。運動やスポーツは，そもそもチームメイトや対戦相手とのコミュニケーションといった要素を含んだ活動であり，地域社会から失われた「関わり合い」を取り戻すには，非常に有効なツールである。

key word 地域スポーツ，地域スポーツクラブ，少年団，指定管理者制度，コラボレーション，都市戦略

2 運動・スポーツの効果

これまで，運動やスポーツは健康の維持・増進や，ストレス解消など，活動参加者個人の受ける効果に焦点があてられ，そのことが自治体によるスポーツ振興の根拠となってきた。しかしながら近年では地域社会への波及効果などといった，社会的効果に着目され始めている。人と人が出会うことで新たなビジネスチャンスが生まれ，子どもたちと顔の見える関係になることで，大人の目が地域の子どもたちに行き届くことになり，非行防止や犯罪の抑制に効果を発揮する。さらに，人々が地域で活動することで街全体が活気を取り戻し，地域振興や町おこしへとつながっていくのである。

表2-5には，地域にスポーツクラブがあることの10のメリットが示されている。これらに示される項目のうち，「②地域教育力の向上」「④親子や家族・世代間の交流」「⑥高齢者の生きがい作り」「⑦積極的な社会参加」「⑩地域の活性化」などはまさに地域振興に関する項目と言える。

表2-5 地域にスポーツクラブがある10のメリット

① スポーツ参加率の向上
② 地域教育力の向上
③ 医療費の削減
④ 親子や家族・世代間の交流
⑤ 専門的な指導・一環指導
⑥ 高齢者の生きがい作り
⑦ 積極的な社会参加
⑧ 情報の発信拠点
⑨ 施設の有効活用
⑩ 地域の活性化

（ジクソーパズルで考える総合型地域スポーツクラブより抜粋[1]）

しかしながら，スポーツはこれまで個人の楽しみや，教育の機会としてしか理解されてこなかったために，地域コミュニティ作りにどのように役立てるのかという具体的な方策が確立されているわけではなく，これらの効果は非常に曖昧であると言わざるを得ない。スポーツ活動によって改善できる地域の教育力とは何なのか，世代間の交流をスポーツでどう実現するのか，最終的にスポーツがどのように地域活性化に貢献するのかといったマネジメントのノウハウを確立していくことが必要だといえよう。

3 コミュニティ形成に貢献するスポーツ活動

それでは，コミュニティ形成には，どのようなスポーツ活動が必要となるのだろうか。図2-1には「持続的──一時的」「親和的──閉鎖的」の2軸によって分類された地域スポーツ活動の4領域が示されている。現在の地域スポーツの活動の現状をこの4つの領域に分類してみると，既存の地域スポーツクラブは，特定の種目の活動を行う少人数の仲間集団で，いわゆる「チーム」のような活動である。これらは，長期間にわたって活動を持続させているものの，そこに新たな人がメンバーとして積極的に加わったり，地域の人々が交流する場となっているわけではない。したがって，「持続的で閉鎖的」な活動領域と言えるだろう。

体力測定のイベントや，一日体験などを主体としたイベントは，たとえば家族で参加していれば家族の交流にはなるものの，参加者同士が広く交流を深めるわけではないために，閉鎖的な領域になる。また，イベントが開催される一日だけの活動なので，一時的な活動になる。したがって「閉鎖的で一時的」な活動領域に分類される。

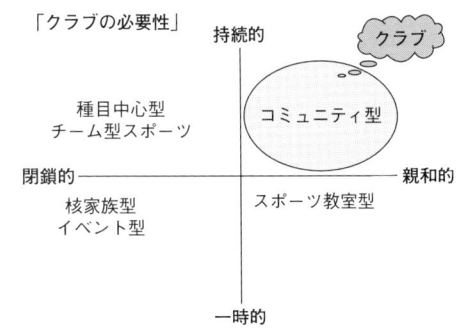

「クラブの必要性」

```
                持続的
                 │     ┌─クラブ─┐
   種目中心型     │    /         \
   チーム型スポーツ │   │ コミュニティ型│
                 │    \         /
   閉鎖的────────┼────────親和的
                 │
   核家族型       │   スポーツ教室型
   イベント型     │
                 │
                一時的
```

図2-1 コミュニティスポーツの4領域（粂野，1984[3]を参考に作成）

第1章 生涯スポーツ振興の意義　83

体育協会や教育委員会などは，市民を対象としたスポーツ教室などを計画する。多くは種目ごとに企画されているスポーツ教室だが，多くの教室は10回程度の期間限定で開催され期間がきたら終了するために，一時的である。人々の関わりの軸では，人々が応募して新たな出会いがあり，交流が深められることから，親和的な活動領域に分類されている。したがって，「一時的で親和的」な活動領域に分類される。

現在の地域スポーツの現状を見ると，「閉鎖的で持続的」「閉鎖的で一時的」「一時的で親和的」の3領域については，すでに活動が行われている。しかしながら，長期間にわたって活動が持続し，そこに多くの人が参加して交流が深められるような「持続的で親和的」な活動領域に分類されるような活動は不足している。このような活動がコミュニティ型ということができ，コミュニティ形成に寄与しうる活動ということができる。このような活動形態は，"地域スポーツクラブ"のような活動であるといえる。近年，文部科学省を中心に進められている総合型地域スポーツクラブ育成事業や，Jリーグに代表される地域密着型のクラブは，「持続的で親和的」な活動領域を具現化する可能性を秘めており，わが国の新たなスポーツ振興システムとして期待される。

4 地域における役割分担

地域を主体として活動する組織は，スポーツ関係団体やクラブ以外にも数多く見られる。それらの組織は，それぞれの目的や使命を持って活動しているが，地域を活性化させようとする点では，共通点もある。

地域を主体とした活動は，人々の生活に直結した活動が中心となり，それらは図2-2に示されるような3つの領域にわたっている。まず貨幣を媒介とするサービスは，民間企業が担当している。たとえばスイミングスクールや体操教室などは，多くの民間企業がプログラムを提供している。このような活動は，プールを作ったり体操の設備を整えるなどの初期投資が高額になるために企業の力が必要となるわけで，個人でそれらを整えるのは困難である。人々は月謝や月会費を払ってそれに参加しており，お金を払ってでも参加したいと考える人が存在する限り，企業が進出する価値のある領域となる。次に公的なサービスは，公共部門で担当することになる。たとえば，学校の部活動などは学校教育と密接な関係を持って運営されており，公的部門である教育委員会が学校教育の一環として担当することになる。そして，地域住民が，自分たちの活動として楽しんでいるのは，社会関係やコミュニケーションを基盤とした，共同活動の領域である。自分たちで場所や用具などを確保しながら活動する地域スポーツクラブなどは，この領域に分類される。

今後は，それぞれの境界（ボーダー）が曖昧になり，協働関係（コラボレーション）が進んでくるものと思われる。公共施設運営における指定管理者制度の導入に伴って，これまでは行政の出資する団体だけに限られていた公共施設の運営が，民間企業を含むあらゆる団体や組織を指定管理者として運営をまかせることが可能になった。つまり，市民体育館や市民グラウンドなどの施設を民間企業が運営するということである。指定管理の分野には多くの民間企業が参入しているが，公共施設を運営するにあたっては，単なる利潤追求ではなく，それらの施設が住民の税金によって建てられた公共の施設であるという視点に立って，地域住民の協働活動とうまく連携をとっていかなければならない。また，公共部門の担当する活動においても，部活動に地域の外部指導者を導入したりといった地域の活動との連携が模索されている。これからの社会は，様々な組織や団体がそれぞれの長所や特徴を生かしながら連携し合っていく"コラボレーション社会"であると言われており，地域スポーツの領域でも，企業や行政（学校），地域の活動などがうまく連携をとっていくことでより充実していくものと考えられる。

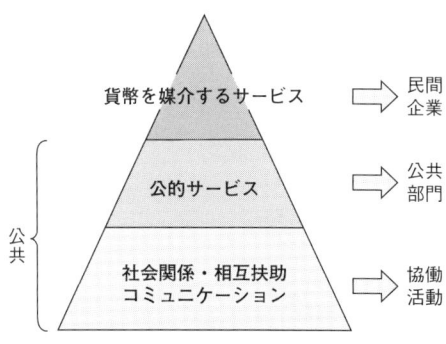

図2-2　地域における役割分担（筆者作成）

5　スポーツと都市政策

　地域スポーツ活動の活性化が，人と人との出会いを促進し，コミュニティを活性化していくことは，すでに述べてきた。近年では，地域のスポーツ振興は個人の健康づくりと並んで地域の活性化が大きな目標の1つとなっている。それらに加えて，大都市では都市戦略の中にスポーツ振興を盛り込むことで，都市を活性化しようとする事例も見られる。国内では，夏のオリンピックが東京，冬季オリンピックが札幌，長野と合計3回のオリンピックが開催されており，4回目のオリンピック誘致に向けて各都市はしのぎを削っている。また多くの種目で，ワールドカップ大会の誘致を目指して準備が進められている。これらは，大規模スポーツイベントを誘致することで都市の活性化を図ろうとする事例である。

　また，福岡市は1995年のユニバーシアード福岡大会を契機に国際スポーツ都市宣言を行い，国際的なスポーツ大会を定期的に誘致することで，街を活性化させるということを明確に宣言している。スポーツには「活動的」「フェアプレイ」「若々しい」などといった良いイメージがあり，福岡市で国際スポーツ大会が開催されることでこれらの良いイメージと街のイメージが合わさって，"若々しくて活動的な街福岡市"というイメージが定着し，さらには国際的な知名度が向上していくのである。海外でも鉄鋼不況で沈滞した街のイメージをスポーツで払拭したイギリスのシェフィールド市や，アメリカのインディアナポリス市などといった事例が見られる[2]。

　スポーツは参加する人に影響を与えるだけではなく，地域コミュニティにも大きなインパクトをもたらす。そのことを利用して，地域活性化や都市戦略のツールとしての活用に注目が集まっている。しかしながら，もしスポーツがそのような効果を発揮できるとするならば，それは参加したり観戦したりする人々の楽しさの集積として得られるものであることを忘れてはならない。

文献
1) NPO法人クラブネッツ監修，黒須充，水上博司編著(2002)　ジグソーパズルで考える総合型地域スポーツクラブ，大修館書店．
2) 原田宗彦(2002)　スポーツイベントの経済学，平凡社新書．
3) 粂野豊編著(1984)　現代社会とスポーツ，不昧堂出版．

3 国際スポーツ論 ―諸外国のスポーツ文化―

坂田好弘（国際スポーツ論）

21世紀となった現在，世界は政治，経済，文化といったあらゆる領域で，急速にボーダレス化が進んでいる。つまり国際化の考えのもとに世界を一元化しようとする動きと様々な地域の異なった文化を相互に理解し，交流を深めようとする動きがある。このことは，スポーツ界においても同じ傾向がみられる。著しい社会変化の中で，スポーツの重要性がますます高まっている。特に，比較体育・スポーツ学を取り上げる研究は多岐にわたっている。具体的には「国際体育・スポーツ事情」というテーマに絞り，それぞれの国におけるスポーツ事情を考察し，比較体育・スポーツ学の観点から議論を行い，多様なスポーツ文化のあり方を理解するものである。

1 国際スポーツ論とは何か？

国際スポーツ論とは，体育学の一研究分野である。世界各国のスポーツに関する情報を収集し，様々な角度から分析し，国際的な視点を得ることを目的としている。特にそれぞれの国の全体的な特徴，体育，スポーツの歴史，教育制度と体育プログラム，スポーツ振興の状況，体育教員養成の方法，国技について取り上げている。各国の体育，スポーツの特徴や状況，歴史的背景を理解するには，各国の歴史や一般的な社会の特徴とスポーツの関係を理解し，スポーツに関するトピックスを国際的な様々な視点から比較考察することが重要である。表2-6にニュージーランドと日本の社会状況の違いの一部を示した。以下，国際体育・スポーツ事情の一例として，ニュージーランド（以下，NZ）のスポーツ事情について紹介する。

表2-6 国の概要

	ニュージーランド	日本との比較
面積	270,500平方km	32分の1
人口	401万人(マオリ系約14％)	4分の3
首都	ウェリントン	―
言語	英語・マオリ語	―
国民総生産	US 754ドル	60分の1
1人当たり国民総生産	US19,9551ドル	3分の1
通貨単位	NZドル	
政治体制	政体・立憲君主制	
議会	一院制	

外務省資料[1]より作成

2 NZの学校教育

学校教育は，小学校から大学まである。義務教育は6歳から16歳までで，実際には，大半の子どもは5歳で小学校に入学する。8年間の初等教育（小学校8年，または小学校6年と中学校2年）を終え，13歳前後で，5年間の中等教育（高校）に進む。公立学校の必修科目は，語学，算数／数学，理科，テクノロジー，社会，芸術，保健体育がある。また，高校生は2つの主要な国家試験を受けなければならない。大学は8校があり，授業料の大半は政府の負担であるが，約4分の1は授業料や生活費を補うための学生向けローンや低所得家庭の学生を対象にした学生手形がある。また，ポリテクニック（職種専門学校）も23校あり，学問，職業，専門職のための科目を教えている。さらに，初等・中等教育や特殊教育の教師を養成する教職訓練学校もある。現在，オタゴ大学だけが，体育学士（4年）・修士課程を設けている。教養免許を取得する目的だけではなく，様々なスポーツに関する授業・コースが提供されている。

・Exercise and Sport Science
・Exercise Prescription
・Professional Studies

key word スポーツ文化，比較体育・スポーツ論，国際化

・Sport and Leisure Studies

3 NZのスポーツ事情

スポーツは常に，NZ人がNZ人として誇りを持つことに，大きな貢献をしてきた。大半のNZ人は，団体競技であれ，気楽に楽しむものであれ，スポーツを積極的に生活に組み入れている。NZでは現在，成年人口の約70%が毎週何らかのスポーツイベントに参加している。スポーツ先進国（NZ，オーストラリア，カナダ，アメリカ）におけるアクティブ・スポーツ人口の割合比較調査の結果，NZはトップで男性は約55%，女性は約49%が健康の維持増進や体力の向上に効果的な運動を行っている。日本は，男女とも低い数値を（男性14%・女性13%）示しており，男女ともトップのNZの約4分の1の結果となっている（表2-3）。

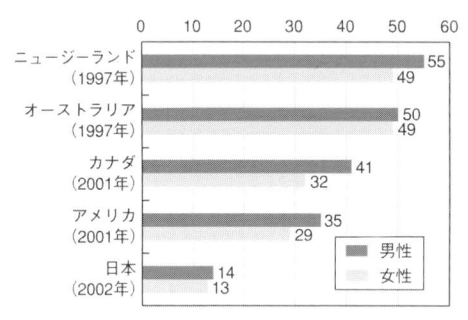

図2-3 アクティブ・スポーツ人口の国際比較（性別）
資料：SSF笹川スポーツ財団「スポーツライフに関する調査」2002[2]より抜粋

ニュージーランド（1997年）：男性55，女性49
オーストラリア（1997年）：男性50，女性49
カナダ（2001年）：男性41，女性32
アメリカ（2001年）：男性35，女性29
日本（2002年）：男性14，女性13

注）各国におけるアクティブ・スポーツ水準の定義・参考資料
ニュージーランド：中程度のきつさの運動を1週間当たり最低5時間以上，Hillary Commission "Sport and Physical Activity Survey" 1997.
オーストラリア：最低30分以上の運動を1週間当たり5回以上，Activi Australia "National Physical Activity Survey" 1997.
カナダ：余暇時間に消費される体重1kg当たりの消費量が12ヶ月の平均で少なくとも3kcal以上となるような運動，Canadian Fitness and Lifestyle Institute "Physical Activity Monitor" 2001.
アメリカ：中程度のきつさの運動を1週間当たり5回以上，Centers for Disease Control and Prevention, National Center for Health Statistics "National Health Interview Survey" 2001.
日本：頻度「週2回以上」，「1日30分以上」，強度「ややきつい」以上，SSF笹川スポーツ財団「スポーツライフに関する調査」2002

最も人気のある競技スポーツは，ラグビー，ネットボール，ホッケー，ローンボーリング，サイクリング，クリケット，スカッシュ，ゴルフである。また，週末にヨットを楽しむ人も多く，国内には127のヨットクラブがあり，15,000艇のヨットが登録されている。「チームNZ」は，欧州・アメリカで最も人気のあるヨットの祭典アメリカズ・カップを過去2回（1995年・2000年）獲得した実績がある。このレース模様を放映したTVの視聴率は90%を超えた。

ラグビーはNZの国技であり，NZ人の血を沸かせるスポーツ中のスポーツと言えるであろう。「オールブラックス」の名で知られるNZ代表チームの動静は，全国民の注目の的である。NZの人口は約400万人の小さな島国だが，男性の10人に1人がプレーし，最近は女子も世界一の強さを誇るラグビー王国である。全国各地に，約600のクラブがあり，12万人の選手（男子ラグビー総人口：113,514，女子ラグビー人総人口：8,415）が所属している。100年を超えるラグビーのテストマッチの歴史上，通算成績ですべての国に勝ち越すという驚異的勝率を誇っている。

4 NZのスポーツ組織

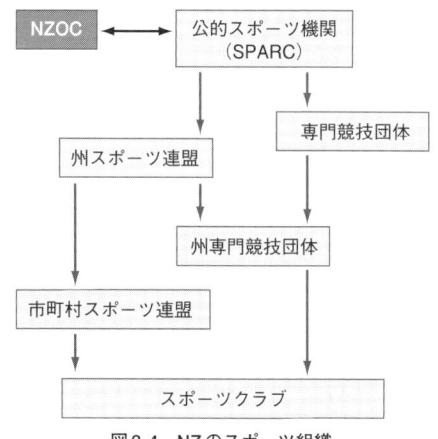

NZOC ↔ 公的スポーツ機関（SPARC）
→ 専門競技団体
→ 州スポーツ連盟
→ 州専門競技団体
→ 市町村スポーツ連盟
→ スポーツクラブ

図2-4 NZのスポーツ組織

近年，スポーツとレクリエーションの重要性が改めて認識されている。NZ政府は，1991年ヒラリー財団から，政府のスポーツ機関である

Sport and Recreation New Zealand (SPARC)を設立した。主にスポーツ政策とスポーツ振興の財源を確保する役割を果たしている。ほとんどのスポーツ団体は、スポンサーとSPARCを通じて政府援助によって運営を行っている。

SPARCの大きな役割として、指定スポーツ7種目（クリケット、乗馬、ゴルフ、ネットボール、ローイング、ラグビー、ヨット）に対して強化戦略を立てている。また、陸上、サイクリング、水泳にも力を注いでいる。積極的により多くのNZ国民がこれらのスポーツに参加し、競争心を高め、安定した環境の中で発展させることがSPARCの重要な任務である。NZでは、学校スポーツからトップスポーツへと至るまでの全体的なアプローチをシステム化する一方で、小学生からのプログラムに始まり、高校生までのリーダーシッププログラムを用意している。スポーツの本当の楽しさを段階的に教えるこのプログラムは、現在NZの小・中等教育を中心に実施されている。

次に、ピラミッドの頂点を成すのがNew Zealand Academy of Sportである。NZのスポーツの国際競技力の向上を目的としたスポーツ医・科学・情報の中枢機関である。ここでは、世界選手権やオリンピックといった国際的競技大会に備え、才能あるスポーツ選手に奨学金を支給している。スポーツ教育の一環として、スポーツに才能のある選手（ジュニアからトップアスリートまで）が最高の施設で、最高のコーチからトレーニングを受けている。また各スポーツ団体（クリケット、ゴルフ、ホッケー、ネットボール、ラグビー、卓球）と大学が協定して、エリート選手に対してスポーツ奨学金制度を導入している。このプログラムは、パフォーマンスの向上のみならず、学業においても優秀な成績を修めることを目標にしている。

NZには競技連盟に加盟している90を超えるスポーツ団体がある。そのほとんどが一流選手の競技大会から草の根的なスポーツ大会に至るまで、あらゆるレベルにおいて政府から資金援助を受けている。NZのスポーツ振興において国および地方自治体の果たす役割は大きい。2003年度のスポーツ関連関係予算をみると、34,000,000NZドル（約2,720,000,000円）である。また、追加の助成金として11,000,000NZドル（約880,000,000円）を中等教育のスポーツ・レクリエーションプログラムに対して補助を行っている。また、スポーツ振興にスポーツくじ、スポーツ振興基金やたばこ税などを導入している。

5 NZのクラブスポーツと学校スポーツ

クラブスポーツは、NZスポーツの底辺部分の重要な役割を果たしている。日本の企業スポーツや学校体育としてのスポーツとは違い、地域と密着したクラブシステムがNZスポーツを支えている。各クラブはレベル別によってクラブ大会が行われる。トップはDivision 1で続いてDivision 2、3、4、5、6とU18からU 8代表までのチームがある。これらのクラブ大会から優れた選手達が各州代表に選出される。そして、この州代表の中から国の代表選手が選抜される。土曜日の朝には子どもたちのゲームが、午後にはトップチームの試合が行われる。クラブスポーツは、いわばNZスポーツ文化の重要な役割を担っている。

クラブスポーツとは別に、学校のスポーツクラブとしてのスポーツは盛んである。日本の全国高校スポーツ大会とは異なり、各州スポーツ協会管轄地域によって試合が行われる。特に、NZの高等学校には必ずスポーツクラブが存在する。各学校のクラブには、年齢別（U18からU14）に1軍（ファースト）、2軍（セカンド）、3軍（サード）があり、ファーストとして学校代表になることは非常に選手にとって名誉なことである。NZの学校では大きく3つの種類に大会が分かれている。①水曜日の午後に、スポーツデイとしての交流試合（共学）。②土曜日に行われる、スポーツ強豪校チーム同士（男子校）でのリーグ戦。③年に1回行われる、伝統

校同士の対抗戦は特に格別で学校をあげて応援を送る。

6 おわりに

国際体育・スポーツ事情の一例として，NZのスポーツ事情について一部を紹介した。NZは人口400万の小さな島国であるが，気候や地理的な条件がよく，独自のスポーツ文化が発達してきた。スポーツ先進国として様々なスポーツ・レクリエーション活動が行われている。NZの多くの国民が，参加型のスポーツライフを満喫している。エリート選手の強化だけではなく，学校スポーツ，クラブスポーツ，指導者養成や資格認定など幅広い長期的な取り組みを行っている。青少年に対するスポーツプログラムに対する助成が1つの例である。しかしながら，今後解決すべき課題としては，プロスポーツとアマチュアスポーツとの間に格差があり，スポンサーや助成金において大きな影響を及ぼしている。今後，さらなる国家レベルでのスポーツ財源の充実が求められている。

文献

1) 外務省HP（http://www.mofa.go.jp/mofaj/area/nz/data.html）
2) 笹川スポーツ財団（2002）スポーツライフデータ2002－スポーツライフに関する調査報告書－.
3) Bennet, B., Howell, M. and Simiri, U.(1983) Comparative Physical Education and Sport (2nd ed.). Lee & Febiger, Philadelphia.
4) Cameron, J. and Gidlow, B. (1998) Sociology of leisure and sport. In Perkins, H.C. and Cushman, G. (eds) Time Out? Leisure, Recreation and Tourism in New Zealand and Australia. Auckland, Addison Wesley Longman, 127-150.
5) Johnson, W. (ed.) (1980) Sport and Physical Education around the World. Stripes Publishing Company, Champaign.
6) 文部省編(1996)諸外国の学校教育(アジア・オセアニア・アフリカ編). 大蔵省印刷局.
7) 笹川スポーツ財団(1998)諸外国におけるスポーツ振興政策についての調査. SSF笹川スポーツ財団.
8) Sport and Recreation New Zealand.(2002)' Our Vision, Our Direction: Strategies for Success from 2006'. (www.sparc.org.nz).
9) Sport and Recreation New Zealand. (2003)'Key Facts' (www.soarc.org.nz).

4 生涯スポーツと健康づくり

増原光彦（スポーツ生理学）

1 変動する人間生活とスポーツ

現在のわが国は，経済発展を中軸とした「成長社会」から，真の豊かさを実現させる「成熟社会」へと移ってきた。

実際わが国では1970年代後半より，国民のスポーツや余暇に対する関心が増大するとともに，生活の関心領域にも大きな変化が見られた。

従来，国民の主たる関心は住生活や食生活に置かれていたが，1983年（昭和58年）を境に，余暇生活が国民の最も重要な関心事となった（図2-5）。

高齢社会・自由時間社会と形容される21世紀においては，いかに健康に，そして生きがいを持って生活するかが重要な課題であり，生活の質的側面を重視する「クオリティ・オブ・ライフ（QOL）」が時代のキーワードとなった。

さらに，国民のスポーツや余暇に関する考え方の変化は，スポーツ・余暇産業の飛躍的な発展をもたらした。通産省産業政策局の予測では，1982年に約3兆円であったスポーツ産業が，1992年には約6兆円となり，2020年には約22兆円の市場へと飛躍的に拡大すると予測している。

人々の生活習慣（ライフスタイル）の変化は，スポーツに対するかかわり方を多様化し，従来の「するスポーツ」に加え「みるスポーツ」「着るスポーツ」「読むスポーツ」といった幅広いスポーツ参加パターンを定着させた。さらにスポーツをライフスタイルの一部とする人々も多様化し，幼児から高齢者まで，そして健常者も障害者も，すべての人々が生涯にわたって，いつでもどこでもスポーツとかかわりを持つ時代となった。

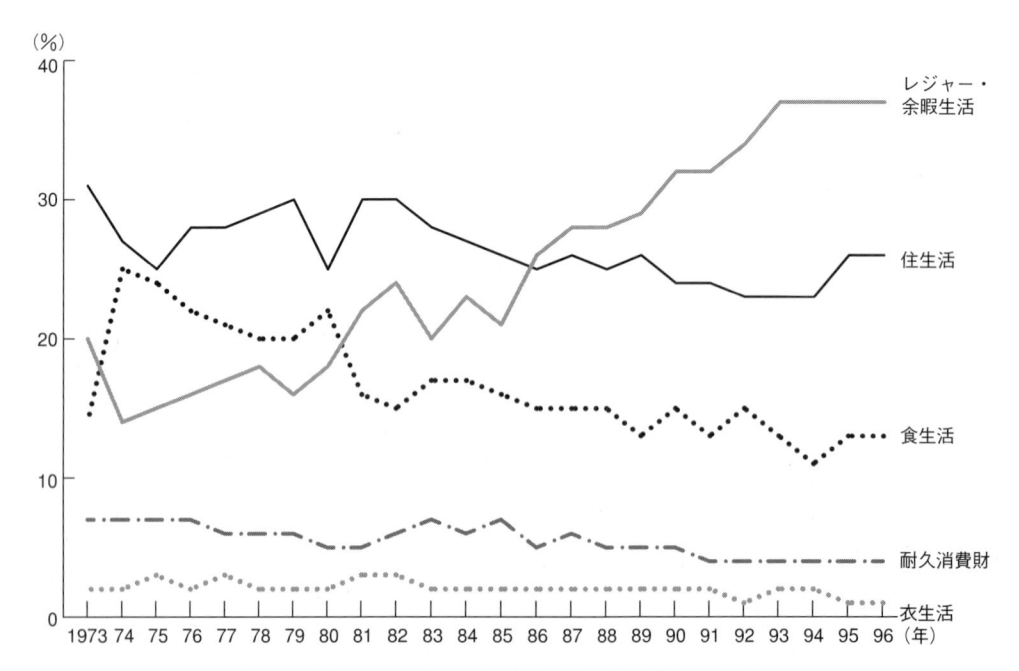

図2-5　これからの生活の力点の推移－高まる余暇生活への志向－
（総理府広報室「国民生活に関する世論調査」平成5年5月調査）

> **key word** 生涯スポーツ, 余暇生活, 運動処方, Optimal standard of exercise, Exercise prescription, 生活習慣病

2 健康とスポーツに対する考え方の変化

従来の健康観では,「単に病気でない状態」を健康と呼んでいた。しかし「完全な健康」と「単に病気でないという状態」の間には大きな差のあることが理解されるようになってきた。現在では「病気」と「完全な健康」の間に「半健康」という概念を置き,規則正しい運動や生活習慣の改善によって,半健康からよりレベルの高い健康に到達することができるという考え方が一般化してきた。半健康の最大の原因は,生活習慣病にある。すなわち,運動不足や偏った食生活,ストレスの多い生活環境など,非健康的ライフスタイルに起因するものであり,医療制度の充実に加えて,予防医学の観点から,こころとからだの積極的な健康づくりが求められている。人生80年の時代では,健やかではつらつと生きること。そして人生の目的である生きがいを持つことが,幸福な生活や充実した人生を送る重要な課題となる。従来の「健康と医学」といった結びつきが,今や「健康とスポーツ」といった結びつきに変わり,スポーツが「生活の質や生きがい」と結びつけて語られる時代が到来したといえよう。その論拠が1997年9月の保健体育審議会答申「生涯にわたる心身の健康保持増進のための今後の健康に関する教育およびスポーツの振興の在り方について」に盛られている。このような健康に対する考え方の変化とともに,運動不足やストレスに起因する生活習慣病予防に役立つ運動やスポーツの効用が注目を集め始めた。

3 健康づくりのためのスポーツ（運動処方）

高齢化社会の到来とそれに伴うと思われる国民医療費の際限のない増大そして運動不足などから発生する生活習慣病を予防する効果として,日ごろから適度な運動を行うことがよく知られていることである。特に,医療費の増大は生活習慣と密接な関係があり（第5部第1章4,表5-6参照）,医療費の増大を抑えることは今日の政治的,社会的課題でもある。肥満や高血圧,糖尿病などの予防効果だけでなく,近い将来,がん患者数がトップになると予想される大腸がんや,20年前に比べ死亡者が4倍も増えている乳がんなどの予防にも一定の効果があることが最近の研究で分かってきた（図2-6）。

運動処方とは,1960年に猪飼らが"青少年の運動処方に関する研究"を記したのがはじめてである。猪飼らは,運動処方を「運動の遂行による身体への働きかけを期待して,最も望ましい効果を起こすための運動の質と量の選択である」と述べている。猪飼とスタインハウスは運動処方の英訳文を"Optimal standard of exercise"としているところから,WHOで定義した運動処方の英文"Exercise prescription"と猪飼らの用語の「運動処方」とは明らかに意を異にしたニュアンスを持つ。すなわち,猪飼の運動処方の定義は,健康人やスポーツ選手の体力や競技力向上を主目標としたもののように

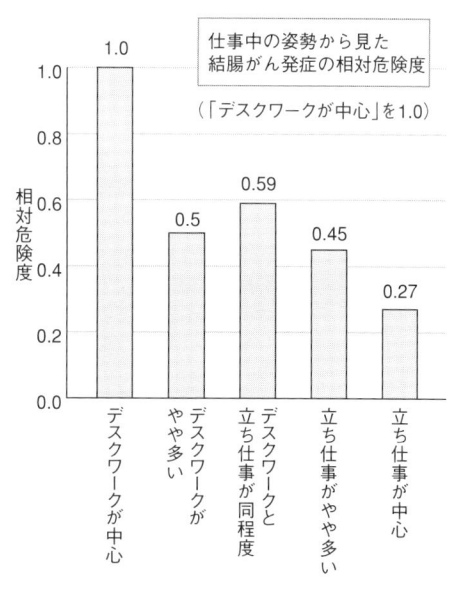

図2-6 運動でがん予防（産経新聞,2004年12月1日）
内藤義彦氏の調査より

仕事中の姿勢から見た結腸がん発症の相対危険度（「デスクワークが中心」を1.0）

仕事中の姿勢	相対危険度
デスクワークが中心	1.0
デスクワークがやや多い	0.5
デスクワークと立ち仕事が同程度	0.59
立ち仕事がやや多い	0.45
立ち仕事が中心	0.27

思える．また，WHOの定義からは病態を有する者や半健康人の病気の治療や予防または健康の維持・増進を目的としていることがうかがわれる．しかし，現在では両者の意味合いを含んで，スポーツ・運動を実施する対象者の違いや，目的によって，その意味合いを定めている．

したがって，本章では，WHOの意味合いを含んだ，生活習慣病の予防・治療としての処方箋と解するべきである．

そこで，生涯スポーツとして，スポーツ・運動を楽しみ，また生活習慣病予防として実施する場合には次の手順によって進めることが望ましい．

❶現状の心身の状態（体調）の把握とスポーツ・運動実施の目的の把握

肥満，代謝調節機能の状態（メタボリックシンドロウム）のいわゆる生活習慣病様体調にあるかないかを自覚的に把握することが必要である．

❷性，年齢および生活活動様式の把握

性別や年齢および生活様式の違いにより運動処方の進め方が異なる．すなわち，日常肉体労働に従事している日頃の活動量の高い者では特に心掛けるべき負荷の強い運動処方は必要が無いが，座作業を中心とする労働従事者やまた家庭の専業主婦など，日常生活の中でほとんど運動を伴わない静的生活を余儀なくされている者では，付加的に運動する必要がある．その場合に，性や年齢を考慮した運動処方が作成される．

❸過去および現在の運動実施状況の把握

過去にほとんど運動不足で，習慣的な運動経験が少ない35－40歳以上の中高年齢者に運動処方する場合には，潜在的循環器系疾患の有無や現在の体力などを詳細に吟味する必要がある．若年時から継続的に運動している者では必ずしもこの限りではないが，中高年齢者では主として循環器系，代謝系および内分泌系のメディカルチェックまたは定期健康診断を受診することが必要となる．以上のことを考慮したうえで，以下の手順で運動処方がなされる．

❹運動のためのメディカルチェックの実施

メディカルチェックの目的は，運動適用にある者か否かの判定，および健康状態を客観的に把握し，運動処方作成上の参考にすることである．最低限必要なメディカルチェック項目が厚生省から提示されている（表2-7）．

❺運動負荷試験および体力テストの実施

運動負荷試験の目的は，①循環器系からみた運動適応可否の判定および運動強度許容限界の推定，②有酸素作業能（aerobic workcapacity）の測定または推定のために行う．

以上の被対象者の心身の内容を理解したうえで，より安全で，効果的な運動処方箋を組み立てることが大切である．

表2-7　メディカルチェック項目

形態	肥満度，皮脂厚，体脂肪率
循環機能	心拍数，血圧，眼底圧，心電図，胸部レントゲン
運動負荷検査	心拍数，血圧，心電図
呼吸機能	肺活量，1秒量
血液所見	ヘモグロビン，ヘマトクリット，赤血球数，白血球数，コレステロール，GOT，GPT，アルカリホスファターゼ，総蛋白，A/G，中性脂肪，尿素窒素
尿検査	尿蛋白，尿糖，PSP
その他	視力，聴力，CMI

（厚生省公衆衛生局：健康増進センターにおける技術指針，pp.48, 1974）

参考図書
1) 池上晴夫(1982)現代の体育・スポーツ科学，運動処方，朝倉書店．
2) 池田勝(2002)生涯スポーツの社会経済学，杏林書院．
3) 増原光彦(1998)「生涯スポーツ学科」設置の意義，体育の科学，48(6)，p456-460．

第2部 第2章

生涯スポーツ振興の現状と課題

1 スポーツ政策

松永敬子（地域スポーツ経営論）

1 スポーツ政策とスポーツ振興法

❶スポーツ政策とは

「スポーツ政策」とは、「スポーツ問題解決のための手段の体系」であり、言い換えれば、「スポーツの価値を実現するための方策の体系」である[1]。狭義には国のそれを一般的には意味するが、「政策」の本質を広義に捉えると、「実現のためのプログラム」の中で、問題を捉えようとする政策的思考・態度を育て、認識を広げていくうえで大きな意味を持っているのである。そして、これらすべての「スポーツ政策」に国民のスポーツの要求をどのように反映させるかが課題となるのである。

❷スポーツ振興法の概要

1961年に制定された「スポーツ振興法」には、スポーツ振興が国民の権利と義務として保障され、国および地方公共団体にはそれを遂行する義務があることが明記されている。「スポーツ振興法」は、4つの章から構成され、その第1章第1条で「この法律は、スポーツの振興に関する施策の基本を明らかにし、もって国民の心身の健全な発達と明るく豊かな国民生活の形成に寄与することを目的とする。」とうたっている（表2-8）[2]。また、第4条の「計画の策定」においては、「文部科学大臣はスポーツ振興に関する基本計画を定めるものとする」と明記されている。スポーツ振興法が制定されたのは、1961年であり、約40年の時を経て2000年9月にスポーツ振興基本計画が策定された。基本計画を策定するに当たり、2000年6月の段階で一般国民に対して、インターネット等を通じたパブリックコメントを募った点なども含め、本来のスポーツ政策の本質である「スポーツ問題解決のための手段の体系」であり、「スポーツの価値を実現するための方策の体系」の1つの方向性が示された。

2 わが国のスポーツ政策とその体制

❶わが国の体育・スポーツ振興体制

わが国におけるスポーツの組織と体制は、1961年に定められた「スポーツ振興法」によって、文部科学省を中心に整備されている。国においては文部科学省のスポーツ・青少年局が、地方においては、都道府県および市区町村の教育委員会がスポーツ行政の主務機関となっている場合が多い。また民間団体としては、（財）日本体育協会と（財）日本オリンピック委員会が中核的組織として位置している（第4部第2章7，図4-41参照）。

❷文部科学省におけるスポーツ振興体制と都道府県の生涯スポーツ行政

2001年1月の省庁再編により、「体育局」から「スポーツ・青少年局」へと変更した文部科学省の組織は、企画体育課、生涯スポーツ課、競技スポーツ課、学校健康教育課の4課から構成される。企画・体育課では、スポーツ青少年局の総合調整、スポーツ振興に関する基本的な企画立案、学校における体育振興、スポーツ施設の整備、そして、スポーツ振興くじ関連を取り扱っている独立行政法人日本スポーツ振興センターの組織・運営管理なども管轄となっている。競技スポーツ課においては、オリンピック、国民体育大会などの国際的・全国的なスポーツ事業、日本オリンピック委員会、日本体育協会との連絡、アンチ・ドーピング活動の推進、

表2-8　スポーツ振興法の概要

第1章	総則
第1条 目　的	この法律は、スポーツの振興に関する施策の基本を明らかにし、もって国民の心身の健全な発達と明るく豊かな国民生活の形成に寄与することを目的とする。
第2条 定　義	この法律において「スポーツ」とは、運動競技及び身体運動（キャンプ活動その他の野外活動を含む。）であって、心身の健全な発達を図るためにされるものをいう。

（体育・スポーツ指導実務研究会，2005　を参考に作成）[2]

Key word スポーツ振興法，スポーツ振興基本計画，スポーツ振興くじ

企業スポーツ，プロスポーツに関すること，さらに，わが国の競技水準の向上に関することである。

わが国の生涯スポーツ行政は，文部科学省と都道府県教育委員会および市町村教育委員会が主務機関として，その振興施策の企画立案および推進を努めている。文部科学省生涯スポーツ課では，総合型地域スポーツクラブや広域スポーツセンターの普及などの地域におけるスポーツ振興，全国スポーツ・レクリエーション祭など国際的・全国的なスポーツ事業を職務としている。さらに登山研修所や商業スポーツ施設等のスポーツサービスの質の向上を図るために設置されたスポーツサービス振興室，その他，国民の日常生活におけるスポーツ活動の促進を図るため，各種の生涯スポーツの振興事業を実施している。

一方，都道府県に目を転じると，スポーツ行政のほとんどが教育部局内にスポーツ担当を組織し，保健体育課，体育課，スポーツ課などの名称を掲げている。しかし，国体や国際スポーツイベント開催時などは，知事部局と別組織を立ち上げる場合が多い他，完全に知事部局へ移行するケースも増えつつある。各都道府県がスポーツ振興を進めていくうえでの現在の問題点は，「子どもの体力低下」「スポーツ振興関連予算の不足」「学校内のスポーツ指導者不足」などである。

❸関連省庁のスポーツ政策

スポーツに関連する他の省庁の施策は，文部科学省をはじめ，内閣府，環境庁，厚生労働省，社会保険庁，農林水産省，経済産業省，国土交通省，郵政事業庁，総務省など複数の省庁が関わっている。主な政策内容としては，ほとんどの省庁が関連の施設整備を政策として掲げている。文部科学省では独立法人化した施設や国立スポーツ科学センター（JISS）等の施設整備に関する施策と体育・スポーツ指導者養成に関わる施策などがある。この他にもたとえば，スポーツ産業に関しては経済産業省，体育・スポーツではなじみの深いラジオ体操は郵政事業庁，高齢者および障害者スポーツや高齢者健康福祉祭（ねんりんぴっく）やパラリンピックは厚生労働省の管轄で，さらに，国体のメインスタジアムとなる総合運動公園は国土交通省が管轄することになり，スポーツ行政にはいくつかの省庁が関わっていることが分かる。このように，各省庁が連絡・調整を行わず，ほぼ独立した形でスポーツ政策を遂行することは，わが国のスポーツ政策システムにおける大きな問題点であるといえる。

3 わが国のスポーツ振興計画

❶スポーツ振興計画を取り巻く背景

文部科学省においてスポーツ政策に関する基本方針を策定する場合は，文部科学大臣裁定となる。これは，スポーツ振興法に則って行われるもので，これまでは，文部科学大臣の諮問機関である保健体育審議会によって決定され，「審議会答申」という形でまとめられる。この方針をもとに，文部科学大臣がスポーツ政策の基本方針を策定し，実行していくという流れである。しかし，過去の答申をみると，審議会構成員の半数以上が競技スポーツ関係者で，生涯スポーツ振興の要求が全面に出てこなかったという事実は否めない。

❷スポーツ振興基本計画の概要

スポーツ振興基本計画は，生涯スポーツ，競技スポーツ，学校体育・スポーツの3つの大きな柱で構成されている（表2-9）。この計画は，生涯スポーツの柱がトップで打ち出されている点と，2010年という目標達成年と2005年という見直しの年を設けたこと，そして具体的な政策目標の数値を掲げたことも新しい試みである。表2-10に示したように主な内容としては，①生涯スポーツ社会の実現に向けた，地域におけるスポーツ環境整備充実，②わが国の国際競技力の総合的な向上策，③生涯スポーツおよび，競技スポーツと学校体育・スポーツとの連携推進政策の3つが掲げられていたが，

2005年の見直しによって表2-10下段のように，これまでの①と②に加え，スポーツ振興を通じた「子どもの体力向上」が新規政策課題としてトップに示された。

4 スポーツ振興のための財源確保

❶わが国の生涯スポーツ振興国家予算

スポーツ政策を遂行するに当たり，重要となるのが財源である。国家予算だけでなく，地方自治体分を合わせてもヨーロッパよりも低い水準といわれているわが国のスポーツ振興国家予算は，体力つくり関係国家予算として，各省庁別で示されている。生涯スポーツ予算に目を転じると，スポーツ施設の整備，総合型地域スポーツクラブの育成・支援，スポーツ参加促進のための普及啓発，生涯スポーツ社会に向けたスポーツ環境の基盤的整備の4本の柱で組まれているが，唯一，増額しているのは，スポーツ参加促進のための普及啓発であった。わが国の国家予算は1996年をピークに減少に転じているだけではなく，地方自治体においても不況のあおりを受け，スポーツ関連予算は減少傾向にある。このような状況の中，今後もスポーツ関連予算が大幅増額する可能性はきわめて低く，諸外国に見られるような，サッカーくじの導入による財源確保が欠かせないものとなった。

❷スポーツ振興くじ（サッカーくじ：toto）とは

スポーツ振興くじは，子どもからお年寄りまで，誰もが身近にスポーツに親しめる環境整備や，国際競技力向上のための環境整備など，新たなスポーツ振興政策を実施するため，その財源確保の手段として導入されたものである。1998年に「スポーツ振興投票の実施等に関する法律」が公布および関

表2-9　スポーツ振興基本計画の概要（2000年）と見直しのポイント（2006）

1.生涯スポーツ社会の実現に向けた，地域におけるスポーツ環境の整備充実

政策目標	①国民の誰もが，それぞれの体力や年齢，技術，興味・目的に応じて，いつでも，どこでも，いつまでもスポーツに親しむことができる生涯スポーツ社会を実現する。 ②その目標として，できるかぎり早期に，成人の週1回以上のスポーツ実施率が2人に1人（50パーセント）となることを目指す。 （H9,34.7％→H 16,38.5％）

必要不可欠な施策…総合型地域スポーツクラブの全国展開
①10年間で，全国の各市町村において少なくとも一つは総合型地域スポーツクラブを育成。（将来的には全ての中学校区に定着）
②10年間で，各都道府県において少なくとも一つは広域スポーツセンターを育成。（将来的には全ての広域市町村圏に設置）

2.わが国の国際競技力の総合的な向上方策

政策目標	①オリンピック競技大会などの国際競技大会でのわが国のトップレベルの競技者の活躍は，国民に夢や感動を与え，明るく活力ある社会の形成に寄与することから，こうした大会で活躍できる競技者の育成・強化を積極的に推進する。 ②具体的には，1996年（平成8年）のオリンピック競技大会でのわが国のメダル獲得率が1.7％まで低下していることを踏まえ，わが国のトップレベルの競技者の育成・強化のための諸施策を総合的・計画的に推進し，早期にメダル獲得率が倍増し，3.5％となることを目指す。 （アトランタ・リレハンメルH8,1.85％→アテネ・トリノH18,3.22％）

必要不可欠な施策　①ジュニア期からトップレベルに至るまで一貫した理念に基づき最適の指導を行う一貫指導システムの構築。
②ナショナルレベルのトレーニング拠点の早期の整備や地域の強化拠点の整備。
③指導者の養成・確保（専任化の促進，ナショナルコーチアカデミー制度の創設）等を総合的に推進。

3.生涯スポーツおよび競技スポーツと学校体育・スポーツとの連携の推進

政策目標	生涯にわたる豊かなスポーツライフの実現と国際競技力の向上を目指し，生涯スポーツおよび競技スポーツと学校体育・スポーツとの連携を推進する。

必要不可欠な施策　①子どもたちの多様なスポーツニーズに応えるため，学校と地域社会・スポーツ団体との連携を推進。
②国際競技力の向上に向けた学校とスポーツ団体の連携の推進。

※現行計画の3本柱は，計画全体の理念として各施策の中に反映し，引き続き目標の達成を目指す。

【見直し】新規政策課題と政策目標に向けた視点と施策

1.スポーツの振興を通じた子どもの体力向上→新規政策課題

政策目標	子どもの体力について，スポーツの振興を通じ，その低下傾向に歯止めをかけ，上昇傾向に転ずることを目指す。

必要不可欠な施策　①子どもの体力の重要性について正しい認識を持つための国民運動の展開。
②学校と地域の連携による，子どもを惹きつけるスポーツ環境の充実

2.地域におけるスポーツ環境の整備充実方策
3.我が国の国際競技力の総合的な向上方策

（文部省「スポーツ振興基本計画のあらまし」（2000）と文部科学省（2006）を参考に作成

係政省令が施行され、日本体育・学校健康センター（現独立行政法人日本スポーツ振興センター）がスポーツ振興くじの実施主体になるとともに、その収益を財源として、スポーツ団体や地方公共団体等が行うスポーツ振興事業に対して助成する役割を担うことになった。このスポーツ振興くじの実施により得られた収益を財源として行うスポーツ振興くじ助成については、2000年にスポーツ振興基本計画が策定されてから、具体的な内容を検討してきた[3]。図2-6[4]に示したように、スポーツ振興くじの収益金の流れと使途は、当せん金払戻し金と経費以外の収益の3分の1を国庫納付金として政府へ納め、残りの3分の1はスポーツ振興事業にためにスポーツ団体へ、さらに、残りの3分の1がスポーツ振興事業のために地方公共団体へと納められる。具体的には、生涯スポーツ振興に関連する地域スポーツ施設の整備、スポーツ指導者養成などに活用されるのである。わが国では、競馬、競艇、競輪、オートレースの公営競技と宝くじの収益の一部がスポーツ振興事業に当てられているが、その充当額は決して多いとはいえない。そのような中、スポーツ振興くじは、新たなスポーツ振興政策を実施するため、その財源確保の手段として導入された。しかし、2005年現在では、当初の予定よりもかなり売り上げが減少しているため、様々な見直しがなされている。今後、さらに充実したスポーツ振興政策を展開するためには、スポーツ振興くじの収益を増加させるための努力が必要である。

5 スポーツ政策の課題

わが国は、国際レベルと比較すると、スポーツに対する処遇はかなり低い。また、厳しい国家財政の中、規制緩和等により、これまでのスポーツ振興法（1961年）に実効性を期待すべく、「スポーツ振興投票（サッカーくじ）法」の成立（1998年）や障害者スポーツ基金の創設（1998年）など、新たな財源確保がスタートしている。さらに、スポーツ以外においても、政治改革関連法（1993年）、地方分権法（1995年）、NPO法（1998年）の成立等、国民の選択と自己責任を前提とした緩やかな共生型社会へと改革が進められている。21世紀の生涯スポーツ行政は、スポーツを通じた共生型社会の形成であるといえる。よって、地方分権やNPOのメリットを生かしつつ、産業、保健、福祉、環境、都市計画、メディア政策などのあらゆるセクションとリンクしながら、地域住民参画型の生涯スポーツ政策を立案・実行していくことが望まれる。

〈受取先〉	当せん金払戻金 原則50% 当せん者	経費 受託機関	スポーツ振興事業 収益の1/3 スポーツ団体	収益の1/3 地方公共団体	国庫給付金 収益の1/3 政府
〈使 途〉	・個人消費	・人件費 ・システム費 ・その他	・地域スポーツ施設整備 ・競技力向上拠点整備 ・競技力向上事業 ・スポーツ指導者養成 ・調査研究 ・国債競技の開催 ・スポーツ団体等への貸付 ・スポーツ振興基金組入れ ・その他		・青少年の健全育成 ・教育文化の振興 ・自然環境の保全 ・スポーツ国際交流

注1：詳しくは文部科学省令にて定められる。

図2-7 スポーツ振興くじの収益金の流れと使途（三菱総合研究所資料(2001)をもとに筆者が加筆修正して作成）

文献
1) 関春南(1997)戦後の日本のスポーツ政策―その構造と展開―,大修館書店.
2) 体育・スポーツ指導実務研究会 監修(2005)体育・スポーツ指導実務必携平成17年版,ぎょうせい.
3) 文部省(2000)スポーツ振興基本計画のあらまし.
4) 文部科学省HP(http://www.mext.go.jp)
5) 日本体育・学校健康センター編著(2002)スポーツ振興くじ制度の創設と展開〜totoすべてのスポーツのために〜,ぎょうせい.
6) 間野義之(2001)「新たなスポーツ振興財源を―サッカーくじ導入に向けて―」,NEXT・ING―世代経営を探るシンクタンク・マガジン―, 2.1.716.6-7,三菱総合研究所.

参考図書
1) 池田勝編著(2002)生涯スポーツの社会経済学,杏林書院.
2) 池田勝,守能信次編著(1999)講座・スポーツの社会科学4 スポーツの政治学,杏林書院.

2 するスポーツ —世代別参加状況—

冨山浩三（スポーツ経営学）

1 スポーツの参加状況

運動やスポーツとの関わりは、「する」「見る」「支える」と言った多様性を持っている。ここでは、その中心とでも言うべき「するスポーツ」の現状について考えてみよう。図2-8には、過去一年間に運動やスポーツを行った人の比率が示されている。それぞれのレベルが示す内容は表2-10に示されるとおり、「過去一年間に全く運動・スポーツを実施しなかった」から「週2回以上、一回30分以上、ややきつい以上の運動強度」での活動までの5段階に分類されている。レベル1は、「年一回以上、週2回未満」となっており非常に幅が広いが、運動・スポーツ活動が身体に効果をもたらすレベルを考えると、少なくとも週2回程度の活動頻度が必要となることから、このような区分になっている。

まず、レベル0が26.6％を占めており、国民の約4人に一人は一年間に全く運動やスポーツをしていない結果となっている。心筋梗塞や糖尿病などといった成人病が"生活習慣病"と呼ばれるようになって久しいが、生活習慣の中に運動やスポーツによって体を動かすことは、健康上非常に重要であることを考えると、一年間に全く運動をしていない人の比率は非常に高いと言わざるを得ない。一方、レベル4が16.1％を占めており、いわゆる"アクティブスポーツ人口"が16.1％存在していると言える。

これらのスポーツ参加を男女別に見ると、全体的に見て、スポーツ参加者は女性よりも男性の方が多い。レベル4のアクティブスポーツ人口は男性にやや多い結果となっているのに対して、レベル0の全く運動・スポーツをしていない層は女性に多い結果となっている。レベル3に示される「週2回、一回30分以上（強度の規定は無し）」の活動参加者は女性が22.4％で男性よりも多く、レベル1に示される、「年一回以上、週2回未満の参加者」は男性の方が多い。レベル3は強度の規定こそ無いものの、定期的な活動参加者であり、学校施設の夜間開放などを利用して定期的にスポーツを楽しんでいる層であると思われ、生活に運動・スポーツを積極的に取り入れているのは男性よりも女性の方が多いことが考えられる。それに対して一般的に運動に参加する機会は男性の方が多く、「誘われたり、何か機会があれば参加する」程度（レベル1）の活動の機会は男性に多い

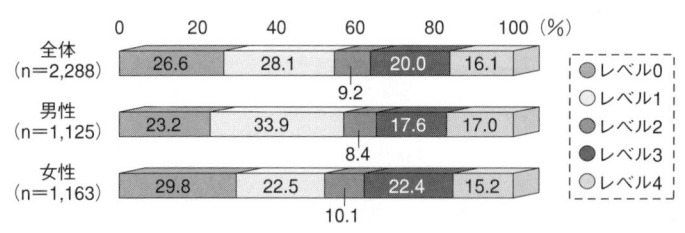

	レベル0	レベル1	レベル2	レベル3	レベル4
全体 (n=2,288)	26.6	28.1	9.2	20.0	16.1
男性 (n=1,125)	23.2	33.9	8.4	17.6	17.0
女性 (n=1,163)	29.8	22.5	10.1	22.4	15.2

図2-8　運動・スポーツ実施レベル（全体・性別）
資料：SSF笹川スポーツ財団「スポーツライフに関する調査」2004

表2-10　運動・スポーツ実施レベルの設定

レベル0	過去1年間に全く運動・スポーツを実施しなかった
レベル1	年1回以上、週2回未満（1～103回/年）
レベル2	週2回以上（104回/年以上）
レベル3	週2回以上、1回30分以上
レベル4 (アクティブ・スポーツ人口)	週2回以上、1回30分以上、運動強度「ややきつい」以上

資料：SSF笹川スポーツ財団「スポーツライフに関する調査」2004

Key word　スポーツ参加率，アクティブスポーツ人口，レジャー行動，国際比較

ことが考えられる。

運動・スポーツ参加状況を年代別で見た結果は，図2-9に示されている。年齢が高くなるにつれて，レベル0の全く参加しない人の比率が高くなるが，レベル3に含まれる人も増加しているのが興味深い。これは，年齢が若い時代には様々な形で活動に参加する機会があるために，レベル1に示される週2回未満の活動参加が多くなる反面，運動やスポーツ以外にも興味のある活動が多いことから，レベル2以上の定期的な活動参加には至らないのに対して，年齢が高くなると健康にも関心が高くなり，定期的な活動参加の機会が増加する事が原因ではないかと考えられる。

2 運動・スポーツ実施率の年次推移

図2-10には，定期的な運動・スポーツ実施率の年次推移が示されている。1992年以降，定期的なスポーツ実施率は向上している。「週1回以上」「週2回以上」の実施率の伸びは特に大きく，30％前後の伸びを見せている。アクティブスポーツ人口は，他と比べるとそれほど大きくはないものの，10％の伸びを示している。

文部科学省は，2000年に発表した「スポーツ振興基本計画」の中で「生涯スポーツ社会の実現に向けた，地域におけるスポーツ環境の整備充実」方策を第一に挙げ，定期的なスポーツ実施率を50％に高めることを目標としている。定期的な参加率を週1回以上と考えると，55.4％の参加率はすでに目標に達していると言える。ただ，このデータで考えると，2000年の計画立案段階ですでに51.4％と目標値を超えていることになる。総理府のデータでは2000年のスポーツ参加率は37％となっており，様々なデータを総合的に見て判断することが必要であろう。

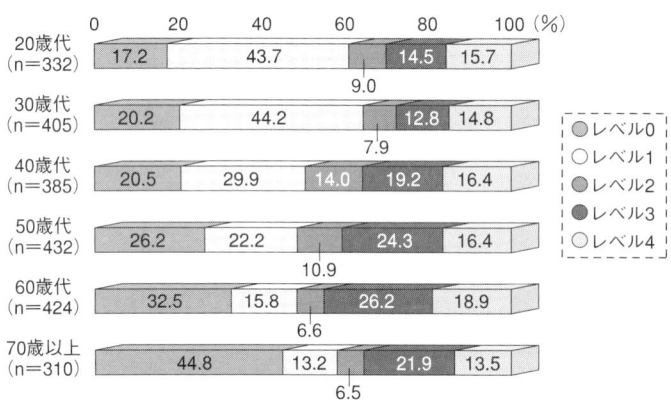

図2-9　運動・スポーツ実施レベル（年代別）
資料：SSF笹川スポーツ財団「スポーツライフに関する調査」2004

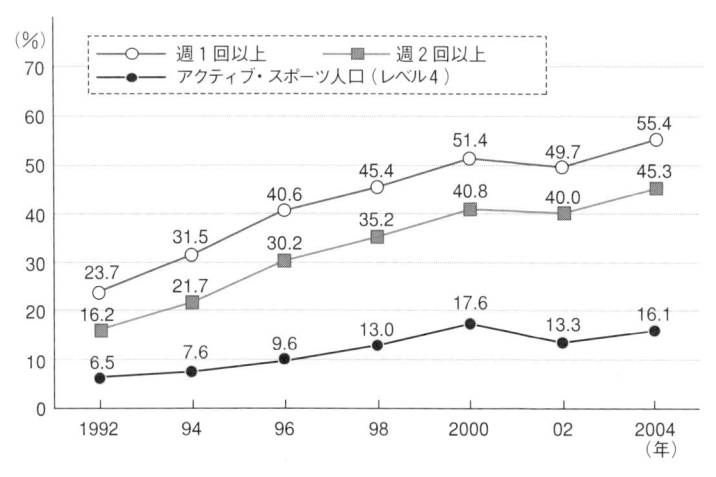

図2-10　定期的な運動・スポーツ実施率の年次推移
資料：SSF笹川スポーツ財団「スポーツライフに関する調査」2004

第2章　生涯スポーツ振興の現状と課題

3 参加活動種目

図2-11には現在,活動参加率の多い上位15種目が示されている。参加率の多い順に,ボウリングの29.1%,体操の27.9%,ジョギング・マラソンで23.8%となった。ボウリングを除くと,スポーツと言うよりもむしろ健康作り運動的な要素の種目が上位を占めており,いわゆる技術や勝敗を伴ったスポーツは第5位の野球で15.4%,第9位の卓球で11.5%,第10位のバドミントンで10.8%となっている。スポーツ参加には,身体的効果,精神的効果,社会的効果の3つの側面で効果が期待できるが,とりわけ社会的な効果を期待するならば,他者との交流やコミュニケーションが重要であり,対戦したりチームを組んだりといった要素を含む"スポーツ"種目の参加者を増やすことが必要と考えられる。

ング,15位に体操,16位にハイキングや野外散歩,そして19位にジョギング・マラソンが登場している。このように見ると,運動やスポーツ参加率は,余暇活動全体の中でも決して高いとは言えないのが現状と言える。

表2-11 平成16年余暇活動参加人口

順位	余暇活動種目	万人
1	外食(日常的なものを除く)	7,240
2	国内観光旅行(避暑,避寒,温泉など)	6,080
3	ドライブ	5,510
4	カラオケ	4,920
5	ビデオの観賞(レンタルを含む)	4,870
6	宝くじ	4,590
7	パソコン(ゲーム,趣味,通信など)	4,430
8	映画(テレビは除く)	4,390
9	音楽鑑賞(CD,レコード,テープ,FMなど)	4,240
10	動物園,植物園,水族館,博物館	4,060
11	園芸,庭いじり	3,750
12	バー,スナック,パブ,飲み屋	3,730
13	ボウリング	3,200
14	遊園地	3,190
15	体操(器具を使わないもの)	3,070
16	ピクニック,ハイキング,野外散歩	3,060
17	トランプ,オセロ,カルタ,花札など	3,030
18	テレビゲーム(家庭での)	3,010
19	ジョギング,マラソン	2,620
20	音楽会,コンサートなど	2,560

(レジャー白書2005)

種目別参加率(%):
- ボウリング 29.1
- 体操(器具を使わないもの) 27.9
- ジョギング・マラソン 23.8
- 水泳(プールでの) 20
- キャッチボール,野球 15.4
- トレーニング 14.1
- サイクリング,サイクルスポーツ 13.5
- 釣り 13.5
- 卓球 11.5
- バドミントン 10.8
- ゴルフ(練習場) 10.5
- ゴルフ(コース) 9.4
- テニス 7.6
- バレーボール 7
- サッカー 6.9

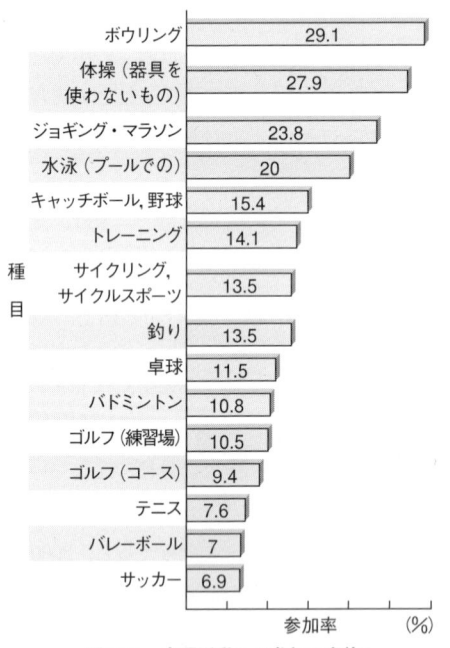

図2-11 余暇活動への参加の実体[3]

それでは,スポーツ活動への参加は,人々の余暇活動全体の中でどの程度の位置にあるのだろうか。表2-11には,余暇活動参加の上位20種目が示されている。表には,実数が示されているが,1位は外食,ついで国内旅行,ドライブと続いた。運動やスポーツでは,13位にボウリ

4 スポーツ参加率の国際比較

次に,スポーツ参加率について国際的に比較検討してみたい。図2-12には,運動・スポーツ人口の国際比較が示されている。第1位はフィンランドで89%,ついでカナダ86%,ニュージーランド80%となっている。これらの結果を見ると,日本の値(内閣府調査37%,SSF調査51%,いずれも2000年現在)は決して高いとは言えない。ただ,これらのデータを比較するに当たっては,どこまでをスポーツ活動に含めるのかと言った定義が国によって異なっていることも勘案する必要がある。たとえば,カナダではガーデニングもスポーツに含まれるが,それは広大な敷地の自宅の芝生を刈り込むのはかなりの身体活動を伴うわけで,日本の小さな庭だったり,ましてやアパートのベランダでの野菜

作りとは根本的に異なっているのである。各国で行われている種目は，表2-12に示されている。ニュージーランド，カナダ，イギリスではエクササイズやガーデニングなどが高い値を占めているが，香港，シンガポールではサッカーが4位に入っている。

5 スポーツ参加の今後

運動やスポーツへの参加は，活動による直接的な効果を得るためには必要不可欠である。わが国のスポーツ活動参加率は上昇傾向にあり，今後はさらに参加率の向上を目指すとともに，活動の内容の充実を図ることが必要である。多くの調査で「スポーツ活動参加理由」や「不参加の阻害要因」が明らかにされているが，重要なのはスポーツに対する価値観ではないだろうか。「健康のため」「コミュニケーションのため」など参加の理由は数多く存在するが，何かのために運動やスポーツに参加するのではなく，活動に参加することそのものに価値を見いだし，何かのためにではなく，活動を楽しむために活動するという価値観が広まり，スポーツそのものを楽しむ人が増加していくことが，本当にスポーツの根付いた社会と言えるのではないだろうか。

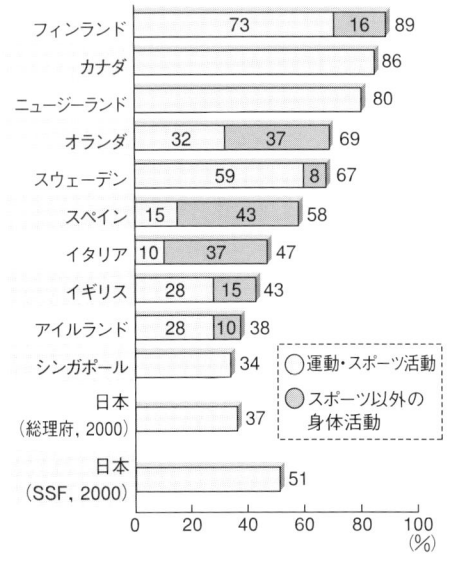

図2-12 運動・スポーツ人口の国際比較
（成人人口の週1回以上の実施者の割合）
SSF笹川スポーツ財団「スポーツ白書2010」より[1]

	フィンランド	カナダ	ニュージーランド	オランダ	スウェーデン	スペイン	イタリア	イギリス	アイルランド	シンガポール	日本(総理府, 2000)	日本(SSF, 2000)
運動・スポーツ活動	73	86	80	32	59	15	10	28	28	34		51
スポーツ以外の身体活動	16			37	8	43	37	15	10		37	
計	89	86	80	69	67	58	47	43	38	34	37	51

表2-12 実施スポーツ種目の国際比較(上位10種目)

	日本 20歳以上(2,232人) 過去1年間(2000)	香港 15歳以上(2,999人) 過去3ヵ月間(1999)	シンガポール 15歳以上(8,161人) 過去3ヵ月間(1997)	ニュージーランド 18歳以上(5,470人) 過去1年間(1997)	カナダ 18歳以上(4,689人) 過去1年間(1999)	イギリス 16歳以上(15,696人) 過去1年間(1996)
1	ウォーキング・散歩	水泳	ジョギング	ウォーキング	ウォーキング	ウォーキング
2	体操(軽い体操など)	バドミントン	水泳	ガーデニング	ガーデニング	水泳
3	ボウリング	バスケットボール	ウォーキング	水泳	水泳	サイクリング
4	水泳	サッカー	サッカー	ホームエクササイズ	サイクリング	体操・エアロビクス
5	釣り	ウォーキング	バドミントン	釣り	ホームエクササイズ	スヌーカー・ビリヤード
6	海水浴	ジョギング	バスケットボール	運動教室・ジム	社交ダンス	テンピンボーリング
7	ゴルフ(コース)	ハイキング	サイクリング	エアロビクス	ジョギング・ランニング	ゴルフ
8	ゴルフ(練習場)	ホームエクササイズ	テニス	サイクリング	ウェイトトレーニング	ウェイトトレーニング
9	ハイキング	テニス	ゴルフ	ジョギング・ランニング	スケート	ダーツ
10	スキー	ウェイトトレーニング	ジムでの運動	ハイキング	ボウリング	サッカー

SSF笹川スポーツ財団「スポーツ白書2010」より

図表データの出典
1) SSF笹川スポーツ財団(2001)スポーツ白書2010.
2) SSF笹川スポーツ財団(2004)スポーツライフデータ2004.
3) 財団法人社会経済生産性本部(2005)レジャー白書2005.

3 障害者スポーツ

高橋　明・矢部京之助（障害者スポーツ概論）

1 障害者と生涯スポーツの動向

　新世紀を迎え，世の中が，大変なスピードで変化している中で，スポーツをめぐる社会環境も変化している。わが国においても，性別・年齢・障害のいかんに関わらず，すべての人々が生涯を通じてスポーツに親しみ，楽しむことのできるようにスポーツ環境を整備し，スポーツへの積極的な参加を促す「みんなのスポーツ：Sports for all」の実現は，文部科学省の「スポーツ振興基本計画」にも盛り込まれ，総合型地域スポーツクラブ育成の柱の1つにもなっている。

　厚生労働省（前厚生省）は，障害者施策におけるスポーツの意義と位置づけとして，障害のある人にとってのスポーツは，「リハビリテーションの手段であるとともに，障害者の健康増進や社会参加意欲を助長するもの，障害や障害者に対する国民の理解を促進するもの」として，非常に有効なものと位置づけ，障害者の自立と社会参加の促進に寄与するものとしてできる限り多くの障害者がスポーツに参加できるように関連施策を推進している。

　その施策の一環として，障害者対策推進本部は，1993年（平成5年）に，「障害者対策に関する新長期計画」を発表し，「スポーツ，レクリエーションおよび文化活動への参加機会の確保は，障害者の社会参加の促進にとって重要であるだけでなく，啓発活動としても重要である。」と述べている。また，1995年（平成7年）に策定した，「障害者プラン」の中でも，生活の質（QOL）の向上を目指すためのスポーツ，レクリエーションの振興を大きく取り上げている。これを基に，内閣府（前総理府）においても，1997年（平成9年）の「障害者白書」の中で，障害者スポーツに焦点を当て，障害者のスポーツとレクリエーションの必要性を述べている。このような流れの中で，1998年（平成10年）3月に開催された長野パラリンピックが，人々に大きな感動を与え，障害者のスポーツが国会の場でも幾度となく論議され，1998年（平成10年）6月の補正予算により，300億円の「障害者スポーツ支援基金」が創設された。そして，2002年（平成14年）12月に障害者基本法第7条において，国の義務とされている障害者基本計画の新計画（平成15年度から10年間の計画）が閣議決定し，障害者スポーツの振興については，「(財)日本障害者スポーツ協会が中心として，障害者スポーツの振興を進める。」と明記された。日本障害者スポーツ協会は，2000年（平成12年）に(財)日本体育協会に加盟し，2002年（平成14年）5月には，(財)日本アンチ・ドーピング機構にも加盟している。

　一方，文部科学省においても，1997年（平成9年）「保健体育審議会答申」で「スポーツと生涯にわたるスポーツライフの実現」という項目の中で，「〜（略）〜　障害のある人とスポーツのかかわりは，福祉の観点にとどまらず，各自の障害の種類・程度や体力等に合わせてスポーツを楽しんだり，競技力および記録の向上を目指した取り組みなど多様化しつつあり，これらのスポーツのニーズにも適切に対応していくことが必要である。」とまとめている。そして，スポーツの意義，役割について，2001年（平成13年）1月に出された(財)日本体育協会の21世紀の国民スポーツ振興方策の中で，「スポーツは，健康の増進や体力の向上のみならず，人間にとって生涯を生きていくうえで不可欠な文化として，また，現代社会における高齢化の進展や生活習慣病の増加による医療費の増大，青

key word Sports for All，障害者プラン，障害者スポーツ支援基金，障害者白書，スポーツ白書，障害者基本計画，保健体育審議会答申，アダプテッド・スポーツ，大阪市長居障害者スポーツセンター

少年育成や体力低下の問題，余暇時間の増加などの諸課題に対応するもの」としている。

このように，厚生労働省，文部科学省ともに，障害者のスポーツへの積極的な参加を促し，スポーツの持つ利点を活用し，生き甲斐のある充実した生活が送れるようにするために，生涯を通じた障害者のスポーツ振興がすすめられている。

2 障害者と生涯スポーツの実践

❶障害者のスポーツの捉え方──何ができないかではなく，何ができるか

一般にスポーツは，体格，体力，年齢，技術，性別等によって用具やルールを工夫して行っている。たとえば，中学生のバレーボールと高校生のバレーボールとでは，ネットの高さ等が違う。このように，「背の高さが違う」「技術が違う」「体力が違う」ということを，「足が動かない」「目が見えない」「耳が聞こえない」ということに置き換え，障害にあわせて，不便なところを工夫すれば，障害のある人もない人も同じスポーツを楽しむことができると考えている。また，障害のある人に工夫したスポーツが，子どものスポーツに適していたり，高齢者のスポーツのヒントになったりすることもある。ちょっとした工夫で，子どもから高齢者，障害のある人までが同じスポーツを楽しむことができる。

このように，「用具やルールを工夫することで，誰もが一緒に楽しめる。」この考え方が，スポーツだけでなく，何においても大切だと思っている。想像力を働かせながら創意工夫すること。そして常に挑戦していく。パラリンピックの創始者，故グットマン博士が「失った機能を数えるな，残った機能を最大限に活かせ」という言葉を残している。この言葉の意味は，私たちに「何ができないかではなく，何ができるか」に視点を向けることが，共に生きるというノーマライゼーション社会の実現に向けて大切ですよと教えてくれている。

障害者のスポーツは，障害があっても活用できる能力を生かしてプレーできるように考案されたスポーツ，ちょっと工夫して，その場その場に適した形にしたスポーツということから，adapt（適応させる）と言う語を用いて「アダプテッド・スポーツ（adapted sports）」と称されている。かつては，「障害のある人のためのスポーツ」であった障害者のスポーツは，「何らかの障害のある人も行えるスポーツ」へと，その概念を変えつつある。

❷障害者と生涯スポーツの意義

わが国の障害者のスポーツは，リハビリテーションを主目的に，医療スポーツとして歩み初めてほぼ40数年が経過したが，生涯スポーツとして障害者がスポーツに取り組むようになったのは，まだ最近のことである。その中には，健常者と同じように健康の維持増進のため，あるいはレクリエーションや競技としてスポーツに親しんでいる人も数多く，また，障害を少しでも軽くしようと医療の手段にスポーツを活用している人も少なくない。

私の勤める大阪市長居障害者スポーツセンターは，1974年（昭和49年）5月に，大阪市が全国に先駆けて，在宅の障害者を対象に「いつ，一人で行っても，指導者や仲間がいて，いろんなスポーツに親しむことができるスポーツ施設」として開設，昨年で30周年を迎えた。年間の利用者は，延べ30万人を数え，多くの障害者の憩いの場となっている。障害者が受付において，障害者手帳を提示するだけで，自分の意志で自由にスポーツができるシステムをとっており，障害者の自立促進と生涯スポーツを振興していくうえで大変重要な役割を担って運営されている。

利用者の主な利用目的（1996年（平成8年）調査）は，

- 障害を少しでも軽くしようと機能訓練のため〈29％〉
- レクリエーションとして〈17％〉
- 健康の維持増進のため〈25％〉
- スポーツ（競技）に上達しようとして〈7％〉
- 文化活動や話し相手を求めて〈22％〉

となっているが，最近の傾向としては，余暇活動として，レクリエーションとして楽しむことを目的に，スポーツセンターを利用される人も増えている。

このように障害者のスポーツに対する意識もリハビリテーションの延長という考え方から，日常生活の中で楽しむスポーツ，また，競技スポーツへと広がりを見せている。この意味からも健常者にとってのスポーツの意義と障害者にとってのスポーツの意義は一体化してきたものと言える。

Column 利用者の声　スポーツとの出会い

秋の深まったある日，職場で起きた突然の爆発事故で，一瞬にして下半身の自由を失ってしまいました。その後，一年にわたる病院での闘病生活は，筆舌しがたいぐらい自暴自棄のもので，幾度も死を考えたものでした。妻や子のさりげない励ましがなければとうてい耐えられなかったことと思います。

こうした病院生活から開放され，家に帰ってきたものの，仕事の自信も意欲もなく，家に閉じこもり妻子に不満をもらすばかりの毎日でした。このような暗い一年が過ぎようとしていたある日，新聞で自分と同じような障害を受けた人が，楽しくスポーツに親しんでいるという大阪市長居障害者スポーツセンターの記事を見ました。さっそく次の日，家族でセンターを訪れたのがきっかけで，今はほとんど毎日，仕事の帰りにセンターに寄って汗を流しています。

初めはリハビリテーションのつもりでしたが，スポーツ好きであった私には，それでは飽きたらず，指導員に作ってもらったトレーニング計画のもと，必死で練習しました。その甲斐あって，全国大会や国際大会にも優勝することができました。あの真っ暗な闘病生活が今では嘘のように，わが家はにぎやかになりました。

これは，私の勤める長居障害者スポーツセンターを利用するNさんの声です。彼のように労災による中途障害者が受傷後の自暴自棄からスポーツを始めようとするときは，「継続しようとする意欲を喚起する」ことが大切で，徐々にできるようになることの自覚が社会参加の第一歩と考えている。

また，彼のような脊髄損傷者に，スポーツを行う効果をアンケート調査したその結果は，「尿系統の病気が少なくなった」「排便がスムーズになった」「移動が楽になった」などで，日常生活に密着した効果を挙げている。

このようなことから，車椅子使用者にとってスポーツを行うということは，「最も自然なリハビリテーション」になっていると考えている。

3　障害者と生涯スポーツへの課題

一般にスポーツの振興の柱として，「施設の充実」「指導者の育成」「組織化の推進（仲間づくり）」「情報の提供」が挙げられる。中でも，施設，設備の充実は急務であり，学校と企業によって支えられてきたわが国の体育・スポーツの現状においては，大きな課題となっている。特に，障害者がスポーツを生活の中で楽しむことができるようにするためには，市町村よりもさらに身近な地域で，障害のある人もない人も，共にスポーツを楽しむことができる機会を設けることや，地域にある公共的なスポーツ施設の利用を容易にすること，地域における障害者のスポーツ指導者を養成して，スポーツ施設に配置することなどが，障害者のスポーツ振興に必要であると考えている。最近，建設されるスポーツ施設は，障害者の利用を考えて設計されている場合も多いが，物理的にはともかく心理的・社会的側面からみて，必ずしも障害者にとって利用しやすい施設とは言えないのが現状である。まだ障害者の利用を優先したスポーツ施設（障害者スポーツセンター等）が必要であり，このことがわが国のスポーツ施設の問題であると考えている。また，障害者と生涯スポーツを

考えた場合の大きな課題となっている．

4 文化としての「障害者のスポーツ」とその方向性

本来，スポーツは，音楽や絵画などと同様に，生活に潤いをもたらす文化的な要素を持っている．障害者のスポーツも，その国の1つの文化と考えている．文化を育てるには時間がかかるが，障害のある人，ない人が一緒になって気軽にスポーツを楽しみ，両者の交流ができたとき，スポーツを通した，ノーマライゼーションが実現すると思っている．

わが国の場合，スポーツ振興は文部科学省の指導のもとで，障害者のスポーツ振興については，厚生労働省の施策で推進されてきた．その施策の中で，障害者が生活の中で楽しむスポーツを振興していくには，前項で述べたように，身近な地域でのスポーツ活動が容易でなくてはならないと考えている．そのためには，両省が定期的，継続的に協議する機会を設けることによって，その連携を一層強め，行政として生涯スポーツを積極的に推進していくことできると考える．

また，各都道府県の福祉センターや障害者のスポーツセンター，学校や地域のスポーツ施設も連携をとり，情報交換や情報提供をするとともに，障害者も一緒に利用できる総合型地域スポーツクラブの育成が，障害者と生涯スポーツの振興につながると考えている．

最後に，障害者が明るく豊かな生活を築き，身近な地域でスポーツを継続していける環境が整えられることを期待している．

文献
1) SSF笹川スポーツ財団(1996)スポーツ白書2000．
2) SSF笹川スポーツ財団(2001)スポーツ白書2010．
3) 厚生省(1998)障害者スポーツ懇談会報告書．
4) 総理府(1997)障害者白書．
5) 藤原進一郎編著(1997)障害者とスポーツ，大阪身体障害者スポーツ振興会．
6) 野村一路ほか(1998)21世紀を見据えた障害者スポーツの在り方，日本身体障害者スポーツ協会．
7) 日本障害者スポーツ協会(2003)21世紀における障害のある人のためのスポーツ振興．
8) 髙橋明著(2003)共に生きる(障害者のスポーツを通して)，文芸社．
9) 髙橋明著(2004)，障害者とスポーツ・岩波新書．

参考図書
1) (財)日本障害者スポーツ協会編(2004)障害者のスポーツ指導の手引き，ぎょうせい．
2) 矢部京之助ほか編(2004)アダプテッド・スポーツの科学，市村出版．
3) 髙橋明ほか著(1996)障害者スポーツ，医学書院．
4) 中村太郎著(2003)パラリンピックへの招待，岩波書店．

4 野外教育

福田芳則（野外教育）

　自然の中で行われる総合的な学習活動である野外教育は，自然とのふれあいや体験活動の減少した青少年にとって重要な教育の場であると同時に，生涯にわたって自然の中での活動に親しみ生活を豊かにするための基礎的な教育機会である。一方で余暇時代といわれる昨今，アウトドア・レジャーとして登山，ファミリーキャンプ，スノーボード，スクーバダイビングなどが個々の種目ごとに様々な世代で実施されており，人々の余暇活動を充実させ，生活を豊かに潤いあるものにしている。

　このように，野外＝アウトドアで実施されるスポーツ・身体的活動は，大きくわけると教育の場と余暇活動の場の2つの場で実践されている。どちらも生涯スポーツの振興という視点からは重要な場であるが，この節では，教育の場における野外教育の振興の現状と課題について論ずる。

　野外教育とは「自然の中で組織的，計画的に，一定の教育目標を持って行われる自然体験活動の総称」である。また，自然体験活動とは「自然の中で，自然を活用して行われる各種活動の総称であり，野外活動といわれる身体的スポーツ的活動や，自然・環境学習，文化・芸術活動などを含んだ総合的な活動」である[1]。

　野外教育振興の現状と課題について，1．学校教育，2．行政（国・地方自治体），3．民間団体，4．野外教育全体を見わたしての視点から述べていく。

1 学校教育における野外教育振興の現状と課題

❶学校教育課程における野外教育プログラムの位置づけ

　小学・中学・高校での教育課程の中で，野外教育プログラムはどのように位置づけられているのだろうか。教科体育やクラブ活動，総合的な学習の時間での位置づけも考えられるが，集団宿泊学習，林間学校，スキーなどの野外活動を伴う修学旅行といった形で，旅行的行事で実施されている場合が最も多い。学習指導要領による旅行的行事のねらいは「i．平素と異なる生活環境」「ii．生徒，教師間の相互理解」「iii．文化，風土，大自然などの直接見聞」「iv．各教科の教育の充実」「v．楽しく豊かな集団行動，社会性の育成」が挙げられており，野外教育のねらい・特性と合致する点も多い。

❷学校における野外教育普及プログラム
　　－自然教室推進事業－

　1984（昭和59）年文部省（当時）は，学校教育における野外教育の普及のための国庫補助事業として「自然教室推進事業」を打ち出し，学校教育に長期の野外教育プログラムがはじめて導入された。恵まれた自然環境へ一定期間移住し学校生活では得がたい体験をすることを主旨とし，小学校高学年（中学校1・2年）の1学年単位を対象とし，期間は5泊6日（3泊4日も可）を原則とし国から補助金を受け実施されている。

　兵庫県では昭和63年度からの実験期間を経て平成3年度より，県内の全公立小学校（5年生）が自然学校を実施している。全小学校すべてで5泊6日の完全実施（平成16年度実績で827校51,986名の参加）には膨大な予算措置を伴うわけであるが，その成果の大きさを認識し専用の県立施設を作るなど県を挙げて取り組んでおり，他府県に類を見ない事例である。

key word　野外教育，学校教育，行政，民間団体

❸学校教育における野外教育の課題

　i）教員の問題（野外教育の認識・理解不足，知識・技術不足など）　ii）プログラムの問題（有効なプログラム開発，効果の明確化がなされていない）　iii）期間の問題（他の教育課程と時間的に重複する，短期間での実施が多い）などが課題として挙げられる。

2　行政（国・地方自治体）における野外教育振興の現状と課題

　学校教育以外の場での野外教育プログラム実施状況について図2-13に示した。野外教育に対しての行政の役割は，i. 拠点の確保，ii. 活動の普及やプログラム開発，iii. 指導者養成，iv. 情報の提示などを，A．国（全国的観点からの拠点整備，奨励，援助），B．都道府県（広域圏での施設の設置・運営，環境・条件整備），C．市町村（日常生活圏での施設の設置・運営，環境・条件整備）の各レベルで実施，啓蒙，普及に努めることである。

❶国・地方自治体による野外教育施設の設置

　昭和40年代後半から現在まで，全国各地に国公立の青年の家，少年自然の家，野外活動センター・青少年キャンプ場などといった野外教育施設が設置された。自然活動体験を通して青少年の健全育成を図るための施設で，学校，地方自治体，青少年団体などの受け入れ事業を行う一方，主催事業として研修会・指導者講習会などを開催し野外教育の普及振興に努めている。

　昭和50年に国内で初めて室戸に設置された国立少年自然の家（現独立法人）は現在では全国14箇所に設置され，野外教育振興の拠点として海の自然体験活動や冒険教育プログラムなど特色を強調して野外教育プログラムの普及や指導者養成に努めている。

　地方自治体の野外教育施設運営例を見てみると，大阪府では府立総合青少年野外活動センター（能勢），府青少年海洋センター（淡輪）など施設は府が設置し，その運営は昭和41年に設立された財団法人大阪青少年活動振興協会（当時，現大阪府青少年活動財団）が担当し，受け入れ事業・主催事業の中で特色ある野外教育プログラムを提供している。大阪市でも同様の運営方法をとっているが，施設の設置は県や市で，運営は教育委員会が直接行っている場合が多い。

❷国・地方自治体による野外教育普及プログラム

　国では昭和63年に文部省（当時）が国庫補助事業「自然生活へのチャレンジ推進事業」を開始，地方自治体が10泊程度の長期にわたる原生活や冒険活動を中心に野外教育プログラムを展開することを支援した。平成5年からは「青少年自然体験活動推進事業」が展開され，地方公共団体を中心に原生活や冒険活動に加え環境教育プログラム，対象を登校拒否や障害をもった児童生徒を対象としたプログラムも加えられ実施されている。

野外教育プログラム
- 行政
  - 国
  - 都道府県
  - 市町村
  - → 少年自然の家／青年の家／野外活動センター　など
- 民間
  - 各種民間団体
  - NPO
  - → YMCA　YWCA／ボーイ／ガールスカウト／新聞社・テレビ局事業団／キャンプ協会／自然学校　など
- 事業者
  - 各種企業体
  - → スポーツクラブ　塾　一般企業　など

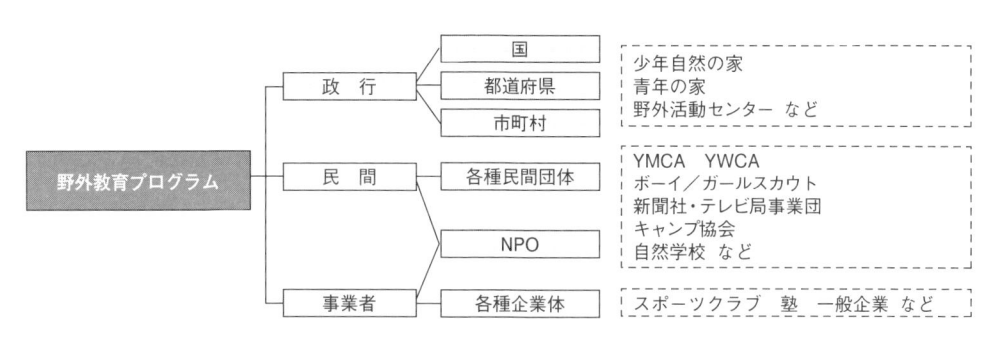

図2-13　学校教育以外での野外教育プログラム提供母体（筆者作成）

地方自治体での各野外教育施設でも，主催行事の中で地域の特性を生かした野外教育プログラムを展開し啓蒙・普及にあたっている。

❸「生きる力」の育成と野外教育

1996年（平成8年），第15期中央教育審議会は「21世紀を展望したわが国の教育の在り方」の中で「生きる力」を育むことが重要であるとの答申を行った。「生きる力」とは，以下の3つの力が全体として統合された全人的なものである（図2-13）と規定されている[2]。

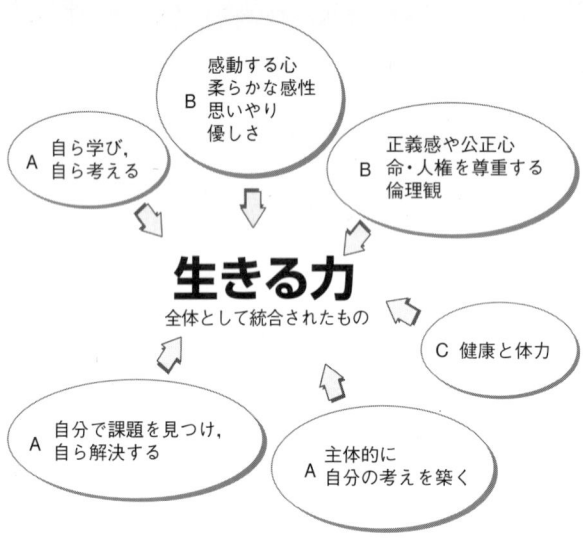

図2-14 生きる力を構成するもの
（第15期中央教育審議会1次答申[1]より作図）

- A 自ら学び，自ら考える
- B 感動する心 柔らかな感性 思いやり 優しさ
- B 正義感や公正心 命・人権を尊重する倫理観
- A 自分で課題を見つけ，自ら解決する
- A 主体的に自分の考えを築く
- C 健康と体力

生きる力（全体として統合されたもの）

 i)「主体的能動的な学びの力」図2-14のA参照
 ii)「豊かな人間性」図2-14のB参照
 iii)「基礎的なエネルギー」図2-14のC参照

「生きる力」は社会がいかに変化しても変わらず必要な能力で，その育成方策の1つとして，青少年の生活体験・自然体験等の体験活動の増加をあげられている。野外教育の充実は，青少年の「生きる力」を育成するうえで重要であり，学校教育，行政，民間団体等問わず，野外教育に携わる者として的確な理解と方法論を持たなければならない。

❹国・地方自治体における野外教育振興の課題

i）指導者

3年間程度のサイクルで教育委員会から主に教員が出向し業務にあたる場合が最も一般的で，専門的知識をもった職員の採用・活用が必ずしも図れていない。管理職についても同様の状況であり，抜本的・継続的な改革ができづらい状況である。

ii）施設の運営・管理

国公立施設の独立法人化や，地方自治体に導入される**指定管理者制度**（※1）により，どのような管理者がどのような野外教育プログラムを提供できるのか先行きが不透明である。

iii）プログラム開発と評価の必要性

設置された地域の特性あるいは主な利用対象に応じた野外教育プログラムが準備されていない場合も多い。またプログラム開発・評価・改善も必ずしも十分とはいえない。

3 民間団体による野外教育振興の現状と課題

❶青少年団体

青少年の健全育成のためにキャンプや環境教育といった野外教育プログラムを提供している団体として，YMCA，ボーイスカウト，ガールスカウトなどが挙げられる。これらの団体は，野外教育に関して歴史・実績，独自の施設，プ

(※1)
「指定管理者制度」
平成15年地方自治法の改正により導入された制度。自治体が管理する公的施設を事業者公募の手続きを踏み民間企業やNPO等によって運営することが可能となった。

(※2)
「NPO」
NPO（Non Profit Organization）民間の非営利組織で，福祉・教育・環境・子育て・海外支援・災害救援などあらゆる分野で活動している「特定非営利活動法人」のこと。非営利とは，利益を分配せず次の活動に使うということ。

ログラム，指導者養成システムなどを有している。たとえば，YMCAは日本で初めての組織キャンプ（大正9年），日本で初めての肢体不自由児キャンプ（昭和28年）を実施するなど先駆的な活動が顕著で，現在も日本の野外教育活動の中で大きな貢献をしている。また新聞社やテレビ局が事業団を立ち上げ，青少年の野外教育プログラムの提供，指導者養成，情報の提供など積極的に活動を行っている。

❷自然体験活動の普及振興を図る団体

日本キャンプ協会，日本ユースホステル協会，日本レクリエーション協会などが挙げられ，それぞれの専門活動種目の特色を生かし野外教育プログラムの提供，指導者養成などを行っている。

❸民間教育事業者－自然学校－

1980年代以降，ホールアース自然学校，国際自然大学校，日本環境教育フォーラム，日本アウトワード・バウンド協会といった，野外教育，環境教育，冒険教育，自然体験活動のプログラム提供，指導者養成を行う民間教育事業団体と呼ぶべき団体（自然学校と総称）が次々と誕生し，NPO法人（※2）として運営にあたっている団体も多い。以来，団体数は飛躍的に多くなり，学校や地方自治体，企業などの委託事業として野外教育プログラムや自然体験活動を提供するなど積極的に活動を展開している。

❹その他の団体・組織

i) ネットワーク

1980年代に自然学校，NPOが多く設立されたことを契機に，産官学ならびに民間の野外教育関係団体のネットワーク化が進んだ。分野や地域を越え自然体験活動に取り組む人々や，機関，団体間の連携によって，自然体験活動指導者の登録・活用をはじめとして，様々な交流支援事業を開始している。代表的なネットワークに，自然体験活動推進協議会（CONE：Council for Outdoor & Nature Experiences），日本アウトドアネットワーク（JON：Japan Outdoor Network）などが挙げられる。

ii) 企業体

社会貢献活動として，塾やスイミングスクールその他一般企業で野外教育プログラムや環境教育プログラムが積極的に展開される事例も多く見られるようになった。

iii) 学会

近年，野外教育学会，環境教育学会などの関連学会が設立され，野外教育の現場を研究的側面から分析・検討し，野外教育の発展・振興に貢献している。

4 野外教育全体を見わたしての課題

以上，野外教育が実践されてきている場での現状について概観してきたが，様々な領域に共通する今後の課題について以下に示した。

i) プログラム実施期間が全般的に短いこと

ii) プログラムの問題（プログラム開発の不足，プログラムを使いこなせない現状，プログラムの効果分析・評価などの不足など）

iii) 指導者の問題（専門的な能力を持った指導者の不足，指導者養成方法の不備，専門指導者活用の場不足，基礎教育場面である学校教員の経験・理解不足）

vi) 場所の問題（野外教育施設の運営状況が指定管理者制度などの中で先行き不透明，自然保全促進に対する配慮不足）

v) 安全の問題（危険の予測・回避，対応策の策定と参加者自身の安全教育的方策）

文献
1) 第15期中央教育審議会(1996)21世紀を展望したわが国の教育の在り方について(第1次答申)，文部科学省生涯学習政策局．
2) 青少年の野外教育の振興に関する調査研究者会議(1996)青少年の野外教育の充実について(報告)，文部科学省生涯学習局青少年教育課．

5 みるスポーツ

藤本淳也（スポーツマーケティング）

　「みるスポーツ」は，世界的に大きな関心を集めている。たとえば，FIFAワールドカップサッカーである。2002年に日本と韓国の共催で行われた大会では，両国に国内外から多くのサッカーファンが訪れ，日韓合計で述べ約27万人，1試合平均4万2,268人のファンがスタジアムで試合を観戦した（**表2-13**）。また，FIFA（国際サッカー連盟）によると，予選参加国数と本戦出場国数の増加によって，テレビによる視聴者数は増加の傾向にある。この大会は213ヵ国（合計4万1,100時間）で放映され，述べ288億人が視聴しており，放映時間だけでみると1998年フランス大会と比べて38％増加している。

　わが国においてもプロ野球やJリーグ，大相撲などのプロスポーツを中心に多くの観客を集め，またそれらのテレビ中継を多くの人々が楽しんでいる。本節では，わが国の「みるスポーツ」の現状を理解し，実際にスタジアムやアリーナでスポーツ観戦をしているスポーツ観戦者の現状と特性を示す。

表2-13　FIFAワールドカップサッカー観客動員数の推移

開催年	開催国	予選参加数	出場数	開催都市数	競技場数	試合数	観客動員	観客数/試合
1930	ウルグアイ	13	13	1	3	18	434,500	24,138
1934	イタリア	32	16	8	8	17	395,000	23,235
1938	フランス	36	15	9	10	18	483,000	26,833
1950	ブラジル	32	13	6	7	22	1,337,000	60,772
1954	スイス	37	16	6	6	26	943,000	36,269
1958	スウェーデン	53	16	12	12	35	868,000	24,800
1962	チリ	52	16	4	4	32	776,000	24,250
1966	イングランド	70	16	7	8	32	1,614,677	50,458
1970	メキシコ	69	16	5	5	32	1,678,975	52,311
1974	西ドイツ	98	16	9	9	38	1,774,022	46,684
1978	アルゼンチン	99	16	5	6	38	1,610,215	42,374
1982	スペイン	108	24	14	17	52	2,064,364	39,699
1986	メキシコ	119	24	8	12	52	2,441,731	46,956
1990	イタリア	112	24	12	12	52	2,515,168	48,369
1994	アメリカ	144	24	9	9	52	3,567,415	68,604
1998	フランス	168	32	10	10	64	2,785,100	43,517
2002	日本・韓国	195	32	20	20	64	2,705,197	42,268

＊データ：FIFAオフィシャルマッチレポート

1　わが国のみるスポーツの現状

　わが国で「みるスポーツ」として親しまれている種目を，スタジアムやアリーナなどでの「直接スポーツ観戦」と，テレビによる「テレビスポーツ観戦」の2つの視点から見てみよう。まず，**表2-14**は，直接スポーツ観戦の現状を示している。「プロ野球」は観戦率が18.9％で最も高く，推計観戦者数も1,922万人と他の種目を大きく上回っている。また，「野球（プロ野球以外）」の7.2％を見てもわかるように，わが国においてはプロやアマチュアを問わず，野球の人気の高さがうかがえる。一方，一般的に人気が高いと思われる「Jリーグ」は4.3％で，推計観戦人口は437万人である。平均観戦頻度を

key word　みるスポーツ，テレビスポーツ観戦，直接スポーツ観戦，スポーツ観戦者

表2-14　種目別にみる直接スポーツ観戦状況（複数回答；n＝2,280）

順位	観戦種目	観戦率(%)	推計観戦人口(万人)	平均観戦頻度(回/年)
1	プロ野球	18.9	1,922	2.28
2	野球（プロ野球以外）	7.2	732	3.81
3	マラソン・駅伝	5.6	569	1.29
4	競馬	4.3	437	4.07
4	Jリーグ	4.3	437	2.05
6	サッカー（プロサッカー以外）	2.9	295	4.83
7	大相撲	2.8	284	1.19
8	バレーボール	2.2	223	2.80
9	プロゴルフ	2.1	213	1.28
10	陸上競技	1.9	193	1.75
11	競艇	1.4	142	5.25
12	K-1など格闘技	1.2	122	1.31
13	サッカー日本代表（五輪代表含む）	1.1	111	1.58
14	ラグビー	1.0	101	2.18

注）推計観戦人口：成人人口の101,730,947人（平成15年3月31日現在の住民基本台帳人口より）に，観戦率を乗じて算出。
SSF笹川スポーツ財団「スポーツライフデータ2004」[1] p45より抜粋

見ると，「競艇」が5.25回，「競馬」4.07回で，いわゆるギャンブルスポーツの頻度の高さがわかる（表2-14）。

次に，図2-15に，種目別テレビスポーツ観戦率を年代別に示した。比較的にどの年代も多く観戦している種目は「プロ野球」で，特に50歳代と60歳代では90％近くの人がみている。その他のスポーツでは，年代別で観戦率に違いがみられる。たとえば，「サッカー日本代表試合」や「Jリーグ」は，20歳代，30歳代，40歳代ではそれぞれ70％前後と50％前後が観戦しているが，50歳代以上では年齢が高くなるほど観戦率が低くなっている。また，「K-1などの格闘技」は20歳代の60.9％を最高に，年齢が高くなるほど観戦率が低下している。一方，「大相撲」は20歳代の観戦率は約40％であるが，年齢とともに観戦率が高まり70歳代以上では83.0％が観戦している。このように，テレビスポーツ観戦は，年齢によって関心のある種目が異なる傾向がある。

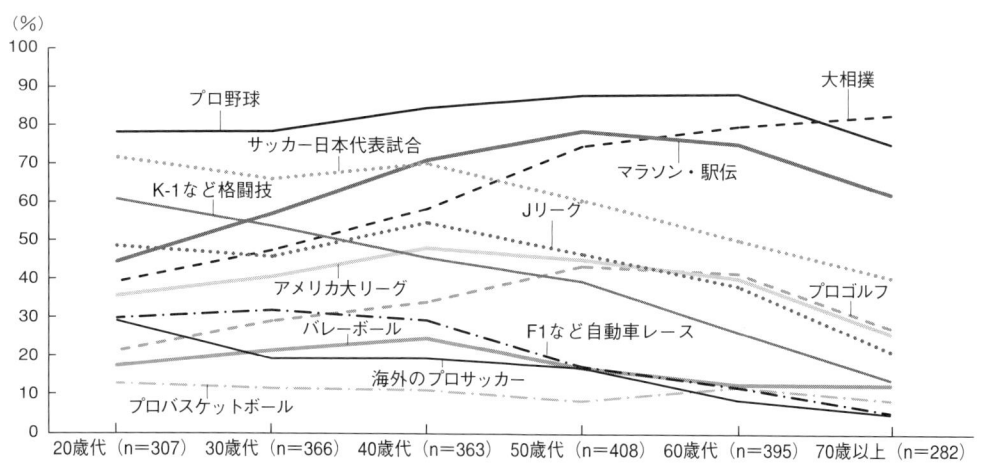

図2-15　種目別にみるテレビによるスポーツ観戦率（年代別）
SSF笹川スポーツ財団「スポーツライフデータ2004」[1] p49より抜粋

第2章　生涯スポーツ振興の現状と課題

2 スポーツ観戦者の現状と特性

わが国で人気の高いプロ野球とJリーグの1試合平均観客動員数の推移を図2-16に示した。プロ野球とJリーグでは，プロ野球の方が1試合平均観客動員数は多い。また，セ・リーグ（セントラルリーグ）とパ・リーグ（パシフィックリーグ）では，セ・リーグの方が多くの観客を集めていることがわかる。観客動員数の推移をみると，プロ野球ではセ・リーグとパ・リーグともに1992年頃まで増加傾向を示してい る。ところが，Jリーグが開幕した1993年以降は，セ・リーグは若干減少し，パ・リーグでもほぼ横ばいの状況が続いている。一方，Jリーグは開幕3年目から急激に減少し，1997年には1試合返金観客動員数は約1万人となった。しかし，2002年に日本と韓国で開催されたFIFAワールドカップサッカーへの関心の高まりを背景に増加し，2004年には約1万9千人となっている。

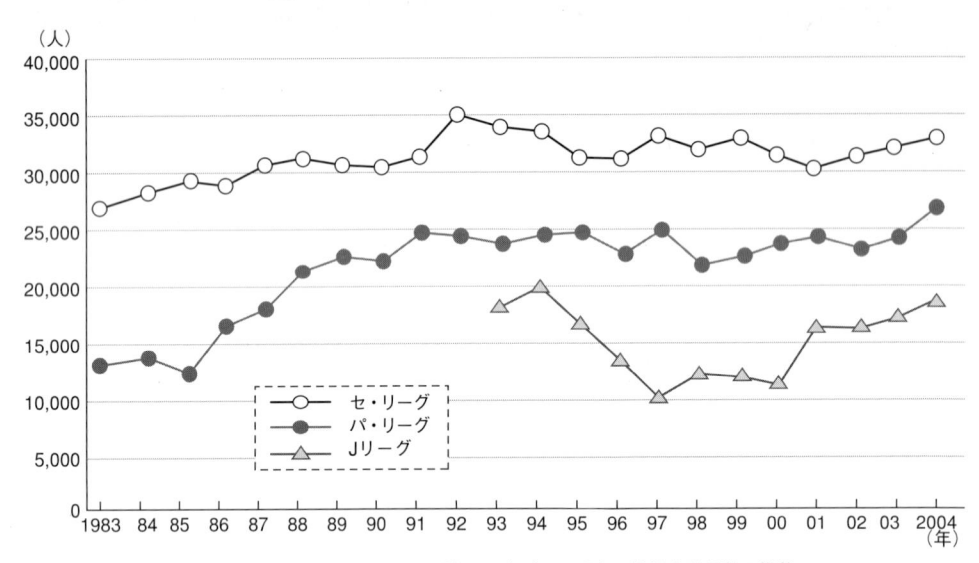

図2-16 プロ野球とJリーグ（リーグ戦）の1試合平均観客動員数の推移
データ：Jリーグオフィシャルサイト[2]およびプロ野球史探訪倶楽部[3]

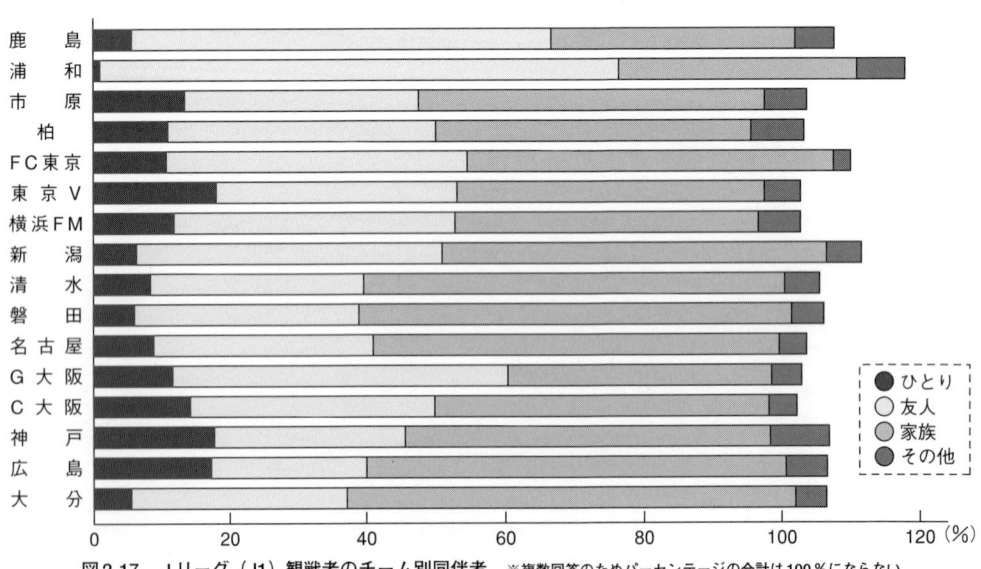

図2-17 Jリーグ（J1）観戦者のチーム別同伴者 ※複数回答のためパーセンテージの合計は100％にならない
（2004 Jリーグスタジアム観戦者調査報告書より作成）[2]

スポーツ観戦者の特性を，Jリーグを例に見てみよう。「2004Jリーグスタジアム観戦者調査」[2]によると，全国平均（J1とJ2の観戦者）で男性57.7%，女性42.3%，年齢は30歳代が最も多く34.1%，次いで40歳代19.9%，23歳〜29歳19.2%であった。Jリーグの情報入手経路は，クラブ公式ホームページ45.9%，テレビ45.3%，新聞（一般紙）44.2%，サッカー雑誌33.1%，スポーツ新聞32.9%，Jリーグ公式ホームページ27.0%である。また，チケット購入先は，コンビニエンスストアが最も多く27.4%，次いで，友人・知人・家族からもらった12.1%，スタジアムで購入11.1%，プレイガイドで購入8.9%である。年間のスタジアム観戦回数は，J1リーグ所属チームの試合の場合3回以内の人が34.0%と比較的高い値を示したが，15回以上の人も31.4%いることを考えると，少ない人と多い人の2極化の傾向がみられる。

また，観戦者の特性は，チーム間でも異なる。たとえば，図2-17が示すように，友人と観戦する人の割合が高いのは浦和レッズ，鹿島アントラーズ，ガンバ大阪の観戦者である。一方，家族と観戦する人の割合が高いのは清水エスパルス，ジュビロ磐田，サンフレッチェ広島，大分トリニータである。このような特性の違いは，各チームが試みる集客戦略に影響を与える。チームが集客を目指し，楽しんでもらうべき人々はどのような特性を持っているのか。これらの情報を収集することは，チームの集客やサービスの担当者にとって重要な作業である。

3 「みるスポーツ」のマネジメント

私たちがテレビやスタジアムで観戦しているスポーツは，人々が楽しく観戦できるようにマネジメントされた「スポーツサービス」である。たとえば，テレビ中継では選手のアップ映像やスローモーション映像が駆使され，タレントとのコラボレーションによって演出効果を図っている。また，スタジアムでは試合開始前後で多くのイベントが行われ，アナウンスや照明を使って会場を盛り上げる試みがされている。さらに，スポーツチームは試合以外にもクラブハウスの運営，選手のコンディションやスケジュールの管理，地域でのスポーツイベントの主催，地域イベントへの参加，スポンサーの獲得，そしてこれらの関する資金の管理などを行っており，これらのマネジメントによって多くのファンのサポートを期待できるのである。

近年，企業スポーツの衰退やプロスポーツチームの経営破綻の問題など，「みるスポーツ」を支える組織のマネジメント課題が指摘されている。「みるスポーツ」の発展のためには，スポーツマネジメント能力を持った人材の育成が不可欠である（第1部第2章3を参照）。

文献
1) SSF笹川スポーツ財団(2004)スポーツライフ・データ2004—スポーツライフに関する調査報告書.
2) Jリーグオフィシャルサイト(http://www.j-league.or.jp)
3) プロ野球史探訪倶楽部(http://www.d7.dion.ne.jp/~xmot/index.htm)
4) Jリーグ(2005)2004Jリーグスタジアム観戦者調査報告書.

参考図書
1) 原田宗彦編著，藤本淳也，松岡宏高著(2004)スポーツマーケティング，大修館書店.
2) 原田宗彦編著(2003)スポーツ産業論入門第3版，杏林書院.
3) 池田勝，守能信次編(1999)講座・スポーツの社会科学3：スポーツの経営学，杏林書院.

6 地域スポーツクラブ

松永敬子（地域スポーツ経営論）

1 今なぜ，新たな地域スポーツクラブなのか？

❶地域スポーツを取り巻く環境の変化

　地域住民はスポーツに対して多元的な価値を持ち，それぞれのニーズのすべてを把握することは大変難しいことである。さらに，少子・高齢化社会の到来をはじめ，様々な社会の流れの中で，これまでは大きな問題として捉えられていなかった様々な地域の問題・課題が表面化してきている。ここでは，大きく2つの環境に分類し，地域の現状を整理してみたい。

　まず1つ目は，青少年を取り巻くスポーツ環境である。これまでは，小学校のクラブ活動や民間のスポーツクラブ（スイミングスクールなど）地域のスポーツ少年団，子ども会などを中心に，小学生は様々なスポーツ活動を実施してきた。また，中学校に入学後は少年団を卒団し，継続的に中学校の部活動で活動をするという形が多く見られた。しかし，現在では，少子化に伴いスポーツ少年団員数も減少し，試合への出場が困難になり，近隣のスポーツ少年団との合併を余儀なくされている地域もある。もちろん，地域のスポーツ少年団の種目自体が減少してしまうことも今後予想される。さらに，中学校においても運動部活動の休廃部や専門の指導者の不足などの問題が増加しており，小学生や中学生が自分のやりたいスポーツを自由に選択したり，継続的に活動したりすることが困難になってきている。つまり，継続性や専門的な指導，そして一貫した指導体制など，青少年のニーズに対しては，地域の新しいしくみづくりが急務である。

　2つ目は，成人を取り巻くスポーツ環境である。これまでにも，地域住民のスポーツニーズは多様化していると言われてきたものの，地域のスポーツ振興は，施設開放と一般的なスポーツ教室の開催に終始し，そのサービスを享受するのは，スポーツに興味・関心が高い一部の人々に限られ，施設や指導者といった資源の独占利用が進んできた。つまり，利用しやすい施設や時間帯は，決まった単一種目の競技団体やサークルによってほとんど確保され，地域で開かれているスポーツ教室にも同じようなレベルや同世代のメンバーが集まる傾向にあったといえる。また，そのクラブ自体の固定化されたメンバーの高齢化等によるクラブ員数の減少が問題となってきている。さらに，根強い健康志向に対する受け皿も，生活圏域を超えるところに存在する民間フィットネスクラブに委ねられてきたといっても過言ではない。よって，身近な施設で，気軽に体を動かしたい，何か新しい運動・スポーツを始めたいという地域住民には，そのきっかけや受け皿がほとんどなかったというのが現状である。大きな市民体育館だけではなく，地域の中学校や小学校，そして公民館等を活用し，親子や家族・世代間の交流はもちろん，障害のある方など幅広い層の地域住民と公共性と公益性を高め，スポーツを通してふれあうことができる環境づくりはとても重要である。このように，現在，地域で起きている問題・課題を解決するための方策の1つとして，スポーツ振興基本計画にうたわれている総合型地域スポーツクラブをはじめとする様々な地域スポーツクラブの見直しや改革が期待されている。

❷総合型地域スポーツクラブとは？

　総合型地域スポーツクラブの形態は様々であるが，表2-15に示したように一般的には，多種目・多世代・多志向で，継続的なスポーツ活動を実施するために住民が自主的・自発的に受益

key word スポーツ少年団，運動部活動，各種競技団体，サークル，
総合型地域スポーツクラブ，まちづくり

者負担で運営していくクラブである。また，地域を活性化するための活動拠点・クラブハウスを確保し，会員間・住民間がスポーツクラブ会員になることで交流を深めていくことも，大きな特徴である。しかし，総合型地域スポーツクラブに決まった形はなく，地域の問題・課題・資源などに応じて創設・運営を行うことが望ましい。

表2-15　総合型地域スポーツクラブの基本的な柱

従来のスポーツクラブ	総合型地域スポーツクラブ
単一種目型	多種目型
同一世代型	多世代型
行政依存型	自主運営型
分断型	一貫指導型
勝利志向型	多志向型
提供受身型	受益者負担型
施設移動型	拠点施設型

2　地域スポーツクラブの現状

❶地域スポーツクラブの育成状況

スポーツクラブ白書2000の地域スポーツクラブ実態調査（1999）によると，市町村の公共スポーツ施設を活動拠点とする地域スポーツクラブ数は，推計357,176クラブといわれ，その内，約95％は単一種目のスポーツクラブであった[1]。

前述のように，単一種目のスポーツクラブを継続するためには，様々な問題が生じてきたため，地域の新しいスポーツ振興の形として，1995年から文部科学省（旧文部省）の「総合型地域スポーツクラブ育成モデル事業」がスタートし，2年後の1997年には，(財)日本体育協会のスポーツ少年団を核とした「総合型地域スポーツクラブモデル事業」，そして1999年には(財)日本レクリエーション協会の「総合型地域スポーツ・レクリエーションクラブモデル事業」が展開されてきた。遅々として進まなかった地域スポーツクラブ構想も，2000年9月のスポーツ振興基本計画策定と2001年から導入されたスポーツ振興くじによって少し前進し，総合型地域スポーツクラブづくりや各都道府県の広域スポーツセンター構想は少しずつ増加した。図2-18は，全国の総合型地域スポーツクラブの数（都道府県別）と総合型地域スポーツクラブを後方支援するために創設された，広域スポーツセンターの設置状況を示したものである。NPO法人クラブネッツの総合型地域スポーツクラブ育成状況に関する調査（2005年3月現在）では，全国に2,624クラブが育成されているという報告もあり，年々増加傾向にある[2]。最も高い数値を示している兵庫県は，県独自の施策として「スポーツクラブ21ひょうご」を展開し，兵庫県下の全小学校区に総合型地域スポーツクラブを創設することを目標としている。続いて愛知県，東京都，三重県となっているが，あくまでも各都道府県の教育委員会が把握しているクラブである。今後は，広域スポーツセンターの設立に至っていない自治体を中心に，地域スポーツの新しい形について，検討を進めることが急務であるといえる。

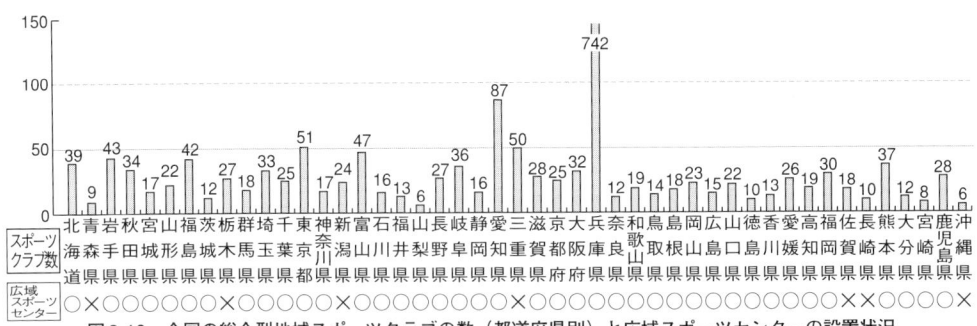

図2-18　全国の総合型地域スポーツクラブの数（都道府県別）と広域スポーツセンターの設置状況
（NPO法人 クラブネッツ，2005に筆者が加筆修正）[2]

❷**総合型地域スポーツクラブの運営母体による分類**

図2-19は，総合型地域スポーツクラブを創設時の運営母体別に分類したものである[3]。1つ目の，「地域母体方式」には，自治会・連合型・地域活動型があり，もともと地域に存在していた組織が中心になって創設・運営をしているものである。2つ目の，「学校母体方式」については，部活融合型・外部指導者型・PTA型・学校開放型・部活OB型・学校PFI(※1)型など，すべて学校に関連する組織が母体となって活動しているクラブである。3つ目の，「企業母体方式」は，Jクラブ型・企業スポーツ型・フィットネスクラブ型など，民間スポーツ団体が母体となる新しい地域スポーツクラブの形である。4つ目は，「スポーツ団体母体方式」で，地域の既存のスポーツ団体であるスポーツ少年団型・レクリエーション協会型，体育指導員連合型などがある。現在では，(財)日本体育協会が文部科学省の委託を受けて育成推進事業を展開し，(財)日本レクリエーション協会，(社)全国体育指導員連合においても啓蒙活動を強化しているため，この方式のクラブ数の伸びにも注目したい。最後に，「行政主体方式」で，第3セクター型・PFI型・補助金型・住民全員加入型がある。この方式は他の方式に比べて課題点が多いことも指摘されている。以上のように，従来の地域に根ざす団体・組織やスポーツクラブの形を進化・発展させる形で総合型地域スポーツクラブを創設・運営する様々なクラブの形態には今後も注目していきたい。

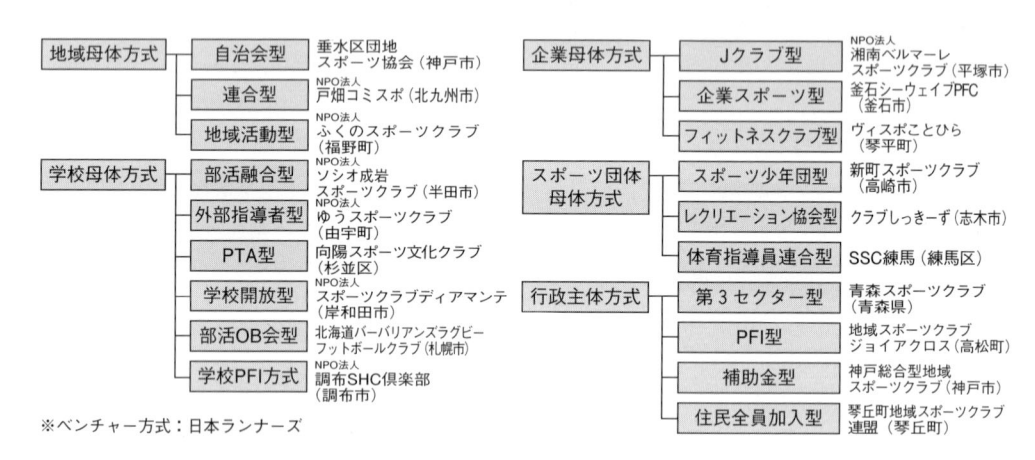

図2-19 総合型地域スポーツクラブの運営母体別分類 (間野, 2006に加筆修正)[3]

方式	類型	例
地域母体方式	自治会型	垂水区団地スポーツ協会 (神戸市)
	連合型	NPO法人 戸畑コミスポ (北九州市)
	地域活動型	NPO法人 ふくのスポーツクラブ (福野町)
学校母体方式	部活融合型	NPO法人 ソシオ成岩スポーツクラブ (半田市)
	外部指導者型	NPO法人 ゆうスポーツクラブ (由宇町)
	PTA型	向陽スポーツ文化クラブ (杉並区)
	学校開放型	NPO法人 スポーツクラブディアマンテ (岸和田市)
	部活OB会型	北海道バーバリアンズラグビーフットボールクラブ (札幌市)
	学校PFI方式	NPO法人 調布SHC倶楽部 (調布市)
企業母体方式	Jクラブ型	NPO法人 湘南ベルマーレスポーツクラブ (平塚市)
	企業スポーツ型	釜石シーウェイブPFC (釜石市)
	フィットネスクラブ型	ヴィスポことひら (琴平町)
スポーツ団体母体方式	スポーツ少年団型	新町スポーツクラブ (高崎市)
	レクリエーション協会型	クラブしっきーず (志木市)
	体育指導員連合型	SSC練馬 (練馬区)
行政主体方式	第3セクター型	青森スポーツクラブ (青森県)
	PFI型	地域スポーツクラブジョイアクロス (高松町)
	補助金型	神戸総合型地域スポーツクラブ (神戸市)
	住民全員加入型	琴丘町地域スポーツクラブ連盟 (琴丘町)

※ベンチャー方式：日本ランナーズ

(※1)
「PFI」
「PFI (Private Finance Initiative)」とは，公共施設等の建設，維持管理，運営等を民間の資金，経営能力および技術的能力を活用して行う新しい手法。

(※2)
「NPO法人」
「NPO：(Nonprofit Organization)」とは民間非営利組織で，社会的な使命を達成することを目的にした組織。

(※3)
「指定管理者制度」
平成15年9月に改正地方自治法が施行され，地方自治体の公の施設の管理に関する制度が改正されたことによって創設された制度。地方自治体の出資法人等に対して公の施設の管理を委託する従来の「管理委託制度」から，出資法人以外の民間事業者を含む団体で，地方自治体が指定する「指定管理者」に管理を代行させる「指定管理者制度」へと制度が転換され，公の施設の管理運営に民間の活力を積極的に導入していくことが可能となる。

(※4)
「(財)日本体育協会公認クラブマネジャー資格」
地域スポーツクラブにて活動する，クラブマネジャーとアシスタントマネジャーの資格。

3 地域スポーツクラブの課題

「こんなクラブがあったらいいなぁ…」を現実にするためには，しかけづくりが必要であり，そのためには運営者（クラブマネジャー，スタッフ，ボランティア）を中心としたマンパワーの結集が必要となる。地域スポーツクラブの運営者（クラブマネジャー）に求められる能力には，主に，「現状を把握する能力」「説明する能力」「コミュニケーション能力」「調整する能力」「判断する能力」「事務処理をする能力」「財務経理能力」などが挙げられ，いわゆる人と組織のマネジメント能力が必要であるといわれている[4]。

図2-20を見ても分かるように，既存クラブが抱える現在の課題は，マネジメント能力が問われる「指導者確保（養成）」「会員確保（増大）」「財源確保」となっている[5]。もちろん，既存の単一種目の地域スポーツクラブや総合型地域スポーツクラブにおいても同様の課題を抱えており，両者の協力・連携は必要不可欠である。さらに，学校部活動・民間スポーツクラブ，企業スポーツクラブ，プロスポーツクラブなどとの協力・連携や，スポーツ以外の団体，たとえば，健康や福祉に関する団体や，子どもを持つ女性のプログラムに対応するために，子育て支援関連団体との連携も重要となってくる。さらに，商工会議所，青年会議所など，地域自体を元気に活力あるまちづくりをめざすためには，幅広い視点で地域スポーツクラブ運営を考えることが重要である。

最後に，クラブの活性化と永続性を考える中で，**NPO法人**（※2）化や有償クラブマネジャーの配置，**指定管理者制度**（※3）の活用などの検討も重要となってくる。また，2006年度からスタートする（財）**日本体育協会の公認クラブマネジャー資格**（※4）など，地域スポーツクラブを取り巻く環境は少しずつ変化しているため，様々な情報を整理しながら，地域スポーツクラブが抱える課題を1つずつ解決していくことが大切である。

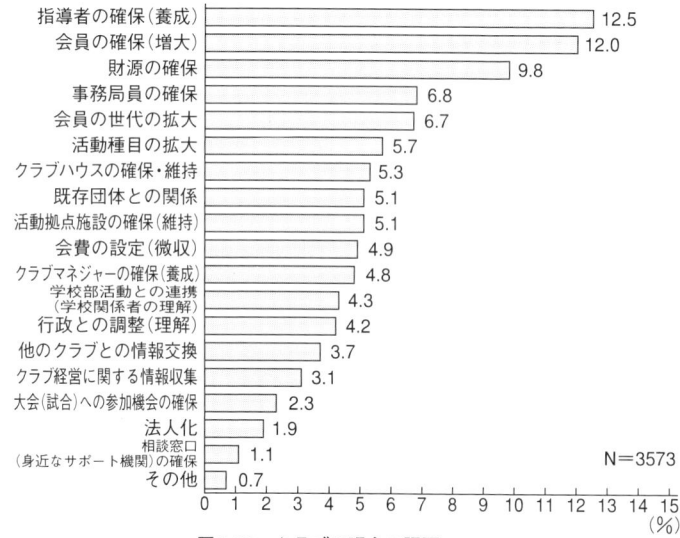

項目	％
指導者の確保（養成）	12.5
会員の確保（増大）	12.0
財源の確保	9.8
事務局員の確保	6.8
会員の世代の拡大	6.7
活動種目の拡大	5.7
クラブハウスの確保・維持	5.3
既存団体との関係	5.1
活動拠点施設の確保（維持）	5.1
会費の設定（微収）	4.9
クラブマネジャーの確保（養成）	4.8
学校部活動との連携（学校関係者の理解）	4.3
行政との調整（理解）	4.2
他のクラブとの情報交換	3.7
クラブ経営に関する情報収集	3.1
大会(試合)への参加機会の確保	2.3
法人化	1.9
相談窓口（身近なサポート機関）の確保	1.1
その他	0.7

N=3573

図2-20　クラブの現在の課題（複数回答）
（文部科学省：平成17年度総合型地域スポーツクラブに関する実態調査）[5]

文献
1) (財)日本スポーツクラブ協会(2001)スポーツクラブ白書2000, 初版, 厚有出版.
2) NPO法人クラブネッツ(2005)My Town Club 2005 第4回総合型地域スポーツクラブ育成状況に関する調査報告書.
3) 間野義之(2006)公認アシスタントマネジャー養成テキスト, (財)日本体育協会.
4) 松永敬子(2005)クラブ運営に欠かせないマネジメント, 指導者のためのスポーツジャーナル, 2005夏号264号.
5) 文部科学省(2006)平成17年度総合型地域スポーツクラブに関する実態調査結果概要.

参考図書
1) NPO法人クラブネッツ監修, 黒須充, 水上博司編著(2002)ジグソーパズルで考える 総合型地域スポーツクラブ, 大修館書店.
2) 日本体育・スポーツ経営学会編(2002)テキスト 総合型地域スポーツクラブ, 増補版, 大修館書店.

7 学校の運動部活動

中大路 哲（特別活動指導論）

　学校の運動部活動は，長いものでは100年以上の歴史を持つものもある。その間，子どもたちの健康体力の増進やスポーツの普及，競技力の向上に大きな貢献をし，生涯スポーツの動機付けとしても重要な役割を果たしてきた。さらに，学校生活の充実や深い人間関係の形成などその教育的効果も高く評価されている（図2-21）。このように運動部活動は学校教育の中で重要な役割を果たしてきたことから，その教育的価値を認められ，単に課外の活動であるに止まらず教育課程内の活動としても何度か取り上げられている。特に，昭和43年の学習指導要領の改訂でクラブ活動として週1時間の活動が義務づけられてからは，学校体育と社会体育との協力関係が議論され，実際に色々な形での連携が試みられた（学社連携）。クラブ活動が必修となる一方で学校の運動部活動を社会体育の中のクラブ活動へ移行させることも検討されたが，施設や設備，指導者の問題など学校に代わるだけの体制をとることは難しく今日に至っている。

運動部活動が果たしてきた役割

発育発達・人間形成
- 健康の維持増進
- 体力・運動能力向上
- 健康の知識理解
- 個性の伸長
- 欲求充足
- エネルギー発散
- 公正な態度の育成
- 協力・協同・協調
- 自他尊重の精神
- チームワークの体得
- 規律・規範・規則の遵守
- スポーツマンシップの滋養
- 成功と失敗の体験
- 集中力の養成

学校生活・学校教育
- 学校生活の充実
- 学校の活性化
- 生徒相互の連帯
- 上・下級生の人間関係
- 教師と生徒の人間関係
- 適性・進路の発見
- 社会生活への適応
- 生徒指導・非行防止
- 学業との両立
- 体育授業でのリーダーシップ
- 学校行事でのリーダーシップ
- 体育的行事での活躍

競技スポーツの発展
- 競技スポーツの発展
- 競技力の向上
- トップアスリートの発掘育成
- プロ選手の輩出
- 中・高体連・高野連等団体の発展
- 組織の強化
- チャンピオンシップ大会の繁栄
- オリンピックメダル獲得への貢献
- 指導者の養成
- イベントづくり
- スポーツ産業の繁栄
- スポーツ・マテリアルの開発
- 企業への貢献

地域・家庭の活性化
- 地域に根ざした活動の展開
- 「おらが町」のスポーツの普及
- 地域の交流
- 小・中・高の交流
- 学校・家庭・地域の交流
- 人と心のふれあい
- 家族の対話

図2-21　運動部活動が果たしてきた役割
（神奈川県教育委員会（1995）「運動部活動考」より抜粋）[1]

Key word 学社連携，合同部活，教師の高齢化

1 学校運動部活動の現状と問題点

子どものスポーツ現場において大きな役割を果たしてきた学校運動部活動であるが，子どもの数の減少や教師の高齢化，価値観の多様化など様々な問題を抱えるようになってきている（図2-22）。

❶価値観の多様化

従来の運動部活動は競技スポーツ中心であり設置種目もそうであった。そのことが日本の競技スポーツを支えてきたことは先に述べた。競技スポーツの部活動は，ともすれば「つらい」「きびしい」といったマイナスイメージを持たれることが多く，「楽しい」「おもしろい」といった価値を求める生徒からは敬遠される傾向がある。近年，生涯スポーツの意識の高まりとともに従来の設置種目だけでは満足できず，ニュースポーツやさらにはXスポーツといわれるものなど色々な種目を行いたいという欲求をもった生徒も出てくるようになった。学校体育の中ではこれらの欲求に答えることは難しく，これらの生徒は地域のクラブや施設を利用するか個人的に活動の場を求めて行わざるを得ないのが現状である。

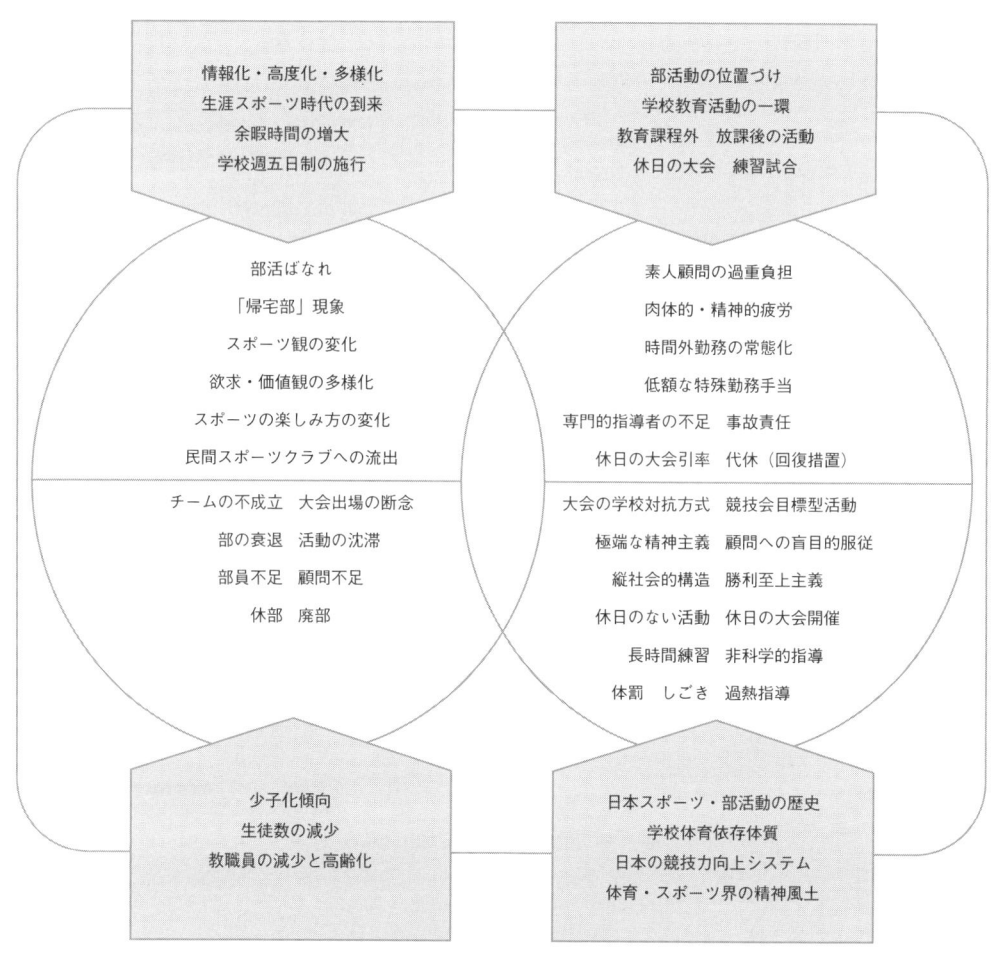

図2-22 運動部活動の問題点
（神奈川県教育委員会（1995）「運動部活動考」より抜粋）[1]

❷学校間格差・部間格差

　運動部活動は，競技志向が強いことから各種大会へ出場し少しでも上位の成績を収めることを目的とすることが多い（表2-16）。そして，「普段の練習の発表の場」があることが運動部活動の人気を支えているのである。しかし，中・高の大会の多くはリーグ戦方式をとらずにトーナメント方式である。専門の指導者，恵まれた設備，国内のスポーツ留学はいうに及ばず外国人留学生までリクルートできる環境にある強豪私学と，公立学校のチームが同じ土俵で戦わなくてはならない。バスケットボールの公式試合で，前半だけで100対0という現実は学校教育の一環として行われる部活動として正常な状態であるとは言い難い。リーグ戦方式を取り入れ，同じレベル，同じ志向をもった部同士が競い合い，1年間練習しても公式試合が2・3試合という状態を変えていかなければならない。

　さらには，学校の中においても，生徒の熱意の問題よりも顧問教師の熱意の差によって部活動が左右されることもある。熱心な顧問教師の移動により顧問の引き受け手さえなく廃部の道をたどらざるを得ない部活動もある。

❸生徒数の減少

　少子化の影響により中・高ともに生徒数の減少に歯止めがかからない。運動部活動への入部率は，若干減少傾向にあるものの大きな変化は見られない（表2-17）。しかし，生徒数そのものが減少しており，当然のことながら入部者数も減少している。このため，多人数を要する球技などの種目においては一校だけでは練習はもとよりチーム編成すらできない学校もあり，近隣校との合同部活動の形式をとらざるを得ない。ただ，合同部活動も都市部の学校で隣接校が近いところは可能であるが，隣接校が遠い場合は不可能である。また，複数校が合同で活動する場合，指導体制や事故の対応，大会に参加する場合の参加資格など多くの問題を抱えている。

❹指導者

　学校の運動部活動の指導は学校の教員が行ってきた。しかし，活動そのものは教育課程外の活動であり，学校教育に重要な役割を果たしていながらその位置づけは曖昧であった。土曜・日曜も返上で練習や大会への引率など熱心に指導しても超過勤務とは認められず，若干の特殊勤務手当と回復措置（ほとんど使用されていない）が講じられる程度であり，事故の場合の責任問題など多くのリスクを抱えながら指導してきた教員の熱意に頼っていたのが現状である。しかし，生徒数の減少により教員の採用数が減ったことから若手教員の激減とともに教師集団の高齢化が進み，教員の熱意だけでは生徒の多

表2-16　部活動指導者の目標

○　勝つことよりも楽しく活動することを目標とすることについて

	平成12年度	平成13年度	平成14年度	平成15年度	平成16年度
とてもそう思う	18.5	24.1	15.3	6.2	4.5
あまり思わない	19.5	11.1	11.4	25.8	24.3
そう思わない	20.5	41.3	42.2	36.7	33.4
全く思わない	21.5	13.9	16.8	22.9	24.9
どちらともいえない	22.5	8.9	5.2	10.9	11.2

（京都府高等学校体育連盟（2005）「高体連誌第44号」より抜粋）[2]

表2-17　加盟校運動部加入率　推移表

年　度	H7	H8	H9	H10	H11	H12	H13	H14	H15	H16
加入率（%）	36.3	35.5	32.6	33.4	33.1	32.3	34.5	35.8	36.3	37.6
加入生徒数（名）	37,149	35,063	30,431	30,633	29,765	29,114	30,287	30,508	29,692	29,906
加盟校生徒数（名）	102,248	98,841	93,338	91,681	90,045	90,202	87,840	85,176	81,862	79,482

（京都府高等学校体育連盟（2005）「高体連誌第44号」より抜粋）[2]

様な欲求に答えられなくなっている。外部指導者の導入も進められているが，その制度をさらに整備する必要がある。

❺受け皿

平成8年の文部省（当時）の調査で運動部活動のあり方について聞いたところ，生徒はもちろんのこと保護者や教師の多くも運動部活動は学校体育の中に残すべきであると回答している。このことは現在でも同じ傾向であると思われるが，先に述べたように生徒の欲求の多様化や教員の高齢化などが進み，学校単独で運動部活動を展開していくことが困難な状況が多く見られる。合同部活動などとともに地域のスポーツ施設を開放して，活動したい生徒が自由に参加でき，そこへ近隣校の教員が出向いて指導するなどの新たな方式を進めなければならない。ただ，教員の勤務時間の問題や事故の場合の責任の所在など多くの問題を解決しなければならない。また，総合型地域スポーツクラブなどの形態も積極的に推進しなければならない。

文献
1）神奈川県教育委員会(1995)運動部活動考．
2）京都府高等学校体育連盟(2005)高体連誌第44号．

参考図書
1）今橋盛勝他(1987)スポーツ「部活」，草土文化．

8 民間スポーツクラブ

古澤光一（スポーツマネジメント）

　一般的に民間スポーツクラブとは，フィットネスクラブ，スイミングクラブ（スクール），テニスクラブをさして言われることが多い。アスレティッククラブ，ヘルスクラブという言葉は，基本的にフィットネスクラブと同義である。フィットネスクラブの現状を把握するために厳密にスイミングクラブ（スクール）やテニスクラブを除いた定義づけをする場合もあるが，本稿では，歴史的経緯も踏まえフィットネスクラブを中心にスイミングクラブ（スクール）を含めてフィットネスクラブ，テニスクラブにテニススクールを含めてテニスクラブとし，この2つを民間スポーツクラブと定義し論じていく。

1 日本におけるフィットネスクラブの変遷

　日本におけるフィットネスクラブの始まりは，1964年の東京オリンピック後に全国各地で水泳選手や指導者が行い始めた「スイミング指導」まで遡ることができる。これが後に発展しスイミングスクールになっていく。当時から学校の授業にも水泳が取り入れられていたことや，子どもの体力づくりの目的で親の関心も高く，多くの子どもがスイミングスクールへ通った。このスイミングスクール人気の高まりと時を同じくして，ジョギング，ジャズダンス，テニスなどのスポーツがブームとなっていた。これらを1つのクラブとしてまとめ，大人向けのフィットネスクラブが開業された。大手のフィットネスクラブ運営会社の多くが，スイミングスクールから事業をスタートしている。そのため現在でも多くの施設では，フィットネスクラブとスイミングスクールの併設という形が見られる。1980年代後半から，新規参入の企業も増え施設数は増大していくが，1990年代に入るとバブル経済の崩壊などにより赤字のクラブが増大し，撤退・廃業する企業も出てきた。厳しい経営環境の中でも，人々の健康に対する関心の高まりや，レジャー・スポーツを身近に感じている消費者のニーズに合わせて，施設やサービスなどに工夫をした企業が生き残った。2000年以降は，業界内の提携や合併といった業界再編を経験しながら今後の発展に向け様々な戦略の構築とマーケティングアプローチがされている。

2 民間フィットネスクラブの事業規模

❶施設数・売上高

　民間フィットネスクラブの新規出店数を見ると1984年に100店を超え，80年代後半にかけて増加し，1987年から1989年までは年間200店以上の新規出店が見られた。その後厳しい経済環境もあり，大きな減少を見たが，1990年代の後半から2000年以降，やや回復の兆しを見せている。2003年12月末日における総施設数は約1900軒，フィットネスクラブの売上高は約3000億円と推定される[1]（図2-23，図2-24）。

❷施設構成

　施設を構成する要素でパターン分けをすると，プール，ジム，スタジオを備えた総合型フィットネスクラブの割合が年々増加している。プール，ジム，スタジオはフィットネスクラブの3種の神器といわれ，会員集客のための強力な武器となっている。近年では，施設構成について2つの流れが見られるようになった。まず，3種の神器に加えて温浴施設などのリラクセーション機能をより充実させたもの，アリーナ（体育館）を付設してチームスポーツなどのより多彩な運動形態の実施を可能にするケースである。次に，クラブに入会する際の目的がダイ

> **key word** フィットネスクラブ，スイミングクラブ，テニスクラブ，スポーツブーム，退会率

エットやコンディショニング，スポーツ種目のためのトレーニングなど，より明確な会員のために施設の機能をジムのみ，スタジオのみというように絞込み，クラブ運営の効率を高めているケースが見られるようになった[2]。

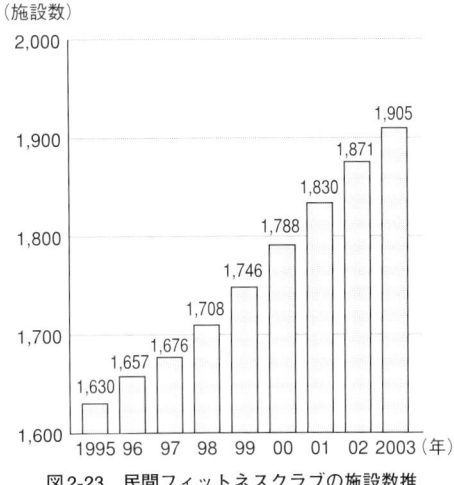

図2-23　民間フィットネスクラブの施設数推
（出所　フィットネスオンラインHP等を元に作成）[1]

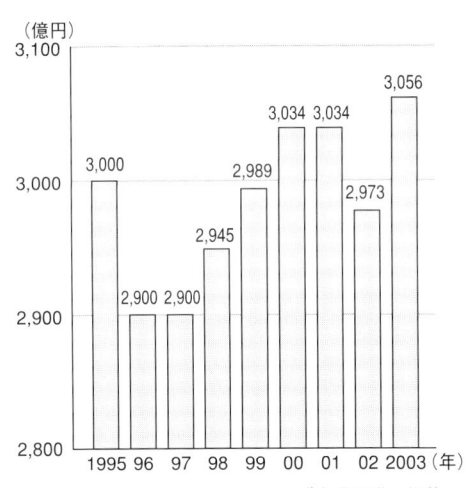

図2-24　民間フィットネスクラブ市場規模の推移
（出所　フィットネスオンラインHP等を元に作成）[1]

3　民間フィットネスクラブの需要動向

❶会員数

フィットネスクラブの会員数は平成15年末時点，全国で約306万人といわれている。年間の延べ利用者数は，約1億6,000万人であり，個人会員数で換算すると1人当たり年52回利用しており，ほぼ週1回のペースとなる[1]（表2-18）。

会員数306万人を総人口約1億2,600万人に占める割合で示される参加率は約2.4％である。フィットネス先進国アメリカでは参加率が約10％といわれており，日本における参加率の引き上げは大きな課題として認識されている。

❷年代構成

1980年代にフィットネスクラブが，エアロビクスダンスエクササイズブームとともに増加した頃は，20代女性が会員のほとんどを占めた。その後の健康や運動に対する国民の意識の高まりから総会員に占める中高年層の割合が増加し最近では，50歳代以上の会員が3割以上を占める[1]。

❸提供サービス・プログラム

人々の生活にフィットネスクラブを活用しての健康づくりやスポーツそのものを楽しむことが定着してくるにつけ，参加者のニーズの多様化，参加層の拡大に対応するためにクラブによる提供サービス・プログラムも多様化することとなる。

スタジオで提供されるプログラムでは，当初エアロビクスダンスプログラムがほとんどであったが，現在では様々なプログラムが提供されている。ダンス系として，ジャズダンスやスト

表2-18　会員数・述べ利用回数の推移

	平成11年度	平成12年度	平成13年度	平成14年度	平成15年度
会員数（人）	3,034,560	3,118,558	3,087,372	2,994,751	3,063,076
述べ利用者数（万人）	13,958	14,720	15,132	15,425	15,989
1施設あたり利用者数（人）	80,034	82,324	82,402	82,402	83,933
年間平均利用回数（回）	46.0	47.2	51.5	51.5	52.2

（出所　フィットネスオンラインHP）[1]

リートダンス，バーベルやダンベルを使用して行う筋力トレーニング系のプログラムやボクシングや空手の要素を取り入れた格闘技系のエクササイズ等がある。さらにカルチャー系と呼ばれる，カルチャーセンター等で指導されることの多かったヨガ，フラダンスのプログラム。また，コンディショニングやリラクセーションを目的とした，エクササイズボールやストレッチングのプログラムなど目的や指導方法も多彩になっている。

　ジム内では，当初器具の使用方法を説明するオリエンテーションと体力測定の結果をもとに個人の目的・レベルに合わせたプログラムを作成すること，トレーニングに対するアドバイスをインストラクターが指導することがプログラムとして位置付けられていた。内容はバイク（固定式自転車）やランニングマシンよる有酸素運動とウエイトトレーニングマシンやバーベル，ダンベルを使用した筋力トレーニングとストレッチングを組み合わせたものが基本であった。現在では発達したIT技術も積極的にトレーニング機器の開発に取り入れられ，毎回のトレーニングの記録を自動的に会員のデータベースに蓄積するものや，TVや音楽を楽しみながらトレーニングを実施できる機器などが開発され，会員の運動への動機付けに一役買っている。トレーニングに対しての動機付けとともに効果を確実にするためのサービスとして，パーソナルトレーナーによる個人指導を実施するクラブが増えてきている。パーソナルトレーニングは月会費とは別に有料で提供されることが多いが，一部の高級クラブでは，会費に含まれるサービスとして提供される場合もある。

4　民間テニスクラブの事業規模
❶施設数・会員数
　1970年代のテニスブーム以降，その数を増やしていたテニスクラブも閉鎖するテニスクラブの増加や社会情勢の変化への対応の遅れという大きな課題を抱えている。全国の民間テニス場の数は1,591（屋外），321（屋内）である[3]。（平成11年度社会教育調査報告書 2001 文部科学省）施設数は減少傾向にあり民間テニスクラブ業界にとっては厳しい状態が続いている。多くのテニスクラブは開業後20～30年を経ており，個人事業者の場合は，オーナーや地主が高齢化している。相続税納付のため，テニスクラブ用地の売却や物納によりテニスクラブ事業が存続できないケースが増えてきている。この傾向は都市部においてより顕著である。企業系のテニスクラブにおいても長引く経済の低迷により土地利用目的の変更や売却によりテニスクラブ経営から撤退するケースが見受けられる。

❷売り上げ規模・会員数
　一般的にテニスクラブでは，コート1面に対して，同時に4名しか利用できないが，スクールであれば8名前後の利用が可能になる。テニスクラブ事業ではテニススクール事業の増加傾向が見られ，インドアコート，駐車場，などの付帯やプログラムの多様化や営業時間の見直し等により，2～3面のコートで1,000～1,500名の生徒を確保しているスクールも存在する。
　民間テニスクラブの売り上げは平成14年度で約540億円であり施設当りの平均売上高は6,200万円であった[4]。施設による好不調の二極化が見られ，堅調な売上を見せるスクールでは年々インドアコートの数が増加している。また，テニス事業の多角化として，商業・飲食施設，語学教室などを複合するケースも増えてきている。

❸現在の課題
　レジャー白書2003による調査結果では，テニスクラブが認識している経営上の問題点として第1位が「料金改定が難しいこと」，第2位が「公共施設との競合」第3位が「時間・曜日・季節等の利用客の偏り」であった[4]。全国各地にある公共テニス施設の利用料金は，民間テニスクラブに比べると非常に安く設定されており，民間事業者には非常に厳しい環境となっている。また，施設数においても公共テニス施設は国民に対するスポーツ環境・健康維持の場と

して整備され年々増加しており厳しい競争状況にある[5]（表2-19）。その他の課題としては，消費者の余暇活動の多様化が指摘されている。一般的なテニス人口は，平成9年度から14年度の間に900万人台から700万人台で推移している（表2-20）。現在のテニススクールの客層としては，主婦層が一番多いが，最近増えている層として中学生以下の子どもや高年齢の男女が認識されており，ターゲットを明確にした，参加率の上昇のための施策の企画・立案と実施が重要なポイントとなるだろう[4]（表2-21）。

表2-19　公共テニス場数の推移

調査年度	S60／1985年	H2／1990年	H8／1996年
全　国	4,300	5,445	7,508

（総務庁統計局：平成8年社会生活基本調査報告）[5]

表2-20　テニスへの参加人口

	参加人口
平成 9 年度	970
平成10年度	910
平成11年度	780
平成12年度	810
平成13年度	920
平成14年度	910

（出所　レジャー白書2003）[4]

表2-21　テニスへの参加率

	参加率	年間平均活動回数	参加希望率
平成 9 年度	9.1	19.9	13.6
平成10年度	8.5	22.5	13.3
平成11年度	7.2	22.5	11.7
平成12年度	7.5	26.0	11.3
平成13年度	8.4	21.5	12.4
平成14年度	8.3	25.0	13.1

（出所　レジャー白書2003）[4]

文献

1) フィットネスオンラインHP（http://www.cmnw.com/）
2) （社）日本フィットネス産業協会（2003）フィットネス産業基礎データ資料2003.
3) 文部科学省（2001）平成11年度社会教育調査報告書.
4) 財団法人社会経済生産性本部（2004）レジャー白書2003.
5) 総務庁統計局（1996）平成8年社会生活基本調査報告.

参考図書

1) 原田宗彦編著（2003）スポーツ産業論入門，第3版，杏林書院.
2　（社）日本テニス事業協会（1999）新たなテニス愛好者創出を目的とした革新的会員制度ならびに利用システム，および料金体系策定のための調査研究.

9 プロスポーツと企業スポーツ

藤本淳也（スポーツマーケティング）

　プロスポーツや企業スポーツは，試合という興行を通して行われる営利活動と捉えられがちであるが，競技スポーツ，地域スポーツ，そして生涯スポーツ振興への貢献も大きい。特に，近年ではプロスポーツチームの経営問題や企業スポーツの衰退を背景に，地域に根ざした「クラブ」としてのチームづくりが求められている。本節では，プロスポーツと企業スポーツの現状を特に経営的視点から示すとともに，地域に根ざした新しいスポーツリーグやクラブを紹介する。

1 プロスポーツの現状

　現在，財団法人日本プロスポーツ協会に加盟している団体は16団体で，それらは（財）日本相撲協会，（社）日本野球機構，（社）日本プロサッカーリーグ，（社）日本プロゴルフ協会，（社）日本女子プロゴルフ協会，日本プロボクシング協会，（社）日本プロボーリング協会，新日本プロレス(株)，日本ダンス議会，（株）日本レースプロモーション，日本中央競馬会，地方競馬全国協会，日本自動車振興会，（社）全国モーターボート競争会連合会，日本小型自動車振興会，そして新日本キックボクシング協会である。プロスポーツの主な収入源は，入場料収入，放映権料，スポンサー収入，商品化権料などであり，収益に占める各収入源の割合は種目によって異なる。

　「2004年プロスポーツ年鑑」[1]によると，年間を通して最も多くの観客を集めているのは野球で約2,366万人，次いで競艇が約1,999万人，競輪が約1,241万人，中央競馬が約860万人，地方競馬が約709万人，そしてサッカーが約680万人である。これらは，競技場数や競技開催延日数（または試合数）の影響を受けている。たとえば，野球は825試合，競艇は4,292日，競輪3,422日も開催されている。一方，ボクシングは年間2,469試合も開催されているにもかかわらず観客動員数は39万人にとどまっており，1試合平均の動員数が少ないことがわかる。また，観戦チケット料金・入場料の価格帯は，個人種目で対戦型のボクシング（3千円〜5万円）やプロレス（3千円〜3万円）の価格が比較的幅広い。これは，これらの種目では試合の出場選手や対戦相手によって入場料金が設定されるためである。開催日数が多く，延べ観客動員の多い公営競技の入場料は，その他のスポーツと比べて比較的安い金額となっている。これは，野球やサッカー，プロレスが興行として観客収入に力を入れているのに対し，集客よりも馬券，船券などの販売による収入に頼っているという，運営方法の違いによるものである

　これらの現状から，各スポーツの産業としての規模を推察すると，チケット料金・入場料が比較的安いものの観客動員数（馬券等の購入者数）と競技開催日数が多い公営競技が最も大きい。次いで，試合数と観客動員，そしてテレビ中継が多く，帽子やTシャツなどの関連商品の売上も多い野球，サッカーの順と思われる。観戦チケット料金・入場料が比較的高いボクシングは，年間試合数も多いが，延べ観客動員数が少なく，テレビ中継も年数回のタイトル戦に限られることから産業規模としては野球とサッカーに比べて小さいと考えられる。

Key word プロスポーツ，企業スポーツ，Jリーグ，リーグ経営，クラブ経営

2 Jリーグにみるプロスポーツの経営の現状

Jリーグ（社団法人日本プロサッカーリーグ）は，1993年にスタートした。開幕当時の所属クラブ数は10クラブであったが，その後計画的・段階的にクラブ数を増やし，またJ1とJ2の2リーグ制の導入などの改革を経て，2006年には31クラブ（J1：18クラブ，J2：13クラブ）となった。

リーグ経営とクラブ経営は，それぞれ独立して展開されているようにみえるが，両者はリーグ価値やクラブ価値の創造を通してスポーツ文化の振興に貢献するという理念によって密接に結びついている（図2-25）。つまり，リーグ経営では，リーグそのものの経営だけではなくクラブ経営をサポートすることによって，リーグとクラブの双方の価値の創造に努めている。また，クラブ経営では，Jリーグ理念を各ホームタウンで具体的活動として展開することによってクラブの価値を創造し，その充実がリーグ全体の価値創造につながっているのである。

図2-26は，Jリーグの収支の内訳と推移を示している。リーグ経営の事業規模としては，開幕当初は約89億円から100億円であった。その後，一時80億円前後まで収入が減少したが，2002年のFIFAワールドカップサッカーによるサッカーへの関心向上を背景に増加し，現在では110億円前後となっている。収入の内訳は「入会金・会費」「放送権料」「協賛金」「商品化権料」「リーグ主観試合入場料」「その他」である。その推移を見ると，1993年には約36億円で最も大きな収入源であった「商品化権料」は，

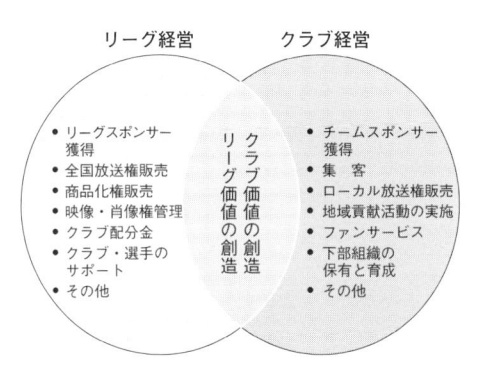

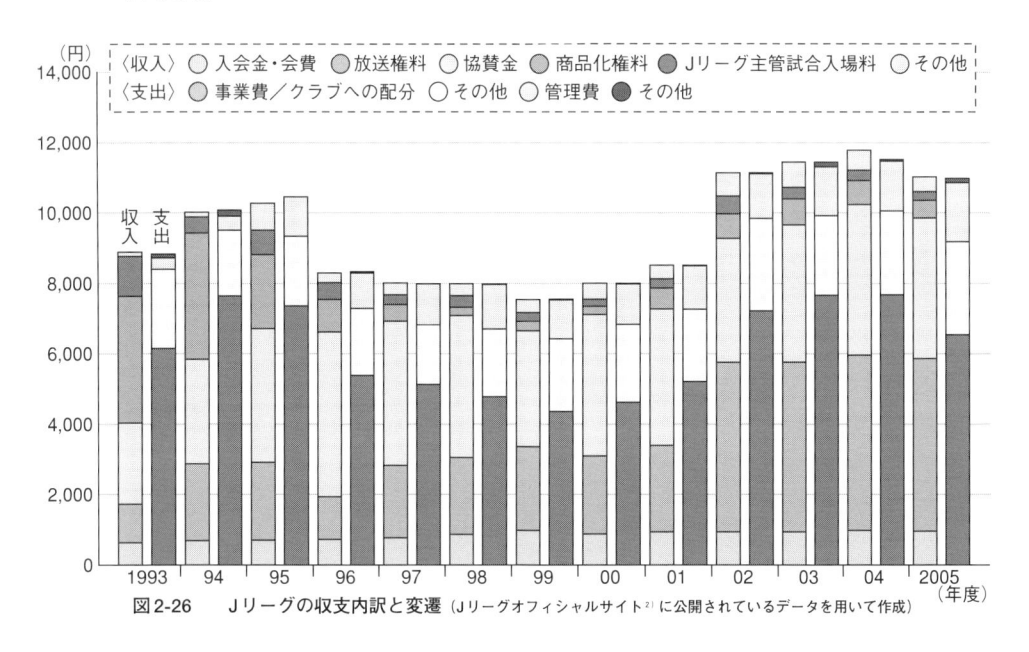

図2-25 Jリーグのリーグ経営とクラブ経営の関係（筆者作成）

図2-26 Jリーグの収支内訳と変遷（Jリーグオフィシャルサイト[2]に公開されているデータを用いて作成）

1998年には約2.3億円まで激減し，2002年以後も約8億円前後となっている。一方，現在最も大きな収入源となっているのが「放送権料」と「協賛金」であり，この2つで8割近くを占めている。支出で最も多いのは「事業費・クラブへの配分」である。この支出の推移を見ると，収入の減少によって一時的に46億円まで減少したが，現在では約76億円前後となっている。

図2-27は，J1所属クラブの平均営業収入の内訳と推移を示している。近年のクラブ平均の事業規模は，約30億円前後で推移している。収入の内訳は，「広告料」「入場料」「分配金」「その他」であり，「広告料」とはスポンサー収入のことである。図からわかるように，Jリーグ所属クラブは収入の半分近くをスポンサー収入によってまかなっている。また，2002年のFIFAワールドカップサッカー開催前から増加した観客動員数の影響によって，「入場料」収入は2000年から2001年にかけて大きく増加している。

Jリーグは，試合という興行を展開する株式会社としての組織経営だけではなく，多くのスポーツ振興活動を行っている。たとえば，クラブが参加者を募集して定期的に育成・普及を行う「サッカースクール」や，学校部活動や地域スポーツチームへ指導者を派遣する「巡回指導」で，共に年間を通して継続的に実施している。J1とJ2に所属するクラブが展開するこれらの活動は，各地域でのサッカーの普及および選手育成活動に大きく貢献している。さらに，Jリーグでは，「ホームタウンあるいは活動地域内において開催されるフットサルや各種スポーツを通じ，地域との交流活動を支援し，誰もが気軽にスポーツを楽しめる機会や場を広めていく」ことを目的に，J1およびJ2クラブが主催する地域スポーツ振興事業に事業費支援を行っている。支援対象となる事業は，Jクラブが企画運営の主体となってホームタウンあるいは活動区域内で開催するフットサルや各種スポーツ活動で，一般市民対象の営利目的でないものである。そのスポーツ種目はフットサル以外にバスケットボール，バレーボール，テニス，バドミントン，野球など多種に及んでいる。

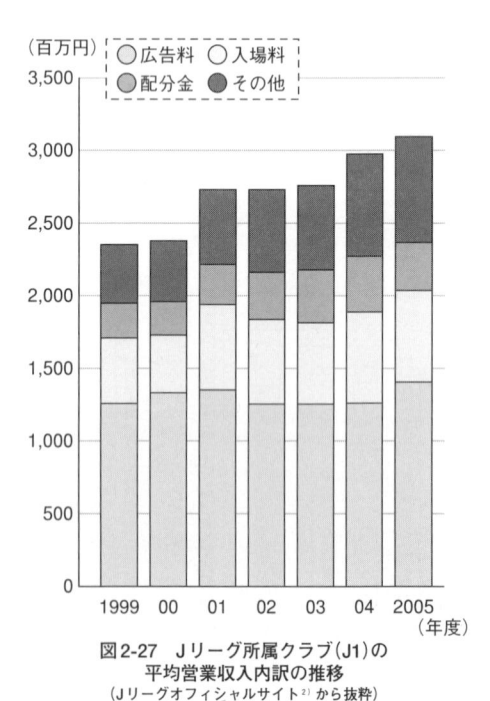

3 企業スポーツの現状

わが国のスポーツの発展に企業スポーツが果たした功績は大きい。多くの企業がスポーツチームや選手を支援し，多くの選手がオリンピックでの活躍などを通して日本のトップスポーツを支えてきた。しかし，1990年代に起きたバブル経済崩壊後，スポーツから撤退する企業が増えている。現在，大きな経済成長や事業拡大が期待できない中で，企業メリットの低下，また，地域に貢献するというフィランソロピー的支援をするための企業体力の低下が企業のスポーツ離れを後押ししている。

図2-28は，1991年以降に休部または廃部した企業スポーツチーム数の推移を示している。1997年までは年間10チームほどの休部・廃部数であったが，1998年には44チーム，1999年は60チーム，そして2000年は47チームと急激に増加している。2003年以降，年間の休部・廃部数は少ない傾向を示しているが，1991年以降

図2-27 Jリーグ所属クラブ（J1）の
平均営業収入内訳の推移
（Jリーグオフィシャルサイト[2]から抜粋）

総計で296チームが休部または廃部となっている。企業スポーツの衰退は，競技スポーツとしてスポーツ活動継続の希望を持つ競技者の活躍の場の減少を示すとともに，わが国における競技力の維持・向上の活動に大きな影をもたらしている。

4 新しいスポーツリーグとクラブの誕生

2005年，わが国に新しいプロスポーツリーグがスタートした。まず，プロ野球独立リーグの「四国アイランドリーグ」である。元プロ野球選手・監督である石毛宏典氏の声かけによって，四国4県にそれぞれ「徳島インディゴソックス」「香川オリーブガイナーズ」「愛媛マンダリンパイレーツ」「高知ファイティングドッグス」のチームが誕生した。プロ野球とともに日本の野球競技力を支えてきた社会人野球（企業スポーツ）の衰退によって失われた，プロ野球を目指す選手の活躍の場として期待されている。

次に，わが国初のプロバスケットボール・リーグである「Bjリーグ」である。「Professional」「Sport entertainment」「Glocal & Community」の理念の下に，全国6チームで構成され，エンタテインメント性を重視した魅せるプレーとゲームを通して，バスケットの魅力創造と，スポーツ文化の魅力創造を目指している。

これらの新しいリーグの共通した特徴は「地域重視」である。Jリーグ同様に，所属クラブは各地域でのスポーツ振興活動や社会貢献活動に取り組む。また，これら以外にも，特に企業が手放したチームを中心に多くのスポーツチームが「地域スポーツクラブ」として誕生している。各クラブは，これまでの競技力向上や成績重視の「チーム」としての存在から，地域社会との関係を構築した「クラブ」としての存在価値の創造を目指しているといえる。

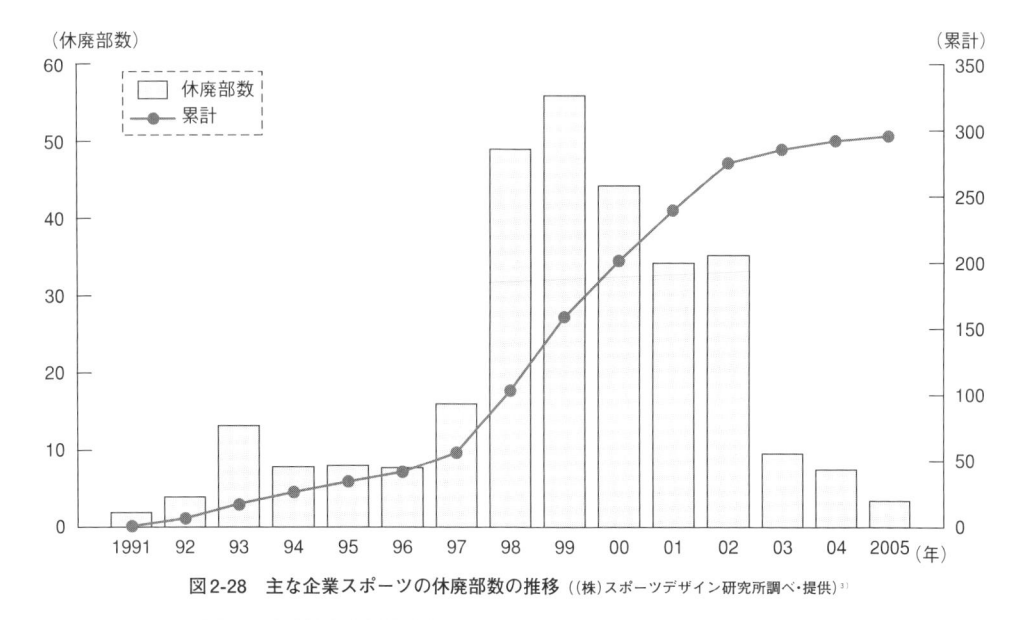

図2-28 主な企業スポーツの休廃部数の推移 （(株)スポーツデザイン研究所調べ・提供）3)

文献
1) 財団法人日本プロスポーツ協会(2004)2004年プロスポーツ年間．
2) Jリーグオフィシャルサイト (http://www.j-league.or.jp)
3) 株式会社スポーツデザイン研究所(http://www.sportsnetwork.co.jp/newtopics/200509_91-05kyuhaibu.pdf)

参考図書
1) 原田宗彦編著，藤本淳也，松岡宏高著(2004)スポーツマーケティング，大修館書店．
2) 原田宗彦編著(2003)スポーツ産業論入門第3版，杏林書院．
3) 池田勝，守能信次編(1999)講座・スポーツの社会科学3：スポーツの経営学，杏林書院．

10 生涯スポーツ指導者養成

古澤光一（スポーツマネジメント）

　1961年にスポーツ振興法が策定され，国や地方自治体により，国民体育大会をはじめとするスポーツ関連の行事の開催や，スポーツ施設の整備が進められ，同時にスポーツを指導する指導者の養成が行われてきた。近年では，「する」「見る」「支える」というように，人々とスポーツとの関係が多様化し，その分野も，競技スポーツ，レクリエーションスポーツ，フィジカル・フィットネス（健康づくり），青少年のスポーツ，高齢者のスポーツ，障害者スポーツというように細分化がすすんでいる。民間企業の運営するスポーツクラブの増加や，2000年に策定されたスポーツ振興基本計画により進められている総合型地域スポーツクラブの展開などを背景に指導者に求められる能力も「教える」「伝える」「運営する」「開発する」といった様々な分野に及んでいる。本稿では，生涯スポーツに関わる指導者についての育成制度と資格についての現状について論じる。

1 スポーツと健康づくりの指導者養成と資格制度

　わが国における，スポーツの指導を行う人材の育成については，東京オリンピックの翌年（昭和40年）から日本体育協会が着手した，指導者育成事業に端を発し，昭和52年（1977年）に「公認スポーツ指導者制度」が確立された。昭和63年（1988年）に文部大臣が認定し，公益法人が審査・証明を行う制度となった。

　1980年代後半からは，スポーツの指導者に対する指導者認定のみならずフィジカル・フィットネス（健康づくり）の指導者のための指導者資格制度が厚生省や労働省によって創設された。国民の健康づくり（旧厚生省）と労働者の健康維持・体力増進（旧労働省）という観点からそれぞれ異なる名称で資格認定を行っていたが，行政改革による省庁の再編制により厚生労働省となるなど，環境の変化に伴う養成過程の見直しが実施された。また平成12年9月に文部省（現文部科学省）が策定した「スポーツ振興基本計画」の中で定められた目標を達成するためにスポーツ指導者の更なる質の向上が急務であることが改めて認識され，効果的な指導者養成と確保，指導者の更なる資質向上，現行指導者制度の見直しがなされ平成17年度から制度全体が大きく改定された。

　当初は，試験合格者に「大臣認定」などの記載のある証書が授与されていたが，国家資格との誤解を招くなどの理由から，変更されている。

❶健康運動指導士・実践指導者（厚生労働省）

　財団法人健康・体力づくり事業財団では1988年に厚生大臣の認定を受けて「健康づくりのための運動指導者養成事業」を開始し「健康運動指導士」および「健康運動実践指導者」資格事業を実施してきた。平成2006年1月の時点で両資格をあわせて3万人以上が認定され登録している。養成講習および認定試験はそれぞれ（財）日本健康スポーツ連盟と（社）日本エアロビックフィットネス協会に委託されている[1]（表2-22）。

　厚生労働省では，「健康運動指導士」を体育系の4年制大学で養成する方針を決定しており，現在，年間約900人程である資格取得者を2007年度以降は3,000人以上に増加させ，スポーツクラブや医療施設の需要にこたえるとともに，体育系大学生の就職支援も狙いとしている。

❷ヘルスケア・トレーナー，ヘルスケア・リーダー（厚生労働省）

　厚生労働省（旧労働省）では1988年から，「健康保持増進事業（THP：トータル・ヘル

> **key word** スポーツ振興法，スポーツ振興基本計画，スポーツ指導者，
> 健康づくり指導者，総合型地域スポーツクラブ

表2-22 都道府県別健康運動指導士・健康運動実践指導者育成人員

都道府県名	指導士	指導者	都道府県名	指導士	指導者	都道府県名	指導士	指導者	都道府県名	指導士	指導者
北海道	233	787	神奈川	807	1,435	大 阪	737	1,749	福 岡	529	755
青 森	96	115	新 潟	152	276	兵 庫	441	1,143	佐 賀	89	88
岩 手	90	300	富 山	98	281	奈 良	116	299	長 崎	107	107
宮 城	189	479	石 川	99	119	和歌山	71	99	熊 本	140	333
秋 田	53	69	福 井	112	68	鳥 取	54	93	大 分	70	116
山 形	116	193	山 梨	90	112	島 根	71	110	宮 崎	102	152
福 島	126	150	長 野	226	265	岡 山	277	519	鹿児島	174	180
茨 城	212	381	岐 阜	152	325	広 島	265	424	沖 縄	144	116
栃 木	145	228	静 岡	274	657	山 口	100	241	その他	1	1
群 馬	132	150	愛 知	613	1,603	徳 島	83	68			
埼 玉	575	1,152	三 重	131	289	香 川	97	127		指導士	指導者
千 葉	489	881	滋 賀	105	269	愛 媛	135	206	合 計	10,753	20,129
東 京	1,340	2,135	京 都	243	422	高 知	52	62			

(平成18年1月1日現在 出所：健康・体力づくり事業財団「健康ネットHP」[1])

ス・プロモーション・プラン）(※1)」の一環として指導者資格認定制度をスタートさせた。労働人口の高齢化や急速に変化する職場環境に対応するため，企業内で従業員の健康保持増進を進めるスタッフ・チームの一員としての役割が期待される。運動指導専門研修の修了者はヘルスケア・トレーナー，運動実践専門研修修了者はヘルスケア・リーダーとして登録する。資格認定事業は中央労働災害防止協会が行っている。すべての資格取得者による登録の更新がされていない現状もあり現在の登録者数は，ヘルスケア・トレーナー1,215名，ヘルスケア・リーダー2,171名である。

❸文部科学省所管の公的資格

日本体育協会では加盟団体および協力団体等と連携して，スポーツ指導者を養成し認定する事業を実施してきたが，この制度における資格制度は2005年10月1日より新制度に切り替わった。既存の資格保持者は新資格へ移行する。資格の種類と要件は表2-23, 24に示すとおりスポーツ振興に果たす役割によって分けられ，さらに指導対象や活動内容を考慮しランクの設定がされている。総合型地域スポーツクラブなどの運営に必要なマネジメントに関する資格は平成18年度からスタートする予定である[2]（表2-25）。

❹民間機関・その他による資格

①障害者スポーツ指導者資格

（財）日本障害者スポーツ協会では，公認障害者スポーツ指導者制度を制定し，指導者の資質と向上を図り，指導活動の促進と指導体制の確立を図っている。指導員は初級から上級の3ランクと特定の競技の専門的な技術指導を行うスポーツコーチが設定される[3]（表2-26）。

②スポーツメンタルトレーニング指導士・指導士補

日本スポーツ心理学会が2000年度からスタートした「スポーツメンタルトレーニング指導士」と「スポーツメンタルトレーニング指導士補」は競技者の心理的な側面からのサポートにより高いパフォーマンスに貢献するための技能を有することを裏付ける資格として認定される[4]（表2-27）。

(※1)
「THP」
厚生労働省では，働く人の健康の保持増進に資するため，昭和63年からTHP（トータル・ヘルスプロモーション・プラン）を愛称として，働く人の心とからだの健康づくりを推進している。THPでは，個人の生活習慣を見直し，若い頃から継続的で計画的な健康づくりをすすめることで，働く人がより健康になることを目標にしている。

第2章 生涯スポーツ振興の現状と課題

③体育系大学・学部および専門学校と指導者の養成

　体育系大学や学部，専門学校では，スポーツに対する社会的ニーズの変化に伴って，改組やカリキュラムの見直しを図っている所が多い。大学や専門学校の単位を取得することで，養成講習会の受講が免除され，資格試験の受験資格を得ることができることがある。

❺指導者資格取得のメリット

　その資格を取得することにより，取得していないと就けない職業につけるということがある。そのような資格を「業務独占資格」というが，体育・スポーツの世界では，教員免許がこれにあたる（国家資格）。その他は公益法人や学校法人の実施する資格検定試験により一定の技能・知識を有していることを認定する「能力認定資格」がある。

　どちらの資格も資格を保持しているだけでは，その地位・職業が保障されないという点では同じであるが，資格を取得することによって以下のようなメリットを考えることができる。

・該当する分野についての基礎および専門的な知識技術について，体系的に学習することができる。

・自身が習得している知識・技術について第三者に客観的に示すことができる。

・資格保持者として関係団体に登録することによりその分野における最新の情報を継続的に入手することが可能（登録者向け情報発信）

・その分野における最新の情報について継続的な教育を受講することができる（登録者向け研修会）

・その分野における就職に関しての情報を優先的に入手できる（就職情報）

・登録者間のネットワークが構築され様々な情報交換が可能

　いずれにしても，その分野で実際に活躍するためには，資格取得をゴールとして捉えるのではなく，1つの通過点として捉え資格取得後の継続的な努力が望まれる。

表2-24　指導対象・活動内容別資格-2（競技別指導者）

資格	役割	主な対象（ターゲット）
指導員	地域スポーツクラブ等において，スポーツに初めて出会う子どもたちや初心者 競技別の専門知識を生かした指導 子どもに対する，遊びの要素を取り入れた指導 スポーツ教室の指導　施設開放の指導支援	地域スポーツクラブ指導者（スポーツ少年団を含む） 小・中・高校の部活指導者 体育指導委員 これから指導者になろうとする者
上級指導員	年齢，競技レベルに応じた指導 事業計画の立案 地域スポーツクラブ等において中心的な役割を担う 広域スポーツセンターや市町村エリアにおける指導	地域スポーツクラブ指導者（スポーツ少年団を含む） 小・中・高校の部活指導者 体育指導委員 地域のスポーツクラブ等で中心的な役割に当る者 日本スポーツマスターズの監督
コーチ	競技者育成のための指導 有望な競技者の育成 地域スポーツクラブの巡回指導	地域スポーツクラブ指導者（スポーツ少年団を含む） 中・高・大学の部活指導者 日本スポーツマスターズの監督 国民体育大会の監督
上級コーチ	各年代で選抜された競技者の育成強化 国際大会等の各競技会における監督・コーチ 競技団体の強化スタッフとして組織的な指導	国内トップレベルのコーチ 国際大会代表の監督・コーチ
教師	商業スポーツ施設等における専門的指導 年齢や性別，技能レベルやニーズなどに合わせたサービスの提供	民間スポーツ施設のインストラクター これから指導者になろうとする者
上級教師	商業スポーツ施設等における競技別の専門的 年齢や性別，技能レベルやニーズなどに合わせたサービスの提供 各種事業に関する計画の立案，指導方針の決定 組織内指導者の中心的存在 地域スポーツ経営のためのコンサルティングならびに経営受託の企画・調整	民間スポーツ施設の チーフインストラクター

表2-23　指導対象・活動内容別資格-1

	資格	役割	主な対象（ターゲット）	講習時間
スポーツリーダー	スポーツリーダー	地域におけるスポーツグループやサークルなどのリーダーとして、基礎的なスポーツ指導や運営	地域スポーツクラブ指導者（スポーツ少年団を含む） 小・中・高校の部活指導者 体育指導委員 これから指導者になろうとする者	共通科目 35h 通信講座
フィットネス系指導者資格	ジュニアスポーツ指導員	幼・少年期の子どもたちに対する、遊びを通した身体づくり、動き作りの指導	地域スポーツクラブ指導者（スポーツ少年団を含む） 小・中・高校の部活指導者 体育指導委員 民間スポーツ施設のインストラクター 就学前幼児の指導者 公共スポーツ施設の指導者	共通科目 35h 通信講座 専門科目 40h
	スポーツプログラマー	すべての年齢層に対する、フィットネスの維持や向上のための指導・助言	地域スポーツクラブ指導者（スポーツ少年団を含む） 小・中・高校の部活指導者 体育指導委員 民間スポーツ施設のインストラクター 公共スポーツ施設の指導者	共通科目 70h 専門科目 63h
メディカル・コンディショニング資格	スポーツドクター	スポーツマンの健康管理 スポーツ障害、スポーツ外傷の診断、治療、予防に関する研究 競技会等における維持運営ならびにチームドクターとしてのサポート スポーツ医学の研究、教育、普及活動	日本国医師免許を有する者 本会あるいは本会加盟団体より推薦された者	基礎科目： 21単位(24.5h) 専門科目： 20単位(30h)
	アスレティックトレーナー	競技者の健康管理、 障害予防、スポーツ外傷・障害の応急処置 アスレティックリハビリテーション 体力トレーニング、コンディショニング	スポーツ活動の現場において、トレーナーとして活動している者 本会あるいは本会加盟団体より推薦された者	基礎科目： 前期152.5時間 後期 78時間 専門科目： 136h

(出所：日本体育協会HPを元に作成)[3]

	養成実施競技	講習時間
	陸上、水泳、サッカー、スキー、テニス、ホッケー、バレーボール、体操、バスケットボール、スケート、セーリング、ハンドボール、自転車、ソフトテニス、卓球、軟式野球、馬術、柔道、ソフトボール、フェンシング、バドミントン、ライフル射撃、剣道、ラグビーフットボール、山岳、カヌー、アーチェリー、空手道、アイスホッケー、銃剣道、なぎなた、ボウリング、綱引、カーリング、パワーリフティング、グラウンド・ゴルフ、トライアスロン、バウンドテニス、エアロビック、ローラースケート、ダンススポーツ	共通科目 35h 通信講座 専門科目 40h以上
	陸上、水泳、スキー、テニス、ホッケー、バレーボール、体操、バスケットボール、セーリング、ハンドボール、自転車、ソフトテニス、卓球、馬術、ソフトボール、バドミントン、ライフル射撃、剣道、山岳、カヌー、空手道、銃剣道、なぎなた、ボウリング、ゲートボール、カーリング、エアロビック	共通科目 70h 専門科目 20h以上
	陸上、水泳、サッカー、スキー、テニス、ボート、ホッケー、バレーボール、体操、バスケットボール、スケート、セーリング、ウエイトリフティング、ハンドボール、自転車、ソフトテニス、卓球、軟式野球、馬術、柔道、ソフトボール、フェンシング、バドミントン、ライフル射撃、近代五種・バイアスロン、ラグビーフットボール、山岳、カヌー、アーチェリー、空手道、アイスホッケー、銃剣道、なぎなた、ボウリング、カーリング、トライアスロン、エアロビック、ダンススポーツ	共通科目 152.5h 専門科目 60h以上
	陸上、水泳、サッカー、スキー、テニス、ホッケー、バレーボール、体操、バスケットボール、スケート、セーリング、ウエイトリフティング、ハンドボール、自転車、ソフトテニス、卓球、馬術、ソフトボール、バドミントン、ライフル射撃、近代五種・バイアスロン、山岳、カヌー、空手道、アイスホッケー、なぎなた、ボウリング、カーリング、トライアスロン、エアロビック	共通科目 192.5h 専門科目 40h以上
	水泳、スキー、テニス、スケート、ボウリング、エアロビック、ゴルフ	共通科目 152.5h 専門科目 80h以上
	水泳、スキー、テニス、スケート、ボウリング、エアロビック、ゴルフ	共通科目 192.5h 専門科目 60h以上

(出所：日本体育協会HPを元に作成)[3]

表2-25　指導対象・活動内容別資格-3（マネジメント）平成18年度よりの実施案

資格	役割	主な対象（ターゲット）	講習時間
アシスタントマネジャー	組織経営のためのサポート	地域スポーツクラブ指導者（スポーツ少年団含む） 競技別指導者 体育指導委員 フィットネス系指導者	35h 集合14h 通信21h
クラブマネジャー	健全なクラブ経営 指導スタッフがそれぞれの役割に専念できるような環境整備	地域スポーツクラブにおいて、組織運営の中心的な役割を担う者 地域スポーツクラブ指導者（スポーツ少年団含む） 競技別指導者　体育指導委員 フィットネス系指導者	167.5h 集合67h 通信100.5h

（出所：日本体育協会資料等を元に作成）[2]

表2-26　(財)日本障害者スポーツ協会の障害者スポーツ指導者資格

初級スポーツ指導員	18歳以上で、障害者にスポーツの指導を行う者
中級スポーツ指導員	初級スポーツ指導員として、2年以上の指導経験を有し、都道府県レベルにおいて障害者のスポーツ指導を行う者
上級スポーツ指導員	中級スポーツ指導員として、3年以上の指導の指導経験を有し、障害者のスポーツ指導に専門的知識と技能並びに高度な指導技術を身につけ、ブロックレベルにおいて、指導者も含めて指導を行う者
スポーツコーチ	中級スポーツ指導員又は上級スポーツ指導員として、相当な経験を有し、特定競技の専門的技術の指導と活動組織の育成や指導を行う者

（出所：(財)日本障害者スポーツ協会HP）[3]

表2-27　スポーツメンタルトレーニング指導士・指導士補の役割

●メンタルトレーニングに関する指導，助言	メンタルトレーニングに関する知識の普及，プログラムの作成と実施，動機づけなど
●スポーツ技術の練習法についての心理的な指導，助言	練習法，指導法，作戦など
●その他，コーチングの心理的側面についての指導，助言	リーダーシップとグループダイナミクス，スランプ，燃え尽き，傷害予防など（精神病理学的問題は除く）
●心理的コンディショニングに関する指導，助言	
●競技に直接関わる心理検査の実施と診断	競技動機など（ただし一般的な性格診断は除く）
●選手の現役引退に関する指導，助言	
●その他，競技力向上のための心理的サポート	

（出所：SSFスポーツ白書2010（SSF笹川スポーツ財団））[4]
ベースボールマガジン社「コーチング・クリニック」（1999.12）より作成

文献
1)健康・体力づくり事業団「健康ネットHP」(http://www.health-net.or.jp)
2)日本体育協会HP(http://www.japan-sports.or.jp)
3)(財)日本障害者スポーツ協会HP(http://www.jsad.or.jp)
4)SSF笹川スポーツ財団(2001)スポーツ白書2010．

参考図書
1)フィットネスオンラインHP（http://www.cmnw.com/）
2)原田宗彦編著(2003)スポーツ産業論入門第3版，杏林書院．

第3部

スポーツと教育

第3部編集責任者　伊藤美智子

　第3部は，スポーツの教育的な視点を中心として体育・スポーツを考える。現在，スポーツは学校・地域・高度な競技力を目指す場等々，その目指すスポーツ種目やその目的に応じて多様な実施方法で展開されている。学校教育における授業，それ以外で行われているスポーツ指導の現場で，我々が指導する内容・活動は基礎的なスポーツ科学の理論に基づいている。私たちは，その指導内容がいかにスポーツ科学と関わっているのかを理解しなければならない。また，スポーツが人間形成や社会づくりに大きく関わっており，教育的視座から体育・スポーツを捉えなければならない。スポーツのもつ教育的可能性は非常に大きいし，また期待も大きい。人間がこれまで作り上げてきたスポーツという文化体系は，我々にとって多くの意味をもち，社会を作り上げる上でさまざまな貢献をしてきた。ここでは，それらの内容について言及するとともに，教育的視座から更なる体育・スポーツの発展を目指した内容になっている。

第3部　第1章

スポーツの教育的可能性を探る

1 スポーツ教育とは？

伊藤美智子（体育科教育学）

　我々は，大阪体育大学（Osaka University of Health and Sport Sciences）の体育学部（Faculty of Health and Sport Science）に所属している。大学の名称にある「体育（Physical Education：PE）」とスポーツ教育（Sport Education）は，どう違うのであろう？

　ドイツのO.グルーペ[3]は，スポーツ教育学は「スポーツの教育学的側面，つまりスポーツと関連する陶冶（※1）と教育の問題に取り組む1つの科学である」としている。そして，スポーツ教育学がスポーツ科学とどのように関わっているのかを図3-1のように表し，スポーツ教育学を科学として位置づけている。この図からは，体育が「スポーツ教育」という大きなカテゴリーの一領域であることがわかる。大学の名前に「体育」という下位のカテゴリーにあたる名称が付いていて，学部に所属する学科の名称に上位のカテゴリーである「スポーツ教育学科（Department of Sport Education）」の名称があるのは，ちょっと不思議に思うかもしれない。これには長い間，学校教育における体育科がスポーツの振興や発展の中心的役割を担っていたことと関わっている。

　大阪体育大学は開学当初「学校体育」「社会体育」「生産体育」を3本柱として，新しい体育指導者の養成を目指した教育を展開してきた。その内の「社会体育」「生産体育」は，現在の「生涯スポーツ」に結びつく領域である。1970年以降，生活の質の向上を目指して「生涯学習」が叫ばれ，誰もがスポーツを楽しむという「生涯スポーツ」という概念が生まれ，日本で最初に大阪体育大学に「生涯スポーツ学科」が設立した[5]。つまり，現在は学校教育における体育という範疇から「スポーツ」というもっと大きなカテゴリーに発展したと考えられる。スポーツ教育は，学校教育も含めたより大きな

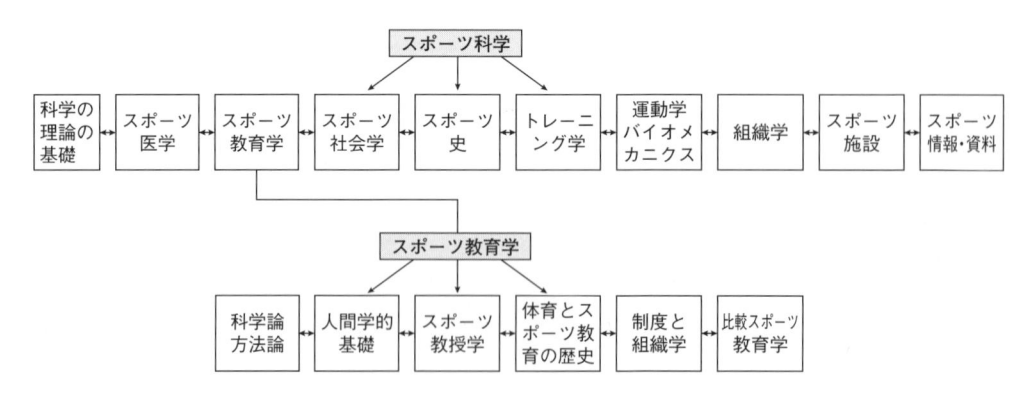

図3-1　スポーツ科学とスポーツ教育学

（※1）
「陶冶」
陶冶とは，陶芸用の土から器をつくるように，人間の本来もっている能力を完全に発達させることを言う。

key word スポーツ文化，教育学側面

範疇のスポーツが持つ教育的側面を扱う。そこには，3つの大きな立場（「スポーツについての教育」「スポーツを通しての教育」「スポーツの中の教育」；後述）が存在する。スポーツ教育が持つ教育的な意義を学び，「スポーツで何を教えるのか」「人間にとってスポーツは，どんな意味があるのか」「我々指導者は，スポーツをすることや教えることによって何を目指すのか」そして「どのようにするのが良いのか」を学ばなければいけない。

1 「スポーツ教育」の発生

スポーツ教育という言葉は，日本では1970年代に用いられ始めている。その頃，旧西ドイツでは，体育（Leibeserziehung）からスポーツ教育（Sporterziehung）に名称変更され，体育理論がスポーツ教育学へ，体育科からスポーツ教育へと変えられた[2]。その変更の背景には，旧西ドイツにおけるスポーツの大衆化，つまりトップアスリートだけのスポーツではなく，スポーツは万人のものであるとする国の政策である「ゴールデンプラン」の影響があった。「ゴールデンプラン」の実施によって，各種のスポーツクラブが地域に設立され，誰もが手軽にスポーツが行えるようになった。それに呼応して，学校で取り扱われる体育授業での運動教材があまりにもスポーツクラブで楽しめる内容とは異なっていることが意識された。つまりスポーツが生活の中にあり，学校における授業もその中の一部分として位置づけようとする考え方である。また，同時にクラブスポーツのあり方や指導者養成・組織づくり等もスポーツ教育の課題となった。このクラブスポーツには，「大衆スポーツ，健康スポーツ，あらゆるレベルの競技スポーツと達成スポーツ，すべての年齢別グループや男女別グループのような一般的なものとならんで，社会事業あるいは社会教育的事業の中のスポーツ，たとえば障害者スポーツ，クラブや協会の中でのファングループとの事業とか」[3] 多岐にわたっている。

アメリカでは，シーデントップ[7]がより本物に近いスポーツ経験を行わせることを目指して「スポーツ教育モデル」を提案し，学校教育において展開している。その提案の背景には，体育授業における学習内容が真のスポーツから切り離された一部分だけが行われ，完全な形でスポーツを教えられていないのではないかという考えに基づいている。すなわち，非常に高い競技力を持つ選手によって行われるスポーツにより近い授業を展開しようとしている。そのためには，基礎練習を行い，ゲームをするというだけでなく，選手・コーチ・審判・試合の運営・観客に至るまでも授業の中で行うというモデルである。シーデントップは，生徒を「有能で，教養があり，情熱的なスポーツ人」にしようとしている。それは，まさにスポーツに自立した人間を育てるということを意味する。

日本では，スポーツ（運動）は文化であり，文化としてのスポーツを継承することの重要性を訴え，スポーツ教育論が展開されている。出原[1]は，「スポーツは楽しい。他の文化にはな

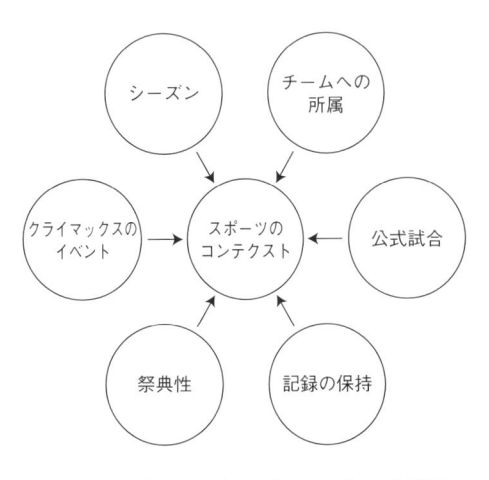

図3-2 シーデントップのスポーツモデルの主要因[7]

いスポーツ独自の楽しさを持っている。スポーツの文化としての構造が楽しさを生み出すのである。スポーツの楽しさは人間を結び合わせ，人間らしい生活と生きがいを生み出す。スポーツは人間的な文化なのだ」としている。そして，スポーツは『1つの世代が次の世代に是非とも伝えたい「欠かせない文化」』であるとし，スポーツ教育で求めるべき「3つの学力」として①スポーツ実践の学力（スポーツをする力）②スポーツ批判の力（スポーツを見る力）③スポーツ変革の学力（スポーツを変える力）を提言している。また，友添[6]は，スポーツ文化を「知の体系」として捉え，**表3-1**のような学びの次元を挙げている。その背景には，現在の体育が持つ問題点を解消し，よりグローバルな視点からスポーツを捉えた教育を目指すところから発生している。スポーツ教育は，まさに大きな知の体系であると言える。

2 スポーツ教育の3つの立場

様々なスポーツシーンにおいて，スポーツと教育の関係は
　①スポーツについての教育
　②スポーツを通しての教育
　③スポーツの中の教育
の大きく3つの教育的立場がある。その3つの立場について考えてみよう。この立場は，教育機関の中で組織的に行われるものだけに限らず，すべてのスポーツシーンに当てはまるものである。

❶スポーツについての教育
　（Education about Sport）

スポーツを身体の経験と捉え，運動の技能・技術の向上に最も大きな価値と意味を見出している立場である。言い換えれば，いろいろなスポーツ経験をすることによって，異なった身体的経験ができる。その経験こそが大切であるという立場である。

❷スポーツを通しての教育
　（Education through Sport）

「スポーツクラブのコーチは，スポーツ教育を行っているのか？」ということを考えてみよう。コーチは，スポーツの高度な技能の習得や高い目標に到達するために競技者のトレーニングに関わっていて，教育はしていないのではないか，という考え方がある。本当にそうだろうか？単に競技力の向上のみだけでなく，人間性・人格の形成に大きな影響を与えている。スポーツを通じて，スポーツの楽しみや目標の達成だけでなく人間形成も行っている（陶冶的機能）という立場である。

❸スポーツの中の教育
　（Education in Sport）

前述の出原[1]のように，スポーツ文化を継承するために，スポーツそのものを教えることが必要である。何かを教えるためにスポーツを媒体として用いるのではなく，スポーツそのもの

表3-1　スポーツ文化の学習に必要とされる学びの次元[6]

スポーツを行うための学び
──スポーツを行う楽しみ，仲間との交流を豊かにするために
＊スポーツの技能習熟に必要な技術の認識学習（認識学習）
＊スポーツ参加に必要なソーシャル・スキルの学習（社会学習）
＊健康科学と運動処方に関する学習（健康関連体力に関する学習）
スポーツを知ることの学び
──スポーツを相対化し，新たなスポーツ文化創造のために
＊スポーツ科学の成果に関する学習（スポーツの発展史，スポーツの文化論，スポーツの政治・経済学）
スポーツに自立するための学び
──豊かなスポーツライフを実現するために
＊コミュニケーション・スキルの学習
＊情報処理に関するスキルの学習（学び方学習）
＊批判的思考と問題解決のためのスキル学習
＊集団形成・集団自治に必要なスキル学習
スポーツと共存するための学び
──スポーツを「生涯の友」とするために
＊スポーツの倫理的学習（スポーツの正しい価値実現）
＊スポーツの内在的価値に関する学習（スポーツと自己実現）
＊スポーツライフとライフスタイルのモデル学習

の持つ価値（内在的価値）を伝える。文化としてのスポーツは，人類の長い歴史の中で育まれ，発展してきたものである。その文化を理解し，継承し，さらに発展させることであるとする立場である。

3 スポーツ教育におけるスポーツ指導者の役割

永島[4]は，スポーツ教育学は，「スポーツ教育学論，スポーツ教育の人間学的基礎，スポーツ教授学，スポーツ教育の歴史，スポーツ教育の制度論・組織論，比較スポーツ教育によって構成され」ると言っている。教師やスポーツ指導者になるためには，教育学を学び，教え方を学び（教授学），教育史を理解し，教育のための様々なマネジメントの仕方を修めなければならない。さらに，我々スポーツ指導に携わる者は，良い意味でも悪い意味でも対象に何らかの影響を与える役割をしているという自覚を持つ必要がある。

これまで記述してきたことは，主にプラス面が中心であったが，そればかりではない。たとえば，スポーツが政治に利用されたり，生徒や選手がドーピングやセクシュアル・ハラスメントの対象になるなど，スポーツによって受けるマイナスの要素を作り出すこともある。また，精神論に偏った非科学的なトレーニングを行ってみたり，暴力をふるったりして，対象者に身体的・精神的ダメージを与えるようなことも現に存在する。このようなマイナス面は，スポーツ教育にあるまじき行為である。学校教育に携わるものに限らず，すべてのスポーツ指導者は，「我々は，スポーツ教育を行っている」という自覚を常にもって指導にあたらなければならない。

文献
1) 出原泰明(2004)異質協同の学び 体育からの発信.創文企画,p193,239-241.
2) 木村真知子(1995)旧ドイツにおける「体育」から「スポーツ教育」への変遷過程に関する一考察.スポーツ教育学研究,Vol.15.No,2,p69-80.
3) O.グルーペ他著,永島他訳(2000)スポーツと教育 ドイツ・スポーツ教育学への誘い.ベースボール・マガジン社.p.1, 22.
4) 永島惇正(1998)体育科教育学の知識体系について.体育科教育学研究,Vol.15,No.2,p38.
5) 大阪体育大学(1997)生涯スポーツ学科開設シンポジウム―スポーツのフロンティアをめざして―.
6) 友添秀則(2001)体育に理屈はいらない？―なぜ，いまスポーツ文化を学ぶのか.体育科教育,No.4,p46.
7) D.シーデントップ著 高橋健夫監訳(2003)新しい体育授業の創造.大修館書店.

2 生涯スポーツの教育的意義

永吉宏英（生涯スポーツ）

「生涯スポーツ」という言葉は，生涯教育や生涯学習の考え方から派生した日本独自の政策用語である。1988年に当時の文部省が，従来の「スポーツ課」を「生涯スポーツ課」と「競技スポーツ課」に改組する前後から広く使われ，定着するようになった。世界的にはスポーツ・フォー・オールという言い方が一般的である。

生涯スポーツの定義には，個人にとってのスポーツの意義や楽しみ方という意味合いと，スポーツを楽しむための社会的条件整備という意味合いが含まれている。

❶ 個人にとってのスポーツの意義や楽しみ方から見た生涯スポーツ

山口は，生涯スポーツを「生涯にわたる各ライフステージにおいて，生活の質（QOL）が向上するように自分自身のライフスタイルに適合した運動・スポーツを継続して楽しむこと」と定義している[1]。この簡潔な定義には，スポーツを楽しむ個人の自発性や主体性，スポーツ選択の自由，そして生涯にわたる継続的なスポーツ実践などの，生涯スポーツの重要な要件が含まれている。

❷ 社会的条件整備から見た生涯スポーツ

厨らは，生涯スポーツを「人の一生という時系列に沿った垂直的次元（幼児期から老年期）での生涯を通じた多様な運動，スポーツの享受と，社会の生活全体にわたる水平的次元（家庭，学校，職場，地域社会）でのスポーツ活動の学習機会の保証およびそのための環境整備を統合的に達成せんとする営み」と定義している[2]。ここでは，人々が生涯を通じて運動やスポーツを楽しむことのできる機会の保証とそのための環境の整備という，スポーツ政策が関わる内容がうたわれている。

生涯スポーツの定義の中でスポーツ政策の重要性が強調されるのは，スポーツが健康で生きがいのある生活や人生にとって欠くことのできない基本的な権利であり，それを保証することが社会全体の健全な発展のために重要であるとの認識が，国際的に広く認められるようになっていたからである。

1 社会的権利としてのスポーツ

1975年3月20日，ヨーロッパ・カウンシルのスポーツ担当省大臣会議において「スポーツ・フォー・オール憲章」が採択された。憲章の第1条では，「すべての個人は，スポーツに参加する権利を持つ」と，基本的権利としてのスポーツがうたわれ，第2条では「スポーツの振興は，人間性を発展させる1つの重要な要素として奨励されるべきであり，これのための援助は，公的財源からの支出をもってなされなければならない」と，スポーツ振興のための公的責任が明記された[3]。

ヨーロッパでは，スポーツはこれまでどちらかといえば自由権に属する活動であった。国家はできるかぎり個人の社会生活に干渉すべきでなく，スポーツも自治の活動として，スポーツクラブ等において個人の責任において行われるものであった。極論を言えばスポーツは，それを楽しむことのできる時間とお金と仲間に恵まれた人が，それらの恵まれた条件を駆使して楽しむものであって，スポーツ政策と言えばオリンピックを頂点とするチャンピオンを育てるための政策のことであった。しかし，憲章では，スポーツ実施機会の平等を請求することのできる国民の権利を明記するとともに，その請求に応えるべき国家の義務を明らかにしている。ス

> **Key word**　スポーツ・フォー・オール，社会的権利としてのスポーツ，スポーツの主人公「市民」

ポーツは，国民の社会的な権利（人間が健康で文化的な生活を営むための基本的な権利）として位置づけられたのである[4]。

もとより，このような発想の転換が国情を異にする23の加盟国によって受け入れられたのには理由がある。アメリカで『運動の不足によって生ずる病気(Hypokinetic Disease：Produced by Lack of Exercise)』が出版されたのは1961年のことであるが，①生活の合理化・省力化が進んでいく中で，人々が体を動かす機会が減少し，それが生活習慣に起因する病気の増大をもたらしていること。②それに伴う国民医療費の増大が大きな社会的負担になりつつあったこと。③それゆえに各人の健康に対する自覚を促し，運動やスポーツの生活化を促すことが，個人のみならず社会全体の健康・福祉の向上につながることが認識されるようになったこと。④また，増大する自由時間の有効かつ積極的な利用形態の1つとして，運動やスポーツの重要性が認識されるようになったこと。⑤そして，教育の普及により人々のスポーツに対する関心が高まって，スポーツの大衆化，多様化が進み，エリートスポーツの振興とは異なる新たなスポーツ政策が求められるようになったことなどが，各国に共通した社会的課題になっていたからである[5]。

社会的な権利としてのスポーツという考え方は，1977年のユネスコの「体育・スポーツに関する国際憲章」においても，第1条に「すべての人は，その人格の全体的な発展のために不可欠な体育・スポーツに親しむ権利を持つ。体育・スポーツを通して，身体的，知的，道徳的能力を伸ばす自由は，教育体系および社会生活の他の側面においても保証されなければならない」と明記され，発展途上国を含むすべての国々にスポーツ振興の理念として広がっていった。

日本においても1961年に制定された「スポーツ振興法」の第3条（施策の方針）に，「国及び地方公共団体は，スポーツの振興に関する施策の実施に当たっては，国民の間において行われるスポーツに関する自発的な活動に協力しつつ，ひろく国民があらゆる機会と場所において自主的にその適性および健康状態に応じてスポーツをすることができるような諸条件の整備に努めなければならない」と，スポーツ環境の整備に関わる国や地方公共団体の責任が明記されている。スポーツ・フォー・オール憲章が制定される14年も前に，スポーツ実施の社会的条件整備を国や自治体の責任として位置づけた先見性は評価されるべきである。しかし，「最近スポーツをやったことがある」者の割合がわずかに14%（総理府「体力・スポーツに関する世論調査」1957）という時代背景もあって，社会的権利としてのスポーツという理念が未成熟であったことが法律の法的拘束力を弱めて，スポーツ環境の公的な整備が十分に進まない大きな要因となった[6]。

生涯スポーツを学ぶ教育的意義の1つは，それが社会的権利としてのスポーツの理念を理解し，障害者や高齢者，女性などこれまでスポーツ参加の機会に恵まれなかった人々のスポーツ参加機会の拡大に目を向けることにつながるからである。また，近年，地方分権化の流の中で**PFI法**(※1)に基づくスポーツ施設の建設・運営への民間活力の導入，公共スポーツ施設運営の指定管理者への移行等が話題になっているが，スポーツ実施の社会的条件の整備は，基本

(※1)「PFI（Private Finance Initiative）法」
1999年7月に成立した法律で，民間の資金力，経営力，技術力を導入して，社会資本整備を効率的に行おうとするもの。近年，公共スポーツ施設の建設と運営にも導入され，注目を集め始めた。

的には公の責任において進められるべきであることを認識することにつながるからである。

2 スポーツの主人公としての「市民」の登場
❶社会体育とコミュニティ・スポーツ

　生涯スポーツという言葉が一般的に使われるようになる以前は、地域スポーツの振興には、社会における体育およびレクリエーション活動という意味合いで、「社会体育」の振興という言葉が使われていた。江橋・栗本は、「社会体育は、学校体育に対して一般社会人（学校の教育課程外にある学生・生徒を含めて）を対象とし、主として身体活動によって、個人や集団を、身体的、精神的、社会的に望ましい方向に導こうとする組織的な教育活動である」と定義し[7]、社会体育を一般社会人を対象とした組織的な教育活動として位置づけた。

　教育が強調されると、スポーツに参加する個人の自発性や主体性、スポーツ活動選択の自由といった要素は、スポーツ振興施策の展開において相対的に比重が低下せざるを得ない。社会体育振興の主要な担い手は「自治体」と「企業」であった。自治体が政策上のイニシアティブをとって地域スポーツの振興を図り、企業が実業団チームやトップアスリートの養成、さらには労働者の健康を守り、健全なレクリエーションの機会を提供することを目的とした「職場体育」や「産業体育」の振興を担ったのである[7]。プログラムや行事の提供、指導者の養成、クラブの育成などの施策の展開において、主体はあくまで自治体や企業と、それに関わる体育協会や体育指導委員協議会などのスポーツ団体であり、地域住民が主体的な役割を期待されることは少なかった。

　1960年代の後半に入って、高度経済成長の歪みが過疎・過密化や公害と激発する住民運動となって表面化する中で、「コミュニティ・スポーツの振興」が、地域社会における人間性の回復という期待を担って登場した。スポーツ教室からスポーツクラブを育成し、住民主体のスポーツ活動の展開を図るスポーツ振興の方法が「三鷹方式」として全国に広がり、神戸市垂水区の団地住民による「垂水区団地スポーツ協会」の活動が、住民主体のスポーツ活動のモデルとして取り上げられた。しかし、スポーツ振興の目標は「地域社会の再生」というスポーツ以外の所にあり、地域住民は、行政主導のスポーツ振興の枠組の中で、与えられた役割に沿って活躍が期待されたにとどまった。

❷スポーツの主人公としての「市民」の登場

　1980年代に入って、スポーツを取り巻く環境が大きく変わり始めた。バブルと形容された未曾有の経済的繁栄の後押しもあった。1987年、労働基準法の改定により完全週休2日制がスタートし、3連休を倍増する祝日法の改正が行われ、夏季長期休暇が定着するなどして、日本人の年間総労働時間は大幅に短縮された。法定通りであるならば、244日の労働日に121日の休日・休暇となり、"2日働いて1日休み"の生活が、すでに現実のものとなりつつある。また、平均寿命がのびたことは人生の持ち時間が増大したことになる。仕事や子育ての役割を終えた後の長い自由時間をどう生きるかが、私たちの人生の大きな課題となってきた。

　このような社会では、働くことと同様に自由時間をいかに充実して過ごすかが、個人のレベルでも社会のレベルでも重要になってくる。限られた時間に多くのお金を使って楽しむ「金銭多消費型レジャー」から、時間をかしこく消費しながら自己実現を目指す「時間消費型レジャー」への転換と、そのための能力（余暇享受能力）の獲得が大きな課題となっている。いうまでもなくスポーツは、自己実現の機会を提供し、生活の質（クオリティ・オブ・ライフ）を高める可能性を豊かに含んだ文化である。登山や市民マラソン、トライアスロンなど、限界への挑戦を求めるようなスポーツイベントに多くの市民が参加し、Jリーグの誕生が起爆剤となってスポーツイベントの運営やスポーツによるまちづくり活動、あるいは地域のスポーツ指導やス

ポーツクラブの運営等に，多くのボランティアが主体的に参加している。個人や小グループで楽しむウォーキングやハイキング，トレッキングなどの人気は，元気はつらつの中高年世代の活発なライフスタイルを抜きにしては語れない。そこでは一人ひとりがスポーツの主人公であり，生きがいつくりにつながるスポーツの未来が広がりつつある。

これらのスポーツの主人公は，従来の行政主導のスポーツ振興の枠組の中で一方的にサービスの受容者として安住したり，**スポーツ・コミュニティ**(※2)をつくって他を排除していこうとする人ではない。意志決定の主体[8]として，自らが率先してスポーツ状況を創りだしていこうとする「市民」である。住民主体と受益者負担，多世代・多種目をキーワードに従来のスポーツ振興の隘路を打ち破ると期待されて「総合型地域スポーツクラブ育成モデル事業」がスタートしたのは1995年である。「スポーツ振興基本計画」にも2010年までの設立が明記されて，今や地域スポーツ振興施策の中心施策となった感がある。しかし，行政主導で従来のスポーツ団体の形式だけを変えてつくったものが多く，運営の主体や方法，プログラム等にも，主人公たるべき地域住民の意思があまり反映されていないという現実もある。**NPO法**(※3)の制定に基づくスポーツNPOの登場，多様なまちづくりスポーツイベントの誕生，企業スポーツクラブの地域連携の活発化，公共スポーツ施設の**指定管理者**(※4)への運営移行等，スポーツを取り巻く環境の変化はめまぐるしい。生涯スポーツについて学ぶことの教育的意義の2つは，スポーツの主人公としての「市民」について理解を深め，これらの変化が向かおうとしている方向性を評価する自分自身の物差しを持つことである。

文献
1) 山口泰雄(1989)生涯スポーツの理論とプログラム，鹿屋体育大学，p1-214.
2) 厨義弘，大谷善博，三本松正敏(1997)生涯スポーツの社会学，学術出版．
3) Jacques Marchant(1990)Sport for All in Europe, LONDON HMSO.
4) 守能信次(1999)：スポーツと政治，スポーツの政治学，杏林書院　p6-7.
5) 永吉宏英(2002)地域スポーツ振興政策から見た「スポーツ振興法」と「保健体育審議会答申」の今日的意義，生涯スポーツの社会経済学，杏林書院，p113-121.
6) 永吉宏英(2002)同上，p113-121.
7) 栗本義彦，江橋慎四郎(1961)社会体育概論，第一法規．
8) 原田宗彦(2002)生涯スポーツのビジネス化，生涯スポーツ実践論，杏林書院，p38-39.

(※2)「スポーツ・コミュニティ」
施設等，すでにスポーツを行うための環境を持っている人々が，その既得権を守るために利用者同士で手を組んで（コミュニティをつくり），新しい参加者を排除してる状態。学校体育施設や公共スポーツ施設が特定化された利用団体に独占されて（コミュニティ），新しい参加者が入っていけない状態。

(※3)「NPO（Non Profit Organization）法」
1998年3月に施行された特定非営利活動促進法のことで，文化，芸術またはスポーツの振興を図る活動を含む12の分野で，①非営利，非政府で，②自主的，自発的な活動を行っている団体の内，一定の資格を条件を満たす団体に法人格を与える法律。法人格を持つことで，社会的信用が増し，助成金等を受けやすくなるなどのメリットがあり，公共，民間の中間に位置するスポーツサービスを提供する新たなサービス主体として注目を集めている。

(※4)「指定管理者制度」
2003年の地方自治法244条の改正によって，従来の管理委託制度が廃止され，運営を受託する団体について公共的団体であるなどのいっさいの制限を無くして，民間企業にも指定管理者としての門戸を開いた画期的な制度である。公共スポーツ施設の運営にターゲットを当てた制度とも言われており，自治体のスポーツ振興施策に大きな影響を与えることは必至である。

3 スポーツ種目の教育的意義

　教育とは、そのことばの通り、人を「教え」「育てる」ことである。学校教育においては、各教科の学習を通じ、スポーツ場面ではその活動を通じて教育を行う。教師や指導者は、知識や技能を習得させ、身体能力や体力の向上を図るばかりでなく、運動そのものの楽しさを伝えなければならない。また、その運動の持つ意味や価値を理解させるとともに、仲間と一緒に活動することによって社会的スキルも習得させることができる。このように体育・スポーツを通じて、様々な教育的活動を行うことができるが、その意味や価値は教材やスポーツ種目に共通するものと、異なるものがある。また、同じ内容を行うにしても、指導者の教え方や目的・ねらいの違いによって、その教育的意義が異なってくる。
　この節では、スポーツ種目特性による教育的意義の違いを学び、それぞれの良さ・楽しさ、そして我々人間にとって、そのスポーツでどのようなことを学ぶことができるかを考えてみよう。

伊藤美智子（体育科教育学）

1. 体つくり運動

林　信恵（ダンス）

keyword　生きる力、体力づくり、体ほぐし、気づき

1 体つくり運動とは

　現在実施されている小学校、中学校、高等学校の学習指導要領では、「心と体を一体としてとらえ…」[1)2)3)]という目標の一文に強調されているように、心の問題も含めて21世紀に生きる子どもたちの学習に、一貫した教育内容が示されている。急速な社会環境の変化によって、日常生活における身体活動の減少、仲間との交流不足や精神的ストレスなどによって心や体のアンバランスがみられるようになった。子どもたちが仲間と触れ合うことによってお互いに理解し問題解決しながら、将来に向かってたくましく「生きる力」を培うために、体育は重要な教育の一端を担わなければならない。そのような観点から新指導要領では、それ以前の指導要領の「体力を高めるための運動」である体操領域に、「体ほぐしの運動」という内容が新たに加えられて「体つくり運動」と改称された。

　「体つくり運動」は、これまでの身体的能力を高める体力づくりのみならず、自分の体の違和感や苦痛など、体の内部から発せられる情報をいち早くキャッチして、それに対処できる能力を養い、さらに少子化による遊び仲間の減少や、室内でのゲーム遊びなどによる遊びの形態の変化などによって、運動場面でさえも仲間との関わりがうまく出来ない子どもに、体を通じて人間関係を学ばせることが目標である。

2 体つくり運動における体力づくり

　体力づくりは「体つくり運動」のみで学習されるものではなくて、その他の領域を含めた全般にわたって行われるものであるが、特にこの領域では、体力に対する意義や運動の効果を認識させ、具体的な運動の方法や効果を学習し、自己の体力にあった方法を工夫することが出来るようにさせることが目標である。体力づくり

による運動効果を高めるためには継続的な実施が必要であり，授業の準備運動や補強運動として行われることが多かったが，子どもたちにとっては「やらされている体力づくり」[4]という認識が高く，時間を費やしている割にその効果が期待できなかった。ボールゲーム，水泳，器械運動，ダンスなど他の運動領域では生涯スポーツへの視野をもって，その方法や楽しさを身につけさせることを目標に学習が行われるのに対して，体力づくりは楽しさの欠如したトレーニングの雰囲気が強く，子どもたちにとっては自主的に取り組む方向付けが困難であった。

新指導要領では，生涯を通じてスポーツや運動を楽しみ，健康な生活が出来るように，基礎的な身体能力を育てるため，「体ほぐしの運動」との協調をはかりながら，楽しさの要素を投入して，知らず知らずのうちに基礎体力養成につながる方法の展開に工夫が払われなければならないだろう。

3 「体ほぐしの運動」とはどんな運動？

「体ほぐし」という言葉は，体をリズミカルに動かせることによって緊張した心を解きほぐし，自由に表現できる体の状態をつくるという意味で，ダンス学習の導入部分でよく使われていた言葉であるが，多くの体育指導者にとってはなじみのない新語で，「何？それは」という感じで，非常に違和感を覚えた人が多かったのではないだろうか。指導要領では「自己の体に気づき，体の調子を整え，仲間との交流をするためのいろいろな運動や律動的な運動」と説明されている。すなわち「体ほぐしの運動」という一定の運動様式があるわけではなく，その理念が先行して示されたものであり，試行錯誤を重ねながら，今後そのねらいにあった教育方法が確立されていくであろう[5]。

従来の体育の目標が「より速く，より強く，より遠くへ」という一元化された価値観によって決定され，子どもたちは外部に規定された目標に向かって上昇志向に追い立てられ，目標達成至上主義，効率主義に則って運動練習が行われることが多かった[6]。これまでの体育教育が大きな価値を置いてきた人間の体は，スポーツという運動形式をより発展させるための，高度な運動技術の習得が中心であって，その結果を客観的に測定することによって教育の効果を推し量っていた。しかしこのような体の捉え方においては，感情を持った生きた人間の体というより，精巧で強靭な物としての一面が浮き彫りとなる。本来体を動かせることは「生きている証であり」，本能といわれ，楽しく快感を伴うものである。

「体ほぐしの運動」出現の背景には，ややもするとモノ化一辺倒になりがちな，学校教育における体の価値観から脱却し，体を動かす心地よさや日常的な身のこなしの巧みさを通じて，仲間と関わりながら[7]，内面から湧き上がってくる運動衝動の源泉を枯らせないで，生涯にわたって自己の体と向かい合い，生きようと希求する我々の願いが込められているのである。

文献
1) 文部科学省小学校学習指導要領　1998告示　2003一部改正.
2) 文部科学省中学校学習指導要領　1998告示　2003一部改正.
3) 文部科学省高等学校学習指導要領　1998告示　2003一部改正.
4) 三木四郎(1999)新設「体つくり運動」何をめざし，何を学ばせるのか，学校体育，第52巻第4号p7-9.
5) 小林寛道(1999)体ほぐしの科学的背景，体育の科学，Vol.49，p444-447.
6) 高橋和子(2004)からだ─気づき学びの人間学─　晃洋書房，p165-186.
7) 池田延行(1999)改定「学習指導要領」の骨子，学校体育，第52巻第2号p12-19.

2. 陸上競技

髙本恵美（陸上競技）

key word 達成型，競争型，速度曲線

　陸上競技は，勝敗の意外性が少ないため，発達過程にある年齢段階では身体の発育あるいは体力の発達レベルの差が，そのまま勝敗に影響してしまうことも多い。そのため，教育的観点から陸上競技を捉えるならば，通常のルールにこだわることなく，「達成型」「競争型」の2つの機能的特性をもたせて，「自己の記録の向上の喜び」や「競争の楽しさ」を味わわせる工夫をすることが必要である。

　実際に，陸上競技を苦手とする人の多くは，勝敗が変動しにくく，つまらないと思っていることが多いようである。しかし，それぞれの種目の特性を活かした場の工夫を行うことによって，勝敗に不確定要素を取り入れることも可能である。ここでは，ハードル走を例に考えてみる。ハードル走は，走るという課題に加えて，ハードルを越えるという技術的要素が含まれる種目である。この特性を利用して，ハードリングの速さを競う，すなわちフラット走タイムとハードル走とのタイム差を勝敗の基準とする方法がある。ハードル以外の種目でも，個々の発達レベルや体力・運動能力を基準として課題を設定し，勝敗を決定することも可能である。しかし，視覚的にも勝敗を判断できるように工夫した方がより競争に対する意欲も増すと考えられる。そこで，最も勝敗の分かりやすい短距離走で具体的に考えてみる。図3-3のように曲線部分からのスタートとし，同じ距離を走る場合は段差ができるが，ここではスタート位置を横一線にとり，スタート位置とゴール位置は全員同じに設定する（図3-3）。直線での50m走タイムを基準として速いものほど外側のレーン（走距離が長く）になるように組分けをするとよい。

　また，陸上競技は，球技など他のスポーツ種目に比べて，スポーツを科学的視点・論理的観点からみる・考える力を育てるのに適しているといえるだろう。すなわち，走・跳・投といった運動課題自体が競争あるいは達成目標となるため，客観的評価がしやすいという特徴がある。たとえば，メジャーとストップウォッチと走る場所さえあればできる科学的分析への導入として，「自己の走る速度の変化・特徴を知る」ことも簡単にできる。具体的には，100m走を行い，10mごとの区間走タイムを計測し，各区間の走速度を算出し，速度曲線を書く（図3-4，図3-5）。世界や日本トップクラスの選手，あるいは100m走タイムが同じ仲間の速度曲線と比較することで，自己の走りの特徴を知り，今後の学習課題の発見への足がかりとすることもできる。

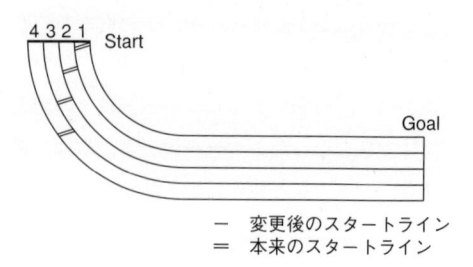

図3-3　短距離走のレーン設定例（文献1を改変）
― 変更後のスタートライン
＝ 本来のスタートライン

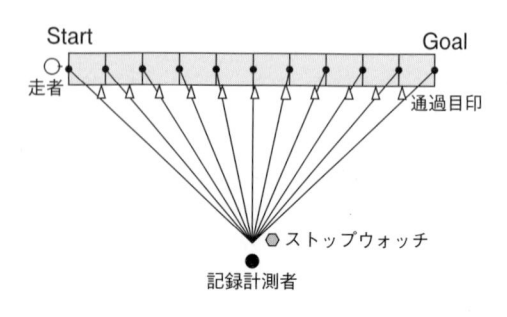

図3-4　走速度算出のためのタイム計測法（筆者作成）
※走者が通過目印を通過地点のタイムを記録計測者は計測し，10mごとの区間タイムを算出する。

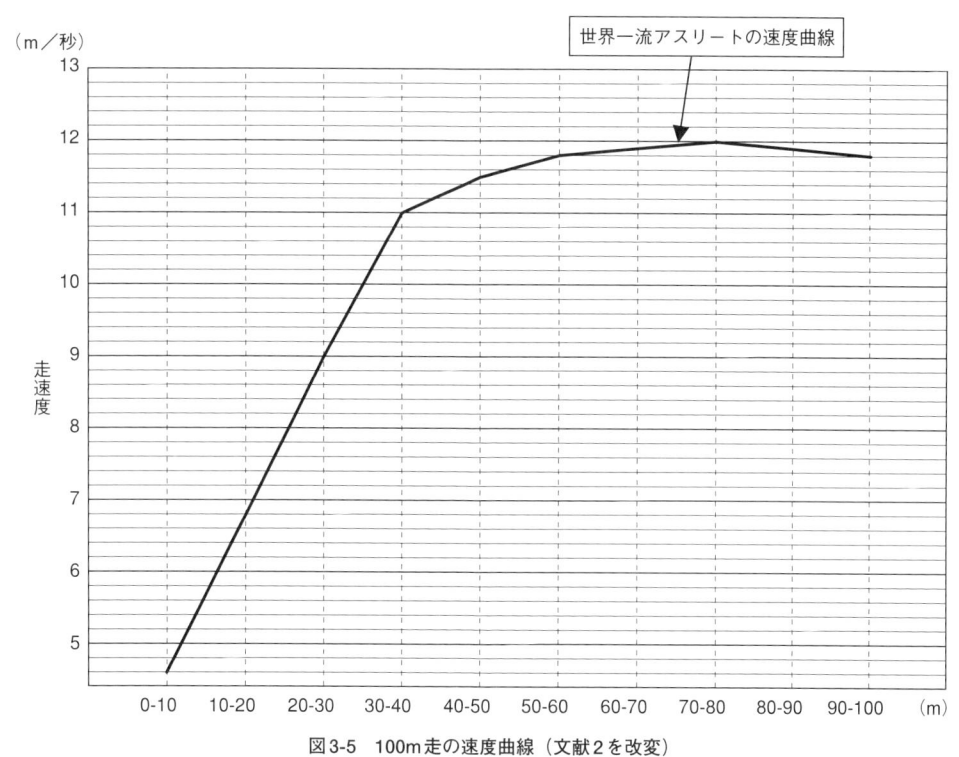

図3-5　100m走の速度曲線（文献2を改変）
※グラフに自分の速度曲線を記入すると，走りの特徴を確認することができる。

　また，直接的な学習課題としての意義だけでなく，生涯スポーツの観点から陸上競技の役割を考えるのも興味深い。たとえば，ジョギングは，トレーニングウェアとシューズさえあれば時間や場所を選ばず行うことが出来ることもあり，健康維持や向上あるいはダイエットといった様々な目的で，年齢性別を問わず多くの人が取り組んでいる。しかし，どれほどの人たちが，その目的に沿った内容で行っているのだろうか。学校体育で行われる陸上競技の長距離走となると，ひたすら長い距離を走る種目と敬遠されてしまうことも多いが，長距離走の特性やトレーニング計画の立て方とその意味を合わせて学習し理解することによって，自己のねらい・目標に応じて無理なく適切に運動強度（ペースや走時間など）を設定することも可能になる。これが，将来ジョギングを始めようとしたときには大いに役立つことになるのである。陸上競技は，すべてのスポーツの基礎となる走・跳・投運動が含まれており，例として挙げた長距離走に限らず，実践とともに理論的知識の学習を進めることによって，生涯にわたって適切なスポーツとの関わりをサポートする競技といえるだろう。

　このように，陸上競技は場の設定次第で，どのような水準であっても楽しむことができ，また，生涯を通じて役立つ知識を身につける上でも，教育的意義の高いスポーツである。

文献
1) 吉本修，青木眞編(1992)中学校体育実践指導全集第4巻陸上競技，日本教育図書センター．
2) 学習研究者教科図書編集部(2002)中学校体育実技，学習研究社．

参考図書
1) 高橋健夫(1995)新しい体育の授業研究，大修館書店．

3. 器械運動

田原宏晃（器械運動）

key word 体操，体操競技，器械運動

1 体操と体操競技・器械運動の源流

❶体操の源流

体操は，本来，「体育」の意を持つ走・跳・投などを含む体育運動の総体を表している。体操の発祥は，古代ギリシャにまでさかのぼることができるが，体操が一般的になったのは，グーツムーツ（GutsMuts, J.C.）が出版した『青年のための体操』という指導書の"Gymnastik（独）"である。ヨーロッパ各地に広まった"Gymnastik"は，フランス語では"Gymnastique"，オランダ語では"Gymnastiek"と訳され，日本には江戸時代の末期頃，「体操」や「体術」と日本語に訳され入ってきた。日本に入ってきた頃の体操は，スポーツとしてではなく，兵の訓練の１つとしてであった。

❷体操競技・器械運動の源流

体操競技・器械運動は，ヤーン（Jahn, F.L.）によって提唱された"Turnen（独）"に源流をもっている。"Turnen"は，器械（あん馬，平行棒，鉄棒など）を利用し運動する特徴を持つ。徒手体操と器械体操を大別したリング（Ling, P.H.）のスウェーデン体操や徒手体操を独立させたシュピーツ（Spies, A.）の"Turnen"などの影響を受けながら，現在の体操競技・器械運動に至っている。ヨーロッパの体操競技・器械運動は，スポーツクラブを中心に発展し，日本の体操競技・器械運動は，慶応義塾の学生を中心にスポーツとなり，1926年（大正15年）に学校体操教授要目（現在の学習指導要領）が改正されたのをきっかけに，学校体育を基盤として発展していった。

2 体操競技と器械運動

❶体操競技

体操競技は，英語では"artistic gymnastics"と訳す。

体操競技は，男子６種目（ゆか，あん馬，つり輪，跳馬，平行棒，鉄棒），女子４種目（跳馬，段違い平行棒，平均台，ゆか）で行われるオリンピック種目である。原則的に４年に１回改正される採点規則によって，演技の美しさ，技の難しさなどを競う採点競技である。10点満点が最高得点であった採点方法が2005年に廃止され，2006年から10点以上の得点が出る採点方法となる。

❷器械運動

器械運動は，英語では"apparatus gymnastics"と訳し，器械（apparatus）と体操（gymnastics）を複合した語である。

器械運動は，マット，鉄棒，平均台，とび箱などの器具や器械を利用し運動を行う教科体育の１つの種目である。文部科学省の学習指導要領に沿って，小学４年生から行われ，基本技の習得を主なねらいとし，中学校学習指導要領（H10年12月）では，「器械運動では，自己の能力に適した技に挑み，その課題を解決していくことで喜びを味わうことができるようにすることが大切である。」[1]と謳い，高等学校学習指導要領（H11年３月）では，「器械運動の学習指導では，…（省略）…自ら考え，工夫できるようにするとともに，技の達成や演技のできばえに楽しさや喜びを味わうことができるようにすることが大切である。」[2]と謳い，教育的価値に配慮され授業が展開されている。

3 器械運動の教育的意義

❶基礎的な運動能力の開発

器械運動は，回転，支持，ひねり，懸垂，振動，平均，跳躍などの様々な運動を行うため，他のスポーツではあまり行わない運動感覚を養

うことができる。これらの運動は，他のスポーツの基盤となる行動を調整する能力（柔軟性，敏捷性，巧緻性，平衡性）を養うことができるため，特に神経系が発達する幼少期には，器械運動で養われる運動感覚は大切である。

❷運動の楽しさと喜びの実感

器械運動は，非日常的な運動を行うため，他のスポーツでは経験できない運動の楽しさや技に挑戦する楽しさ，技を創造する楽しさなど，器械運動独特の楽しさがある。

器械運動は，やさしい運動から難しい運動まで幅広くあるため，年令や性差，個人の技能の差などの対象者によって適した運動を行うことができ，いろいろな運動感覚から運動の楽しさを伝えることができる。しかし，前や後に回転したり，手で身体を支持するなど，日常経験しない感覚を要する運動（技）を行うため，運動（技）ができず楽しさを伝えられないこともある。たとえば，初心者で前に転がることができないことがある。その場合，台などを利用しマットに傾斜をつけることによって転がりやすくするなど，器具や用具を工夫することによって，より容易に感覚をつかみやすくすることで楽しさを伝えることができると思われる。

また，器械運動では目標とする技を挑戦し，初めて技ができたときには，何とも言いがたい感動を得ることができる。特に，苦労してできたときに得られる達成感は大きな自信につながり，これから経験するだろう挫折や苦悩を乗り切る力になると思われる。

4 器械運動の実技指導で大切なこと

❶明確な目標設定と「できる」課題を与えること

対象者の能力に応じて，明確な目標を設定し，「できる」課題を与えることが大切である。「できる」ことのくり返しは，楽しく運動を行うことができ，やる気を起こすことができる。また，くり返し成功する運動は，その運動が安定し技能も高まることにつながっていく。「できない」ことのくり返しは，楽しさは全く感じられず，技能も高まらないため，器械運動を嫌いにさせてしまう原因になるだろう。

❷positive な言葉がけ

対象者への言葉のかけ方も重要である。たとえば，倒立で腰が曲がっていた場合，「腰が曲がっている！」と助言せず，「腰を伸ばしなさい。」と助言する。「腰が曲がっている！」の言葉がけは，その運動の欠点を指摘しているだけで，対象者には「どのようすればよいの？」などと疑問を抱かせることにつながり，その運動を解決する助言になっていない。逆に，「腰を伸ばしなさい」という言葉がけは，「腰を伸ばす」という具体的な指示も含まれ，対象者は腰を伸ばそうとするだろう。このようなpositive な助言も，楽しく運動を行うことができ，技能の向上につながると思われる。

文献
1）文部科学省(1999)中学校学習指導要領 解説―保健体育 編―，一部補訂2刷．
2）文部科学省(1999)高等学校学習指導要領解説―保健体育 編―，一部補訂1版．

参考図書
1）金子明友著(1974)体操競技のコーチング，7版，大修館書店．
2）金子明友著(1982)教師のための器械運動指導法シリーズ マット運動，大修館書店．
3）金子明友著(1987)教師のための器械運動指導法シリーズ とび箱・平均台運動，大修館書店．

4．水泳

川島康弘（水泳）

key word 水泳，水中運動，教育的意義

　水泳や水中運動は水を媒体として行われるため，陸上とは異なった環境下での運動となる。身体を水中に置くことで，身体には水の圧力（パスカルの原理）がかかり，鉛直方向の合力による浮力（アルキメデスの原理）が起こる。この浮力によって，水中に身体を浮かせ，支持点を持たない状態で運動することが可能となる。また，水中での浮く，進む，潜るなどの運動は，水の粘性に対する全身的な筋活動となり，さらに，水温による皮膚への刺激や水中での意識的な努力呼吸などによって，全身の運動量も大きく身体の発達に様々な影響を及ぼす。

　このような水の特性により，水泳や水中運動は発育過程にある幼少児や高齢者，下肢に障害を持つ人からアスリートまで，あらゆる人々が比較的安全に行うことのできるスポーツで，生涯を通して行うことができる種目である。

　ここでは水泳の意義について，歴史的，教育的，競技的，社会的と発展性の観点からまとめてみる。

1 歴史的観点からの意義

　「泳ぐ」ことは，海草や魚介類などの食料採取における生命活動の方法として始まった。「水泳」が青少年教育の方法として用いられるようになったのは，古代ギリシア時代になってからで，わが国では戦国時代に水軍の兵法や訓練として行われてきたと考えられている[1]。歴史的にみても生活・文化との関わりが深く，泳ぎの技や技術は，時代を反映しながら発展してきた。

2 教育的観点からの意義

　人間は「習わなければ泳げない」という特性がある。逆に泳げるようになるには，指導を受け，練習を継続することが必要になる。泳ぐことが出来るようになる過程には技術を習得するうえでのつまずきや精神的・心理的なつまずきもある。しかし，一段階ずつ高度な技術が出来るようになる過程での喜びや達成感を得ることが出来る。古くから行われてきた遠泳などの教育プログラムでは，大きな課題に対する不安を参加者が協力し合いながら目標を達成することで連帯感や信頼感が生まれ，やればできるという自信をつけることができ，その教育的効果は大きい。

　また一方で，水泳は個人スポーツであり，健康づくりや楽しみ，競技趣向に至るそれぞれの目的と個人の技能や体力に合わせて行える生涯スポーツである。

3 競技的観点からの意義

　2004年，アテネで行われたオリンピックでの水泳日本チームの活躍は記憶に新しい。多くの感動を国民に与えてくれたが，この背景には選手とコーチの並々ならぬ努力と鍛錬がある。泳ぎのテクニックを開発し，高地や低酸素などの科学的方法も含めてトレーニングを創意・工夫し，自己の記録に挑戦し努力を重ねていかなければならない。メダリストを育てたコーチは，口を揃えて選手の人間性についても言及している。競泳では，幼少からの一貫した指導が多く見られるが，技術指導のみならず，人間教育が重要であるということである。

　ところで，アテネオリンピックで金メダリストとなった北島選手には「チーム北島」と名付けられたコーチの作り上げたサポート体制があった。近年のスポーツ競技，特にトップスポーツでは，トレーニング効果の分析や用具の開発，スポーツ栄養，コンディショニングなど，スポ

ーツの科学やマネジメントの発展も，競技力の向上に大きく寄与している。

4 社会的観点からの意義

水の中では自由に呼吸ができず，泳ぎの技術や呼吸法が習得されていなければ，ややもすると重大な事故につながる危険性もある。さらに，水中での運動は水着一枚で行われることから，衛生面や安全性については十分に配慮されなければならない。そのため，プールや水泳場の衛生面を考慮に入れて練習環境を整えることが必要である。救急体制を整え，練習をするうえでの規則を作り，その規則やマナーを守らせるように指導しなければならない。このことは，人間性や社会性を育むことにもつながる。

「水泳指導は安全管理に始まり，安全管理に終わる」と言われるが，水に対する安全や生命の大切さを教えることも水泳指導の内容に含まれている。

5 発展性の観点からの意義

日本水泳連盟が普及・発展を行っている競泳競技，水球競技，飛込競技，シンクロナイズドスイミング，オープンウォータースイミングと日本泳法。レジャーとして，海や河川などの自然環境の中で行われる釣りやサーフィン，ダイビング，ヨットなどのマリンスポーツ。さらには，医療としての水に関係した運動プログラムなど，運動，スポーツの発展性においてもその意義は大きい。しかし，水に関する活動において，その安全を守るための最も基本的な条件は泳げることで，水に関わる危険性を知ることが最も重要である。

文献
1）財団法人日本水泳連盟編集（2005）水泳指導教本［第2版］，大修館書店．
参考図書
1）鶴峯治，村川俊彦，滝瀬定文，市川宣恭，増原光彦（1990）指導者のための新・水泳指導論，不昧堂出版．

5. 球技

木村　準（バスケットボール）

Keyword スポーツの原点，遊び，楽しさ，工夫

「球技」は，ボールなどを媒介として，集団対集団，個人対個人で攻防を展開し得点を取り合って勝敗を競うことをねらいとし，チームの課題や自己の能力に適した課題の解決に取り組んだり，ゲームを楽しんだりする運動である[1,2]。

スポーツの原点は遊びである。遊びが楽しいのは主体が自分であり，自分の好きなことに熱中しているからである。遊びにルールを設け，目標や目的を持たせたのがスポーツである。したがって，球技では，遊びのように単に一過性の楽しさの追求だけに終わらないよう，それぞれの球技の特性に応じた楽しさや喜びを味わえるようにすることが大切である。

1 球技の楽しさ

学校体育を含めた指導現場で，目標や目的が勝敗一辺倒の感が強く，生徒たちが主体的ではなく"やらされている"ように見えるときがある。しかし，本当の楽しさはプレーに熱中し，自分なりの工夫を加えて，一生懸命やるところから生まれる。一人一人が，チーム・グループの中のひとりとして役割や存在感を自覚できれば，それが審判であっても応援であっても楽しさや喜びにつながるにちがいない。

試合（ミニゲーム）をする場合は，集団的技能や個人的技能の段階に応じて，チームの人数，ゲームの時間，コートの広さ，ルールの扱い等を工夫することによって，勝敗にあまりこだわ

ることなく，失敗を恐れず積極的にプレーすることができるだろう．

2 球技の分類

❶ゴール型・侵入型ゲーム

両チームが同じコート内で一つのボールを奪い合い相手チームの防御するコートに侵入し，最も得点しやすい場所で良い状態（フリー・ノーマーク）でゴール（クローズドゴール）にシュートするか，一定範囲内（オープンゴール）にトライやタッチダウンして得点を競い合うゲームである．

❷ネット型・壁型ゲーム

両チームがネットをはさんで相対して，自陣内で複数回の触球（連携プレイ）による防御からの攻撃をするか，1回の触球（攻守一体プレイ）攻撃と守備が一体化した攻撃で得点を競い合うゲームである．

❸ベースボール型ゲーム

両チームが規則的に攻撃側と守備側を交互に交替し合いながら一定回数の攻防を繰り返した得点を競い合うゲームである．

3 球技を楽しむには

バスケットボールの基礎技術（パス・ドリブル・シュート）の中で最終的に得点するにはシュートを打たなければならない．最良のパスでアシストしても，最良のドリブルでノーマークになってもシュートがゴールに入らなければ楽しさは半減してしまう．良いシュートフォームを身につけ，ドリブルシュート・ランニングシュートやフリースロー等のいろいろなシュートゲームを楽しむことから始めるのが良いだろう．

次にチームとしてコンビプレーによる攻防のかけひきを楽しむには，試合(5対5)を直ぐに行うよりはハーフコートで2対1（図3-6）や3対2（図3-7)のアウトナンバー（攻撃側が防御側より数的優位な状態）を設定することによってプレーヤーのボールに触れる回数も多くなるし，ノーマークでシュートを打つ回数も多くなり積極的にプレーができる．

バスケットボールに限らず，球技を指導する場合はチームワークを重視し運動量が均等になるよう配慮し，楽しみながら習得できるように工夫することが大切である．

表3-2　球技の分類（筆者作成）

ゴール型・侵入型		ネット型・壁型		ベースボール型
クローズドゴール型	オープンゴール型	連携プレイ型	攻守一体プレイ型	守備・走塁型
バスケットボール サッカー ハンドボール ホッケー ラクロス 水球	ラグビー アメリカンフットボール アルティメットフリスビー	バレーボール （ソフトバレー） （ビーチバレー） インディアカ	テニス(硬式・軟式) 卓球 バドミントン スカッシュ	野球(硬式・軟式) ソフトボール

移動　―→
パス　-- →
ドリブル　〜〜〜→
オフェンス(攻撃)　○
ディフェンス(防御)　△

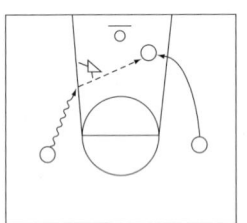

図3-6　2対1（筆者作成）　　図3-7　3対2（筆者作成）

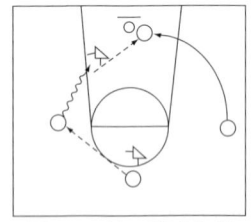

文献
1) 文部科学省(2004)中学校学習指導要領解説　保健体育編，東山書房．
2) 文部科学省(2004)高等学校学習指導要領解説　保健体育編，東山書房．

参考図書
1) 日本バスケットボール協会編(2002) バスケットボール指導教本,大修館書店．
2) 杉山重利，園山和夫編著(1999)体育科教育法,大修館書店．
3) 高橋健夫，岡出美則，友添秀則，岩田靖編著(2002)体育科教育学入門,大修館書店．
4) 高橋健夫他編著(2003)新しい保健体育,東京書籍．
5) M．ウットゥン著，水谷豊，笈田欣治，野老稔，中大路哲共訳(1994)バスケットボール勝利へのコーチング，大修館書店．

6. 武道

平野亮策（武道）

Key word 武士，精神文化，伝統，対人的，礼

1 武道の歴史

「武道」という名称は昭和6年に武芸・武術といわれるものが学校教育に正科必修として採用されたときに用いられ，今日に至っている。日本特有の文化である武術，武芸と言われる「術」は地球上に人が現れて生活を営み，糧を獲るための狩猟や競い合い，遊技などから起こり，生命を賭けて相手を倒し組み伏せ殺傷する過程で技術が洗練，淘汰されて進歩，発達してきた。平安後期にはそれを職業とした武士階級が発生し，実戦での経験に創意工夫を重ね研磨，錬磨されて諸外国には類を見ない日本独特の優れた精神文化として成熟していった。しかし，大政奉還により鎌倉時代以来700年に及ぶ武士階級を基底とする封建時代は終わり，日本は近代化の第一歩を踏み出すことになる。

当時，学校教育に採用された武道は，日本全体が軍事主義に傾きはじめ国防力の増強と国民精神を涵養するため，また戦局が深まるにつれ戦技としての武道という性格さえ強調されるようになった。昭和20年，日本はポツダム宣言を受諾して全面降伏するが，連合軍は日本の国家主義・軍国主義思想やその体制を抜本的に除去するためにさまざまな占領政策に着手した。武道も当然その対象となり，学校教育における武道は全面禁止の処遇を受けた。

その後，各種武道は徐々に復活していくが，柔道は昭和24年に日本体育協会加盟により「スポーツ」として，また剣道はスポーツを印象づけるために「しない競技」として新たなスタートをきることになる。

2 格技から武道

昭和33年に柔道・剣道・相撲が「格技」の名称で学校体育の一運動領域として登場する。これは戦後禁止された武道に対するイメージを変えることと，運動の特性から考えられた名称である。「格技推進政策」実施の狙いは，1つには格技を取りまく客観的条件や環境の整備と改善，2つには戦後の指導展開に対する総括的役割を果たすことへの期待，3つには「徳育体育論」を下敷くことにあったといえよう。平成元年の指導要領改訂に伴う「格技」から「武道」の名称変更は，スポーツとしての格闘競技の勝敗のみではなく，実践の延長上に人間的な自覚の向上をもたらすことが学校教育の場で期待されたものといえる。

この間の各種教育審議会の答申でも，「現代武道」が今日の「教育・文化・道徳的廃退に対する危機感」を背景に登場しているとみることができる。そこには「文化と伝統の尊重と国際理解の推進」「基礎・基本の重視と個性を生かす教育の充実」「徳育の充実」等が強調され，芸道文化としての性格に着眼し，生涯学習のすすめが提言されているのである。

3 武道の特性

長い時間をかけて日本で醸成した武道は，日本の伝統的な運動文化といえる。またその中には技術的性格や「道」としての宗教的・思想的性格が含まれるなど時代によって様々な概念のもとで行われ今日に至っている。これらのことが武道が精神性や道徳性の強い文化として理解される所以である。武道における練習の実践を「稽古」，「修行」と呼び，また練習の場を「道場」と呼んでいるが，これは自らの技能の向上を図るとともに自己の精神や人格の向上を目指すという伝統的な意味がこめられたものである。武道を運動形態から見ると，対する相手と戦う「対人的」形態をとっている。しかしこの他にも，

相手を標的に代えて行う弓道や，相手と対する技を「形」として行う武道もある。武道は単に勝敗を競うだけではなく，「礼に始まり，礼に終わる」といわれるように，まずは相手を尊重する態度が要求される。道場への出入り，稽古・試合・形の中で行われる礼儀作法は謙虚・真摯な気持ちと相手を尊敬する態度をもって行い，安全面に留意し行わなければならない。

4 指導上のポイント

学校において行われる武道は，中学校では柔道，剣道，相撲，高等学校では柔道，剣道となっているが，この他地域や学校の実態に応じてなぎなたや弓道などを選択できるようになっている。これら武道の技能は，1対1で相手と技を競い合う中で発揮されるものであるが，相手を尊重する態度が欠落すると粗暴で危険な場面が起こりかねない。楽しく，安全に行うためには，正々堂々とした相手を尊重する態度を持ち，また自らも廉恥（※1）・克己（※2）・長幼（※3）・惻隠（※4）を学ぶことが大切である。

≪基本動作≫

対人的な状況の中で技を競うためには，まず体さばきや技といった基本動作としての個人技術を身に付けることが必要になる。そしてこれらの基本動作を習得した上で，相手との関係でそれを用い，攻撃したり，攻撃をかわすなど，攻防の技術を高める必要がある。これらの基本動作は，伝統的な行動様式として確立しており，安全性や対人的攻防につながる内容として重要視される。

≪対人的技能≫

また武道の勝敗は瞬時にして決まることから，より有効にポイントを取るために，相手

表3-3　武道の歴史（筆者作成）

西暦		
1867.11.9.	慶応3年	大政奉還　封建時代終末
1868	明治元年	明治新政府
	4年	廃藩置県　散髪脱刀令　文部省設置　藩校廃止　武芸教育の消滅
	9年	廃刀令
	10年	警視庁剣道採用
	15年	講道館開設
	17年	文部省見解　武道は危険，粗暴，発育・衛生上不適
	22年	嘉納治五郎「柔道の一斑，ならびにその教育上の価値」を講演
	27～28年	日清戦争戦勝　大日本武徳会創立
	29年	学校衛生諮問会（満16歳以上限り正課外で可）
1904～05	37～38年	日露戦争戦勝
	44年	中学校令（撃剣及び柔道を加えることを得）正科必修ではなく随意科
1912	大正元年	近代オリンピック日本初参加（ストックホルム大会）
	11年	嘉納治五郎「精力善用・自他共栄」提唱
1926	15年	文部省「撃剣及柔術」の名称を「剣道及柔道」
1931	昭和6年	中学校令「剣道・柔道はわが国固有の武道」剣道及柔道正科必修
	12年	日華事変　軍国主義へ傾斜
1941	16年	国民学校「体錬科」武道採用　太平洋戦争勃発
	17年	小学校5年生以上男子に武道は必修
1945	20年	広島長崎原爆投下　ポツダム宣言受諾　全面降伏　武道全面禁止
	22年	武道に関する免許状無効
	24年	全日本柔道連盟設立　日本体育協会へ加盟
	25年	柔道スポーツとして学校体育に復活　全日本撓（しない）競技連盟設立
	27年	しない競技　学校体育採用　全日本剣道連盟設立
	29年	全日本撓競技連盟　全日本剣道連盟に吸収合併　全日本剣道連盟　スポーツ剣道として日本体育協会加盟
	32年	剣道学校体育採用
	33年	学校体育　名称格技（剣道・柔道・相撲）採用
	39年	日本武道館竣工，オリンピック東京大会開催
	54年	格技推進政策実施
1989	平成元年	格技から武道　指導要領改訂

（※1）廉恥
心が清らかで恥を知る心のあることをいう。潔白で卑劣な態度をとらないこと。
（※2）克己
自分に勝つという意。意志の力で，自分の衝動・欲望・感情などを抑えること。
（※3）長幼
年上と年下という意。年功序列，年長者を敬う気持ちのこと。
（※4）惻隠
いたわしく思うことをいう。弱者，敗者，虐げられた者への思いやりのこと。

を観察し，攻撃や防御を予測する能力や判断する能力が必要になる。伝統的に工夫された技を繰り返し練習することで身につけ，更にはそれを得意技として確立し，攻防の醍醐味を味わうことができる。

≪形稽古≫
日本の文化は「形」の文化ともいわれるように，古来からの技能を中核とした武道もこれらの形の修練を通して伝承されてきた。これらは先人が長い時間をかけて考案した技術であり，その動きや様式の無駄を省いて圧縮した合理的なものである。まずは形をまねることからはじめ，自己のものとして自由に使えるようにし，更には工夫を加えて個性的で創造的な自己の技の開発へと持っていくことができる。

参考図書
1) 富木謙治著(1991)武道論，大修館書店．
2) 嘉納治五郎編纂会(1964)嘉納治五郎，講道館．

7. ダンス

伊藤美智子（ダンス）

Keyword 身体表現，表現運動，創作ダンス，動きの探求

「ダンスとは何か？」という問に対する答えは非常に難しく，「ダンスは，からだを使ったリズミカルな運動である」というのが，大雑把ではあるが最も的確な答えである。「スポーツも同じではないのか？」という至極当然な疑問がわく，同じところもあれば，違うところもある。かつては，ダンスもスポーツも演劇や芸能と同じで，「遊戯的祝祭」に含まれていた。共に日常的身振りや行動が根底にある「からだによるコミュニケーション」[1]と言えるが，その違いを知りダンスの意味と価値を理解してほしい。

1 ダンスとスポーツの違いとは？

ダンスの運動でスポーツと同じ運動を行う場合，そのやり方や目的が異なる。たとえば「跳ぶ」運動は，陸上競技では走り幅跳びや走り高跳び・ハードル走など，バスケットボールではジャンプシュートやリバウンド，バレーボールではアタックやブロックなどのように，そのスポーツ種目の目的に応じた跳躍を行う。つまり「スポーツに共通のものは，ある目的をもった行動のまとまり」[2]であり，どの位遠く跳んだか，また高く跳ぶことによって得点へつながる。しかし，ダンスの「跳ぶ」運動は，単に高く跳ぶことのみに目的があるのではなく，高く「跳ぶ」ことによってどんなことが表現できるのかが大切なのである。たとえば，「大きな川を跳び越す」表現をしたいとすれば，その「跳ぶ」運動を見た人に，その表現内容が伝わるような跳び方が必要になる。「フワッ」と跳ぶのか，「ドン」と力強く跳ぶのかなど，表現したい跳び方で跳べるようにならなければいけない。もちろん高い跳躍能力が必要であるが，さらに表現にふさわしい跳び方を行う技術がいる。ただ単に高く跳んだからといって表現できたとは限らない。ダンスでは，他のスポーツで培った身体的能力にプラスして，からだを巧みに使い自分の思い描くような運動を行う。そこにダンスならではの面白さや難しさがあり，他の運動とは違った運動経験ができる。

2 動きの探求

現在，学校教育では表現運動・創作ダンス・現代的なリズムのダンスが行われている。表現運動や創作ダンスという名称は，学校教育で使

われているが，芸術分野ではモダンダンス（modern dance）やコンテンポラリーダンス（contemporary dance）と言い，日本語に置き換えると現代舞踊という意味になる。これは，既成の踊りを踊る古典のダンス（クラシックバレエ）に対して，「今，生きている私が，今心にあることを表現する」という意味を持つ。戦後，学習指導要領が制定され，「踊る・創る・見る」を学習の中核としたダンス学習が導入され，心とからだの育成を目指して，小学校では表現運動，中・高校で創作ダンスが取り扱われるようになった。自らのからだがその表現媒体となり，身体意識（body awareness：からだの意識）を高め，表現内容にふさわしい動きの探求（からだでどんな運動ができるのか）を行う。つまり，「どんな運動？（body／action）」「からだのどの部分で？（body part）」「どの空間で？（space）」「どんなやり方で？（dynamics）」「リズム・テンポは？（time）」「力の入れ方やアクセントは？（dynamics/time）」「誰と，どこで？（relationship）」[3]など，動きの探求は果てしなく続く。

人は，自分のからだをどのように捉えているのだろう？人の身体意識は，分化している所（よくわかっている部分）と未分化な所（よくわかっていない部分）が混在するが，未分化な部分は「未分化」であるという意識すら感じていない人もいる。つまり，いつも使う部分や目に入る部分は比較的分化が進んでいて，動かし易い。しかし，それ以外の部分は，その存在すら気がつかなかったりする。たとえば，「何かポーズをして」というとみんな同じポーズで，自分がやりやすいポーズ，テレビやどこかでよく見かけるポーズになってしまう。つまり，分化している部分ばかりが使われている。からだの未分化な部分を開発し，その可能性に気づかせ，動きの探求を行うことは，ダンスの動きの面白さやからだが語ることばに目覚め，無限に広がる動きの世界で，からだを感じ・考え，自由に表現を楽しむことができる。そのような経験は，ダンスでしか出会うことができないものであり，その経験によって新しい自分に出会うことができ，からだとこころの大きな成長へとつながっていく。また，個性豊かな表現によって，互いの良いところを認め合うことにより他者理解を深め，仲間との学習を通じて社会性の育成も期待できる。

図3-8　大阪体育大学創作ダンス部「獅子のごとく」跳ぶ

文献
1）舞踊教育研究会編（1991）舞踊学講義，大修館書店，p2-3．
2）E.メセーニ著，山口恒夫，山口順子訳（1980）身体運動の表現学，泰流社．
3）M.ゴーフ著，玉川まや子訳（1997）ダンスの教え方・学び方，玉川出版部．

8. 野外活動

福田芳則（野外活動）

Keyword 自然体験活動，体験教育，余暇教育，環境教育，人間教育

1 野外活動とは

野外活動とは，「自然の中で自然を活用して行われる諸活動（知的・身体的・情緒的活動）のうち，身体的な活動」として捉えることが一般的である（図3-9）。身体的な活動をさらに詳しく捉えると，自然の中の生活（キャンプ）や旅（移動），あるいは，スポーツの未分化，未組織な状態である「遊び」も身体的活動として捉えることができる。たとえば，雪あそび，雪合戦，そりあそびなども，スキーやそりといった雪上のスポーツの未組織な状態すなわち野外活動と捉えられる。また一般的に野外活動といった場合には，競技的に行われるスポーツ（たとえば，スキー競技，自転車競技などとして行われた場合のスキー，サイクリングなど）は除外される。また，登山，ハイキング，サイクリング，スキー，キャンプ（山野志向型），ヨット，カヌー・カヤック，ダイビング，釣り（水志向型），パラグライダー，スカイダイビング（空志向型）など種目として捉えられていることも多い。

近年の文部科学省，教育界で「野外活動」に代わり用いられる用語として「自然体験活動」が挙げられる。「自然体験活動」とは，図3-9に示したように「自然の中で自然を活用して行われる知的・身体的・情緒的諸活動の総称」であり，「自然や人とのかかわりの中での体験活動を通してのよりよい人間形成のための教育活動」といった意味合いで，野外活動より教育性が強調され，やや広い概念を指している。身体的活動を中心とした野外活動に教育性を持ち込むために，知的活動と情緒（感性）的活動とを結びつけた捉え方であり，広義の野外活動として認識しておかなければならない。

2 野外活動の教育的特色
野外における教育＝体験と感性の教育

他のスポーツ活動と違い野外活動あるいは自然体験活動は，恵まれた自然の中で自然の持つ特性を最大限に活用して行われる点にその教育的特色がある。言い換えれば，スポーツあるいは身体活動そのものの特色より，自然の中で行うということで派生する大きな特色ということである。もう少し詳しくその特色について述べると，①日常とは異なる（自然／生活）環境で行われること，②直に触れ直に感じる「直接体験：First Hand」による学習環境であること，③天候条件，地形などに活動が左右される，④予期せぬ場面（ハプニング）が多く，順序だてた学習が提供されない場合がある，などであ

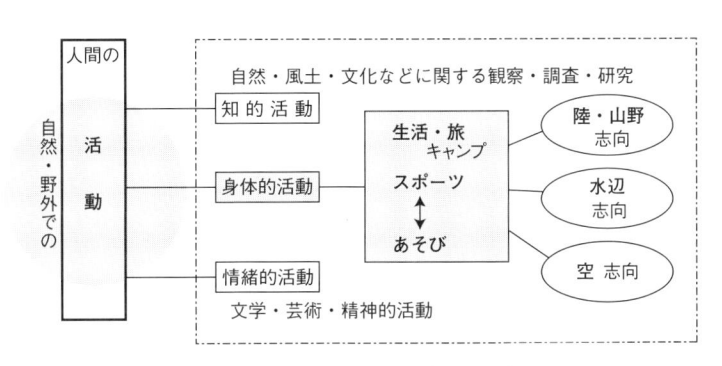

図3-9 野外活動のとらえ方（筆者作図）

る。しかし，だからこそ，楽しみに満ち，興味，発見，感動の機会に満ちている教育の場といえる。

教室や実験室での学習と異なり「感性あふれる実体験に基づく教育の場」という野外ならではの学習環境，教育的特色を最大限に生かせば，以下に述べる野外活動の教育内容がより効率的効果的に体験，学習することができる。

3 野外活動の教育内容と指導上の留意点

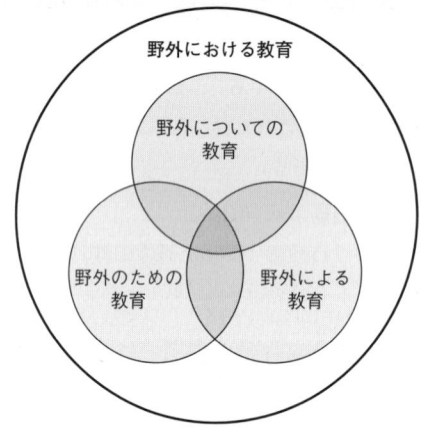

図3-10　野外活動の特色と教育内容（著者作図）

❶生涯を通じて付き合える野外活動／スポーツとの出会いの機会を提供すること

野外のための教育＝余暇教育

誰もが手軽に余暇活動を楽しめる時代ではあるが，楽しさを他人と共有するためのルール・マナーや安全に余暇活動を行うための知識・態度などの欠如が指摘される時代でもある。野外活動は，生涯を通じて付き合える活動の提供とともに，安全で楽しく活動を行うための余暇教育の機会でもある。

野外活動を通じての余暇教育の方法として以下の手順が上げられる。

①たとえばスキーやヨットなど，まずそのスポーツに対する興味や態度，構えをとらせ動機付けする。②次いでスキーやヨットを楽しむための知識や技術を提供する。③実践・行動に移し，喜びや楽しさを味わい，価値を再確認する。④安全に楽しむためのルール・マナー，安全管理についても十分に認識させる。⑤自身で享受（味わい楽しむ）できる能力（レクリエーション／余暇の自立）を身につけさせる。

❷自然や我々を取り巻く環境問題への視点を盛り込むこと

野外についいての教育＝環境教育

ただスキーやヨットといったスポーツの楽しさの追求・実践にとどまらず，スポーツをする自然環境に少し目をむければ，発見や感動の中に自然保護や環境問題改善にむけての気づきが生まれ，態度・構え・価値感が改善される。

たとえば，活動中に釣り糸にからみ溺死した海鳥を目の当たりにした子どもは「命の尊厳」について何かを感じとることができる。不便な生活を体験した子どもはあまりに便利すぎる我々の生活環境に気付くであろう。その瞬間に適切に対応できれば，またとない環境教育の場面となるのである。それらの状況を十分留意して指導に当たらなければならない。

❸日常と異なる教育環境（挑戦，試行錯誤，冒険的体験などの機会）を最大限活用する

野外による教育＝人間教育

前述したように野外活動は平素と異なる生活環境，苛酷な自然環境の中で実施される。仲間とあるいは自身で生活・行動のための課題に挑戦し試行錯誤すること，あるいは冒険的体験は，自分で課題を見つけ自ら解決する力を身につけ，思いやりや協力，正義感・倫理観といった豊かな人間性を育む有効な手段であることを認識しなければならない。

4　さらなる学習にむけて

本学では野外活動，自然体験活動を学ぶために，3年次以降に「スキー実習」「海洋スポーツキャンプ実習」「教育キャンプ実習」「野外教育論」「野外教育演習（スポーツマネジメントコース）」といった実践的，理論的な授業を用意している。

9. レクリエーション

松永敬子（レクリエーション）

Key word 遊び，レクリエーション，レクリエーション支援者

1 なぜ，レクリエーションを学ぶのか？

入学したばかりの大学1年生に，レクリエーションのイメージについて尋ねると，「遊び」や「楽しい」という回答が非常に多い。レクリエーションのイメージには，幼少の頃の遊びだけでなく，学校の行事，そして，地域の子ども会やスポーツ少年団などにおいて体験してきた，遊び・ゲーム・ソング・ダンスなどの体験が大きく影響していることからも分かるように，学校教育や社会教育の現場では，レクリエーションに関連するプログラムが非常に重要なものとして位置付けられている。では，なぜ，レクリエーションがさまざまな教育の現場でこれほどまでに必要とされているのだろうか？

レクリエーションを専門的概念として教育の場で定着させたのは，17世紀に哲学者コメニウスが記した『大教授学』（1657年）で，今から約350年前のことである。その後，政治哲学者のジョン・ロックが『教育に関する考察』（1693年）の中でも，よりよい学習のためにはレクリエーションが必要だという考え方を明記している。また，幼稚園の開設者として知られるフレーベルも『人間の教育』（1826年）の中で，遊びやレクリエーションの意義を明らかにし，アメリカの「プレイグラウンド運動（遊び場運動）」の原点ともなっている。そもそも遊び自体が教育的価値を持っているという考え方は，子どもの遊びが子どもの人格形成に欠かせない役割を果たしているというものだけでなく，大人の遊びも含めた文化にまで及んでいる。遊びの理論で有名なヨハン・ホイジンガの名著『ホモ・ルーデンス』（1937年）では，「文化は遊びのなかで遊ばれるものとして生まれた」と述べ，さらに，ロジェ・カイヨワの『遊びと人間』では，遊びの概念を幅広い生活領域にまで発展させている。その後，アメリカにおけるレクリエーション運動は学校から職場のレクリエーションとしての広がりを見せ，日本では「厚生運動（生活を豊かにする運動）」という用語がレクリエーションとして使われた。

レクリエーションという言葉は，英語からの外来語で「recreation」と表記され，create（＝つくる）に「再び」を意味する接頭辞「re-」がついたものである。つまり，再びつくる，「つくりなおす」という意味で，元気になるための休養や気晴らしや楽しみの活動そのものを意味するのである。生活の枠組みで考えるならば，お友達とお話しをしたりすること自体が，やすらぎやふれあいなどを感じられる広義のレクリエーションの一部であり，多くの人が体験している行事や文化的活動，そして教育や最近では治療の中でのレクリエーションも狭義のレクリエーションと理解されている。つまり，レクリエーションとは，「より楽しく生きたいと願う人間の基本的欲求に根ざす行為である。レクリエーションの本質は自由と自主性にあり，他から強制されて行うものではない」と定義することができる。また，活動をサポートするレクリエーション支援者とは，「人間の基本的欲求であるレクリエーションをすべての人々が楽しめるように，個々のレクリエーションの自立を助け，レクリエーションを実行するための環境整備を進める総合的な援助活動である」と定義することができる。このようなレクリエーション支援者は，様々な現場での活躍が期待されるため，体育系大学では，学校教育・社会教育・福祉教育などの幅広い現場で活躍するレクリエーション支援者を養成するために，主に頭と心と体を使ったレクリエーション実技とレクリエーションに関する概論を学ぶのである。

表3-4 現代社会の課題に結びつくレクリエーション活動

現代社会の課題	レクリエーションができること
地域	楽しみ活動を通じた新たなきずなづくり
家族	遊び・学び・感動・出会いを通した家族での共有体験
子どもたち	自由で健やかな遊びを通じた自然体験・生活体験・社会体験
自然	自然とのふれあいのある多様なプログラムを通して，人と自然を結びつける
心と身体の健康	楽しく体を動かし，自然の中での活動を通じてリフレッシュする
高齢社会	生きがいにつながるさまざまな楽しみ活動を提供
国際化	楽しさを通じて，相互理解を深める

(財)日本レクリエーション協会「レクリエーション・インストラクター養成テキスト」p45 を参考に筆者作成

2 現代社会とレクリエーション

現代社会が抱える課題を解決するためにもレクリエーションは非常に大きな役割を果たす。現代社会の主なキーワードは，表3-4に示したように，「地域」「家族」「子どもたち」「自然」「心と身体の健康」「高齢社会」「国際化」と非常に幅広い。この課題に結びつくレクリエーション活動は様々な工夫により，多くの効果が期待できる。このようなライフスタイルの変化を促進するレクリエーション運動の具体的課題の4本柱は，「生涯スポーツの推進」，「芸術・文化・学習活動への挑戦」，「ネイチャー・レクリエーションの普及」，「福祉レクリエーションへの取り組み」である[1]。この課題に対応するレクリエーション活動の大きな枠組みには，生涯スポーツ関連の活動種目，ネイチャー・レクリエーション，自然体験の活動種目，芸術・文化・学習活動に関連した活動種目，福祉レクリエーションに関連した活動種目などがあり，学校・地域社会・福祉領域などでも多く活用されている。このような現場に即戦力として，レクリエーションの指導および支援活動を展開できる人材を養成することはもちろん，マネジメント能力を持ち備えた人材の育成も求められている。

3 レクリエーションの実践

体育系大学で学ぶ主なレクリエーション活動が実践される場面は，その対象や目的，人数や場所などの条件によって多岐に亘る。まず，代表的なものが，様々な機会において初めて出会った人とすぐに交流し，スムーズに活動に入ることができるようにサポートするアイスブレーキングやコミュニケーションゲームなどがある。さらに，グループの協力・連携を必要とし，関係を深めていくための課題解決プログラムなど，レクリエーションは参加者1人ひとりのみならず，集団の心理の変化を理解しながら進めることで，その効果も大きく異なる。また，体育の授業への導入や競技スポーツおよび生涯スポーツなどを始める前のウォーム・アップの代わりとなるレクリエーション・ゲームやスポーティゲームなども最近では多く取り入れられるようになってきた。さらに，容易に楽しめる形態にアレンジしたニュースポーツや軽スポーツなども，近年数多く開発されていることから，様々な種目が体育の授業や地域のスポーツ活動，福祉のスポーツ活動の一環として取り上げられている。これらは，運動・スポーツをより楽しむためだけでなく，運動・スポーツを苦手とする人々に対して，体を動かすことの楽しみを体感しもらうことをねらいとしている。

以上のように，レクリエーションと一口でいっても非常に多岐に亘り，非常に奥が深いものであるということが理解できる。

文献
1)(財)日本レクリエーション協会編(2000年)楽しいをつくる やさしいレクリエーション実践 レクリエーション・インストラクター養成テキスト,(財)日本レクリエーション協会,p45.

第3部　第2章

学校における教育

1 欧米学校体育の歴史

杉本政繁（体育・スポーツ史）

1 学校体育成立の（思想的）前提

人間教育に体育が必要であるという主張は，ロックやルソーらが，自らの《教育論》や《エミール》の中で身体の養護と訓練を教育活動の最も基礎的な領域として取り扱ったのに始まる。しかしこのルネッサンス期以降の思想家の主張が最初ではなく，古くは古代ギリシャの哲学者，たとえばプラトーンやアリストテレスの考え方の中に重要な知見が見られ，ここでの考え方がルネッサンス以降〈古典に還れ〉の文芸運動によって再生されたと把握すべきであろう。やがて体育はヨーロッパの先進諸国で1つの教科として，学校教育の大切な部分を形成するという経過をたどることになるのである。それはともかく，近代においてはヨーロッパの先進諸国でまずこの問題が取り上げられ，教育の主要部分として体育の理論と実践への道が開かれた。やがて体育は1つの教科として，他の国語，算数などとともに学校教育の大切な部分を形成するという経過をたどることになった訳である。しかし，教科体育は，決して順調に発展し，展開していったというものではないし，国によってその性質も異なるものであった。

2 近代学校体育の成立

近代の学校体育の成立は，バセドウ（J Basedow, 1729～90）やグーツムーツ（J C F GutsMuths, 1759～1839）に負うている。バセドウは当時の啓蒙思潮を背景にして，**汎愛主義**（※1）に立ち，世人がその奇抜さをあざ笑う中で，児童のための教科として体育（駆け足・レスリング・水泳など比較的鍛練的な種目）を採用した。これは近代体育史上画期的な快挙であり，意義深いことであった。

そして1785年，後に"近代学校体育の父"とよばれるグーツムーツが近世体育史上はじめてここで体育専任教師となり，学校体育はいよいよ軌道に乗りだすことになった。彼が1793年に著わした《青少年のための体育》（Gymnastik für die Jugend）は，数年の内に全ヨーロッパ各国語に**翻訳**（※2）され，ヨーロッパでの近代体育に強い影響（たとえばスウェーデンのリング，デンマークのナハテガル，それにドイツのヤーン）を及ぼした。彼は，世人が「場所がない・時間がない・教師がいない・体育をやらせ

図3-11 グーツムーツ[1]

（※1）
「汎愛主義」
宗教や民族のちがいを越えて，すべての人類を愛し，その幸福を図ろうとするヒューマニズムの立場

（※2）
「翻訳」
最初の翻訳はイギリスで1800年であった。以下国と翻訳年を示しておこう。アメリカは1802年，フランスは1803年，オランダは1806年，イタリアは1827年，ギリシャは1837年，日本は100年以上遅れて1979年であった。

key word グーツムーツ，ツルネン，スェーデン体操，サージャント方式，新体育

図3-12　グーツムーツ「青少年の体育」挿絵[2]

ると生業を嫌う傾向が生ずる」などと反対したのに対して，逐一論破して体育は青少年にふさわしい営みであるとしてその普及，発展に努力したのである。体育の内容としては，跳躍・レスリング・平均運動・運搬・散歩・教練・水泳・発声法その他感覚訓練など幅広い教材を取り上げている。

3 ヨーロッパでの「体操」系統の普及

18世紀末葉に始まる近代学校体育はこのようにドイツを発祥地として全ヨーロッパに普及し始めるが，それが学校教育の中に定着するまでには，なお数十年を要している。19世紀初頭は，ヨーロッパではナポレオンの支配から脱出しようとして，ナショナリズムの風潮が生起しはじめた時期にあたり，近代国家として，政治・軍事・教育などを自国の手に掌握しようとする情勢にあった。こうした中で，汎愛主義とは別の体育，すなわち，後に"ドイツ国民体育の父"とよばれたヤーンのドイツ体育（ツルネン）が生まれてきた。彼は1811年，愛国的な行動人を育成するために，ハーゼンハイデに鉄棒，はしご，平均台，吊縄，レスリング場などを備えた体育場（Turnplatz）を開設し，青少年のために体育的活動を開始した。そしてこの運動は弟子のアイゼレンに受け継がれ，今日のいわゆる器械体操の源になるのである。学校体育は，先のグーツムーツとヤーンの体育に学びながら独創的な教科体育論を打ち出したシュピースによって展開された。"ドイツ学校体操の父"と称される彼の教科体育は，我々も馴染のある「気をつけ！右向け右！用意始め！　1，2，3，4，」という一斉集団徒手体操であった。1862年，このような体操が初等学校で必修科目となったのである。

先のヤーンと同時期に，スウェーデンでは，リング（P H Ling, 1776～1839）がスウェーデン体操を創作する。1864年には王立中央体操学校（1814）での体操は兵式・医療・教育の三部門に分けられている。教育体操は徒手体操のほか，肋木・跳び箱・バック・平均台などを使い，号令一下全生徒に同じ運動を同時にやらせるという特色があるものであった。

第一次大戦前はこれらの体操を中心とする国が多かったのが，大戦後は，様々な体操がそれぞれの国で発展していく。オーストリアではガウルホーファー（M Gaulhoufer, 1885～1941）らの自然体操，ドイツではダンカン（I Duncan, 1878～1927）の体操的ダンス，スイスのダルクローズ（J Dalcroze, 1865～1950）の律動体操，その弟子ボーデ（R Bode, 1881～1971）の表現

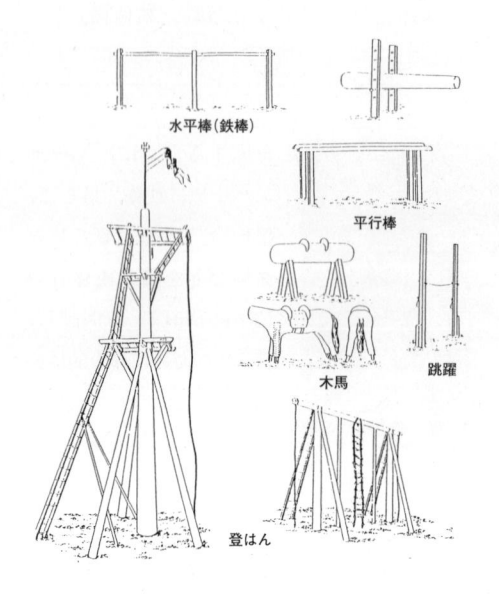

図3-13　初期ツルネンの運動器具[3]

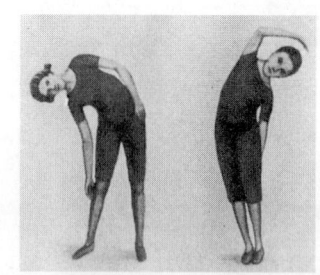

図3-14　リングの体操[4]

図3-15　シュービースの集団秩序体操[5]

体操，さらにデンマークのニルスブック《1931年9月来日》の柔軟体操・連続体操などである．

4　イギリスでのスポーツ教育と学校体育

イギリスでは，他のヨーロッパ諸国が体操を中心にして，その国独自の国民体育の体制を整備していったのに対して，19世紀前半にパブリック・スクールを中心にしてスポーツ教育を内容とする国民体育というべき制度を確立していった．これによって近代スポーツの特徴であるフェアプレーやティーム・スピリットやアマチュアリズムといった集団性や自己規制の倫理を形成していったのである．

しかし学校体育をみると，このスポーツ教育はエリートの子弟が学ぶパブリック・スクールでの教育に留どまり，同じイギリス人でも中下流階級子弟の学校では外来のスウェーデン体操（クリアスP, H, Clias, 1782－1854やマックラーレンA, Maclaren., 1819－1840による）が体育教材になったことである．しかも他の国よりむしろ遅れ，ようやく1895年になってから本格化したのである．

1904年から1933年の体育指導要領（Syllabus of Physical Training）は終始その線を保持していた．1944年に法改正があり，有名なバトラー法が登場し，5歳から15～16歳までの11年間にわたる世界最長の義務教育制が敷かれ，さらに文部省が廃止されて教育科学局となり，指

図3-16　クリケットをするラグビー校の生徒たち[6]

導要領の作成権は地方州の教育庁に移管されることになった。しかし球技スポーツが若干増えた程度で大きな変化はなかったのである。

5 アメリカ合衆国の新体育と学校体育

アメリカ合衆国における学校体育は，19世紀後半からドイツ体操・スウェーデン体操・サージャント体操が，イギリス・スポーツへの一般的関心とは別に，主導権争いをする，いわゆる方式論争（Battle of System）が起こったが，1920年代に入ってデューイらの影響を受けて"児童中心主義"（※3）とか"開発主義"の立場にたったアメリカ独自の体育体系（ウッドやヘザリントンの「新体育」）を持つに至る。この新体育は，矯正運動や局所運動による身体の発達にのみ集中し，心的態度や性格や人格といった総合教育的な視点を無視する傾向が強かった従来の体操形式に対抗するものであった。つまりそれは"Physical Body"の育成から一歩進んで"Human Body"への理解と尊敬から，子どもの発育・発達に伴う興味を引く学習を，子どもの性格形成や個人差の問題と関連付けたり，あるいはまた子どものプレイ・スポーツ経験を社会性育成に向かわせたりすることを提唱するものであった。その方法は，測定や評価に科学的統計的方法を重視したり，健康教育や保健事業との関連を緊密にしたり，スポーツ・レクリエーション教育を重視する点などで特色があるもので，これらは特に戦後の日本の学校体育へ相当大きな影響を及ぼしたものであった。

図3-17 ウッドの肖像[2)]

図3-18 体育での屋外レクリエーション[4)]

文献
1) グーツムーツ著，成田十次郎訳(1979)「青少年の体育」世界教育選書，明治図書．
2) 杉本政繁(2001)国民国家の形成と近代体育の成立，木村編，体育・スポーツ史概論，市村出版．
3) 山本徳郎(1988)ヤーンのドイツ体操，スポーツと教育の歴史，不昧堂出版．
4) 成田十次郎編著 (1988)スポーツと教育の歴史，不昧堂出版．
5) Wolfgang Eichel（1983）ILLUSTRIERTE GESCHICHTE DEr KÖRPERKULTUR Band 1 SPORTVERLAG．
6) 杉本政繁(1989)小学校の体育の歴史，加賀谷，麓編，小学校教育のための体育学概論，杏林書院．
7) 杉本政繁(1988)アメリカの新体育の成立と発展，成田編著，スポーツと教育の歴史，不昧堂出版．
8) 水野忠文(1970)学校体育の成立と発展，猪飼，江橋ら，体育科学事典，第一法規．
9) ヴァンダーレンら著，加藤橘夫訳(1970)体育の世界史，ベースボール・マガジン社．

（※3）
「児童中心主義」
この運動は，米国では1918年に結成されたProgressive Education Association（PEA）を中心に展開された。一般にこの運動は社会の安定期には順調に機能するが，社会が深刻な局面に直面すると，学力の低下や生徒の不良化や思想の悪化等の弱点を露呈すると言われている。PEAは，1947年American Education Fellowship（AEF）に改組され，戦後のわが国の教育へ強力な影響力を発揮した後，1955年6月本国である米国では解体された。

2 日本の学校体育の歴史

杉本政繁（体育・スポーツ史）

1 日本における学校体育の成立と発展

わが国は明治維新（1868）によって封建制から近代国家へと転換したが、そのときの明治政府の政策は欧米教育制度を積極的に導入して近代学校の整備を図ることであった。その手初めが1872年（明治5年）の学制発布で、教科としての体育もこの新教育制度のもとで義務制としてはじめて採用されたのである。

こうしてスタートを切った教科体育は、その名称を次のように変化させて現在にまで至っている。まず学制発布の年は「体術」で、翌年から「体操」と改められ、この名称が明治・大正・昭和の戦前と70年の長期にわたって使用された。第二次世界大戦中に「体錬科」と改称したが、敗戦とともに廃止し、1947年から「体育科」となり、現在に至るのである（ちなみに1949年以降、新制中学と高校では「保健体育科」と呼ぶようになる）。

2 明治期（1878〜1911）

さてわが国の教科体育は、学制によって制度化され「体術」という名称で登場したことはすでに触れた。しかしこれの実態は名称だけ存在して、教材も指導者も存在しないものであった。翌年から「体操」と改称されるが、この「体操」は、榭中体操法図といわれ、ドイツ人シュレーバー室内医療体操の付図を翻訳したもので、「東京師範学校板体操法図ノ書ニヨリテナスベシ」（改正小学教則）と示されるように、内容はヨーロッパ系の体操が中心で、毎日教科外1

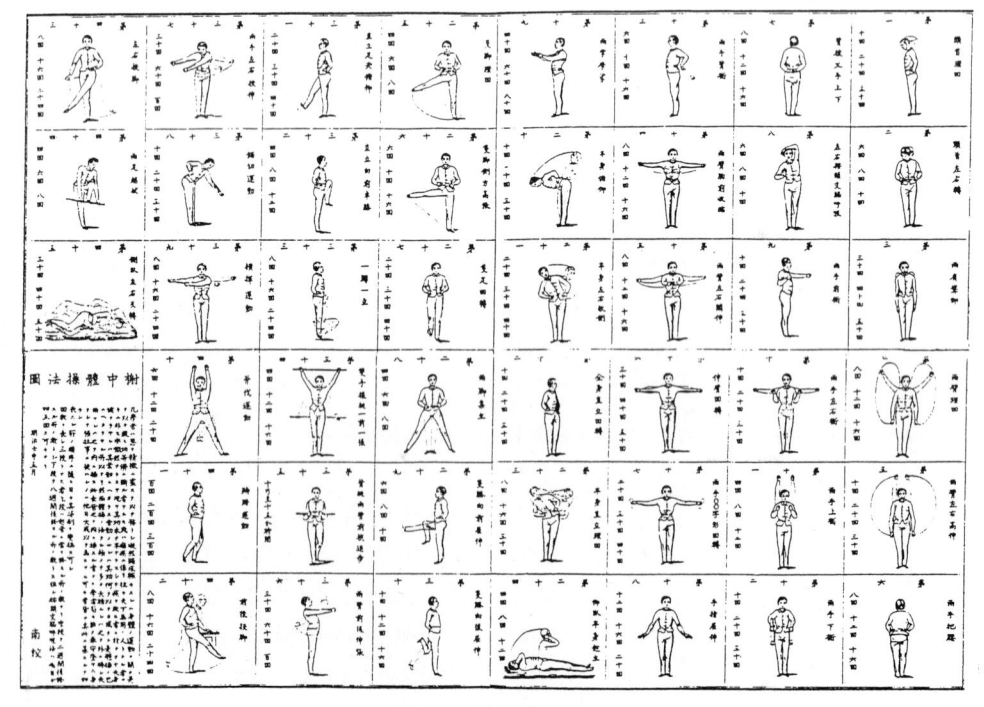

図3-19 榭中体操法図[1]

Key word 体術，体操，体錬，体育，保健体育

〜2時間と示された。この体操の実態は体操指導ができる教員養成の不備と，貧弱な運動施設の下，ほとんど名ばかりのものであった。

次に明治新政府は，単なる外国方式の翻訳模倣ではなく，「専ら**体育**(※1)に関する諸学科を教授し以て本邦適当の体育法を選定しかつ体育学教員を養成」する目的で，1878年（明治11年）体操伝習所を設立し，米国で最初の体育科を設置したアマースト大学の卒業性，医学士リーランド（G.A.Leland）を招聘する。これが契機となって，「教育令」のもと学校体育は整備されていった。リーランドの指導した体育は「軽体操」と呼ばれ，小学校教則綱領で毎日20分ないし「適宜」実施と規定された。わが国の教科体育が「体操科」としてその形体を整えるのは，明治19年の「学校令」公布以後で，この中の「小学校令」では，体操の時間を尋常小学校では毎週6時間，高等小学校では毎週5時間とし，教材は"遊戯""軽体操""隊列運動"となる。さらに40年の改正においては，「義務教育の修業年限を6ケ年に延長すること」等と，改められるに至る。

このようにわが国では当初の欧米教育の直訳模倣の段階から，1889年（明治22年）の帝国憲法の発布や翌年の教育勅語の公布を経て天皇制近代国家の学校体育を確立させていき，やがて日清（1894〜1895）・日露（1904〜1905）の戦争となって富国強兵や国家主義が強調される時期になると，小学校でも"普通体操""兵式体操"中心の時代に入っていく。しかし，まもなくして指導者養成の空白などから，体操に対する批判勢力が台頭してくる。それが，前述した大正期に主流になる，外国仕込みの新鮮さと科学性を強調するスウェーデン体操やその他遊戯・武術なのである。

3 大正期（1913〜1926）

この時期は，明治期に見られた欧米列強に伍するという近代国家建設の計画がほぼ達成され，維新以来の富強主義を背景とする体育の近代化もまた，明治の末からこの大正期にかけて完成していった時期といえる。

大正2年（1913年）1月，「学校体操教授要目」が制定されることになり，学校令以来の普通・兵式体操中心の体操科にかわって新体制の体操科が施かれることになる。

スウェーデン体操を中心とする「体操」と歩兵操典による「教練」を軸に，学級教授に適する遊戯スポーツを「遊戯」の名称で必修化（尋常・高等共週3時間の授業）する他，中学・師範男子に撃剣・柔術の採用を容認した教材編成

図3-20 スウェーデン体操の授業[2]

(※1)
「体育の概念」
欧米教育制度とともに紹介された欧米教育思想は，従来の日本では考えられなかった体育という教育上の概念を提示した。それは1873年（明治6年），文部省学監（学校長を補佐して学務を掌り，学生を監督する職員）マレー（Murray, D. 1830〜1905）が文部省第一年報で解説した，いわゆる知育・徳育・体育の三育主義での体育であった。そしてこの体育は，1877年「身体之教育」（Physical education）と示され「精神教育」に対応する概念となって，体操伝習所設立関係文書以降，原則として「体育」に統一されたのである。

図3-21　1930年代の学校体育[2]

図3-22　バスケットボール[2]

図3-23　小学校の遊戯[2]

となった。この要目で体操，教練とともに遊戯が示されたことは，大正期においては，**競技スポーツ**（※2）の価値が学校体育で公認されたことを意味した。

13年後の1926年（大正15年）の学校体操教授要目改正では，スウェーデン体操とドイツ体操を併用した体操・教練とともに「遊戯及競技」と名称変更して示される。これは前要目での「遊戯」の名称では"鬼ごっこ"の類から各種スポーツまでを総称しきれぬ段階に達したため，「競技」の名称で陸上競技などを「遊戯」と区別する必要に迫られた結果とみられている。

この期の体操科は，中学校では体育100年の歴史を通して最高の時数（週6時間）を示すことになった時期である。

4 昭和期（1927～）

学校体操教授要目の再改正は，昭和11年（1936年）に行われた。この要目再改正では，科学性の強調とは裏腹に指導者の問題から形式に陥りがちなスウェーデン体操に代る，律動的なデンマーク体操の採用と同時に「遊戯及競技」の一層の重視が見られたが，その反面外来スポーツを漢字で表現する言わば外国語の排斥化も起こった。

この時期で注目すべきことの1つに**ラジオ体操**（※3）が挙げられる。学校教育制度についてみると，小学校令に代わる国民学校令が公布（1941年3月）され，これを契機に「体操科」は「体練科」へと改称され，戦時体制下の重要な教科となる。教科内容は，体操・遊戯・競

（※2）
「競技スポーツ」
この時期には，オリンピック参加，極東大会参加，大学野球（六大学野球1925年），アメリカとの野球交流，全国中等学校野球大会（甲子園大会1924年），職業相撲，駅伝などプロ・アマを問わず競技スポーツが隆盛に向かった時期であり，これが学校体育へも影響した訳である。

（※3）
「ラジオ体操」
これの放送は，昭和3年（1928年）11月に開始されたが，1939年「自校体操」制定の文部省通報等による体操の全国的普及策が続いた。これらの体操は，これまで外国の体操を直輸入してきたわが国にとって，日本独自の事情を考慮して創作された体操という意味で画期的と言えるものであった。この期ほど体操が学校などの日課に位置付けられ，全国的に実施されたことは他に類例がないものと言える。

技・教練・衛生を教材とする「体操」と剣道・柔道からなる「武道」に大別され，小学校においても共に必修となり，明るさ，楽しさを失った体育の時期を向かえたのである。

5 昭和期・戦後

ポツダム宣言の受諾によって第二次世界大戦の終結を向かえた戦後の学校体育は，戦時体制による疲弊と敗戦の虚脱感から再出発した。

昭和21年**アメリカ教育使節団の勧告**（※4）に基づいて教育刷新委員会（1946年8月10日官制交付）が教育改革の基本方策を立てるにあたって，教育基本法・学校教育法制定などの推進体となった。その教育基本法第一条（教育の目的）には「教育は，人格の完成をめざし，平和的な国家および社会の形成者として，真理と正義を愛し，個人の価値を尊び，勤労と責任を重んじ，自主的精神に充ちた心身ともに健康な国民の育成を期して行われなければならない。」と掲げられている。ここでは，平和主義に立ち，人間性の尊厳を強調したヒューマニズムの教育理念が立てられ，体育の理念転換も当然この線に沿うことになり，名称も体練科から「体育科」に改称されたのである。このような戦後の体育は，アメリカの進歩主義思想の影響のもと民主的体育と呼ばれ，体育の概念も，「身体の教育」（Education of physical）から「身体活動を通しての教育」（Education through physical activity）への明確な転換を迫られるに至る。しかし高度成長期を経て，国民の体力・健康・運動能力（身体の教育）への理解も戦前とは異なる意味で見直され，最近では過ぎた「戦後民主主義」的体育への反省も生まれ，現在に至っている。

図3-24　運動会での薙刀（1930年頃）[3]

参考図書
1) 木村吉次編著(2001)体育・スポーツ史概論,市村出版.
2) 成田十次郎編著(1991)スポーツと教育の歴史,不昧堂.
3) 江刺昭吾編著(2004)体操・薙刀からスポーツへ,道和書院.
4) 井上一男(1971)学校体育制度史　増補版,大修館書店.
5) 今村嘉雄(1956)日本体育史,不昧堂.
6) 木下秀明(1967)第2編日本体育史,水野,木下ら,体育史概説―西洋・日本,体育の科学社.
7) 木村吉次(1970)戦後日本の教育改革7 教育課程,岡津編,東京大学出版.
8) 杉本政繁(1989)小学校の体育の歴史,加賀谷,麓編,小学校教育のための体育学概論,杏林書院.
9) 水野忠文(1970)学校体育の成立と発展,猪飼,江橋ら,体育科学事典,第一法規.
10) ヴァンダーレンら著,加藤橘夫訳(1978)体育の世界史,ベースボール・マガジン社その他.

（※4）
アメリカ教育使節団報告書は，体育に関しては（1）スポーツマンシップと協同の価値を認識すること，（2）家庭や近隣で行えるスポーツやゲームを育成すること，（3）大学でも体育を採用すること，（4）女子の体育指導者を増員すること，（5）教師の委員会によって指導書を作成すること，（6）教員養成の科学化およびそのための研究が必要であること，などを勧告している。

3 体育を教える

柏森康雄（保健体育科教育法）

　小学校 6 年間，中・高校各 3 年間，計 12 年間にわたって，あなたはどのような体育の授業を受けてきましたか。多分体育の授業が大好きだったあなたは思う存分身体を動かし，汗を一杯かいて楽しく過ごしてきたことでしょう。では，体育の授業を受けて身についたものはどのようなものでしょうか。「器械運動でけ上がりが出来た」「水泳でバタフライが出来た」「バレーボールのゲームでアタックを打つことが出来た」など各種の運動技能が身についたことでしょう。また，「走るのが速くなった」「高く跳べるようになった」「身体が柔らかくなった」など体力を高めることができたことでしょう。しかし，体育の授業では運動技能が身についたり，体力が向上したりすることだけが目的でしょうか。ここでは，体育の授業の目標と学習内容について理解するとともに体育の授業の指導方法について詳しく説明します。

1 体育の授業の目標および学習内容について

　学校教育においては，全国的に一定の教育水準を確保し，全国どこにおいても一定水準の教育を受ける機会を国民に保障することが求められている。このため，学校において実施される教育課程については，国として大綱的な基準を設けている。これが学習指導要領である。学習指導要領は，文部科学省が定め，各都道府県，各学校に告示したもので，国民として共通に身に付けるべき学校教育の目標や学習内容を示した国の基準であり，各学校においてはこの学習指導要領に基づき，教育課程を編成・実施することになる。

　そこで，現在の高等学校学習指導要領に掲げられている保健体育の目標および学習内容について説明する。

❶「教科：保健体育の目標」[1]

　「心と体を一体としてとらえ，健康・安全や運動についての理解と運動の合理的な実践を通して，生涯にわたって計画的に運動に親しむ資質や能力を育てるとともに，健康の保持増進のための実践力の育成と体力の向上を図り，明るく豊かで活力ある生活を営む態度を育てる。」

　上記のように，保健体育科の目標は大きく 3 点挙げられる。すなわち，①生涯にわたって計画的に運動に親しむ資質や能力の育成，②健康の保持増進のための実践力の育成，③体力の向上である。そして，これらの 3 つの具体的な目標が相互に密接に関連し合って，究極の目標である「明るく豊かで活力ある生活を営む態度を育てる」ことを目指している。

　つまり，高等学校の保健体育科が果たすべき目標は，「生涯にわたる豊かなスポーツライフを実現するための資質や能力，健康の保持増進のための実践力およびたくましい心身を育てることによって，現在および将来の生活を健康で活力に満ちた明るく豊かなものにする」ということを目指したものである。

❷「科目：体育の目標」[2]

　「各種の運動の合理的な実践を通して，運動技能を高め運動の楽しさや喜びを深く味わうことができるようにするとともに，体の調子を整え，体力の向上を図り，公正，協力，責任などの態度を育て，生涯を通じて継続的に運動ができる資質や能力を育てる。」

　上記の「科目：体育の目標」については，単に運動技能を高めることだけではなく，自己の能力などに応じた課題を解決することによって得られる運動の楽しさや喜びを深く味わうこと

Key word 保健体育の目標，学習内容，運動・技能，態度，学び方

ができるよう改善を図っている。

特に今回の改訂では「体の調子を整える」が加えられた。この目標を達成するためには，運動に興味をもち活発に運動する者とそうでない者に二極化している現状，さらに生活習慣の乱れ，日常生活におけるストレスが増大し不安感が高まっている生徒の現状を踏まえて，保健体育の目標である「心と体を一体としてとらえる」立場に立って体育と保健を一層関連させて指導するとともに生涯にわたるスポーツライフの基礎を習得し，健康な生活習慣を身に付けさせる指導が求められている。

❸「体育の学習内容について」[3]

体育の学習内容は，大きく2つの内容で構成されている。すなわち，運動と体育理論であり，運動の実践と体育理論を一体的に学ぶことによってその目標を達成しようとするものである。そして，その運動の内容として，直接的に体力を高めたり，体ほぐしをねらった「体つくり運動」，スポーツ領域としての「器械運動」，「陸上競技」，「水泳」，「球技」，「武道」，そしてダンス領域としての「ダンス」の7領域で構成されている。この中から，一定の条件下で，生徒の能力などに応じて運動領域（種目）を選択して履修することにより運動を得意にしていこうとするものである（表3-5）。

ここでは，高等学校学習指導要領解説・保健体育編に基づき，今回の改訂によって新しく加

表3-5　高等学校における体育分野の領域および内容の取扱い[4]

領域	内　容	領域の取扱い 1年	領域の取扱い 2年	領域の取扱い 3年	内容の取扱い 1・2・3年
A体つくり運動	ア　体ほぐしの運動 イ　体力を高める運動	必修	必修	必修	ア，イ必修
B器械運動	ア　マット運動 イ　鉄棒運動 ウ　平均台運動 エ　跳び箱運動	B，C，D，E，F及びGから③又は④選択 その際F又はGのいずれかを含む	1年次に同じ	B，C，D，E，F及びGから②〜④選択 その際F又はGのいずれかを含む	ア〜エから選択
C陸上競技	ア　競走 イ　跳躍 ウ　投てき	^	^	^	ア〜ウから選択
D水泳	ア　クロール イ　平泳ぎ ウ　背泳ぎ エ　バタフライ オ　横泳ぎ	^	^	^	ア〜オから選択
E球技	ア　バスケットボール イ　ハンドボール ウ　サッカー エ　ラグビー オ　バレーボール カ　テニス キ　卓球 ク　バドミントン ケ　ソフトボール	^	^	^	ア〜ケから②選択
F武道	ア　柔道 イ　剣道	^	^	^	ア，イから①選択
Gダンス	ア　創作ダンス イ　フォークダンス ウ　現代的なリズムのダンス	^	^	^	ア〜ウから選択
H体育理論	(1) 社会の変化とスポーツ (2) 運動技能の構造と運動の学び方 (3) 体ほぐしの意義と体力の高め方	必修	必修	必修	(1), (2), (3)必修

えられた領域である「体つくり運動」と，内容が大幅に改訂された「体育理論」を取り上げる。

A 「体つくり運動」[5]

体つくり運動は，自己の体力や生活に応じて，体の調子を整えるなどの体ほぐしを行うことや体力の向上を図ることを直接のねらいとした領域である。高等学校の段階では，心身の発達が最も充実する時期である。またそれと同時に，個性的な生き方を確立していこうとする時期でもある。したがって，この段階では，全面的な体つくりを配慮しながら，個に応じた体つくりを行うとともに，それぞれの生活の中で計画的に実践していくことができる資質や能力を育成することが大切である。なお，体つくり運動の学習を効果的に進めるためには，体育理論の「体ほぐしの意義と体力の高め方」の学習と関連付けながら行うことが大切である。

①運動の内容
(1) 自己の体に関心をもち，自己の体力や生活に応じた課題をもって次の運動を行い，体ほぐしをしたり，体力を高めたりするとともに，これらの運動を生活の中で実践することができるようにする。
　ア　体ほぐしの運動
　イ　体力を高める運動

②態度の内容
(2) 体つくり運動に対する関心や意欲を高めるとともに，互いに協力して運動ができるようにする。

③学び方の内容
(3) 自己の体力や生活に応じて，体ほぐしの行い方と体力の高め方を実践的に工夫することができるようにする。

H 「体育理論」[6]

(1) 社会の変化とスポーツ：変化する現代社会におけるスポーツの意義や必要性を理解できるようにするとともに，運動にはそれぞれ歴史・文化的に形成された意義，独自の技術・戦術および規則があることを理解できるようにする。また，個および集団の状況に応じたスポーツとのかかわり方や豊かなスポーツライフの設計と実践について理解できるようにする。

(2) 運動技能の構造と運動の学び方運動技能を構造的に理解できるようにするとともに，その上達過程と上達の程度を把握する方法を理解できるようにする。また，自己の能力に応じて運動技能を高めるなど運動に親しむための学び方について理解できるようにする。

(3) 体ほぐしの意義と体力の高め方自己の体に気付き，体の調子を整えたり，仲間と交流したりする体ほぐしの意義と行い方について理解できるようにする。また，自己の体力や生活に応じて体力を高めるための課題を把握し，トレーニングの方法などその高め方について実践的に理解できるようにする。

上記のように，各運動領域別の内容は，保健体育科の目標や「科目体育」の目標を踏まえて，(1)で運動・技能の内容を，(2)で態度の内容を，そして(3)で学び方の内容を示している。特に(3)の学び方の内容は今回の改訂で初めて示されたもので，体育の学習においても，自分で課題を見つけ，自ら学び，自ら考え，主体的に判断し，行動し，よりよく問題を解決する資質や能力を育てることができるようにすることがより強く求められている。

また，「体育理論」の分野は，社会の変化に伴ってスポーツの重要性がより一層高まっていることを認識するとともに，運動についての科学的理解を深め，それらを実践に生かすことができるように内容が構成され，体育実技とのより一層の融合が求められている。

最後に，上記に述べている「保健体育の目標」や「体育の目標」を達成するためには，体育の授業では図3-25に示した「学び方の内容」や「生涯スポーツのより一層の推進」を重視した学習指導形態を用いることが必要になる。この

```
<児童・生徒が学習の主体である授業形態>

┌──────────┐         ┌─────┐
│学習者としての│ b2   │     │
│児童・生徒  │─────→│ 運 動│
└──────────┘         └─────┘
      ↑
      │b1
      │
┌─────┐
│教 師│
└─────┘
```

b1；教師の学習指導（指導・支援）
b2；学習者の活動（技能・態度・学び方）

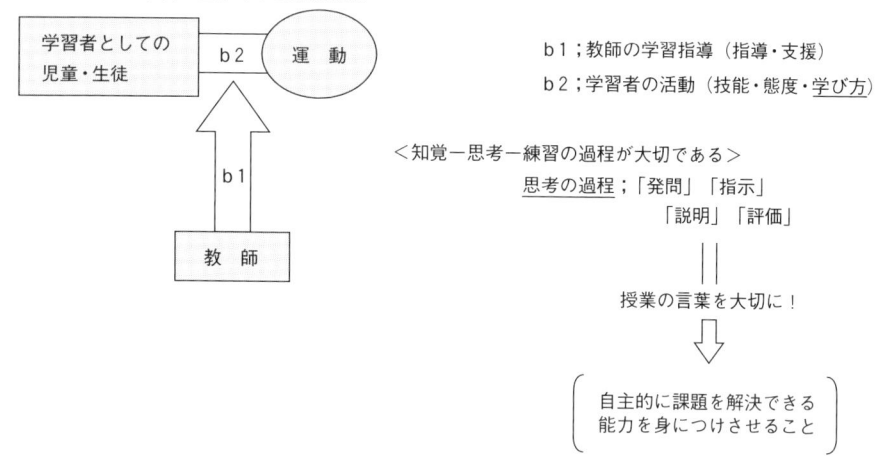

<知覚－思考－練習の過程が大切である>
　思考の過程；「発問」「指示」
　　　　　　　「説明」「評価」
　　　　　　　　　‖
　　　授業の言葉を大切に！
　　　　　　　　　⇓
　　　　自主的に課題を解決できる
　　　　能力を身につけさせること

図3-25　学び方の内容や生涯スポーツの推進を重視した指導形態（筆者作成）

　図が示すように，授業は児童・生徒が学習の主体であり，学習者の活動は「運動・技能」「態度」，そして今回の改訂で初めて示された「学び方」の3つの学習内容が含まれる。そこで，教師は学習者がそれらの学習内容を自主的に取り組めるように教材づくりを行い，学習環境を整え，そして授業中に学習指導・支援を行うことである。特に，学習者が自ら学び，自ら考え，主体的に判断し，行動し，よりよく課題を解決する資質や能力を育てることができるように学習指導・支援していくことが大切である。

2　おわりに

　体育の授業では運動技能が身についたり，体力が向上したりすることだけが目的ではない。保健体育科の目標や「科目体育」の目標を踏まえて，(1)運動・技能の内容，(2)態度の内容，そして (3)学び方の3つの学習内容を包括的に学習することが求められている。特に(3)の学び方の内容は今回の改訂で初めて示されたもので，体育の学習においても，自分で課題を見つけ，自ら学び，自ら考え，主体的に判断し，行動し，よりよく問題を解決する資質や能力を育てることができるようにすることがより強く求められている。

文献
1) 文部科学省(2004)高等学校学習指導要領－保健体育編　体育編－1版,創栄図書印刷,p16.
2) 文部科学省(2004)同上,p22.
3) 本村清人,戸田芳雄編著（2000）改訂高等学校学習指導要領の展開－保健体育科編－初版,明治図書出版,p74.
4) 文部科学省(2004)同上,p71.
5) 文部科学省(2004)同上,p26-30.
6) 文部科学省(2004)同上,p63-67.

4 保健を教える

山崎　武（保健体育科教育法）

　「保健」という教科は独立教科でない。教科「保健」という名称は，小学校体育科の「保健領域」，中学校では保健体育科の「保健分野」で，高等学校では保健体育科の「保健科」を指している。このように体育と同一教材の教科形態を取っているが，必修教科である。しかも，平成10年第6次学習指導要領改訂で授業時数や教育内容が3割削減された中でも，「保健」の授業時数だけは小学校・中学・高校合わせての総授業数は増している。理由の1つに考えられるのは，下記法令が関係しているからである。2002年7月に「健康増進法」が成立した。これは，厚生労働省が2000年に提唱した「健康日本21」（21世紀における国民健康づくり運動）をうけて登場したものと推測できる。この法律の第1章「総則」第2条によれば「国民は，健康な生活習慣の重要性に対する関心と理解を深め，生涯にわたって，自らの健康状態を自覚するとともに，健康の増進に努めなければならない」とあり，すなわち健康増進に努めることが「国民の責務」[1]となった。これの意図するところは，国と国民が一緒に健康づくりに取り組むとともに生涯を通じた健康づくりやそれを実践できる能力を小・中・高・大学の保健科教育で学ぶという狙いが含まれている。

1 保健科教育法と保健科教育

　まず「保健体育科教育法（以下保健科教育法）」は「教育職員免許法施行規則」の指示する教職専門科目の履修科目である。教員志望学生にとって「教育課程」の1つとして義務付けられている。この保健科教育法では「保健」について，将来保健授業を担当することになったとき，いかにすれば"すぐれた保健授業が展開できるのか"を目標に「何のために（目標）」「何を（内容）」「いかに教えるか（方法）」を学習する。また，保健科教育というのは学習指導要領で示された教育内容を学ぶことであり，主たる教材としての小学校における体育科，中・高校での保健体育科の教科書を指しているのである。したがって「保健科教育では何を学び，学ばせる教科ですか」と聞かれたら，最も簡単な答弁は学習指導要領に示された教育内容を学び，学ばせると答えればよいのである[2]。保健の教育内容を教科書という教材を使って指導（保健科教育）するにあたっては，保健の教育内容を指導する前に，まず保健科教育法で"優れた授業を作り出すため"に種々の項目について教材研究を行うわけである。つまり①保健教科の起こりや問題点，②健康観の変遷（歴史的背景），③小・中・高校保健の教育課程の把握と精選，④学習指導要領の変遷，⑤学習形態，⑦指導案作成，⑧評価等々について教材研究を行ったうえで上記目標を達成しようということである。

2 保健科教育法の学習内容

❶保健科教育の現状と問題点
　教育課程（カリキュラム）の類型・編成と教科の起こりを知ったうえで，保健科教育があえて他教科に比べ低調とされている原因を1）教科の系列，2）保健指導との係り，3）保健科教育の実践的側面より探ることによって保健科教育の重要性を認識する。

❷学習指導要領の変遷
　学習指導要領とは，一定の教育水準を確保するために国が定めた教育課程の基準である。戦前の「教授要目」「教授細目」にかわって最初の学習指導要領が昭和22年（1947）「試案」と

Key word 保健体育科教育法，保健科教育，健康，教材研究，学習指導要領

明記され，手引書としてスタートした。昭和33年第2回改訂では「告示」形式となり法的拘束力を持つようになった[3]。現在平成10年（1998）第6次改訂，平成15年（2003）一部改正が行われた。この改正により，学習指導要領指導において『基準性』が明確化された。このことにより指導内容は「最低基準」とし，各現場で新たな内容を加えて指導できるとしている。

❸保健科教育の歴史[2]

現在の保健科教育（学習指導要領）がいかなる必然的な理由，あるいは偶然的な理由によって行われるようになったのか[2]。過去の保健科教育の歴史を典型教材とした，昭和13年版尋常小学校修身書五巻「第六衛生」を現行の保健の目標と対比して，保健教育（健康観）を考えなければいけない[4]。加えて明治5年「養生法」から今日の保健体育と呼ばれるまでの保健教育目標の変遷を探ると，目標表現に大きな変化がないことに気づく。

❹保健科教育法授業の構造（指導計画・形態，方法・学習指導案・評価）

①年間指導計画

学習指導要領に示されている保健の教育内容（中学4領域，高校3領域）について保健教材の構造化を基に保健科教育の年間指導計画表を作成する。

②学習指導形態・方法

学校教育で一番時間がかかっているのは授業（学習指導）である。以前は教授と呼ばれていた。学習指導の形態ⓐ学習組織ⓑ学習目的ⓒ学習活動について，イ，教科書教材を主とした新・旧指導法　ロ，教科書外（他教材）による指導法　ハ，新しい指導法（教育機器使用）等を取り上げ，学習効果を高める授業モデルをつくる。

③学習指導案作成

教材研究における最後の実行案として指導案がある。"決まった形がない"指導案であるが，その必要性や活用のうえで共通的な考え方がある。「単元設定の理由」や，本時間（50分）内での目標達成のために「本時の目標」の設定や書き方はとても重要である。そして指導案の肝心の「授業展開」部分を伝統的な形式をもとに学習した後，保健学習指導案を各自で作成し，授業研究等に生かすことが大切である。

④評価

教育評価が適正に行われるには，何のために（目標），何を（内容），いかに（方法）何によって（評価）なされるのか前もって準備されなければならない。特に保健科教育においては，評価の対象となるものが多くなおさらである。

1991年文部科学省は保健の評価観点を4つの観点（「関心・意欲・態度」「思考・判断」「技能・表現」「知識・理解」）から捉えており，2001年には健康・安全に関する3つの観点（技能・表現を省いた）から，小学校では3段階評価で，中・高校では5段階評価を絶対評価で行うよう定めている。教科教育法で学ぶ評価の定義，授業内評価，対象，基準，目的，種類について理解することにより，教育改善に生かすことが求められる。

文献
1) 近藤真庸(2005)日本の保健政策の動向と21世紀の保健科教育,体育科教育2005年4月号,大修館書店, p53.
2) 森昭三(2004)保健とは，何を学ばせる教科か,体育科教育2004年8月号,大修館書店,p10-13.
3) 「学習指導要領のポイント整理」(2004,5)教員養成セミナー,時事通信社,第26巻,第11号,p18-25.
4) 森昭三(1979)「保健科教育法」教育の理論と実際,東山書房.

5 教えるという科学
（授業分析）

伊藤美智子（体育科教育学）

　教えるのが上手な先生は，どのようなことをしているのだろうか？これまで「授業は経験が大事だ」「指導は天性のものだ」とか言うように，職人芸的な捉え方をされてきた。しかし，教えることにも技術があり，そのための学問があり，科学的アプローチによってそのメカニズムが解明されている。そのメカニズムを知り，教員になったとき，教育実習に行ったとき，またその他の指導の場において，自分の教え方を客観的に評価する力をつけてほしい。

1 何故，職人芸的捉え方がされてきたのか？

　過去に行われてきた授業研究は，授業者が作成した授業計画（指導案）に基づき，授業を行い，その結果どのような授業の成果があったのかを観察者によって評価されるものが中心であった。すなわち，簡単に言えば図3-26のように「こんな授業をしたらどうだろうか？（授業計画）」「やってみたらこうだった（授業評価）」というような研究であった。このような研究は，授業観察者一人一人の価値判断が異なり，評価の客観性に欠けるとの批判があった。さらに，授業計画と授業成果の間でどのようなことが起こっているのかが■■■■■■の間でブラックボックスのようになっており，授業成果がどのような過程を経て得られたのかが不明確であった。そこでそのブラックボックスの中身を明らかにする研究が始まった。そのような研究をプロセス—プロダクト研究と言い，より科学的な授業研究が行われるようになった。

| 1．授業計画(planning) | → | ■■■■■ | → | 授業成果(product) |
| 2．授業計画(planning) | → | 授業過程(process) | → | 授業成果(product) |

図3-26　授業研究の模式図（伊藤作図）

2 一般的な体育授業の実態（ALT観察法を用いて）

　ALT-PE（Academic Learning Time in Physical Education）とは，1時間の授業の内，生徒が学習すべき内容に費やす時間のことで，しかも学習が正しく行われている時間のことを言う。これから具体的な内容について述べるが，客観的な授業研究を身につけていない教師の授業は，無駄が多く，学習に関係のない時間（つまり，ALT-PE以外の時間）が非常に多く，教育効果の上がらない授業を行っている。しかし，その教師はこれまでの経験から体育授業とはそのようなものであると思っていて，無駄な時間を費やしている自覚がないことが多い。反対に，ALT-PEの時間が多い教師の授業は，効率的で教育効果が高い。わかりやすく言えば，この時間が多ければ「良い授業」と言える。

　どのようにしてその時間を測るのかをALT-PE観察法を用いた研究を見てみよう。

　1時間の授業をビデオで収録し，各カテゴリーに分類する。大きくは「指導内容の次元」「学習行動の次元」「ALT-PEの次元」「運動のALT-PEの次元」に分類される（図3-27）。図3-27は，高橋ら[1]が日本の小学校58授業を対象に実施した研究の結果である。その結果は，非常に客観的に評価されており，中・高校においても同様の傾向が見られる。まず，授業の出席を取ったり連絡をしたりするような「一般的内容」とそれ以外の「体育的内容」に分類する。その結果，全体の約70％が「体育的内容」に充てられていることがわかる。その「体育的内容」をその日に学習すべき課題に従事しているかどうかに分類してみると，おおよそ学習課題の「従事」と「非

key word 授業研究，ALT－PE，教師行動

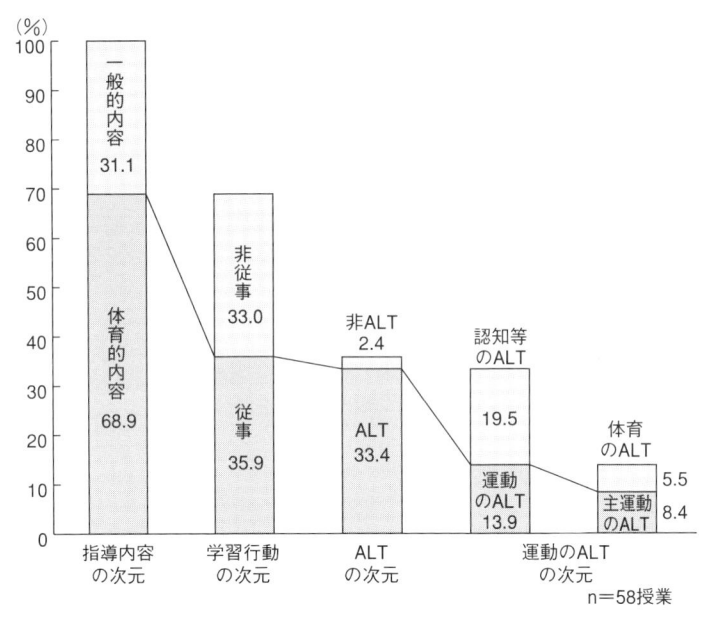

図3-27　体育授業における学習のジョウゴ型現象[1]

（指導内容の次元）一般的内容 31.1／体育的内容 68.9
（学習行動の次元）非従事 33.0／従事 35.9
（ALTの次元）非ALT 2.4／ALT 33.4
（運動のALTの次元）認知等のALT 19.5／運動のALT 13.9
体育のALT 5.5／主運動のALT 8.4
n＝58授業

まず，授業がどのような内容で行われているのかをみてみよう。全体の授業の流れをみるためには，図3-28のように簡易に分析してみることができる。

そのときに先生はどんなことをしているのだろう。

教師行動で最も重要な行動は，次の4つである[2]。①マネジメント②相互作用③直接的指導④巡視，これらを4大行動と言い，これがどのようになっているかが授業の成否に大きく関わる。その4大行動とは何かを見てみよう。

❶マネジメント

授業の準備・片付け・出席などがこれに該当する。また，生徒を移動させたり，待機したり，隊形を変えたりするような行動もそれに含まれる。たとえば，授業開始時に常にどのようにすべきかがきちんと決められていればスムーズに授業が進められる。また，生徒がこの授業時間内にどのような行動を時間系列的に行えばよいかを確実に理解していれば，いちいち生徒を集めて説明しなくてもよい。このマネジメントの上手・下手が実際の授業内容に充てる時間の確保に関係する。

❷相互作用

生徒とのやり取りを指し，生徒への質問・生徒からの質問に対する答え・フィードバック（助言など，技能や行動に関することばかけ）・叱責や注意などである。この相互作用が生徒の授業評価に大きな影響を及ぼす。明らかに叱責や注意の多い教師の授業では，生徒の評価は低い。その一方で，よく褒めたり，技能について

従事」が半々である。さらに，学習課題に「従事」している時間の内，学習に直接関わる内容がその内の大半を占めていることがわかる。しかし，その内訳を見てみると，実際に運動を行っている「運動のALT-PE」は半分以下となる。そして，最もこの授業で生徒に学んでほしい学習課題となると全体のたった8.4％となる。つまり，50分の授業の内，わずか約4分ということになる。果たして4分間で技能を伸ばし，運動の楽しさを教え，十分な学習ができるだろうか？このようなALT-PE観察法を用いた研究から，生徒が学習内容に十分な時間を確保するための授業マネジメントの工夫が非常に重要であることがわかる。

3　上手な教師はどのようなことを行っているのか（教師行動観察法を用いて：表3-6参照）

ALT-PEでは，生徒が授業中にどのようなことを行っていたのかがわかるが，教師がどのような行動をしていたのかはわからない。今度は，教師の行動（教師行動）を見てみよう。

表3-6 教師行動の観察カテゴリー[2]

次元	カテゴリー		
1. 授業場面	1）体育的場面	2）マネジメント場面	
	『上位カテゴリー』	「下位カテゴリー」	〈第2・3下位カテゴリー〉
2. 教師行動	1）相互作用	a）発問	①価値的 ②創意的 ③分析的 ④回顧的
		b）受理	①受理・受容 ②解答 ③傾聴
		c）フィードバック	①肯定的（技能的，認知的，行動的） ②矯正的（技能的，認知的，行動的） ③否定的（技能的，認知的，行動的）
		d）励まし	①技能的 ②認知的 ③行動的
		e）補助的相互作用	
	2）直接的指導	a）演示	
		b）説明	①学習の目標 ②学習の内容 ③学習の方法
		c）指示	①指示 ②合図
	3）補助的活動	a）補助	
		b）運動参加	
		c）記録の伝達	
	4）巡視		
	5）維持・管理		
	6）非機能		
3. 対象	1）個人 2）小集団 3）クラス全体		

のフィードバックが適切であれば，生徒の授業評価は高くなる．

❸直接的指導

　教師が学習指導の目標を設定し，生徒にふさわしい内容を吟味して，その内容を直接展開することを指す．つまり，この授業で何をするのかについての明確な課題提示があり，そのためにどのような課題に取り組むのかをはっきりと提示することである．その全く逆にあたるのが選択性授業の考え方である．選択性授業では，生徒が各々に学習の目標を決め，それを行うための方法を自らが考えるというやり方である．その場合，教師は生徒が課題を解決できるように導くだけで，直接的指導は行わない．これま

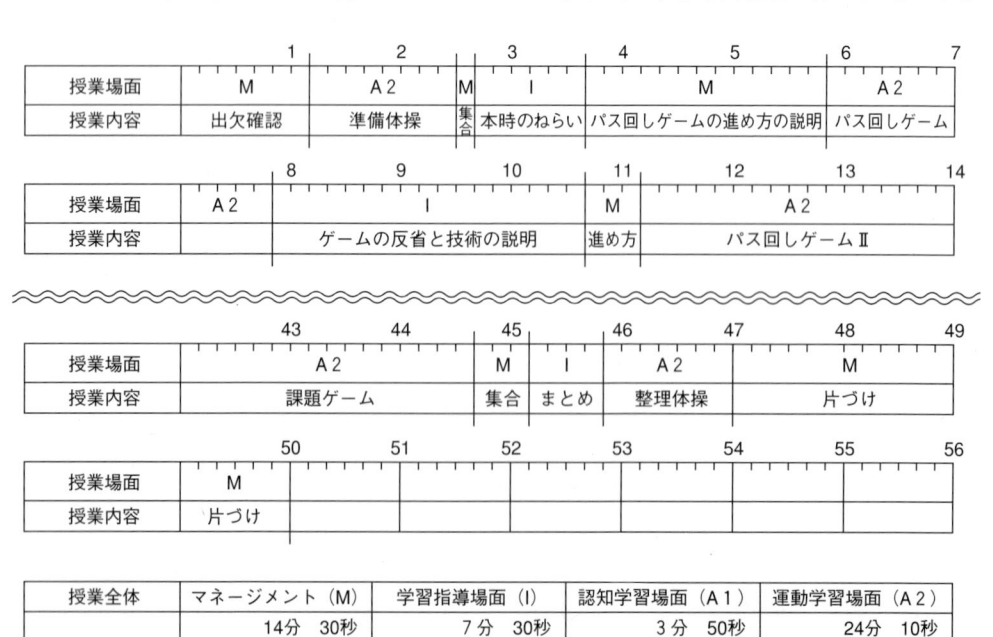

授業場面	M	A2	M	I	M	A2
授業内容	出欠確認	準備体操	集合	本時のねらい	パス回しゲームの進め方の説明	パス回しゲーム

授業場面	A2	I	M	A2
授業内容		ゲームの反省と技術の説明	進め方	パス回しゲームⅡ

授業場面	A2	M	I	A2	M
授業内容	課題ゲーム	集合	まとめ	整理体操	片づけ

授業場面	M
授業内容	片づけ

授業全体	マネジメント（M）	学習指導場面（I）	認知学習場面（A1）	運動学習場面（A2）
50分	14分 30秒	7分 30秒	3分 50秒	24分 10秒
秒	29%	15%	7.7%	48.3%
	12回	5回	4回	8回

図3-28　体育授業場面の分析例[3]

での研究結果から，適切な直接的指導は，非常に効果的な学習を進めることができ，生徒の学習達成度が高いことが明らかになっている。直接的指導は，a）演示（師範）b）説明 c）指示の3つの行動に分類される。その内，説明が多かったり，長かったり，指示ばかりする場合は，生徒の授業評価が非常に低くなる。学習のやり方について長い時間をかけて説明したり，学習の途中で教師の説明不足によって何度となく集合させて説明を加えたりすると，生徒がやる気をなくしてしまう。「せっかく乗ってきたのに，先生に止められた」ということになる。このような「乗ってきた」という感じを『授業の勢い』という言葉で表す事ができ，この勢いを止めることなく授業を進めることが必要である。

❹巡視

巡視には，大きく分けて積極的巡視と消極的巡視の2つに分けることができる。積極的巡視は，生徒の学習に意味のある行動であり，その結果として相互作用が多くなる。一方の消極的巡視は，ただ見回っているだけで生徒の学習への関与が低く，その結果として相互作用が低くなる。同じ巡視でもその質の違いによって，学習の効果や達成度が異なる。当然のように消極的巡視では，放任の授業になってしまう。

体育を教えるための効果的な教師行動についての非常に多くの研究結果から次のようなことが明らかにされている。

ア）マネジメント時間が少ないこと
イ）学習の規律が確立されている
ウ）ALTと運動のALTが多い
エ）学習者間で肯定的な人間関係をつくるような指導がみられる
オ）暖かく，明るい学習環境である（教師が恐怖を与えたり，**罰を与えたり**(※1) などの冷たい学習環境ではない）
カ）相互作用が多い
キ）一人一人に対する技能面についての具体的なフィードバックが多い（褒めながらどのようにしたら上手になるかを伝えている）

自分の授業が前述の条件を満たしているのかを，客観的に分析できる力を養ってほしい。そして，過去の因習に囚われず，常に授業研究を進めていけるすばらしい教師になってほしい。ここでもう一度皆さんに伝えたいことは，「教えることは，経験主義に頼らない科学的な視野」が必要であるということである。

文献
1）高橋健夫（2000）子どもが評価する体育授業過程の特徴：授業過程の学習行動および指導行動と子どもによる授業評価との関係を中心にして，体育学研究Vol.45,No,2,p147-162.
2）高橋健夫（1991）体育授業における教師行動に関する研究―教師行動の構造と児童の授業評価との関係―，体育学研究Vol.36,No,3,p193-208.

参考図書
1）竹田清彦,高橋健夫,岡出美則編著（1997）体育科教育学の探求,大修館書店.
2）シーデントップ著,高橋他訳（1988）体育の教授技術,大修館書店.
3）高橋健夫,岡出美則,友添秀則,岩田靖（2002）体育科教育学入門,大修館書店,p277.

（※1）
罰でグランドを走らせたり，腹筋をさせたりする教師がいるが，その教師が陸上を教えるとき，それは罰なのか？ 筋力トレーニングも罰の為に行うものなのか？ 生徒は，授業でそう感じてしまう。また，後片付けなども罰として行うが，それも同様のことが言える。後片付けも立派な学習内容であり，使った物は皆で協力して片付けるという教育の場である。

6 教材研究と科学

　前節では、学校体育におけるスポーツの教育的意義について述べた。これらを真に意義のあるものとして学校教育の場に活かすためには、科学的・論理的な背景をもとにそれぞれのスポーツ種目の特性を捉え、教材（教育方法）を考案し実践していくことが求められる。特に学校体育における教材については、単にそのスポーツ種目の試合が行えるようになるためだけに存在するのではなく、発育発達段階に応じたねらい・目標をもって作成されなければならない。また、他の様々な運動との共通性・類似性を見出すことにより、効果的な教材を作成していくことが求められる。そこで、①バイオメカニクス、②機能解剖学、③生理学、④測定・評価、⑤トレーニング、⑥体力科学、⑦体育経営管理学、の7つの科学的観点から教材研究について考えてみよう。

髙本恵美（陸上競技）

1. バイオメカニクス

淵本隆文（バイオメカニクス）

keyword 走り幅跳び，助走速度，歩幅

1 体育授業とバイオメカニクス

　体育授業の中でバイオメカニクス的な測定や考え方を用いれば、授業を工夫するヒントが見つかるかも知れない。たとえば、走る速度は歩幅とピッチの積なので、歩幅かピッチを測定することによって速度決定の要因を探ることができる。

2 走り幅跳びの授業

　走り幅跳びの跳躍距離は一般的に助走速度と密接に関係することが知られている。つまり、走り幅跳びは助走の勢いを上手く利用して遠くに跳ぶ種目だといえる。したがって、助走速度は速いが跳躍成績が悪い生徒は踏み切りに問題があると考えることができる。梅野ら[1]は小学校6年生を対象とする走り幅跳びの授業において、練習をしても跳躍成績が伸びなかった2名の歩幅を分析し、いずれも最後の1歩の歩幅が広く、そのため踏み切り脚の接地時間が長かったと報告している。これらの原因で、この2名の生徒は踏み切りのときに助走速度を大きく減少させていたか踏み切り角度が小さかったために跳躍距離が向上しなかったと考えられる。一方、多くの生徒は最後の1歩の歩幅が狭かったことから、学習の中心を最後の1歩の歩幅調整におくのが良く、それによって振り上げ脚の引き付けも容易になると考察している。これに関連し、後藤ら[2]は次の3つの練習方法を用いてその効果を調べている。

①踏み切り地点に階段を設置し、それを踏ませて跳ばせる（階段群，図3-29）。

②踏み切り線の手前に横木を4本置き、最後の1歩の歩幅が通常の85％になるように強制する（横木群，図3-30）。

③全力で跳躍した距離の90％地点に目印を置き、それにできるだけ着地を近づけるように跳ばせる（ねらい群）。

　その結果、跳躍成績は階段群と横木群で練習

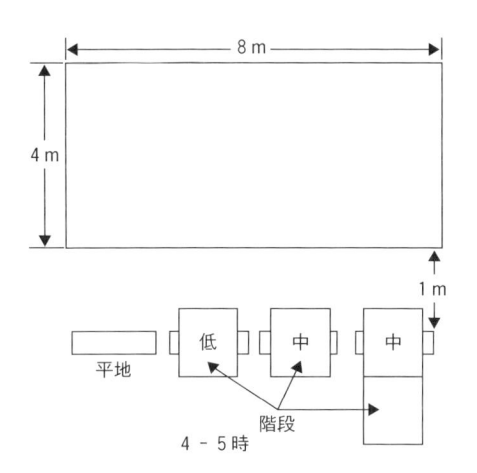

図3-29　階段走り幅跳びの学習の場の設定例[2]

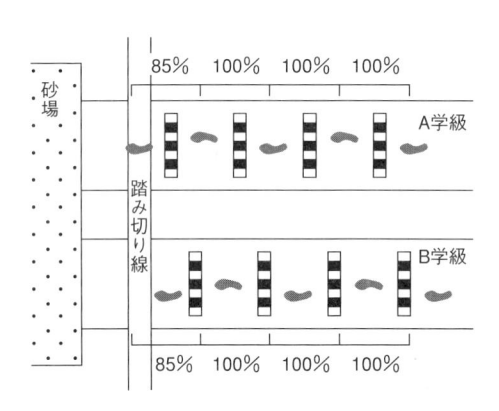

図3-30　横木走り幅跳びの学習の場の設定例
　　　　（A学級の方が良い）[3]

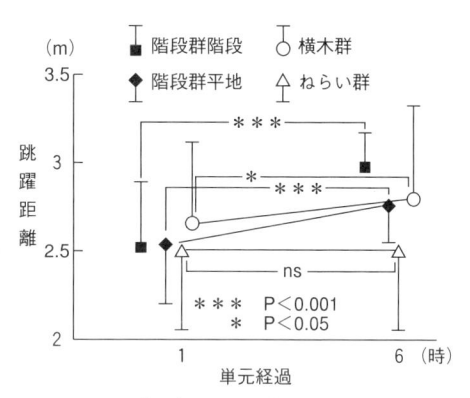

図3-31　単元前・後の最高跳躍距離の変化[2]

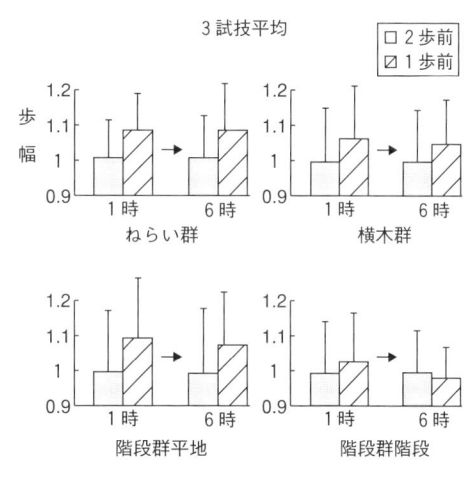

図3-32　踏切り手前の歩幅調節の群別比較[2]

後に有意に向上したが，ねらい群は変化しなかった（図3-31）。図3-32は踏み切り2歩前と1歩前の歩幅を示したものである。階段群と横木群はともに階段や横木を使わずに普通に跳ばせた場合に，練習後で2歩前と1歩前の差が減少したが，ねらい群は変化がみられなかった。

階段群が階段を用いて跳んだ場合（右下の階段群階段），練習後に1歩前の歩幅が短くなり，これが階段なしで普通に跳んだ場合にも効果として現れたと思われる。このように歩幅を測定するという簡単な方法で，授業の効果を調べることができる。

文献
1) 梅野圭史,林修,辻野昭(1991)学習課題の組織化とその展開（その2）：6年・走り幅跳び,体育科教育39(10)，p76-79.
2) 後藤幸弘、五十嵐善彦、稲葉寛、本多弘子、松下健二(2002)走り幅跳びの学習指導に関する研究,実技教育研究16,p13-30.
3) 梅野圭史,新井浩一,塩谷嘉六,門谷浩,辻野昭(1992)学習課題の組織化とその展開(その4)：6年・走り幅跳び,体育科教育40(2),p72-77.

2．機能解剖学

上　勝也（機能解剖学）

keyword 骨格筋，スポーツ動作，筋活動，機能解剖学

1 スポーツ種目別に良く使用される筋を知る

　私たちの身体には400種類以上の骨格筋があり，それらは，それぞれ関節を動かし様々なスポーツ活動の動作を生み出すための原動力となっている。スポーツ種目を教える際に，指導者が知っておかねばならない機能解剖学に関連した知識は，「数多くある筋の中でそのスポーツ種目に良く使用される筋はどれか」である。そこで「スポーツ種目別ワンポイントトレーニング」[1]から，短距離走，水泳，バレーボール，バスケットボールで見られるいくつかの動作と筋活動との関係について見てみよう（図3-33）。

❶短距離走（スタートダッシュ動作と筋活動）[1]

　短距離走のスタートダッシュ時には，まず上体を前傾させた姿勢で，股関節伸展筋群（大殿筋，大腿二頭筋）と膝関節伸展筋群（大腿直筋，外側広筋）が主に推進力を発揮する。スタート直後は外側に足を接地するが，股関節を外転する中殿筋も補助的に推進力を発揮する。足関節底屈筋群（下腿三頭筋）は推進力を地面に伝えるために働く。もも上げには股関節屈筋群（大腿直筋，腸腰筋）が働き，姿勢保持には背筋，腹筋，腸腰筋，内転筋などが働く。

❷水泳（クロール動作と筋活動）[1]

　クロールのストローク動作に関わる筋は，大円筋，大胸筋，広背筋，上腕三頭筋，上腕二頭筋と尺側手根屈筋である。また，水を後方へ動かした腕は水面上を前方へとリカバリーしてゆくが，この動作では三角筋と僧帽筋が働く。またキックでは大腿直筋とハムストリングが働く。

❸バレーボール（助走無しスパイク動作と筋活動）[1]

　ネット近くに上がったボールを助走なしで，できるだけ高い打点で，かつコンパクトな動作でスパイクするときには，ジャンプ動作の主働筋である大腿直筋と外側広筋が活動する。さらにスパイクのためのバックスイングや上体の捻転動作に伴う両脚の後方への屈曲（大腿二頭筋）が起こる。

図3-33　スポーツ動作と筋活動
（A：短距離走，B：水泳，C：バレーボール，D：バスケットボール　浦井久子 女史が作図）

❹バスケットボール（ワンハンド・ショットの動作と筋活動）[1]

右手ショットをする場合は右足を少し前に出す。ボールの中心を右手の中指と人差し指で支え5本の指先でグリップし，もう一方の手は添えるようにする。ややボールを前に出した構えからいったん額の位置にボールを引き（上腕二頭筋，撓骨手根屈筋が働く），その反動を利用して肘関節を伸展（上腕三頭筋が働く）しながら肩関節を屈曲（肘を前へ持ち上げる：三角筋，僧帽筋が働く）する。そして，手関節はボールのリリースとともに掌屈（総指伸筋）する。その際，下肢の屈曲・伸展動作も協調的に行われる。

2 まとめ

スポーツ活動の原動力は骨格筋の活動により生み出されるが，ここではスポーツ種目別に主に使用される筋はどれかを見てみた。機能解剖学の知識があれば，特定のスポーツ活動で主に働く筋が身体のどこにあり，その筋がどのようにして，そのスポーツ動作で機能するのかを知ることができる。特定のスポーツ動作に直接的かつ間接的に働く筋群が分かれば，より効果的な準備運動や整理運動を指導することができたり，さらにそれらの筋群をトレーニングすることでパフォーマンスの向上をもたらすことができるだろう。このようにスポーツ活動を科学的・効果的に指導するためには，機能解剖学を学び，さらにそれらを体育指導の現場で実践することが大切である。

文献
1) 伊藤章, 高本恵美, 栗山佳也, 神﨑浩, 川島康弘, 田原宏晃, 梅林薫, 浅井正仁, 中井俊行, 木村準, 伊藤美智子, 岡村浩嗣（2005）スポーツ種目別ワンポイントトレーニング, 大阪体育大学.

参考図書
1) 福林徹監修, 中村千秋, 渡部賢一監訳（2001）動きでわかる解剖と機能, 初版, 医道の日本社.
2) 栗山節朗監修, 中村千秋, 土屋真希翻訳（2001）身体運動の機能解剖, 2版, 医道の日本社.

3. 生理学

松村新也（生理学）

Key word　疲労, ATP, ホメオスターシス, 睡眠

保健体育の授業に生理学の知識をどのように生かすかを，疲労を例にとって述べてみる。

1 疲労とは何だろう。

疲労といえば肩こり，筋肉痛そして仕事の能率の低下などマイナスのイメージが付きまとう。しかし疲労とは生理学的現象であり，病的状態ではない。疲労は作業を継続的に行うときに現れる現象で，その作業を続行することがいやになる特殊な感情が生ずる。疲労は大別すると精神的疲労と肉体的疲労，中枢性疲労と末梢疲労，急性疲労と慢性疲労，局所疲労と全身疲労になる。

2 スポーツ疲労

スポーツでの疲労は疲労のプラス面（陽性疲労）と考えられ，体力の向上や健康づくりとしてトレーニングを実施すれば必ず現れる現象である。なぜならトレーニングと疲労の繰り返しで健康づくりや体力の向上がなされるからで

る。疲労の出ないような軽い運動プログラムではトレーニング効果は現れにくく，効果を出すためには，ある強度以上の運動負荷を加えねばならない。これを過負荷の原理（オーバーロード・プリンシプル）と言い，その後体力の著しい増強が期待でき，超回復（スーパーコンペンセイション）をもたらす。疲労の特徴はスポーツや労働の結果として現れる現象であり，身体的または精神的な作業を中止すればもとの状態にもどることである。ちなみに疲労の定義は「病気以外の原因によって作業能力が一過性に低下した状態で，多くの場合に疲労感を伴う現象」である。疲労は客観的には作業能力の低下，主観的には疲労感の惹起として示される。疲労は健康なら2～3日で回復する。しかし回復しないままにトレーニングあるいは作業を続けていると疲労が蓄積され，ついに疲労から抜け出せず病的状態におちいる。これを慢性疲労（オーバートレーニング症候群）と言う。

3 スポーツ疲労の本態

疲労の本態はそのあらわれ方やメカニズムが複雑であるが，今日言われている疲労の原因説をあげる（図3-34）。

❶エネルギー源の消耗（枯渇）による疲労

スポーツや労働に必要なエネルギー源の消耗によって疲労が起こるという説である。すなわち，筋肉内のグリコーゲンや血糖値の低下により疲労を説明しようとする説である。筋収縮の直接的エネルギー源はアデノシン三リン酸（ATP）である。運動時のATP産生機構は酸素を必要としない無酸素性エネルギー産生機構と酸素を必要とする有酸素性エネルギー産生機構とがある。前者は，非乳酸性エネルギー産生機構（ATP-CP系）と乳酸性エネルギー産生機構（乳酸系）とに分けられる。ATP-CP系では，100mの全力疾走，跳躍，投てきなどの10秒前後で終了する瞬発的な運動時のエネルギー産生機構である。従って，この極めて激しい運動時の疲労はATP-CPの欠乏によると考えられる。この機構のエネルギー供給が不足するとグリコーゲンの動員が始まる。乳酸系は無酸素状態で解糖によりグリコーゲンを分解してATPを産生する機構であり，同時に乳酸が生成される。乳酸系は200～400mの全力疾走のように1分以内の高強度の運動時の主要なエネルギー産生機構である。乳酸が筋肉中にある程度蓄積されると，筋の運動遂行が不可能になる。したがって，1分以内の激しい運動では，筋グリコーゲンの枯渇と乳酸の蓄積が疲労の源である。有酸素系は数分から数時間に及ぶ持久型の運動時にATPを供給する機構である。有酸素型は酸素の十分な供給のもとで，TCAサイクルおよび電子伝達系を利用して，グリコーゲンを炭酸ガスと水とに分

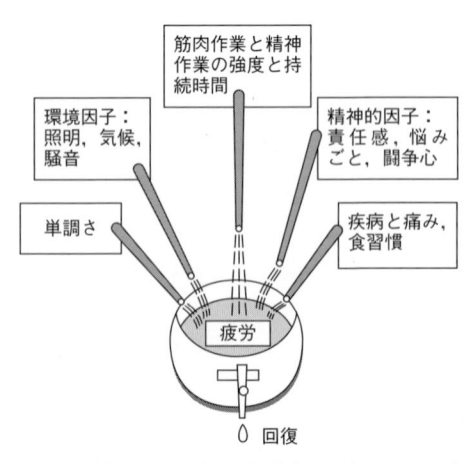

図3-34 疲労原因とその除去（グランジェン，1968）

解する間にATPを産生する機構である。ただしマラソンのように長時間に及ぶ運動では肝臓その他の組織や血液グルコースや脂肪の分解によるエネルギー供給も加わる。しかし，エネルギー産生速度は遅い。従って，持久性を必要とする運動での疲労は，グリコーゲンや血液グルコースの低下によって生じると考えられる。

❷疲労物質の蓄積による疲労

この説は特殊な代謝物質が体内に蓄積されるために疲労が生じるという説である。

乳酸の蓄積がある一定水準に達すると筋活動が起こらなくなるから疲労の原因は乳酸の蓄積と考えられた。しかし，乳酸は無酸素運動時には産生されるが長時間の運動強度の軽い運動では生成されない。さらに薬品で中毒された筋では乳酸産生無き筋収縮が起こる。このような事実から疲労物質は乳酸だけでなく，クレアチンリン酸，焦性ブドウ酸などが考えられている。

❸内部環境の失調による疲労

これは生体の内部環境が一定に保たれないとき，つまり恒常性の維持がくずれたために疲労が生じるという説である。内部環境の調節は，ホルモンによる体液調節と自律神経系による神経調節が大きな役割を果たしている。しかし，ストレスが一定の限界以上強く作用した場合，恒常性の失調が生じ，疲労が出現する。

4 疲労からの回復と予防

疲労の原因を確かめて対応する必要がある。疲労の原因が主にエネルギーの枯渇にあると考えられる場合は，その補給が必要となる。急性疲労の場合，糖分の補給とその代謝に必要なビタミンB，ビタミンC，水分，電解質の摂取も必要となる。疲労物質の蓄積による場合はその排除が必要となる。そのためには血流を促し新陳代謝を高める必要がある。すなわち，入浴，軽い運度，マッサージ，ストレッチなどが効果的である。ストレスにより失調した内部環境の回復には，リラックスすることが大切であり，積極的休息として専門外の種目を取り入れることも有効である。

以上，疲労の回復方法は原則として副交感神経の支配によって行われるものであり，特に睡眠は最も有効なものと考えられる。また予防のためには，起床時の心拍数（普段より毎分10拍以上増加していれば疲労状態を表している），体重変動，食欲の低下，自覚症状などが疲労の指標となりうるので注意深く観察していくことが大切で，健康の維持増進や記録の更新のためには重要と考えられる。

文献
1）矢部京之助著（1993）疲労と体力の科学，第19版，講談社，p53.

4．測定・評価 —体育・スポーツ活動における測定・評価—

中井俊行（測定・評価）

keyword 客観的，数量化，体力，技術

自分はどれだけ速く，高く，遠く，正確に，上手に身体を動かすことが出来るのだろうか？どこが良くて，どこが悪いのか，何をしたらもっと良くなるのだろうか？生徒・選手はいつもこんな疑問を持っているのではないだろうか。また，指導者はどうすれば彼らの体力や技術などが向上するだろうといつも考えている。それらを解決するための資料として測定・評価が用いられる。

1 測定と評価の関連

測定とは「重さ，距離，時間，などを一定の

単位で数えること」である。また、評価とは「一定の価値基準に照らして判定する過程」をいう[1]。体育・スポーツ活動において指導者は、これらを用いて運動プログラムを作成し、生徒や選手の体力の向上や技術の上達などを促すこととなる。

「ＡＢ２名で走りの競争をしたところ、ＡがＢよりも速く目標に到達した」これを、測定すると、「10歳男子のＡＢ２名で50ｍ走の競争を行ったところ、Ａは8.2秒、Ｂは8.7秒であった」となる。このように客観的に数量化することにより、より知識が厳密になる。しかし、これだけではこの２人の差は理解出来るが、10歳男子としては速いのか遅いのかわからない。同じ条件の集団で同じ測定を実施し、平均や標準偏差がわかっていればどの程度速いのか遅いのか判断がつきやすくなる。どの程度のものか、究極の目標に対してどのくらいクリアしているのかを把握し、次なる手段を試みるのである。図3-35のようにくり返すことで向上をねらうのである。よって、測定は評価をするための資料を提供する役割を担っているといえるであろう。

2 測定・評価の時期とその役割

体育・スポーツ活動の指導現場において測定・評価を行う時期は指導前、指導過程中、指導後の３つが考えられる。

指導前に行う目的は、生徒や選手の実態を知ることにより指導計画を立案し、一人一人へ対応するための基礎的資料を得ることなどにある。

指導過程中に行う目的は、指導内容の調整や生徒や選手の自己を高めたいという意欲をかき立てるなどに期待することにある。

指導後に行う目的は、最終的な指導の成果を知ることと以後の指導法改善に役立てることなどにある[2]。

3 測定・評価の効果

体育・スポーツ活動において測定結果により評価することは、以下のように指導者および生徒や選手の双方に有効な働きをもたらす。

指導者側としては、①適切な計画を立てることができたか、②適切な教材の選択ができたか、③適切な方法を実施できたか、などの事柄を検討する材料を得ることができる。

生徒や選手側としては、①体力、運動能力、技術、学力などの現状を知ることができる、②向上したいという意欲を持つことができる、③お互いを評価することにより仲間づくりに役立つ、などである。

4 おわりに

体力や技術といった要素を数量化することにより客観的な知識を得て、何が優れていて何が劣っているのかを把握したうえで、運動プログラムを提供することが体育人の大いなる役割である。

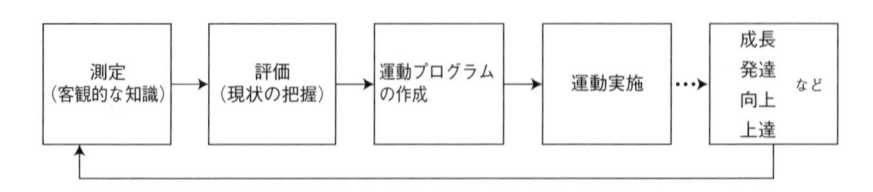

図3-35 体育・スポーツ活動における測定・評価の役割（筆者作成）

文献
1) 松井三雄,水野忠文,江橋慎四郎(1957)体育測定法,第21版2刷,杏林書院・体育の科学社,p1-5.
2) 野口義之,日丸哲也,永田晟(1986)体育の測定・評価,初版,第一法規出版,p201-244.

5. トレーニング

梅林　薫（体力トレーニング論）

Key word　トレーニング，5原則，体力，技術

1 トレーニング

トレーニング（training）とは，train の名詞形であり，「適切な運動刺激によって，より良い方向へ引っ張っていき，人間を変えていくこと」だといわれている[1]。スポーツを行い，よりよい達成力を得るためには，一般的には，①体力，②技術，③戦術，④意志，⑤理論のトレーニングが必要となってくる。この5つの要素をトレーニング中にバランスより組み込んでいくことが大切となる。

❶体力のトレーニング

スポーツは，身体がエネルギーを発揮して動くことによってなされるものであり，トレーニングの中でも根幹をなすものである。スポーツ種目によっても必要とされる体力的要素も違ってくる（マラソンと投擲種目など）。また，体力の向上については，身体の発育発達に大きく影響をしており，トレーニングに適した時期にトレーニングを行うことも重要である。

❷技術のトレーニング

種々のスポーツには，それぞれ特有の身体の動かし方，すわなち技術がある。この善し悪しによって，スポーツの達成力を決定づける。体力もこの技術を発揮するためにも必要なものである。また，この技術は，神経－筋の協調作用が大きく影響していることを考えると，神経系の発達の著しい時期（6歳～12歳）に，技術のトレーニングをしっかりと行うことが重要となる。

❸戦術のトレーニング

自分の持っている技術，体力を相手との関係で，いつ，どこで，どのような技術や体力を発揮すればよいかという，"かけひき"が必要となってくる。これが，戦術であるが，日ごろの練習はもちろんのこと，いろいろな状況を想定したり，環境を変化したりして向上させていくことが重要となってくる。

❹意志のトレーニング

すぐれた体力や技術があっても，強い意志力がなければ，相手に対して優位になることはできない。また，日ごろの練習に対してもより高いレベルのトレーニングを継続していくためにも，強い意志力が必要となる。このように，意志力のトレーニングも体力・技術と合わせて，高めていくことも必要となる。

❺理論のトレーニング

そのスポーツの特性（技術，体力，ルールなど）や戦術，そしてそのトレーニング法などの知識を身につけることも大切である。ただ指導者の言われるままではなく，自分自ら，理論的にも理解し，目的と意欲をもって，練習に取り組むことができれば，その効果は，倍増するものといえる。

2 トレーニングの原則

スポーツ選手の体力づくりのみならず，一般人の健康づくりのためのトレーニングを行ううえで，重要な5つの原則がある。これらの原則を念頭におき，しっかりとしたトレーニング計画を立て，練習に励んでいくことが，より良いパフォーマンスが築かれる。

❶全面性の原則

トレーニングは，1つの種目ばかり行って，片寄った身体をつくるのではなく，オールラウンドな身体づくりが必要であり，それに加えて心身共にバランスがとれた"人間づくり"がその大きな目的といえる。技術だけの練習に片寄ったりするのではなく，先ほどの5つの要素をバランスよく考え，トレーニングを進めていくことが大切である。

第2章　学校における教育

❷自覚性の原則

　トレーニングに対する意識のことで，意識性の原則とも呼ばれる。トレーニングとそれによって期待できる身体の変化を理解したうえで，どのような意図でトレーニングをしているのかを自覚して行われなければならない。他人の指示だけで，目的を持たないまま身体を動かすことは，トレーニングの効果を半減するものである。

❸漸進性の原則

　トレーニングを行ってしばらくすると，初めは，つらく感じたものも次第に楽に感じるようになる。これは，トレーニングの効果が養われている証拠でもある。もし，そのままのトレーニング（強度×時間）を続けているとトレーニングの効果は得られなくなる。よって，個人の持っている能力に応じて，トレーニングの質，量を徐々に増加させていくことが重要である。

❹反復性の原則

　どんなトレーニングも1回だけでは，効果が上がるというものではなく，くり返し練習していくことが必要となる。この反復の刺激が，身体にトレーニング効果を生じさせるので，適当な休養をはさみながら，練習を反復することがトレーニングの基本となる。

❺個別性の原則

　人の顔，形態，声が一人ひとり違うように，体力も人によってすべて異なる。トレーニングは，個人の性，年齢，体力，健康，生活環境およびスポーツ歴などを十分に理解したうえで，実施されなければならない。とかく全体を一斉に扱うことが多いが，練習の形式は同じであっても，個人の能力や特徴に応じて，グルーピングも考慮しながら，練習内容を考える必要がある。

文献
1）浅見俊雄(1985)スポーツトレーニング，朝倉書店．

参考図書
1）豊岡示朗他(2005)体力トレーニング論ノート．
2）日本体育協会監修，松井秀治編(1981)コーチのためのトレーニングの科学，大修館書店．

6. 体力科学

宍倉保雄（体力動作分析法）

keyword 酸素摂取量，心拍数，運動強度

　ヒトが運動を行っているとき，あの子は「足が速い」とか，ボールを投げたとき「肩が強い」，または「力が強い」などは外から観察された動きを他の者と比較することによって経験的に把握することが出来るが，実際にどの位の速度で走っているのか，どの位のスピードでボールを投げているのか，またどの位の力の強さ（筋力）なのかは，測定しなければ知ることはできない。

　したがって，体育・スポーツの現場においても50m走や1500m走のタイムを計ったり，遠投力を調べたり握力や背筋力などの筋力測定をし，客観的な数字として比較することが日常的に行われている。

　しかしさらに踏み込んだデータを得るには，ビデオ撮影や筋電図を併用した総合的な動作分析や，持久性能力の指標である**最大酸素摂取量**(※1)や**心拍数**(※2)などを調べることが重要となる。

1 酸素摂取量と心拍数

　冬季にはよく校内マラソン大会が開かれ，体育の授業にも持久走が多く取り入れられてい

る。体力要素の1つである持久性能力を分析するには，トレッドミルや自転車エルゴメータなどを用いて運動の強度を段階的に上げながら，疲労困憊まで追い込み1分毎の酸素摂取量や心拍数を測定しなければならない。

しかしながら，これらを測定するには特別な機器が必要で，通常の体育・スポーツの現場では測定が困難である。幸いにも，心拍数と運動強度（酸素摂取量）との間には直線的な関係があるので，心拍数から運動の強度を大まかに知ることができる。しかも，自分自身で脈拍（心拍数とほぼ同じ）を数えれば簡単に測定できる利便性があり，その測定は，①脈拍を30秒間数え2倍して1分間値に換算する。②ストップウォッチで30拍に要する時間を測定し1分間値に換算するなどの方法がある。

表3-7は運動強度と心拍数の関係を表したもので，20歳代のヒトでは毎分165拍程度の心拍数では最大酸素摂取量の80％の運動強度になる。つまり運動強度としてはかなり強い運動であることが分かる。また一定の運動強度を保とうとするときにはある心拍数のレベルを持続すればよいことになる。50％（心拍数で125拍）程度の軽い運動強度であっても運動時間を30分以上持続すれば中程度の強度になり，70％（心拍数で150拍）であれば中程度の運動強度となり，10分以上持続すれば強い運動強度となる。持久性のトレーニング効果を期待するには，中程度の運動強度になるよう心拍数と運動時間を決定するのが最も無理がないことになる。

広田ら[2]は，大学の体育実技のゲーム中のゴール型種目（ハンドボール，サッカー，バスケット）においては170拍前後と比較的高く，ネット型種目（テニス，卓球，バレーボール）では130～140拍の心拍数であったが，バドミントンは170拍と高く強い運動強度であることを報告している。

以上の値を参考にして，体育授業における運動強度を脈拍数から知ることによって，運動量と強度が適切に行われているかなどの教師側の自己評価と生徒自身の運動欲求が満たされているかの指標として用いることができる。

表3-7 主な運動強度に対する年齢別心拍数

強度＼年齢	20～29	30～39	40～49	50～59	60以上
100%	190	185	175	165	155
90	175	170	165	155	145
80	165	160	150	145	135
70	150	145	140	135	125
60	135	135	130	125	120
50	125	120	115	110	110
40	110	110	105	100	100

（体育科学センター[1]，1976）

2 おわりに

学校体育の授業のなかで心拍数（脈拍数）を数えるだけでおよその生理学的運動強度を知ることができることを説明してきたが，心拍数は個人差・年齢差・環境などの影響を受けやすいので，その点に留意したうえで見れば心拍数は運動強度を知る1つの目安になろう。

文献
1) 体育科学センター編(1976)健康づくり運動カルテ，講談社，p65.
2) 広田公一他(1973)大学正課体育実技の教育効果に関する研究(6)正課体育実技における各種スポーツゲーム実施中の心拍数変動について，東京大学教養学部体育研究室体育学紀要，7，p1-6.

（※1）
「最大酸素摂取量（maximum oxygen uptake）」
動的作業の際に人体が摂取できる酸素量の最大値をいう。心臓，循環，呼吸，代謝の能力を評価する最も確実な判定基準。

（※2）
「心拍数（heart rate 略してHR）」
心臓の1分間あたりの拍動回数をいう。

7. 体育経営管理学

冨山浩三（スポーツ経営学）

keyword　学校体育経営，課外活動，部活動，体育的行事，運動遊び

1 学校体育と経営

　経営とは，"「人（指導者やスタッフ）」「もの（施設や設備）」「財源」そして「情報」という"経営資源"を効率的に用いて，組織の目標を達成するための営みである"と定義されることから，学校体育経営とは，学校体育の目的を，教員という人材が，学校体育施設をはじめとする体育施設を用いて，教育のための予算を使って効率的に達成しようとする営みであると言える。

　学校体育においては，授業だけではなく部活動・クラブ活動などの課外活動，体育祭・球技大会などの体育的行事，昼休みや休憩時間における体を使った自由遊びなどの体育的な活動が行われており，これらの活動にはそれぞれ教育上の目的がある。教員や部活動の指導者がどのように関わり，どんな施設をどのように配置するのか，どのように利用するか，どの程度の予算を確保するのか，そしてどのように情報をコントロールするのかを考えることによって，教育目的が最大限に達成される。

2 正課体育

　体育授業の目標や内容は，学習指導要領に規定されているが，主としてスポーツ活動参加による楽しさの体験，体をほぐしたり体力の向上，そして公正で公平な態度形成が大きな目標となっている。学校体育経営は，特定の児童・生徒を対象に，定められた目標の達成を目指して，定められた内容を整備された諸条件の中で実施していくために，一般的なスポーツ経営領域の中でも特殊な領域といえる。しかし指導方法をはじめ指導者の裁量や学校毎の自由度も設定されており，教師や学校の創意・工夫が望まれる。

　計画したことを評価しながらよいものを作り上げていく課程は，PDCAサイクルと呼ばれる。計画（plan）→実行（do）→評価（check）→改善（action）のサイクルを順に実施していくわけだが，計画し実行されたことを単なる評価に終わらずに改善策を見いだすこと（check），そして改善策を次の計画に活かすこと（action）が大切である。

3 部活動・クラブ活動

　学校における部活動は，学校体育現場においては正課の授業と並んで重要な意味を持っており，「喜びと生きがい」「生涯にわたってスポーツに親しむための基礎づくり」「体力の向上と健康の増進」「豊かな人間性の育成」「明るく充実した学校生活の展開」などといった意義が指摘されている[1]。

　部活動の運営に当たっては，それぞれの部で目標を持って日頃の練習や活動に取り組んでいる。部活動の目的にてらして考えると重要なことは，試合や大会で勝利することのみが目的ではなく，試合に臨むまでのプロセス，結果としての"勝敗"を通じてその意味や価値を教育することである。部活動は生徒のスポーツに対する態度や価値形成に重大な影響を及ぼす活動であるだけに，指導者の責任は重大である。また，部活動の目的の1つである"自主的・自発的"と言う点を考えると，すべてを教員が指導するのではなく，部の運営や練習・活動計画立案に当たっては生徒を主体的にかかわらせながらの運営が望ましいと言える。

4 特別活動における体育的行事

　学校では，体育祭や球技大会などの体育的行事が行われている。これらの活動は，「心身の健全な発達や健康の保持増進などについての理

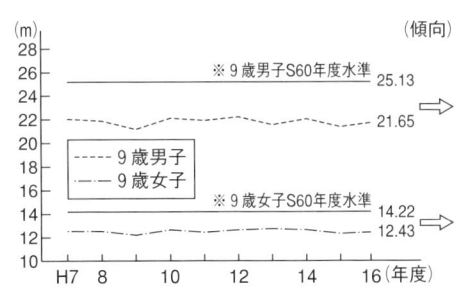

図3-36 小学生（9歳）のソフトボール投げの記録[1]

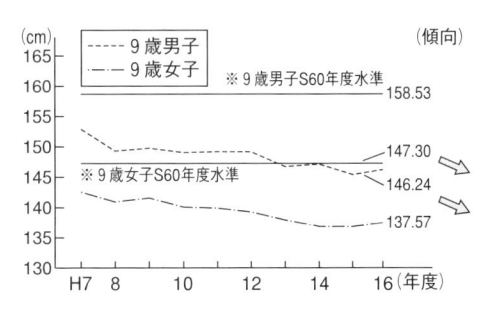

図3-37 小学生（9歳）の立ち幅跳びの記録[1]

解を深め，安全な行動や規律ある集団行動の体得，運動に親しむ態度の育成，責任感や連帯感の涵養，体力の向上などに資するような活動を行うこと」を目的としている。特別活動は課外活動と違って，全生徒が参加することになるわけで，生徒みんなで取り組める種目を設定したり，なるべく多くの試合の機会を設けるなどの配慮が求められる。

5　学校での自由遊び

近年，子どもたちの体力低下が著しい。図3-36には，小学生のソフトボール投げの記録，図3-37には立ち幅跳びの記録が示されているが，昭和60年度の水準と比較していずれの記録も低い水準にある。身長や体重の増加に対して運動能力の低下が指摘されて久しい。その原因の1つとして，テレビゲームなどによる屋内遊びの増加，家族での移動などでも車を用いることが多いために歩かないなどといった，身体活動，身体遊びの減少が挙げられる。学校での休憩時間に積極的に体を動かして遊ぶことは，子どもたちに少しでも身体活動の場を提供するという視点からも重要である。

児童・生徒が積極的に運動遊びに参加するかどうかは，施設マネジメントの視点からのアプローチも重要である。グラウンドの芝生化や，放課後の遊び場開放など，子どもたちが活動したくなるような環境を整備することが重要と言える。

6　学校体育経営の課題

近年の少子化によって，児童・生徒数は減少の一途をたどってきた。児童・生徒数の減少は，教員数の減少でもあり，部活動や体育的行事などの運営には支障が出る場合も見られる。外部指導者の活用などは始められているが，学校の安全性，指導者の質の確保などを含めて，今後さらに議論が必要であろう。

学校体育は，一定の予算と場所の確保された活動であるために，「マネジメント」といった視点は重要度が低かった。しかしながら，「人」「もの」「予算」「情報」といった経営資源は限られており，今後は限られた資源を効率的に活用して，教育上の目的を最大限に発揮させるための「マネジメント」の重要性は非常に高くなる。

文献
1) 文部省(1999)みんなで作る運動部活動，東洋館出版．
2) 文部科学省HP(2004)平成16年度体力・運動能力調査報告書．

参考図書
1) 宇土正彦(1989)体育経営管理学講義，大修館書店．

7 カウンセリング・マインドを持った体育教員

土屋裕睦（教育カウンセリング）

　大阪体育大学には，不登校状態にある生徒や児童が通う適応指導教室において，インターンシップ実習を行う学生がいる。心理的な課題を抱えて修学困難な状態にある児童・生徒を対象に，キャンプの引率や家庭訪問を行っているのであるが，スポーツカウンセリングや教育カウンセリングの知識が役立ったと答える学生が多くいる。同時に，カウンセリングの知識持った学生が，実習先で非常に高く評価されている。このような学生の取り組みを見ていると，今教育の現場では，スクールカウンセラーのような心理学の専門家とはまた別のかかわり方のできる人材が求められていると思われる。すなわちカウンセリング・マインドを持った体育教師である。

1 カウンセリングの理論と技法

❶カウンセリングとは

　カウンセリングとは，「言語的および非言語的コミュニケーションを通して，相手の行動変容を援助する人間関係である」[1]と定義される。いわゆる心の相談や悩み相談のことであるが，その目標は相手の行動変容を援助することにある。たとえば「学校へ行きたいと思っているのに行けない」と悩む生徒に対しては，登校できるように様々な心理的援助を行うことがカウンセリングの目標になる。その相談の仕方はカウンセラーの資質や研修経験，とりわけカウンセラーが準拠しているカウンセリング理論によって様々である。ただし，カウンセリングの本質は「人間関係」であり，生徒に行動変容が起こる（登校できるようになる）には，カウンセラーとの間で深い感情交流（personal relationship）が必要となる。このことは，どのカウンセリング理論においても共通である。そしてその深い感情交流が起こるのは，カウンセラーが以下の3つの基本的態度から，生徒の悩みを理解しようとするからである。

❷カウンセリングの基本的態度

　カウンセリングには，傾聴，共感，受容の3つが基本的態度が求められる。

　①傾聴

　傾聴は文字通り，耳を傾けて生徒の話を聞くことである。ただしその聞き方には特徴がある。ある生徒の相談で，「一生懸命練習してきたのに負けてしまった。コーチは僕の練習態度が悪いと言う。僕は自分なりに頑張ったと思うけど，でも試合では力が出せなかった。もう部活をやめたいと思う」のように語られたとする。日常的な聞き方では「どうして力が出せなかったのか」とか「どんな風に練習してきたのか」のようなことに注意や関心が向くかもしれない。他には「どんな練習態度なのか」「やはり練習態度が悪かったのではないか」のような聞き方もある。最初の聞き方は，聞き手（教師）が問題にしていることに，次の聞き方は生徒の関係者（この場合はコーチ）が問題にしていることに関心が向けられている。それに対して，カウンセリングの傾聴では，話している生徒自身が問題にしていることに焦点を当てて聞く。つまり「一生懸命やったのに負けてしまって，もう部活をやめたいと思っている」ことに関心を持って聞いていくのである。傾聴とはこのようなモードで聞くこと，すなわち「生徒の立場で聞く」ことに他ならない。

　②共感

　共感は生徒の立場に立って，生徒の目線で

key word カウンセリング, 生徒指導, 不登校, ストレスマネジメント教育, ライフスキル

物事を捉え，生徒の立場で考え，感じようとすることである。たとえば「今でも小学校のころのことを思うと……」と言って涙を流した生徒がいるとする。彼女は当時いじめを受けていたと語っていた。このとき，共感するというのはどのようなことであろうか。涙を流していると多くの場合，悲しんでいると受け取りがちであるが，そのように短絡的に考えず，「今彼女はどんな気持ちでいるのだろうか」と一生懸命感じようとするのが共感である。彼女は当時を思い出し，悔しくて泣いているのかもしれない。あるいは当時何もできなかった自分が情けなくて泣いているのかもしれないし，今は友人たちとも仲良くなってほっとして泣いているのかもしれない。自分の固定観念で決め付けず，目の前の生徒に向かい合い「どのような気持ちでいるのだろうか」とカウンセラーが自分自身に問い続けるのが共感である。

③受容

受容は受け入れることである。何を受け入れるか。そうせざるを得なかった生徒なりの気持ちや考えを受け入れることであり，たとえば万引きや喫煙といった問題行動を是認することではない。問題行動は改善されなければならない。ただし，そのような問題行動の背景には，きっとその生徒なりの事情があるはずである。そのような心情を傾聴し，共感し，そして受容することで，その生徒なりの事情が分かる場合がある。つまり，カウンセラー自身がその生徒のおかれた状況で，その生徒の見方・考え方に立てば，万引きや喫煙をしてしまうのもよく理解できるというのが受容である。だからといって万引きや喫煙が許されるということでは決してない。このようにカウンセラーが生徒を理解しようと努めている間に，生徒は問題行動をやめる場合が少なくない。問題行動の背景にあった気持ちがカウンセラーに受け入れられることで，問題行動への衝動がおさまるからである。カウンセリングでは，「させようとするな，分かろうとせよ」が基本である[1]と言われるのはこのためである。

❸3つのカウンセリング理論

カウンセリングといっても，様々な理論や技法がある。これらを，大きく「行動理論（学習理論を含む）」「自己理論」「深層心理学理論」の3つに分けてみると，それぞれは図3-38のように特徴づけることができる[2]。

①行動理論（学習理論を含む）

行動理論に立つカウンセラーは，人間は基本的に学習によって行動が変わると考えており，選手の悩みに対して一定の答え（知識・技術）を提供することが多くなる。たとえば，「学校には行きたいと思っているのに朝になると緊張して行けなくなる」といった悩みに対して，行動理論に立つカウンセラーは，その不適切な緊張状態（ストレス反応）を軽減

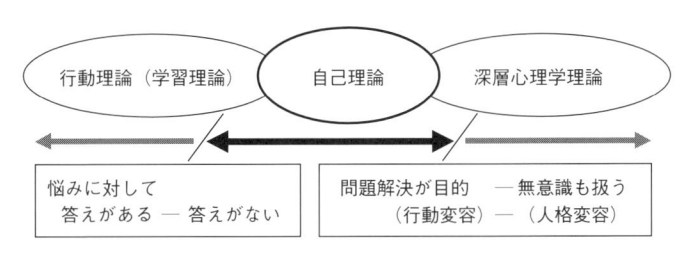

図3-38 代表的なカウンセリング理論[2]

するために，リラクセーションスキルを教えるといったことが中心的な活動になるかもしれない。

②自己理論

自己理論は，心理学者カール・ロジャースの来談者中心療法を基盤にした理論であり，クライアント（相談者）が自己への気づきと洞察を深めることによって自己のあり方を確立していくという考え方である。この理論を拠り所とするカウンセラーは，生徒の主体性を尊重し，生徒のなかから彼（彼女）自身が納得できる答えが出てくるまで，訴えに寄り添って耳を傾けようとする。たとえば，ある生徒が「受験のことを考えると本当にこのまま部活動を続けていくべきなのか」と悩んでいたとしよう。この悩みに対して，カウンセラー側に「続けたほうがいい」とか「部活はやめて受験勉強をしたほうがいい」といった答えがあるわけではない。生徒本人の中からしか答えは生まれないわけであるから，カウンセラーは生徒と一緒に考えていくことになる。したがって先の行動理論とは自ずとカウンセリングの流れや展開が変わってこよう。

③深層心理学理論

最後に深層心理学理論は，無意識の存在を肯定し，人格の変容（成長・成熟）を目指す理論である。先の自己理論が問題にしているのは，基本的には行動の変容であるので，この点が大きく異なっている。たとえば，先の「部活を続けるべきかどうかについて迷う生徒」に，もし深層心理学的な見方をするカウンセラーが会ったとすると，単に問題となっている日常生活や競技場面の行動を解決することのみに注意を向けるのではなく，こころの内面の流れを汲み取ろうとするであろう。たとえば部活動の中では人間関係が大変そうであるし，受験や将来の悩みは非常に大事であることも分かる。しかしその一方で，「なぜこの時期にこういった対人関係のトラブルや将来に対する不安が彼（彼女）に発生するのだろうか」といったことに注目して訴えを聞いていくことになる。このような事例では，カウンセリングの過程で転機が訪れ，当初は八方塞がりに見えた状況が大きく展開する例がしばしば見受けられる。

2 教師に求められるカウンセリング・マインド

❶教師とカウンセラー

これらを教師に当てはめて考えると，行動理論的な人間観を持つ体育教師は，選手の成長を促すために助言やアドバイスなど，指導的なかかわりが自ずと多くなろう。自己理論的な人間観を持つ体育教師では，選手の主体的な解決を支援してゆくようなかかわりが中心になるであろう。他方，深層心理的なものに啓かれた体育教師は，選手の動作に目を向け，身体の訴えなどにも耳を傾けていくような指導やコーチングを展開するかもしれない。このように，体育教師が拠り所とするカウンセリング理論，すなわち人間観や教育観によって，生徒に対する指導や援助の展開が異なっていくと考えてよいであろう。この意味から教師がカウンセリング理論や技法を学び，自身の資質を高めていくことは，とても重要である。

ところで，カウンセラーとはカウンセリングの専門的な訓練を受けた者のことであり，その訓練の内容によって「臨床心理士」「産業カウンセラー」「認定カウンセラー」などの資格がある。他方，教師は，教員免許という資格を持った教育の専門家である。つまりカウンセラーと教師は，いずれも生徒の相談に応じるが，それぞれ別の専門家（プロフェッショナル）である。したがって生徒の悩みに対して対応の仕方が異なるのは当然である。

最近，教師にもカウンセリング・マインドが必要であるといわれている。教師と生徒の関係も人間関係であるので，前述のカウンセリングの基本，すなわち傾聴，共感，受容は，教師の生徒との関わりにおいても有効である。このような接し方のできる教師が，カウンセリング・

マインドを持った教師である。

しかしそれは，教師がカウンセラーの真似をすることを意味しているのではない。教師には教師にしかできない役割や生徒との関わり方があるので，それを放棄してカウンセラーの役割をしたり，カウンセラーのような振る舞いをするのはプロの教師ではない。教科指導や生活指導，運動部指導などは教師にしか担当できない。これらの活動の中でカウンセリング・マインドを持って生徒と接し，生徒と信頼関係を育み，またそれをきっかけにして生徒にポジティブな行動変容を起こすのがプロの教師である。

❷育てるカウンセリングの必要性

教師に必要なカウンセリング・マインドとは，言い換えれば教師にしかできない生徒との関わり，あるいは教師ゆえに効果の上がる相談の仕方のことである。それは何か。「人生誰もが遭遇する問題の解決に苦労している人を援助し（問題解決的），これからも自分で主体的に解決できるよう転ばぬ先の杖を与え（予防的），問題解決を機縁に成長を促す（開発的）関わり」[1]である。

カウンセラーの行う悩み相談が問題への対処を中心とした「治すカウンセリング」であるのに対し，上述の教師の生徒への関わりを「育てるカウンセリング」[1]と呼ぶ場合がある。カウンセラーは専門的訓練の中で臨床心理学や心理療法などを学び，問題行動の治療原理などに精通している。一方教師は，効果的な指導法に関する訓練を受けている。また，カウンセラーに比べて，生徒と様々な場面で交流することができるので，問題を未然に防ぐ，あるいは生徒の問題解決能力を高めるような予防的，開発的な関わりができるはずである。

❸育てるカウンセリングの実際例

育てるカウンセリングとは具体的にどのようなものか。たとえば，生徒にリラクセーションスキルを指導し，生徒が自分の力でストレスをうまく調整できるようにするためのストレスマネジメント教育がある。特に体育の授業では，クールダウンのときを利用して，呼吸法，漸進的筋弛緩法，自律訓練法（あるいは自己統制法）などを紹介すると良い。力を発揮するだけでなく，力を抜く（リラックスする）スキルを身につけさせることで，日常の様々な場面で直面するストレスに効果的に対処することが可能となる[3]。

また生徒の「生きる力」，すなわちライフスキル獲得を目指す授業なども育てるカウンセリングの具体例である。対話のある授業などを取り入れることで，「意志決定スキル（Decision making skills）」や「創造的思考（Creative thinking）」「自己認識（Self-awareness）」などのライフスキルが向上すると期待できる。さらに，学級経営に構成的グループ・エンカウンターを活用し，生徒間のコミュニケーションやソーシャルサポート関係を向上させ，学級崩壊の予防に努めるのも，教師にしかできない，あるいは教師ゆえに効果のある，育てるカウンセリングの一例である[4]。

文献
1) 國分康孝(1980)カウンセリングの理論,誠信書房,p5-8.
2) 土屋裕睦(2005)スポーツカウンセリングとは何か？―スポーツカウンセリングの現状と将来性,コーチング・クリニック,2005-9：6-10.
3) 土屋裕睦(1998)リラクセーション,國分康孝(編集代表)学級担任のための育てるカウンセリング全書7　保健室からの育てるカウンセリング―考え方と進め方,図書文化,p44-47.
4) 土屋裕睦(1999)キーパーソンの発見,國分康孝(編)エンカウンターで学級が変わる　高等学校編,図書文化,p143-147.

参考図書
1) 日本教育カウンセラー協会(編)(2001)ピアヘルパーハンドブック,図書文化.

8 クラブ活動における教育

中大路 哲（特別活動指導論）

1 クラブ活動の変遷

　日本におけるクラブ活動は欧米のそれと異なり，学校体育の中の部活動として発達してきた。明治初期には，札幌農学校の「遊戯会」（1878年）や東京の師範学校の「運動会」（1880年）など現在の体育会や学友会にあたるスポーツ団体も結成されている。

　これらのクラブ活動は，教育課程外の活動（課外活動）として現在に至るまで続けられているのであるが，その教育的意義や効果は早くから注目されていた。そのような中，いわゆる授業として課程内に位置づけられたものではないものの，クラブ活動の教育的意義を文部省が認めたものとして昭和6年（1931年）の「中学校令施行規則」[1]において設けられた毎週2時間の「自由研究」がある。その主旨は，「生徒ノ自発的研究ヲ奨励シ，コレヲ指導スルハ教育ノ要務ナリ。コレヲ似テ生徒ヲシテ其ノ性能，趣味，境遇，志望等ニ応ジテ自由ニ研究スル所アラシメ且ツコレニ対シテ適当ナル指導ヲ施センガ為ニ所定ノ教授時間外ニ於テ毎週二時間以内ヲ課外ノ指導ニ充ツルヲ得ルコトトナセリ」の訓令からもわかるように，生徒の自主・実践的な活動や個を重視した教育であった。これは，学校教育の中に於いてクラブ活動が課程内，課程外を問わず果たすべき教育的役割について端的に述べたものであり，現在でも変わらず重要なことである。

　一方，明治以来，日本の国策であった「富国強兵策」にクラブ活動が受けた影響も大きなものがあった。特に，第二次世界大戦が始まると生徒の自主的な活動から離れて教師主導型の「修練」や「教練」となり，集団行動や軍事訓練にまでも利用されるようになった。

　戦後，クラブ活動の復活は早く，全国大会も昭和21年（1946年）には国民体育大会が京都府を中心に，また，昭和23年（1948年）には高校総合体育大会が福岡県でそれぞれ開催されている。

　教育課程の中においても，昭和22年（1947年）の学校教育法施行規則の中に「自由研究」が登場した。この「自由研究」は，昭和6年の「自由研究」と異なり選択科目ではあったが教育課程内の活動とされた最初のものであり，クラブ活動の形式をとって行われたところが多くあった。その後，昭和39年（1964年）の東京オリンピックを控え，課外のクラブ活動が選手養成的な傾向を強くしていく中，昭和43年（1968年）の学習指導要領の特別活動の中に，全員参加の必修として「クラブ活動」が登場し週1時間行われることになった。その後約30年にわたり，課程内の「クラブ活動」と課程外の「部活動」が平行して存在することとなった。現在，中・高では必修の「クラブ活動」が廃され（小学校では存続している）課外の部活動だけになっている。

　このようにして明治初期に始まった学校教育におけるクラブ活動は，課外のクラブ活動として長く続けられるとともにその教育的意義を認められ教育課程内の活動としても何度か取り入れられてきたのである。

2 クラブ活動の教育的意義

　平成元年（1989年）の中学校学習指導書特別活動編[2]は，クラブ活動の特質を次のようにまとめている。
　①生徒がもっている共通の興味や関心を追求する活動である。

key word 自由研究，少子化，体罰，セクハラ

②原則として学年や学級の所属を離れた異年齢集団による全生徒の活動である。
③教師の適切な指導の下に，生徒の自発的，自治的な活動が行われる活動である。
④学校生活をより充実し，豊かにする活動である。
⑤個性を伸張し，自主性を育て，社会性の発達を図ろうとする活動である。

これらの特質は，②の全生徒の活動であるという点を除けば課外のクラブ活動にも当てはまる特質といえよう。すなわち，課外のクラブ活動は以下の特徴を持つ教育活動であるといえる。

①教科の学習などを通じて生徒がもった興味や関心をその同好の士が集まることによってさらに深く追求しようとする活動である。
②学校における教育活動の多くは学級集団を中心としており同年齢集団である。生徒会活動や学校行事などで学年を越えて活動することはあるが，上級生と下級生が同じ目標に向かって努力することによって密接な人間関係を築き，協力・連帯といった社会性を身につけるにはクラブ活動がより適している。
③選択教科などにおいても生徒の自発的な活動はみられる。しかし，課外のクラブ活動は，参加するか否かは生徒の自由であり，参加動機において強い選択の意志がある。したがって，目標を達成するためには自主的に努力することをいとわず，クラブの運営に関しても自分たちで自治的に計画運営することができる。
④生徒たちが生活時間の最も多くを過ごす学校生活は，教科学習だけで充実するものではなく，いわゆる「教科以外の適切な活動」によってより充実するものである。
⑤生徒一人一人がもっている能力を伸ばしてやることだけでなく，クラブ活動を通じて自分のもっている能力を自分自身で見つけることができる。

さらには，生涯スポーツ，生涯学習の動機付けとしての役割も果たすとともに，近年とみに問題とされている青少年の体力の低下や健康の維持増進にも重要な役割を果たしている。

3 クラブ活動の問題点

このように教育的な意義を認められその効果が期待されるクラブ活動であるが，学校現場では多くの問題を抱えている。

❶組織や制度の問題点

課外のクラブ活動は，学校教育活動の一環として行われる活動であるが，その位置づけはあくまで教育課程外の活動である。したがって制度上は教員の本務とは捉えにくい。しかし，現実にはそのすべての活動は学校の管理下におかれ，指導は教職員が中心になって行っているのである。

❷教師の問題①

クラブ活動が教育課程外の活動であることから，もともと顧問の引き受け手がないという問題があった。特に近年は，少子化の影響から若手教員の採用が難しくなり，教職員数の減少と教師集団の高齢化という問題も抱えこの傾向が強くなっている。さらに，生徒たちの強くなりたい，うまくなりたいという欲求に答えられるだけの専門的知識を持った指導者も不足しており，専門的知識を持った指導者の転勤に伴い廃部に追い込まれるクラブもある。

❸教師の問題②

顧問不足の問題を抱える一方で過熱指導の問題もある。もともと学校教育におけるクラブ活動は，教師個人の熱意に支えられてきたことは事実である。しかし，熱心さのあまり勝利至上主義に陥り，過度の精神主義や土日も休まない

非科学的な長時間練習，それによるスポーツ障害やバーンアウトなどが大きな問題となっている。

❹教師の問題③

学校のクラブ活動をうまく運営する場合，生徒の強い欲求や教師の熱意，保護者の熱心な協力などが欠かせない要素である。しかし，それらが行き過ぎるとそのクラブが学校の中でも特殊なクラブとなり，他の教師が踏み込めない非常に閉鎖的な集団になるおそれがある。部の私物化による金銭問題，体罰やセクシュアルハラスメントなどの問題はこのようなクラブから発生しやすく，常に開かれたクラブ経営をしなければならない。これからは，「オレについてこい」式のカリスマ性を持った指導者より，生徒と一緒に考え生徒の立場に立って指導していく「プレイヤーズコーチ」式の指導者が望まれる。

❺教師の問題④

体罰は，「校長および教員は，教育上必要があると認めるときは，監督庁の定めるところにより，学生，生徒および児童に懲戒を加えることができる。ただし，体罰は加えることはできない」（学校教育法11条）[3]と明確に否定されている。しかし，スポーツ現場では，「愛のムチ」の名の下に行われることが多い。指導者の思いがうまく伝わらないのは指導力の不足であり，それを体罰で補い，「勝利のため」という言葉で正当化することは厳に慎むべきことである。

❻教師の問題⑤

セクシュアルハラスメント（セクハラ）の問題は近年とみに多くなってきている。これは最近になって増加したというより，被害者の意識が高まり，今までもあった問題が顕在化してきたというべきであろう。学校のクラブ現場では，男性教師による女子部員に対するセクハラが圧倒的に多い。部員と二人きりになるような状況（部屋や車の中など）はできるだけ避け，マッサージなど直接身体に触れる行為も慎むべきである。

❼生徒の問題

クラブ活動への入部は，1990年頃を頂点に低下傾向にある。近年は，高校生でほぼ30％程度で推移している。しかし，生徒数そのものが減少しており，多人数を必要とするチームスポーツではチーム編成ができず「合同部活」形態をとらざるを得ないところもある。また，男子の野球やサッカーなど一部の種目に入部者が偏る傾向もあり，他のクラブの部員不足に拍車をかけている。

文献
1) 杉山重利, 高橋哲夫, 長谷川純三編集(1992)クラブ・部活動指導事例集, 第一法規, p107.
2) 文部省(1997)中学校指導書特別活動編, ぎょうせい.
3) 体育・スポーツ指導実務研究会監修(2001)体育・スポーツ指導実務必携, ぎょうせい, p79.

参考図書
1) 森川貞夫, 遠藤節昭編(1989)必携スポーツ部活動ハンドブック, 大修館書店.

第3部 第3章

社会におけるスポーツ教育の可能性

1 スポーツ指導者「コーチ」のための教育論

坂本康博（コーチング論）

1 日本の教育

　日本の教育を辿ると，江戸時代より武士階級の教育はもちろんであるが，寺子屋に代表される教育機関が存在し，庶民にも読み・書き・算盤を学ぶチャンスがあった。

　江戸時代末期，アジア地域は世界の列強国の植民地政策に翻弄され，日本もその波に飲み込まれようとしていた。このような世界情勢の中での明治維新（1867年将軍徳川慶喜の大政奉還から，1868年明治天皇の王政復古宣言，江戸幕府の倒壊を経て，明治新政府成立に至る一連の統一国家形成への政治改革過程）の成功は，列強国の植民地化を免れ，短期間のうちに新たな国家として生まれ変わった。その大きな要因の1つに識字率（15歳以上人口に対する，日常生活の簡単な内容についての読み書きが出来る人口の割合）が挙げられる。

　明治維新当時（1860年代～）の識字率は，男性で50％，女性で15％と推定される。ちなみにロシア革命当時（1917年）のロシアは20％，文化大革命当時（1966～1977年）の中国では15％と言われている[1]。

　日本政府は明治5年（1871年）学制を公布し，全国的に学校を設置し義務教育の制度を確立し教育の普及に努めた。その中で体育は身体の健康，身体の健全な発達を促す役割を担うと同時に，兵隊のための身体強化の目的を併せ持ち「体操」を中心に実施されてきた。

　日清戦争（1894～1895年），日露戦争（1904～1905年）に勝利した日本ではあったが，第二次世界大戦に参戦し1945年に敗戦。焦土と化した日本は，幾多の困難を乗り越え驚異的な勢いで復興を成し遂げ，現在では周知の如く世界有数の国家として世界に位置している。

　その要因は数々挙げられるが，その中の1つは明治維新以来の国策が世界に稀に見るスピードで国民の間で浸透していったことにある。それは識字率（現在の日本では99.8％）の向上，つまり教育の普及と向上にあったとも考えられる。

　しかし，戦後60年を経過した現在，「学力・モラルの低下」が問題にされ，教育の普及と向上によって支えられ発展してきたわが国の凋落ぶりは，学級・学校崩壊，少年・少女の殺人事件，誘拐，ドラッグ問題等々でも明らかなように痛ましい惨状が連日報道されている。

　このように教育の崩壊が叫ばれている現状において，学力・モラルの向上は言うまでもなく，お互いのコミュニケーションを最も必要とする体育・スポーツの役割は益々重要となってきている。

2 スポーツ界の現状

　子どもたちの運動不足，体力低下に加え，少子・高齢化を迎え，国民の健康・医療問題が大きくクローズアップされている。このような社会の動向は学校体育やスポーツ界に大きな変化をもたらしている。

　SSF笹川スポーツ財団（東京・港区）が2001年に行った調査[2]では，全国の10歳から19歳の男女1,358人のうち「体育の授業がつまらない」と回答したのは17％で6人に1人の割合であった。この回答者に，そう感じる理由を挙げてもらったところ，「内容が面白くない」が23％，「運動が苦手」が16％，「先生が厳しい」「力の差が大きい」が13％であった。

　体育の授業内容が面白くない，運動が苦手という子どもたちが増加している。そこには，運動嫌いが増加し，子どもたちの体力低下が進み，

key word 識字率，人権教育，人格教育

将来の日本国家の存亡にも波及しかねない現状がある。

少子化による学校のクラブ活動は2005年度全国中学体育連盟によると，部員不足による他校との合同チームは17種目（19チームとなっているが，全国高校体育連盟の調査によると13種目）94チームに及んでいる。

中学・高校におけるクラブ活動は，スポーツ指導者の減少も影響しその在り方が急速に変化し始めた。指導者不在による学校でのクラブ活動の存続も危ぶまれてきている。

少子化の現状は，学校経営（特に私学）にも大きな影響を及ぼしている。甲子園（高校野球）に代表されるように，各メジャースポーツ種目の学校のクラブ活動における強化は学校経営の一翼を担っている。優秀な選手の獲得によって全国的に知名度を挙げることで生徒数の確保を図ろうとする学校が全国至る所にある。都会では活躍の場が無い，地方に留学してチャンスを掴みたいという子どもたちの願望は理解できるしこれまでも行われてきたことである。しかし，行き過ぎたスポーツ留学が問題視されてきている。

日本高校野球連盟の「野球留学」についての実態調査で，大阪府内の中学から甲子園を目指して，他の都道府県（隣接府県を除く）に"流出"しているケースが最も多かった。1996年から今年まで過去10年間の春と夏の甲子園大会出場校の選手について，他の都道府県の中学出身者をリストアップし，自宅通学が可能な隣接県を除いた延べ人数をまとめた調査がある[3]。その結果，流出が最多の大阪は676人に上り，ついで△兵庫96人△神奈川90人△奈良64人△京都50人—など。逆に，受け入れが多いのは△高知164人△青森，山形118人△宮城88人など。この今回の調査で明らかになった強引な選手の勧誘や特待生の問題について，高野連は2006年11月下旬をめどに指導するべき点をまとめ通達を出す方針であるという。高校野球が日本を代表するメジャースポーツであるが故に話題に取り上げられたが，他のメジャー種目でも同じ現象が起きている。

一方では，地域のスポーツ少年団，総合型地域スポーツクラブ（2003年833団体，2005年7月現在2155団体），スポーツNPO法人クラブ等の設立が増加し（2000年161団体，2005年9月現在1945団体）新たなスポーツへの取り組みが進行している[4]。

日本の企業は，職場の福利・厚生という立場と企業のイメージアップのためにスポーツを利用してきたが，学校スポーツと並んで日本のスポーツ界の発展に大いに貢献してきた。しかし，企業スポーツは景気の動向に大きく左右される。

今，日本の企業スポーツが崩壊しつつある。不況の影響をまともに受け，ここ数年スポーツから撤退する企業が目立つが，朝日新聞社の調べ[5]で1991年から企業スポーツの撤退は，トップレベルに限定しても177チームにのぼることがわかった。内訳は社会人野球が最も多く54チーム。バレー，バスケットといった代表的球技でもそれぞれ20のチームが身を引いた。日本の競技スポーツは学生と企業スポーツが二本柱になっているが，五輪選手団の大半を企業選手が占めるように，国際競争力は企業選手が支えている。「日本の団体スポーツは間もなく崩壊する」（豊田博・日本バレーボール協会専務理事）という悲痛な声すらあがっている。

かつて，景気のよい時代，企業が中学生を高校に進学させ，（もちろん，学費・生活費の援助，栄養費の名目での手当の支給も）卒業と同時にその企業でプレイさせる，いわゆる，「青田刈り」が盛んに行われていたこともあったが，今となっては隔世の感がある。上記の記事から5年経った現在でも企業スポーツ，特に球技ス

ポーツの撤退の兆候は続いている。

　一方，大相撲・プロ野球・ゴルフ等のプロスポーツに続き，1993年には，これまでのスポンサーを前面に押し出したプロスポーツのイメージを一新した地域密着型のプロサッカーリーグ（Jリーグ）が誕生した。2006年にはバスケットボールのプロ化（bjリーグ）が始まった。

　今後，日本のスポーツ界は，職業としてのプロフェッショナルスポーツ，これまでの企業スポーツ・学校スポーツ（現在は死語となりつつあるが，いわゆるアマチュアスポーツ），そして，健康づくり・仲間作りのためのレクリエーションスポーツと細分化された形で，多くの課題を含みながら展開されていくことになる。「コーチ」としての関わり方も，プロコーチ・アマチュアコーチ・ボランティアコーチと様々な形となる。「コーチング」の原理原則は変わらないとしても，取り巻く環境の変化に対応する能力の開発が求められる。

3　コーチの役割

　現在の子どもたちがスポーツに取り組む動機は，楽しいから，面白いから，かっこいいから，うまくなりたいから，友達と一緒にいたいからといったことが挙げられている。そこには，従来の悲壮感は無い。

　コーチの主要な課題は，選手たちを勝利に導くことにあるが，それがすべてではない。勝利に向かって努力する過程の中に多くの教育効果が期待できる。勝利の喜びをみんなで分かち合う。敗戦の悔しさを次に繋げる。苦しいトレーニングを励ましあって乗り切る。自己主張するだけでなく仲間の主張を聞くことで互いに理解しあい，コミュニケーション能力の向上による人格形成等，スポーツを通して多くのものを獲得できる。勝つことだけに固執するのではなく，スポーツに取り組むことによって子どもたちが将来社会生活を送るうえで大切な人間関係を円滑に処理する能力をも養うことができるのである。

　コーチには現場の指導のための，情報収集能力，分析力，場面設定能力，表現力等は不可欠な能力である。そこには謙虚に（オープンマインド）効果的な指導のためにあらゆる知識を吸収する姿勢（好奇心），実行力，情熱，誠実さ，忍耐力等のパーソナリティの向上が必要である。さらに，組織づくり，運営，健康管理，地域や保護者との連携といったチームマネジメント能力の向上も求められる。

　現場での指導が1時間であるとすると，その時間を充実させるために上記に挙げた様々な能力を獲得するために数倍もの時間と労力が費やされることになる。単なる現場指導だけではないことを十分に理解し，コーチ自身が学び続けることとパーソナリティの改善に努めることを忘れてはならない。

　経済的側面が大きな要因ではあったが，これまでのスポーツ施設は，スポーツが出来る平面があればという考え方であり，そこには安全面，衛生面，娯楽面といった要素についての配慮はおろそかになりがちであった。更衣室，シャワールーム，歓談所あるいはそのスポーツを観る・応援するための場所といった付属施設についてはなおざりにされてきた感がある。スポーツに対する関わり方は，これまでのスポーツをするだけでなく，スポーツを観て応援し楽しむといったように多様化が進んでいる。したがって，総合的な観点からスポーツそのものを捉え直す必要がある。

　そこには，体育という捉え方だけではなく，解剖学・生理学・社会学・心理学・経済学・マネジメント…といったあらゆる方向からのアプローチが必要になる。そこにトータルなスポーツという捉え方がなされ，世界で認知されている「スポーツ文化」が形成される。このような意味において，日本ではスポーツ文化は未だ発展途上にあると言わざるをえない。上記のように，これからのコーチの役割は，指導現場に出てコーチングを行うことはもちろんであるが，コーチングを取り巻く状況が多岐にわたること

を理解しなければならない。

4 より良いコーチになるために

単にそのスポーツを知っている。そのスポーツを経験した。ということだけでは指導に限界がある。若者を大人にし，紳士・淑女にするためには，コーチングに関わるあらゆる知識を吸収し，智慧（知識の集積ではコーチングは出来ない。知識を基に現場で使える対応力が必要）に変える努力が必要である。

社会情勢の変化により，スポーツを行う場が学校体育から地域のスポーツクラブへと移行してきている。従来の教育を前面に立ててきた学校体育に対して，スポーツクラブには教育はもちろんのことであるが，存続のための営業活動すなわち利益追求という側面が存在する。人材を集め組織を作り，財源を確保し設備を充実させ，それに見合うコーチングをしていかないとクラブ会員の獲得は困難である。コーチングのテクニックだけではクラブの存続自体が危ぶまれる。マネジメント能力の開発にも大いに力を注ぐ必要がある。

選手にとって，特にジュニア世代においては，コーチは憧れの的である。指導の場でも，社会生活においても選手の見本となるような態度・行動が重要である。

第二次世界大戦後の教育，いわゆる戦後教育は「人権教育」に重点を置いてきた。

たとえば，健康で文化的な最低限度の生活を営む権利・自由に生きる権利・平等の権利・人間らしく生きる権利・教育を受ける権利・スポーツをする権利等，～をする権利のオンパレードである。しかし，そこには公共の福祉に反しない限り・権利の行使に対する義務を果たすという条件が明確に記されているが，そのことを余りにもなおざりにされてきた感がある。

その結果，個人の権利の行使には大変熱心であるが，公共のために・他人のためにといった行為には無関心を装う個人が増え続け，自分さえ良ければいった風潮が今日の社会の現実であり，スポーツの現場にも及んでいる。

若者にスポーツを介して指導するコーチにとって，これからは，スポーツ・コーチングだけでなく，「人格教育」にも重点を置くべきである。そのためには，コーチ自身の人格（パーソナリティ）の向上が求められる。たとえば，リーダーシップ・身だしなみ・正直・勤勉・信頼性・情緒的安定・忠実・忍耐力・責任感・創造性・協調性・教養・自己鍛錬等々，数多くのパーソナリティを磨いていかねばならない。

指導を受ける若者にとっては，指導現場に立つコーチ自身が「鑑」であることを肝に銘じて。

文献
1) 桑原武夫編集　世界の歴史／フランス革命とナポレオン, 中央公論社.
2) 読売新聞2005年10月25日　教育ルネッサンスNo186.
3) 読売新聞2005年10月20日
4) SSF笹川スポーツ財団(2001)スポーツNPO法人に関する調査報告.
5) 朝日新聞2000年8月7日

2 スポーツ指導者のリーダーシップ

河島英隆（スポーツ心理学）

スポーツ指導の様式（型）は様々で，指導者によって異なる。指導環境にもよるが，指導者の指導観（コンセプト），指導方法，および指導スタンスなどは各人各様であるからである。しかし，いずれにしても対象者・グループの状況を把握し，何が求められているかなどを総合的に正しく認識することが指導者にとって重要である。つまり，「目標の設定，コーチングの内容等は，環境条件にもよるが，基本的には対象者・グループの発達的，技術的成熟度，体力，および目的等を把握した上で決める」[1]というのがプログラム作成，および指導の原則である。また同時に，こうした認識と見極めが指導者の資質として要求されよう。いずれにしても，対象者・グループの声を無視し，指導者の個人的な主観に基づく独善的な指導は是非，避けなければならない。

1 指導者の役割とリーダーシップ

スポーツ指導者は多様な役割を担っている。パフォーマンスを高める過程では，スキル，タクティクス，フィジカル，そしてメンタル・トレーニング等を基本原則に基づいて計画的，合理的に指導しなければならない。さらに，チームづくりやモチベーションの維持・向上等，指導者の役割には限りが無い。また，教育的な機能を果たすことも指導者にとって避けられない。

ところで，「リーダーシップのPM概念」（図3-39）というのがある[2]。PMというのは，集団機能の概念で，これには大きく，P（Performance：目標達成）とM（Maintenance：集団の維持・強化）の2つの機能があるというものである。これによってそれぞれの機能を果たす程度によ

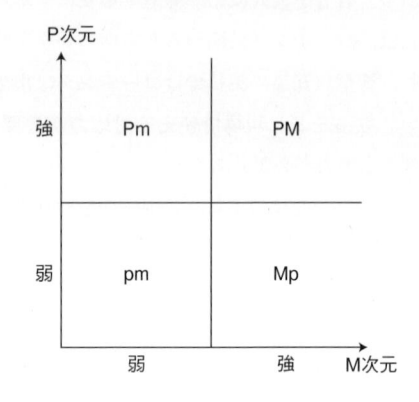

図3-39 リーダーシップのPM概念[2]

ってリーダーシップを類型化している。両方の機能に強くリーダーシップを発揮するのをPM型，P機能は強いがM機能に弱いのをP(m)型，その逆をM(p)型，そして両方ともに弱い，いわゆる放任型のリーダーシップをpm型としている。これで理想的な指導者を描くと多くの場合，PM型であることは明白である。しかし，なによりも大切なことは，臨機応変にこの2つの機能のバランスを図ることが必要である。

また，D．マッグレガーは，X理論とY理論というのを提唱している[3]。人間の本性は先天的に悪であるとする性悪説的な人間観から厳しく管理・指導する必要性があるとするのがX理論である。これに対し，性善説的な人間観によって基本的に自主性に任せるのをよしとするのがY理論である。つまり，指導者の類型はこうした人間観に基づくとするものである。

このように，二分法によってリーダーシップや指導者を類型化することが多い。民主的・独裁（専制）的，指導者主導型・部員主導型，課題達成（プロダクト）型・教育（プロセス）型，率先垂範型・サポート型，等々がその例である。いずれの場合も，基準は指導者の理念や指導法，

|Key word| 指導者の資質，役割，コンセプト，スタンス，PM概念

および関わりとコントロールの程度（スタンス）によるものである。いずれにしても，先述したように2つのバランスを的確にとる器量が指導者に必要といえよう。

こうした類型法は，一般的に指導者の性質からも行われる。鬼（厳格）・仏（寛容），暴力的・非暴力的，人情（ウエット）的・合理（ドライ）的，守旧的・進取的，画一的・柔軟的，天才型・努力型，情熱型・沈着冷静型，行動（実践）的・理論的，等々の例が挙げられよう。

指導者の性質は実に多様なのだが，それが本質的にそうであるのか，必要上の虚像であるかは指導者本人のみが知るところであろう。

2 スポーツ指導者の資質とリーダーシップ

今日，ビジネスの領域においてもコーチングという語が一般的に用いられるようになった。企業において優秀な人材を育成し，効率をよくしようとするコーチングのノウハウがアメリカで開発され，ほどなく日本にも導入されたのである。筆者がはじめてビジネス・コーチングを耳にしたのは2001年11月のNHKの放映であったが，その報道内容は以下のようにまとめることができよう。

1．相手をよく知る（考えを引き出す）
2．期待を伝える
3．話し合って目標を決める（目標を一緒に決める）
4．支援する
5．ほめる。その上で改善点を指摘する

これらは本来，スポーツ・コーチングの原点だと思われるが，このようなスタンスは実際の指導現場ではとかく忘れられているのではないか。スポーツ指導者は，結果を急ぐあまり生徒/選手の切なる声に耳を傾けないケースがしばしば見られる。そのあたりを筆者は，「信念はよし，情熱もよし，しかし指導者の自己満足は許されない。そのスタンスは，チームや選手に応じて違って当然である。時折，指導者のエゴによる横暴，部活暴力等が子どもを追いつめているケースが報じられる。極端な例であろうが，このあたりのつまずきは指導者として許される筈はない」と論じたことがある[4]。

これまで述べたように，スポーツ指導者はたいへん多くの，そして大きな役割を担っているだけにその責任は重大である。その指導者に最も必要なことは「選手/チームをよく観察すること」に尽きる。観察することによって必要な情報を取り入れ，今求められている，またこれから求められるであろう指導者の役割や課題がはじめて明確になる。つまり，観察は次の指導につながるのである。したがってこうした観察力，および観察に基づく洞察力は指導者にとって非常に重要な資質となるのである。ところで，「名選手，必ずしも名コーチに非ず」といわれる。このことは，指導者には資質に加え，指導者としては研鑽を積むことが不可欠の条件であることを示唆している。いずれにせよ，個人の指導理念に固執するのではなく，置かれた指導環境のなかで適切なリーダーシップを発揮し，望まれる指導者であって欲しいものである。

文献
1) 河島英隆編(2002)テニスのカリキュラムと指導法,大同印刷所.
2) 三隅二不二著(1966)新しいリーダーシップ,ダイヤモンド社.
3) D.マッグレガー著,高橋達男訳(1965)企業の人間的側面,産業能率短大.
4) 河島英隆(2000)コーチング・メモランダムⅤ,櫂 第5号,大阪体育大学コーチング系.

3 運動学習とコーチング
―発達段階からの検討―

荒木雅信（スポーツ心理学）

国際的にスポーツが広がりをみせるなか，様々なスポーツ競技で日本人選手が，国内外を問わず広く活躍している。彼らの素晴らしく，華麗なパフォーマンスも，運動学習なしに考えることはできない。本節では，運動学習を成長段階に分け，様々な知見をもとにみていく。さらに，発達理論または運動学習理論から，その時期に応じたコーチングに関しても考察していく。

1 発育・発達

運動学習とコーチングを考える際に，身体的・認知的発達は欠かすことができない。まず，身体的発達には，4つの型が存在する。脳髄およびその各部，頭蓋，感覚器などは神経型で，最初の6年間でほぼ80％以上の発育を完了し，その後ゆっくりと成熟に達する。身長や体重などの身体の測定値，骨格，筋肉，消化器，血流量などは一般型で，第一次性徴期と第二次性徴期が存在する（図3-40）。

次に，動きを覚えるということから記憶と言語の発達も重要である。記憶とは，過去に経験したことを覚えておくということであり，その記憶を思い出すことで，経験の積み重ねや統合が行われる。記憶は，3つのタイプがあり，異

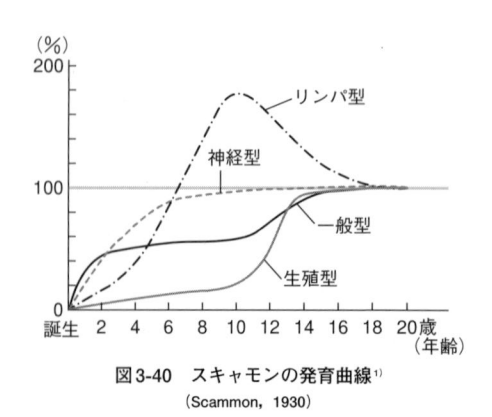

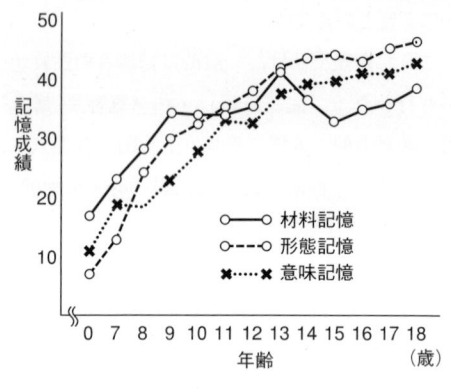

図3-40 スキャモンの発育曲線[1]
（Scammon，1930）

図3-41 各種記憶の発達[2]（Brunswik，1932）

なる発達を示すとされている（図3-41）。

言語の発達は，認知的発達と大きくかかわっているとされ，ピアジェは，理解力，思考力，概念的形成などの認知機能の発達について，具体的操作期あたりから，様々な身体運動を自主的に理解し，イメージ操作したり，実証的に試みたりできるようになるとしている（表3-8）。そして，言語の機能が効を奏してくるのは，言語も思考力もある程度発達してからだとされている。

2 運動学習

運動学習は，「知覚を手がかりとして，運動を目的に合うようコントロールする能力である運動技能が，向上していく過程である」と定義づけられ，学習理論としては，アダムスの閉回路理論，シュミットのスキーマ理論がよく用いられる。どちらの理論でも，運動学習の生起に非常に重要な役割を果たすとされているのがフィードバックである。フィードバックとなる感覚情報は，学習者自身の運動遂行によって得られる刺激である。ホールディングは，フィードバックを図3-42のようにあらわしており，右に行くほど学習に効果があると考えられてい

Key word　運動学習，発達，指導，フィードバック

表3-8　ピアジェによる思考の発達段階[1]（野呂，1983）

基本段階			下位段階		
前論理的思考段階	感覚運動期	誕生～2歳	第一段階	反射の行使	0～1ヵ月
			第二段階	最初の獲得性適応と第一次循環反応	1～4ヵ月
			第三段階	第二次循環反応および興味ある光景を持続させる手法	4～8ヵ月
			第四段階	第二次シェマの協応と新しい状況への適用	8～12ヵ月
			第五段階	第三次循環反応と能動的実験による新しい手段の発見	12～18ヵ月
			第六段階	心的結合による新しい手段の発明	18～24ヵ月
	表象的思考期	前操作期	2～7歳	第一段階　前概念的思考段階	2～4歳
				第二段階　直観的思考段階	4～7歳
思論理的思考段階		具体的操作期	7～11歳	物理的実在に限定した論理的思考	
		形式的操作期	11～15歳	物理的実在から解放された抽象的思考	

る。たとえばボールを投げる動作の筋感覚や，ボールの飛んだ方向など，運動の遂行によってもたらされる情報が内在的フィードバックである。それに対して，付加的フィードバックは，指導者のアドバイス，結果の知識やビデオのように運動そのものからではなく，外的に付け加えられるものをいう。

　また，運動学習に大きな影響を与えるのが，動機づけである。動機づけは，人間が行動を起こし，その行動を持続させるためのエネルギーとなる。スポーツをするという動機を考えてみても，そのスポーツをすることが楽しい，面白いというものから，プロスポーツのようにお金のためにスポーツするといったものまで存在する。前者を，内発的動機づけといい，運動自体が報酬となり，その行動意欲を引き出すものをいう。これに対して後者は，外発的動機づけといい，運動とは別の外的報酬が存在する。

3　幼児期

　幼児期とは，一般的に満1歳から6歳までの終わりをさし，ピアジェのいう感覚運動期，前概念期，直感的思考期にあたる，様々な変化を伴う時期である。幼児の生活の大半は，遊びといっても過言ではない。つまり，幼児の運動を，遊びと切り離して考えることはできない。パーテン（Parten, M. B.）は，2～5歳までの幼児の遊びを観察し，表3-9のように分類した。年齢が進むにつれてひとり→並行→協同へと遊びの型が変化していくとされている。さらに，4～6歳の幼児を対象とした研究では，運動能力の発達が進んでいる子どもは社会性の発達も進んでおり，逆に，運動能力の発達が遅れている

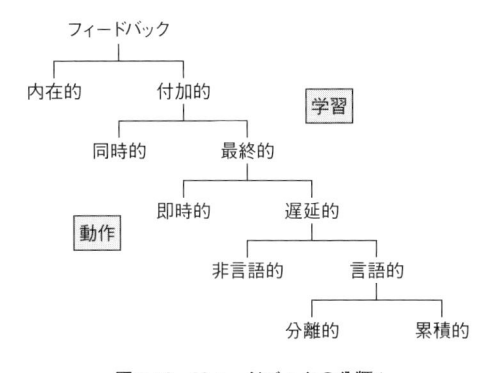

図3-42　フィードバックの分類[3]
（ホールディング，1968を改変）

表3-9　パーテンの遊びの分類（筆者作表）

ぼんやりしている態度	刺激になるようなものがなければ瞬間的な興味も身体運動もみられない。
傍観者的行動	他の子供の遊びのを見ていて，遊んでいる子供に話しかけたりするが，みずからはその遊びに参加しない。
孤立的遊び	おもちゃなどを持って遊ぶが，まったく1人で遊んでおり，他の子供の遊びに関係がない。
並行的遊び	他の子供と同じような玩具で遊ぶが，それぞれ孤立的に遊び，ともに遊ぶということをしない。
連合的遊び	他の子供とともに遊ぶが，同じような遊びであっても，まったく同じものではない。
共同的遊び	一定の組織を持った遊びを協同して遊ぶ。したがって，1人，2人のものがその遊びを統制していく。

子どもは，依存心が強く，社会性に欠けているとされている。つまり，幼児期の子どもは，遊びによって身体的発達や運動の発達，社会性の発達がなされているのである。

　幼児の運動は，認知が未発達なため言語的な手がかりよりも，模倣や筋感覚に依存するとされている。幼児の行動が模倣に依存していることがわかるだろう。この時期の指導の是非は別として，運動指導を行う際，言語的なものよりもむしろ師範による模倣，いわゆるモデリングが効果的である。バンデュラ（Bandura, A. 1975）は，モデリングの成立に関して，注意過程・保持過程・運動再生過程・動機づけ過程の4つの過程が必要だとしている。そのうち注意過程とは，学習者が学習しようとする動きに注意を向けてみる過程であり，この過程において学習者がポイントとなる場面や身体の部位などを見ていなければモデリングは成立しない。つまり，指導の際には，見るポイントを理解させる工夫が必要である。

4 児童期

　児童期は，小学生にあたるが，その中でも3年生と4年生では，質的に差があるとされている。3年生以下では認知が主観的で，衝動統制が弱く，身体的操作に幼稚性が残るが，4年生以上では理解や判断が客観的になり，文化情報の受容が良く調整力が発達して身体の操作が巧みになるとされている。認知と言語の発達の過程から言語の効果が発揮され，言語教示が意味をもってくるのは，この頃からである。児童に対する言語的教示は，動きのイメージを引き出すような言葉が有効であろう。動きのイメージを引き出す言葉として，「ウサギのように」「ズボンをはくように」といった比喩，「ぴょん」「シュ」などといった擬態語，「タンタン」「パーン」というリズムをとる言葉などがある。言語教示の注意点として，指導現場で一般的に行われている技術を言葉で事細かに指導することは，運動の概要を知るためには有効であるが，学習においては逆に妨害する可能性がある。運動学習において，重要なのはあくまで学習者自身が，身体の動きを体得することである。

　身体の動きを体得するという意味で，筋運動感覚に注意を向けさせることを目的とした指導も有効である。この時期の子どもを対象とした水泳指導でよく目にする学習者の足を持ってバタ足をさせるといったものもその1つで，反応強制法といわれる。学習者の身体やその一部を動かしてあげて，運動の感覚をつかませる方法である。その他に，倒立の指導の際，壁に向かって倒立をさせるといった指導のような，身体拘束法といわれるものがある。これは学習者に不正確な反応をさせないように，運動の方向や範囲を外的な力によって制限する方法である。指導の現場でよく用いられる補助は，反応強制法と身体拘束法を合わせた指導法といえる。これまでの研究で，運動学習の進行に伴って，筋運動感覚が明瞭になること，運動技能の高いものほど筋運動感覚が鋭敏であること，さらに，練習でよく使用する身体部位の筋運動感覚がそうでない部位より鋭敏になることが明らかになっている。しかし，反応強制法や身体拘束法，補助などは，学習の初期に効果的なものであり，早い段階で取り除く必要がある。

5 青年期

　身体的に見ると第二次性徴が現れ，骨格や筋肉の発達によって体型の変化が起こり，性差も表れてくる。運動能力に関しても最大になり，トレーニング効果もまた最大となる時期である。スキャモンの発育曲線からも分かるように筋肉の発達は青年期以降である。また，中年期・老年期に向けて生涯にわたる健康をささえる運動習慣の形成のためにも重要な時期といえる。

　この時期の指導現場では，様々な形で学習者に対して，フィードバックが行われている。最も頻繁に用いられているのが「もっと腰を低くして」「膝を曲げて」などといった学習者の行った動きと目標とする動きとの誤差を指摘する

言語的フィードバックである。一回のフィードバックには、1つの誤差情報を、何回かの試技に一回、まとめて与えると効果的であるとされている。言語的フィードバックには、そのほか、「いいよ」「よし」「オッケー」などのような、目標とする動きとの一致をフィードバックする正情報がある。正情報は、学習者の有能感を高め、内発的に動機づけるとされている。反対に、「何やってんだバカやろう」「下手くそ」など、罵声や非難は、学習者が行った動作がどのようであって、次にどのようにすべきかという修正の情報を含んでいないため運動学習には役に立たないものである。また、こういった罵声や非難は、動機づけの低下も引き起こす。

映像技術の発展とともに写真や、ビデオ映像などの視覚的フィードバックも多く用いられるようになった。視覚的フィードバックに関しても、ただ見せるだけでは、その効果が期待できないことが明らかとなっている。また、ビデオの使用は学習のみならず動機づけを高める効果が確認されている。

6 中年期・老年期

中年期・老年期は、体力的低下や筋力的低下に伴い運動技能も低下してくる時期である。しかし、高齢になっても被トレーニング性は残されている。この時期のスポーツ指導に関して留意することとして、①安全であること、②効果的であること、③仲間づくりができることが挙げられている。つまり、パフォーマンスの向上や、勝敗よりはむしろパフォーマンスや身体機能の維持が重要となる。運動は、快適経験から目標設定へ、その目標設定が達成への行動を生み、それによって結果の知識を獲得し、その結果の知識が次の行動へとつながる。行動の結果得られた目標達成という成功体験は、喜びや満足感をもたらすとともに、運動意欲や自信を高める。この循環によって運動の継続化がなされるとしている（図3-43）。日常生活機能の維持は、社会関係の充実や自分自身の健康状態への認知を通じて、高齢者の心の健康を良好に保つための重要な要因になるとされている。

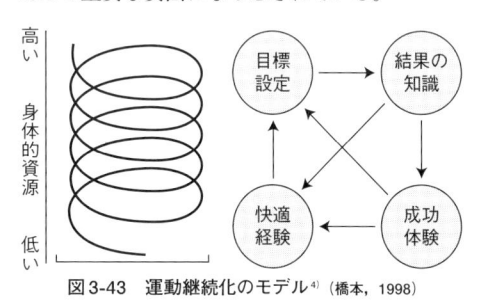

図3-43 運動継続化のモデル[4]（橋本，1998）

7 まとめ

運動学習とそれに基づく指導・コーチングに関する知見を発達とともにみてきた。これらは、ごく一般的なものであるが、発達・運動学習ともに、個人差を廃して述べている。脳生理学が発展を続ける中、運動学習に関しても、さらに細かなメカニズムが明らかになってきている。これらは、知識として蓄えていて役に立つものではない。これらの知識をもとに実行して初めて役に立つものである。

文献
1) 松田岩男(1979)体育心理学,大修館書店.
2) 鈴木清(1995)体育心理学　改訂版,実務教育出版.
3) 杉原隆(2003)運動指導の心理学,大修館書店.
4) 徳永幹雄編(2005)教養としてのスポーツ心理学,大修館書店.

参考図書
1) リチャード・A・シュミット著,調枝孝治　監訳(1994)運動学習とパフォーマンス,大修館書店.
2) 日本スポーツ心理学会編(2004)最新スポーツ心理学,大修館書店.
3) 松田岩男編(1987)運動心理学入門,大修館書店.
4) 川島一夫編(2004)図でよむ心理学　発達　改訂版,福村出版.
5) Bandura. A.,(1971)Psychological Modeling：Conflicting Theories. Atherton, Inc. p9-26

4　子どもの発育とコーチング

中井俊行（コーチング論）

　近年，子どもの体力・運動能力の低下が取りざたされることが多くなってきている。日本体育協会は30年前と比べて6年生の平均身長は男子2.8cm女子2.6cm，平均体重は男子3.1kg女子2.3kgと体格では大きくなっているが，50m走の平均値は男女とも0.1秒低下し，ハンドボール投げの平均値は男子3.6m女子2.4m低下していると報告している。またその原因として，生活が豊かになったこと，外遊びやスポーツ活動時間の減少，空き地や遊び場の減少，少子化や学校外の学習活動などによる仲間の減少を挙げている[1]。

　身体的な健康・体力の維持増進と基礎運動技能の獲得，また精神的な忍耐力，向上心，協調性や責任感などの社会性を身につけるなど，身体的，精神的において健全な発育を促すためにも，子どもがスポーツと関わる機会を増やす必要性がある。しかし一方では，使いすぎ症候群や燃え尽き症候群，熱中症や活動中の事故など，不適切なコーチングが問題となることも少なくない。このことからも正しい子どもたちに対するコーチングが不可欠であるとはいうまでもない。ここでは発育に応じたコーチングについて述べてみたいが，それには個人差があることを充分に理解しておかなければならない。

1 身体的発育発達から

　図3-40はスキャモンの発育曲線である。それは横軸に年齢をとり，縦軸に完成期として20歳の値に対する各年齢時の値を百分率で示したものである。リンパ組織は少年期に急激に発達しその後減少することを示すリンパ型，脳，脊髄，神経など発達は6歳で約90％，14歳くらいまでにはほぼ100％に到達することを示す神経型，身長や体重などの体格や筋肉や骨格を示す一般型，睾丸や卵巣などの生殖器の発育を示す生殖型と4種類に分類している。

　スポーツ活動に特に関係が考えられるのは，神経型と一般型であり，神経機能が要求されるような運動は比較的早い年齢段階から取り組み，筋肉や骨格に関わるトレーニングはその後遅れて始める方がよいと考えられる[2]。

2 運動能力・体力の発達から

　スポーツ活動を行うにあたり3つの能力が重要となる。それは速さ（スピード），粘り強さ（スタミナ），力強さ・筋力（ストレングス）である。図3-44は運動能力・体力の年間発達量の年齢別変化を表したものである[3]。このことからも10歳以前に動きづくり，以後に持久力づくり，15歳頃から筋力・パワーづくりが適していると考えられる。つまり，ボール扱いやステップワークなど巧みに身体を動かすことを第一に，続いて何度もくり返すことによって，より動きを洗練させることや，長い時間走る能力を養うことを第二に，続いて瞬間的に身体の力を発揮出来る能力強化を行うという順番になろう。逆にいえば小学生，中学生期の筋肉や骨格が未成熟な状態で，高負荷のトレーニングを実施することは怪我の原因を強要することとなり，将来の金の卵を失うこととなりかねない。

3 年代別指導の取り組み

　図3-45はドイツ[4]，図3-46はオランダ[5]のサッカー協会が示している年齢別の指導指針である。また，図3-47は日本ラグビー協会が出したコーチングの指針である[6]。サッカー・ラグビー独特の動きやトレーニングを子どもの

key word 身体的発育，精神的発達，体力・運動能力，個人差，段階別指導

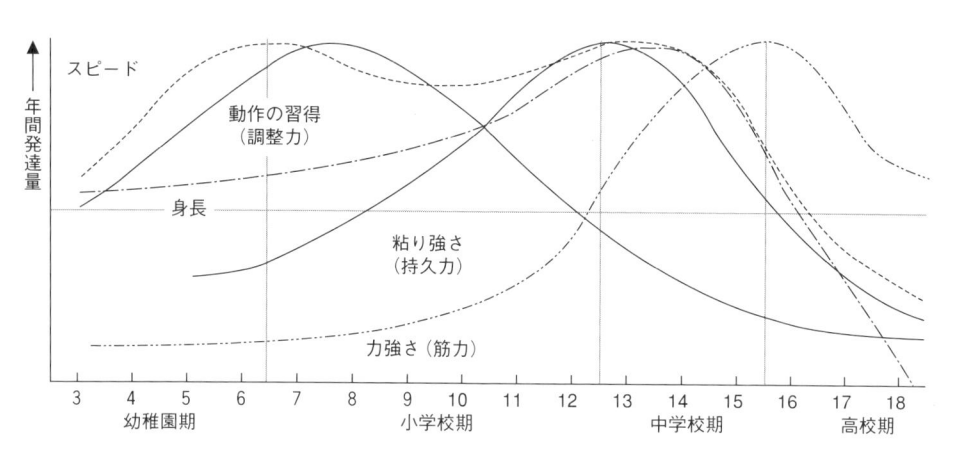

図3-44 運動能力・体力の年間発達量[3]

発育発達に応じて，ジュニアからシニアまでの一貫指導を実践している例である。どの図を見ても遊びの楽しさから，その種目の特徴的な動きを取り上げ，スキル，体力，戦術の理解，実戦，専門的トレーニングと発展させていく狙いが伺える。また，簡単なことから難しいことへ，単純なことから複雑なことへ，と意欲を損なうことなく新しい課題を提供しながら発展を目指している。

4 社会性の養成

健全な肉体に健全な精神が宿るといわれるよ

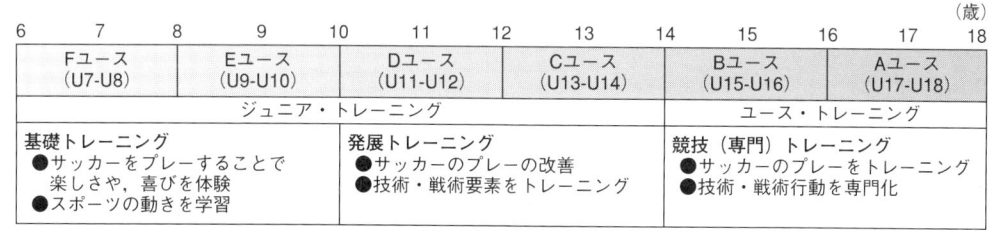

6	7	8	9	10	11	12	13	14	15	16	17	18（歳）
Fユース (U7-U8)		Eユース (U9-U10)		Dユース (U11-U12)		Cユース (U13-U14)		Bユース (U15-U16)		Aユース (U17-U18)	
ジュニア・トレーニング										ユース・トレーニング		
基礎トレーニング ●サッカーをプレーすることで楽しさや，喜びを体験 ●スポーツの動きを学習				発展トレーニング ●サッカーのプレーの改善 ●技術・戦術要素をトレーニング				競技（専門）トレーニング ●サッカーのプレーをトレーニング ●技術・戦術行動を専門化			

図3-45 ドイツサッカー協会のユーストレーニングの構造[4]

F-Pupillen (6-8歳)	スキルの獲得	●ボールを使った楽しい遊びの中からボール感覚やサッカーの基本的な術を身につける ●全ての子供が楽しめるように（一人一個のボール） ●Fun Games (No Drill) ●4 vs 4 Games
E-Pupillen (8-10歳)	::::	●シンプル化されたゲームを通してサッカーの基本および必要なスキルを身につける ●全ての子供が楽しめるように（一人一個のボール） ●No Drill, No Tackles, No Fitness ●1 vs 1, 5 vs 2 (6 vs 3), 4 vs 4 Games
D-Pupillen (10-12歳)	::::	::::
C-Junioren (12-14歳)	戦術の理解と実践	●実践を通して，実際の試合におけるほぼ全ての要素（強さ以外）を身につける ●ゲームを読む能力を身につける ●No Fitness（ユース・セレクション・プログラムの開始）
B-Junioren (14-16歳)	::::	●トレーニング及び競争を通して戦術理解を深め，試合で発揮できるようにする ●コーチのアイデアを実践できるようにする ●Fitness Training (in Football) の開始
A-Junioren (16-18歳)	::::	●トレーニングと競争の中から最高のパフォーマンスを引き出す ●ゲーム・ストレス（技術・戦術・体力）の克服

図3-46 オランダサッカー協会の年齢段階別指導指針[5]

第3章 社会におけるスポーツ教育の可能性　213

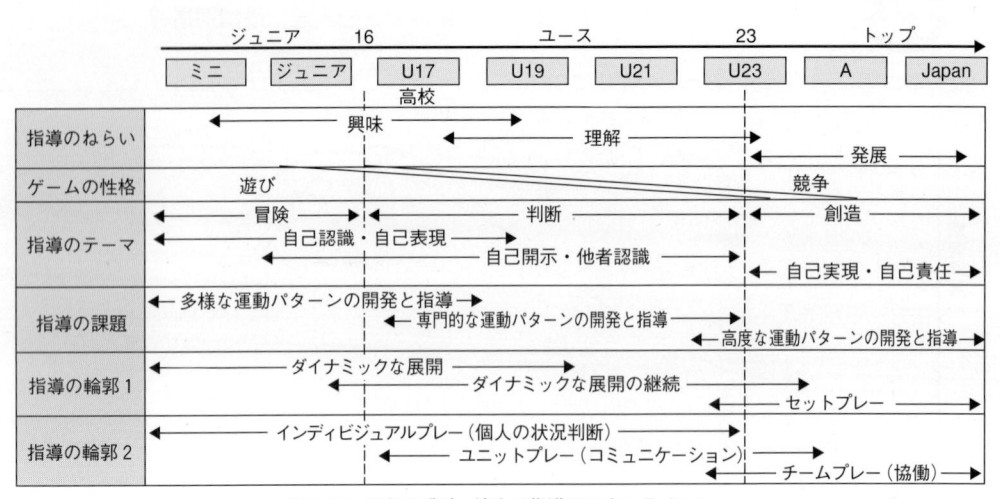

図3-47 日本ラグビー協会の指導のアウトライン[6]

うに，スポーツ活動によって身体の発育と同時に，精神的な発育を期待したい。図3-48は日本ラグビー協会が示す段階別の指導目標である[7]。このようにスポーツにおいてコーチングを通して，走り回る楽しさ，ルールを守ることの大切さ，仲間とともに１つのことに取り組むことで生まれる協調性，フェアな態度，他人への敬意の念，集団の中で自分に与えられた役割を全うしようとする責任感，などの社会性を養うことも将来の人間形成の観点からも大変重要であり，社会からも求められるところである。

5 おわりに

子どもは体を動かすことが大好きで，いつまでも遊んでいたい。またその中で様々な身のこなしを自然と覚えていくものである。子どものスポーツ指導においても同様に，まず楽しく，遊びの中からスポーツ的要素を抜き出して，身体を動かすことを覚えることが望ましい。自分の身体を自由に動かす，身体に備わった腕や脚を自由に動かす，身体でボールや用具を操る。できるようになる喜びをいつも持たせてあげることがスポーツを継続する動機となるであろう。やがては自ら得意とし専門とする種目で活躍するであろう。その中で，向上心や忍耐力を養い，協調性やルールを守るという社会性が芽生え育つ。しかし反面では，指導者の配慮の無さから怪我をさせてしまっては取り返しがつかない。用具や道具，また活動場所などの安全はもちろんのこと，発育段階の無知から，筋や腱

学年段階	指導目標	具体的目標
低学年 （小学校１～２年程度）	●簡単なゲームができる ●スポーツに親しむ態度を育てる	◆ラグビーは楽しい遊びであることを感じさせる ◆ゲームにおいてボールを持って自由に走ることを促す ◆ルールを守る態度を学ばせる ◆4対4のゲームの中で「前進」を理解させる
中学年 （小学校３～４年程度）	●やや組織的なゲームができる ●フェアな態度を育てる	◆個人スキルを理解させ，その習得をはかる ◆チームを構成するユニットとその役割を理解させる ◆自らルールを守り，レフリーに従う態度を学ばせる ◆7人制のゲームを想定して組織的にゲームの中で「支援」と「継続」を理解させる
高学年 （小学校５～６年程度）	●組織的なゲームができる ●よりフェアな態度とフェアプレーの精神を理解させる	◆個人スキルをさらにシェイプアップする ◆ユニットスキルを理解・遂行させる ◆相手そしてレフリーに対し敬意の念を持たせる ◆ゲームの中で「圧力」を理解させる （相手にプレッシャーをかけること，相手のプレッシャーに屈することなく攻撃を敢行すること）

図3-48 段階別の指導目標[7]

などの成長段階で高強度の筋力を必要とする動きをくり返し，**オスグッド**(※1)や**ジャンパー膝**(※2)[8]などの障害を引き起こしてしまっては，子どもは被害者となってしまう。スポーツ指導による加害者とならないためにも正しい理解によるコーチングを目指したいものだ。

Column　段階別に楽しむ子どものラグビー

　ラグビーには'危険がいっぱい''大きな怪我をする'そんな概念があるようだ。

　我が国ではラグビーを子どもちたちが安全に楽しみながら，技術力を向上させようと，タックルで相手を倒すのではなく，身体の一部にタッチするタッチラグビーを行ったり，腰につけた目印を引き取るタグラグビーを紹介している。ラグビー先進国においても同じような取り組みを行っている。その一例として，ここではオーストラリアラグビー協会が行っている方策を紹介する。

　オーストラリアにおいては多くのクラブで，7歳以下から19歳以下まで各年齢のチームがあり，その上にトップチームとそのリザーブチームが存在する。土曜日は各チームの試合があり，早朝より年齢の若いチームから順に最後のトップチームまで行われる。グランドは一日中賑わい，クラブハウスは社交の場となる。この国では7，8歳，9，10歳，11，12歳とジュニアの世代を3つのカテゴリーに分けて，それぞれ違うルールで，子どもたちが安全に，また技術を伸ばす方策を考えている[9]。

　7，8歳のカテゴリーではWalla Rugbyと呼ばれ，1チーム7人の構成により，パス，キャッチ，ランの技術の習得を中心とし，タックルなどのコンタクトをせず，両手で腰にタッチすることで防御成立として安全性に配慮している。

　9，10歳のカテゴリーではMini Rugbyと呼ばれ，1チーム10人の構成により，安全にかつ楽しく技術の向上を目的とし，タックルはあるがスクラムなどのボール争奪は行わない形式を用いている。

　11，12歳のカテゴリーではMidi Rugbyと呼ばれ，1チーム12人の構成により，その後の19歳以下のルールに対応できように，すべてのボールの争奪を行う形式をとっている。

　これらのように，より低年齢には技術や動作の習得を第一の目的とし，そこから年齢が上がるごとにコンタクトやボール争奪などの要素を加えていくことで，楽しく安全に段階的に正しい技術を身につけ，子どもへの普及による底辺拡大と長期の競技力向上を狙いとしている。どの世代に何を目的としてコーチングするのか，コーチの考え方の根本であろう。

7才以下　Walla Rugby 試合（撮影中井）

文献
1) 日本体育協会，子どもの体力向上ホームページ（http://www.japan-sports.or.jp/kodomo/）
2) 日本体育協会，C級コーチ教本共通科目前期用，p497-498．
3) 日本ラグビーフットボール協会普及育成委員会(2002)ミニラグビー指導の手引き，p15．
4) ドイツサッカー協会編，ゲロ・ビザンツ他著，田嶋幸三監訳，今井純子訳(2002)21世紀のサッカー選手育成法，大修館書店，p27．
5) 小野剛(1998)クリエイティブサッカー・コーチング，大修館書店，p38．
6) 日本ラグビーフットボール協会(2003)JRFUコーチングの指針，p5．
7) 日本ラグビーフットボール協会普及育成委員会(2002)ミニラグビー指導の手引き，p24-28．
8) 市川宣恭(1987)スポーツ指導者のためのスポーツ外傷・障害，南江堂，p113-114．
9) Australian Rugby Football Union Level 1 Rugby Union Coaching Mannal, p201-205.

(※1)「オスグッド病」
成長期の膝への運動刺激が発症の原因であり，膝の前面で脛骨の骨突出部に痛みを特徴とする。

(※2)「ジャンパー膝」
膝蓋靱帯炎のことであり，強力な力による部分断裂が原因と考えられ，膝蓋骨下端の圧痛と運動痛を特徴とする[8]。

5 障害のある人へのスポーツ指導

高橋　明（障害者スポーツ概論）

すでに述べてきたように，障害者のスポーツは，一見「特殊」に見えるスポーツであっても，障害があるためにできないことや，やってはいけないことがあるだけで，その部分を施設や用具，ルールを工夫すれば障害のない人と同じように，また，一緒にスポーツができるものであり，「特殊なスポーツ」と考えるべきではない。目的に応じてあうように工夫した，その場に応じて適応させたスポーツ，アダプテッド・スポーツという概念で捉えられる。

一般にスポーツそのものは，自然の遊びの中から生まれてきたものが数多くあり，年齢・性別・体格，体力，技術等で用具やルールを工夫して行われている。したがって，一人ひとりにあった工夫によって，障害がある人も，ない人も同じように，スポーツを楽しむことができるはずであり，場合によっては，幼児や高齢者などにとって，障害者に工夫したスポーツが適切であったり，大きなヒントとなる場合もある。障害者のスポーツ指導は，この概念を基本に考えていくことが重要だと考えている。

1 障害者に対するスポーツ指導の原則

障害者のスポーツ指導をする場合，スポーツのルールや指導法の習得ばかりではなく，障害やスポーツに関する医学的なこと，社会学的，心理学的な知識が必要である。そのためには，次のようなことが大切である。

①障害者についての知識と理解を深めること。
②対象者の目的を十分理解すること。
③スポーツの指導法についての技能を高めること。

このようなことが，障害のある人に対するスポーツ指導の原則だと考える。

2 指導者としての心得（I.C.C）

障害のある人にスポーツ指導する場合，指導者にとって大切なことは，「できないこと」へ視点を向けるよりも，「できること」を見つける努力にあると考えている。

これは，2つのソウゾウリョク（想像力 Imagination・創造力 Creative）と1つの挑戦（Challenge）ということばで表せる。

片足がなくてもスキーができる。目が見えなくても柔道ができる。車椅子でもテニスができる。などなど，まずは，障害があってもできるということに想像力を働かせるということが大切である。そして，どのように工夫すればそれが可能になるかということを創造するということだと考えている。そうすることによって，色々なことが可能になり，挑戦していける。

①障害があることへの想像力を高める。（Imagination）
②用具やルールを工夫する創造力を身につける。（Creative）
③できないと決めつけず挑戦してみる。（Challenge）

ということで，イマジネーションのI，クリエイティブのC，チャレンジのCということで，障害者のスポーツ指導者のI.C.Cとカッコつけて呼んでいる。

3 障害者のスポーツ指導の要点

障害のある人にスポーツ指導する場合，その人に障害があることは事実である。そのことを冷静に捉え，一般的なスポーツ指導と合わせ，次のようなことが留意事項として挙げられる。

Key word　アダプテッド・スポーツ，想像力，創造力，挑戦

❶指導上の留意事項

①目的を明確に捉える

　身体に障害を受けていても，健常者と同じように健康の維持増進のため，あるいはレクリエーションや競技として，スポーツに親しんでいる人もいるが，障害を少しでも軽くしようと医療の手段に，スポーツを活用している人も少なくない。指導者は，それぞれの目的を明確に捉えて，一人一人の状態を見極め，ケース・バイ・ケースで対応していく必要がある。

　そこで，1998年に大阪市長居障害者スポーツセンターにおける利用者の利用目的についてアンケート調査をした結果，次のような答えが返ってきている。

・障害を少しでも軽くしようとする訓練のため（29％）
・レクリエーションのため（17％）
・スポーツの上達のため（7％）
・健康の維持増進のため（25％）
・文化活動や話し相手を求めて（22％）

②医師との連携をとる

　障害が安定していても，身体のいずれかに障害があることは事実であり，運動の積み重ねが障害部位に悪影響をもたらす危険性をもっている。一般に，だれでも医師の診断を受けることに対して消極的になりがちであるが，計画的，定期的に医師の診断を受ける習慣を身に付ける必要がある。

　また，障害のためにやってはいけないこともあり，障害者はむろんのこと，指導者は勇気をもって禁止する態度も必要である。いかなる理由があるにせよ，障害を増悪化することは避けなければならない。

③安全に留意する

　スポーツはなんらかの危険を伴いやすいものである。したがって，スポーツをするということは，そうした危険に立ち向かうことにもなる。そのために起こりやすい怪我などは予測できるので，避けることはできるはずである。

④施設・用具やルール等を工夫する

　障害のために，できないことやしてはならないことがあるとはいえ，より楽しくするために，障害に応じた工夫や創造力を身につけることで，色々なスポーツに親しむことはできる。

⑤運動量に留意する

　健常者の場合，一応の運動量の目安を立てやすいが，障害者の場合，障害の程度の違いから一人一人の適度な運動量はつかみにくくなる。特に一斉指導の場合は，特に注意する必要があり，指導者は常に声をかけ，応答や顔色の状況などから疲労度をチェックする必要がある。

⑥継続しようとする意欲を喚起する

　障害のある人が，初めてスポーツを始めようとする場合や受傷後初めてスポーツを試してみようとする場合などは，意欲をそこなわないように気をつけて指導すること。

⑦フォームにこだわりすぎない

　優れた技能を身につけるためには，合理的なフォームの獲得が重要である。しかし，障害のある人にとっては，合理的なフォームの追求よりも，合理的な動きを引き出すフォームが大切である。

⑧根気よく指導する

　障害があるために，1つの技能の習得に時間を要することがある。無理と思える技能も，根気よく指導することによってかなりのレベルまで上達する。

⑨協調性を育てる

　身体に障害があるから協調性に欠けるのではなく，過去の経験の中で，集団の一員とし

ての体験が乏しく，協調性に欠ける場合がみられる。原則としては，集団の中で指導し，集団の中の一員としての自覚と行動の仕方を習得させる。
⑩障害があることを自覚させる
　障害があることは事実であり，そのことを冷静に捉えられるように指導し，できないことは無理をせず，合理的に指導する。

❷視覚障害者のために特に留意すること

視覚障害者に指導上留意しなければならないこととして，次のようなことが加えられる。
①安全に留意する
　視覚障害が運動に大きな制限を加える。衝突や転倒などから起こる傷害はもちろんのこと，不安から来る運動や歩行制限などがみられる。
　視覚障害者の原疾患を十分把握し，安全に留意すること。物や行動の安全な管理行動の仕方や安全に対する知識や理解を深めることが大切である。
（例）プール…コースロープ・タッチ板・人工芝など
　　　体育館…段差・でっぱり・用具の管理
②正しい姿勢に留意する
　視覚障害のため悪い姿勢をとる人が多くいる。聴覚に頼るため，指導者は常に可能な範囲で正しい姿勢に留意すること。特に発育期の指導にあたっては留意が必要である。したがって整理運動時に，姿勢矯正の体操などを取り入れることが大切である。
③正しい言葉や統一した言葉を使用する
　指導者の指示は，聴覚を通して行われることが多くなり，そのためにも，正しい言葉づかいが大切である。指導者は，具体的に話し，言葉を統一して使う。
（例）足…foot　手…hand　脚…leg
　　　腕…arm
④音や手摺など視覚を補う誘導物を利用する
　指導者は，動きのときにでる音などをうまく利用する。

（例）水泳バタ足…膝が曲がっているときの音，正しいバタ足の音→聞く・触る
⑤障害の状態を十分把握して指導する
　障害は一人ひとり違うので，各人に関して十分調査すること。また，先天盲・中途失明また，全盲・弱視（視野等）によって指導法が異なる。
　障害に対して不安がある場合は，医師との連携をとる。網膜剥離・緑内障・小眼球・強度近視等，残存能力を最大限に利用し，また，最大限に注意する。
　聴覚・触覚・臭覚・味覚を上手に使って指導する。

❸聴覚障害者のために特に留意すること

聞こえないために，意志が十分伝わらない場合が多く，特に，次の点には留意する必要がある。
①意志の伝達を確実にする
　一般に意志の伝達は，手話や口話など言葉による場合が多い。
　視覚による伝達が，聴覚障害者に確実に伝わっていないこともある。
　留意事項として，大きなゼスチャーで指示をすること。集団指導の場合は，隊形に注意する。次の段階に進むときは，特に安全に注意する。
②音声を視覚に訴える工夫をする。
　耳が不自由なので，目で見て理解させなければならない。
　一例として，師範させ，動作やポイントを確実に伝える。
③反復練習が重要である。
　動作やフォームの説明に時間を取り過ぎることなく，安全に留意し，できるだけ数多くくり返す。
④安全に留意する
　指導者は，常に視野に入る範囲で指導すること。活動の前には，周囲の安全について十分注意し，行動上の約束をしておく。

❹知的障害者のために特に留意すること

一般に知的障害者といっても，いろいろな原因を抱えており，特に個別的である。指示が理解できなく，自発的行動が少なく，時間がかかっても辛抱強く指導することが基本である。

①集団をうまく利用する。

きめ細かな指導を目指す場合には，小集団が一般的である。しかし，かなり大きな集団の中で個別の指導に留意することが，指導効果を高めるうえで大切である。

②いろいろな動きを習得させる

一般的に身体各部の協調的な動きが劣っていると考えられる。したがって，単調な運動でいろいろな動きを含んだ運動を多く取り入れるようにする。

③保護者などと十分打ち合わせておく

日常の行動などについては，最も身近な人から十分な資料を入手しておくことが大切である。また，指導上困難な場合には，逐次意見を聞くことも忘れてはいけない。

図3-49　脳性麻痺者のボッチャ

図3-50　片下腿切断者の走り高跳び

第4部

競技力向上への取り組み

第4部編集責任者　淵本隆文

　スポーツにおける「競技力向上」はスポーツ科学の重要な課題の1つである。スポーツや身体に関する研究は盛んに行われており，膨大な量の研究成果が発表されている。現在では多くのスポーツ種目において，スポーツ科学のスペシャリストが選手やチームをサポートしなければ，オリンピックや世界選手権でメダルを取るのは難しい状況である。スポーツ科学はトレーニングやコーチングの基本的な考え方や方法を教えてくれる。時にはこれまでのトレーニングが間違っていたことを教えてくれる。しかし，スポーツ科学は万能ではない。多くの研究成果は「平均値」を基に報告されているので，個人差や例外があることも忘れてはならない。本章ではスポーツ科学の各分野が競技力向上にどのように取り組んでいるか（第1章），どのように関わっているか（第2章），競技力向上をどのように捉えているか（第3章）を，できるだけ具体的な例をあげながら解説している。本部のねらいは細分化されたスポーツ科学の各分野における特徴を理解し，「競技力向上」という課題を通してスポーツ科学を総合的に捉える力を養うことである。

第4部　第1章

競技力向上をめざす

1 体力科学的取り組み

梅林 薫（体力トレーニング論）

1 パフォーマンスとは

パフォーマンス（競技力）に関しては，次のように考えることができる[1]。

$$P = C \int E \, (M)$$

P：パフォーマンス，競技力
C：サイバネティクス，運動の技術
E：エネルギー，発揮されるエネルギー量，体力
M：モティベーション，動機，意欲

これは，パフォーマンスを向上させるためには，技術と体力を互いに高めていくことが必要であることを示している。もちろん，精神的要素（メンタル）も大切である。たとえば，遠投を例にとると，遠投のパフォーマンスは，飛んだ距離で表される。遠くへ投げるためには，まず，遠くへ投げようとする意志が必要である。そして，投げるための筋群でエネルギーが動因され，爆発的な筋収縮と調整が行われる。これが，体力と技術である。スポーツ種目によってこの2つの要素のバランスは違ってくる。

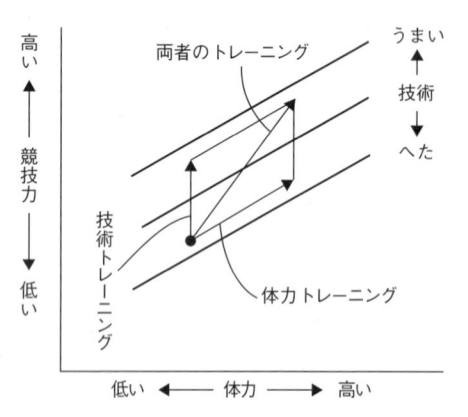

体力トレーニング，技術トレーニングのいずれによっても競技力は向上するが，両者をバランスよくトレーニングしたときに競技力の伸びはもっとも大きくなる。

図4-1 体力トレーニングと技術トレーニングによる競技力の向上[2]

図4-1は，体力トレーニングと技術トレーニングによる競技力向上の関係を表している[2]。技術と体力をバランスよくトレーニングすることの重要性を表している。また戦術や理論も大切な要素となる。

ここでは，体力に焦点を合わせて考えてみたい。体力トレーニングを行うことによってどのような利点があるのかを，具体的に考えながら，以下，体力トレーニングの必要性について述べることにする。

❶障害予防

身体の一部位の筋力が弱い場合，運動中，その部位は，他の部位よりも負荷を余分に受けることになる。同じ動作をくり返すことが多いスポーツ種目では，弱い部位は，連続して負荷を受けることになる。このことは，身体の早期疲労や使いすぎによる障害につながることを示唆しているが，トレーニングによりこれらのリスクを回避することができる（外傷・障害の予防，軽減。疲労の軽減や回復を早める）。

❷身体能力の向上

技術的に同等の選手が試合をした場合，体力的に余裕のある方が有利なのは明らかである。体力はトレーニングによって向上させることが可能であり，パフォーマンスをよりよいものにするためには，これらの能力を向上させるトレーニングが必要となってくる。

❸精神的優位性と充実

身体能力を向上させる過程では，精神的な影響を無視することはできない。体力的な有利さは，精神的な優位にもつながり，選手の自信となってパフォーマンスに現れる。また，適切なトレーニング計画と日々のトレーニングへの継続的かつ献身的取り組みは，身体的ならびに精

> **Key word** 一般的体力，専門的体力，パフォーマンス，体力測定

神的にも充実感をもたらし，準備不足等による不安要因を取り除くことができる。

これらの利点からトレーニングの必要性を考えると，技術練習と並行して体力トレーニングを行っていくことは，大変意義のあることとなる。パフォーマンスを向上させるうえでも，しっかりとした計画のもとに体力づくりを考えていく必要がある。

体力は，一般的には，いろいろな身体的能力の総称として使われている。筋力（パワー，筋持久力），持久力（無酸素性，有酸素性）スピード，敏捷性，柔軟性，調整力などが挙げられる。このように，広く捉えられた体力は，さらに筋力，スピード，持久力からなるエネルギー系の体力，感覚運動的統合・制御能力に関連する調整力，両者の中間的な性質を持つ柔軟性の3つに大別される。

さらに体力は，一般的体力と専門的体力の2つに分けられる。一般的体力が高いということは，特定のスポーツ種目とはかかわりなく，体力のすべての構成因子のバランスがとれた状態であることが特徴である。これに対して専門的体力は，特定のスポーツ種目におけるパフォーマンスを決定づける体力要素の最適な状態によって特徴づけられる。両方の体力を高めていくことを考えていく必要がある。今回は，テニスを例にして，体力について考えてみる[1]。

2 テニスに必要な体力要素

❶筋力（パワー，筋持久力）

各ストローク動作やコート内でのダッシュ，ジャンプ動作，そしてフットワークなどには，必ず筋力が関与する。全身の筋力を向上させながら，筋力にスピードの要素を加味したパワーの向上を図ることが必要である。力強いサーブやグラウンドストロークは，このパワーの向上により達成される。またこのパワーを試合の最後まで持続させるということで，筋持久力の要素も高める必要がある。

❷持久力

①無酸素性持久力

動きのスピードやストロークのパワーを，試合の後半まで持続できるかどうかという能力になる。これは，疲労のために生じる乳酸の蓄積に耐えることができる能力でもある。

②有酸素性持久力

全身持久力のことであり，呼吸循環機能（心臓，肺，組織の毛細血管など）の総合的能力を表している。この能力に優れていると，長時間のハードな練習や試合に耐えることができ，集中力も持続できることになる。またポイント間の休息期においても，素早く疲労を回復することができるので，次のプレーに集中することができる。

❸スピード

テニスで求められるスピードは，短い距離をいかに速く動くことができるかである。ボールに早く追いついたり，ネットポジションへできるだけ早く移動したりする能力といえる。スピード能力が向上すれば，選手は，プレーに対して余裕を持つことができ，守備範囲や攻撃力も増大する。脚のスピードは，脚のトレーニングで，上肢のスピードは，上肢のトレーニングでといった具合に，テニスの運動動作に類似した形で，高めたい部分のトレーニングをすることが重要である。

❹敏捷性

敏捷性は，動作のスタート，ストップ，切り替えしなどのときに，素早く動く能力のことで，スピードと関連性が強い。前後左右にフットワークを使って，いかに効率よく，また素早く動くことができるか，この要素をトレーニングすることは，ショットの安定性を高めることにもなる。

❺柔軟性

　柔軟性とは，関節の可動性を表すものである。テニスでは，身体を曲げたり，伸ばしたり，回転させたりする動作が多く，身体の各関節の可動性を高めておくことは，その動作をスムーズに行うためにも，また障害予防という点からも重要だといえる。ウォーミングアップでは，静的・動的なストレッチングや柔軟運動を多く取り入れ，柔軟性を高めるようにすることが重要である。

❻コーディネーション（調整力）

　コーディネーションとは，いろいろと変化する運動に対して敏速かつ正確に対応して運動を遂行する能力である。また身体のコンディションと技術をつなげる能力についても大きな影響を及ぼしている要素である。テニスの場合，相手が打ったボールや相手の動きに応じて的確に判断して打球しなければならない。神経－筋の協調性を高めていくことが必要である。

3　発育・発達に応じたトレーニングを考える

　トレーニングを行うのに適した時期があり，最も伸びる時期にその体力要素をトレーニングすると効果的に向上し，最終的には，傑出した選手がでてくる確率は高くなる。

　発育・発達期での効果的なトレーニングを考えるうえで大切なことは，PHV（Peak Hight Velocity of Age），つまり身長が最も伸びる時期（年齢）を考えて行うことである（PHVは，男子で平均13歳前後，女子で11歳前後となる）。

　これらのことを考え，図4-2のような基本的な体力トレーニングを考えている[3]。

　また，各体力を把握するうえでも，体力測定を定期的に実施することが重要である。体力測定の目的は，選手の身体状況を把握し，最適なトレーニング法を決定することである。つまり，選手の身体を様々な角度から観察し，分析・評価することによって長所，短所を把握し，選手の特徴や今後のトレーニング方法を見つけ出すことである。体力測定の項目（一般的体力・

PHV以前	神経系のトレーニング コーディネーション系（調整力）のトレーニング 複合トレーニング
PHV時期	呼吸循環系のトレーニング（持久力系のトレーニング） 全身持久力系のトレーニング，筋持久力系のトレーニング 自重を利用したサーキットトレーニング
PHV以後	パワー系のトレーニング（筋系のトレーニング） ダンベル，バーベルなどを用いたウエイトトレーニング メディシンボールを使用したパワートレーニング ジャンプ系トレーニング

5～8歳	多くの異なったスポーツを行う コーディネーション能力の向上 基本運動（走る，跳ぶ，投げる，打つなど）のトレーニングを重点的に行う 複合系のトレーニングを行う （1週間に約2.5時間）
9～12歳	バスケットボール，サッカー，ドッジボールなどの球技を行う フットワークや動きづくりのトレーニングを行う 反応の速さ，柔軟性，筋力（自重）を高める 球技，練習などの時間を考え，全身持久力の向上を図る （9～10歳は1週間に4時間，11～12歳は1週間に5時間）
13～15歳	スピード，全身持久力，筋力，柔軟性を高める 総合的な体力トレーニングを行う（サーキットトレーニングなど） ウエイトトレーニングで筋力を高める （1週間に8時間程度）
16歳以上	筋力トレーニング（パワー，筋持久力），全身持久力トレーニングを十分行う （1週間に8時間程度）

（左図の原則に沿って，具体的には，年齢区分を考慮し，右図のような考え方で進めていくことが望ましい。）

図4-2　ジュニア期（発育・発達期）の体力トレーニングの考え方[3]

運動能力テスト）については，表4-1が挙げられる。

以上，競技力向上のためには，技術，体力，精神的要素を高めていくことが必要であるが，特に体力科学的には，スポーツ種目に応じた体力要素を考慮し，そのトレーニング方法を実践していくこと，そして技術と体力との関連性を考えたうえで練習計画を立てていくことを十分に念頭におくことが重要である。

表4-1　一般的体力・運動能力テスト項目

体力因子	測定項目
形態関係	身長，体重，胸囲，上腕囲，前腕囲，大腿囲，下腿囲，腹囲，腰囲，皮下脂肪厚
筋力	握力，背筋力，屈腕力，脚伸展力，腹筋力
パワー	垂直跳び，立ち幅跳び，走り幅跳び，ハンドボール投げ，ソフトボール投げ，30m走，50m走
敏捷性	反復横跳び，シャトルラン，時間往復走，ジャンプステップテスト，バーピーテスト，棒反応時間，ステッピング
平衡性	閉眼（開眼）片足立ち，開眼棒上方足立ち，開眼片足爪先立ち，蛙立ち
協応性	ジグザグドリブル，連続逆上がり
柔軟性	長座体前屈，伏臥上体そらし，前後開き，体前（後）屈
筋持久力	（両足背上）腕立伏臥腕屈伸，懸垂腕屈伸，30秒間上体起こし
全身持久力	持久走（男1500m・女1000m），急走（男1500m・女1000m），20mシャトルラン，12分（5分）間走

文献
1）梅林薫他(2005)新版 テニス指導教本，大修館書店．
2）浅見俊雄(1985)スポーツトレーニング，大修館書店．
3）日本テニス協会編(2005)強化指導指針Ⅱ．

2 スポーツ生理学的取り組み
－スポーツと骨格筋－

上　勝也（スポーツ生理学）

　スポーツ活動の原動力は，骨格筋の活動により生み出される。私たちの身体を自動車に例えると，骨格筋は自動車の「エンジン」に相当する。自動車の特性はエンジンの排気量や性能で決まるように，スポーツの成績も筋のサイズや性質に左右される場合が多い。また，筋研究の立場から見て，競技力向上を目指した日々の様々なトレーニングは，その競技で主に活動する筋を競技特性に見合うように作り上げていく作業であると捉えることもできる。以上のことからこれまでにスポーツ生理学では骨格筋とスポーツ活動との関わりを様々な角度から研究し，トップアスリートが持つ骨格筋の特徴を明らかにすることで骨格筋をより速く，強く，あるいは持続的に活動させるためには何が重要なのかを解明し，それらの成果は様々なスポーツ種目の競技力向上に貢献してきた。ここでは骨格筋の構造と収縮のしくみおよびトップアスリートが持つ骨格筋の特徴について概説する。

1　骨格筋の構造と収縮のしくみ
❶骨格筋の構造

　骨格筋は，直径が20μm～150μm程度，長さが数ミリ～数10cm程度の円柱状の形をした数多くの筋線維が束となって形成され（束ねた髪の毛をイメージしてほしい），その両端は腱となって骨に付着している（図4-3）。一本の筋線維は細胞膜（筋細胞膜）で覆われ，その外側は基底膜で包まれている。成人の上腕二頭筋には約58万本，前脛骨筋は約27万本，腓腹筋は約100万本の筋線維が含まれている。さらにその筋線維も数多くの筋原線維が束となって作られている。筋原線維は，筋の最小構造であり筋収縮の最小単位として機能する筋節が直列に連結して作られている。筋節はミオシン蛋白を主成分とする太い線維とアクチン蛋白を主成分とし，それにトロポミオシン蛋白やトロポニン蛋白が結合して形成される細い線維が規則正しく配列することにより作られている。その他に

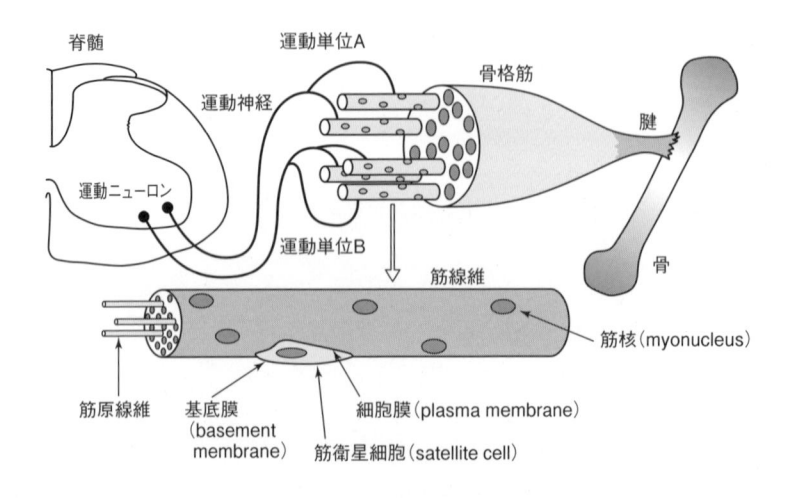

図4-3　骨格筋の構造と運動単位[1]

骨格筋は，筋線維が束となって形成され，その両端は腱となって骨に付着している。また筋線維には，筋衛星細胞が筋細胞膜と基底膜の間に存在し，筋肥大や筋再生時に重要な役割を演じている。1つの運動ニューロンの細胞体は一本の軸索（運動神経）を伸ばし，それが筋に達すると数本～数千本に枝分かれして一本の筋線維に接続している（運動単位）

Key word 骨格筋，筋線維タイプ，筋線維組成，スポーツ競技特性

筋はミトコンドリアや筋小胞体，毛細血管や運動神経，感覚神経などを含むことに加えて，筋衛星細胞と呼ばれる単核の細胞が筋細胞膜と基底膜の間に存在し，筋肥大や筋再生時に重要な役割を演じている（図4-3）[2]。

❷力を生み出すしくみ（興奮-収縮連関）

筋収縮を起こす指令とは，中枢神経系（脳と脊髄）で処理されて運動神経を伝わる電気信号である。それでは筋線維へ電気信号が伝達されてから，筋が収縮して力を生み出すまでの過程を見てみよう。電気信号が運動神経から筋線維へ到達すると筋細胞膜に活動電位が発生する。活動電位は横行小管へ伝わり，さらに筋小胞体を刺激することで筋小胞体に蓄えられているカルシウムが放出される。このカルシウムの放出が引き金となり筋原線維の太い線維と細い線維の相互作用が開始されて，細い線維が筋節中央へ滑り込むことにより筋節長が短縮して張力が生み出される。このように筋線維が電気的に興奮し，引き続いて筋収縮が起こる一連の過程を「興奮-収縮連関（E-Cカップリング）」と呼ぶ。

私たちの体幹や体肢の筋に接続している運動ニューロンの細胞体は脊髄にある（図4-3）。1つの運動ニューロンの細胞体は一本の軸索（運動神経）を伸ばし，それが筋に達すると数本～数千本に枝分かれして一本の筋線維に接続している（図4-3）。1つの運動ニューロン細胞体が電気信号を運動神経へ送ると，接続している複数の筋線維がすべて同時に収縮する。このことから1つの運動ニューロンとそれが接続する筋線維群をまとめて「運動単位」と呼んでいる。

運動単位は，運動ニューロン細胞体のサイズや軸索が電気信号を伝える速度（軸索伝導速度）などに基づいて3タイプ，①FF型（fast-twitch fatigable），②FR型（fast-twitch fatigue resistant），③S型（slow-twitch）に分類されている。3タイプの運動単位と運動の強度には密接な関係がある。運動強度が低い場合（最大運動強度の40％以下）はS型だけを使って運動を行っているが，中等度の運動（最大運動強度の40％～75％）になるとS型に加えてFR型も使い（S型＋FR型），すべての運動単位（S型＋FR型＋FF型）は最大強度の運動（最大運動強度の75％以上）で使用される。このように様々なタイプのスポーツ活動に必要な筋力発揮は，運動強度に合わせて特定の運動単位を使用する巧妙なしくみにより調節されている[1]。

2 アスリートの骨格筋の特徴

❶スポーツ種目の競技特性と筋の発達

私たちの大腿部を真横から見たとき，大腿骨を境として前面には大腿四頭筋，そして後面にはハムストリング（大腿二頭筋，半膜様筋，半腱様筋）がある。陸上短距離選手および球技（バレーボール・サッカー）選手の大腿部の筋の発達の仕方をMRI（核磁気共鳴法）で調べた結果（図4-4），陸上短距離選手は他の競技選手と比較して大腿後面の筋（ハムストリング）の発達が著しいことが分かった。これは短距離種目のような全力疾走には，ハムストリング（股関節伸展・膝関節屈曲）の活動が重要であることを示している。一方，球技選手は大腿前面の筋（大腿四頭筋）が発達している。大腿四頭筋はジャンプ動作やキック動作に含まれる膝関節伸展を起こす筋であり，球技種目に見られるこれらの動作が大腿四頭筋の発達を促したものと考えられる。このようにスポーツ種目の競技特性と特定の筋の発達には密接な関連性が示されている。

❷筋線維タイプ

骨格筋を作っている個々の筋線維は，遅筋線維と速筋線維に区別され，さらに速筋線維は数種類のタイプに分けられている。速筋線維は速

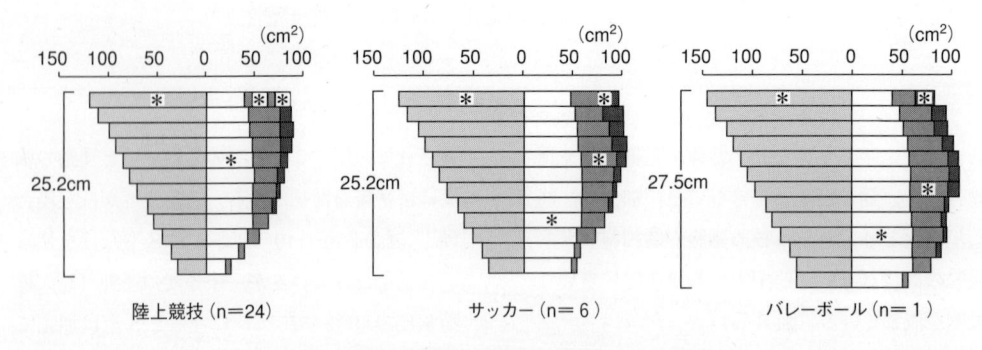

図4-4　スポーツ選手の大腿部の筋横断面積（MRI）[3]

陸上短距離選手は他の競技選手と比較して大腿後面の筋（ハムストリング）の発達が著しいのに対して，球技選手（サッカー）は大腿前面の筋（大腿四頭筋）が発達している。

く収縮でき，発揮する力も強いが，その速い筋収縮を長時間継続することはできない（すぐに疲労する）。一方，遅筋線維は，速筋線維ほど速く収縮できず，発揮する力も弱いが，筋収縮を長時間継続することができる（疲労しにくい）。1つの筋には速筋線維と遅筋線維が混在しており，特定の筋に含まれる各種類の筋線維タイプの分布比率を筋線維組成（筋線維タイプ別構成比率）と言う。たとえば，ヒラメ筋（下腿後面）は遅筋線維を多く含む筋であり，下腿前面ある前脛骨筋は速筋線維を多く含んでいる筋である。したがって，ヒラメ筋は収縮スピードは遅く，発揮する力も弱いが，筋収縮を長時間継続することができ，また前脛骨筋は収縮するスピードは速く，発揮する力も強いが，すぐに疲労するといった特徴が現れる。また数十名の成人男女の外側広筋の筋線維組成を調べたところ，男女とも多くの者は速筋線維と遅筋線維の割合がほぼ50：50であったが，どちらか一方に極端に偏った筋線維組成を持つ者もいた[4]。このように私たちの筋線維組成は，同一人であっても筋ごとに異なり，また同一筋であっても個人差が認められている。

❸ トップアスリートの筋線維組成

トップアスリートから筋を採取して筋線維組成を調べたところ，陸上短距離，砲丸投げ，やり投げなどの瞬発型アスリートの筋には速筋線維を含む割合が高く，逆にトップレベルのマラソンや陸上長距離に代表される持久型アスリートの筋には遅筋線維が多く含まれていることが分かった[4]（図4-5）。一方，球技選手には速筋線維と遅筋線維の割合が50：50を示す者が比較的多い[3]。このようにトップアスリートには競技特性に応じた筋線維組成が認められていることから，筋線維組成は競技成績を決定する重要な要素であると考えられている。それではトップアスリートは，どのようにして競技特性に応じた筋線維組成を獲得したのであろうか？数多くの研究結果に基づきヒトの速筋線維と遅筋線維の割合は生まれながらにして決まっている（トレーニング等では変化しない）と考えられている。しかし，持久的なトレーニングを継続することにより，遅筋線維と速筋線維の割合は変わらないが，速筋線維に属するTypeⅡB線維の割合が低下し，逆にTypeⅡA線維の割合が増加することが報告されている[4]。この結果はマラソン選手に代表されるような持久型アスリートは，トレーニングである程度生み出すことができることを意味している。一方，筋力トレーニングやスプリント・トレーニングによって遅筋線維が速筋線維に変化することや，TypeⅡAがTypeⅡBに変化することについては否定的な見解が多い。したがって，「スプリンターの筋線維組成は生まれながらにして決まっている」という意見が現在強く支持されている。

3 まとめ

スポーツの競技成績は筋線維組成だけで決まるものではない。持久的トレーニングは筋線維を取り囲んでいる毛細血管数を増加させる[5]。筋毛細血管数の増加は，筋血流量を増大させ，その結果，活動筋はより多くの酸素を受け取ることが可能になり，有酸素系を用いて多量のATPを産生できるようになる。持久的トレーニングによる$\dot{V}O_2 max$の増加は，筋線維1本当たりの毛細血管数の増加と対応する[3][4]。一方，筋力トレーニングによる筋線維の肥大率は，遅筋線維よりも速筋線維の方が大きい（速筋線維の選択的肥大）。先述したように筋力トレーニングやスプリント・トレーニングによって遅筋線維が速筋線維に変化することはないが，ハイ・パワーのトレーニングは遅筋線維よりも速筋線維を肥大させることで，筋全体としては「筋収縮スピードが速く，発揮する力も強い」という性質を獲得することが可能となる。

ここでは「スポーツと骨格筋」に関するスポーツ生理学的研究成果の一部を紹介した。その他にもスポーツ生理学では，血液，骨，神経，呼吸・循環機能などの観点からトップアスリートの特徴を明らかにしたり，運動によって生じる身体の応答や適応現象とそのしくみの解明に取り組んだりしている。それらの研究成果も現在の様々なスポーツ種目の競技力向上に役立っている。

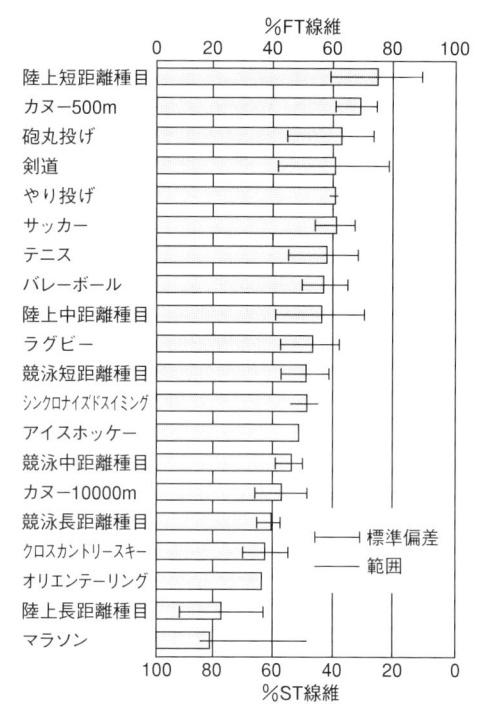

図4-5　トップアスリートの筋線維組成[4]
トップアスリートには競技特性に応じた筋線維組成が認められていることから，筋線維組成は競技成績を決定する重要な要素であると考えられている。

文献

1) 上勝也(2004)骨格筋の再構築を司る情報伝達機構(筋肥大と再生のしくみ)，増原光彦監修，荒木雅信，上勝也編集，動きを生み出すこころとからだのしくみ －スポーツの神経科学－，あいり出版，p72-92.
2) Schultz E, McCormic KM (1994) Skeletal muscle satellite cells. Rev Physiol Biochem Pharmacol 123:123-257.
　上勝也(2004)骨格筋の再構築を司る情報伝達機構(筋肥大と再生のしくみ)，増原光彦監修，荒木雅信，上勝也編集，動きを生み出すこころとからだのしくみ －スポーツの神経科学－，あいり出版，p72-92.
3) 久野譜也(1993)NMR法による筋からみたスポーツタレントの発掘法，コーチングクリニック，第7巻，p10-15.
4) 勝田茂編，和田正信，松永智著(1999年)入門運動生理学，第2版，杏林書院，p14.
5) 勝田茂編著(1993)運動生理20講，初版，朝倉書店，p24.

参考図書

1) 勝田茂編，和田正信，松永智著(1999)入門運動生理学，第2版，杏林書院.

3 バイオメカニクス的取り組み

伊藤 章（バイオメカニクス）

バイオメカニクスは力学，生理学，解剖学などの学問を利用し，人の運動のメカニズム（からくり）を明らかにする学問であり，その研究成果は，運動技術の向上，トレーニング方法の改善，そして用具作りにも活用されている。バイオメカニクスが取り扱う対象は多いが，ここでは人にとって基本的な運動である走・跳・投に関するバイオメカニクス研究から得られた知見の一部を紹介する。

1 走のバイオメカニクス

短距離走の動作はスイング動作とキック動作に分けることができる（図4-6）。スイング動作は，キックを終了し離地した脚を前方へ運び，再び接地するまでの動作であり，膝を曲げ（膝関節の屈曲），大腿を前方へ持ち上げる（股関節の屈曲）動作である。キック動作は推進力を発揮する動作で，接地した脚が身体の後ろへ動き離地するまでの動作であり，大腿の後方スイング（股関節の伸展）動作，膝と足首の曲げ伸ばし（膝関節と足関節の屈曲・伸展）動作である。

伊藤ら[2]は世界一流短距離選手（100mを9.86秒）から大学選手までの男女79名を対象に，100mレースにおいて最高速度に到達する60m付近の疾走速度と疾走動作との関係を調べ，これまでの常識を打ち破る次のようなデータを発表した。一般的には，速く走るには「膝を深く曲げ（引き付け動作），ももを高く上げる（もも上げ動作）」ようなスイング動作がよいとされていたが，実は図4-7に示すように間違いだったのである。世界一流選手（100mを9秒台）の最高疾走速度は12m/sに近く，最も遅い選手（100mを13秒台）は8m/s以下であったが，もも上げの角度（高さ）と引き付け角度（膝の曲げ）は，両方とも疾走速度の高さによって変化しなかった。言い換えると，ももを高く上げて走っても速くならないのである。

キックでは「膝と足首を伸ばしなさい」と指導されてきた。しかし，図4-8に示すように，

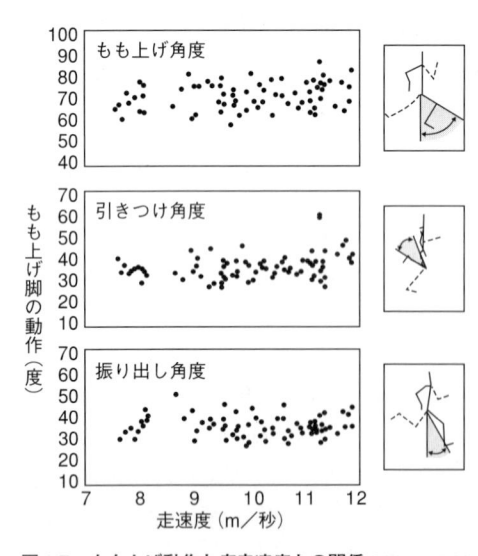

図4-7 もも上げ動作と疾走速度との関係（文献2を改変）

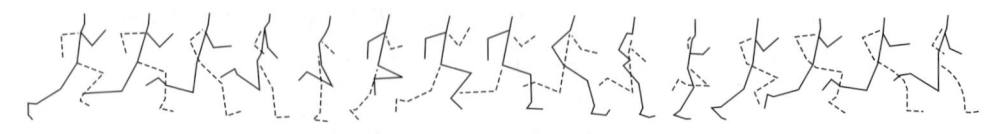

図4-6 カール・ルイス選手が100mで9.86秒の世界新記録（1991年当時）を出したときの疾走フォーム（文献1を改変）

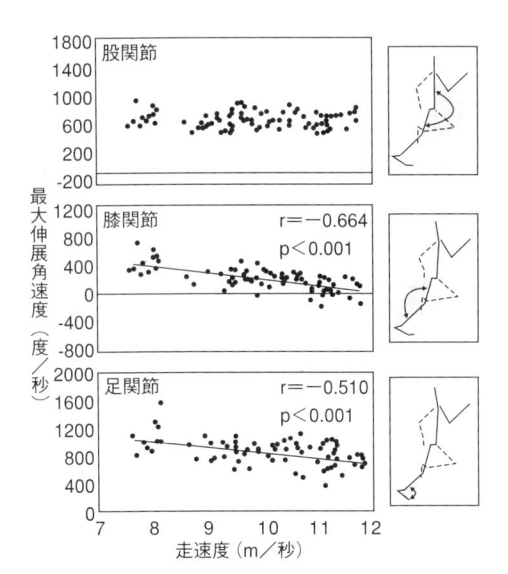

key word 短距離走，跳躍，投げ

図4-8 キック脚の最大伸展速度と疾走速度との関係（文献2を改変）

疾走速度が高い選手ほど膝関節と足関節を伸展する速度が遅かったのである。また膝と足首を伸ばす角度の大きさ（膝・足関節の伸展角変位）も同時に測定したが，速い選手ほど小さかった。つまり，速く走るには膝関節と足関節を伸展しないようなキック動作をしなければならないのである。これはこれまでの指導と逆の結果であった。そのメカニズムは図4-9に示すモデル図で理解できるだろう。つまり，推進速度の源は大腿の後方スイング（股関節の伸展）であるが，図4-9 -左の遅い選手は，股関節の伸展が膝関節の伸展として吸収されてしまうので，脚全体が後方へスイングされず前へ進みにくい。そして，やや上下動が大きくなる。一方，図4-9 -右の速い選手は膝関節を伸展しないので，股関節の伸展が脚全体の後方スイングとして無駄なく転換されるため，効率よく前へ進むことができる。

以上の研究は，ももを高く上げて走ろうと努力（もも上げ練習など）することや，脚全体をまっすぐ伸ばすようなキック動作をすることについて再考すべきであることを選手やコーチが理解するきっかけとなった。バイオメカニクス研究が，一般的に信じられてきた疾走技術やその指導方法の修正を促したのである。

2 跳のバイオメカニクス

跳躍は身体重心に上方への速度を与えるための運動であるが，その場で行う垂直跳や立ち幅跳のような跳躍と，助走をつけて行う走高跳や走幅跳のような跳躍の2つの運動形態に分けることができる。これら2つの運動形態の違いを理解しないと，走高跳の選手は垂直跳が高く跳べる，走幅跳の選手は立ち幅跳が遠くへ跳べるなどと勘違いしてしまい，見当違いの体力トレーニングや技術練習を実施しかねない。

その場での跳躍は，縮んだコイルバネが伸びて跳びあがるのに例えられるように，立位から膝関節を屈曲し，その後ただちに伸展することによって跳躍力を得る（図4-10）。そのため，

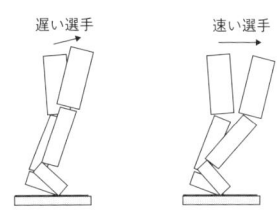

図4-9 優秀選手とそうでない選手のキック動作の特徴の比較（文献1を改変）

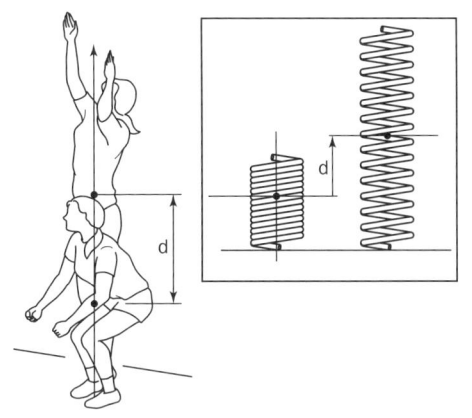

図4-10 垂直跳における跳躍力の発揮[3]

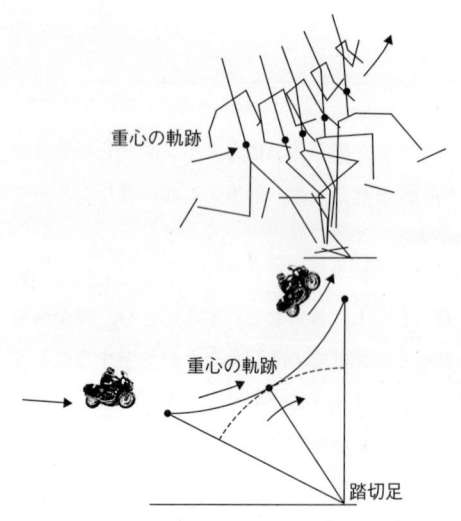

図4-11 走高跳や走幅跳における跳躍力の発揮
（文献4を改変）

その場での跳躍では，主に膝関節の伸展力が跳躍力となる。また，垂直跳と立ち幅跳の違いは，身体全体の傾きを変える（立ち幅跳では前に倒す）ことによって跳躍方向を変化させている点にある。

一方，助走つきの跳躍は，上り坂の坂道を勢いよく走りあがり，その勢いを利用して坂の頂上から上へ跳びあがるモトクロスのオートバイに例えることができる。実際の跳躍では，膝関節の屈曲はわずかで，膝関節の伸展力そのものは直接的な跳躍力とならないが，身体重心の進行方向を滑らかに上方へ変化（跳躍角度）させるために働く（図4-11）。つまり，滑らかな坂道を作るために働くのである。跳躍角度が大きい場合は走高跳となり，小さい場合は走幅跳となる。オートバイが同じ角度の上り坂を走るとき，バイクの速度が速いほど坂の頂上から遠くまで跳んでいくことは容易に理解できよう。それと同じように，走幅跳では助走走度が速い選手ほど跳躍距離が大きくなることが，バイオメカニクス研究によって明らかにされている（図4-12）。

3 投のバイオメカニクス

投げの様式にはいくつかあるが，ここではオーバーハンドスローを用いたヤリ投げ動作に関

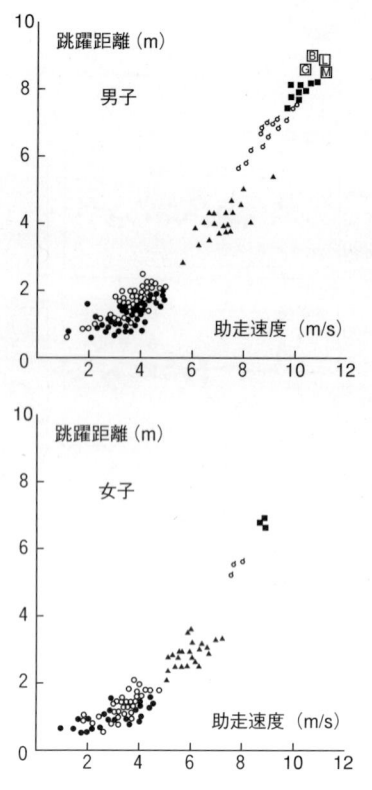

図4-12 助走速度と跳躍距離との関係[5]

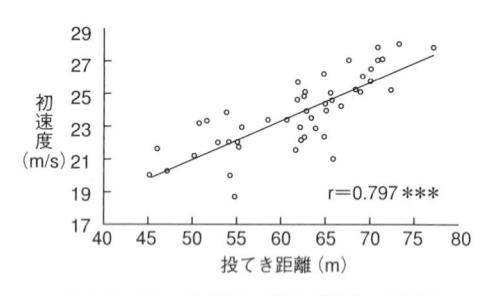

図4-13 ヤリの初速度と投てき距離との関係[6]

するバイオメカニクス研究を紹介する。この研究では日本チャンピオンから関西学生選手権出場レベルまでの選手（記録が77.22mから45.25m）について調べている。ヤリ投げの記録は，手からヤリが離れた瞬間の初速度が高いほど良い（図4-13）。そして，初速度を高めるために必要な動作（優秀選手の特徴）は以下のようであった（図4-14）。ヤリ投げは助走から開始するが，優秀選手は①助走速度が高く，②その速度を前足の膝関節を伸展して接地する（優

第4部 第1章

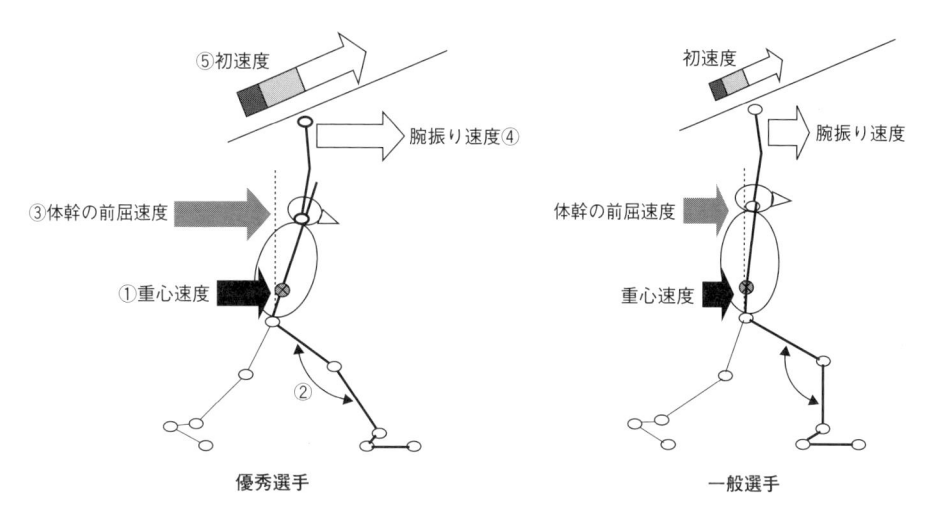

図4-14 優秀選手と一般選手のやり投げ動作の特徴の比較（村上と伊藤，未発表資料）

秀でない選手は膝関節が屈曲する）ことにより，③助走速度をより高い上体の前方回転速度に転換し，④同時に肘関節をやや屈曲したまま（優秀でない選手は肘関節が伸展している）腕を素早く振る（肩関節の内旋と伸展動作）。その結果，ヤリは高い初速度を得て遠くまでとぶのである。優秀選手の方がやや肘関節が屈曲しているが，その方が肩関節の内旋速度が手の速度に効率よく転換されるからである。

野球のピッチャーでも同様なことがいえる。たとえば，日本では前足の膝を深く曲げ（後足の膝に土が着くように）るように指導する場合が多かった。しかし，現在の速球投手のほとんどが前足の膝関節をほぼまっすぐ伸ばしたまま接地し，ワインドアップ（ヤリ投げの助走に相当）で得た前方への身体の推進速度を上体の前方回転に転換し，同時に腕の振り（ヤリ投げと同じように肩関節の内旋と伸展）によって投げている。

4 体力トレーニングへの応用の可能性

バイオメカニクスを学ぶことによって，基本的な運動のメカニズムを理解すると，それを応用することによって他の多くのスポーツ種目の動作の持つ意味を理解することができるようになる。そして，動作を理解すれば，その種目に特化した体力トレーニングを，物まねでなく独自に考案できるようになる。

文献
1) 伊藤章ほか(1994)世界一流競技者の技術：世界一流スプリンターの技術分析，ベースボール・マガジン社，p31-49.
2) 伊藤章ほか(1998)100m中間疾走局面における疾走動作と速度との関係．体育学研究43：260-273.
3) 石井喜八(1994)科学の眼で見たスポーツ動作の隠し味，ベースボール・マガジン社，p50.
4) 阿江通良(1992)走高跳解説書　陸上競技ビデオ　世界トップアスリートに見る最新陸上競技の科学6　走高跳・棒高跳，ベースボール・マガジン社．
5) 深代千之(1990)跳ぶ科学，大修館書店，p41.
6) 村上雅俊，伊藤章(2003)やり投げのパフォーマンスと動作の関係．バイオメカニクス研究7：92-100.

参考図書
金子公宥，福永哲夫編(2004)バイオメカニクス：身体運動の科学的基礎，杏林書院．

4 コーチングの立場から（1）

坂本康博（コーチング論）

1 発育・発達に応じたコーチング

個人の発育・発達には当然のように差があり，暦年齢と骨年齢（生理的年齢）は千差万別である（図4-15）。このことを特にジュニア・コーチングではしっかりと認識する必要がある。

スキャモンの発育曲線によると，一般型（骨格・筋肉）は8～10歳では成人の50％にしか達していない。この時期に厳しいトレーニングは無意味であり，そのことによるスポーツ障害を考慮しなければならない。特に，小学校高学年から中学期における**クラムジー**（※1）現象には注意が必要である。

神経型の発達は6～9歳位で成人の90％以上に達する。運動における神経系の機能は知覚するだけでなく筋肉の働きをいかに有効に速く行うかということが重要になる。

反応時間は動作する筋群の大きさによって異なるが，スキャモンの神経型に近い発達を示すといわれる。この時期には動作のイメージを大切にした〈動き作り〉の指導効果が顕著である。したがって，この時期には各種様々な動き，力の発揮とリラクセーション，リズム感等を養うことが大切になる。

小さい頃からスポーツを限定して同じ運動だけを続けると様々な弊害が起きる。将来，スキルフルでクリエイティブな選手に育てるためにもこの時期は大変重要である。

9～12歳頃は世界最高レベルの選手の技術さえも，見て感じることで，驚くほど簡単に真似をすることが出来る時期である。そして，一度覚えた技術は大人になってからもずっと身についている。この時期をゴールデン・エイジ（Golden Age）と呼ぶ（図4-16）。新しい運動経過を素早く把握して習得することや，多様な条件に対してうまく適応する運動能力が最も発揮される特別な時期である。

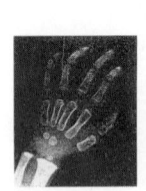

男子
骨年齢：1.67歳
（1歳8ヵ月）

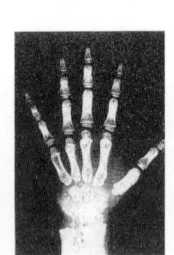

男子
骨年齢：5.8歳
（5歳10ヵ月）

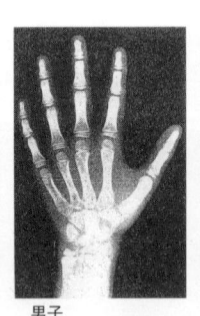

男子
骨年齢：10.1歳
（10歳1ヵ月）

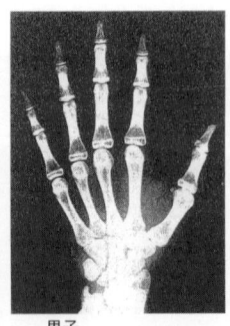

男子
骨年齢：15.0歳
（15歳1ヵ月）

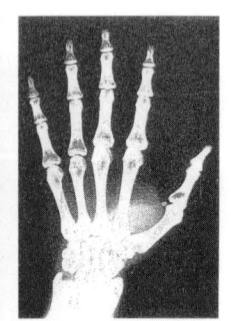

男子
骨年齢：Adult

図4-15 骨年齢（生理的年齢）[1]
発育程度を判断するのに最も良い方法とされ，利き手でない方の手の骨の橈骨・尺骨の下端のX線写真を撮り，骨化の状況により骨年齢を判断し，発育程度の根拠とするもの

（※1）
「クラムジー（Clumsy）」
思春期になると筋肉や骨格が急速に伸び，身体のアンバランスが生じる。骨が伸び，それを支える筋肉の成長が伴わないためである。そのために，これまで習得してきた技術がうまく出来なかったり，他の技術習得にも時間がかかる。これをクラムジーという。しかし，この現象は一時的なものであり，無理な運動を控え休養させたり軽い運動に留めるべきで，個人差を十分把握して指導する必要がある。

第4部 第1章

Key word スキャモン，ゴールデン・エイジ，クラムジー

　各個人の社会性も，大変重要なファクターとなる。6歳頃から仲間を意識し始め，やがて仲間意識が強くなり排他的になったり，リーダーを求めたりしながら，やがて役割分担化や組織的活動が出来るようになる。さらに，**ギャング・エイジ**（※2）と呼ばれる9～10歳頃には，集団行動を始めるようになる。この時期に2～3人で協力してプレイさせ，競争させたり，自分たちのルールを作らせたりしてやることも必要である。

　現在の子どもたちの生活は，テレビゲーム等室内での一人遊びの時間の増加が指摘されている。友達と一緒に屋外で遊びまわる時間は減少し体力の低下が進んでいる。この現状で，スポーツを行う重要性はますます増大している。

　コーチは欲張りである。その動作を正確に速く，しかも力強くプレイすることを選手に求めようとする。正確性とスピードは反比例する。スピードと力強さも同様である。まずは，ゆっくりと正確に行うことを求め，徐々にスピードを加える。そして力強く行うこと。発育・発達の経過からどのような年代にどのようなトレーニングをしなければならないのか順序を追って計画を立てなければならない。

　このような発育・発達の経過を十分に踏まえたうえで，個人の将来に向けた基礎作りに，あわてず・あせらず取り組み，18～20歳頃に個人の能力を最大限に発揮できる状況を作り出してやることがコーチの重要な役割である。

　個人の発育・発達を無視し勝利至上主義となり，成長を阻害する無理なトレーニングや怪我をさせたり，バーンアウトさせてはならない。競技スポーツだけではなく，生涯にわたりスポーツを行って楽しんだり，スポーツを観て応援してくれる人々，さらに指導者としてスポーツを支えてくれる人々を育むのもコーチの重要な仕事である。

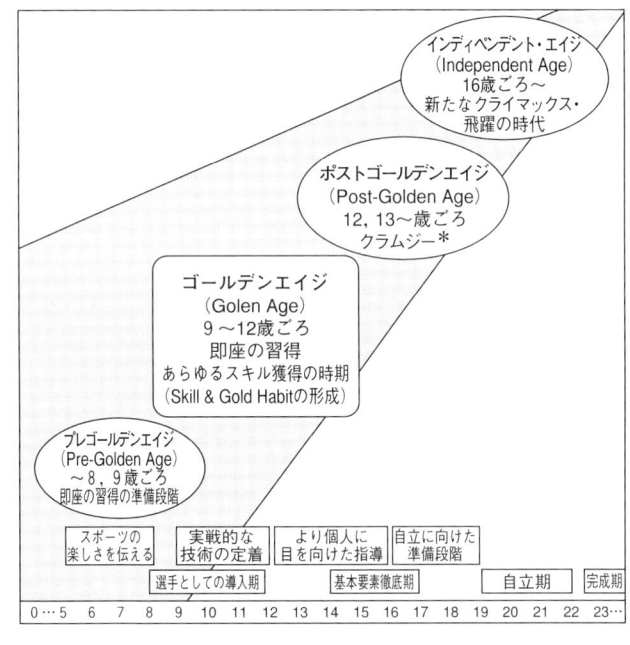

図4-16　一貫指導概念図（文献2を一部改変）

文献
1) 村田光範ほか(1996)日本人標準骨成熟アトラス, 金原出版, p11-73.
2) (財)日本サッカー協会(2005)サッカー指導教本, p6-7.

（※2）
「ギャング・エイジ（Gang Age）」
9～10歳頃より集団行動を始めるようになる。仲間との協力，競争，ルールを作りそれを守るといった行動が現れ，社会的行動の発達が見られる。この時期はギャング・エイジと呼ばれている。

5 コーチングの立場から（2）

中野尊志（コーチング）

競技スポーツの意義は，自己の可能性を信じ，限られた時間の中で，己の限界に挑戦していく中で得られる達成感，充実感にあるのではないだろうか。その努力する姿は，本人に留まらず，見ている側へも大きな夢と感動，勇気を与える。

1 競技力向上を支える要素

競技力向上を支える最も基本的な要素には，一般的に技術・体力・精神力の3つが挙げられる（図4-17）。そして，その中間に位置するスポーツ選手の感性（センス）が，他の3つの要素全部に影響している。優秀な競技者は皆，感性に優れていると言っても過言ではない。

では，上記4つの項目がすべて揃えば良い選手になれるのかと言えばそうでなく，「いつ，誰が，どこで，何を，どのように」使っていくのかという戦術（判断力）が必要となり，さらにその判断力のベースとなるのが人間性である。学生競技スポーツを経験した者は「よく気がつく人間」，「協調性，思いやりのある人間」，「自ら工夫努力し，責任をもって行動できる人間」になってもらいたい。

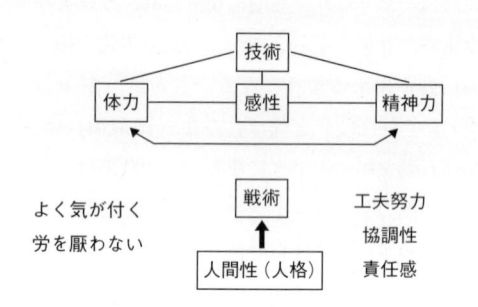

図4-17 競技力向上を支える要素[1]

2 競技力向上のためのアプローチ

ステップ1：目標の設定

コーチと選手にとって，目標の設定とその共有は重要な課題である。目標は選手にとって挑戦的かつ価値あるものでなければならない。また，コーチではなく，選手自身が「自分にはできる」と感じていることが重要である。プレーヤーの進歩は能動的な適応によって，はじめて実現するものである。

ステップ2：現状分析と課題の抽出

成功を望む者はしっかりした理論に基づいて行動するものである。目標設定ができれば，次は個人またはチームの現状を具体的にコーチ，選手の双方が把握することが大切である。そのためにはデータの収集と選別は欠かせない作業である。主観的な分析に加え，データによる客観的な分析から現状を多角的に，より正確に把握することが成功への第一歩となる。

ステップ3：具体的方策の提示

限られた時間の中で目標を達成するためには最も効果的・効率的なトレーニング方法と選手への働きかけが必要となる。「どうすれば勝てるのか」，「何を伸ばせば結果が伴うようになるのか」，「そのためにどんな練習が必要となるのか」を明確に打ち出すことが大切である。なぜ

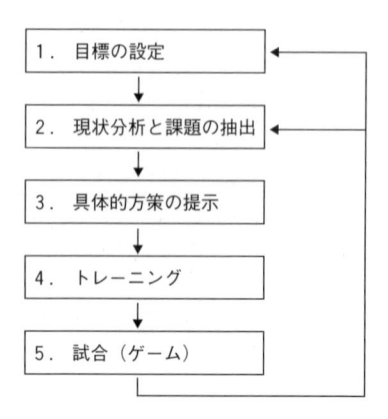

図4-18 向上の段階的構造モデル

keyword 競技力向上，学生競技スポーツ

図4-19 プランニング[2]

なら，トレーニングの現場で発生する問題は，この時点で検討されなかった様々な曖昧さに端を発していることが多いからである。手探り的なアプローチでなく，個人やチームの力を把握したうえで，論理的かつ系統的な成功へのプロセスを熟考すべきである。

ステップ4：トレーニング

コーチングの現場では，とても数値や言葉だけで言い表すことのできない局面が多々ある。毎日の現実は非常に複雑なもので，その中でパフォーマンスの質を保とうとするならば，常に適応する能力が必要とされる。

コーチはスポーツ心理学，スポーツ生理学，スポーツバイオメカニクスといったコーチングをより高度に，かつ効果的に展開するために必要な基礎科学から多くのヒントを得ながら，選手とともに競技力向上に努めている。

客観的なデータを活用することで，トレーニングの意義をより具体的に説明することもできる。しかし，一方で感性や勘の世界に入り込むこともしばしばある。

「理屈だけでは競技に勝てない」は多くのコーチが口を揃えていう言葉である。感性に溢れ，精神的にも鍛えられ，頭も理論的に考えることのできる学生競技スポーツ経験者には高いレベルでバランスの取れた選手に成長していってもらいたい。

ステップ5：試合とその評価

競技者にとって試合は日ごろのトレーニングの成果を発揮する場である。目標達成できた，できないに関わらず再び選手とともにその評価を行うべきである。そして成功や失敗を次のステップアップに活かすために，その要因とプロセスを客観的な記録として残していくことが重要である。

3 おわりに

2004年，異国の地アメリカの大リーグで，マリナーズのイチローは262安打の世界記録となる金字塔を築き上げた。NHKでのインタビューの中で「結局は，細かいことを積み重ねていくしか頂上には行けない。それ以外に方法はない。」と大記録達成を振り返って応えた。さらに今後の目標について訊ねられると，「もっと野球が上手くなりたい。そういう実感を持てたら嬉しい。それは数字には現れにくいと思う。これは僕だけの楽しみというか，僕が得る感覚ですから。ただ，そうやって前に進む気持ちがあるのであれば，楽しみはいくらでもありますから，ベストに近づけるように頑張りたいですね。」と付け加えた。

このイチローの短い言葉の中に，選手の競技力向上に対する本質的な取り組みを見ることができるのではないだろうか。

文献
1) 本田裕一郎編(2000)高校サッカーを考える会-第2号-,高校サッカーを考える会,p1-2.
2) 小野剛(1998)クリエイティブサッカー・コーチング,大修館,p170.

6 ゲーム分析
―戦略，戦術，作戦を考えるために―

浅井正仁（コーチング論）

「ゲーム分析」とは，球技のような複雑なスポーツを定量的に捉えるための手がかりであり[1][2]，試合場面で出現する諸々のプレー事象を数量化することによって，客観性のある情報を作り出す1つの方法である。また，ゲーム分析によって得られた情報は，作戦や戦術を考えるためのヒントになり，チーム課題やトレーニング（練習）内容を計画するための基礎資料にもなる。ここでは，「ゲーム分析」の目的や方法について解説し，各種目のゲーム分析的研究の一例を紹介することで，ゲームを客観的に捉えることの意義とその必要性について理解していただきたいと考えている。

図4-20　ゲーム分析・ビデオ分析システムの例
写真は(株)ダートフィッシュ・ジャパンから提供

1　競技目的のゲーム分析

この「ゲーム分析」が利用されている代表例として，対戦相手の戦力分析（スカウティング）が挙げられる。相手チームの特徴を様々な観点から分析し，自チームの戦い方や作戦を事前に決めておくことは，自チームが有利に試合展開していくうえで重要である。最近では，チームに「アナリスト」と呼ばれるスカウティング専門のスタッフがおかれている。彼らは**ゲーム分析・ビデオ編集システム**（※1）を利用して，対戦相手の攻撃・防御パターンやシュート場面を編集して，監督，コーチ，選手たちの必要とする試合情報とその場面を即座に提供できるよう準備している。

スカウティング以外の「ゲーム分析」利用例として，自チームの試合を詳細に分析することから，チームや個人の課題を見つけだすこともできる。事前に集計項目とプレー事象の評価基準を設定しておき，各個人のプレー事象を評価していくことでデータを収集する。たとえば，どの位置からのシュート成功率が高いかを知るためにはコートや地域を予め区分して集計することが必要であり，また，どのような攻撃パターンからのシュートやアタック決定率が高いかを知るためには，攻撃パターン（攻撃型）の分類やポジション別に集計する必要がある。このようにプレー事象を細かく評価，分析できれば，各選手のトレーニング（練習）課題が明確に指摘でき，チームパフォーマンス向上のためのヒ

（※1）
「ゲーム分析・ビデオ編集システム」
PC，DVカメラ，ゲーム分析ソフト（例：DartTrainer，SportCode，Gamebreaker）で構成された分析システムであり，ゲーム分析の他にビデオ編集やパフォーマンス分析も可能である。

Key word　ゲーム分析，スカウティング，戦略，戦術，プレー事象

ントと根拠を示すことになる。

　それ以外にも各競技の大会本部がマスメディアや観客に公表している基本的データ（個人技術成績，チーム技術成績，ボックススコア（**表4-2**）など）を利用して，競技に役立つ情報をゲーム分析的手法から入手することも可能である。

2 研究目的のゲーム分析

　1970年から1980年にかけて日本体育学会では，各球技種目のゲーム分析的研究が数多く発表されている。VTRが普及する以前からゲーム分析的研究は行われ，「ゲームに関する一考察」という題目で発表されていた。学術用語としての「ゲーム分析」が定着するのは1970年以後である。VTRを使用しないときのデータ収集は，スコアシート，スコアブック，ランニングスコア等を利用して行われ，この他に私案の集計用紙を作成して，実際の試合場面に多くの記録員を配置して行われるケースもあった。その後，VTRの普及につれて観察対象となるプレー事象を何度でも見ることができ，より正確に細かな観察，評価が可能となった。

　ところで，遠藤[3]によると戦略のためのゲーム分析と戦術のためのゲーム分析では，方法論的に多少の相違があることを指摘している。つまり，戦略のためのゲーム分析とは，その競技の特性（競技特性，ルール，技術，戦術など）と関係して，その競技（ゲーム）の原理・原則を究明するための研究であると理解できる。そのためには，過去のゲームデータを数多く収集して，その競技（ゲーム）で勝つための要因とは何か，競技力を高めるためのプレーや戦術とは何かを究明していく方向で研究が進められる。一方，戦術のためのゲーム分析とは，戦術を考えるためや作戦の基礎となるゲーム分析のことである。この場合には，必要とする現在のデータをいち早く収集して，今現在のチームプレーや個人プレーを分析，評価することで，現在から将来に向けてすぐにでも応用利用できる情報を得ることが目的となる。たとえば，リア

表4-2　各球技種目のボックススコア及び集計項目

	得点に関する項目及びランキング	攻撃に関するプレー事象	その他のプレー事象
バスケットボール	個人総得点 最多得点，3P，リバウンド，アシスト，フリースローの各ランキングを公表	2点試投数と成功数 3点試投数と成功数 フリースロー試投数と成功数 アシスト（AS）	リバウンド獲得（ORとDR別） ターンオーバー（TO） スティール（ST） ブロックショット（BS） ファール（F）
バレーボール	チーム得点内容 最多得点，アタック決定率，ブロック，サーブ効果率の各ランキングを公表	アタック打数と決定本数，ミス本数 ブロック本数（セット平均本数） サーブ打数と得点，失点 サーブ効果率	サーブレシーブ成功率 チームフォールト数
ハンドボール	個人総得点	7mスローのシュート数，得点数，シュート成功率 フィールドでのシュート数，得点数，シュート成功率	ゴールキーパーのゴール阻止数 被シュート数 警告，退場，失格等の回数
サッカー	個人得点数（個人別得点順位） チーム別集計結果（Jリーグ） 時間帯別得失点（Jリーグ） 状況別勝敗（Jリーグ）	シュート数，PK（得点，失点） FK，CK 1試合平均得点数	個人の出場回数，出場時間 被シュート数 ゴールキーパーの失点数，防御率（90分あたりの失点数）
ラグビー	個人総得点 最多得点，最多トライ，ベストキッカー	トライ数（5点） ゴール数（2点） ペナルティーゴール数（3点） ドロップゴール数（3点）	個人の試合出場数 チームのフェアプレーランキング

ルタイムで行う自チームのゲーム分析は，チームプレーの修正や個人プレーへの的確なアドバイスに役立っている。また，スカウティングのためのゲーム分析は，対戦準備のための戦術，作戦を考えるために利用されることとなる。

3 各球技種目のゲーム分析的研究例

ゲームの特性を明らかにするために，ゲームで出現する様々な技術（プレー）を取り上げゲーム分析されることが多い。ある技術のゲーム中の出現回数（使用頻度）やそのパフォーマンスを評価することでデータを収集して，分類された各技術（プレー）の有効性を検討し，勝敗との関連性を明らかにするゲーム分析が初期の頃のスタンダードであった。

図4-21はバレーボールのトスアップの仕方をスタンディングトスとジャンプトスに分類して，それらのトス動作から攻撃に結びついた速攻，時間差，サイド攻撃などのアタック決定率をそれぞれ比較したものである。指導現場では，ジャンプトスを多用するよう指導されることが多く，実際のゲームを調査してジャンプトスの有効性を検証し，同時にその戦術的指導の根拠を解明する研究である。

図4-22はバスケットボールのゲーム中に発生するDroughts（自チームの得点経過において

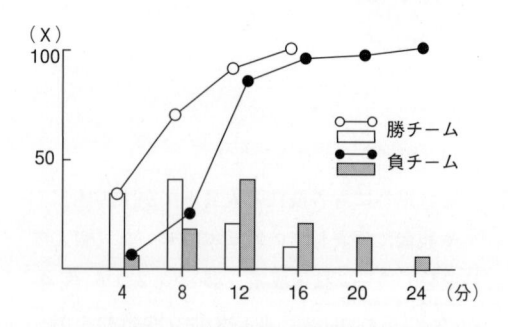

図4-22　勝敗別からみた時間別Droughtsの出現比率および累積比率[5]

2分以上の得点停止期間を示す）出現頻度とその時間を調査し，試合経過時間別の勝チームと負チームの出現比率を比較したものである。Droughtsの出現頻度や累積時間が少ないチームの勝率が高い傾向にあるが，実際のゲームでは必ずしもそうでないケースもあることが指摘されている。バスケットボールの試合運びと戦略を考えるためのヒントを示した研究である。

図4-23はサッカーのシュート場面を分析して，得点に結びついたスルーパスの起点（●）とシュート地点（▲）を示したものである。この研究では，第12回〜14回のワールドカップでのシュート場面を分析対象として，①シュート地点，②マーク（敵）の状況，③ボールタッチ数，④ボールを捉えた空間，⑤最終DFライン突破方法，⑥ラストパスの種類と傾向などの詳細な観察・分析項目が設定されている。世界

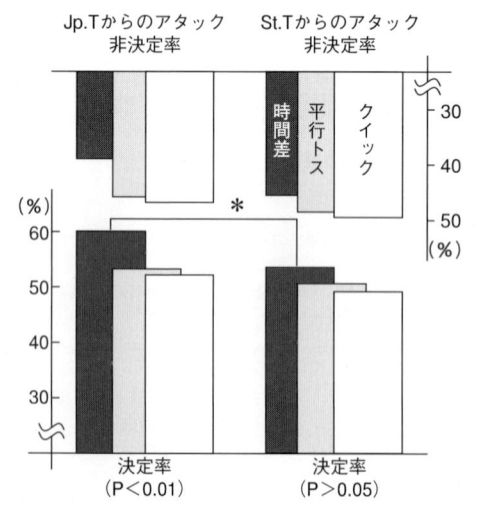

図4-21　各トス動作からのアタック決定率の比較[4]

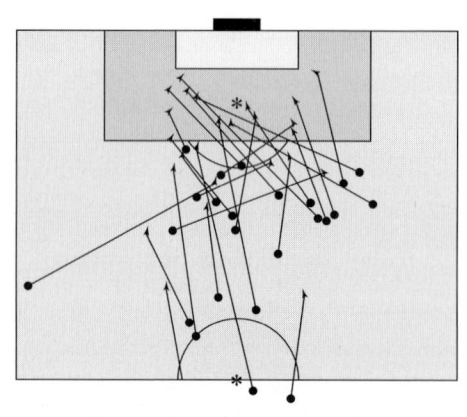

図4-23　得点に結びついたスルーパスからのシュート（第13回WCメキシコ大会）（文献6を著者改変）

のトップチームの全シュート場面を詳細に分析しそれを数量化することから，近代サッカーの流れ（作戦的傾向）を読みとろうとする研究である。

図4-24はハンドボールのパス経路を分析するために，ハーフコートを13の領域に区分して，領域間のパスワークとシュートを図示したものである。シュート地点（領域）とシュート直前のパス地点（領域）を対として，各領域の組み合わせパターンの種類とその出現数を集計し，どの領域からのシュートやパスが多く，どこか らどこへの最終パスでシュートに至ったかを分析した研究である。

図4-25はラグビーのゲーム場面での実際にプレーしている時間とプレーしていない時間がどの程度あるかを調査し，試合経過（5分毎）に伴う平均インプレー時間と平均アウトプレー時間を示したものである。実際のインプレー時間を明らかにすることにより，ラグビーのトレーニング方法を考えるための基礎資料を得るための研究である。

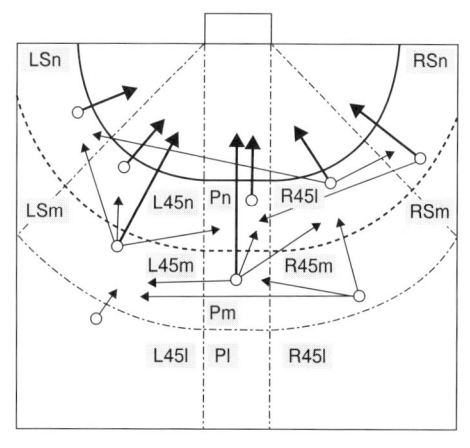

図4-24　コート領域区分（13）と領域間のパスワーク
（文献7を著者改変）

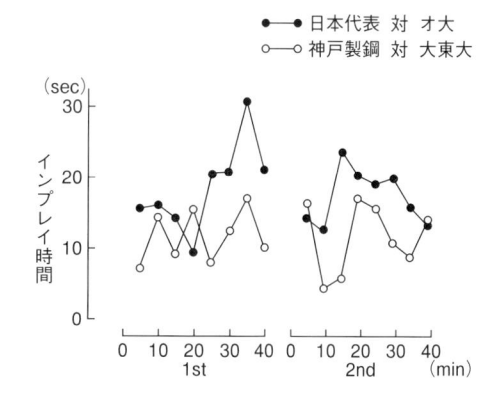

図4-25　時間経過に伴うインプレー時間の変化（5分毎）[8]

文献

1) 日比野弘, 他3名(1992) 球技の総合的ゲーム分析システム, 日本体育学会第43回大会号, p723.
2) 山本忠志, 他2名(1999) ハンドボールにおけるゲーム分析からみた有効な攻撃戦術について, 日本体育学会第50回大会号, p581.
3) 遠藤俊郎(1986) バレーボールのゲーム分析 ―オペレーションズ・リサーチの手法を利用して―, 体育の科学, 36巻, p693-698.
4) 浅井正仁, 他2名（1987）バレーボールのゲーム分析 ―ジャンプトスの有効性について―, 日本体育学会第38回大会号, p296
5) 石村宇佐一, 他2名（1989）バスケットボールにおけるDroughtsがゲームの勝敗に及ぼす影響 ―第24回ソウルオリンピック大会―, 日本体育学会第40回大会号, p711.
6) 田中和久, 戸苅晴彦(1990) ワールドカップサッカーの得点傾向, 日本体育学会第41回大会号, p675.
7) 吉027和芳, 他5名(2001) ハンドボールゲームにおけるパスワークの領域的分析, 日本体育学会第52回大会号, p540.
8) 中井俊行, 他4名(1989)ラグビーゲームにおける時間経過の分析的研究, 日本体育学会第40回大会号, p72.

7 トレーニング計画

栗山佳也（トレーニング計画）

競技スポーツにおいて，競技パフォーマンスを向上させるためには，日常のトレーニングをチームや個人の目的に合った内容で計画的に行わなければならない。また，個々のスポーツ種目の特性と，トレーニングの原則などを十分に理解したうえで継続的に取り組む必要がある。さらに，身体の発育・発達に合わせた負荷内容や将来の競技成績の可能性など，長期的展望に立ったトレーニング計画を考えていかなければならない。

今後，さらに競技力を伸ばそうとする人や，将来，体育・スポーツの指導者を目指している人は，まずトレーニング計画作成の基礎知識を十分に理解する必要がある。競技スポーツの競技達成は，無計画で偶然に頼ったトレーニングから得られるものではなく，理論的・客観的に裏付けされた法則のもとで計画的にトレーニングが行われたときに，初めて達成できることを理解していただきたい。

1 トレーニング期分け (Training Perodization)

トレーニング期分けとは，目標とする試合への準備期間を一定の長さに区分し，それに合わせて合理的かつ効果的なトレーニングが行えるように配置することを言う。年間（複数年）の試合スケジュールを作成し，最重要試合に向けて必要とされるトレーニング内容を確認する。計画作成に関する重要な項目として，競技者の競技力や経験，さらに季節や気候条件なども加味した区分を考える必要がある。最高の競技パフォーマンス獲得に向けた技術面，体力面，メンタル面など多面的準備を行うことが要求される。つまり，目指す試合で最高の結果を出すためには，競技の場面で必要とされるあらゆる能力を高める準備が必要となる。

❶マクロ周期 (Macro-cycle)

トレーニング期分けは，1年のマクロ周期（Macro-cycle）として考えるのが一般的である。区分としては，準備期（一般的・専門的），試合期，移行期の3つに分けられる[1)2)3)]。

これらは，形成・発達 ⇒ 維持 ⇒ 消失という発達段階をとる[3)]（図4-26）。

①**準備期**（Preparation period）：（2〜5ヵ月間）

この期間を通じて技術・体力・戦術などの基本的改善・向上を目的とする。

ⓐ**一般的準備期**（全面的準備期）：（3〜

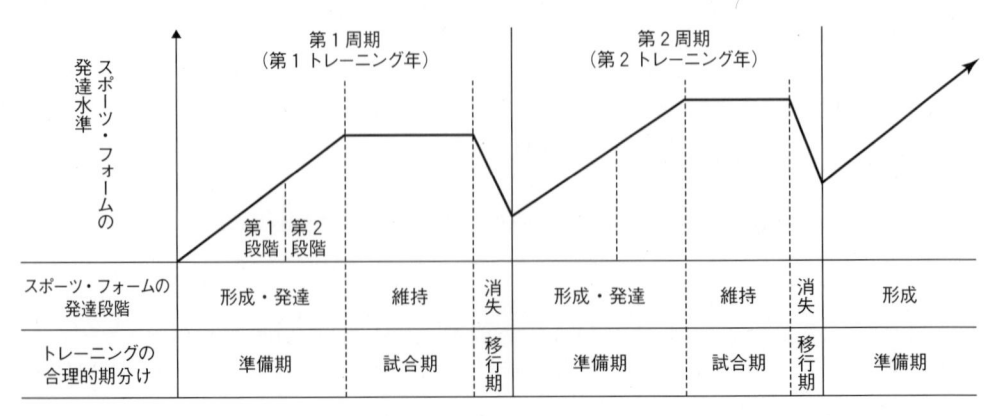

図4-26 競技的状態の発達周期とトレーニング期分けの関係[3)]

| Key word | トレーニング，計画立案，期分け，競技力向上 |

図4-27 年間トレーニング計画（バレーボール）のモデル[2]

4ヵ月間）…準備の第一段階であり，一般的トレーニング内容でオールラウンド的な訓練が主となる。トレーニングの負荷としては，質的割合よりも量的割合を重視し，一般的内容と専門的内容の比率は3～2：1が望ましい。

ⓑ **専門的準備期**：（1.5～2.5ヵ月間）…第一段階で高められた体力面などを土台として，実際の試合をイメージした技術や戦術など，より専門的な内容を漸進的に集中させていく期間である。期間の長さは一般的準備期よりも短く，負荷の質的向上を図ると同時に，強度と集中度を高めていく。

② **試合期**（Competitive period）：（5～6ヵ月間）
一連の基本的な試合が組み込まれ，準備期で獲得された技術・体力・戦術などのレベルを全期間で維持する。また，出場する試合頻度と試合総数は，競技者の競技レベルやトレーニングの完成度，種目特性などを考慮し決定する[4]。試合期が長期間（6ヵ月間以上）にわたって設定された場合，中期または短期の準備期的内容を組み込み，一時的に消失した体力的要素を補うことも必要であるが，本質的な改善・改造を目的とする内容ではない。

③ **移行期**（Transition period）：（0.5～1ヵ月間）
試合やトレーニングで蓄積した身体的・精神的疲労を積極的に回復させることが主な内容となる。レクリエーション的内容や専門種目以外の種目を行うことが有効である。しかし，トレーニングを完全に中断するものではなく，体力面の一定水準を維持させながら，技術の修正や新しい方向性を見出す時間として活用することが望ましい。また，今シーズンの反省点を明確にし，次の試合シーズンに向けてのトレーニング計画立案の検討も行われる。

❷メゾ周期（Mezo-cycle）

通常約1ヵ月間（3～6週間）で考えるのが一般的である。年間計画で方向付けされた内容をさらに具体的にする期間として用いられる。約4週間のサイクルの中で，トレーニング負荷の変動を波状的に組み込むことで，「超回復」という生体の持つ生理的・順応的作用をうまく利用できる[4]ことにある。この周期のタイプとして以下のように分類される。

メゾ周期のタイプ

① **導入メゾ**…マクロ周期の準備期における最初の部分に組み込まれ，一般的トレーニング内容が主となる。初心者など競技水準が低い場合，持久の種目が多く行われ，負荷強度は緩やかに上昇させていく[3]。

② **基本メゾ**…準備期のメインとなるもので，技術，体力，生体諸機能を本質的に発達改善させるトレーニングが主となる。実質的な発達強化を目的とし，負荷の量の増大が顕著である。

③ **調整・準備メゾ**…準備期の後半で試合期への移行段階に組み込まれる。トレーニングの仕上げ的意味合いを持ち，模擬的，試合的内容が中心となる。専門的準備期で行った全法習的な内容を，総合的にチェックするテスト的なものとして位置付ける[2]。この地点で見つかった欠陥は，修正メゾを組み込み試合期に間に合うように対応させる。

④ **試合メゾ**…一連の試合日程に合わせて組み込まれる。一般的には調整練習的性格が強く，身体状態を試合に合わせて最高の水準にもっていくことを目的とする。

⑤ **回復メゾ**…試合ストレスからの回復，開放を狙いとし，積極的な回復内容が組み込まれる。トレーニング環境を一時的に変え，気分転換を図ることも必要である。

❸ミクロ周期（Micro-cycle）

一般的には1週間単位で用いられる。1週間7日の日常生活の流れに合わせたサイクルで組み立てられ，準備期と試合期のミクロでは内容に違いが見られる。

ミクロ周期のタイプ

① **トレーニング・ミクロ**…競技的状態の形成維持を目的とする。
　ⓐ **基本ミクロ**：負荷の量的増大を目指し，強度は最大下に保つ。
　ⓑ **強化ミクロ**：より集中的な訓練として負荷の強度の上昇を目指す。
　ⓒ **導入ミクロ**：新しいトレーニングの開始時や故障後の回復に用いる。

② **試合ミクロ**…実際の試合に対し，試合直前の超回復をもたらす最終的な調整局面

③ **試合導入ミクロ**…❶，❷の中間的性格を持つ，直接的な試合準備。

④ **回復ミクロ**…全般的な機能回復・維持を目指す。

❹トレーニング課業（Training Session）

トレーニング課程全体を構成する最小のトレーニング単位で，1日のトレーニングを形成する。基本的には以下のように区分される[2]。

① **導入部**（Warm-Up）；
　● **一般的ウォーム・アップ**…すべての種目に共通し，ウォーキング，ジョギング，ストレッチなど，自律神経系の機能を向上させる。
　● **専門的ウォーム・アップ**…主練習を効果的に行うために，専門的な運動に類似したスピードや強さなど，ある程度の負荷・強度を伴う。

② **主要部**（Main training）；目的とされる課題に対して，適切な負荷刺激を与え最良のトレーニング効果が得られるようにする。また，複数の課題に取り組む場合，トレーニングの逐次性を考慮する必要がある[3]。一般的には以下のように構成される。

| スピード系・運動調整 | → | 筋力・スピード持久力 | → | 筋持久力・全身持久力 | → | 回復 |

③ **終局部**（Cooling-Down）；主練習で使った身体各部を積極的に回復させるために行う。方法としては，ウォーム・アップに準

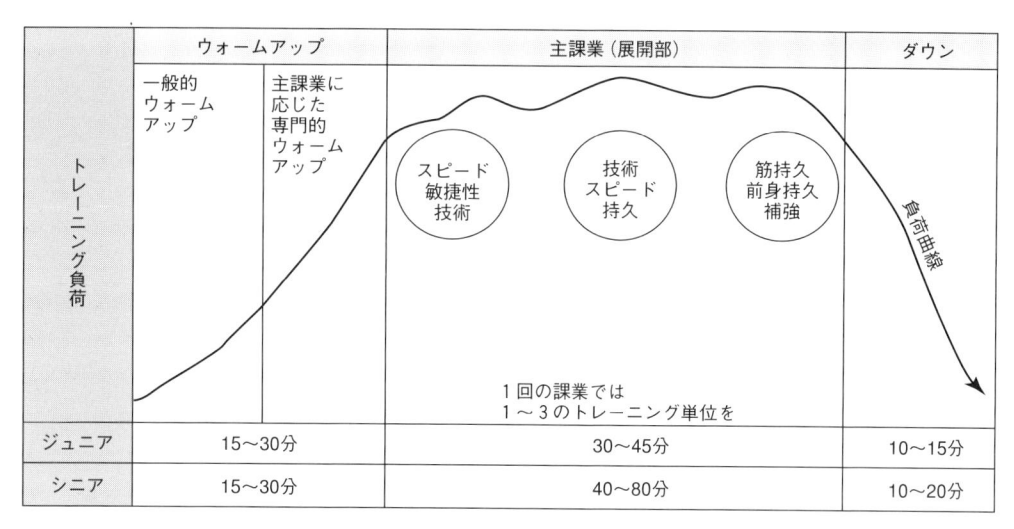

	ウォームアップ	主課業（展開部）	ダウン
	一般的ウォームアップ / 主課業に応じた専門的ウォームアップ	スピード敏捷性技術 ／ 技術スピード持久 ／ 筋持久前身持久補強　　1回の課業では1～3のトレーニング単位を	負荷曲線
ジュニア	15～30分	30～45分	10～15分
シニア	15～30分	40～80分	10～20分

図4-28　トレーニング課業の構造[3]

じた内容か，あるいは水泳，ストレッチ，マッサージ，ジャグジーなど受動的な回復方法を取ることが望ましい。

2 コントロールテストの実施と活用

トレーニング成果を確認するうえで，2～3ヵ月ごとに定期的に行うことが望ましい。各種目の特性に合った内容と測定項目・種目を決め，できる限り測定条件を一定にすることが大切である。測定結果はそれまでのトレーニング成果の評価となり，オーバートレーニングなど不適切なトレーニング内容かどうかを確認する客観的データとなる。また，次のトレーニング計画作成のための重要なデータとなる。測定項目と種目は次のようなものがある。

①**スピード系**；20m，30m，50mなどのスプリント種目

②**持久力系**；1,000走，1,500m走，10分間走，12分間走などの持久走種目

③**最大筋力系**；一般的なフリーウエイト種目（ベンチ・プレス，スクワット，クリーン，など）

④**ジャンプ系**；垂直跳び，立ち幅跳び，立ち三段跳びなどの跳躍種目

⑤**パワー系**；メディシンボールor砲丸の両手投げ（フロントスロー，バックスロー）などの爆発的種目

⑥**専門種目に必要な種目**；技術的要素が多く入り過ぎない種目を選択する

　例；投擲種目の立ち投げの測定，野球のベース・ランニング，球技種目の遠投，キック力など

トレーニングの計画立案の基礎として理解してもらうために，広範囲にわたる問題について解説をした。トレーニングの原理・原則，あるいは法則性など，競技力向上に関して実際の場面で求められる課題は多くあるが，これらはすべて実践の中での試行錯誤のくり返しにより理解・解明されるものである。したがって，学生競技者の持つ創造力を十分に反映させ，将来の可能性に向けて競技達成していただきたい。

文献
1) L.Matveyev (1977) Fundamentals of Sports Training, p245-299.
2) Tudor Bompa, 魚住廣信訳 (1988) スポーツトレーニング・メディカル葵, p161-259.
3) 村木征人 (1994) スポーツ・トレーニング理論, ブックハウス・エイチディ, p172-190.

第4部　第2章

競技力向上を支える

1 栄養の管理

岡村浩嗣（スポーツ栄養学）

1 栄養・食事の必要量とバランス

栄養・食事で最も大切なことは必要十分な量をバランス良く取ることである。量が適切なら，成人では体重や体脂肪が変化しない。食欲はエネルギー摂取量が適切かどうかの指標として適当ではなく，食欲に合わせて食べると多すぎたり少なすぎたりすることがある。バランス良く取るためには，弁当箱への食品の詰め方（第1部第2章10，図1-35）や食事バランスガイド（第5部第2章5，図5-28）を利用すると良い。

2 エネルギー源

炭水化物（糖質）と脂質が主要なエネルギー源である。アスリートでは，炭水化物は6 g/kg体重/日以上必要で，エネルギー消費量の多い場合は10g/kg 体重/日以上必要なこともある。炭水化物は主食に多く，ご飯茶碗1杯に50g，食パン6枚切り1枚に30g，麺類1杯に50g程度含まれている。食事量が少ない場合，炭水化物が不足しやすい。脂質は平均的な食生活であれば意識して取る必要はない。炭水化物はグリコーゲンとして筋肉や肝臓に貯蔵されるが運動で消費され，筋肉グリコーゲンは一回の練習で半分以上が消費されることは珍しくない。このため，翌日の練習までに炭水化物を十分に取り，グリコーゲンを再貯蔵する必要がある。飲料や菓子からも炭水化物を取れるが，満腹すると食事が取れなくなり，たんぱく質，ビタミン，ミネラル等が取れなくなることに注意が必要である。女子選手の無月経は骨密度の低下につながる恐れがあるが，無月経の原因はエネルギー源，特に炭水化物の不足と考えられている。尿中ケトン体の上昇が炭水化物の不足の目安となることが報告されている。

3 体づくり

たんぱく質は，筋肉などの体の組織やホルモン，酵素，抗体の材料である。エネルギー源としてはあまり使われない。アスリートが一般の人よりも多くのたんぱく質を必要とするかどうかについては明らかではない。極端に食事量を減らしている場合以外は通常の食事でたんぱく質は十分に摂取されているので，意識的にたんぱく質を多く取る必要はないと考えられている。摂取したたんぱく質が体づくりに利用されるためには，エネルギー摂取量が充足している必要がある。運動後は速やかにたんぱく質と炭水化物を摂取することが筋肉合成に有効である。レジスタンス運動では，運動前に摂取しておくことも筋肉合成に効果的なことが示唆されている。

4 体調維持：ビタミンとミネラル

ビタミンやミネラルは過剰に摂取しないよう注意する。ほとんどのアスリートは日常の食事から十分な量のビタミンとミネラルを摂取しているが，鉄とカルシウムは不足しやすい。理由もなく疲れやすい場合や菜食主義者では，鉄が不足していないか検査すると良い。鉄のサプリメントを日常的に利用するのは良くない。過剰なのは不足と同じように危険だからである。カルシウムの最も良い供給源は乳製品であり（低脂肪のものでも良い），毎日取るようにする（例，牛乳コップ1杯，チーズ一切，ヨーグルト1カップ）。アスリートで抗酸化栄養素（ビタミンC，E等）の必要量が増大するという科学的な証拠はほとんどない。

key word 食事，エネルギー，炭水化物，たんぱく質，脂質，ビタミン，ミネラル，抗酸化栄養素，カーボローディング，水分補給，サプリメント

5 運動前の栄養

❶カーボローディング

90分以上の激しい競技では競技前の2，3日間，炭水化物を多めに取り筋肉グリコーゲンの貯蔵量を増加すると良い。筋肉のグリコーゲン貯蔵量を多くするには，練習量を減らすとともに炭水化物を多め（7〜10g/kg体重/日）に摂る。また，試合前の週の前半に中〜高強度の運動を疲労困憊まで行う。

❷試合当日

体操競技やスキージャンプのように疲労困憊したり炭水化物が枯渇したりしない競技・種目では，運動前に炭水化物を取る必要はないが，激しい運動が60分以上続く場合は試合前に炭水化物を1〜4g/kg体重の目安で摂取する。運動直前の炭水化物摂取による反動性の低血糖は，誰にでも起きるわけではないので個人差を考慮する。

❸試合前の水分補給

試合開始の60〜90分前に500mL前後の飲用が勧められる。こうしておけば不要な水分は尿として排泄される。試合が1時間以上続き，試合中に水分補給する機会のない場合は，試合直前にも水分補給する。

6 運動中の栄養

❶水分補給

運動中に体重が2%以上減少したり，逆に増加したりしないように補給する。特に気温が高い場合は脱水しないよう注意する。脱水と強度の高い運動は相乗的に熱中症を引き起こす。運動中に体重が増加するほど飲んではいけない。マラソンでの必要量も2〜4Lを超えることはない。

❷水分以外に必要なもの

1時間以上継続し，疲労困憊するような運動では，炭水化物を1時間あたり20〜60g摂取する。炭水化物濃度が4〜8%の市販のスポーツ飲料で，水分と炭水化物の両方の必要量を同時に補給出来る。ナトリウムは1〜2時間以上の運動では飲料に加える。

7 運動後の栄養

発汗で失われた水分と塩分を補給するため，体重減少1kgあたり1.2〜1.5L飲用する。何も食べない場合の飲料はナトリウムを含んでいる必要があるが，必要な塩分は多くの食品から摂取出来る。エネルギー源補給のための炭水化物と，筋肉合成のためのたんぱく質の摂取については上記「エネルギー源」と「体づくり」を参照されたい。

アルコール飲料は飲み過ぎないようにする。食事をきちんと取ろうという気持ちが弱まるためである。アスリートは常に飲み過ぎないようにすべきだが，特に運動後は気をつける。

8 サプリメント

必須の栄養素を十分に取ることが出来ない場合に，その栄養素のサプリメントは有用である。しかし，サプリメントにはヒトに必要なすべての栄養素が含まれているわけではないので，長期間サプリメントに頼りすぎると不足する栄養素が出て来る恐れもある。

サプリメントには様々な効果が期待されているが，科学的な裏付けを持っていなかったり危険なものもあったりする。IOC関連機関の調査によると，20-24%のサプリメントにドーピングで禁止されているステロイドが含まれていた。これらのサプリメントにはステロイドを含むとの表示はなかった。サプリメントを利用する場合は，効果と危険性とを注意深く考える（第5部第2章5図5-33参照）。

9 持久的スポーツ

エネルギー源となる炭水化物を十分に取る。炭水化物の豊富な食品はかさばるものが多いため，食事量が多くなって食べられない場合がある。こういうときは，砂糖を含んだ食品や飲料で補給出来る。補食や間食による補給も有用である。体脂肪を増加させないためには，脂肪の少ない物を選び食べ過ぎないようにする。間食の上手な利用は空腹感を弱め，次の食事の食べ過ぎを防止する。試合の2，3日前からエネルギーと水分を十分に補給する。試合前の栄養補給法は，試合中に胃腸の調子が悪くなることがないように事前に試しておく。試合中はエネルギーや水分を取る。予想される発汗量と実際に飲用出来る量から水分補給法を計画する。補給する水分量は発汗量を上回らないようにする。炭水化物の補給は1時間あたり20～60gが望ましいが，一人ひとりの経験等で調整する。試合後は早めに栄養補給する。携帯出来る軽食は食事までの間の栄養補給に有用である。

10 チームスポーツ

チームスポーツでは持久的スポーツでの方法を利用出来る。試合は毎週行われるリーグ方式や数日間のトーナメント方式で行われることが多いので，スケジュールに応じて考える。試合前の食事は直前の栄養補給だけでなく，士気を高め戦術を確認する好機である。試合前の食事は個別に必要な物を選べるビュッフェ方式が良い。チームスポーツでは試合中にエネルギーや水分を補給する機会が何度かある。クオーターやハーフタイムの休憩，選手交代，タイムアウトのとき等である。試合が中断している間にトレーナーが選手に飲み物を持って行ける場合もある。チームスポーツでは試合後にアルコールを飲むことが多い。回復のための食事が十分取れるように飲み過ぎないようにする。

11 パワー系，スプリント系スポーツ

十分なエネルギーが筋肉量と筋力を増大するための鍵である。食事ではたんぱく質を取ることが大切だと考えられることが多いが，レジスタンストレーニングを行う場合に多量のたんぱく質（体重1kgあたり2g以上）が必要だったり効果的だったりという科学的根拠はない。

最近の研究でレジスタンストレーニング後，速やかにたんぱく質と炭水化物を食事や軽食で取ることが効果的なことが示唆されている。また，トレーニングの直前に取るとさらに効果的とする報告もある。

ほとんどのパワー系，スプリント系スポーツは短時間で終わるので，体内の水分や炭水化物の貯蔵状態はほとんど問題とならない。しかし，試合では予選，準決勝，決勝があったり，フィールド種目や混成種目等では種目間に時間があったりするので，水分とエネルギーの補給が必要である。試合当日は，ちょうど良いと感じる程度の食事を試合前に取り，その後は炭水化物を含んだ飲み物や軽食でエネルギーと水分が不足しないようにする。

12 体重に気をつける必要のあるスポーツ

無理なく維持できる体重が望ましい体重であるが，次の点に気をつける。

- いつも食べているものの量を知って食べ過ぎない
- 少量の間食で過剰に空腹感を感じないようにし，食事の食べ過ぎを防ぐ
- 脂肪の少ない食品や油脂を使わない調理法を選ぶ
- 野菜をたくさん食べ食物繊維を十分取る
- グリセミックインデックスの低い食べ物（血糖値が急上昇しないもの）を選ぶ
- 食事記録をつけ必要量と摂取量を比較する

体重階級制の競技・種目では軽い階級で競技することが有利だが，試合直前の減量では減少量が体重の1～2％を超えないようにし，脱水や絶食等の極端な方法は用いない。

技術練習中心のスポーツでは練習時のエネルギー消費量が少なく，体重や体脂肪を減少させ

るためにエネルギーが不足した状態にするのが難しい。トレーニングに支障のない範囲で有酸素運動を行ったり日常生活での身体活動を増やしたりして，エネルギー消費量を増やすと良い。

体重に気をつけるスポーツでは摂食障害になる危険性が高い。このような兆候がある場合は，早い段階で専門家のアドバイスを受けるようにする。

スポーツ活動以外で利用できるエネルギー（エネルギー摂取量とスポーツで消費するエネルギーの差）が，30kcal/kg除脂肪組織を下回ると健康上の問題につながる。

13 冬期スポーツ

冬期スポーツには，持久的なもの，スプリント系のもの，そして体重に気をつけるもの等，種々の競技・種目があるが，栄養面では該当するところで述べたことがあてはまる。ここでは，冬期スポーツに特徴的なことについて述べる。

冬期スポーツは，気温が低く高度が高いところで行われるという特徴がある。気温が低いと水分補給を忘れやすい。発汗はわずかだと思いがちだが，かなり発汗することがある。また，気温が低く乾燥している高地では呼気で失われる水分が増加するため脱水量が平地より多いので，体の水分が不足してないか注意が必要である。高強度・長時間の運動ではエネルギー補給も必要である。平地での運動にくらべて，発汗・脱水量のわりにエネルギー消費が多い場合があるので，炭水化物濃度の高い飲料やゼリー状のものなどを用いると良い。

また，高地では運動中の酸化的ダメージが増えたり赤血球の生成が増加したりするので，抗酸化物質の豊富な果物や野菜，そして鉄を多く含む食品をしっかり取るようにする。

14 遠征時，合宿時

事前に現地で食べられる物，入手出来る物を調べておき，必要な物は持参する。また，移動中の食事（機内食や移動途中のレストラン等）計画を練っておく。

移動中は活動量が減りエネルギー必要量は減少するので，退屈しのぎに食べてしまうとエネルギー過剰になりやすい。

時差のある地域への移動では移動開始後，速やかに現地の食事時刻に合わせると良い。空調された車内や飛行機内は脱水しやすいので水分補給に留意する。

現地の水が危険な場合は未開栓の飲料か沸騰させた物を利用する。氷は水道水で作られているので気をつける。環境面で危険性が高い場合は屋台等の食べ物は避ける。十分に調理された物を食べるようにし，サラダや皮をむいていない果物は現地の水や土壌に触れているので避ける。歯磨きのうがいにもボトルの水を利用し，シャワーの水も飲んでしまわないようにする。

参考図書
1) 小林修平編著(2001)アスリートのための栄養・食事ガイド, 第一出版.
2) 樋口満編著(2001)スポーツ栄養学, 市村出版.
3) R. J. Maughan 他編著(2004) Food, Nutrition and Sports Performance II: The International Olympic Committee Consensus on Sports Nutrition, Routledge.

2 スポーツ心理学的取り組み（1）
―ストレスの観点から―

荒木雅信（スポーツ心理学）

　心理学の発達によって心と身体が密接な関係をもっていることが科学的に明らかにされていく中で，近年は健康問題に対して大きな関心がよせられており，人々は健康を維持するために積極的にスポーツ活動や運動に取り組むようになった。このような人々は仕事や社会，人間関係など自身を取り巻く環境からのストレスに対し，身体だけでなく心理的な健康を維持するため積極的にスポーツ活動や運動を行っている。しかし，我々の中には日常的に競技性の高いスポーツ活動に関わっているスポーツマンのような人々がいる。彼らにとっては，スポーツ活動そのものがときに大きな心理的ストレスとなり，心・技・体のバランスを崩し，十分に実力が発揮できなくなる場合がある。ここではこのようなスポーツ場面における心理的問題をストレスとの関係からみていくことにする。

1 ストレスとは

　現代の日常生活においてストレスという言葉はたいへん身近なものとなっており，仕事や学校，人間関係など様々な場面で用いられ，それに伴い多くの人々が関心を抱いている。最初にストレスが注目されはじめたのは，第一次・第二次世界大戦中のことで，ストレスがどのように兵士の行動に影響を与えているのか，ということが大きな問題となっていた。特に第二次世界大戦は総力戦と呼ばれるように国家全体を巻き込んでの戦争が長期間にわたったことから，誰もが戦争の被害者となり，ストレスの問題が兵士だけでなく一般市民にまで広がっていった。さらに戦後，ストレスが戦時中だけでなく平和時にも我々の生活に影響を及ぼしていることが認識されはじめ，1960年代，1970年代はストレス産業が飛躍的に発展を遂げたのを通して広く一般大衆に注目されることとなった[1]。

　ストレスという言葉は，もともと物理学の世界で用いられていたものであるが，これを医学・生物学の領域に持ち込んだのはウォルター・キャノン（Walter Bradford Cannon, 1872-1945）であるとされている。彼は外部環境の変化に対して生体内部を一定に保つホメオスタシスという機構の重要性を示し，様々なストレスがこのホメオスタシスを乱すことを指摘した。さらにこのストレスという言葉を浸透させたのはカナダの生理学者ハンス・セリエ（Hans Selye, 1907-1982）であった。セリエは，生体にはそれを侵すすべての刺激に対して示す共通の非特異的反応があると考え，環境の変化に対する生体の防衛反応として少なくとも短期的には，適応的に働く反応を見出した。そして，これを汎適応症候群（GAS：General Adaptation Syndrome：図4-29[2]）と名付け，外界の刺激を受けた結果としての生体の状態をストレスと呼び，さらにストレスをもたらす刺激をストレッサーと呼んだ[3]。

　しかし，もともと物理学の世界では物体に外から力を加えたときに生じる応力のことをstressといい，それによってできる歪みのことをstrainと呼んでいたのだが，英語が母国語ではなかったセリエはstressとstrainを区別しておらず，生体の反応に対してstressの語を使用していた。つまり，物理学のstressとstrainの関係はセリエのストレス学説ではstressorとstressの関係にあたるため，現在でも一般社会だけでなく研究者の間にも混乱が残っている。

key word　ストレス，運動ストレス，コーピング

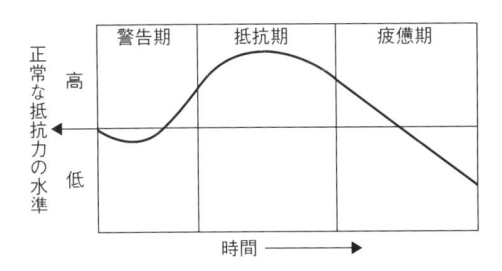

図4-29　汎適応症候群[2]

ハンス・セリエによると、身体はストレッサーに反応して3つの段階を経て反応する。まず、第一段階は警告期で、身体は脅威に立ち向かうため、生理的資源を一次的に使って消耗する。抵抗する力はない。次の抵抗期では、積極的に脅威と直面する。この段階での抵抗する力は高い。もしも、さらに脅威が存在するようならば、身体は疲憊期に突入する。

表4-3　ストレスに対する反応[2]

心理的反応	不安 怒りと攻撃性 無力感と抑うつ感 認知的障害
生理的反応	基礎代謝率の上昇 心拍数の上昇 瞳孔の拡大 血圧の上昇 呼吸数増加 筋緊張 エンドルフィンやACTH分泌 肝臓から余分な糖分の放出

2 運動ストレスについて

以上のように生理学に端を発したストレスの概念について，現在では多くの領域で扱われる問題となっている。なかでもスポーツ科学の領域では運動ストレスという言葉がよく使われているのだが，この運動ストレスという言葉は一義的に使われているものではなく，運動を行うことによる身体的，心理的反応としてきわめて広い意味をもっているといえよう（**表4-3**[2]）。ここでは，混乱を避けるために運動ストレスを「運動を行ったときに生じる身体的・心理的ストレッサーに対する生体側の身体的・心理的反応」と定義し，このような運動ストレスに対する心理的な対応をみていくことにする。

大きな大会や負けられない試合で観客や対戦相手の存在が大きなプレッシャーとなったことや，過去の怪我など苦い経験により思うように実力が発揮できなくなった経験はないだろうか。このように競技者のパフォーマンスに影響を与える代表的な心理的運動ストレスとして，「あがり」や「受傷」といった競技不安がある。「あがり」に関しては，生理的反応として心拍数が速くなったり，口の中が渇いたりし，心理的反応としては，思考がまとまらず注意力が散漫になったりすることが挙げられる。

しかし，ここで注意しなければならないことはこれらの反応はすべての人に一様に起こるわけではないということである。ストレスを引き起こすストレッサーについても同様に，ある人にとっては大変な脅威となるが，別の人にとってはまったく気にならないものもある。つまり，個人の能力（スキルレベルや筋力，持久力といった体力）や満足感・不安感といった認知が違えばストレッサーやストレスの意味合いが違ってくるのである。今日のスポーツ心理学のストレスに対する捉え方はラザルスとホルクマンによる認知的評価理論に基づいている[4]。彼らはストレスを①個人の資源（技術や知識などの身体的・知的な能力全般）に負担となるあるいはそれを超えるもの②個人の社会的立場や健康などの安全な状態を脅かすものと評価される個人と環境との関係，と定義した。これは環境からの働きかけと，それに対する個人の対処能力のバランスに着目しており，環境からの働きかけが個人の対処能力を超えたときにストレスと評価されるということである。このことはストレス状況に対する個人差の重要性を示している。

3 運動ストレスとコーピング

人がストレスフルな状況に陥ったときは何とかしてその状況に対処しようとする。これをコーピング（coping）といい，主に2つのタイプをとるとされている。1つ目は，原因となる問

題や状況に直接働きかけて，それを変えてしまおうとしたり，将来2度と同じ経験をしないで済む方法をとろうとする問題焦点型コーピングである。たとえば，あなたが監督から「このままでは次の試合はレギュラーから外す」と警告されたとする。それに対して，コーチのところに行って相談し，足りないところを補うための練習を追加しそれを実行する，または次の試合はあきらめ，その次の試合までにレギュラーを取り戻すために練習計画を練り直す，といった行動はいずれも問題焦点型のコーピングといえる。問題を解決するための方法には，まずはその問題を認知し，様々な解決法を考え，さらに問題にあった解決法を選択し，実行するといった過程が含まれる。また，人は環境を変えることができないときでも自分自身の何かを変えることができる。たとえば，自分の要求を変化させたり，自分にとってプラスになるものを探し出したり，新しい技能や情報を手に入れたりすることができる。このような方法をうまく用いるためには個人の経験の豊かさや自身を制御する能力の高さが大きくかかわってくる。

　もう1つは状況そのものを変えようとするのではなく，それに対する見方を変えることで，ストレスフルな状況によって生じる情動を調節しようとする情動焦点型コーピングである。たとえば，ミスの許されない場面に遭遇したときに，ミスをしないことに対して努力するのではなく，もしミスをしてしまっても違う場面で取り返せばいい，というように考えることで，状況に対する意味づけを変え，脅威を減少させる方法である。このようなコーピングは直面している問題が自分の力ではどうにも対処できない場合や問題の制御が不可能な場合によく用いられる。

　この2つのコーピングはどちらかが優れているということではなく，その場の状況に応じて，臨機応変に選択，または併用することが理想とされている。なぜならコーピングを行うことによって必ずしもよい結果だけが導かれるのでは

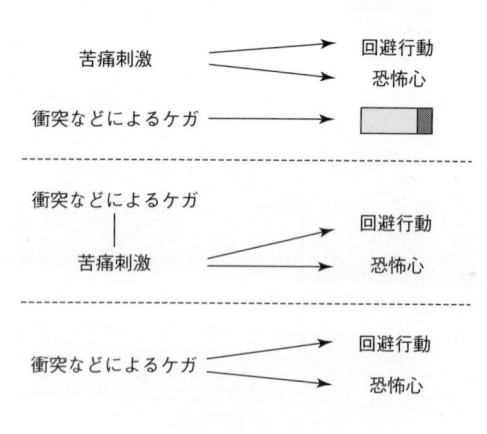

図4-30　受傷に伴うコーピングの例[5]

なく，場合によってはパフォーマンスに悪い影響を与えてしまうからである。たとえば，インコースのボールを打つのが得意であった野球選手が，デッドボールを受けたことでインコースのボールを打てなくなる，ということがある。これは受傷による苦痛が回避行動や恐怖心といった負の問題焦点コーピングを行っているためである図4-30[5]）。

　また，違う側面では情動焦点コーピングによって考え方を変えることで落ち着きが生まれ，問題焦点コーピングを行う余裕が生まれるというように相補的な関係を持つこともあれば，反対に，試合に勝つために相手の情報を集めるといった問題焦点コーピングを行うことで，かえって不安や焦りが大きくなり，適切な情動焦点コーピングが行えなくなる，といった妨害的な関係になることもある。適切な状況で効果的にコーピングを行うには知識や体力，経験などの個人の総合的な能力によるところが大きい。これらの能力を効果的に利用することは運動ストレスに対する効果的な対処につながる。しかし，最も重要なことはそれらの能力を持つことではない。コーピングは「個人の持つ心理的・社会的資源に負担をかけるもしくはそれらを超えると評価される様々な内的・外的な要請（ストレス）に対してなされる認知的および行動上の努力をさす」[6]ものであり，ラザルスらも「個人の持つ特性ではなく，具体的な葛藤状況に対し

てなされる行為である。」と捉え，さらに「自動的になされる適応行動ではなく，努力を必要とするものである」という特徴を挙げている。つまり，どんなに能力が高く，多くの資源を持っていたとしても時間が状況を解決してくれるのではなく，本人の積極的な努力を支えるものとしてこれらの能力や資源が必要となるのである[4),6)]。

4 ストレスの捉えかた

どのような人もストレスを全く経験しない生活を過ごすことは不可能である。なぜなら全くストレスの無い生活そのものがストレッサーとなりうるからである。同じように運動ストレスのない運動場面など全く無く，人がスポーツ活動など運動を行う限り運動ストレスを避けることは不可能である。また運動ストレスはそれ自体，本質的に悪いものではない。パフォーマンスと運動ストレスの関係を表した「逆U字理論」によっても，実力を発揮するためにはある程度高い水準の運動ストレスが必要であることが説明されている。また，運動ストレスによって深刻な状況に陥ったとしても，そのような状況を経験し乗り越えることによってさらに自身を大きく成長させることができる。ミヤタら[7]は不安や恐怖，痛みなどのストレスを受けると分泌される副腎皮質刺激ホルモン放出因子（corticotropin-releasing factor：CRF）とい

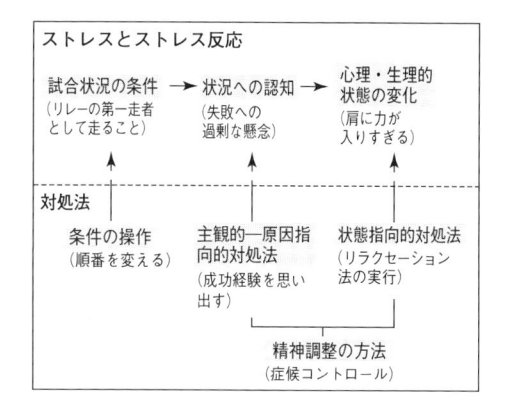

図4-31 精神調整によるストレスコントロールの概略
（Sonnenschein, 1987をもとに制作[8]）

うホルモンが小脳の運動学習に不可欠であると報告しており，科学的にストレス反応に関係するホルモンが運動学習に必要であることを示している。大切なことは運動ストレスを「いかに避けるか」ということではなく，「いかにうまく付き合っていくか」である 図4-31[8]）。

コーピングの具体的な方法は目標設定やリラクセーションの技法など様々なものがある。しかし，万能なコーピングはないということを覚えておいてほしい。自分の置かれている状況がどのようなものであるかを把握し，最適なコーピング行動をとることで，運動ストレスがもたらす悪い影響を最小限に抑えることができる。つまりストレスに対処するということは，自身の状態に目を向けることからはじまり，自分自身を知るきっかけとなるのである。

文献
1) 尾仲達史（2005）ストレス研究の歴史, 体育の科学 Vol.55, p348-352.
2) R.L.Atkinson（内田一成監訳）（2002）ヒルガードの心理学, ブレーン出版.
3) 平野鉄雄，新島旭（1995）脳とストレス―ストレスに立ち向かう脳, 共立出版.
4) R.S. Lazarus（本明寛監訳）（2004）ストレスと情動の心理学・ナラティブ研究の視点から, 実務教育出版.
5) 荒木雅信（2005）運動ストレスと心理, 体育の科学 Vol.55, p359-362.
6) 嶋信宏（1999）ストレスとコーピング, 心理臨床大事典, 倍風館, p46-48.
7) Miyata, M. et. al, (1999) Corticotropin-Releasing Factor Plays a Permissive Role in Cerebellar Long-Term Depression. Neuron, Vol.22, 763-775, April.
8) 市村操一（1993）トップアスリーツのための心理学, 同文書院.

参考図書
1) 日本スポーツ心理学会編（2004），スポーツ心理学―その軌跡と展望, 大修館書店.
2) 竹宮隆，下光輝一編（2003），運動とストレス科学, 杏林書院.
3) 日本スポーツ心理学会編（1979）スポーツ心理学概論, 不昧堂出版.

3 スポーツ心理学的取り組み（2）
―スポーツカウンセラーの立場から―

土屋裕睦（スポーツ心理学）

　近年，競技力向上あるいは試合場面での実力発揮を目的に，スポーツカウンセラーに心理的サポートを求める選手が増えている。特に，日本代表選手やプロ選手のように，競技レベルが上がるほど，その需要は多く，またより継続的な関わりが求められていく。

　スポーツの実力向上には心技体のいずれの要素も欠くことができないと言われる。しかし技術，体力に比べて心理面のトレーニングに関しては，その実態が分かりづらいかもしれない。本稿では，スポーツカウンセラーの立場からこの領域の現状や課題を解説する。

1 競技力向上を支える心理学的サポート
❶わが国における心理学的サポートの歴史

　わが国の心理学的サポートに関連した出来事としては，1964年の東京オリンピックに向けた「あがり対策」を最初のトピックスに挙げることができる。ここでは，臨床心理学の専門家が日本代表選手（射撃，他）の実力発揮を目的として，心理技法を適用するといった試みがなされた。70年代には，日本スポーツ心理学会が設立され，スポーツ選手に対するカウンセリング，すなわち「スポーツカウンセリング」の実践が少しずつ報告されるようになった。80年代に入ると，メンタルトレーニングが注目されるようになった。ロサンゼルス・オリンピック（1984）において日本チームが不振にあえぐ中，心理的スキルのトレーニング（メンタルトレーニングとほぼ同義）を取り入れたアメリカチームの活躍が華々しく報じられた。このアメリカの取り組みに刺激を受け，日本体育協会のメンタルマネジメントに関する研究が進み，また日本オリンピック委員会による「スポーツカウンセラー」の委嘱も始まった。しかし，このころからスポーツカウンセリングという用語が様々な文脈で用いられるようになり，競技現場にその存在を知らしめることができた一方で，自らを「スポーツカウンセラー」や「メンタルトレーナー」と名乗る人たちが増え，その役割や専門性が曖昧になってしまった。

❷心理学的サポート担当者の専門資格

　90年代に入ると，心理的サポートの専門性を議論する動きが活発になった。特に，1997年からは，大阪体育大学において「臨床スポーツの構築に向けて」という研究プロジェクト（私学振興・共済事業団補助対象研究，研究代表：荒木雅信）が3年間に渡って行われ，この領域の専門性が大いに議論された。そして現在ではスポーツ心理学に関連する2つの学会が，それぞれ以下の資格を認定し，その守備範囲や求められる資質などを規定している。心理学的サポート担当者の専門資格の誕生である。

①スポーツ心理学会認定「スポーツメンタルトレーニング指導士（補）」（2000年）

　この資格はメンタルトレーニングに対する競技現場からの要請と，研究成果の蓄積を背景として平成12年4月に認定が開始された資格である。基礎要件としては，大学院修士課程でスポーツ心理学を学び，かつ一定の研修経験，学術業績，指導実績などが求められるので，かなり専門性の高い資格になっている。主な業務内容には，以下の7項目が挙げられている。

　a．メンタルトレーニングに関する指導・助言
　b．スポーツ技術の練習法についての心理的な指導・助言
　c．コーチングの心理的な側面についての指

> **Key word** スポーツカウンセリング，メンタルトレーニング，専門資格

　　導・助言
　d．心理的コンディショニングに関する指導・助言
　e．競技に直接関係する心理検査の実施と診断
　f．選手の現役引退に関する指導・助言
　g．その他競技力向上のための心理的サポート
　平成17年11月現在，全国で87名の資格取得者がおり，そのうち本学には荒木雅信教授と筆者（土屋裕睦）の2名の「スポーツメンタルトレーニング指導士」が在職している。また平成18年4月からは，国立スポーツ科学センターより，「スポーツメンタルトレーニング指導士補」である菅生貴之講師が着任し，資格取得者が3名となった。
②臨床心理身体運動学会認定「スポーツカウンセラー」（2004年～）
　この資格は「スポーツ競技場面にかかわるすべての人々に対して，心理臨床行為を行うことができる専門家」として認めた者に対して，臨床心理身体運動学会が認定する資格である。平成17年11月現在，全国で58名の資格取得者がいる。そのうち本学学生相談室・スポーツカウンセリングルームでは筆者（土屋裕睦）の他，前林清和カウンセラー（神戸学院大学）と高橋幸治カウンセラー（大阪府立大学）もこの資格の取得者として相談業務にあたっている。

2　スポーツ心理学的サポートの活動形態

　スポーツ心理学の専門家が行う活動には，大きく分けて以下の4つの活動がある[1]。

❶選手に対する心理相談

　選手とカウンセラーとの1対1の相談であり，おそらくこの活動がスポーツカウンセリングの中心的な活動になると言って良いだろう。競技場面で選手が直面する問題は様々である。とりわけ，競技力向上や実力発揮に関わる悩みは，競技レベルが高くなればなるほど深刻であり，国際競技力を持つ選手やプロ選手では，選手生命をかけた戦いになることは容易に想像できるだろう。このような選手に対する心理相談では，選手の問題解決を支援することが重要な活動となる。その方法は，担当者のバックグランドによって様々であるが，大きく分けると，①コンサルテーション，②カウンセリング，③心理療法の3つがある。またこれらを折衷した取り組みもある。これらの具体例については後述する。

❷アセスメント

　アセスメントは心理査定とも言い，スポーツカウンセラーの大きな仕事である。これは，選手やチームに対して，スポーツカウンセリング的理解による見立てを行い，問題や課題を評価することである。コーチは身体の動きや技のキレを通して選手を理解しようとし，トレーナーは身体のコンディションを見ながら選手を理解しようとする。一方，スポーツカウンセラーは，選手が語るスポーツ場面での出来事をこころの出来事として聞きながら，選手を理解しようとするのが特徴である。場合によっては，面接や行動分析・観察，心理テストを利用することもある。そして選手が訴えている問題に対してどのような援助が有効かを見立て，その後のサポート計画を立てていくことになる。

❸チームに対するスポーツ心理学的援助

　スポーツカウンセリングでは，個人を対象とするだけでなく，チームにかかわったり，選手を取り巻くチームの状況を調整したり，選手の依頼に応じてコーチと話をしたりもする。また最近では，チームワークを高めるための，チームビルディングを行ってほしいという要請が多くなっている。スポーツカウンセラーは，メンタルトレーニングの技法の紹介や実習などのためにチームに招かれることがよくあるが，この

ような機会を積極的に捉えてチームビルディングを行うことも可能である。たとえばチーム目標を決める際に，ブレインストーミングやエンカウンターといった，コミュニケーションを活発にする心理学的方法を用いることで，選手間の相互理解の進むことが分かっている[2]。

❹調査・研究活動

スポーツカウンセリングにおいて，もう1つ欠かせない重要な活動が調査・研究活動である。すでにこの領域には，「スポーツメンタルトレーニング指導士（補）」，「スポーツカウンセラー」という専門資格があることを紹介したが，学術団体が認定する資格である以上，担当者は科学的知識に裏付けられた実践家（scientist-practitioner）であるべきである。競技現場において，より高いサービスを提供するためには，スポーツカウンセリングの方法や技術の開発，それにまつわる理論の構築，実証的な研究などを進めていく科学者（scientist）であらねばならない[3]。

3 選手に対する心理相談の実際

選手に対する心理相談の内容については，担当者のバックグランドによって，①コンサルテーション，②カウンセリング，③心理療法の3つがあることは前述した。ここではその具体例について紹介する。

❶コンサルテーション（アドバイスや指導・助言，情報提供）

この立場で選手にかかわる場合は，主としてメンタルトレーニング技法の紹介や実習など，選手に対するスポーツ心理学的知識や情報を提供することが活動の中心である。参考までに，先に紹介した「スポーツメンタルトレーニング指導士（補）」資格の英文表記は"Certified mental training consultant in sports"となっていて，スポーツ心理学的知識や技術を提供する「コンサルタント」であることが明記されている。

大阪体育大学では，**表4-4**に示すような内容の，講習会形式によるメンタルトレーニング・プログラムを選手に提供している[4]。リラクセーションやイメージトレーニング，さらにメンタルリハーサル（試合前の心理的準備）を通じて，心理的競技能力を高めるようなプログラム構成となっている。また荒木雅信教授と筆者（土屋裕睦）がそれぞれ担当する「メンタルトレーニング指導論」では，一部実習を交えながら，メンタルトレーニングの指導法について講義している。

❷カウンセリング

前述のコンサルテーションが，選手の悩みに

表4-4 講習会形式によるメンタルトレーニング・プログラムの例（土屋，2005）

	セッション	目的
#1	アセスメント	自己理解，心理的なトレーニング課題の発見，気づき能力の向上と意図性の向上
#2	リラクセーション	リラクセーションの意義を理解する（覚醒水準の低減だけでなくイメージトレーニングへの影響）
#3	目標設定	アセスメントにより得られた自身の心理的課題を目標設定に反映させ，今後の意図的な取り組みを喚起する
#4	イメージトレーニング①	イメージトレーニングの有効性およびイメージがみえるまでのプロセスを理解する
#5	イメージトレーニング②	より豊かで臨場感あふれるイメージ体験がもたらされるよう，イメージのコントロール能力（内的チェックポイント）の確立を目指す
#6	イメージトレーニング③	ピークパフォーマンス分析を経て，先に作成したイメージストーリーを修正しオリジナルプログラムを作成する。
#7	リハーサル①	リハーサルは最終的にはメンタルペースメーカーの作成であることを理解し，本セッションではその中核となる積極的思考について実習する
#8	リハーサル②	パフォーマンスルーチンとは何かを理解し，前セッションの積極的思考と併せてメンタルペースメーカーの作成を提案する
#9	取り組みの振り返り	メンタルトレーニングプログラムの最終段階としてこれまでの取り組みの振り返りを行う

対してメンタルトレーニング指導やアドバイス・助言を中心として対応するのに対して，カウンセリングでは選手自身が主体的に問題を解決してゆくのを支援することになる。たとえば「競技を継続すべきかどうか」に悩む選手に対してカウンセラー側に「正解」はなく，したがって指導や助言よりはむしろ，選手が納得して解答を見つけ出せるように支援することが目標となる。具体的には，傾聴・共感・受容（第3部第2章7を参照）といったカウンセリング技法を用いて，選手自身が自己理解を深め，洞察を得て，自分なりの答えを見つけ出すまでの過程を共にすることになる。とりわけカウンセリングの代表的な理論である「来談者中心療法」では，「答えはクライエントの中にある」と言い，この特徴を明示している。このようなカウンセリング過程では，自分自身にとっての競技の意味を洞察し，競技への関わり方（練習の質）が変わることで，より一層高い競技レベルに到達する選手も少なくない。

❸心理療法

前述のカウンセリングが主に，選手の行動の変容を目標にするのに対して，選手の人間的な成長や人格の成熟を目標にする関わりがある。心理療法である。先のカウンセリングの例では，選手が納得して競技を継続したり，あるいは引退できれば，援助目標が達成されたことになるが，心理療法ではこの悩みの背景にある心理力動（サイコ・ダイナミクス）に着目する。すなわち心理療法では，なぜ今この選手が競技継続について悩むのかを問題にし，精神内界にあるこころの流れを汲み取ろうとする。ここでは競技継続の悩みは困ったことではあるが，見方を変えればこころの成長のきっかけになるといった捉え方をしている。したがって，選手とカウンセラーがこのような関係にあるときは，仮に選手が競技を引退したとしても，その後も心理療法が継続されることはまれではない。もちろん，このアプローチによって競技力の向上がもたらされる例があることは言うまでもないが，それのみを目標としていないところが他のアプローチと大きく異なる点である。

4 広がる活躍の場

心理学的サポートの専門性が今後さらに明らかになればなるほど，その活動の場は広がると考えられる。プロスポーツをはじめ，競技スポーツの現場ではすでに，多くのスポーツカウンセラーが関わっており，選手やチームの競技力向上，試合場面での実力発揮に向けたサポートを行っている。そのうち，長期にわたって関わった事例からは，スポーツカウンセラーがそこにいることの意味が，次第に明らかになってきている。競技力向上や試合場面での実力発揮に限らず，競技ストレスへの対処，怪我の予防や対処，セカンドキャリア（引退後のキャリア）支援においても，スポーツカウンセラーの存在は有効であると，競技現場から認められつつある[4]。今後，活躍の場が大いに広がることが期待できる領域と見てよいだろう。

文献
1) 土屋裕睦(2001)スポーツカウンセリング．國分康孝(編著)現代カウンセリング事典．金子書房，p56.
2) 土屋裕睦(2004)ソーシャルサポートとチームビルディング．日本スポーツ心理学会(編)最新スポーツ心理学―その軌跡と展望．大修館書店，p219-230.
3) 土屋裕睦(2005)メンタルトレーニング実施後の振り返り．日本スポーツ心理学会(編)スポーツメンタルトレーニング教本―改訂増補版．大修館書店，p50-53.
4) 土屋裕睦(2005)スポーツカウンセリングとは何か？―スポーツカウンセリングの現状と将来性．コーチングクリニック，2005-9：6-10.

参考図書
日本スポーツ心理学会編(2005)スポーツメンタルトレーニング教本―改訂増補版．大修館書店．

4 スポーツ傷害とリハビリテーション

岩田 勝（リハビリテーション論）

1 スポーツ障害とスポーツ外傷

　スポーツは，日常生活に要する生理的身体活動以上の運動が要求される。スポーツ活動を長く続けていると，身体の各組織に種々の変化が起こってくる。身体発育やスポーツ活動に良好となる変化をスポーツ順応，あるいはスポーツ効果という。反対に身体に不自由を生じたり，好ましくない変化や症状をスポーツ障害といい，それに属するものには，筋・腱や靱帯の付着部の増殖性変形関節症，野球肩や野球肘，テニス肘，ジャンパー膝などがある。また骨折，脱臼，捻挫，筋挫傷など，スポーツ活動中突発的に発生し，原因が明確なものをスポーツ外傷と呼んでいる。しかしどこまでが外傷でどこまでが障害であるか，はっきり区別するのが困難であいまいな症状もある。

2 スポーツ外傷と応急処置

❶骨折
　骨折とは外力によって骨組織がある部分でその連続性を絶たれた状態をいう。
〈症状と応急処置〉（図4-32）
〈リハビリテーション〉
　①固定期間中においても筋萎縮予防のため筋肉運動（等尺性運動）を実施しておく。
　②固定除去後，廃用性機能低下によって拘縮している関節の運動を徐々に行い，関節可動域の改善と筋力の増強を図る。

❷脱臼
　外力により関節を構成している一方の骨頭が関節包を破り，関節外に逸脱した状態を外傷性脱臼という。発生頻度は肩関節脱臼が60％，肘関節脱臼は30％である。
〈症状と応急処置〉（図4-33）

〈症状〉
①機能障害→患肢の使用不能
②骨折部の変形と著しい腫れおよび内出血
③異常可動性→関節でない局所が動かせる
④疼痛→骨折部に限局して著明な圧痛がある
⑤軋轢音→骨折端の触れ合う音（感）

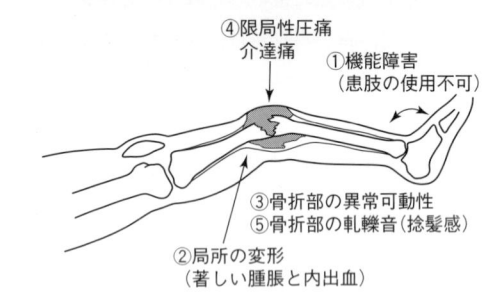

〈応急処置〉
①冷却→副子固定の上から氷で冷やす
②固定→骨折部の上下の2関節を副子で固定する
③患肢を心臓より高くし安静にする

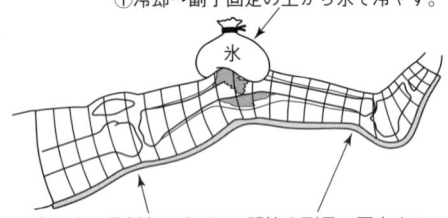

図4-32　骨折の症状と応急処置（文献1, p.43の図を一部改変）

〈リハビリテーション〉
　①患肢の固定を1～3週間した後，徐々に関節運動を行い，関節可動域の改善と筋力の強化を図る。特に肩関節脱臼は習慣性脱臼に罹りやすいので確実に3週間の固定は必要。

❸捻挫
　しばしば遭遇する疾患で，外力によって関節の生理的可動範囲以上に運動が強制され，軟部組織（関節包，靱帯，血管，神経繊維など）に損傷が生じた状態をいう。

key word 関節可動域，靱帯炎，廃用性機能低下，筋萎縮，関節拘縮

〈症状〉
①疼痛
②関節部の変形
③異常肢位での弾発固定
④自動運動の廃絶
⑤関節臼の空虚と異常位での骨頭の触知

〈応急処置〉
①患肢をそのままの肢位で固定し，医師へ移送する（出来るだけ早く整復するのが望ましいが，関節近くの骨折を脱臼と誤ったり，骨折の合併を見落として，骨折を悪化させる危険がある）
②移送に長時間を要する場合は，患部を冷却する

〈症状〉
①関節が捻れた事実がある
②損傷部に腫れと皮下出血（内出血）が起こる
③損傷部を圧えると痛みが著明である
④関節を受傷時と同じ肢位に捻ると損傷部に痛みが著明，反対の肢位に捻ると痛みは少ない

〈応急処置〉
①損傷部の腫れや内出血を少なくするため患部に圧迫固定を行った後に冷却する
②固定包帯を行う場合，受傷時と同じ肢位にならないようにする（損傷した靱帯や腱などを弛緩する状態に固定する）
③24時間，患部を心臓より高位にして安静にして置き，2日間は負荷をかけないようにする

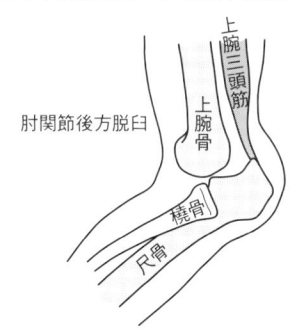

図4-33 脱臼の症状と応急処置

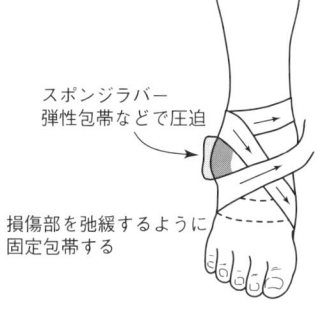

図4-34 捻挫の症状と応急処置

〈症状と応急処置〉（図4-34）
〈リハビリテーション〉
①2〜3日後，腫脹部が茶褐色に黒ずんだり，たるみがでてきた状態になれば，冷却は中止し温湿布に変えて血液，リンパの循環をよくして腫れの吸収を図る[1]。
②固定包帯の期間は症状によって異なるが2週間は必要。腫れがなくなり受傷時の肢位に軽くねじっても痛みがなければ，ほぼ完治したと判断し，徐々に競技生活を行ってもよい[1]。

❹**軟部組織損傷（肉ばなれ，筋・腱断裂）**
①肉ばなれ
急激に強い筋肉収縮により筋線維の一部分が断裂した状態で，放置しておくと断端部は瘢痕化して筋機能に影響を及ぼす。再発の原因にもなり再発すると治りにくく治療を中途で中止しないよう心掛け，復帰は慎重を要する[4]。症状としては，損傷部の筋肉を収縮さ

せるような関節運動を行わせると痛みが有り，抵抗を加えると一層痛みを増す[1]。
処置はⓐ皮下出血を少なくするよう患部を冷却，その上から圧迫包帯をして安静に保つ。ⓑ痛みが軽くなるとストレッチ，マッサージ，温熱療法を実施する。
②アキレス腱断裂
スポーツ活動中，下腿三頭筋の緊張力によって急激にアキレス腱が引き延ばされ断裂する。
本人は腱部を棒で叩かれたと錯覚することが多く，近くにいる者にも断裂音が聞きとれる。
症状は足関節の底屈運動が出来ない。皮膚の上からでも断裂部の陥没を触知できる。
〈応急処置およびリハビリテーション〉
ⓐ膝関節軽度屈曲，足関節を底屈位にして固定圧迫包帯，冷却を行い医師に移送する。

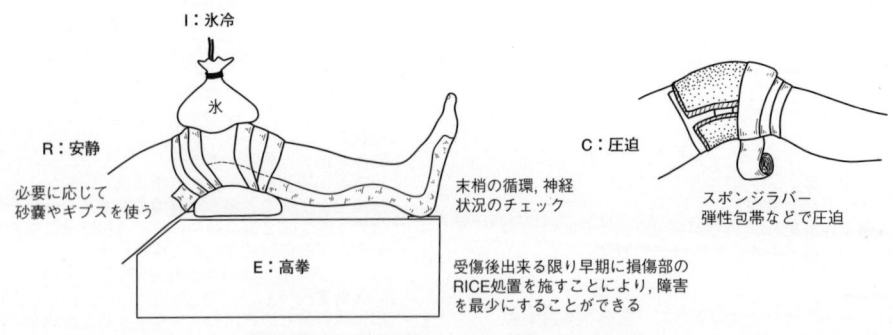

図4-35 ＲＩＣＥ処置 (文献2, p.456の図を一部改変)

　　ⓑ腱の小さな部分断裂以外は，できるだけ早期に縫合手術を行った方がよい。
　　ⓒ術後は3～4週間ギプス固定を行い，筋萎縮予防のため等尺性運動を実施する。固定除去後は徐々に筋機能回復，足関節可動域改善訓練を行いながら競技生活に復帰する。
❺**外傷に対する応急処置**（図4-35）
　①R.I.C.E処置（ライス処置）
　RICE処置はRest（安静），Icing，（冷却）Compression（圧迫），Elevation（高挙）の頭文字を取ったもので，急性な外傷の受傷時に行う処置であり，医師に引き継ぐまでの応急処置の方法である。

3　スポーツ障害
　発育期では関節，骨端線（成長軟骨部），その周辺に付着する腱や靱帯の疾患が挙げられる。成人後は使いすぎ症候群として軟部組織の変性で発症する場合が多い。
❶**肩部の障害**
　スポーツによって使いすぎや加齢に伴う軟部組織の変性による関節拘縮，石灰沈着や骨棘形成などが原因で起こる肩関節周囲炎（いわゆる五十肩）等や発育期における上腕骨近位部の成長軟骨のズレが原因で上腕骨端軟骨損傷など，肩関節部の疼痛と運動制限が生じる障害である。
❷**肘部の障害**
　肘関節周囲に付着する腱や靱帯の損傷および骨端部の剥離や壊死，炎症等の発症が多く，テニス肘（上腕外顆炎），ゴルフ肘（上腕内顆炎）および野球肘，やり投げ肘等がある。
〈症状〉（図4-36）
❸**膝部の障害**（図4-37）
❹**スポーツ障害の全般的な予防と処置**
　①練習前の動的ストレッチング。②練習直後のアイシング（10～15分間位），その後マッサージの施行。③平常時患部の保温。疼痛の改善がない場合は練習を中止し，理学療法も必要。

4　スポーツ・リハビリテーション
❶**スポーツ傷害の治療目標**
　一般的な傷害の治癒は，日常生活の動作に支障が無くなった場合に治癒といえる。しかしスポーツ選手における傷害の治癒とは，受傷以前と同等以上の身体機能の回復，競技能力の回復をさせることである。
　傷害の治療のためスポーツ活動を中止する場合が多い。その中止期間が長ければ長いほど，筋力や関節可動域などの機能は低下（廃用性機能低下）していく。また逆に負傷部をカバーして通常でない動作をすることにより，その動作に活動する機能が発達することを知っておかねばならない。競技生活に多少なりとも影響を与えることもある。
❷**種々の廃用性機能低下と予防**
　①筋力の低下
　筋力は最大筋力の20～30％の力で筋活動しないと維持できないと言われている。1週間のベット臥床で10～15％，ギプス固定で10

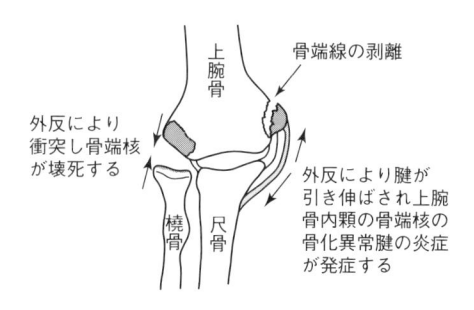

- テニス肘
  前腕伸筋群起始部の炎症で肘の外側に痛みがある
- ゴルフ肘
  肘屈曲抵抗運動時に前腕屈筋群起始部の炎症で肘内側に痛みがある
- 野球肘
  増殖性変形関節症、骨端線離開、遊離骨片形成などにより投球時に痛みがある。発症の時点で肘関節の破壊は早い
- やり投げ肘
  上腕三頭筋の炎症や断裂、時には肘の過伸展により肘頭が肘頭臼に激突して疲労骨折を起こすこともある

図4-36　肘部の障害（文献3, p.74の図を一部改変）

- ジャンパー膝
  発育期に強力な牽引を繰り返し膝蓋靱帯に受けていると極一部の靱帯が断裂する。発育以後は膝蓋靱帯が骨に付着する部分の組織が変性によって炎症を発症する。膝蓋骨下端の圧痛と運動痛が認められる
- オスグット病
  膝蓋靱帯が付着する脛骨粗面が膝屈伸運動により強い刺激を受け脛骨粗面に骨性膨隆をきたし、運動痛、圧痛がある。発育期に発症しやすい
- 腸脛靱帯炎（ランナー膝）
  膝の屈伸運動時に脛骨前外側上端付着する腸脛靱帯が大腿骨外上顆の突起部に擦れ炎症を起こす。膝外側に圧痛がある
- 鵞足炎
  鵞鳥の足の様に脛骨前内側に付着する縫工筋、薄筋、半腱様筋の腱が膝屈伸運動や回旋動作によって腱や腱周囲に炎症をきたし、鵞足部に屈伸運動痛、圧痛が認められる。X脚の者に発症しやすい

図4-37　膝部の障害（文献4, p.254の図を一部改変）

日間に36％も低下するといわれている。リハビリテーションおよび予防としては1日に2～3回その筋肉の最大筋力の1/3以上の力で6秒間収縮させる[5]。ギプス固定中のときはその筋肉の等尺性運動を実施しておく。

②関節拘縮

関節の全可動域にわたって運動ができない場合、関節周囲の軟部組織の萎縮により関節可動域が制限され関節拘縮が生じる。関節を完全に動かせないギプス固定では4日目に拘縮が発生し、3週間で可動域の制限が生じる。リハビリテーションおよび予防は1関節を5～6回ゆっくり全可動域に動かし、1運動の終わりの肢位を6秒間保持する。これを1日1～2回行う[5]。

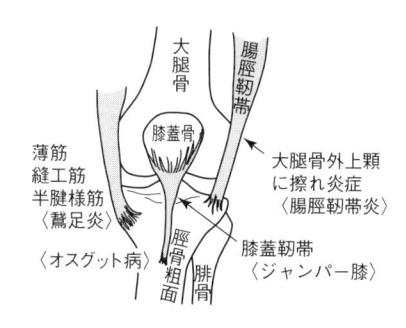

❸理学療法

理学療法とは運動療法が主体となって水（水治療法）、光線（光線療法）、電気（電気療法）、温熱（温熱療法）、マッサージなどの物理的手段を補助的に用いて行われる治療法の総称である。運動療法は患者の筋力により他動運動、自動介助運動、自動運動、抵抗運動、伸張運動の他、等尺運動などに分類され、身体的機能の維持・改善を図る療法である。

文献
1) 杉浦保夫(1960)図説スポーツ外傷, 第1版, 講談社, p43, 46, 80, 84, 86, 119.
2) 渡會公治(1988)スポーツ医学基本用語セミナー, 文光社, 5巻号, p297, 456.
3) 市川宣恭(1990)スポーツ外傷・障害, 第2版, 南江堂, p74, 75.
4) 中嶋寛之(1988)C級スポーツ指導員教本, (財)日本体育協, p254, 266.
5) 竹内隆仁他(2005)リハビリテーション概論, 第4版, 建帛社, p97, 98.

5 アスレティックトレーナーの役割

鶴池政明（アスレティックトレーニング概論）

> 　長距離女子選手が下肢の痛みを訴える。痛みはどのようにしたら治るのか分からない。近くの病院へ行って、診断されたことはオーバーユース症候群、つまり使いすぎによる痛みであった。そして治療に物理療法を受ける。あるいは痛みを軽減するために鍼灸治療へ行く。しかし、痛みの再発予防について専門家による指導を受けたことがない。選手は、無月経であるかもしれない。そうだとすると体内がカルシウム不足に陥っている。さらに筋力のバランス不均等あるいは骨格の異常配列のためリハビリテーションによる矯正を必要とするかもしれない。その他、痛みを生んでいるあらゆる要因の解明のために専門的な指導を受けるべきかもしれない。

　アスレティックトレーナー（以降、AT）は、医師およびスポーツ医学の専門家と連携を取りながら、競技スポーツあるいはレクリエーション、さらに目的をもって身体活動をする人々の健康管理を行う専門家のことである。本節では、ATの役割について、まず専門家の在り方を踏まえ、そして具体的な例を取り上げながら説明する。

1 専門家

　専門家とは何か。日本におけるATならば、財団法人日本体育協会（日体協）認定ATの資格検定試験に合格した有資格者のことである。ATは、科学的根拠に基づいた専門的な理論の知識を習得している。その理論に基づき、現場での実践を通じて専門技術を身に付けている。公認資格を有するATは公益に貢献する。そして専門家としての資質向上の責任があり、そのため専門に関する研修会に参加する。研修会は、認定資格試験を提供する協会によって開催されている。つまり専門家は組織の一員でもある。その組織は、社会的認識を得るためにATの専門職について広報活動を行ったり、あるいは専門に関する知識の情報を発信したりする。これらは、何もATに限ったことではなく、弁護士や医師などすべての専門家に共通する特徴である[1]。

2 慢性障害

　選手が抱える痛みについて、ATは、専門医あるいはチーム主治医による臨床診断に基づきリハビリテーションの指導を行う。上記で示した長距離選手が抱える痛みは、練習強度や時間、頻度などトレーニングメニューによるものがほとんどであり、慢性障害に分類される。長距離選手の慢性障害には、種子骨疲労骨折（足の親指裏側付け根）、足底筋膜炎（足底のかかと内側）、アキレス腱炎、内側脛骨疲労症候群（すねの内側の痛み）、疲労骨折、恥骨骨炎（股関節）、さらには滑液包炎（大腿骨あるいは膝関節周辺）などが含まれる。そして、受傷選手は下肢の骨配列に異常性があるかもしれない。走っている足が過剰に**回内**（※1）を起こしていることがある。過回内は足裏の内側にある土踏まずにストレスを生む。その結果、足裏の内在筋、あるいは下腿後面部から内くるぶし後方へ走行し、足の内側の土踏まずに付着する筋が伸張性筋収縮を強いられ、疲労を起こす。これら足部の過剰な動きは、微小な筋損傷を蓄積する。翌日になっても筋疲労が回復していなく、毎日の練習において下肢に違和感を残す。さらに練習を続けると、痛み周辺がオーバーユース症候群に陥る。

key word 専門家，リハビリテーション，アスレティックトレーナーの背景

❶科学的根拠に基づく理論

痛みを生む要因のことを「メカニズム」あるいは「発生機序」という。オーバーユース症候群は3つのメカニズムに大別することができる。それらは，①身体構造によるもの，②練習環境や防具，装具あるいは身体の体調など外的あるいは内的によるもの，そして③トレーニング内容によるものである。このうち最も大きなメカニズムはトレーニング内容である。選手は，オーバーユース症候群を抱えると，痛みの箇所に関係なく，そのスポーツをする限りジレンマに陥る。練習をしなければいけない焦りと痛みによる不快感のジレンマである。ATは，オーバーユース症候群に悩む選手にガイドラインを与える。ガイドラインとは科学的根拠に基づく理論によるものである。選手は痛みがあるなら練習を行うべきではない。痛みを感じながらの練習はその患部を治すどころか余計に悪化させる。オーバーユース症候群のガイドラインは4段階に分けられている[2]。

オーバーユース症候群のガイドライン
1度： 練習前に痛み，しかし練習開始20〜30分後に痛みは消える
2度： 練習中に痛みあり。しかしパフォーマンスに支障がない
3度： 痛みのためパフォーマンスに支障がある
4度： 痛みのため練習不可能

❷再発予防のためのトレーニング

オーバーユース症候群を抱える選手は，このガイドライン1度の範囲内で練習を行うことになる。そしてATは，このガイドラインに沿って選手を教育する。受傷選手は，チーム練習前に再発予防のトレーニングを行う。トレーニングは，**クライオ・エクササイズ**（※2），患部周辺の筋力トレーニング，体幹トレーニング，身体の位置を認識する**固有受容器**（※3），あるいは身体のバランストレーニングが含まれる。こうしたトレーニングによる身体の教育は再発を防ぐ。さらにトレーニングの目的には，選手にどれだけ体幹の筋群から患部周辺の筋群へ協調させるかなどもある。

❸テーピング

テーピングは，ATにとってトレードマークかもしれない。ATは，必要に応じ，関節機能を損なわずに患部にテーピングを巻くことができる。しかし，間違った認識をしてはいけない。テーピングでは再発予防にならない。実際にテーピングの効果は，練習時間が経つにつれて減るものである。テーピングはあくまでも練習前のトレーニングあるいはチームのウォームアップを最大限の効果で行うためであって，決して再発予防ではなく，あくまでも一手段である。

3 受傷から復帰までの目標

選手の外傷には長期計画を要するものもある。たとえば膝の関節内に位置する前十字靭帯

（※1）
「回内」
足部が内側へ回ること：土踏まずから扁平足へ足が横に開くこと。これは地面からの衝撃を吸収する動作でもある。

（※2）
「クライオ・エクササイズ」
患部を冷却し，その周辺の筋トレーニングを行う運動療法のことである。

（※3）
「固有受容器」
四肢の位置情報を伝える感覚受容器。たとえば筋線維と平行にあり，筋の長さや筋の収縮速度を伝える「筋紡錘」，筋腱接合部に位置し，筋の張力を伝える「ゴルジ腱器官」，さらには関節内にある「機械受容器」などである。

を断裂した後，選手は再腱手術を受ける。競技復帰までは，種目にもよるだろうが，患部が生物学的融合あるいは治癒に至るまで10ヵ月から1年を要する。ATは，このような受傷選手に目標を短期と長期に分け，患部の回復を見据えるように指導する。アスレティックリハビリテーションは，術後から復帰まで「臨床運動目標」と「機能運動目標」の2つの目標から計画を立てる[3]。目標は，受傷選手に意欲と挑戦を与え，ついては活力と自信を与える。

「臨床運動目標」は，日常生活レベルの痛みを改善することである。失った関節可動域を再獲得し，さらに心肺機能あるいは四肢の固有受容器や身体のバランスを回復することである。このことで患者は，活動ある生活と自信を得る。一方で「機能運動目標」は，スポーツの実際の動きに近いスクワットやランジなどによる筋力トレーニング，全身のパワーやスピードトレーニング，さらには身体移動を伴うアジリティが含まれる[1]。最後は，選手自身の種目の特異性に合った動きの中で目標を立てることになる。しかし，ここで大切になってくることは，チームの戦術，技術を指導している監督および主治医との連携である。

4 コミュニケーション

誰が受傷選手の出場を決めるのか。ここに大きな「挑戦」がある。監督とATは全く異なる専門家である。主治医は，臨床診断は行えてもスポーツ現場の機能評価を行うことができない。機能評価には，全身による運動評価，あるいは患部周辺の筋力測定がある。

監督，AT，チーム主治医の共通した目標は，受傷選手の潜在能力を最大限に引き上げ，選手の最高のパフォーマンスを導くことである。チームにとって，仮に選手が復帰したとしても，途中で再受傷することになると，チーム事情を再検討しなければならなくなる。再受傷した選手はさらに失望する。このような最悪の状況にならないためにもATは，主治医と協力しながら選手のコンディショニングを監督に伝える義務があり，こうしたコミュニケーションが大切になってくる。

5 スポーツ医学チーム

ATは，選手を支援するためにチーム主治医だけでなく，様々な専門家との連携をとるかもしれない。特に，競技レベルが上がればより様々な専門家を要する。たとえば，足部に異常な骨配列足を持つ選手に靴の中敷きを注文したり，選手の食事管理のために管理栄養士と連携したり，さらには女子選手なら婦人科医が必要になり，また競技種目の特異性からストップとジャンプを行うなら膝傷害があり得る。この場合，靱帯再腱術を行う整形外科医が不可欠になる。こうした専門家とスポーツ医学のネットワークを構築することもATの役割である（図4-38）。

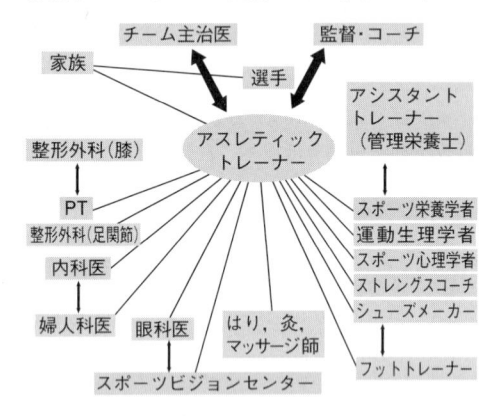

図4-38 実業団バレーボールリーグ（Vリーグ）に所属するチームの専属ATCによって構築されたスポーツ医学チーム。さまざまな専門家とのネットワークがトップ選手の諸問題を支援し，チーム主治医，監督・コーチと連携が行われている。

6 アスレティックトレーナーの背景

わが国のトレーナーの背景は，マッサージや鍼灸療法を用いた患部の痛みを和らげる専門家からだと思われる。70年代後半から80年代に入るとアメリカから選手に用いるテーピングの知識や技術が普及し始めた。さらに，「アイシング」による応急処置，あるいは疲労回復手段の知識が紹介され始め，これまでの伝統的な選手

の健康管理方法が変化し始めることになった。

❶NATA（National Athletic Trainers' Association）：

80年代ではアメリカでアスレティックトレーニング教育を受ける留学生が現れ始めた。今日まで200名以上の日本人が全米アスレティックトレーナーズ協会資格認定委員会（NATA Board of Certification, Inc.）認定アスレティックトレーナー（ATC）の資格[4]を取得している。留学後，企業スポーツのチームトレーナーとして活躍し始めた。ところが日本経済崩壊後，多くの企業スポーツが衰退し，ATCが転職を余儀なくされた。しかし最近，野球選手の肩の機能やリハビリテーション，あるいは体幹トレーニングの知識と技術が開発され，それを身に付けた日本人ATCが再びプロ野球チームなどで雇われ始めた。彼らの指導は，選手に肩の機能を理解してもらい，下肢あるいは体幹筋力のバランスを強調しながら肩甲骨周辺の筋肉を強化するトレーニング方法を取り入れていることである。

❷日体協（財団法人　日本体育協会）：

日本の認定資格試験は，冒頭でも挙げた日体協認定アスレティックトレーナー検定資格試験がある[5]。これは日体協が1994年よりトレーナー養成講習会と検定資格試験事業を開始し，平成18年10月10日現在まで879名の公認AT資格を認定している。この資格は，4年間の登録制になっている。検定試験に合格し，登録すれば，次の4年間は公認ATでなる。その後，4年ごとに資格更新すれば公認ATであり続けられる。更新に際し，日体協主催の定期研修会に参加しなければいけない。これは専門家としての資質向上の責任に当たる。

7　おわりに

本節では，具体的なシナリオを挙げて専門家としてのATの役割を説明した。AT領域は，①スポーツ傷害の予防，②スポーツ傷害の認識と評価，③応急処置や医師との連携，④リハビリテーション，⑤教育，⑥専門家としての資質向上に分類されている[6]。最近，私たちの目を引くことは，国際的に活躍する日本人選手である。彼らの活躍が引き金となってか，プロ野球だけでなくJリーグやトップリーグ（ラグビー），Vリーグ（バレーボール）などわが国におけるスポーツ組織が活性化している。そこに存在するのがチーム専属のATである。しかしトップレベルの選手のために働くATはほんの僅かである。忘れてはいけないことは，限られた専門職を得たATは，専門教育を受け，長い時間スポーツ現場におけるボランティア活動を行い，検定資格試験に受かった者である。

文献

1) Hillman, S.K., Perrin, D.H. (Ed) (2000) Introduction To Athletic Training. Champaign, IL: Human Kinetics, p1-34.
2) Larimore, W. L. (1993) Sprains, strains, trigger points, and soft tissue injuries. In Mellion, M.B. (Ed) Sports Medicine Secrets. Philadelphia, PA: Hanley & Belfus, Inc., p212-217.
3) Anderson, M.A. Foreman, T.L. (1996) Return to competition: functional rehabilitation. In Zachasewski, J.E., Magee, D.J. Quillen, W.S. (Eds) Athletic Injuries and Rehabilitation. Philadelphia, PA: W.B. Saunders Company, p229-261.
4) 鹿倉二郎 (2002) 米国におけるアスレティックトレーナーの教育制度と資格認定制度. 保健の科学44(11):840-845.
5) 鶴池政明 (2002) 日本におけるアスレティックトレーナー認定資格とその検定試験の現状と課題—トレーナー養成教育の展望—. 大阪体育大学紀要33: 29-38.
6) 中村千秋 (2005) アスレティック・トレーニング概説. 体力科学54:49-50.

6 アンチ・ドーピング

森北育宏（スポーツ医学）

近年，医学やバイオテクノロジーの進歩は著しい。特にもともと人間の体に存在するホルモンの合成や遺伝子に関する進歩には目を見張るものがある。それに伴い新たなドーピング方法も開発可能となってきている。したがって，それを規制するドーピングに関するルールは毎年変更を余儀なくされている。ここでは2005年10月の時点での最新のルールを紹介しているが，毎年1月1日にはかならず一部は変更されている。よって，日本体育協会などのホームページを参考に，常に最新情報を得る必要がある。

1 ドーピングとは

ドーピングとは競技能力を高めるために薬物などを使用することで，ルールで禁止されている。実際には，リストで表示された禁止薬物などを使用することがドーピングである。ドーピングの意図がなく，治療目的で禁止物質を使用しても処罰される。「間違って」とか「勘違いで」などの言い訳は通用しない。

2 ドーピングが禁止される理由

❶スポーツのフェアプレーの精神に反する

薬物を使用することは公正な競争を損ね，フェアプレーの精神に反する。お金をかけ科学を駆使し人工的に体を作れば当然有利となる。どのくらいのお金をかけるかで結果が決まるなら，スポーツをする意味がない。

❷ドーピングはルール違反

ファールをしてはいけないのと同様にドーピ

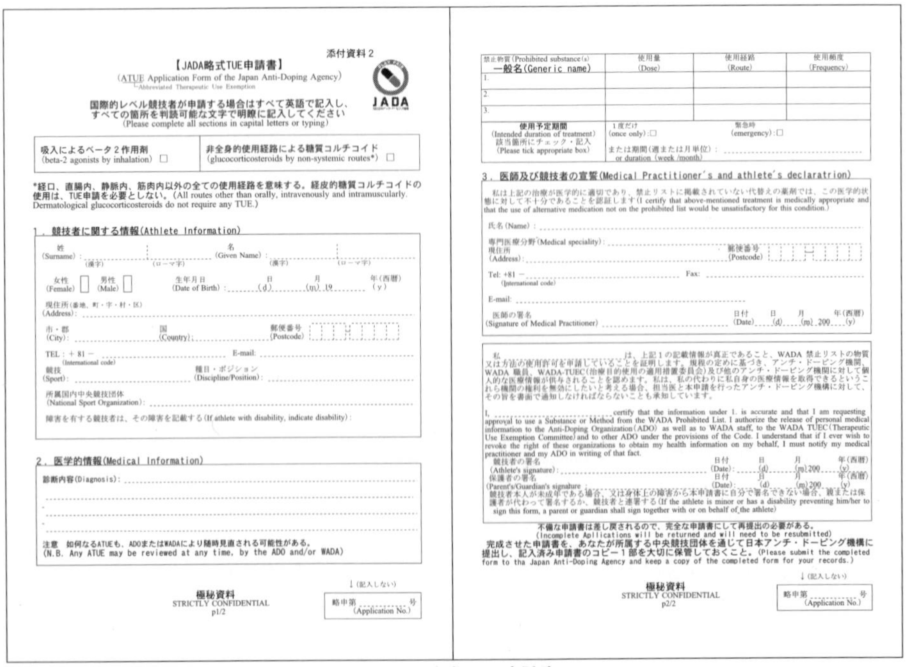

添付資料2

【JADA略式TUE申請書】
(ATUE Application Form of the Japan Anti-Doping Agency)
└Abbreviated Therapeutic Use Exemption

JADA

国際的レベル競技者が申請する場合はすべて英語で記入し、すべての箇所を判読可能な文字で明瞭に記入してください
(Please complete all sections in capital letters or typing)

吸入によるベータ2作用剤 (beta-2 agonists by inhalation) □	非全身的使用経路による糖質コルチコイド (glucocorticosteroids by non-systemic routes*) □

*経口、直腸内、静脈内、筋肉内以外の全ての使用経路を意味する。経皮的糖質コルチコイドの使用は、TUE申請を必要としない。(All routes other than orally, intravenously and intramuscularly. Dermatological glucocorticosteroids do not require any TUE.)

1．競技者に関する情報(Athlete Information)

姓 (Surname)：(漢字) (ローマ字)　名 (Given Name)：(漢字) (ローマ字)

女性 (Female) □　男性 (Male) □　生年月日 (Date of Birth)：日 (d) 月 (m) 19 年(西暦) (y)

現住所(番地、町・字・村・区) (Address)：

市・郡 (City)：　国 (Country)：　郵便番号 (Postcode)

TEL：＋81－ (International code)　E-mail:

競技 (Sport)：　種目・ポジション (Discipline/Position)：

所属国内中央競技団体 (National Sport Organization)：

障害を有する競技者は、その障害を記載する(If athlete with disability, indicate disability)：

2．医学的情報(Medical Information)

診断内容(Diagnosis)：

注意　如何なるATUEも、ADOまたはWADAにより随時見直される可能性がある。
(N.B. Any ATUE may be reviewed at any time, by the ADO and/or WADA)

↓(記入しない)

極秘資料
STRICTLY CONFIDENTIAL
p1/2

略申第　号 (Application No.)

禁止物質(Prohibited substance(s)) 一般名(Generic name)	使用量 (Dose)	使用経路 (Route)	使用頻度 (Frequency)
1.			
2.			
3.			
使用予定期間 (Intended duration of treatment) 該当箇所にチェック・記入 (Please tick appropriate box)	1度だけ (once only)：□　緊急時 (emergency)：□　または期間(週または月単位)：or duration (week /month)		

3．医師及び競技者の宣誓(Medical Practitioner's and athlete's declaratrion)

私は上記の治療が医学的に適切であり、禁止リストに掲載されていない代替えの薬剤では、この医学的状態に対して不十分であることを認証します(I certify that above-mentioned treatment is medically appropriate and that the use of alternative medication not on the prohibited list would be unsatisfactory for this condition.)

氏名(Name)：

専門医療分野(Medical speciality)：

現住所 (Address)：　郵便番号 (Postcode)

Tel: +81－ (International code)　Fax:

E-mail:

医師の署名 (Signature of Medical Practitioner)　日付 (Date) 日 (d) 月 (m) 200 年(西暦) (y)

私　は、上記1の記載情報が真正であること、WADA 禁止リストの物質又は方法の使用許可を申請していることを証明します。規程の定めに基づき、アンチ・ドーピング機関、WADA 職員、WADA-TUEC(治療目的使用の適用措置委員会)及び他のアンチ・ドーピング機関に対して個人的な医療情報が供与されることを認めます。私は、私の代わりに私自身の医療情報を取得できるというこれら機関の権利を無効にしたいと考える場合、担当医と本申請を行ったアンチ・ドーピング機構に対して、その旨を書面で通知しなければならないことも承知しています。

I, certify that the information under 1. is accurate and that I am requesting approval to use a Substance or Method from the WADA Prohibited List. I authorize the release of personal medical information to the Anti-Doping Organization (ADO) as well as to WADA staff, to the WADA TUEC (Therapeutic Use Exemption Committee) and to other ADO under the provisions of the Code. I understand that if I ever wish to revoke the right of these organizations to obtain my health information on my behalf, I must notify my medical practitioner and my ADO in writing of that fact.

競技者の署名 (Athlete's signature)：　日付 (Date)：日 (d) 月 (m) 200 年(西暦) (y)

保護者の署名 (Parent's/Guardian's signature：　日付 (Date)：日 (d) 月 (m) 200 年(西暦) (y)

競技者本人が未成年である場合、又は身体上の障害から本申請書に自分で署名できない場合、親または保護者が代わって署名するか、競技者と連署する(If the athlete is minor or has a disability preventing him/her to sign this form, a parent or guardian shall sign together with or on behalf of the athlete)

不備な申請書は差し戻されるので、完全な申請書にして再提出の必要がある。
(Incomplete Apllications will be returned and will need to be resubmitted)

完成させた申請書を、あなたが所属する中央競技団体を通じて日本アンチ・ドーピング機構に提出し、記入済み申請書のコピー1部を大切に保管しておくこと。(Please submit the completed form to tha Japan Anti-Doping Agency and keep a copy of the completed form for your records.)

↓(記入しない)

極秘資料
STRICTLY CONFIDENTIAL
p2/2

略申第　号 (Application No.)

図4-39　略式TUE申請書

> **Key word** ドーピング，スポーツ，禁止薬物，TUE（治療目的使用の適用措置）

ング禁止はルールで決まっている。
❸ドーピングは選手の健康を害する
ドーピングに使用される薬には競技力を高める効果があるが，多くの副作用もある。

3 誤って使用しないよう注意
❶病気があって普段から治療薬を服用している人
喘息，痛風，高血圧，不整脈，神経疾患で治療を受けている人，ホルモン剤を服用している人は要注意。
❷大会現地で薬を服用する場合
必ずスポーツドクターに相談すること。栄養剤，補助食品についても必ずスポーツドクターに相談すること。

4 なぜ，検査するのか？
「ドーピングをしていない」ことを証明するためにもドーピング検査の必要がある。

5 事前に申告すべき治療薬（治療目的使用の適用措置）
ドーピング禁止物質あるいは禁止方法であっても，事前に所定の手続きによって治療目的使用の適用措置（Therapeutic Use Exemption：TUE）が認められれば，例外的にその禁止物質・禁止方法を使用することができる。

TUEには略式と標準があり，次の2種類が略式TUEで申請できる（図4-39）。それ以外の薬剤は標準TUEで申請することになる。
❶ベータ2作用剤
喘息および運動誘発性喘息の予防および治療薬。

❷糖質コルチコイドの局所使用
糖質コルチコイドが禁止されるのは，経口投与，経直腸投与，静脈内投与または筋肉内投与です。これ以外の使用（点眼，点鼻，吸入など）がTUE略式手続の対象となる。

皮膚外用剤（軟膏やぬり薬）は使用可能。
　①気管支喘息および運動誘発性気管支喘息の予防および治療目的
　　フォルモテロール，**サルブタモール**（※1），サルメテロール，テルブタリンの吸入。
　②副腎皮質ホルモンを局所注射する場合

6 ドーピング検査の種類
❶競技会検査
競技会で実施する従来の検査。
❷競技会外検査
競技会とは関係のない，いつ，どこで実施するかわからない検査である。一般には「抜き打ち検査」と呼ばれている。

注）競技会検査も競技会外検査どちらも拒否することはできない。
注）拒否すると陽性と同じ処罰。
注）速やかにコントロールルームに出頭しないと拒否と見なされる。

ドーピング検査の対象者として通告を受けた場合，速やかにドーピング・コントロール・ルームに出頭すること（60分以内）。遅れると検査を拒否したと見なされるので注意。

7 ドーピング検査の手順
ドーピング検査の手順を図4-40に示す。検査自体（容器の選択や尿の容器への移し替えなど）は他人の手てを借りずに選手自身ですべて行う。

（※1）
「サルブタモール」
濃度が1000ng/mL以上で筋肉増強剤作用があるため競技外検査でも陽性となる。

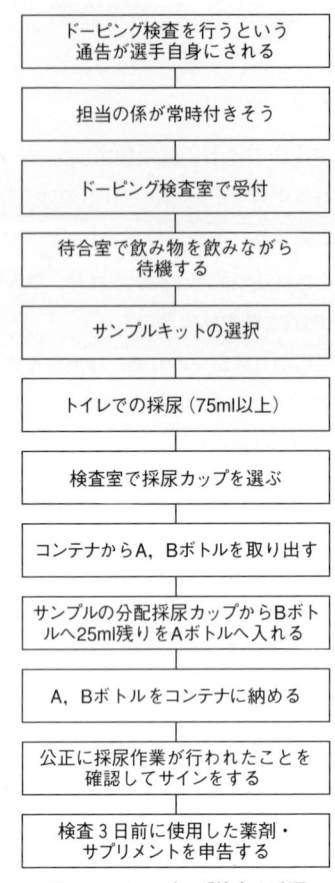

[図4-40 ドーピング検査の手順]

- ドーピング検査を行うという通告が選手自身にされる
- 担当の係が常時付きそう
- ドーピング検査室で受付
- 待合室で飲み物を飲みながら待機する
- サンプルキットの選択
- トイレでの採尿（75ml以上）
- 検査室で採尿カップを選ぶ
- コンテナからA，Bボトルを取り出す
- サンプルの分配採尿カップからBボトルへ25ml残りをAボトルへ入れる
- A，Bボトルをコンテナに納める
- 公正に採尿作業が行われたことを確認してサインをする
- 検査3日前に使用した薬剤・サプリメントを申告する

図4-40　ドーピング検査の手順

8 罰則

❶エフェドリン，フェニルプロパノールアミン，プソイドエフェドリン，カフェイン，ストリキニーネおよび関連物質により陽性の場合（感冒薬などに含まれているものを誤って服用した場合），初回は0～3ヵ月，2回目は2年間の資格停止，3回目は永久追放。

❷その他の薬剤
初回は2年間の資格停止，2回目は永久追放。

9 サプリメント

❶医薬品以外の健康食品についての規制・表示義務→非常に緩い。

❷世界13ヵ国から613の非ホルモンサプリメントを集め分析した14.8％に筋肉増強剤が検出された。

❸コーチに勧められたサプリメントに筋肉増強剤が含まれていた。
選手自身で責任を取らなければならない！！

注）栄養は食事からが原則！！
注）サプリメントは使わないのがよいが，どうしても選手が使いたいときは？　日本の大手の信頼できるメーカーのサプリメントを使用。

10 禁止薬の種類

Ⅰ．常に禁止となる物質と方法
　S1　蛋白同化剤
　　1．蛋白同化男性化ステロイド剤（AAS）
　　　a．**外因性**（※2）AAS
　　　b．**内因性**（※3）AAS：
　　2．その他の蛋白同化剤
　S2　ホルモンと関連物質
　S3　ベータ2作用剤
　　ベータ2作用剤は，その異性体（D体およびL体）も含めて禁止される。これらを使用するには，治療目的使用の適用措置（TUE）が必要となる。
　　ただし，喘息，運動誘発性喘息，気管支収縮の予防や治療を目的としてフォルモテロール，サルブタモール，サルメテロール，テルブタリンの吸入を使用する場合には，治療目的使用の適用措置（TUE）の略式申請が必要となる。

（※2）
「外因性（exogenous）」
体内で自然につくられない物質をいう。

（※3）
「内因性（endogenous）」
体内で自然につくられる物質をいう。

治療目的使用の適用措置（TUE）が認められていても，分析機関からサルブタモールの濃度（フリーおよびグルクロン酸抱合体濃度）が1000ng/ml以上と報告された場合，その異常値がサルブタモール吸入による治療目的の結果であることを競技者側が立証しないかぎり，違反の疑われる分析結果として扱われることになる。

S4　抗エストロゲン作用を有する物質

S5　利尿剤と隠蔽剤

禁止方法

M1　酸素運搬能の強化

M2　化学的・物理的操作

M3　遺伝子ドーピング

II．競技会検査で禁止対象となる物質・方法

前文S1～S5，M1～M3に加えて，下記のカテゴリーも競技会において禁止される。

禁止物質

S6　興奮剤

S7　麻薬性鎮痛剤

下記の麻薬性鎮痛剤は禁止される。
ジアモルヒネ（ヘロイン），フェンタニルおよび誘導体，ヒドロモルフォン，モルヒネ，ペンタゾシン，ペチジンなど

S8　カンナビノイド

カンナビノイド（例，ハシシュ，マリファナ）

S9　糖質コルチコイド

糖質コルチコイドの経口使用，経直腸使用，静脈内使用，筋肉内使用はすべて禁止される。これらの使用にあたっては，治療目的使用の適用措置（TUE）が必要となる。

上記以外の使用経路については，治療目的使用の適用措置（TUE）の略式申請が必要となる。ただし，皮膚外用剤は禁止されない。

III．特定競技において禁止される物質

P1　アルコール

下記の競技種目において，アルコール（エタノール）は競技会検査に限って禁止される。検出方法は，呼気分析あるいは血液分析である。ドーピング違反が成立する閾値が競技団体ごとに（　）で表示されている。

航空スポーツ（国際航空連盟：FAI）	(0.20g/l)
アーチェリー（国際アーチェリー連盟：FITA）	(0.10g/l)
自動車（国際自動車連盟：FIA）	(0.10g/l)
ビリヤード（世界ビリヤード・スポーツ連合：WCBS）	(0.20g/l)
スポーツブール（国際スポーツ・ド・ブール連合：CMSB）	(0.10g/l)
空手（世界空手道連盟：WKF）	(0.10g/l)
近代五種（国際近代五種連合：UIPM）	(0.10g/l)
モーターサイクル（国際モーターサイクル連盟：FIM）	(0.00g/l)
スキー（国際スキー連盟：FIS）	(0.10g/l)

P2　ベータ遮断剤

特段の定めがある場合を除き，ベータ遮断剤は，下記の競技種目において競技会検査に限って禁止される。

航空スポーツ，アーチェリー（競技外においても禁止）自動車，ビリヤード，ボブスレー，スポーツブールブリッジ，チェス，カーリング，体操，モーターサイクル近代五種の射撃種目，ナインピン・ボーリングセーリング，射撃（競技外においても禁止）スキー・スノーボード，水泳，レスリング

IV．指定物質（特に気をつけないといけない禁止薬）

エフェドリン，L-メチルアンフェタミン，メチルエフェドリン
カンナビノイド
吸入ベータ2作用剤，(クレンブテロールを除く)
プロベネシド
糖質コルチコイド
ベータ遮断剤
アルコール（競技により）

V．2006年監視プログラム

監視プログラムの物質は禁止物質ではない。ただし，スポーツ界で誤って使用されやすいものとしてモニターされている。

興奮剤（競技会検査のみ）：カフェイン，フェニレフリン，フェニルプロパノールアミン，ピプラドール，プソイドエフェドリン，シネフリン

参考図書
1)（財）日本オリンピック委員会(1999)アンチ・ドーピングガイドブック，（財）日本オリンピック委員会．

参考ホームページ
1)日本体育協会（http://www.japan-sports.or.jp/）
2)日本オリンピック委員会（http://www.joc.or.jp/）
3)国際オリンピック委員会（http://www.olympic.org/uk/index_uk.asp）
4)JADA（日本アンチドーピング機構）(http://www.anti-doping.or.jp)

7 スポーツ組織の現状と課題

冨山浩三（スポーツ経営学）

1 わが国のスポーツ振興の組織

スポーツを定義すると、次の4つの側面、すなわち「身体活動である」「ルールがある」「競争的な側面がある」「組織化されている」が挙げられる。つまり近所の子どもたち同士で勝手にルールを決めて遊んでいる鬼ごっこなどはスポーツには含まれないわけで、身体活動でルールがあって競争的な側面があるだけではなく、組織化されていることがスポーツの条件として重要なのである。現在、ほとんどの競技スポーツ種目やレクリエーション種目（ニュースポーツ）には世界規模で組織化された種目別団体が存在しており、国内にもそれぞれ種目別団体が設立されている。スポーツ組織としての種目別団体の役割は、それぞれの種目の普及・振興をはかること、選手登録を行って公式戦の管理・運営すること、競技規則（ルール）を決定することなどが挙げられる。

図4-41には、わが国のスポーツ振興の組織図が示されている。わが国のスポーツ振興を担当する所轄部局は文部科学省スポーツ青少年局である。2001年の省庁改変に当たって文部省が科学技術庁と合併して文部科学省となり、体育局がスポーツ青少年局となった。スポーツ青少

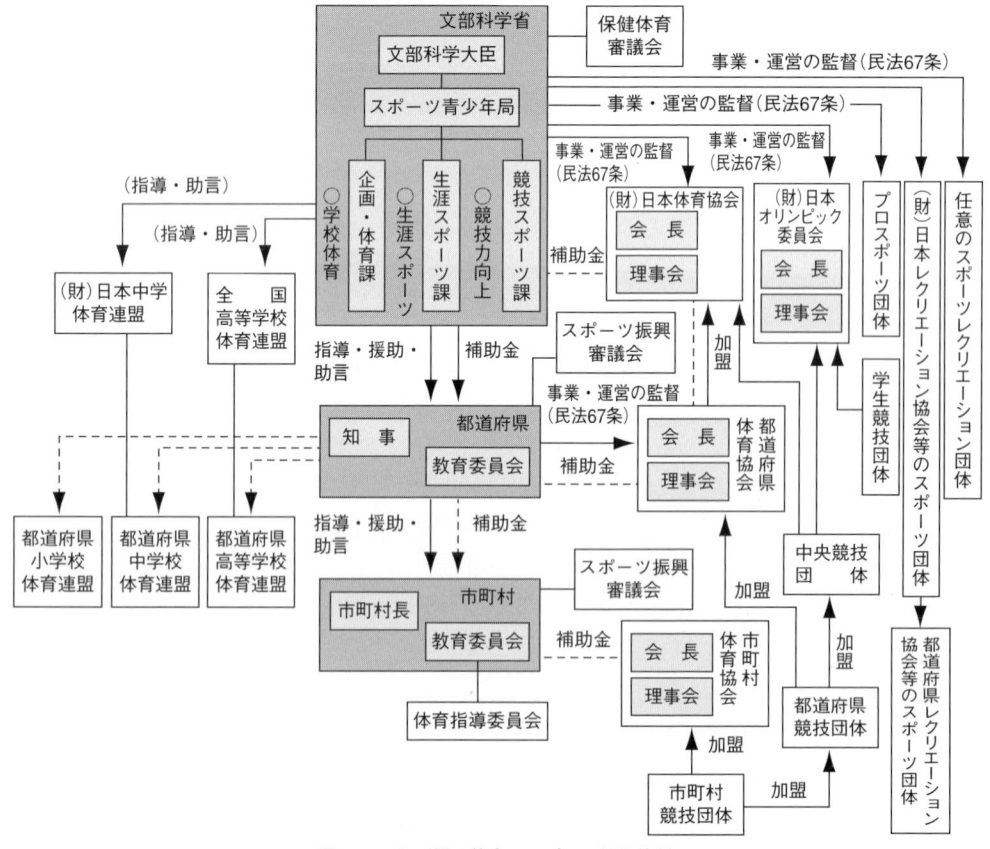

図4-41　わが国の体育・スポーツ振興体制

第4部　競技力向上への取り組み

|Key word| NPO法人，組織形態，組織構造，凝集性，ロイヤルティ，スポーツリーグ

年局は，生涯スポーツ，競技スポーツ，学校体育のそれぞれについて所管している。そして都道府県や市町村には教育委員会があり，文部科学省からの指導により都道府県，市町村のそれぞれのレベルでスポーツ振興を担っている。

図4-41に示される文部科学省の左側には，わが国の学校体育におけるスポーツ振興を担う高等学校体育連盟（高体連）と中学校体育連盟（中体連）が示されている。高体連は，高等学校の体育・スポーツ活動の振興，発展を通して，高校生の健全育成と競技種目の競技力向上に取り組んでおり，全国高校総体（インターハイ）を主催している。中学校体育連盟（中体連）は，全国中学生の健全な心身の育成，体力の増強，および体育・スポーツ活動の振興を図り，中学校教育の充実と発展に取り組んでおり，全国中学校体育大会を主催している。

図4-41に示される文部科学省の右側には種目別団体を中心とするスポーツ振興のパートが示されている。その中心的役割を果たしているのは，日本体育協会と日本オリンピック委員会（JOC）である。日本体育協会は，種目別団体を統轄しつつ国民体育大会の運営や国民スポーツの推進事業を展開している。一方，オリンピック委員会は「オリンピック憲章に基づく国内オリンピック委員会（NOC）として，オリンピックの理念に則り，オリンピックムーブメントを推進し，スポーツを通じて世界平和の維持と国際友好親善に貢献するとともに，わが国のスポーツ選手の育成・強化を図り，もってスポーツ振興に寄与すること」（JOCホームページより）を目的として事業を展開している。

2 新たな組織の出現

わが国では，新たなスポーツ振興システムへの胎動とも言うべき組織改革が進行している。これまで地域のスポーツ活動を支えてきたのは，ママさんバレーボールチームなどに代表される地域のスポーツクラブであった。しかしながらこれまでの地域スポーツクラブは単一種目で会員数が少なく活動基盤が脆弱で，どちらかと言えば「チーム」に近い組織であったが，近年，複数種目・多様な価値観を包含した規模の大きな「クラブ」の設立が進められている。

一方スポーツに関する組織の格付けとしては，任意団体，財団法人，社団法人，株式会社などが挙げられるが，2000年に施行された「特定非営利活動推進法（NPO法）」によってスポーツのNPOが増加してきた。NPOとは，Non Profit Organizationの略で，非営利で公益性のある活動を不特定多数の人々に提供しようとする法人である。運動やスポーツは公益性があるためにNPO法人の活動する領域に該当しており，地域住民にスポーツ活動を提供するNPO法人は，2005年10月1日現在で1970団体存在している（NPO法人クラブネッツ調べ）。地域に出現した新たなNPO法人としてのクラブは，行政や体育協会と並んで地域スポーツ振興を担う新たな組織形態の出現と言うことができる。中には休部や廃部に追い込まれた実業団チームがNPOとして活動を継続するなどといった事例も見られる。

3 組織の形態

組織は，リーダーとメンバーの間の関係から様々な組織形態で構成されている。図4-42には，4つの組織構造のタイプが示されている。

「タイプA」は，リーダーの意志が直接メンバーに伝えられるタイプで，人数の少ない組織，たとえば部活動の運営などにおいて，顧問の先生とメンバーである生徒の関係などに該当する。指導者の意志が全員に容易に行き渡るのがメリットであるのに対して，組織の統制機能はほとんど一人の指導者に集約されており，そこ

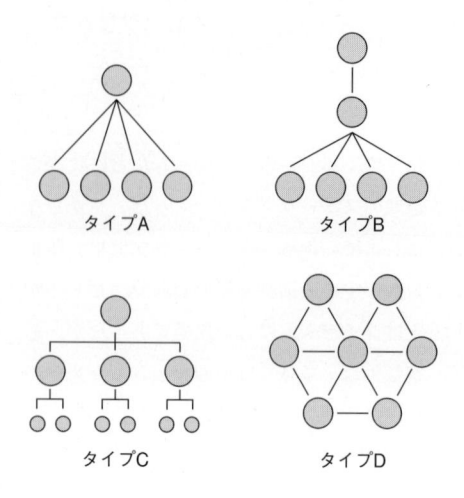

図4-42　4つの組織構造のタイプ

での人間関係がうまくいかない場合は公式の組織目標に反抗する非公式組織（小グループ）が発生しやすいのがデメリットである。

「タイプB」は指導者の下にアシスタントコーチや，アシスタントリーダーのような存在が入っている。リーダーとメンバーの間にワンクッション入ることによって，両者の関係を調整することができる。組織運営の権限の一部は，中間のリーダーに委譲される。

「タイプC」は，部門毎に組織が細分化されており，それぞれにチーフがついているような形態である。たとえば，プロ野球のように投手や野手などのポジション毎にコーチがついているようなイメージになる。部門のチーフには，それぞれの部門を運営するための権限の多くが委譲されており，トップはそれらを統括するのが主な役割となる。全体の意思統一を図るためには，部門毎のチーフの賛同を得る必要があり，時間を要することになる。

そして，「タイプD」は，リーダーを中心にメンバーの関係が平面で描かれている。また，メンバー同士も線で結ばれており，それぞれがお互いにコミュニケーションのとりやすい関係になっている。試合で勝利することを主目的としていないサークル活動や，リーダーシップをメンバーが分担しているような場合が考えられる。

組織構造はそれぞれのタイプでメリットデメリットがあり，一概にどれが良いというものではない。それぞれの規模や目的に合わせた形で組織作りをしていくのが望ましい。

4 組織メンバーのマネジメント

組織をマネジメントするに当たっては，組織メンバーをマネジメントしなければならない。組織のメンバーが高い"凝集性"を持ち，組織に対して"帰属意識"を持っていれば，安定した組織運営を行うことができる。凝集性とは，メンバーがメンバー同士の強いつながりを意識して，組織としてしっかり固まろうとする力であり，帰属意識とはメンバーの組織に対する忠誠心のようなもので，組織への愛着や組織のために何かをしたいと思う態度や意識のことである。学校の部活動などといった，20人～40人程度の小集団であれば，同世代で同じ目標を持つメンバーとして，組織の凝集性は高いことが考えられる。

しかし多世代の大人が多く集まるような地域のスポーツクラブにおいては，スポーツへの態度や価値観も異なるために，同じ価値観によって凝集性を高めていくことは非常に難しい。また，規模が大きくなってくると，メンバー同士顔も知らないと言ったことは当たり前のようにあるわけで，見知らぬ同士においては凝集性は存在しない。そのような場合には，組織を運営するに当たってメンバーが共通して愛着をもてるようなシンボルや，運営の核を効果的に用いることによって，メンバーの組織への帰属意識を高めることが効果的である。

5 スポーツ組織の課題
❶財源の確保

種目別団体などといったスポーツ組織においては，現在いくつかの問題点や運営上の課題が指摘されるようになってきた。まずは，財源の確保が挙げられる。これまでは文部科学省からの補助金や選手の登録料，あるいは企業からの協賛金などによって，比較的安定的に財源が確

保されてきた。しかしながら，財政赤字による補助金の削減や，企業からの協賛金の減少など，組織運営のための財源確保は重大な問題となってきている。日本スポーツ振興くじ（愛称；toto）からも助成金が分配される仕組みにはなっているが，くじ設立当初ほどの売り上げはなく，スポーツ団体への助成金も減少傾向にある。

❷リーグのマネジメント

日本のプロサッカーリーグとして1993年に開幕した「Jリーグ」，2005年のプロバスケットボールリーグ「Bjリーグ」の開幕といったプロリーグ設立の動きが活発である。また，すでに設立されているプロリーグでも，プロ野球のように「セ・パ交流戦」や「プレーオフ制度」の導入など，種目毎のファンの獲得や定着，そして競技参加者の数の増加を目指しての組織改編や組織交流が行われている。そこで重要なことは，リーグや組織に明確な理念や目標がなければその運営は頓挫しかねない。今後は，リーグマネジメントのノウハウを蓄積していくことが課題となる。

❸部活動運営の変化と競技団体

出生率の低下による少子化により，学校運動部の運営が大きな影響を受けている。中学校，高校での部活動数は減少の一途をたどっており，学校に自分のやりたい種目の部活動がないと言った問題が起きている。また，少子化によって新任の教員採用数が激減していることから，教員の平均年齢が高くなってきており，子どもたちと一緒になって汗を流しながら部活動の指導に当たってくれる教員が減少してきている。小学校時代には，民間のスイミングスクールや，スポーツ少年団，体操教室など，学校以外にも比較的活動の場が用意されているが，中学生・高校生になると，部活動以外の活動の場所は急激に減少することから，部活動の運営の危機は中・高生からスポーツの場を奪ってしまうことを意味する。これらに対していくつかの解決策が提案されている。1つは複数の学校の生徒が集まって活動を行う「複数校合同部活動」や「外部指導者による部活の指導」などがその解決の一助となることが想像できる。今後，少子化への対応や競技スポーツ離れなどに対応して，新たなシステムをどのように導入していくのかが課題であるといえよう。

参考図書
1) ステファン・P・ロビンス　高木晴夫訳(1997)組織行動のマネジメント，ダイヤモンド社．
2) 桑田耕太郎, 田尾雅夫(1998)組織論, 有斐閣アルマ．

8 障害者の競技スポーツにおける現状

高橋　明・矢部京之助（障害者スポーツ概論）

1 競技スポーツの現状

医療スポーツとして発展してきた障害者のスポーツも，リハビリテーションや治療としてだけではなく，純粋に競技としてスポーツに親しんでいる人も多くなっている。

同時に，パラリンピックをはじめ，数々の障害者スポーツの大会が開催され，注目を集めるようになってきた。選手たちの間からは，障害者のスポーツを，「福祉やリハビリテーションとして見るのではなく，競技スポーツとして認められたい」といった発言が聞かれるようにもなり，その言葉の通り，世界のトップアスリートのパフォーマンスレベルは，驚くほど高く，素晴らしい記録が出ている。

パラリンピックでの100m走のすべてのクラス（障害者全体）を通して世界最速の選手は，バルセロナで更新した，片前腕切断者のアジボラ・アデオイ選手（ナイジェリア）の10秒72である。障害別では，知的障害者では，スペインのホセ・エスポジト選手が記録した10秒85。視覚障害者（弱視）では，イタリアのアルド・マンガナロ選手の記録した10秒96。義足を使用している選手の記録では，片下腿切断者のアメリカのマーロン・シャーリー選手がアテネパラリンピックで記録した11秒08。両下腿切断者では，南アフリカのオスカー・ピストリウス選手が記録した11秒16がある。2008年の北京では，片下腿切断者のランナーの世界記録に10秒台がでるのは間違いないといわれている。

また，片大腿切断者の走り高跳びでは，中国のビン・ホー選手が1m92の記録を持っている。彼は，「走り高跳びは，片足で踏み切らないとルール違反になります。両足で踏みきれば失格ですが，もともと片足なのでルール違反をしていない」と，障害者向けの大会だけでなく，一般の陸上競技会にも出場している。

このように，障害のある人たちのスポーツ（パフォーマンス）を，自己の能力の限界への挑戦という，障害のない人たちと同じ文化（競技スポーツ）として捉える人たちが増えてきている。リハビリテーションからレクリエーションスポーツ，生涯スポーツ，競技スポーツへと，障害者のスポーツはその目的を広げて発展している。

2 国際的組織の設立

障害者別のスポーツ競技団体の国際的な組織は表4-5に示した5つである。その中で，国際ろう者スポーツ委員会（CISS）は，1995年に，国際パラリンピック委員会（IPC）の総会で脱会している。また，IWAS（国際車椅子・切断スポーツ連盟）は，2003年10月に開催されたISMWSF（国際ストークマンデビル車椅子スポーツ連盟）とISOD（国際身体障害者スポーツ機構）の特別合同総会において合併が決定された組織であり，現在は，イギリスのアイリスベリーにあるISMWSFの事務局が業務を行っている。

また，このほかに（社福）「太陽の家」を創設した故中村裕氏の努力で1974年に組織された，東アジアや南太平洋の開発途上の国を多く

図4-43　電動車椅子サッカー競技

Key word　パラリンピック，競技スポーツ，パラリンピックムーブメント，国際オリンピック委員会，国際ストークマンデビル競技会，デフリンピック，日本パラリンピック委員会

抱えるフェスピック連盟（Far East and South pacificgames Federation for the Disabled：F.E.S.P.I.C.F，加盟国43ヵ国・地域，会長畑田和男）がある。

そして，IPCの6つの地域組織の1つとして「アジアパラリンピック委員会」(Asian Paralympic Committee：APC）も2002年に発足。22ヵ国・地域が加盟している。アフリカ，アメリカ，ヨーロッパ，中東，南太平洋の5地域のパラリンピック委員会と連携をとり，マレーシアに事務局を設置，地域活動を推進している。

3 代表的な国際大会

代表的な国際大会は次の通りであるが，この他にも各競技別世界選手権大会をはじめ，多くの大会が開催されている。また，IPCでは，オリンピックの中に車椅子使用者の100m競走や切断者の走高跳びの設定を呼びかけるなど，単なる招待競技ではなく，すべての人を含む「人類のスポーツの祭典」を願う動きもあるが，巨大化するオリンピックムーブメントの抱える問題も数多くあり，可能性は低いと考えている。しかし，2008年に中国・北京で開催されるパラリンピック北京大会からは，オリンピック組織委員会がパラリンピックも運営するという組織

図4-44　車椅子選手のアーチェリー競技

の一本化が，IOCとIPCとの間で，2001年6月に交わされており，その前段として，2004年のアテネ大会（ギリシャ）も，オリンピック組織委員会がパラリンピックを運営した。

❶パラリンピック競技大会夏季大会（Paralympics）

障害のある人が参加する世界最高レベルの国際競技大会。イギリスのストークマンデビル病院脊髄損傷センターで，対麻痺によって車椅子を使うことになった患者のために開かれたスポーツフェスティバル（1948年）から始まる。1988年のソウル大会から「パラリンピック」の名称が使われている（表4-6）。

表4-5　障害者別スポーツ競技団体の国際組織

(a) IWAS（International Wheelchair & Amputee Federation） **国際車椅子・切断スポーツ連盟** 2003年発足　事務局：イギリス 車椅子，切断者やポリオ等による身体機能障害者を対象とした競技団体	**(d) CISS**（Committee International des Sports des Sounds：International Committee of Silent Sports） **国際ろう者スポーツ委員会** 加盟国46ヵ国，1924年発足　事務局：アメリカ 聴覚障害のある選手を対象にした競技団体
(b) CP-ISRA（Cerebral Palsy-International Sports and Recreation Association） **国際脳性麻痺者スポーツ・レクリエーション協会** 加盟国約36ヵ国，1978年発足　事務局：オランダ 脳性麻痺の選手を対象とした競技団体	**(e) INAS-FID**（Intemational Sports Federation for Persons with an Intellectual Disability） **国際知的障害者スポーツ協会** 加盟国81ヵ国，1986年発足　事務局：スウェーデン 知的障害のある選手を対象にした競技団体
(c) IBSA（International Blind Sports Association） **国際視覚障害者スポーツ協会** 加盟国約89ヵ国，1981年発足　事務局：スペイン 視覚障害のある選手を対象とした競技団体	

表4-6　パラリンピック夏季大会の開催地と規模

回	年	開催地	開催国	選手	参加国	特記事項
1	1960	ローマ	イタリア	400	23	日本参加せず
2	1964	東京	日本	567	22	
3	1968	ラマットガン	イスラエル	1047	29	
4	1972	ハイデルベルグ	西ドイツ	1346	43	
5	1976	トロント	カナダ	1000	40	切断者，視覚障害者が加わる
6	1980	アーヘン	オランダ	2556	42	脳性麻痺者が加わる
7	1984	ニューヨーク ストーク	アメリカ イギリス	1800 600	45 40	障害別に分裂大会
8	1988	ソウル	大韓民国	4220	61	その他の機能障害者が加わる
9	1992	バルセロナ	スペイン	4200	83	
10	1996	アトランタ	アメリカ	4912	103	ISMWSGも開催される
11	2000	シドニー	オーストラリア	6139	123	IOCとの関係が密接になる
12	2004	アテネ	ギリシャ	6000	136	IOCとIPCが一本化して開催される

❷パラリンピック競技大会冬季大会

　パラリンピック冬季大会は，1976年から開催されており，第5回大会まではオリンピックの夏季大会と同年度開催であったが，第6回大会から，冬季のオリンピックが夏季大会の中間年に開催されるようになったのに伴い，冬季オリンピックの年に行われている。1998（平成10）年3月に，第7回大会がアジアではじめて長野県で開催された（表4-7）。

❸国際ストークマンデビル車椅子競技大会

　1948年にL・グットマン博士の提唱で始まった車椅子使用者の大会。1952年にオランダチームが参加して，国際大会に発展。障害者の競技スポーツのルーツでもある伝統的な競技会である。パラリンピックもこの大会が発展したもので，2000年に第50回を迎えた。

❹世界ろう者スポーツ大会（デフリンピック）

　1924年に，フランスのパリで9ヵ国132人が参加して初めて開催された。

　この大会は，CISS（国際ろう者スポーツ委員会）が主催しており，パラリンピックとは期日も会場も別に開催され，IPCとは一線を画している。2004年，オーストラリアのメルボルンで開催された第19回大会からは，IOCの承認を得て，「デフリンピック」と名称を変更し，ろう者のオリンピックとして開催されている。

❺フェスピック大会

　この大会は，発展途上国の多いこのブロック（極東・南太平洋）における身体障害者のスポーツ振興を願い，（社福）太陽の家の元理事長であった故中村裕氏が提唱し，1975年，大分市と別府市で第1回大会が開催された。パラリンピックやストークマンデビル競技会などに参加できない発展途上の国々の，障害者のスポーツ振興に大きな役割を果たしたが，2006年の第9回大会（マレーシア）を最後に，2010年からはアジアパラリンピック競技大会として中国で開催される予定である。

　その他，国際知的障害者スポーツ協会（INAS-FID）が主催する国際大会は，陸上競技や水泳，卓球等数多くの競技が行われているが，別組織として国際スペシャルオリンピックとい

表4-7　パラリンピック冬季大会の開催地と規模

1	1976	エーンシェルドスビーク	スウェーデン	400	17	日本人2人が個人参加
2	1980	ヤイロ	ノルウェー	700	18	日本身障スキー協会で参加
3	1984	インスブルック	オーストリア	465	22	日本代表として正式参加
4	1988	インスブロック	オーストリア	800	22	
5	1992	アルベールビル	フランス	600	24	日本人女性初の銅メダル
6	1994	リレハンメル	ノルウェー	956	31	日本銀3個，銅3個獲得
7	1998	長野	日本	1100	32	日本金12個含む41個のメダル獲得
8	2002	ソルトレイク	アメリカ	416	36	日本銅3個獲得
9	2006	トリノ	イタリア	474	39	日本金2個，銀5個，銅2個のメダル獲得

う名称で，知的障害者の国際大会が開催されている。2005年，長野でアジアで初めて冬季のスペシャルオリンピックが開催された。

4 日本国内での流れ

わが国の障害者の競技スポーツの幕開けは，1964（昭和39）年11月，オリンピック東京大会の直後に開催された，第13回国際ストークマンデビル競技大会（パラリンピック東京大会）がきっかけといわれている。このパラリンピック東京大会の成功が，障害者スポーツの振興を図る（財）日本身体障害者スポーツ協会（現（財）日本障害者スポーツ協会）の設立へと発展させた。

そして1999年（8月20日厚生大臣認可），知的障害者のスポーツを身体障害者のスポーツと統合して推進していく方針から，（財）日本身

図4-45　車椅子バスケットボール競技

体障害者スポーツ協会は，（財）日本障害者スポーツ協会と名を改め，あらゆる障害のある人たちのスポーツを担当する団体となった。また内部組織として，1999年8月に日本パラリンピック委員会（Japan Paralympic Committee：JPC）を設置し，わが国における競技スポーツの強化を図っている。

図4-46　車椅子マラソン　廣道純選手（撮影：渡部仁）

図4-47　義足のランナー　山本篤選手（撮影：エックスワン）

図4-48　視覚障害者サウンドテーブルテニス

参考図書
1)（財）日本障害者スポーツ協会編(2004)障害者のスポーツ指導の手引き,ぎょうせい.
2)矢部京之助ほか編(2004)アダプテッド・スポーツの科学,市村出版.
3)髙橋明(2004)障害者とスポーツ,岩波書店.
4)髙橋明(2003)共に生きる,文芸社.
5)髙橋明ほか(1996)障害者スポーツ,医学書院.
6)中村太郎(2003)パラリンピックへの招待,岩波書店.

第4部　第3章

競技力向上について考える

1 発育・発達，加齢の立場から

松村新也（発育発達論）

人間の妊娠期間は最終月経の第一日目からかぞえておよそ280日，40週である。

胎児期は前期，中期そして後期の発育期を経て出産を迎えるが，出生時の身長は約50cm，体重は3kgでいずれも男子は女子よりやや大きい。

1 ヒトの形態発育

❶Scammonの発育曲線

1930年R.E.スキャモンは各種臓器のサイズの年齢的資料に基づき，ヒト臓器の発育パターンを4つの型に分類した（図4-49）。この図によってヒトを構成している種々の器官がそれぞれ独自の発育経過を経て成長していく様子を知ることができる。スキャモンは各臓器の成人値を100，出生時をゼロとしてあらわしている。

リンパ系型：胸腺，扁桃腺そしてアデノイドなどのリンパ組織の発育パターンで，思春期に入る前すなわち11，12歳頃に成人の2倍近くの大きさに達するが，以後は小さくなっていって成人値になる場合である。

神経型：脳，脊髄，視覚器などにみられる発育パターンで乳幼児期に急激に成長し，6歳ころで成人の90%近くに達し，以後ゆったりと発育し成人の値に達するが思春期スパートは無い。

一般型：身長，体重，胸囲，座高など，いわゆる身体計測値の他，筋肉，骨格などの発育曲線であり，S字型を示す。すなわち，出生後特に急激な発育を示し（第1発育急進期），その後ゆるやかな増加をたどりながら，思春期に再び急激に発育する（第2発育急進期）。

生殖型：睾丸，卵巣，前立腺，子宮などの性腺をはじめとした生殖器の発育に見られる型で，思春期までは非常にゆっくりと成長するが，思春期に至って一般型以上に急激なスパートを見せて発育する。脳下垂体，甲状腺，副腎などの内分泌器官もこの型に属する。

❷身長と体重の発育

長育の代表的なものとして身長を，量育の代表的なものとして体重が挙げられる。

出生時の身長は男子で約50cm，女子は男子よりやや小さい。乳児期の身長の発育は胎児期の増加に次いで著しいが，学童期前半はゆっくりした発育経過をたどり，後半は第2発育急進期の開始する時期である。スパートの開始は女子で9〜10歳，男子で10〜11歳となっている。ピーク時に示す発育速度は男子が大きく，激しいスピードで女子を追い越していく。このような結果として，交叉現象（10〜12歳）がみられる。なお，子どもの身長の伸びが最高に達する思春期の時期をPHVと呼ぶ。

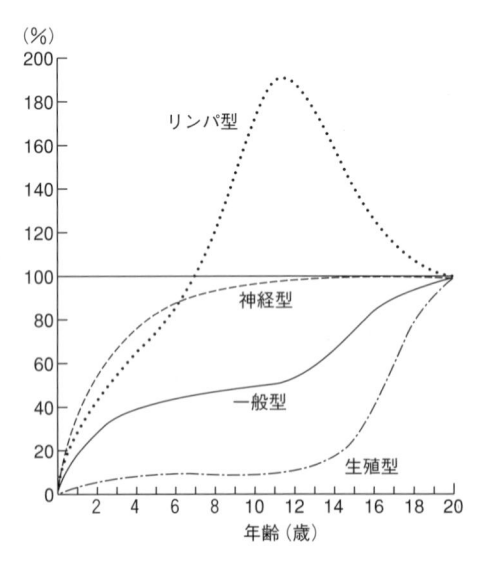

図4-49 スキャモンの発育曲線[1]
それぞれの型の発育は，出生児から20歳までの全増加量に対する百分率で示されている。20歳のときを100%としている。

Key word スキャモンの発育曲線，シナップスの可塑性，適当刺激，適時性

出生時の体重は約3kgである。出生後初期体重減少が見られるが，その後体重は徐々に回復して，約7日頃には出生時体重に近づく。学童期，思春期の体重発育の経過は，身長の発育と同じ経過をたどる。

2　ヒトの機能発達
❶神経機能の発達

出生時の脳重量は男子370g，女子345gで出生時体重の約12%である。6歳になると成人重量の約96〜99%に達する。成人平均脳重量は男子1450g，女子1320gである。この変化は神経細胞数の増加，グリア細胞や血管の増殖さらに突起の増加などによっている。脳はその部位によって発達が異なっている。脳幹（中脳，橋，延髄）が最も先行し，次に間脳や大脳辺縁系が続き，その後大脳皮質が発達し，小脳はそれよりかなり遅れる傾向が見られる。最近の知見によれば脳細胞の数は出生後も増加することが知られている。一般的に，行動の変化や新しい行動の出現の背景には神経系構造の変化が想定されており，これらを前提としたシナップス構造の可変性をシナップスの可塑性と呼んでいる。

神経系の発育・発達を脳重量や脳波からみると，脳細胞の成熟過程は三段階に分類できる。

第1段階〔0歳〜3歳頃〕：脳の神経回路の配線が進む時期。模倣の時期であり，無条件に身の回りの環境を感知し，生涯にわたる基本的動作を形成する時期である。

第2段階〔4，5歳〜7歳頃〕：この段階では成人の90〜95%まで脳重量が達し，脳のソフトウエアすなわち創造性や自主的行動が発達する時期である。

第3段階〔10歳前後〕：脳の神経回路の配線がほぼ完成する時期で，その後20歳前後でほぼ完成すると言われている。

ボールを使っての重量弁別能力を見ると，発育につれてその能力は向上するが，特に9歳までの発達が著しい。選択反応時間や，音や光の刺激に対し反応する単純反応時間や全身反応時間も6〜12歳にかけて短縮する。

神経系に関連する技術はトレーニング効果が現れにくいが，これまでできなかったことがある日突然，できるようになる。また神経系のトレーニング効果はステップ状に現れるのが特徴である。そして，一度神経経路に回路ができあがると，なかなか消えない。このように，神経系のトレーニング効果は他の体力要素とは異なったパターンを示す。また，トレーニングに用いた動作と効果との特異的関係があり，その効果は他の運動パターンへの適応へとは波及しにくい。したがって，幼児期から小学校低学年の子どもたちにはできるだけ多くの動作パターンを経験させることが重要である。

❷持久的能力の発達

全身の各器官は相互に密接な関係があるが，中でも呼吸と循環系は生体に必要なエネルギーを生み出すための酸素運搬系としては切っても切れない関係にあり，特に全身持久的能力を論ずる際は両者を一緒に考える必要がある。

また，エネルギーの発生機構には無酸素的なものと，酸素が供給されている状態でエネルギー発生が行われる有酸素的なものがある。エネルギー代謝を具体的に分類すると，睡眠代謝，基礎代謝，安静時代謝そして活動代謝に分けることができる。基礎代謝とは覚醒時に生命を維持するために最小限必要な生理機能維持のための代謝である。

ところで，有酸素エネルギーの基本となるのが基礎代謝量である。この代謝量は乳児期から幼児期前半にかけての増加が著しい。この原因は活性組織量が増え，細胞の代謝が盛んになるためである。そしてピーク値に達した後，加齢

とともに漸減していく。なお，基礎代謝量が女子に比べて男子が高いのは，女子は男子より体重が軽く，また脂肪量が多いためである。

ところで，有酸素的な過程の発達水準は持久性能力と強い関係があり，それは呼吸循環器系全体の機能の発達水準と深くかかわっていると考えられている。全身的な身体運動を実施し，組織への酸素供給能力が最大に達したときの酸素摂取量を最大酸素摂取量という。女子の最大酸素摂取量は10～11歳まで男子とほぼ等しい値を示すが，それ以後は男子の伸び率より低く，17歳頃にピークを示しその値は約2l/分である。男子では10～17歳に急激な増加を示し，18～20歳にピークを示しその値は約3l/分である。

また持久性能力とPHVとの間に深い関係がある。それは子どもの身長の伸びが最高に達する思春期の時期（PHV）の前では持久性のトレーニングを行っても最大酸素摂取量に著しい変化が認められないことである。すなわち身長の伸びが最高に達する1年前くらいから，トレーニング効果が認められ始め，その後最大酸素摂取量の増加が著しくなるということである。

❸筋肉と筋力の発達

筋肉には，横紋筋，平滑筋そして心筋の3種類がある。運動で働くのは横紋筋であり，他の細胞と異なり，一個の細胞中に多数の核を有する。また，一個の筋細胞が長いので筋線維と呼ぶ。そして筋肉は多数の筋線維が束ねられたものである。筋細胞の大部分は胎生期に中胚葉から発生する。筋線維には大別して性質の異なる2種類の線維が存在する。それらは速筋線維（FT線維，タイプⅡb線維，FG線維）と速筋線維であるが中間的な性質を持つ中間筋線維（FT線維，タイプⅡa，FOG線維），そして遅筋線維（ST線維，タイプⅠ線維，SO線維）である。速筋線維であるFG線維は生理的な興奮閾値が高く，形態的にも大きく収縮速度も大きく発揮張力も大きいが疲労しやすい。もう1つの速筋線維のFOG線維は生理的な興奮閾値が高く，形態的にも大きく，収縮速度も発揮張力も大きく，しかも疲労しにくい。遅筋線維であるSO線維は形態的に小さく，生理的興奮閾値が低く，収縮速度，発揮張力も小さいが疲労しにくいという特徴を持っている。速筋線維と遅筋線維の区別は妊娠30週を過ぎた頃の胎児で可能になり，それぞれの線維の割合は遺伝的にほぼ決定されている。しかし，激しいトレーニングによって筋線維の割合が変化する可能性も残されている。

筋重量増加は，筋線維の伸長と筋線維肥大の2要因によっている。筋力の発達には性ホルモンの影響が大きく働いている。幼児期では大きな性差は見られない。しかし，5～20歳にかけてタイプⅠ線維の割合は減少傾向を示すが，タイプⅡ線維は思春期に増加傾向を示す。これらの結果は速筋線維が思春期を境に急激に発達することを示唆している。この傾向は男子生徒に顕著に見られるが女子生徒には逆に筋力の頭打ちの傾向が見られる。これらのことを要約すると，10～13歳の年齢で筋力発揮のために主働的に働く筋線維は遅筋線維であり，14歳以後では速筋線維の発達が顕著となる。女子では13～15歳にかけて速筋線維の発達が見られるが，16歳以後はその傾向が見られない。

❹体力や運動能力の発達

ヒトの体力，運動能力を成長・発達に合った正しい運動の仕方によって最大限に伸ばすためには，発育期のどの時期にどのような運動を実施するのが最も適しているかということは，多くの人々の興味のあるところである（図4-50）。最も早く発達する能力は神経系で，動作の習得，技能の向上に関係が深く，8歳頃が最高の伸びを示している。この時期の運動経験が，器用な身のこなしを生み出すのである。

小学校高学年から中学校にかけては，呼吸・循環・筋持久力が発達する時期であり，これらはねばり強さやスタミナづくりに適したときである。12歳前後に最高の伸びを示すので，心臓や肺を活発に働かせるような持久的運動を取り入れて行えば，ガンバリの効く身体を培うこと

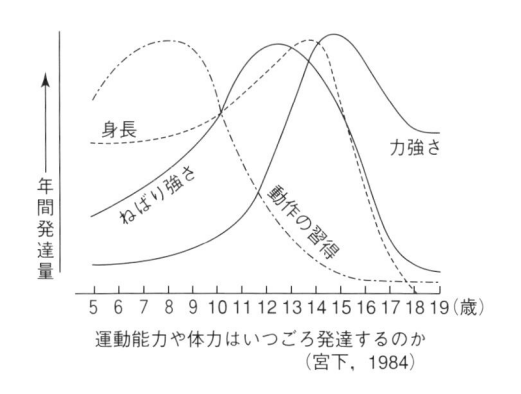

[図中テキスト]
身長
力強さ
ねばり強さ
動作の習得
年間発達量
5 6 7 8 9 10 11 12 13 14 15 16 17 18 19（歳）
運動能力や体力はいつごろ発達するのか
（宮下，1984）

・動作の習得は，音がしたらすばやくボタンを押すという動作の反応時間で代表させた。身のこなしの上手・下手はこうした神経系の反応のはやさ（敏捷性）だけでいえるものではないが，これも上手になるための大切な要因である。
・ねばり強さは，1分間にからだの中に酸素をとり込む能力，最大酸素摂取量でみた。
・力強さは，筋肉の代表として握力の発達をみた。

図4-50 動作の習得・ねばり強さ・力強さの発達[1]

ができる。

高校生の初め，すなわち16歳頃は筋肉系の機能が発達する時期である。重量を負荷する運動や，瞬間的に大きな力を発揮するような運動をこの時期に行うことが大切である。

以上，身体の機能は各器官の発達段階の時期に適当な刺激が与えられれば，運動の発達が早くなる。それゆえ臨界期が存在するある身体機能を十分に発達させようとする場合，その身体機能の発達に見合った働きかけの適時性を考慮しなければならない。

参考図書
1)前橋明監修,稲井玲子編著他(1999)健康概論,明治図書.
2)山口泰雄編集他(1994)レクリエーションコーディネーター共通科目テキスト,改訂版,(財)レクリエーション協会.
3)保志宏(1988)ヒトの成長と老化,てらぺいあ.

2 アマチュアリズムとプロフェッショナリズム
―自立する競技者の志―

井田國敬（スポーツ社会学）

「さすがはプロ」，「あれこそプロ」とその卓越性を賞賛する言葉をしばしば耳にする。ただし，その賛辞の裏には，"未熟な"アマチュアの存在が含意されているのである。そのパフォーマンスが劣る故に，アマは日陰の存在なのか。しかし，我々のスポーツ界の出来事として稀なことではあるが，時にアマがプロを打ち負かし，アマは自分の心意気と快挙を誇り，世間は喝采する。では，アマチュアやプロの真髄は一体，何なのか。ただパフォーマンスのレベルの問題なのだろうか。

上のような問題意識から，この章の「競技力向上のスポーツ科学」における『アマチュアリズムとプロフェッショナリズム』というテーマの視座は，「アマチュアであれ，プロフェッショナルであれ，彼らのスポーツと生活を支える信条と行動を問うこと」とした。時代の推移に伴うスポーツの変容における「アマチュア」と，その対照としての「プロフェッショナル」の実態と問題点について考えてみよう。そのために，まずその言語としての意味を確認しつつ，英国でのアマチュア競技会でのスポーツ史上初と言われる「参加資格」とその後に創始された近代オリンピックでの「アマチュア規定」をめぐる問題の断面を検分してみよう。その過程を通して，現代の多様で不確定な「アマチュアリズム」や「プロフェッショナリズム」の概念を超えた，「スポーツする者としてのあり方」についての何かヒントがあぶり出されてくることを期待したい。

1 「アマチュア」と「プロフェッショナル」：言葉の意味

英国のスポーツ史家ピーター・マッキントッシュは，その著『Sport in Society』の中で，「アマチュアとプロフェッショナルにとって，スポーツの世界は鏡の世界である。……"アマチュア"と"プロフェッショナル"という言葉は，それを使う人それぞれの思い思いの意味で使われたために，主人が一人ではなくて何人もいるようなもので，いくつも変な様態が生じてきた」[1] (p.187) と，「アマチュア」と「プロフェッショナル」2つの言葉で表される不明瞭な存在について暗示的に表現した。

ここでは，その正体を少しでも明らかにするために，近代スポーツの母国・英国の辞典，『Longman Dictionary of Contemporary English[2]』から，英語としての言語的意味を確認しよう。それによると，Amateurとは，「仕事として活動する人ではなく，楽しみや興味のために活動する人」，そしてAmateurismとは，「スポーツ活動などを楽しむことが，その活動をすることで金を得ることよりも大切なことという考え方」と定義されている。一方，Professionalとは，「仕事やスポーツ，あるいはたいがいの人が単に楽しみとしてする活動を行うことにより金を稼ぐ人。特別の教育や訓練を要する仕事に従事する人。多くの経験をもち，極めて巧みに物事をする人」であり，Professionalismとは，「専門家として期待される技と高いレベルの行為。スポーツにおいて専門的な選手を必要とする実践」と定義されている。

上のような辞典の意味からは，「アマチュア」と「プロフェッショナル」という各々の言葉は，1つのコインの表と裏のようなもので，それほど複雑でないようにも思える。しかしながら，マッキントッシュの暗示的表現のように，確かに現実の社会の中では，その2つの言葉の内容

> **key word** 英国スポーツ，アマチュア，プロフェッショナル，ノン・アマチュア，自立する競技者

はかなり曖昧で，正体は掴みにくいものである。

2 ジェントルマン・アマチュアとプロフェッショナルの正体

スポーツの母国と言われ，自負もし，それを愛好し育んできた英国において，中世の封建貴族たちは広大な土地を所有するが故に，もっぱら乗馬，狩り，釣りなどのスポーツを独占的に享受していた。18世紀半ば，イギリスに端を発した産業革命を契機とした近代に入り，土地貴族の凋落に応じて社会の担い手として台頭した産業資本家たちは，"ジェントルマン・アマチュア"と自称するスポーツの独占的な享受者の仲間入りの夢を果たした。そのスポーツ参加の社会的拡大の傾向は，20世紀に向かっての社会情勢の変化に伴って，当然，一般労働者たちを巻き込んだ大衆化の大きな流れとなっていく。そしてもう1つの様相の変化は，各地のパブリック・スクールやオックスフォード，ケンブリッジの大学などのエリート学生たちを中心にルールの統一を図っていった種々の競技スポーツが，活発に競技会を開催し，技術的な高度化を進めていったことである。

しかしその過程において，競技会に参加しようとした労働者の競技者たちは，ジェントルマン・アマチュアによって，「身体労働のプロフェッショナル」であるという理由で，「アマチュア競技会」から閉め出されたのである。1839年テムズ河でのヘンリー・レガッタのボート・レースでは，「アマチュア」という参加規定が設けられたという。さらに，1866年にロンドンで開始したアマチュア・アスレチック・クラブ主催の英国陸上競技選手権で規定された参加資格の一部には，「手先の訓練を必要とする職人，あるいは雇用者としての機械技術者，熟練工，あるいは工夫，これらはアマチュアとは認めない」[3] (p.28)という極めて差別的な内容が明文

化され，そのため労働者たちは大会から除外されたのである。

3 アマチュアとノン・アマチュアの抗争

その呼び名が「アマチュア」あるいは「プロフェッショナル」という用語でなかったとしても，スポーツの世界で競技者を区別あるいは差別するのは，ずいぶん昔からのことのようである。前述のマッキントッシュが，古代オリンピックでのプロフェッショナルの誕生と当時の社会（支配階級）での評価について紹介する次の話は興味深い。

「紀元前6世紀の初めギリシャで，…古代オリンピック大会で勝利を得たアテネ人が，立法家ソロンの決定により莫大な賞金を受けるようになったときから，競技はその人々にとって専従の仕事と生計の手段となり，いわゆる競技のプロ化が始まった。…そして彼ら競技者は，"ギリシャ中の無数の悪徳のうちで，競技者という輩ほどたちの悪いものはない。…彼らは，街のアイドルとして若いときには颯爽と闊歩しているが，悲哀に満ちた老年には，ヨレヨレになった外套のように捨て去られてしまう…"とアリストテレスやアリストファネスらの侮蔑を受けることになった。」[1] (p.189)

翻って20世紀では，近代オリンピックなど国際的なスポーツ交流の活発化の趨勢やそこでの国家的・政治的な要請を背景としたスポーツの高度化にそって，"アマチュア競技会"の選手たちも，個人の趣味としてスポーツを楽しむアマチュアではなくて，勝つことを義務づけられた「専門家」（東側諸国のステート・アマチュアとそれに対抗する西側の商業主義アマ等のノン・アマチュア）としてアマチュア競技会に参加していくことになる。そしてメダル獲得競争の激化とともに，アマチュアの概念規定，つまりアマチュア選手の実態は不明瞭なものになっ

ていく。21世紀を越えた今日まで100年余りのオリンピックの歴史で，優にその半分以上は，かつての厳密な"純粋アマチュア"の規定の枠にはまりにくくなったノン・アマチュアをめぐっての激しい論争の年月であった。

またもう一方で，労働者スポーツ選手の集団は次第に，「プロフェッショナル・スポーツ」の組織化を進めていく。特に英国でのフットボール（サッカー）は，労働者大衆の圧倒的な人気を背景に，1863年にはフットボール協会を創設し，1871年にはFA Cupを開催した。ちなみに「スポーツのプロ化」は，英国から多くの人々が新天地を求めて移り住んだ北アメリカ大陸での経済発展のもとに，いっそう顕著に多様に促進されることになる。

4 アマチュアリズムへの想い

アマチュアだけのスポーツ界へのプロフェッショナルの進出は，あたかも誇り高い原住民だけののどかな原野に，勤勉で好戦的な移住者が侵入してきたときの抗争の状況のようである。アマチュア族は先住権を主張しながらも，時代的・社会的趨勢の中で，強力な武器を有する侵略者の力に圧倒されて次第に勢力を失い，その土地を明け渡す。そのようなアマチュアとプロフェッショナル（ノン・アマチュア）両者のせめぎ合いの一面を，以下のオリンピックをめぐる状況の中で観察してみよう。

1952年から20年間，IOC会長としてオリンピックを主導したアベリー・ブランデージは，アメリカ・オリンピック委員会会長であった1950年，親交のあった**大島謙吉**(※)に宛てて出した手紙の中で，プロのスポーツ選手を一刀両断にした。純粋アマチュア以外の，"いかがわしい"競技者をオリンピックから断固排除した"ミスター・アマチュアリズム"ブランデージの真骨頂を示す内容である。

「ご質問への私の答えは，"プロフェッショナル・スポーツ"というようなものは存在しないということです。スポーツはアマチュアでなければなりません。さもなければ，それはスポーツではなくて，ビジネスです。何年間も私は，いわゆる"プロフェッショナル・スポーツ"なるものは娯楽ビジネスの一種で，それはまったくスポーツではないと指摘してきました。…楽しみとして，娯楽としてするものがスポーツです。何かすることで報酬が支払われるような事がらは，仕事とか労働というものなのです。…」[4]

ブランデージは，亡くなる3年前に表した著書『近代オリンピックの遺産』において，商業主義の大波の中で自分が守り抜こうとした「アマチュアリズム」の理想を子孫に言い遺すかのように綿々と綴っている。また，自ら近代オリンピックを創始したクーベルタンは，「もし私が100年後，生まれ変わったら，そのときはこの苦心作を自分の手でぶち壊すだろう」と述懐したという。それらの言葉は，アメリカ人のブランデージとフランス人のクーベルタンの二人がスポーツの理想として抱いていた極めて古風な英国流アマチュアリズムへのノスタルジアを象徴する言葉と言えるであろう。

さらに思想家・多木浩二は『スポーツを考える』で，「選手はプロ化し，その力量に応じた莫大な報酬を得ても当然な時代がやってきた。このことをかつては聖域であったスポーツが崩壊したと嘆いても意味はない。階層的な社会での余暇の利用であったからこそ，アマチュアリズム礼賛が醸成されていた歴史があったにすぎないのである」[5] (p.12) と断じた。

(※)
「大島謙吉」
1908誕―1985没，1932ロスアンジェルス五輪3段跳び銅メダル，1936ベルリン五輪選手団主将・6位入賞，1964東京五輪日本選手団団長，ジャーナリスト，大阪体育大学初代副学長，スポーツを通して世界平和を提唱した。

5 終わりに：自立する競技者の志

今，価値観の混沌とする社会的状況を背景に，これまでになくスポーツは多様化している。良かれ悪しかれのどかであったスポーツのフィールドに，国や会社や学校など様々なパトロンへ従属的に依存するプロ，プロの船に乗り込めなかった多くのプロ予備軍，侵略してきたプロに駆逐され片隅でその勇姿を羨望するアマチュア，ノン・アマであることを自覚しないアマ，セミ・プロであることを自覚しないプロ等，アイデンティティを確保し得ない正体の定かでない競技者たちが浮遊している。

その中で，マラソンの有森裕子や高橋尚子，野球の野茂英雄，スピード・スケートの清水宏保，サッカーの中田英寿や川口能活，バスケットボールの田臥雄太，アーチェリーの山本博等々，彼らはそれぞれ心中に迷いや失意を抱えているのだろうが，実に輝いて見える。また，それぞれの競技結果はともかく，また完全なプロかノン・アマチュアかなどを問わず，彼らの生き方とスポーツへの姿勢と振舞いは，時に周囲の反感を買うことがあっても，挑戦的で，不屈，誇らしげである。彼らが競技においてかなり成功しているからではなく，人生と競技について「自ら考え葛藤する競技者」だから敬意が払われるのであり，それだからこそ，アマチュアとかプロフェッショナルを超えた「自立する競技者」として誇り高い存在なのである。競技レベルに関係なく，スポーツする人間が自分のスポーツ生活を自分で工夫しようともせずに，所属する組織や指導者にただただ盲従しているなら，将来，競技者としても生活者としても，本当の意味での成功はないだろう。くり返して言うが，"本当の"とは，競技の結果だけの成功の意味ではない。

所与のテーマのもとで「アマチュアであれ，プロであれ，競技者としてのスポーツと生活を貫く信条と行動」について考えてきたが，果たして，「スポーツする者としてのあり方」のヒントが何か得られたであろうか。スポーツ世界の茫漠とした「アマチュアリズムとプロフェッショナリズム」の概念を超えた向こうに，諸君は何を見い出すだろうか。

最後に，2005年度の日本サッカーＪリーグ・ナビスコ杯で優勝したジェフ千葉の監督イビチャ・オシムが選手に与えた言葉を紹介しよう。「プロになっていい車に乗り，満足かもしれない。でも，サッカーも人生もあえて挑戦して作り上げる方が充実するものだ。」[6]

文献
1) Peter McIntosh (1987) Sport in Society, West London.
2) Longman Dictionary of Contemporary English (1995) Addison Wesley Longman.
3) 日本体育協会監修 (1987) 最新スポーツ大事典, 大修館書店.
4) Avery Brundage から大島謙吉への手紙/複写 (1950/11/16) 井田所蔵.
5) 多木浩二 (1995) スポーツを考える, ちくま書房.
6) イビチャ・オシム談話 (2005/11/6 朝刊) 朝日新聞.

参考図書
1) 加藤元和 (2002) ロマンとしてのスポーツ, 春風社.
2) T. メイソン (1991) 英国スポーツの文化, 同文舘.
3) A. ブランデージ, 宮川 毅訳 (1972) 近代オリンピックの遺産, ベースボール・マガジン社.

第5部

スポーツと健康

第5部編集責任者 上　勝也

　わが国は，いまや世界一の長寿国となっている。しかし，その反面，癌，心臓病，脳卒中，高血圧，糖尿病などの疾患によって多数の人々が治療を受け，さらに認知症や寝たきりなどにより要介護の状態になる人も増加している。本部のねらいは，「からだ」と「こころ」の健康を維持・増進するために体育・スポーツ科学が取り組んでいる具体的な内容や考え方を知り，体育・スポーツ科学の研究成果が，健やかで心豊かな生活を送るためにどのように役立っているかを学ぶことである。第1章「スポーツによる健康づくりの意義」では，運動・スポーツを日々の生活に取り入れることで私達の体力，生きがい，日常生活および人生がどのような影響を受けるのかについて学ぶ。第2章「スポーツによるからだと心の健康づくり」では，運動・スポーツを実施することによって「からだ」と「こころ」にどのような変化が起こり，それらの変化が健康づくりにどのような効果をもたらすのかについて理解する。学生諸君が学ぶ体育・スポーツ科学は，健康で豊かな人生を築くために重要な役割を演じている。

第5部　第1章

スポーツによる健康づくりの意義

1 健康と体力

増原光彦（スポーツ生理学）

1 健康と体力の関係

すでに"体力づくり"という言葉が使われるようになって数年経つ。そして，健康維持に対して体力づくりの大切さをすでに認識されるようになった。しかし，ここで再度"健康とはなにか？""体力とはなにか？"を改めて考えることも必要である。特に"体力づくり"ということになると中年過ぎのヒトは衰えゆく自身の身体機能を振返って「我々には体力をつけるなんていうことは考えられない」というかもしれないし，若いヒトは若いヒトで「別に特別な運動をしなくても健康はそれなりに維持できるよ」と答えるかもしれない。このような若年者と中高年齢者の健康に関する考えの違いは，細胞の若さと活動力の違いによるものであろうと思われる。

それでは我々にとって健康な状態とはどういうことで，体力があるということ，また体力をつけるということはどういうことなのだろうか。

まず健康というものから考えてみよう。WHO（世界保健機関）では「健康とは肉体的，精神的，社会的に完全に良好な状態であって，単に病気や虚弱でないということではない」と定義している。従来，健康とは病気でないことと定義していたものからより広い定義の仕方になったといえる。しかし病気でないことというのは，健康であることの最低条件であるから一応健康な状態とはからだの恒常性を乱すような疾病や欠陥がないことと考えてもよい。元アメリカのスプリングフィールド大学のカルポビッチ博士は，図5-1に示すように，健康と体力の図式を考え，健康状態が対角線（Health line）で示され，一番左上が完全な健康（Perfect

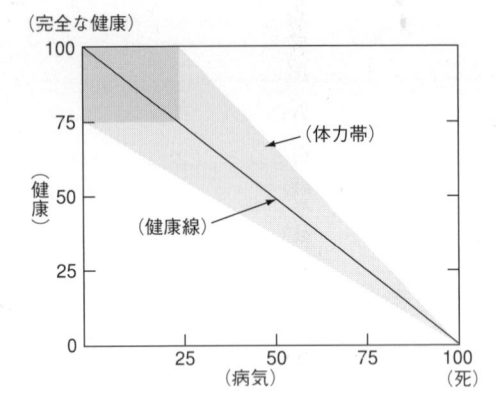

図5-1　健康と体力の関係[1]

health）を示し，右下が死（Death）となるように考えた。したがって，健康度は完全な健康から病気の程度を差し引いたものとなる。そして斜線で示した部分が体力帯（Physical fitness zone）で75％以上のところを四角で囲んであるが，この部分ならば日常生活を意義あるように送れる健康といえると考えた。このように，健康維持と体力の間には密接な関係があると考えられているものの，それを実証する事例は今日でも多いとは言えない。

2 スポーツ・運動能力（体力）評価としての体力測定

身体の運動機能（スポーツ能力）を客観的に評価する方法が体力測定である。身体の運動機能の客観的評価はスポーツ・体育科学研究としてのみならず，健康診断における重要な分析項目の1つで今ではQOL推進のための欠かすことのできない「健康度」の1つの評価法となったと言える。

日本における体力測定の考え方や方法また目的は，その時代の社会的また政治的背景によって順次変遷し，表5-1に示すような歴史をたどっている。

key word　健康，体力，WHO，体力測定，Body Mass Index（BMI）

表5-1　日本における体力テストの変遷 (増原作表)

大正13年	国際体育学会発足（1923）
15年	競技検査（日本体育連盟）
昭和14年	体力章検定（厚生・文部次官通牒）
15年	国民体力法（厚生省・国民体力テスト管理調査会）
	17～19才男子対象，体力手帳公布
24年	スポーツバッジテスト（体育協会）
25年	日本体育学会設立
28年	運動適性検査（日本体育学会）
36年	第18回通常国会において，スポーツ振興法成立
	※スポーツテストの内容と方法について荒木文部大臣が保健体育審議会に諮問
38年	体力診断テスト，運動能力テスト作成（文部省）
	※スポーツテストは，1.体力診断テスト，2.運動能力テスト，3.競技種目別テストから構成される
39年	東京オリンピック大会開催
40年	若干修正，小学校5,6年生（10～11才）対象の「小学校スポーツテスト」
42年	30～60才対象の「壮年体力テスト」作成（文部省）
平成 8年	文部科学省体育局長裁定による体力・運動能力調査のあり方について検討を指示
11年	文部科学省改訂　新「スポーツテスト」作成

そして，今日では種々な団体が独自の方法を開発し，多種多様であるが，特に文部科学省の作成したスポーツテスト，壮年体力テストを中心として各所で実施されている。その方法は大きく2つに分けて，バッテリーテストと特殊診断テストがあるが，いずれにしても，体力をとらえることはその時点における運動成果を生む要因となる運動機能を総合的に診断することで

あり，そのためには運動機能を支配する生理機能の能力（資質）を直接診断して，その結果から運動成果（結果）を見積るという方法と逆に運動成果を知ることによって，その資質である生理機能を見積る方法があるが，いずれにしても，測定の対象者や測定の目的に応じて測定法も選択すればよい。

体力とは，身体の運動機能（スポーツ能力）を構成する総合的な身体能力の総称であるとともに健康の維持・増進をはかるのに必要な総合力でもあると言える。しかし，その機能は生理的なものから心理的なものまであらゆる内容を包含する。一般に体力といった場合には特に運動機能を中心に，その機能が一次元的に影響を及ぼし合う内容のものを含めた能力を体力と称し，その影響の及ぼし合い方から，行動体力と防衛体力の2つに分類されている（図5-2）。

そして，行動体力とは積極的に外界に対して働きかける能力であり，基礎的身体機能を基盤とした筋力，持久力，敏捷性などの能力を含む運動機能の総合力である。これに対して，防衛体力とは外界からの種々のストレスに対し，身体を防護し，健康を維持する能力である。

3 運動刺激と健康

いろいろな運動を含めた身体運動，スポーツ

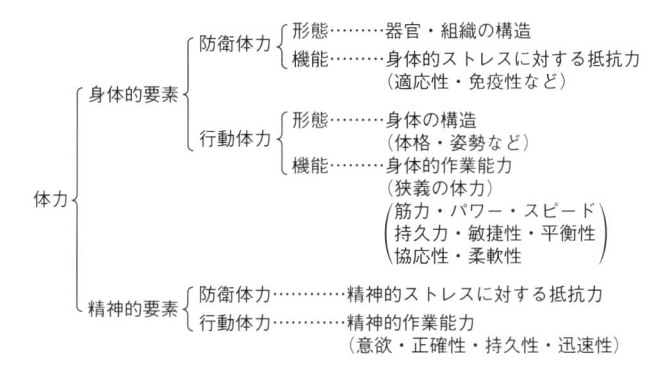

```
体力 ┬ 身体的要素 ┬ 防衛体力 ┬ 形態………器官・組織の構造
     │           │         └ 機能………身体的ストレスに対する抵抗力
     │           │                     （適応性・免疫性など）
     │           └ 行動体力 ┬ 形態………身体の構造
     │                     │           （体格・姿勢など）
     │                     └ 機能………身体的作業能力
     │                                 （狭義の体力）
     │                                 （筋力・パワー・スピード
     │                                  持久力・敏捷性・平衡性
     │                                  協応性・柔軟性）
     └ 精神的要素 ┬ 防衛体力…………精神的ストレスに対する抵抗力
                 └ 行動体力…………精神的作業能力
                                   （意欲・正確性・持久性・迅速性）
```

図5-2　体力の分類 (福田邦三)[2]

は，ヒトの生命現象にとって，不可欠なものである。その運動ができなくなった場合には，いろいろな身心の不具合が起こり，病気へと進む。

発育・発達の途上にある幼児・青年期（発育期），発育・発達が停滞する壮・成年期そして衰退期となる高齢初期以降等それぞれの対象にあった運動刺激が有効な健康維持・増進に必要である。Pollock（1978）は，運動刺激の身体機能への影響を表5-2に示すようにまとめている。

表5-2 身体運動が冠動脈性心疾患の発生やその程度を低減させるメカニズム[3]

増　　大	減　　少
冠動脈副行路血管の形成	血清脂質濃度
血管の太さ	（トリグリセリド，コレステロール）
心筋の効率	
末梢血液配分と還流の効率	耐糖能力の低下
電解質運搬能	肥満―脂肪過多
線維溶解能	血小板粘着性
赤血球量と全血量	動脈血圧
甲状腺機能	心拍数
成長ホルモンの生産	不整脈発生率
ストレス耐性	神経ホルモン亢進
慎重な生活習慣	精神的ストレスによる
"生きる喜び"	"緊張"

4 健康と体力関連の事例
―Body Mass Index（BMI）と血糖値，トリグリセリド値の関係―

肥満は生活習慣病の最大のリスクファクターと言われる。それを如実に表した事例がこれである。

図5-3から図5-6は，デスクワークが主体で，日頃運動不足気味の男性の45歳から61歳までの定期健診データをまとめたものである。図5-3は年齢と血糖値，図5-4はBMIと血糖

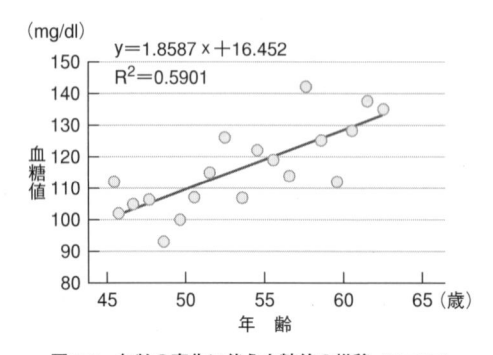

図5-3 年齢の変化に伴う血糖値の推移 (増原作図)

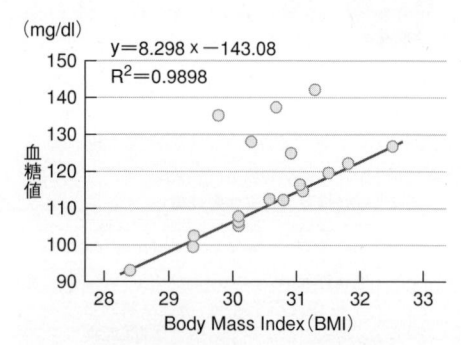

図5-4 肥満者のBMI推移に伴う血糖値の変化 (増原作図)
（年齢57歳以上になると，ラインより上にシフトする）

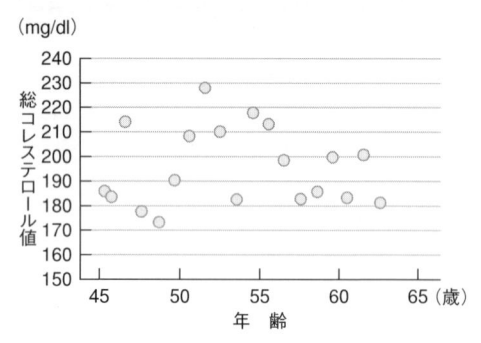

図5-5 年齢の変化に伴う総コレステロール値の推移
（増原作図）

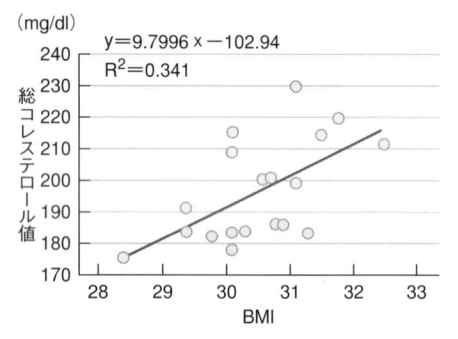

図5-6 肥満者のBMI推移に伴う総コレステロールの変化 （増原作図）

値，そして図5-5は年齢と総コレステロール値，図5-6はBMIと総コレステロール値の関係をを示したものであるが，生活習慣病の最も大きな元凶と見られる血糖値と総コレステロール値が肥満と年齢に密接な関係のあることを示している。すなわち，肥満は生活習慣病の最大のリスクファクターとして認められているが，年齢は機能衰退による代謝機能調節不良が徐々に高まり，これは体力の衰えに比例することにもなると考えられる。

5 身体活動とスポーツ能力（体力）評価

いろいろな身体活動を継続すると，体力が高まるだろうということは，ルーの法則「すべての器官は，機能が発達すれば形態的にも増大してゆき（使用性肥大），機能が低下すればその形態も低下してゆく（廃用性萎縮）」は万人が認めるところである。そして，適度な運動刺激は直接的には運動に関わる生理機能を通じ，そして2次的にはすべての生理機能に影響を及ぼすことが想定される。運動現象に直接関与する生理機能は，図5-7に示したような機能が関与し，運動のくり返しはこれらの機能のバージョンアップを引き起こし，ひいては健康維持・増進につながっていく。特に「身体活動における癌予防効果」および「身体活動と免疫力向上効果」の関係が注目を集めている。

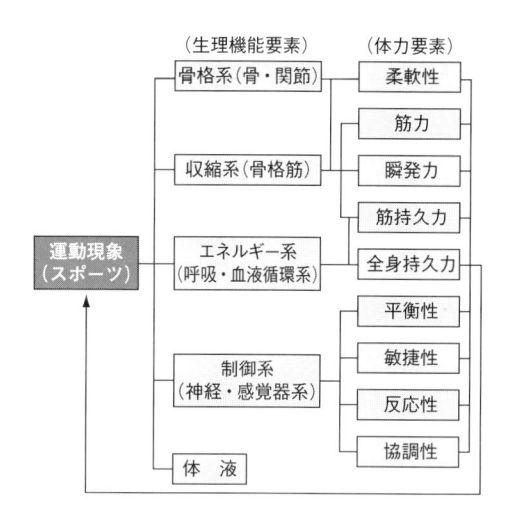

図5-7　運動・生理機能・体力要素[4]

参考図書
1) PV カルポビッチ, WE シニング（石河利寛訳）(1976)新版運動の生理学, ベースボールマガジン社, p334.
2) 猪飼道夫, 江橋慎四郎ほか編(1981)体育科学事典, 第一法規, p100.
3) M ポラック, J ウィルモア, S フォクス（広田公一ほか訳）(1978)運動処方, ベースボールマガジン社, p28.
4) 増原光彦(2004)運動生理学読本第5版, 不昧堂出版, p10.

2 生きがいづくりとレクリエーション

福田芳則（レジャー・レクリエーション）

レクリエーションとは広くとらえればスポーツを包含する概念であるが，本学1年次に実施しているレクリエーション実技の内容をレクリエーションそのものと考え違いをする学生が多い。また，一般的なスポーツ実技とは明らかに性格を異にする部分も多い。この考え違い，異なる部分を明らかにできれば，この節の「生きがいづくりとレクリエーション」というテーマもおのずと理解できることと思う。

そこでここでは，レクリエーションとはなにか，レクリエーションとスポーツの関係，生きがいとレクリエーションとの関係はどうとらえたら良いのかといったことを解説することとする。

1 レクリエーションのとらえ方

レクリエーションには「理念・目的としてのレクリエーション」と「方法・手段としてのレクリエーション（活動）」があることを理解し，明確に使い分けなければならない。「理念・目的としてのレクリエーション」は「人々が『よりいきいきと楽しく豊かに生きる』状態を作り出すこと」でありやや抽象的な考え方（概念）である。「方法・手段としてのレクリエーション（活動）」は「よりいきいきと楽しく豊かに生きる状態を作り出す」ための人々の具体的な行動や活動（たとえばゲームや旅行，スポーツなど）を指している。この2つが混乱して使用されていることがレクリエーションという言葉と概念の理解を遅らせている大きな要因である。

❶「理念・目的としてのレクリエーション」の理解のために

①余暇との関連の中でレクリエーションを理解する

一般的にレクリエーションは余暇（自由時間）との関連の中で説明されることが多い。

「余暇」とは，1日の生活時間の中から，社会的必需時間（通勤・通学，就業・就学など），生理的必需時間（睡眠，食事など），比較的拘束される時間を取り除いた残りの，各人が自由に過ごしうる時間のことであり，時間を示す概念である。「レジャー（Leisure）」とは，余暇時間，あるいは余暇時間に営まれる活動のことであり，時間概念と活動概念とから成り立つ。

「レクリエーション（Recreation）」とは，余暇時間に行われる楽しい活動・行動を通じて，何らかのベネフィット（恩恵）・効果を得て，「人々がよりいきいきとした楽しく豊かな生活の実現を追求しようとする状態（よりよく生きる）」を指す。言い換えれば活動・行動そのものではなく，その活動・行動の結果あるいは目的ともいえる抽象的な理念である。何らかのベネフィット・効果とは，今現在の生活をよりいきいきと楽しく豊かにするためのものであり，一般的には次の分類のようにとらえることができる。

①身体的効果（健康，体力の向上など）　②精神的効果（気晴らし，気分転換，落ち着き，やる気など）　③人間関係の広がり，深まり　④美意識や創造性の向上・開発　⑤興味・経験の深化・拡大　⑥自己表現，自己開発，自己実現

②レジャーとの対比関係あるいは**補完関係**（※1）の中でレクリエーションを理解する

ⓐ**対比関係**　レジャーとは前述したように余暇に行われる行動・活動を指すものであるが，その行動・活動の中には非教育的，不健全，消費的なもの（たとえば，薬物乱用，過度のギャンブルなど）も含まれる。一方レクリエーションはその行動・活動の中でも教育的で健全，生産的なもの（望ましい結果が得られる活動）とする考え方である。

> **key word** 理念としてのレクリエーション，手段としてのレクリエーション活動，スポーツのレクリエーション化，生きがい

ⓑ**補完関係** 現実の世界の象徴としての「仕事」と，本源的（根本的）に自由な世界の象徴としての「遊び」を対極に置く（図5-8）。仕事から解放され自由を求めて遊びの世界へと離脱していく流れがレジャーである。遊びを介して現実世界に役立つ何らかのものを得て仕事へと回帰する流れをレクリエーションととらえる。私たちの生活は仕事と遊びの間を行き来することで成り立っており，レジャーの機会が多ければレクリエーションの成果もより大きいものとなり，レクリエーションとレジャーはお互いに補い合っていると解釈できる[1]。

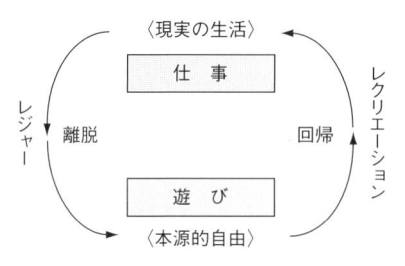

図5-8　レジャーとレクリエーションの補完関係[1]

③余暇以外の場面の中でレクリエーションを理解する

これまでは仕事や勉強に対しての余暇での活動・行動がレクリエーションを生み出すと解説してきた。しかしレクリエーションが「よりいきいきと楽しく豊かに」生きるためのものであるとするならば，職場の中にも学校の中にも今以上に「よりいきいきと楽しく豊かに」過ごす場面があっても当然であろう。また，社会福祉の場面では，たとえばベッドに寝たきりの高齢者にとっての余暇とは何かという議論も生まれてくる。余暇との関連でしかレクリエーションが語られないのであれば，寝たきりのお年寄りにレクリエーションはないのであろうか。社会福祉の場面でのレクリエーションは「生活を楽しく，明るく，快いものにするための一切の行為」といった視点を持ち，お風呂に入ること，人と会話をすること，寝巻きをおしゃれにしてみるなどの生活行為そのものがレクリエーションであるととらえられている。

④「レクリエーション」の根幹となる理念

余暇，仕事，学校，生活といった場面すべてに共通するレクリエーションの根幹となる理念は，「人として『いきいきと楽しく豊かに』生きる」ことである。まさに万人の人生に共通の欲求・願いである。

❷「方法・手段としてのレクリエーション」を理解するために

①レクリエーションとレクリエーション活動を区別して理解する

「人として『いきいきと楽しく豊かに』生きる」という理念としてのレクリエーションはあくまで「レクリエーション」であり，その「レクリエーション」を生み出す具体的な手段は「レクリエーション活動」して厳然とした使い分けが必要である。スポーツを通じて自身の生活がより充実したものになることは「レクリエーション」であるが，スポーツそのものは「レクリエーション活動」ということである。

人間の行為・行動はすべて「レクリエーション活動」ととらえられるが，次のように整理・分類してとらえておくと活用しやすい。

　①身体的活動（スポーツ，ゲーム，ダンスなど）
　②教養・文化的活動（音楽，演劇，美術，文学，手芸など）　③社交的活動（外出，訪問，会合，パーティーなど）　④野外活動および自然の中で

（※1）
「補完関係」
足りないところを補って完全にすること

の活動　⑤奉仕的活動　⑥旅行的活動　⑦その他

②日本人のレクリエーションのイメージを理解する

　誰でもが手軽にできるもの，本格的なものに対して気晴らし的なもの，みんなで楽しく集うこと，言い換えれば「いつでも，どこでも，誰でも，楽しく」といったことが，日本人の持つ「レクリエーション」のイメージである。このイメージの中でも，「レクリエーション」と「レクリエーション活動」が混同されている。

　第2次大戦後，日本の**レクリエーション運動**(※2)は明るく楽しい活動を国民に提供することからスタートした。具体的には人々の楽しい交流をねらいとしたゲーム，ソング，ダンスといったレクリエーション活動を素材とし，それらの活動を指導できるようレクリエーション指導者の養成も行われた。「いつでも，どこでも，誰でも，楽しく」といったレクリエーションのイメージはこのような歴史の中で定着してきた。「いきいきと楽しく豊かに生きる」ためには，それも1つの重要な方法論である。しかし，「レクリエーション（活動）」のすべてではない。

2 レクリエーションとスポーツ
❶理念としての「レクリエーション」とスポーツ

　「人として『いきいきと楽しく豊かに』生きる」ことがレクリエーションの理念・目的であるとするならば，スポーツはそれを達成するための重要な1つの手段である。スポーツ活動を通じ，心身の健康づくり，人間交流，自己実現，地域活動，余暇活動の充実などといった様々な人々の多様な欲求・願いをかなえることが可能である。この視点でスポーツとレクリエーションをみると，スポーツは多様なレクリエーション活動の1つで，レクリエーションはスポーツを包含する概念といえる。

❷「方法・手段としてのレクリエーション活動」としていかにスポーツを行うのか

①スポーツをレクリエーション化する

　スポーツをレクリエーション化するということは，「いつでも，どこでも，誰でも，楽しく」スポーツに取組めるようにすることである。言い換えればスポーツの実施方法を工夫し，様々な人々の多様なスポーツ実施の目的・欲求に対応しようということに他ならない。

②スポーツの行い方・ルールの取り扱い

　スポーツの方法・ルールの制度化が高まれば必然的に技術の高い者の参加となりプレーヤーはルールをコントロールできない（図5-9）。逆に，方法・ルールの制度化が低い方向に流れれば参加者の技術レベルは低くなり，スポーツの原点である「遊び」に近づき，参加者に応じた方法・ルールの適用となる。スポーツのレクリエーション化とはこの低い方向への流れを指し，参加者に応じたスポーツ場面を提供しようということである。一人一人にスポーツの楽しさを保障しようとすれば，固定化されたスポーツの行い方に人間を合わせるのではなく，人間の多様性にスポーツの行い方を合わせることが必要となる。まさに，「いつでも，どこでも，誰でも，楽しく」スポーツに取組むために，いかにスポーツをレクリエーション化するのかということである。

③本学のレクリエーション実技の授業

　このような考えに基づき本学のレクリエーション実技では，スポーツをレクリエーション化した形，すなわちスポーツの実施方法を工夫し，様々な人々の多様なスポーツ実施の目的・運動

(※2)
「レクリエーション運動」
組織，施設，事業，指導者養成，政策などを整え，レクリエーションの理念を世の中に広げていくこと。

欲求に対応した形を提示し，そのプロセスを体験させようとプログラムされている。具体的な内容は，用具を用いず楽しみながら身体運動や仲間作りが体験できる運動遊び，身体的ゲーム，交流ゲーム，ならびに遊びがスポーツとして制度化されていく過程としてとらえられる**ニュースポーツ**（※3）の体験を提供している。

この授業内容は，多様な「手段・方法としてのレクリエーション活動」の中からスポーツを取り出し，さらにそれらをレクリエーション化したものを実施しているにすぎない。

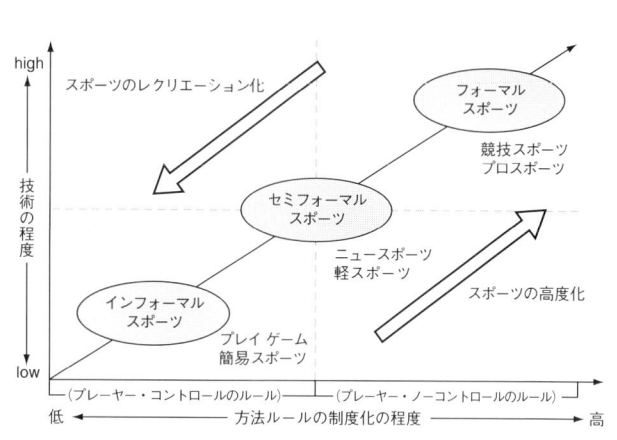

図5-9 方法・ルールの制度化とスポーツ（文献2を改変）

3 生きがいづくりとレクリエーション

❶「理念・目的としてのレクリエーション」と生きがいづくり

生きがいとは辞書によると「生きるはりあい。生きていてよかったと思えるようなこと（広辞苑）」とある。「理念・目的としてのレクリエーション」とは「人々が『よりいきいきと楽しく豊かに生きる』状態を作り出すこと」であると最初に述べたが，まさにレクリエーションの目的はそのまま生きがいを作り出すことと言い換えることができる。また，人々には多様な生きがいがあるはずだが，まず心身ともに健康でなければ何もできないし，健康であることは他の生きがいづくりの大前提でもある。「身体的健康や精神的健康はもちろん，食生活や家族生活，人間関係，社会とのかかわり，余暇生活などのすべてのライフスタイルを改善し，より積極的な生活の実現を目指す」といった意味合いのウエルネス（wellness）という言葉・概念があるが，総合的な健康づくりの考え方であり，これもまたレクリエーションの理念と見事に一致している。

❷「方法・手段としてのレクリエーション活動」と生きがいづくり

様々なレクリエーション活動が，様々な人々の様々な生きがいづくりに寄与することは想像に難くない。また，様々なスポーツ活動を通して，人々に健康づくりを含むところの生きがいを与えることができるのはもちろんのことである。また，「いつでも，どこでも，誰でも，楽しく」スポーツにかかわるためにスポーツをレクリエーション化する姿勢は，さらに多くの人々のそれぞれの生き方に応じた生きがいづくりの支援につながることであり，体育・スポーツ指導者が忘れてはならない考え方である。

文献
1) 日本レクリエーション協会編著（1996）レクリエーション入門，日本レクリエーション協会，p14-15.
2) 条野豊編（1989）みんなのスポーツQ&A，不昧堂出版，p52.

（※3）
「ニュースポーツ」
ニュースポーツの"ニュー"は「スポーツに対する態度，姿勢が"ニュー"である」ことを意味するのであり，「人間の多様性に合せて，一人一人にスポーツの楽しさを保障しようという態度・理念に支えられるスポーツ」として考えられるべきである。

3 フィットネス産業
―フィットネスクラブ業界について―

古澤光一（スポーツマネジメント）

英語のフィットネス（fitness）という言葉には，適合，適応という意味と健康状態が良好な状態であることをあらわす意味がある。日本にはフィジカルフィットネス（Physical Fitness）という概念が当初「身体適正」という訳語で伝えられたが，1980年代前半からフィットネスクラブが各地に設立され普及したことにより，フィットネスという概念は，体力あるいは，健康づくりのための運動という意味において定着してきた。スポーツ産業の中でフィットネスクラブ業界は，ハードとしての施設・空間にソフトであるサービス・情報が加味されて生れた新しいタイプのビジネス，「施設・空間マネジメント業」としてとらえられている[1]。フィットネスクラブやテニスクラブに代表されるクラブビジネス，スイミングスクールやテニススクールに代表されるスクールビジネスがこれに含まれる。現在も提供される施設やサービスは消費者のニーズや社会的な背景とともに変化しており，明確な領域を示すことは簡単ではない。本稿ではフィットネス産業の中心であるフィットネスクラブ業界の発展と移り変わりについて述べながら，フィットネス産業の概観と今後について述べる。

1 フィットネスクラブの誕生から現在

1964年に東京オリンピックが実施された後，学校のプールの空き時間を利用して周辺の子どもたちへの「スイミング指導」として始まったものが発展して民間スイミングスクールが設立

表5-3 日本のフィットネス産業の動向

年	社会的背景	業界動向	施設・サービス
1960	東京オリンピック（1964）	民間スイミングスクール登場	プール 水泳指導
1970	ジョギングブーム ダンスブーム テニスブーム	スイミングスクール業界の拡大	体育指導 ダンススタジオ テニススクール
1980	エアロビクスダンスブーム アウトドアブーム 　スキー・スキューバ・ゴルフ 少子化 バブル経済	フィットネスクラブの誕生 施設の大型化・多機能化 異業種の参入 企業フィットネス事業の始まり 会員層の広がり 新規出店のピーク	ジム・スタジオ中心 エアロビクスダンスプログラム ジム・スタジオ・プール ダイビングプール ゴルフレンジ 会員対象のツアー
1990	バブル経済崩壊	赤字クラブの増加 運営企業の撤退・廃業 ローコスト運営 様々なマーケティング策の展開	月会費の見直し 会員種別の整理 有料プログラム 温浴施設・飲食施設の充実 プログラムの多様化
2000	経済の長期低迷	運営企業の合併など業界の再編 安定成長 業態の多様化	メディカルフィットネス 高齢者向けプログラム パーソナルトレーナー サーキットプログラム

フィットネスオンラインHP「日本のフィットネスクラブ産業史」を元に作成　http://www.cmnw.com/industry_history.html

Key word Physical Fitness，スイミングスクール，フィットネスクラブ，企業フィットネス，フィットネス参加率

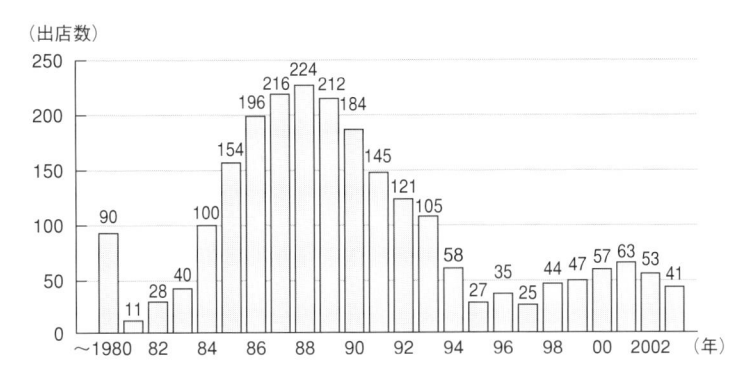

図5-10 民間フィットネスクラブ新規出店数推移
（1997年までは健康新聞，1998年以降はクラブマネジメント社のデータを元に作成）

された。1970年代には，経済環境が良好であったことに加えて，子どもの体力づくりという目的と合致したスイミングスクール業界は急成長を遂げる。この頃は子どものスイミングスクールと体育スクールが事業の中心であり水泳・体育の技術指導にとどまらず教育的側面を備えたプログラムが提供された。

1970年代後半になるとアメリカからスポーツブームが伝わり，ジョギング，テニス，ジャズダンスなどが流行する。このブームをきっかけにテニスクラブやダンススタジオなどが出現するが，1980年代に入りエアロビクスダンスブームが起こったことをきっかけに各地にフィットネスクラブの数が増加していく。これらのクラブは，入会金や月会費が1万円程度で，若い女性にも手軽な価格設定であったためエアロビクスダンスの人気が高まるとともに女性会員の人気を集めることとなった。その際，スイミングスクール・体育スクールの運営企業，テニスクラブの運営企業がフィットネスクラブ事業展開の中心となっていった。これらの企業は，子ども向けのスクール事業に加えて，大人向けのフィットネスクラブ事業を始めることにより，対象会員層の拡大を図った[1]。

1980年代中期には，前述の先行企業に加え，フィットネス業界の成長と健康的なイメージに好印象を受けた他業種からの参入などにより，年間の新規出店が100店舗を超えるなど積極的な展開が見られた。

フィットネスクラブが各地に浸透するにつれ，施設の大型化が進み，提供サービスも多様化していくことになる。プール，スタジオ，ジムという施設面においての**3種の神器**（※1）に加え温浴施設やアリーナと呼ばれる体育館，またアウトドアブームに伴いゴルフ練習施設，スキューバダイビングプールなど多様なニーズにこたえるために施設の充実が図られた。フィットネスクラブでは，これらの施設を利用した指導サービスの発展形として，会員を対象としたゴルフコンペやダイビングツアーなどの企画・

（※1）
「3種の神器」
皇位の標識として歴代の天皇が受け継いできたという3つの宝物。鏡（かがみ）・剣（つるぎ）・曲玉（まがたま）になぞらえていわゆる定番の意味で代表的な3つのものを3種の神器という。フィットネスクラブの施設では，プール・スタジオ・ジムがこれに相当する。

開催といった事業を展開していく。

　また企業による従業員の健康づくりや福利厚生を目的としたフィットネスクラブの施設利用が注目されるようになり，クラブが企業と法人契約を結び，従業員は契約した施設を雇用企業の負担によって無料あるいは割引料金で利用できるサービスが提供された。企業フィットネス事業として発展するこの仕組みは，企業側にとっては自社で施設を持つ必要がなく，専門的な指導を提供し，従業員の健康管理，福利厚生面の充実が図れるという利点があった。フィットネスクラブ側にとっては，企業と法人契約を結ぶことで，新規の個人会員を獲得するよりも効率よく会員の集客が行えるという点で，両者にとってメリットがあり，この仕組みは発展していくこととなる。

　1980年代の後期には好景気の後押しもあり，新規出店数は200店舗を超えることとなる。前述のように施設の大型化・多機能化提供サービスの多様化に加え人々の健康づくりへの関心が高まるにつれ，20歳代独身女性中心であったフィットネスクラブの会員層が，30歳代，40歳代の既婚男女に広がった。

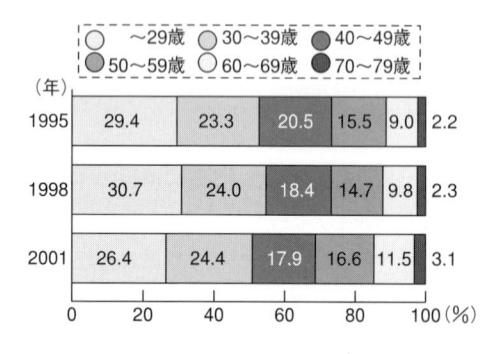

（年）	～29歳	30～39歳	40～49歳	50～59歳	60～69歳	70～79歳
1995	29.4	23.3	20.5	15.5	9.0	2.2
1998	30.7	24.0	18.4	14.7	9.8	2.3
2001	26.4	24.4	17.9	16.6	11.5	3.1

図5-11　成人会員年代別構成比
（フィットネスオンラインHP [4]）

　1990年代に入りバブル経済が崩壊すると，状況は一転し，新規出店数も激減して多くの企業が赤字に転落し撤退・廃業に追い込まれていった。そのような厳しい環境の中，様々な経営努力がされた。施設を立ち上げる際にかかる経費である施設の建築費などの初期投資（イニシャルコスト），また継続して運営していく際にかかる人件費や水道光熱費，家賃といった運営費（ランニングコスト）の削減に工夫がされた。また消費が冷え込む中，新規の会員を集客するための立地・施設・提供サービスと料金の整合により，利用時間帯を制限し割安で利用できる会員種別の導入や施設の規模に見合った月会費の見直しがされた。

　1990年代後半に入ると，フィットネスをさらに広い消費者層にマーケティングしていこうとする企業も現れ，施設で積極的に運動することのみを提供サービスの中核に置くのではなく，温浴施設でのリラクゼーションや飲食スペースの充実によるコミュニケーションをコンセプトにした付帯施設の充実を図る動きが見られた。

　2000年以降は1990年代の様々な経営努力を基盤としたさらなる発展が期待されている。いくつもの企業が提携や合併，株式の公開を果たすなどマーケットの拡大をはかり安定成長をしていくためには，欧米の6～10％といわれるフィットネス参加率に比べてまだまだ低いと言われる日本のフィットネス参加率（約2.4～3％といわれる）をいかに引き上げていくかが成功のポイントとなると考えられている。具体的には高齢者の受け入れ，医療との連携を図るメディカルフィットネスの拡大，女性向けの集団によるサーキットプログラム専用の新業態の展開などが注目されている（表5-4）。

表5-4 日英米比較（フィットネス参加率）

	民間クラブ施設数	民間クラブ会員数（万人）	民間クラブ会員参加率
米国	—	1700	6.3％
英国	1943	340	5.7％
日本	1708	329	2.6％

（フィットネスオンラインHP [4]）

2　フィットネス産業の今後の動き

　フィットネスクラブが消費者に提供するもの（スポーツプロダクト）は健康，社交，シェイ

プアップといった中核ベネフィットと呼ばれるものに加え，プール，マシンジム，スタジオといった施設とプログラム指導やメニュー作成，きれいなロッカールームや温浴施設，活気ある雰囲気などがある。さらに利用者の満足を高めるためにはスタッフの応対や快適なコミュニケーションスペースなども含まれる。それぞれの会員により求めるものは同じではないが，より多くの会員を集客し定着してもらうためには，戦略的な取り組みが欠かせない。以下に最近のフィットネスクラブ業界が新規の会員獲得と定着のために行っている具体的な戦略の一部を紹介する。

3 施設における傾向

- スタジオを2面以上持つ施設が増えてきており，多様なプログラムの提供に備えている。
- バイクやランニングマシンが中心の心肺持久系をトレーニングするエリアが広がっている。
- マッサージルーム，エステティックルームを付設する施設が増加している。
- 体組成（体脂肪率）や骨硬度を計測する機器が積極的に導入され会員獲得や継続支援に活用する傾向が見られる。
- IT技術を活用したフィットネス機器が開発され，運動履歴の管理やプログラム作成に活用されている。
- TVやゲームをトレーニングマシンと連動させて飽きずに運動ができる工夫がされている。
- 障害者・高齢者の利用に配慮したバリアフリー対応の施設作りがなされるようになってきた。

4 プログラム面における傾向

- 運動の健康づくりにおける有効性に関する医学的データの蓄積がなされプログラム作りに生かされている。
- ヨガ・ストリートダンス・ピラティス，など新しい分野のプログラムが導入されている。
- プールでのアクアビクスや水中ウォーキングなどの積極的な導入。
- フットサル，バスケットなどスポーツ種目のための施設づくりやイベントの開催。
- 食事やサプリメントと組み合わせたダイエットプログラムの導入。
- パーソナルトレーナーによる指導など有料のプログラムの導入。
- ストレッチングや有酸素運動に加えて転倒予防や日常生活に必要な筋力の維持増進が注目されており中高齢者にはメジャーとはいえなかった筋力トレーニングが注目されておりプログラムや機器の開発がされている。
- 子ども向けのサービスとして，子ども向けテニススクール，空手教室，ダンス教室などの導入がされ，子ども会員の確保に成功している。

文献
1) フィットネスオンラインHP（http://www.cmnw.com/）
2) 原田宗彦編著(2003)スポーツ産業論入門第3版,杏林書院.
3) 原田宗彦編著,藤本淳也,松岡宏高著(2004)スポーツマーケティング,大修館書店.
4) 原田宗彦編著,喜多野乃武次,土反康裕,冨山浩三/共著(1997)レジャー・スポーツサービス論,健帛社.
5) (社)日本フィットネス産業協会(2004)フィットネス産業基礎データ資料2003,(社)日本フィットネス産業協会.

参考図書
1) 池田勝編著(2002)生涯スポーツの社会経済学第1版,杏林書院.

4 健康づくりの経済効果

藤本淳也(スポーツマーケティング)

1 注目されるスポーツの経済効果

スポーツが生み出す様々な経済効果については,ワールドカップなどの「みるスポーツ」の経済波及効果が紙上において比較的多く取り上げられる。スポーツイベントの経済効果が注目されるようになったのは,特に1984年のロサンゼルス・オリンピック以降である。当時の組織委員会は2億1,500万ドルの経常利益をあげ,同時に地元ロサンゼルスの経済は潤い,資金を投資した企業は投資額以上の経済的な効果を手にすることができたのである。わが国においては,ワールドカップサッカー日本開催の経済波及効果が注目を集め,電通総研と社会工学研究所の試算によると,約3兆3,049億円と報告されている[1]。

一方,運動・スポーツ実施促進などの「するスポーツ」の振興による経済効果も,世界的に注目されてきている。わが国では,2000年9月に当時の文部省が発表した「スポーツ振興基本計画」においても,「スポーツを振興することは,スポーツ産業の広がりとそれに伴う雇用創出等の経済的効果を生み,わが国の経済の発展に寄与するとともに,国民の心身両面にわたる健康の保持増進に大きく貢献し,医療費の節減の効果等が期待されるなど,国民経済に寄与する」と明記され,経済効果はスポーツの意義の1つとして示されている。

また,ヨーロッパ諸国では日本よりも先にスポーツ振興の経済的意義を指摘している。1996年にヨーロッパ諸国のスポーツ大臣が集まって開催されたヨーロッパ・スポーツ閣僚会議において,表5-5に示す「リスボン宣言」が採択された。池田[2]によると,この中でスポーツが果たすことのできる社会貢献として「健康」「社会化」そして「経済」の3つのキーワードがある。「健康」とは,いわゆる身体的および精神的な健康の維持増進への貢献である。「社会化」とは,人々がスポーツ活動を通してコミュニケーションを図ったり,他人を理解したり,社会的なルールなどの規範を身につけたりすることである。そして,「経済」である。特記すべき点は,この会議に参加した国それぞれについて経済発展へのスポーツの可能性を指摘するのではなく,当時,EU経済統合へ向けて進んでいた「ヨーロッパ諸国の経済活動に今後ますます重要な役割を果たし」と言及している点である。各国における経済政策としてのスポーツ振興への取り組みは,ヨーロッパというグローバル社会の経済政策の不可欠な要素として確認されたのである。

表5-5 スポーツの社会的意義—Health, Socialization, Economy—に関する宣言(リスボン宣言,1995年)

ヨーロッパ・スポーツ閣僚会議(1995年5月17-18日リスボンで開催)で採択

1. スポーツは,社会の健康と福祉の向上を促す。
2. スポーツは,すべての人びとに対して,教育と社会化の重要な場としての機能を果たし,個人の楽しみ,社会的関係・融合の貴重な機会を提供する。
3. スポーツは,もっとも自発的な団体活動として,活力ある市民による民主社会の発展と維持に寄与する。
4. スポーツは,ヨーロッパ諸国の経済活動に今後ますます重要な役割を果たし,経済発展の可能性を秘めている。
5. したがって,スポーツはわれわれの社会にとって欠くことのできないパートナー(a full partner)であり,今後の政策決定,とくに健康,社会,経済政策に関連する分野において不可欠な要素として重視すべきである。

(池田勝 編著「生涯スポーツの社会経済学」杏林書院,p.10より抜粋)[2]

key word　健康づくり，運動・スポーツ，経済効果，スポーツ振興

2 経済政策としてのスポーツ振興の必要性

　経済政策としてスポーツ振興が注目され始めた背景には，少子高齢化や医療費の高騰などの社会的問題がある。図5-12は，日本の年齢構成別の将来推計人口割合を示している。図が示すように，0〜14歳は2000年の約15％から2050年には約10％に減少する。また，実労働年齢で日本の経済を支える年齢である15〜64歳は，2000年には約68％であったが，団塊の世代（1947年〜1951年生まれ）が仕事を退職し始める2010年頃から大きく減少し，2050年には約53.5％になる。一方，65歳以上の人口割合は同じく2010年頃から団塊の世代がこの年を越えていくことで大きく上昇し，2050年には35.6％で2000年の倍以上の割合になる。

　このような人口構造の変化は，社会の経済システムに大きな影響を与える。たとえば，実労働年齢である15〜64歳人口の減少と65歳以上人口の増加によって，税金や年金制度を含めた社会福祉や社会保障の関連制度の変更をせまられ，実労働年齢の経済的負担の増加する可能性が高い。特に，65歳以上の医療費の負担は，国や地方自治体にとっても大きな課題となる。厚生労働省によると，平成16年度の国民一人あたりの年間医療費は24.6万円である。しかし，65

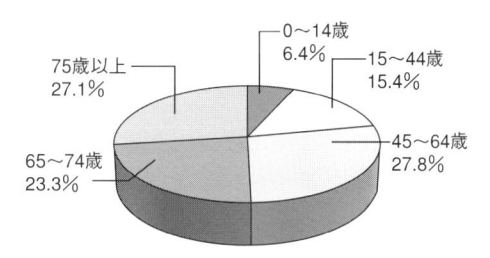

図5-13　国民医療費の年齢層別割合（平成15年）
（厚生労働省発表資料より作成）3)

歳以上の高齢者に限ってみると一人あたり73.9万円であり，高齢者人口が増加するということは国民医療費全体の額を押し上げる可能性が高い。すでに，図5-13が示すように，平成15年（2003年）の時点で，65歳以上の医療費が占める割合は50％を超え，国民医療費に占める高齢者の医療費の割合は高くなっている。今後，この医療費の増加を少しでも抑えるためには，特に中高年者の生活習慣病の予防や健康維持・増進を図る必要があり，その政策として運動・スポーツの振興が注目されている。

3 「するスポーツ」の経済効果の事例

　それでは，運動やスポーツの実施がどのように経済的な効果を生み出すのであろうか。表5-6は，厚生労働省のプロジェクトとして40〜70歳の国民健康保険加入者を対象に実施された調

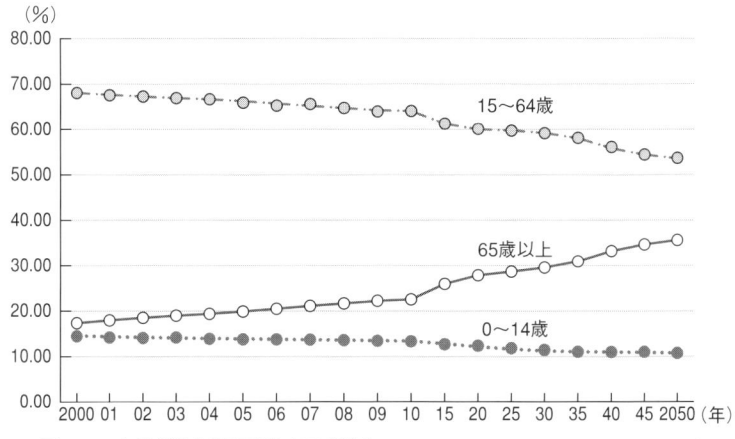

図5-12　年齢構造と将来推計人口の割合（国立社会保障・人口問題研究所資料より作成）4)

表5-6 生活習慣と医療費の関係

喫煙	肥満	運動不足	医療費(万円)	増加率
×	×	×	44.3	1.00
○	×	×	47.6	1.07
×	○	×	45.2	1.02
×	×	○	55.6	1.26
○	×	○	53.2	1.20
○	○	×	59.4	1.34
×	○	○	60.6	1.37
○	○	○	59.7	1.35

肥満：BMI 25以上。
運動不足：1日歩行時間60分未満
対象：宮城県大崎保健所管内住民（40～79歳），国民健康保険加入者56,000人
医療費：1995年1月～1996年11月（23ヵ月）までの1人当たりの累積医療費
（朝日新聞，1999年9月17日）
（池田勝 編著「生涯スポーツの社会経済学」杏林書院，P11より抜粋）[2]

査をもとに算出した，生活習慣と医療費の関係を示している。たとえば，喫煙をしない（×表示），肥満ではない（×表示），運動不足ではない（×表示）の人の場合，約2年間の医療費が44.3万円かかる。同様にみていくと，喫煙をする（○表示），肥満ではない（×表示），運動不足ではない（×表示）の人の場合の医用費は47.6万円で，すべて「×」のときの44.3万円を基準とすると1.07の増加率である。また，肥満だけが「○」の場合は，1.02の増加率で45.2万円である。ところが，運動不足だけが「○」の人，つまり，禁煙者で肥満ではないが運動不足の人は55.6万円，額にして約10万円の増加で，増加率は1.26となっている。「運動不足」に「喫煙」と「肥満」が絡んでくるとさらに増加し，60万円，1.35前後の増加率となる。すなわち，「喫煙」「肥満」「運動不足」という悪い生活習慣の中で，「運動不足」が最も医療費の上昇に影響することを示している。

これまでも「スポーツは健康によい」は定説であり，運動・スポーツ活動の「売り文句」の1つであった。しかし，何にどの程度良いのかを経済学的に示したデータは少ない。この調査結果は，スポーツ振興が地域経済そして国家経済に影響を与える経済政策となりえることを示している。

実際に経済政策としてスポーツ振興を展開する場合は，様々な先行投資が必要である。たとえば，政策としてはスポーツ施設の整備，スポーツクラブ設立の推進，スポーツ教室やスクールの開催，スポーツ大会の開催，スポーツ関連団体の補助などであり，これらを遂行するための予算が必要となる。また，個人レベルでも同様の投資が必要である。運動・スポーツをするにはウェアやシューズが必要であり，活動する場所の確保や，施設利用料，教室参加費，そして交通費など，様々な出費が必要である。したがって，運動やスポーツを実施したことによる経済効果をできる限り正確に示す場合は，これらの先行投資額を考慮して試算することが望ましい。

図5-14は，高齢者の運動教室参加の経済的な効果を，投資費用を考慮した費用便益分析を用いて試算した例を示している。カナダの60歳以上の高齢者の心臓呼吸器系の体力を運動によって20%高めた場合，「A：急性および慢性治療」が3分の1，「B：精神的ケア」が10分の1，「C：長期的収容ケア」が3分の2に節約でき，総額で8億3千7百万ドルの医療費削減が見込まれた。この効果を得るための運動クラス参加費が年間一人120ドル，全人口の高齢者がこの運動クラスに参加すると参加費総額は2億4百万ドルとなり，この額が医療費節約のための先行投資額となる。したがって，これらの条件が満たされた場合の正味の医療費節約額は先行投資額の3倍以上の6億3千3百万ドル，60歳以上の高齢者一人あたり年間372ドルの節約となる。つまり，スポーツ振興政策を展開するうえで，的確な先行投資をすればそれ以上の経済的効果が期待できるのである。

その他にも，オーストラリア政府文化・スポーツ・観光省の1988年の発表によると，規則的に身体運動を実施する国民の割合が10%増えると，心疾患者が5%減少し，年間医療費が1億375万オーストラリアドル節減できる。また，カナダ・フィットネス・ライフスタイル研究所（1997）は，規則的に身体活動に取り組んでいる国民（1日1時間以上の歩行運動量に相当す

種　類	年間費用
A　急性および慢性治療	1,169
B　精神科的ケア	60
C　長期的収容ケア	668
	（百万ドル）

運動による心臓呼吸器系の体力の20％増進

種類	節約比	節約額
A	1/3	
B	1/10	837
C	2/3	（百万ドル）

運動クラス
経費　　8ドル／1回
　　　　×
　　　　3回／週
　　　　×
　　　　50週
　　　　＋
　　　　20人／1クラス
体力テスト　60ドル／1人／年
　　　　120ドル／1人／年

全老人が運動クラスに参加した場合の年間必要経費
204
（百万ドル）

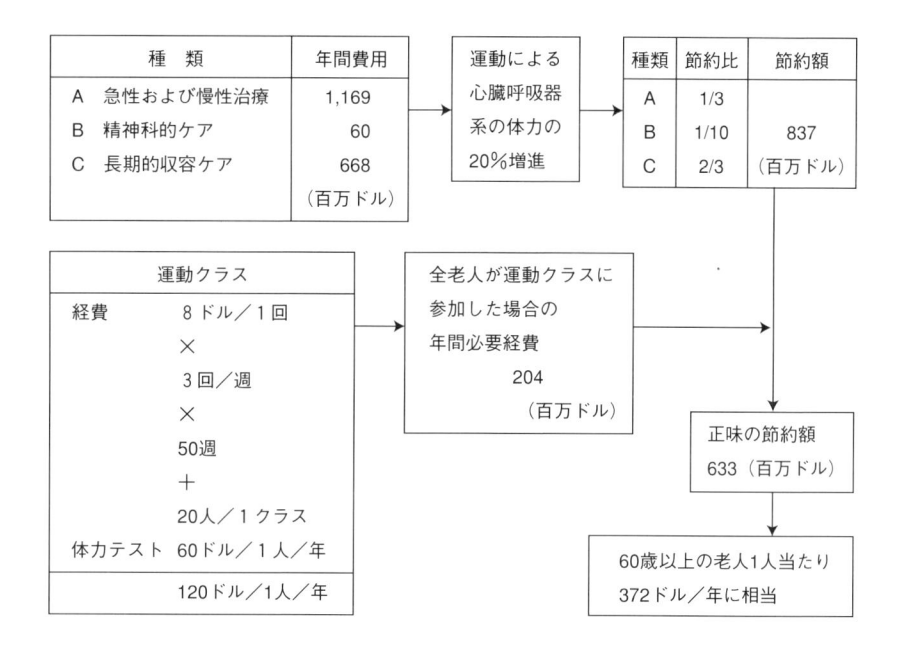

正味の節約額
633（百万ドル）

60歳以上の老人1人当たり
372ドル／年に相当

図5-14　高齢者のための運動教室の費用便益分析
（池田勝 編著「生涯スポーツの社会経済学」杏林書院，p.58より抜粋）[2]

るレベル）の割合が，1981年の21％から1995年には37％に増加したことによって，15年間で7億カナダドルの医療費の節減につながったと報告している。さらに，継続的な運動・スポーツの実施は，仕事の欠勤率の低下，定着率の上昇，労働災害発生率の減少，仕事意欲（モラル）の向上，そして生産性の向上によって経済効果が得られることが報告されている[5), 6)]。

　運動・スポーツ実施による経済効果は，スポーツイベントの経済波及効果のように比較的短期間で効果が期待されるものではない。長期的かつ具体的なスポーツ振興計画によって，意図的に生み出される効果である。前述のように，わが国においても「スポーツ振興基本計画」の中で，スポーツ振興が経済的意義を持つことが指摘された。今後は，具体的な政策策定と的確な先行投資によって，より効果的に経済効果が導き出すための取り組みが求められる。

文献
1) 藤本淳也，佐々木康（2002）スポーツにおける経済効果．体育の科学，第52巻，第5号．p381-385.
2) 池田勝編著（2002）生涯スポーツの社会経済学，杏林書院．
3) 厚生労働省HP（http://www.mhln.go.jp）
4) 国立社会保障・人口問題研究所HP（http://www.ipss.go.jp）
5) 池田（1986）健康づくりの経済学的研究,体育の科学 Vol36(3)，p172-176.
6) 池田（1991）企業フィットネスの経済的効果，Japanese Journal of Sports Sciences，日本バイオメカニクス協会，Vol10(4)，p266-270.

参考図書
1) 池田勝編著（2002）生涯スポーツの社会経済学，杏林書院．
2) 池田勝，守能信次編（1999）講座・スポーツの社会科学2, スポーツの経済学．

第5部 第2章

スポーツによるからだと心の健康づくり

1 年齢に応じた体力づくり

吉田精二（スポーツ測定評価）

人間の体は加齢とともに変化するといわれ，身体的機能は成人までは発達を続けるがその後除々に機能面で低下することから，それらの発達が体力要因の発達に影響を与えている。健康は身体機能と密接な関係にあり，身体機能がまだ未発達段階である幼児期や低下傾向にある高齢期には害しやすくなる。発育曲線（スキャモン）で知られているとおり組織や器官の発育が異なるのと同様に，体力の加齢に伴う変化もその要素や年齢段階により異なる。機能面が急激に発達する時期には準備期（レディネス），刺激が与えられ効果が最も現れた時期を臨界期（Critical Period）と言い，最もその刺激に対して敏感で効果の高い時期は最適期または敏感期と言われている。体力の加齢に伴う変化を理解するうえでは重要な要素である。運動に必要な生理機能の中で，神経機能は幼児期に発達速度が著しく，10歳頃までに100％近く発達するといわれ一般型に属している筋機能，心肺機能は思春期に著しく発達し，20歳頃までにほとんど最高に発達する。その後20歳を越えると体力は加齢とともに減少する[1]（図5-15）。

そこで，幼児期，児童期，青年期，中高齢期，の4パターンに別けて体力・運動能力の変化および体づくりについて解説する。

1 幼児期の体づくり

子どもは3歳ごろから急速に身体活動が活発になる。4歳頃になると力はないが器用に動くことが多く，スピードや持久能力はない。しかし高い所に上がったり，すべったり，ころがったり，ボールをついたり投げたりなど全身を器用に動かす能力は発達する。つまり「調整力」の伸びが著しい。体力のある子どもに育てるためには，この調整力を伸ばすことを主体として行うことが必要であり，幼児期の体づくりには調整力を伸ばし，全身を器用に動かす力を伸ばすことに主眼をおき，以下のことについて指導することが重要である。

①足腰を鍛える，②高さを征服する，③変化の富んだ動きを身につける，④手足を器用にする等が挙げられる。足腰を鍛えるには走ったり，歩いたりすることが有効だが，最近の子どもは体格は立派でも体力はそれに伴っていないといわれ，足腰の弱さが指摘されている。その要因としては，電車，自動車，エレベーター，エスカレーター，バス，自転車等，乗物の発達によって，幼児期から歩く，走ることが不足していることが挙げられる。子どもにはつとめて歩かせ，立たせ，走らせ

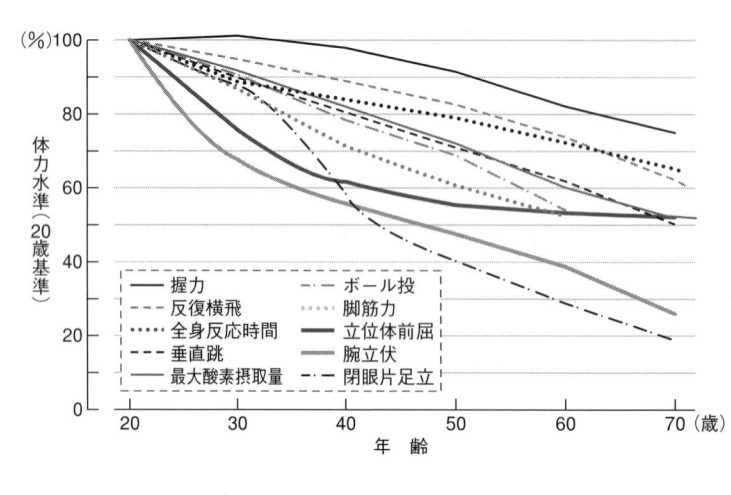

図5-15 成人以降の体力の加齢変化[1]

> **Keyword** 発育曲線，加齢

る習慣を身につけさせる必要がある。家族で遠足，散歩，山歩きなど外に出かけることが望ましい。片足けんけんとび，両足とび，足じゃんけん，なわとび等のとぶ遊びは下半身を鍛えるだけではなく，バランス感覚を高め，敏捷性を身につけさせる。高い所に上がってみようとする欲求は2歳ごろから起こり，高さは立体的な感覚を身につけさせ，行動の範囲が広がり，モノの見方が多彩になり，思考力を深めていく。高い所を怖がらずに上がったり降りたり，すべったりゆすったり，さかさまになったりすると子どもは機敏になり，物事に対して新しい発見をする。高さを征服するにはブランコやすべり台，ジャングルジム，とびおり（とび箱），平均台遊び（バランス），ぶらさがり（鉄棒）等がある。変化に富んだ動きとは二本足で直立したときでない姿勢，つまり変わった体勢の姿勢である。それはバランス感覚を養う。いろいろな4つ足歩き，体の様々な曲げ方，さか立ち，回転などがそれに当たる。（開，閉眼片足立ち），手押車，前回り（マット）等があり，調整力だけでなく，腕，腰などの筋力も強化できる。手足の器用さは体のバランスと微妙に関係する。投げるという動作は，まず両足が前方に移動し，腰，胸，肩という順で移動していく。

「体は前方に移動，ボールは後に引く」といった正反対の動作を行うことによって，ボールは，前方に投げられる。このように正反対の動きを行うことにより，器用で機敏な運動神経を高めることが出来る。

2 児童期の体づくり

児童期の特色は調整力の伸びを最大限に発揮させることだ。特に児童期の後半には筋力，持久力向上の指導も必要になってくる。体格は成人の半分にも達していないのに，脳の発達は6〜7歳で成人と同じレベルに達し，力は弱くても動きの点で成人に負けない器用さ機敏さを発揮する能力を有している。児童期の体づくりは，次の点に主眼を置き指導することが必要である。①体を器用にする―調整力や柔軟性を伸ばす（特に10歳頃まで）。②体の力を増す―筋力や持久力を強化する（11・12歳）。調整力の伸びは幼児期から始まっているが，児童期に入ると急速に進み10歳の頃には最高に達する。毎日の運動量を多くし種目を豊富にして調整力を徹底的に伸ばしてやることが第1のポイントだ。まず高さを征服する（遊具や鉄棒運動など），変形姿勢の運動を身につけさせる（回転動作や倒立運動），機敏さの修得（いろいろな障害物を突破する），協応動作の修得（ボール運動やなわとびなどの手足のバランスを調整する動き），等が必要である。児童期の後半11〜12歳頃から筋力や持久力を強化することが大切で，女子では11歳頃から男子では12歳頃から体が大きくなり，筋肉の量が増し，内臓器官が大きく発育する時期である。筋力や持久力を強化するためには，長く速く（歩く，走る），高く遠くへ飛ぶ，強く遠くへ投げること，力を最大限に出すことが重要だ。

12歳から14歳中学生期ごろまでの体づくりは，もうすぐ頂上に達する時期である。ところがこの時期は，大人に向かって一気に成長するため心身共にアンバランスになり，不安定で難しい時期になる，いわゆる「思春期」から「青年期」への移行期に当たり，男女の差がはっきりしてくる時期である。しかし男子も女子も生活には必要なスタミナを持たなければならない。その点で男女とも活発な運動が必要になり，男子では爆発的で機敏な力強さを伸ばすこと，女子ではゆるやかで持久的な力を伸ばすことが大切である[2]。また，この時期はスポーツ障害の発生しやすい時期であるので注意を要する。特定のスポーツになるのはよいが，いくつかの

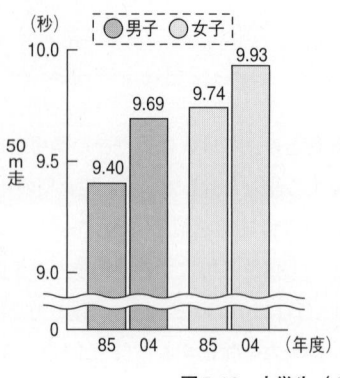

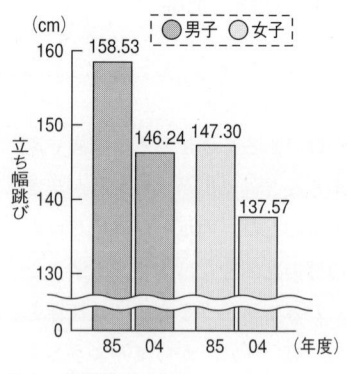

図5-16 小学生（9歳）の体力・運動能力の変化

スポーツを交互に経験させ，未発達の可能性を伸ばしてオールラウンドの体づくりに専念することが大切である。図5-16は，2004年度体力・運動能力調査（文部科学省）の結果を示したもので20年前と比較したものである。9歳男子が50m走・立ち幅跳びの能力が約20年前の女子レベルまで落ちていることがわかった。

3 青年期の体づくり

青年期にはいると形態的にも機能的にも成人に近づき，身体的にも完成される時期である。またこの時期を過ぎると家庭生活や職業生活に多くの時間を費やさざるをえなくなることから，何か1つのスポーツに親しみ，専門的なトレーニングを行うことが望まれる[3]。スポーツを選択するには様々な考え方があるが，まず自分の身体的な特性に合致したスポーツを選ぶことが重要である。特に高度なスポーツ競技者を目指す場合は，適性にかなった種目を選ぶことが絶対必要である。しかし健康のためには必ずしも適性にこだわる必要はない。この時期には望ましくないスポーツというものはなく，普通の身体であればいかなるスポーツでも支障なく行える。

この時期は筋力（力強さの向上）と全身持久力（ねばり強さの向上）が特に効果的に鍛えられる時期であり，筋肉や心臓を鍛えるのにも最も良いときである。筋肉を鍛える運動としては体の重みを利用する運動やダンベルを利用する運動，そしてウエイトマシンを利用する運動などがある。全身持久力を鍛える運動としては，インターバルトレーニング（速く走り，次にゆっくり走るという組み合わせ）という方法がある。

4 中・高年期の体づくり

電車，自動車，エレベーター，エスカレーターなどの普及により人々の体は脚を使って動かすという機会を減少させてしまっている。また，職場では省力化，機械化が進み，仕事を遂行するために筋肉を使う必要性がなくなった。多くの筋肉が活動すると，心臓，肺，血管など，呼吸循環機能が活性化し，代謝が亢進する。たとえば駅の階段を上がるときには心拍数は100拍/分以上になるが，電車に乗れば70拍/分程度に下がる。心臓が階段を上がるだけで100拍/分を越えることは，心臓や肺の機能が低下していると推定される。加齢とともに減少するといわれる最大酸素摂取量（単位時間当たりにたくさんの酸素を摂取出来るか）は，運動習慣のあるなしにかかわらず見られる。しかし運動習慣のある人とない人では，同年齢で比べると両者に大きな違いがみられる（Costill, 1986）。

また，脚伸展パワーは加齢とともに低下していくという報告[4]がある。中年向きの運動としては，手軽でどこでも出来るウォーキングやジョギングが適切である。運動を始める前に体のあちこちのストレッチングエクササイズを行い筋肉を伸ばすことが必要である。呼吸を止めな

い，反動をつけない，過度に伸ばさない，10秒以上伸ばし続けることなどに注意して，歩く前は腰や下肢の筋肉を中心にストレッチングをしっかり行う必要がある。歩き方は歩幅をやや広げて少し速めに歩く。最初は10分間3回のウォーキングを，1週間に3～4日行うと4週目位から歩く能力が向上したことがわかる。歩くスピードが適切であるかについては心拍数を測って確かめる。220から自分の年齢を引いて，その数値の60～75％の範囲で行う。次第に効果が出て来たら20分～40分間歩くことが必要である[5]（表5-7）。初めは普通に歩く（約70m/分），そしてやや速く歩く（約90m/分），慣れてきたらできるだけ速く歩く（約110m/分）と段階的に強さを上げていくと脚の力の向上にも役立ち，さらに平坦な所だけでなく，坂道や階段を利用するとより効果を上げることになる[6]（図5-17）。

「高齢期をどのように生きるか」「健やかに老いる」ためには生活に必要な体づくりが必要になる。30歳を過ぎると加齢によって，体のいろいろな機能が低下し衰えていき，身体活動量も減少する。60歳代では体の衰えを意識して，体を動かす生活を送ることが重要である。この年齢になると下肢の筋肉が弱まり，関節の可動域が狭くなり，体の柔軟性もなくなる。高齢者に望まれる体力はやや長い距離が歩けるか（4km，40分間），20～30段ぐらいの階段を休まずに上がれるか，とっさに身をかわせるか等である。また，レジスタンス・トレーニングも筋力低下や転倒予防に効果的であり，無理をせず，マイペースで，その日のコンディションに合わせて運動を行う必要がある。

表5-7　歩いて300キロカロリー消費するのに要する時間[5]

歩くスピード感	スピード（時速）	300kcalを消費するのに必要な時間	1分間あたりの消費カロリー
ぶらぶら歩き	3km	110分	2.7kcal
ゆるやかな歩き	3.6	100	3.0
ふつうの歩き	4.5	90	3.3
大股でさっさと遠足の歩き	5.4	70	4.2
大股で全力の歩き	7.2	38	7.9

（注：時速10kmほどのジョギングの消費カロリーは毎分約5.5kcalである）

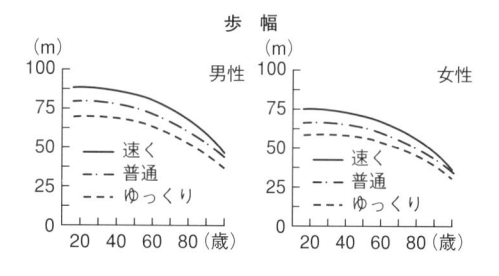

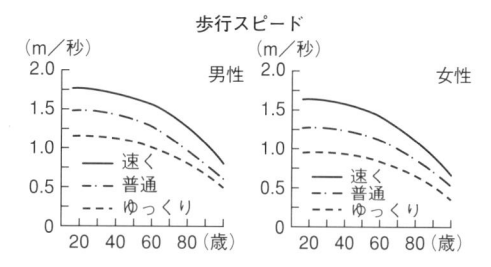

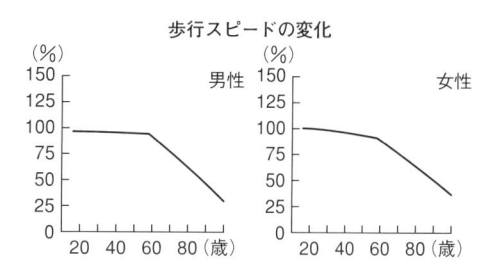

図5-17　加齢と歩き方の変化[6]

文献
1) 池上晴夫（1996）新版運動処方―理論と実際―，朝倉書店，p219.
2) 松浦義行（1990）体力の発達　朝倉書店，p68-p122.
3) 出村慎一，村瀬智彦（1999）健康・スポーツ科学入門，大修館書店，p55-p64.
4) 宮下充正（2004）年齢に応じた運動のすすめ，杏林書院，p34-p60.
5) 藤原健固（1993）スポーツ科学・読本，別冊宝島，p153-p155.
6) 古藤高良（2001）必ずやせるウォーキング，三笠書房，p61.

2 加齢と身体運動

松村新也 （加齢と身体運動）

　不老長寿は秦の始皇帝の時代から人類の夢であった。ヒトの寿命というのは，一人ひとりが生きた年数を表している。時計は時を刻み物質を含めて，あらゆる生物も年をとっていくが，それを加齢といっている。では老化とは何か？加齢も老化も英語では一般的に「aging」と表現し，特に区別しているわけではない。しかし，厳密な表現をするならば加齢は「aging」，老化は「senescence」と使い分けている。そして，老化は加齢による種々の臓器の劣化，または，恒常性維持機能の低下と考えられ，生命あるもののすべてに起こり，後戻りすることなく進行し，かつ有害に働く変化である。そして，老化は規則性が無く，変化にも大きな個人差があり，成長に比べゆっくり進む。

　現在，老化のメカニズムは種々の視点から研究され老化学説が立てられている。老化学説を分類すると3つに大別することができる。1つは老化の原因を臓器あるいは全身的な水準でとらえる学説である（ストレス説，神経内分泌説，免疫説など）。2つ目は生理学的に正常な代謝産物あるいはその変形したものが細胞に悪い影響をおよぼすという学説である（老廃物蓄積説，クロスリンク説，アミロイド沈着説，遊離基説，活性酸素説など）。3つ目は遺伝子DNAの水準で何らかの化学変化がおこり，その結果としてたんぱく質に量的または質的な異状が起こることによって，それが老化現象を導くという学説である（体細胞変異説，エラー説，プログラム説，テロメア学説など）。

1 ヒトの寿命（生存曲線）

　現存する三歳の坊やや二十歳の青年が，今後何年生きれるかを示すのが生存曲線である（図5-18）。図5-18の縦軸はゼロ歳の赤ん坊が横軸の年齢になったとき，何％生存しているかを示している。医学的または社会的には寿命を2つに分類している。1つは最大寿命（最長寿命あるいは限界寿命）でありこれは，人間の中で一番長生きした年数，すなわち最後の一人が死亡するまでの年数である。もう1つは平均寿命でこれは人間の集団が平均してどのくらいまで生きられるかを表わす。図5-18における生存曲線と縦軸と横軸とが囲む面積を人数で割った値が平均寿命を示す。

　この生存曲線は，出生以後の時間が長くなるにつれて生存率がどのように減少するのかを模式的に示している。この曲線には3つの特徴が見られる。1つは誕生してごく初期のいわゆる乳幼児期の死亡率である。以前は乳幼児の死亡率が非常に高く，その影響によって平均寿命が短縮されていたが，戦後特に死亡率が減少したために，平均寿命が大幅に延長し，日本は世界一の長寿国となった。2つ目は，曲線の曲が

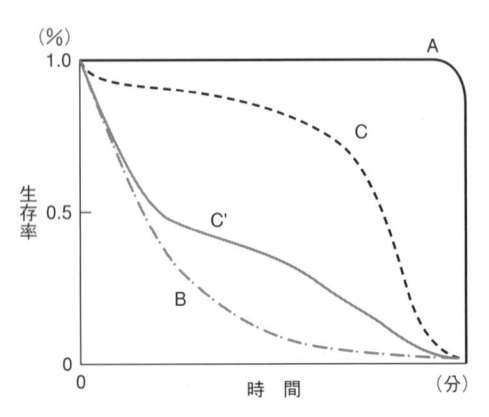

図5-18 生存率が出生後の時間が長くなるにつれ，どのように減少するかを模式的に示したもの[1]
A：子孫を残す時期，又は，それから一定の時期まで生きて，そのあと一斉に死ぬ場合（プログラムされた老化の理想的パターン）。
B：致命的な事件がランダムにふりかかってくる場合。
CとC'：文明社会および未開発社会における生存率の年齢変化を示す曲線。

key word 生存曲線，老化学説，予備力，トレーナビリティ

方である。以前は曲がり方が小さく直線的な死に方に近い形をしていた。しかし戦後は，種々の理由，たとえば結核等感染症の減少，衛生教育の徹底，栄養状態や住居等環境の改善などにより，比較的若い時期の死亡率が減少し，曲がり方が大きくなってきた。今後医療の進歩等によって，中高年齢層の死亡率が低下するならば，生存曲線は右方向へ角ばった形になると思われる。そして現在，理想の死に方は，子孫を残す時期またはそれから一定の時期まで生存して，その後一挙に死に至る，いわゆるPPKである。3つ目の特徴は，最長寿命が昔からほとんど，100歳前後と変わらない点である。

2 生理機能の加齢変化
❶老化に伴う基本的変化

老化期の特性はヒトの一生すなわち成長期，成熟期，退行期の3期のうち，退行期に見られる変化である。基本的には，すべての細胞の機能低下により，臓器の実質細胞数が減少し，それらの重量も軽くなる。ミトコンドリア等細胞小器官の変化も生じ，結合組織のエラスチンなどの減少により，組織の弾性の低下が起こる。これらの結果として，予備力の低下，回復の遅延，反応の鈍化そして再生能力の減退等が生じる。また，老化の進行は後天的要因だけでなく，遺伝的要因も大きく関与し，個人差も大きい。

❷脳の加齢変化

脳の重量は，体重の2〜3％にすぎないが，脳が消費する酸素量は全身の酸素消費量の約20％と著しく高い。脳の重量と年齢についてみると，大まかにいって，25歳から45歳くらいで最大の脳重量を示す。男性では1400g，女子は少し軽くて1250gである。60歳くらいになると，約50gくらい減少する。脳重量が減少するということは，脳細胞の水分の減少，脳細胞数の減少そして脳血流量の減少などが生じて

いることを示している。脳のニューロン数は脳全体で一様に減少するのではなく，大脳皮質では上前頭回の減少が著しく，脳幹ではパーキンソン病で障害されることが知られている黒質の減少が著しい。この黒質―線条体系のドーパミン含有量も老年者や老化動物で減少することが見い出されている。

❸循環機能の加齢変化

心臓は，内膜，中膜そして外膜からなるが，加齢とともに膜と膜の間に結合組織（膠原線維）が増加し，70歳以上では，筋肉27％，結合組織36％である。高齢者の血管は動脈硬化になりやすい傾向にある。そしてその傾向が進行するにつれて血管抵抗は高くなり，その結果高血圧になりやすい。安静時心拍数は僅かに増す傾向にあるが最高心拍数は加齢に伴って低下する（220－年齢）。安静時の心拍出量は減少する。これは加齢による心筋の収縮力の低下によるところが大きい。また血圧も加齢によって高くなる傾向がある。つまり，心収縮力は弱くなって，心拍出量は減少するが，血管の抵抗が高くなるために血圧が上昇すると考えられている。

❹呼吸機能の加齢変化

加齢に伴って肺胞表面積や肺胞数が減少し，また肺胞間距離が増加する。肺胞表面積は80歳代では60〜70m²に減少する。肺活量もゆっくりと減少傾向を示し，年齢とともに急激に小さくなる。呼吸運動は，胸郭の運動と横隔膜収縮でなされているが，青年期には6：4の割合でなされており，高齢者では7：3と割合が変化する。このことはCaの軟骨への沈着が，柔軟性を減少させ胸郭の運動を減少させると同時に，肋間筋の活動も低下したためと考えられている。

❺骨格筋の加齢変化

筋細胞（筋線維）にはI型線維（遅筋線維）とII型線維（速筋線維）がある。老化によって

Ⅱ型線維の減少と選択的萎縮が起こる。このことはⅡ型線維の相対的横断面積の低下を意味している。また解糖反応に関与する酵素活性の低下も知られている。そして，ATP，CP，そしてグリコーゲンの減少も見出されている。

3 加齢の身体運動におよぼす影響

❶運動と寿命

寿命と運動の関係について，特に有酸素運動を生活習慣に取り入れると，寿命が延びるというデータを示したのはパッフェンバーガーである。1962年から1978年までのハーバード大学卒業生16000人の運動と死亡率を調べた。1週間に使うエネルギー量と死亡数，労働時間に対する死亡の割合を比較している。それによると，加齢とともに死亡率は増加するが，身体活動の多いヒトは少ないヒトより低い死亡率を示していた。また，その傾向は高齢者になるほど顕著になった。60歳以上のヒトで，一方は消費エネルギー量が週500Kcal以下の群と，他方は消費エネルギーが2000Kcal以上の群を比較すると，後者の群の死亡率が半減し，約2年以上の長寿を保つこととなった。しかし，週に3500Kcal以上の運動をすると逆に死亡率が増加した。ちなみに週2000Kcalの運動といえば3～4時間のジョギングかまたは4～5時間の早足歩きにあたる。

❷加齢による体力の変化

基礎的体力すなわち筋力，瞬発力，平衡性，敏捷性，巧緻性，柔軟性そして全身持久性等の年齢的推移を見たのが図5-19である。この図は20歳時の体力を100％として各年齢の値を比較している。筋力の場合，脚筋力は20歳台と比較すると60歳台では50％に減少している。しかし握力は70歳台で75％を維持している。筋パワーを垂直跳でみているが，50歳台では脚筋力と同じく50％台に減少している。全身反応時間と反復横とびは握力と，垂直跳の中間の減少率を示している。しかし，腕立て伏せ（筋持久力）と閉眼片足立ち（平行機能）はすでに40歳台で50％の減少を示している。最大酸素摂取量は垂直跳と同じ傾きで低下している。

❸加齢とトレーナービリティ

トレーニングによって起こる身体の発達，すなわち適応の限界をトレーナービリティという。人間の身体は使わないと衰える。運動を始めると体力は向上するが，そこでやめると，すぐに運動をしなかった場合の体力に戻ってしまう。また，疾病は，加齢による退行現象と運動停止の相乗効果で体力減少が非常に大きく加齢が進めば進むほど，その影響は大きい。これらのことから，運動の開始は若い年齢ほどよいことになるが，高年齢になればなるほど，現在運

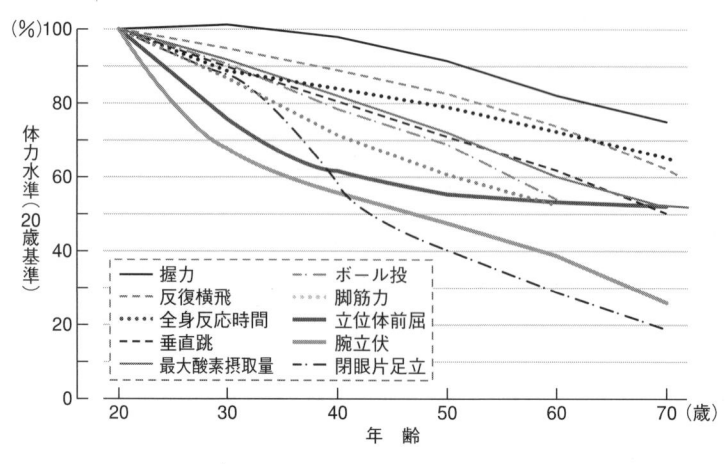

図5-19　成人以降の体力の加齢変化[2]

動を実施しているか否かが体力の維持には重要である。

❹老化期のトレーニング

中高年齢者の体力と健康づくりを目指して，安全かつ有効な運動は，酸素を十分に取り込んで行う有酸素運動が基本となる。運動を実施する場合，運動の種類，強度，一回の運動時間そして運動の頻度を考慮に入れる必要がある。まず，運動の種類は，できるだけ多くの筋肉を用いて，リズミカルに行え，さらにマイペースで行えるものがよい。たとえば，ジョッギング，速歩，水泳，エアロバイクそしてエアロビクスなどである。

運動の強度は酸素消費量か心拍数を指標とする。しかし，普通の人では酸素消費量は簡単に測れないので，心拍数を目安とするのが良い。それには年齢別予測最大心拍数（220－年齢）で求められる。運動強度として，目標とする心拍数＝｛(220－年齢)－安静時心拍数｝×X％＋安静時心拍数となる。

運動時間は原則的に強度が大きければ短時間で良いが強度が小さくなると必要時間は短くなる。ヒトが運動を始めると心肺機能が増し，酸素摂取量も増加する。そして数分たつと心肺の動きも酸素消費量も安定し定常状態と呼ばれる状態になる。適度な定常状態は心臓や肺に適度な刺激を与え，その機能を高める。そして，定常状態に達するまでの時間は，軽い運動で3分，強い運動では5分は必要である。したがって，心肺機能を運動で高めようとするならば，5分以上は続けるように行う。運動が持続できなければ，強度を下げて調整する。そして，ウオーミングアップ等を入れると，最低一回に，運動強度50％ぐらいなら20分間の運動時間が必要であろう。しかし，運動強度が低いなら，もっと時間をかける必要がある。

運動頻度とは1週間に何日運動をすれば良いかということである。これは運動効果蓄積と疲労の関係を考慮して決める必要がある。間が開きすぎれば運動の効果が消失してしまうし，過ぎれば疲労と筋肉痛に見舞われることになる。これらを考慮して，1週間に3～5回が適当で中高年では2日くらい休みを挟むのがよい。

文献
1) 永田晟他著(1988)加齢のスポーツ科学，ぎょうせい，p13-22.
2) 山口泰雄他編集(1994)レクリエーションコーディネイター共通科目テキスト，改訂版，(財)レクリエーション協会，p236-254.

3 運動療法

滝瀬定文（健康指導管理論）

スポーツ医学という言葉は，19世紀の終わり第1回近代オリンピックの頃に使われ始めた。当初は，スポーツ選手の怪我や傷害の治療，予防がその対象であった。ところが，オリンピックや世界大会，高校野球，水泳，サッカーなどが盛んとなり時代とともにスポーツがチーム力をアピールする面が注目されてきた。

このような背景から，競技力向上のための医学的アプローチが求められ，傷害へのアイシングやストレッチングの効果，スポーツ活動中の水分補給と熱中症との関係が明らかにされてきた。また，競技力向上のトレーニング法のみでなく，その効果や評価法さらにサプリメントなど栄養に関する医学的知識についても裏づけがなされてきた。さらに，環境変化への対応を研究することもスポーツ医学の大きな課題であり，宇宙飛行士が体験する微重力空間での生活が骨密度に及ぼす影響やスキューバーダイビングによる安全性と潜水病の予防や健康の保持増進といった面も注目されている。

1 生活習慣病予防としての運動

運動不足は，身体機能を脆弱化させ，反対に運動を行うことで身体機能を維持向上することができる。体を動かすことが疾病の治療や予防，さらには健康の維持増進に役立つことが医学的に明らかにされたのは最近のことである。身体活動量の多い人は，動脈硬化性疾患，特に狭心症や心筋梗塞になりにくい。そして，過去ではなく現在の身体活動量が多い人が低い。

身体活動量とは，どのくらい体を動かしているのか。たとえば，通勤に何km歩くか，週末の余暇時間にテニスやゴルフを行う頻度のことである。体力（フィジカル・フィットネス）が高い人は，病気になりにくいことも知られている。身体活動量と体力の程度は，ほぼ一致するが，実際に体力は低くても身体活動量の多い人や逆に身体活動量が低くても体力の高い人がいたりする。体力が高ければ，また運動習慣が身について身体活動量が多ければ，疾病の治療や予防に結びつく。ところが，中高年者の問題も去ることながら，子どもの体力も問題である。

文部科学省の2004年度「体力・運動能力調査」によると，小学生の運動能力は低下が続き9歳男子の50メートル走の平均記録は約20年前の9歳女子の水準にまで落ち込んだ。小学生～高校生については，運動能力の低下が始まったとされる1985年度と95－04年度との記録の比較では，85年度の9歳男子の50メートル走は，平均9.40秒に対し，04年度までの10年間は，いずれも0.17－0.44秒遅い。04年度は9.69秒で85年度の9歳女子の9.74秒とほぼ同タイムまで低下し，立ち幅跳びでも9歳男子は85年度より12.29センチ9歳女子は9.73センチ短く低下が続いている。この低下の要因には，種々の問題が考えられるが，神経，筋機能，筋パワーや筋持久力，平衡性の低下が推測され，身体支持機能にも影響し転倒を生じる可能性が考えられる。

さらに，社会的な要因として，子どもの遊ぶ時間や空間，仲間の不足が挙げられる。全国の成人約2100人のうち64％が「自分が子どもの頃と比べてスポーツや外遊びの環境が悪くなった」。この中で「自由に遊べる空き地や生活道路が少なくなった」と考える人が7割，「時間が少なくなった」と考える人が5割，「仲間，友達がいない」が4割いた[1]。

子どものスポーツは，遊びを通して自然に獲得する能力としての体力のみならず，社会性や

key word 骨粗鬆症，運動療法，水泳運動，閉経後女性，大腿骨近位部 Ward's

情緒的な発達を促すことも期待できる。これらの問題は，児童・生徒の学校における骨折率と深い関係があると考えられる。日本人3歳から90歳までの男女の骨密度の推移[2]では，男性は20歳ぐらいまで骨密度は増加し60歳ぐらいから徐々に減少する。ところが女性では，10歳代後半に最大骨量（骨密度）に達する。身体の成長とともに骨も成長・成熟し成人の骨になっていくが，40歳代後半から減少を続ける。また，骨は乳児期が最も成長の著しい時期で，次いで成長の著しい時期は思春期であり四肢の長管骨も成長とともに伸長している。男性では6-7歳頃から増加し，13-14歳をピークにその後，徐々に増加率は減少するものの，20歳代で骨密度の増加がみられなくなる。一方，女性では6歳頃から骨密度の増加率が増え，男性よりも早く11歳頃にピークに達する。16-17歳頃の最大骨量を高めるためには，骨密度が急激に増加する成長期（10歳代）の生活がポイントとなる。その理由は，加齢に伴う骨密度の減少に対して骨密度を高めておく必要があるからである。

2 骨と運動

厚生労働省の推計によると2025年には日本人の老年人口は3,312万人，老年比率27.4%すなわち3.7人に一人以上が65歳以上の高齢者となることが見込まれている。このような老年人口の増加に伴い，骨粗鬆症による腰椎圧迫骨折や，大腿骨頸部骨折が増加している[2]。これらの骨折は，寝たきりの状態を引き起こし，生活の質を低下させるため早急な対策が望まれる。加齢に伴う骨密度減少の問題は，退行期骨粗鬆症である。高齢者では，男女ともにアンカップリングの問題を抱えるが，女性では閉経に伴うエストロゲン分泌低下が急激に骨密度を減少させる。このように骨は，身体の支持組織として機能を有するが，骨の形態，強度そして血清カルシウム濃度を保つ骨リモデリングが重要である。骨リモデリングは，破骨細胞による骨吸収と骨芽細胞による骨形成をくり返し，サイトカインやホルモンさらに力学的負荷が関与する複雑なメカニズムである。エストロゲンには骨吸収を抑制する作用があり，その欠乏により骨吸収の亢進が起こる。骨組織の構築には力学的負荷も重要で，力学的負荷が加わらない状態では骨量の減少が見られる。骨粗鬆症発症予防の観点から生活指導や栄養指導の重要性が指摘され，身体活動の減少は，生活習慣病のみならず骨の脆弱化を引き起こす。その予防として，ウォーキングやレジスタンス運動が推奨されている。また，バスケットボール，バレーボールといった衝撃力や反発力の強い運動種目は，骨密度を増加させるために有効である。ところが，中高年者や高齢者を対象とした場合，これらの種目は，衝撃力が筋や腱に負担を与えて障害を招く可能性が考えられる。定期的にバドミントン運動を行っている中高年者の橈骨骨密度の測定を行った結果，骨密度を高めるには骨に捻転力が働くような力学的負荷が重要であることがわかった。

閉経後の女性を対象にかしわ手運動と四股踏み運動を組み合わせた運動プログラムを定期的に実施し縦断的検討を行った。その結果，非荷重骨よりも荷重の加わる腰椎，大腿骨の骨密度維持が認められ，骨密度減少の抑制には局所的に衝撃が加わる運動が重要である。ところが，民間スポーツクラブでは，水泳運動が健康づくりの一助として積極的に取り入れられている。その理由は，浮力による体重の減少，それによる膝への負担軽減や体位の保持としてバランス能力，さらに有酸素能力や脂質代謝の改善など水泳運動の効用が挙げられる。その反面，骨に対して荷重が加わらず，骨密度を高めないといった概念がなされているが，全身骨および腰椎

骨密度は，水泳運動群に高い傾向が認められた。上半身の姿勢保持や体幹の捻転を利用する水泳運動は，脊椎にしなりのような圧縮力を与え，腰椎骨密度に影響を与えたものと推察された。

一方，大腿骨近位部Ward's（図5-20）は海綿骨が豊富な領域で，大腿の筋力や身体活動量の低下による力学的負荷の軽減，閉経に伴う骨密度の減少が大きい部位である。水泳運動群および非運動群の大腿骨近位部の骨密度と体重との関係は，いずれの群においても相関が認められなかったが，水泳運動群の大腿骨近位部Ward'sの単位体重あたりの骨密度が高い。このことは，水中運動はプルとキックにより推進力を得るが，キックでの蹴り上げや蹴り下げ動作において大腿直筋，ハムストリングが主要な筋群として働き，水抵抗が筋や骨に負荷された影響が，大腿骨近位部全体の骨密度を高めた要因であると考えられる。さらにキック動作のくり返しでは，大腿筋群が付着する大腿骨近位部の筋と腱および腱と骨との接合部位に強いストレスが加わり，股関節周辺および大腿骨に力学的なエネルギーが伝えられ，水泳運動群の骨形成が促進されるものと考えられる。さらに，継続的な水泳運動は，筋萎縮や関節拘縮を改善させ，末梢の組織への血流量増加や骨への栄養供給を促す。海綿骨優位な大腿骨近位部Ward's

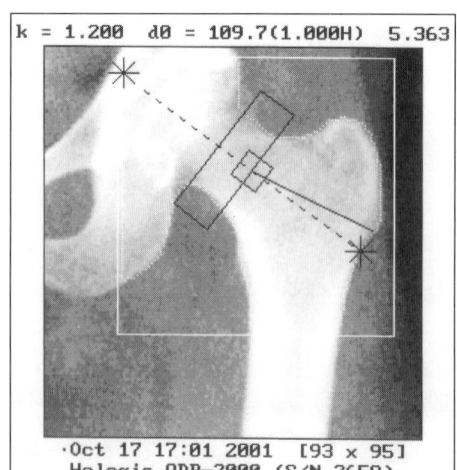

の骨密度維持に影響を及ぼしたことが考えられる。他の陸上での運動は，強い衝撃力が筋や腱を介して直接的に骨に伝わり，骨折を引き起こす可能性があるが，水中では浮力によるそれらの部位への荷重の軽減が障害発症予防にも期待される。

ところで，成人女性の大腿骨頸部の骨密度は$0.611g/cm^2$以上で，それ以下になると骨密度減少となる。閉経後は骨吸収の高まりとともに大腿骨頸部の骨密度が毎年ほぼ1％ずつ低下するとされている[3]。非運動群の10年後の大腿骨頸部の骨密度を推測すると$0.576g/cm^2$となり，この数値は骨粗鬆症診断基準の範囲となる。このことは，大腿骨頸部骨折の危険性と寝たきりを引き起こす可能性が大であり，大腿骨近位部の骨密度維持が重要であると思われる。

閉経後，骨吸収が高まり毎年骨密度の低下が進行し，特に大腿骨近位部Ward'sの骨密度減少は，大腿骨頸部骨折を引き起こす可能性が考えられ，ライフスタイルに大きく影響を及ぼすものと思われる。大腿骨近位部の骨密度維持として，水抵抗と浮力を利用した水泳運動が効果的であると思われる。

3 骨粗鬆症に対する運動療法

加齢に伴う骨の脆弱化には，遺伝・栄養（薬品）・力学的ストレスの3つが関係する。重力に抗して立ち，荷重や運動による刺激を骨へ負荷することこそ骨粗鬆症に対する運動療法として認識されている。運動の基本は，身体をある場所からある場所へ「運ぶ」こと，身体のある部位を「動かす」ことが総合されて運動を構成する。また，運動は日常のADL（生活活動動作）の基本動作であるため，高齢者の自立に必須である。骨粗鬆症における運動療法の基本は，骨密度増加から骨折予防，そして転倒予防に変化してきている。

転倒予防のための運動療法は，歩き方指導・バランス機能の向上に重点が置かれる。

歩行指導を行う場合，次の点に留意して行う。

図5-20　大腿骨近位部の骨密度測定（DXA：QDR-2000）（滝瀬作図）

①前を見て歩く
②着地は前脚の踵からつく
③離地時には後足のつま先で蹴るようにする

一方，バランス能力を養う方法は，直線上を左右の踵とつま先をつけて歩く．足を交差させつつ足と足とを近づけながら横方向に歩く．

骨粗鬆症治療のための運動療法[1]は，簡単かつ安全で毎日継続しやすい体操として，リクライニングエクササイズ（図5-21-A，B，C，D，E，F）およびアップライトリクライニング（図5-21-A，B，C，D）から構成される．

❶リクライニングエクササイズ（仰臥位で行う訓練）

四肢の関節可動範囲を最大限に利用する．脊椎は，仰臥位でできるだけ伸展させる（図5-21-A）．そして，ベッドや床を肘や足で軽く叩くまたは押しつけ，体を持ち上げて四肢の長管骨に圧迫力を加える（図5-21-B，D）．さらに，床を押し付ける動作では，四肢の筋はアイソメトリクスの効果が得られる．たとえ寝たきりの人でも四肢を可能な範囲で動かし，長管骨の骨軸へ圧迫力を加え，体幹の筋収縮や緊張を促すことで脊椎に体幹の筋群を利用した最低限の圧迫力を負荷することができる（図5-21-C，E，F）．

❷アップライトリクライニング（立位で実施する訓練）

壁に背をつけて片手を挙げ，挙げた側の足は爪先立ちをする（図5-21-G）．できるだけ背を伸ばし壁を押す（図5-21-H）．次に椅子を用いて軽いスクワットを行い骨盤筋群や下肢筋群を鍛え（図5-21-I），椅子には背・尻・大腿を接して座り，良い姿勢を保つ（図5-21-J）．

以上のような運動療法は，高齢者に限らず，年齢や体形，運動方法・時間など個人差に留意し，個人の健康，体力維持・改善のため行うものである．

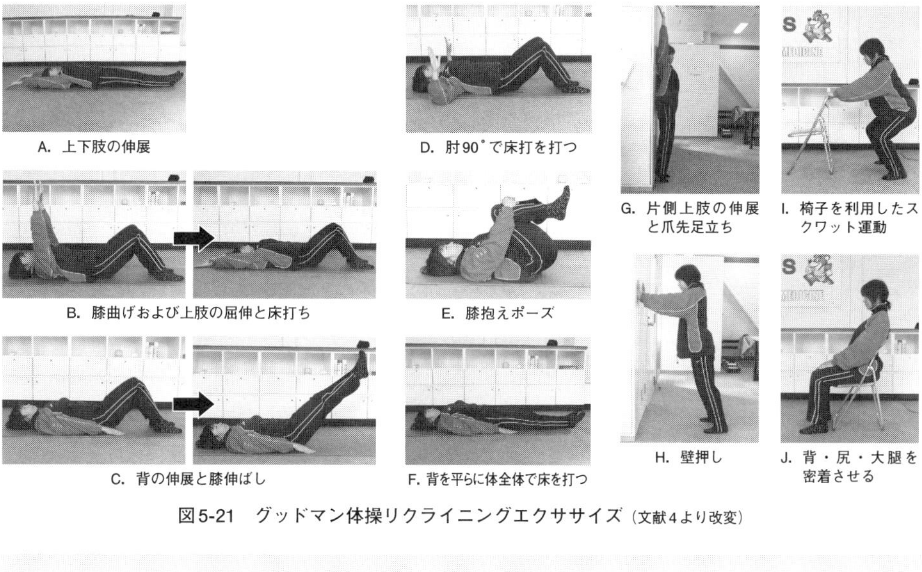

A. 上下肢の伸展
D. 肘90°で床打を打つ
G. 片側上肢の伸展と爪先足立ち
I. 椅子を利用したスクワット運動
B. 膝曲げおよび上肢の屈伸と床打ち
E. 膝抱えポーズ
C. 背の伸展と膝伸ばし
F. 背を平らに体全体で床を打つ
H. 壁押し
J. 背・尻・大腿を密着させる

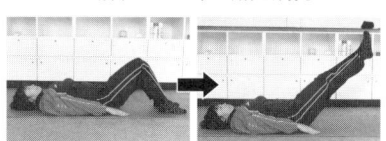

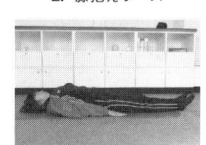

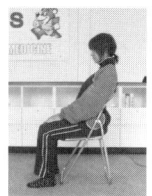

図5-21 グッドマン体操リクライニングエクササイズ（文献4より改変）

文献
1）読売新聞2005年10月10日　9歳男子50メートル走20年前の女子並み．
2）藤原佐枝子（2003）骨粗鬆症の疫学 性差に着目して，CLINICAL CALCIUM13(11)：9 - 14．
3）福永仁夫，曽根照喜，大塚信昭，長井清久（2000）骨粗鬆症の診断基準，THE BONE 14(1)：27 - 31．
4）Goodman CE．(1985)Osteoporosis：protective measures of nutrition and exercise. Geriatrics. 40(4)：59 - 70．

参考図書
1）健康運動指導士養成講習会Ⅲ（2005）12.水泳運動と健康づくり，財団法人健康・体力づくり事業団，p243-250．
2）中村利孝（2001）骨粗鬆症ナビゲーター，第1版，メディカルレビュー社．
3）折茂 肇，須田立雄，井上哲郎，森井浩世，森田陸司，藤田拓男（1993）最新骨粗鬆症，第1版，ライフサイエンス出版．

4 高齢者の動きの特徴
―歩行運動を中心に―

金子公宥（バイオメカニクス）

人間は誰しも大昔から「少しでも長生きし，元気で活動したい」と願い，不老長寿の方法を探してきた。その努力は今も続いているが，誰もが高齢者となり，やがて死を迎える。この運命を回避できる人はどこにもいない。老化現象は不可避ながら，老化現象に取り組む老人学のモットーが「人生を長びかせ，その人生を意義深いものにすること」[1]といわれるように，老化を遅らせることは可能である。そのためには，高齢者の体力や動きの特徴をよく理解して，いかに老化した現実に対応すべきかを知ることが大切である。

1 高齢者の動きの一般的な特徴

スポーツに限らずに日常の何気ない動き（動作）において，高齢者には若い人と異なる点が多々ある。それらのすべてが研究をとおして明らかにされているわけではないが，一般的にありそうな高齢者の動きの特徴を挙げてみよう。

❶動きの開始が遅い

これは反応が遅いことに関係する。反応の速さのテストには，単一な刺激に対する単純反応と，複数の刺激を判別して反応する選択反応とがあるが，高齢者の場合は一般に，どちらも遅いことが多い。反応の遅延は，たとえば危機に瀕して行動する場合などには生命に関わることも少なくないが，あながち悪いことばかりではない。「やや遅い」理由が，的確な反応のあり方を模索している時間のためかもしれないからである。長年にわたって培った豊富な経験が選択肢を多くし，その適切な選択のために反応が遅れている可能性もある。若者の反応は速いが，時に誤った反応（焦燥反応）を起こすこともある。

❷動き自体が遅い

高齢者の動きにおける最大の特徴の1つが「動きが遅い」ことである。日常生活の基本はいわゆる「立ち居ふる舞い」[2]にあり，それらの動作が一般にことごとく遅くなる。その原因は多くの場合，加齢によって低下した体力に起因している（「加齢と身体運動」の節参照）。また，反応時間の遅延と同様の理由で，低下した筋力や瞬発力，バランス能力などのため，転倒や衝突などの危険が増す。そうした危険を回避するために，慎重を期して行動することが結果的に「遅い動き」となっているとも考えられる。

❸動きの範囲が小さい

若年者にくらべると高齢者の動きには，伸びやかさがなく，大きな動きが少ない。その原因は，筋や腱の弾力性の低下や関節周辺の結合組織の硬化によって，関節の可動域が減少し，からだの柔軟性が低下することにある。この柔軟性の低下は老化現象の最大の特徴の1つで，各関節の可動範囲が小さくなるため，歩いたり泳いだりするようなくり返し行う動作（サイクリック運動）が遅くなる。背が曲がったり腰が曲がったりするのは，重力に対抗して働く筋（抗重力筋）の筋力低下や，椎間板の平坦化や変形などの脊柱の歪みによるが，こうした姿勢変化も動作を小さくする原因となる。

❹動きが不安定である

高齢者の大きな特徴の1つが，動きの不安定さにあり，バランス機能の低下や「転倒（fall）」との関係で，各方面から注目されている。不安定な動きは様々な場面でみられるが，静止した立位姿勢でも見られるところから，立位の身体動揺をとらえる平衡性テストがいろいろ考案されている。平衡性のテスト法については別項

key word 高齢者，転倒，動的バランス，立ち上がり動作，歩行動作

譲るが，いずれの体力要素も**加齢**(※1)とともに多かれ少なかれ低下するが，中でも最も顕著に低下するのが平衡性（バランス能）で，加齢とともに直線的に低下する[3]。

2 動的バランスの能力における特徴

静かに立っているだけでも，身体はかすかに揺れ動いている。この身体動揺を調べるバランステストの代表が「片足立ちテスト」である。閉眼で行う場合と開眼で行う場合とがあるが，高齢者にとってはいずれも「片足で立つ」ことが困難で，特に閉眼では片足支持時間がゼロの人が少なくない。そのためか新体力テストでは開眼の片足立ちテストが行われている。一方，動きを外乱とした動的バランステストが種々考案されている。**図5-22**はその一例で，Functional Reachテストの実施風景である。短い棒を両手で水平に握り，両腕を目の高さに上げて壁に貼ったスケールの上を前に移動する。高齢者ではこの動的バランス能が低く[4]，また女性のほうが男性より低い傾向にある（**図5-23**）[5]。転倒の危険性を推定するという点から見ると，動的バランステストの方が静的バランステストより「外乱（揺さぶり）に対応する姿勢調整能を調べる」という点で優れている。バランス能の低下が問題視されるのは，**転倒**(※2)の直接的原因と目されているからである。しかし，転倒の原因にはバランス能だけでなく，下肢の筋力や筋パワー，歩行能力などの姿勢の調整に関わる様々な機能が，複合的に関わっていると考えら

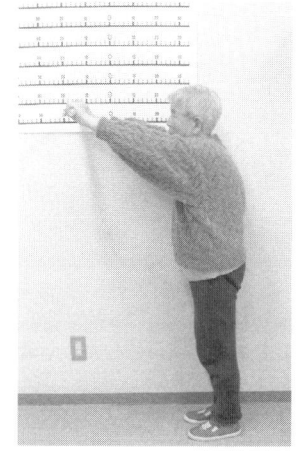

図5-22 Functional Reachテスト[9]

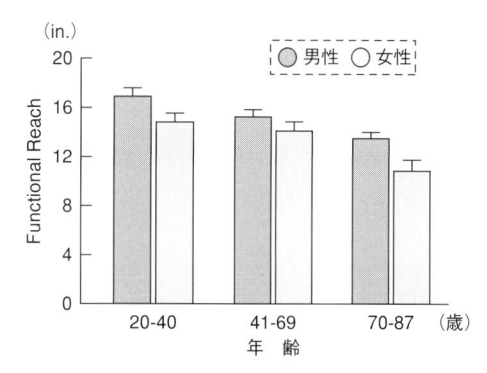

図5-23 Functional Reachテスト成績の加齢変化[5]

れる[4]。

3 椅子から立ち上がる動作における特徴

日常生活では，椅子に掛けた姿勢から立ち上がる（立位）動きが少なくない。高齢者では，この椅座位から立位への動きが，肘掛を押し下げたり，テーブルに手をついたりして，言わば「どっこいしょ」という感じで行われる。この

(※1)
「加齢（Aging）」
広くは「年齢を増すこと」であるが，「成人以後に年をとること」の意味で用いられることが多い。

(※2)
「転倒（Fall）」
すべったり，ころんだりして，ひっくりかえること。

動作を高齢者と若年者について比較した研究がある[6]。図5-24がその実験風景で，3次元（上下左右前後）の重心移動がわかる重心移動計を足の下に置き，椅子からの立ち上がり動作を行う。この実験では，椅子の座面の床面からの距離を5cmから40cmまで7段階の高さに設定し，立ち上がり動作における身体重心の揺れが高齢者と若者でどのように違うかを比較した。その結果が図5-25である。左が座面の高さ（座面高）=5cmの場合，右が30cmの場合である。座面が高いと立ち上がり易くなるため，右図に見られるように高齢者と若年者との差が極めて少ない。しかし，座面が低くなると，膝を伸展して重心を押し上げる距離が長くなるため，高齢者の重心移動が若年者と大きく相違する。すなわち，若年者では，座面が低かったときとあまり変わらず，前後方向の動きだけで立ち上がっている。一方，高齢者の重心は，左右に大きく動揺しているだけでなく，前後の動きも単純ではなく，最初に右への揺れがあり，やがて左へも行き過ぎてから戻っている。前後動についても，前方への過大な移動を修正しながら安定した立位姿勢に落ち着いている。このような椅子からの立ち上がり動作における高齢者の動きの特徴は，筋力の低下や平衡性の低下が原因と考えられる。

4 日常の歩行運動における高齢者の特徴
❶歩行速度の低下

日常生活での何気ない歩行運動を研究するときは，「いつものような速さで気持ち良く歩いて下さい」という示唆を与えて行う。この歩行を「自由歩行」と呼ぶ。この自由歩行の速度は，高齢者の場合，様々な体力要素と密接な関係にある[7]。歩行の速度は，歩幅（1歩の前方距離）と歩調（1秒間の歩数）の積，すなわち「歩行速度=歩幅×歩調」で決まる。自由歩行の速度は加齢とともに低下するが，高齢者の自由歩行の速度が若年者より明らかに遅い原因は，歩調よりむしろ歩幅の低下にあることが知られている[7, 8]。

❷不安定な片足支持期の相対的減少

両足が同時に地を離れることのある走運動と違って，歩行には，常に足が地面についているときを片足支持期と両足が着いている両足支持期とがある。1回の歩行周期（1サイクル）は，たとえば右足の踵が着いたときから次にまた右足の踵が着くまでの期間で，前半は片足支持期，中間に両足支持期があり，後半にまた片足支持期がある。片足支持期をスイング期，両足支持期をスタンス期とも呼ぶ。

図5-26は，自由歩行の1サイクル時間と片足支持期，両足支持期の時間（秒）における加齢変化を示している。加齢とともに動作が遅くなるため，いずれの時間も延長する。興味深いのは右図である。すなわち1サイクルの時間を100%と

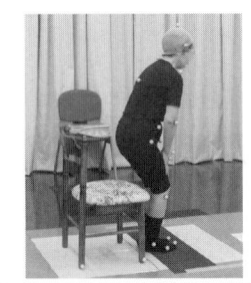

図5-24 椅子からの立ち上がり動作[6]

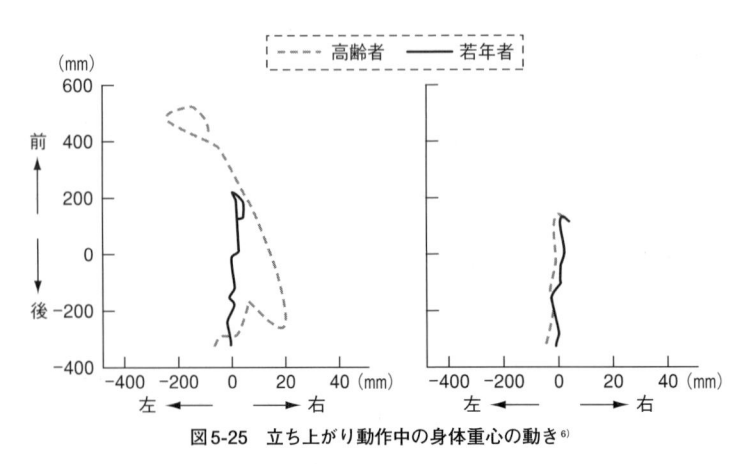

図5-25 立ち上がり動作中の身体重心の動き[6]

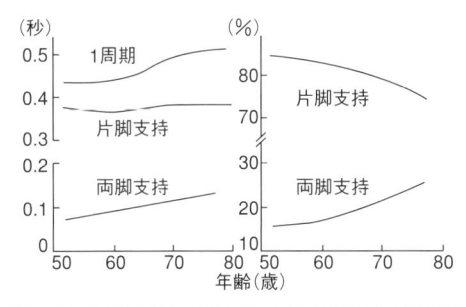

図5-26 加齢に伴う歩行1周期の片脚支持期と両脚支持期の時間（左）と，1周期の時間を100とした時間の割合[7]

すると，片足支持期の占める割合が減少するのに対し，両足支持期の割合は増加する。すなわち，高齢者は，両足が着地しているときは比較的バランスをとり易いが，片足で体を支持しながら反対足をスイングする動作が不安定な動作となるため，相対的に片足支持期（％）が減少するものと考えられる[7]。

❸高齢者の歩行における関節の動き

図5-27は，高齢者の速いペース（白丸）と普通のペース（黒丸）において下肢関節の動いた最大の角度が，加齢に伴ってどのように変化するかを示している[9]。どの関節角も高齢者になると低下する。すなわち，両脚をコンパスのように動かすときの基軸となる股関節の角度が減少して，前後に開く度合いが小さくなる。膝の屈曲角も減少し，足関節の背屈角も狭くなる。このように高齢者の動きの幅が縮小したり，遅くなったりする背景には，先に述べたように，高齢者の筋力，筋パワー，柔軟性といった体力の低下が深く関わっている[10]。

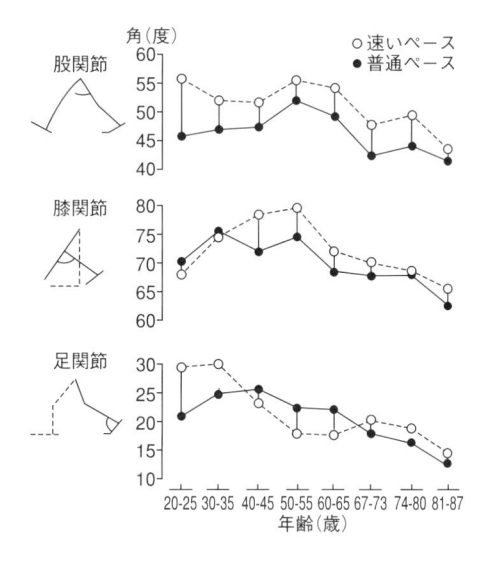

図5-27 「速い」と「普通」のペースにおける股関節，膝関節，足関節の最大運動域の加齢変化[11]

文献
1) Timiras, P.S.（江上信雄ら訳）(1978)ティミラス生理学；発育と老化のしくみ．丸善．
2) 島津晃，西村典久(2000)労働の原典「立ち居・振る舞い」のすべて．(改訂版)，(財)労働安全衛生研究所．
3) 木村みさか(2000)高齢者のバランス能(平衡性)を評価することの意義．日本生理人類学会誌5(2)：17-23．
4) 木村みさか，奥野直，岡山寧子，田中靖人(1998)高齢者の立位姿勢保持能力に関する一考察．体育科学 26：103-114．
5) Duncan, P.W., Weiner, D.K., Chandler, J. and Studenski, S. (1999) Functional reach; a new clinical measure of balance. J. Gerontorogy 45：192-197.
6) 易 強，櫻川智史，鈴木敬明，田村久恵迫 秀樹，横井孝志(2002) 3 次元動作解析による高齢者および若年者の立ち上がり動作の比較．日本生理人類学会誌, Vol.7特別号：42-43．
7) Kaneko, M., Morimoto, Y., and Fuchimoto, T. (1991) A kinematic analysis of walking and physical fitness testing in elderly women. Can. J. Sports Sci. 16：223-228.
8) Himann, J.E., Cunningham, D.A., Rechnitzer, P.A. and Paterson, D.H. (1980) Age-related chages in speed of walking. Med. Sci. Sports Exerc. 20(2)：161-166.
9) 衣笠隆，永崎浩，伊藤元，橋詰謙，古奈丈人，丸山仁司(1994)男性(18〜83歳)を対象にした運動能力の加齢変化の研究．体力科学 43：343-351．
10) 金子公宥(1991)高齢者の歩行運動 J. J. Sports Sci.10(11)：729-733.
11) Murray, M.P., Kory, R.C., and Clarkson, B.H. (1969) Walking patterns in healthy old men. J. Gerontol. 24：169-178.

参考図書
1) 宮下充正，武藤芳照編(1986)高齢者とスポーツ．東京大学出版会．
2) 老化の科学－21世紀への老化研究をめざして－(1994)東京化学同人．

5 健康づくりの栄養管理

岡村浩嗣（スポーツ栄養学）

1 望ましい栄養・食事，食生活指針

表5-8は厚生労働省による「食生活指針」であり，図5-28は2005年6月に発表された「食事バランスガイド」である。このガイドは，弁当箱による栄養バランスの調整法（第1部第2章10，図1-35）と同様に，十分な主食と主菜，副菜の組み合わせが望ましいことを示している。また，このガイドでは運動が重要なことを，運動しないとコマが止まり倒れてしまうことで示している。

表5-8 食生活指針
- 食事を楽しみましょう
- 1日の食事のリズムから，健やかな生活リズムを
- 主食，主菜，副菜を基本に，食事のバランスを
- ごはんなどの穀類をしっかりと
- 野菜・果物，牛乳・乳製品，豆類，魚なども組み合わせて
- 食塩や脂肪は控えめに
- 適正体重を知り，日々の活動に見合った食事量を
- 食文化や地域の産物を活かし，ときには新しい料理も
- 調理や保存を上手にして無駄や廃棄を少なく
- 自分の食生活を見直してみましょう

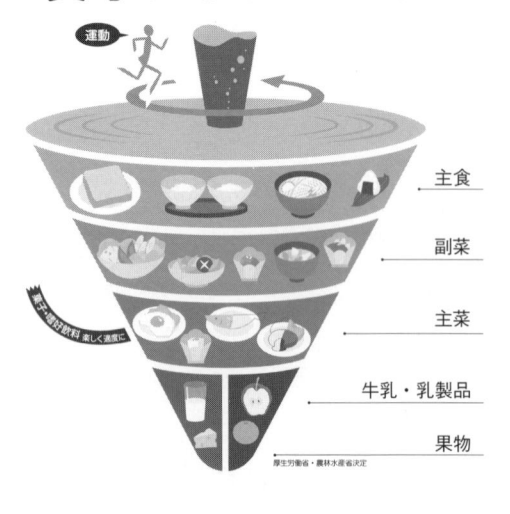

図5-28 食事バランスガイド[1]

2 食生活の変化と健康問題

近年の日本での高血圧，脳血管疾患，虚血性心疾患などの増加には，穀類摂取量の減少と肉類，牛乳・乳製品，卵類の摂取の増加（図5-29）による脂質摂取量の増加（図5-30）が関係していると考えられている。このため食事バランスガイドでは，穀類（主食）を十分に取り，脂肪の多い主菜などを必要以上に取らないことを勧めている。

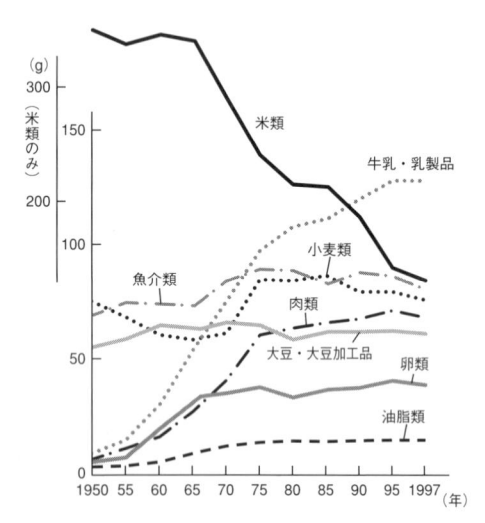

図5-29 食品群別摂取量の年次推移（一人1日あたり）[2]

図5-30 日本人のエネルギー栄養素別摂取構成比[2]

| key word | 食生活指針，食事バランス，ナトリウム，食塩，カルシウム，鉄，貧血，エネルギー，基礎代謝，筋肉量，体脂肪，肥満，栄養補助食品，サプリメント |

　日本食は世界の食の中でも健康的な食とされている。しかし，以下のような過剰や不足に注意する。

❶過剰に注意すべきもの

①**ナトリウム**：日本食では塩，味噌，醬油といったナトリウムを含む調味料をよく使う。塩味の濃いものは食べ過ぎやすく肥満につながりやすい。このため世界保健機関（WHO）では食塩は一日あたり6 g以下が望ましいとしている。日本食では食塩を一日あたり6 g以下にすることは困難なので10 g以下が目標とされている。日本人の平均摂取量は一日あたり約12 gである。食塩はみそ汁1杯に約2 g，麺類に約6 g含まれている。加工食品に表示されているナトリウム量を2.54倍すると食塩量に換算出来る。

②**脂質**：食の欧米化によって脂肪の摂取量が増加してきた。一般成人では脂質のエネルギー比は20〜25%が望ましいが，若年層では25%を超えている。脂肪は1 gあたり9 kcalであり，1 gあたり4 kcalの炭水化物やたんぱく質よりもエネルギーが高いため同じ量を食べても太りやすい。欧米諸国の脂質エネルギー比は35〜40%である。

❷不足に注意すべきもの

①**カルシウム**：日本ではカルシウムは取りにくい栄養素の代表である。日本食では乳製品を利用しないことが，カルシウムが不足しやすい大きな理由である。骨ごと食べられるような小魚類を以前にくらべて食べなくなってきたことも関係しているといわれる。国民栄養調査によるとカルシウムは20歳代で摂取量が最も少ない。

②**鉄**：鉄の不足は鉄欠乏性貧血につながる。レバーやほうれん草が，鉄を豊富に含む食品として知られている。その他に肉や魚(特に赤身)，葉菜類，卵，大豆，穀類からも鉄は取れる。

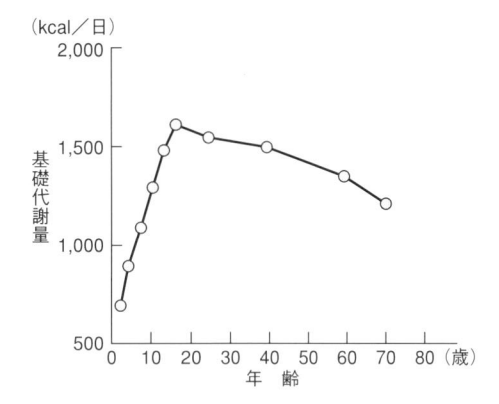

図5-31　基礎代謝量の経年変化[3]
日本人の食事摂取基準2005年版

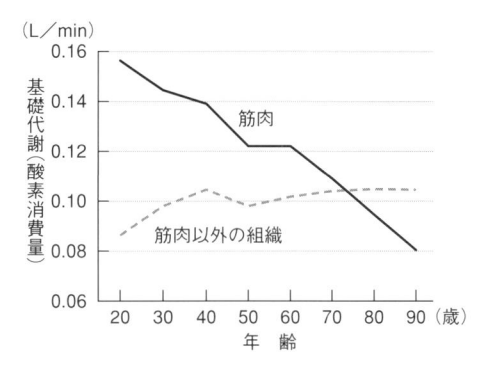

図5-32　筋肉及び筋肉以外の基礎代謝と年齢の関係[4]
下方ら　日本老年医学会雑誌30：572-576，1993

3　太りやすい現代の生活環境

　太りすぎないことは生活習慣病の予防で，まず気をつけるべきことである。中年以降に太りやすくなるのは基礎代謝量の減少（図5-31），特に筋肉による基礎代謝量が減少することの影響が大きい（図5-32）。中年以降は身体活動量が減るために筋肉量が減少しやすい。これが基礎代謝量の減少につながり，摂取したエネルギーが消費しきれず体脂肪となって蓄積して中年太りにつながる。

　表5-9は20歳代と同じ生活をしていても40歳代になると一日あたりのエネルギー消費量が約140kcal少なくなることを示している。一日あたり140kcalの余剰エネルギーは1年間で

51,100kcalであり，約7kgの体脂肪として蓄積することになる（体脂肪は1kgあたり約7,000 kcal）。中年以降も生活に運動を取り入れ，筋肉量が減らないようにして基礎代謝量を減少させないことが大切である。また，表5-9から，エネルギー消費量を高めるには，どの時間帯でどのくらい運動をすればよいか知ることが出来る。

食環境にも太りやすい要因がある。果物と菓子の栄養価を比較すると（表5-10），みかんとショートケーキは1個あたりの重量は同じでもエネルギーには10倍の違いがある。菓子などの加工食品では水分が少なく脂質が多く，重量

表5-9　20歳代と40歳代のエネルギー消費量の比較

	20歳代	40歳代
体重（kg）	65	65
基礎代謝基準値（kcal/kg/day）	24.0	22.3
1分間当たりの基礎代謝量（kcal/min）	1.08	1.01

時刻	所要時間(分)	日常生活活動の種類	Af	18～29才のエネルギー消費量(kcal)	30～49才のエネルギー消費量(kcal)
7:00		起床			
7:00-7:30	30	身の回りのこと	1.5	49	45
7:30-8:00	30	食事	1.4	46	42
8:00-9:00	60	通勤（電車）	1.5	98	91
9:00-12:00	180	机上事務	1.6	312	290
12:00-12:20	20	食事	1.4	30	28
12:20-13:00	40	ゆったり座る	1.0	43	40
13:00-17:00	240	机上事務	1.6	416	387
17:00-18:00	60	通勤（電車）	1.5	98	91
18:00-19:00	60	身の回り	1.5	98	91
19:00-19:30	30	食事	1.4	46	42
19:30-23:00	210	ゆったり座る	1.0	228	211
23:00-7:00	480	睡眠	1.0	520	483
合計	1440			1981	1841

表5-10　果物と菓子の栄養価

みかん	45	87.4	0.1	90	31
りんご	54	84.9	0.1	250	115
バナナ	86	75.4	0.2	150	77
ショートケーキ	344	31.0	14.0	90	310
チョコレート	557	0.5	34.0	3	17

五訂ダイジェスト版　食品成分表より[5]

表5-11　市販弁当の栄養価の例（岡村作表）

料理	食品名	重量(g)	可食部100gあたり エネルギー(kcal)	たんぱく質(g)	脂質(g)	炭水化物(g)	各食品あたり エネルギー(kcal)	たんぱく質(g)	脂質(g)	炭水化物(g)
ご飯	水稲めし・精白米	200	168	2.5	0.3	37.1	336	5.0	0.6	74.2
ハンバーグ	ハンバーグ	73	223	13.3	13.4	12.3	163	9.7	9.8	9.0
コロッケ	コロッケ	35	164	4.6	17.6	25.3	57	1.6	6.2	8.9
スパゲティ	たまねぎ	4	31	0.8	0.1	7.3	1	0.0	0.0	0.3
	スパゲティ	20	149	5.2	0.9	28.4	30	1.0	0.2	5.7
	ソーセージ	2	321	13.2	28.5	3.0	6	0.3	0.6	0.1
ソーセージ	ソーセージ	13	321	13.2	28.5	3.0	42	1.7	3.7	0.4
オムレツ	にんじん	3	39	0.6	0.1	9.6	1	0.0	0.0	0.3
	たまねぎ	5	31	0.8	0.1	7.3	2	0.0	0.0	0.4
	卵	20	151	10.8	9.1	6.4	30	2.2	1.8	1.3
ペンネソース和え	マカロニ	10	149	5.2	0.9	28.4	15	0.5	0.1	2.8
	乾燥パセリ	<1	341	28.7	2.2	51.6	0	0.0	0.0	0.0
昆布佃煮	昆布佃煮（ごま入り）	6	84	6.0	1.0	33.9	5	0.4	0.1	2.0
チキンカツ	全体	19								
	鶏肉	7	121	24.4	1.9	0.0	8	1.7	0.1	0.0
	ころも	8	317	12.4	6.7	50.4	25	1.0	0.5	4.0
	大豆油	4	921	0.0	100.0	0.0	37	0.0	4.0	0.0
エビフライ	全体	23								
	えび	6	82	18.4	0.3	0.3	5	1.1	0.0	0.0
	ころも	11	317	12.4	6.7	50.4	35	1.4	0.7	5.5
	大豆油	6	921	0.0	100.0	0.0	55	0.0	6.0	0.0
タルタルソース	マヨネーズ／卵黄型	9	670	2.8	72.3	1.7	60	0.3	6.5	0.2
合計							914	27.9	40.9	115.0

（体積）あたりのエネルギー含量が高いものが多い。

表5-11は市販弁当の栄養価の例である。○○が豊富な食品と○○がたくさん取れる食品とが，必ずしも一致しないことに注意してほしい。たとえば，ご飯は高タンパク質食品とはいえないが，ご飯から取れるたんぱく質は弁当中で2番目に多い。一方，乾燥パセリは100 gあたりのたんぱく質量からは高たんぱく質食品だが，実際にはパセリからたんぱく質は取れない。

4 サプリメント，栄養補助食品

サプリメントを利用する場合は，宣伝などの情報が科学的なものであるかどうかよく考える必要がある。図5-33は健康情報の信頼性を考えるうえでのフローチャートである。特定保健用食品は，厚生労働省が科学的根拠があると認めたものであるが，市場にはそうでないものもあるので注意する。国立健康・栄養研究所のホームページで，健康・栄養情報を検索出来る。

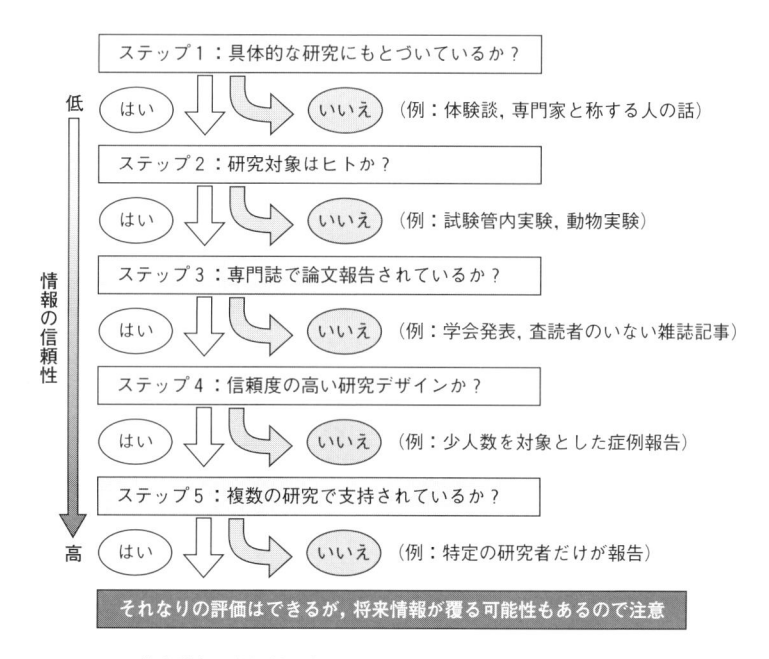

図5-33　健康情報の信頼性を考えるうえでのフローチャート[6]

文献

1) 厚生労働省，農林水産省(2005)食事バランスガイド(http://www.j-balanceguide.com/)．
2) 脊山洋右，廣野治子編(2000)コンパクト栄養学，南紅堂，p3．
3) 第一出版編集部(2005)厚生労働省策定日本人の食事摂取基準(2005年版)・初版，第一出版
4) 下方浩史ほか(1993)日本老年医学会雑誌，30:572-576．
5) 香川芳子監修(2005)五訂食品成分表・初版，女子栄養大学出版部．
6) (独)国立健康・栄養研究所監修，山田和彦，松村康弘編著(2005)健康・栄養食品アドバイザリースタッフ・テキストブック，第一出版，p277．

6 スポーツと疾病予防

前島悦子（スポーツ医学）

1996年，生活習慣に着目した生活習慣病（Life-style related diseases）という概念が新たに導入された。

生活習慣病は，食習慣，運動習慣，休養，喫煙，飲酒などの生活習慣が，その発症・進行に関与する疾患群で，インスリン非依存型糖尿病，肥満，高脂血症（家族性を除く），高尿酸血症，循環器疾患（先天性を除く），大腸癌（家族性を除く），高血圧症，肺扁平上皮癌，慢性気管支炎，肺気腫，アルコール性肝障害，歯周病などが含まれる。

本稿では，運動療法が疾患の予防や治療の適応となる生活習慣病を中心に解説する。

1 肥満（Obesity）

❶定義

体組織に占める脂肪細胞の量が，過剰に蓄積された状態を肥満と定義する[1]。

日本肥満学会による肥満度の判定は，body mass index（BMI）を用いて行う。

$$BMI(kg/m^2) = 体重(kg) \div 身長(m)^2$$

BMI＜18.5は痩せ，18.5≦BMI＜25が正常，25≦BMIは肥満と判定する。

日本肥満学会では，BMIが22のときが疾病の合併率が低いことより，身長(m)²×22を標準体重としている。

❷肥満症

肥満に起因ないしは関連する健康障害を合併するか，臨床的にその合併が強く予測される場合を肥満症と診断する。

内臓脂肪（大網，小網，腸間膜，腹膜直下，腎周囲の脂肪）の蓄積が，皮下脂肪の蓄積より合併症を発症させる危険が高いと考えられている。

〈肥満の鑑別〉

肥満は原因により，単純性肥満（原発性肥満）と二次性肥満（症候性肥満）とに分類される。二次性肥満の原因としては，内分泌性肥満と薬物性肥満が最も多い。

❸肥満症と運動

整形外科的疾患の合併を把握することが大切である。関節への体重負荷が少ない自転車や水泳などの運動から始めるのが良いとされている。食事療法との併用が，より効果的である。運動量は，一日の摂取カロリー量を上回るようにする。運動強度は，体脂肪率を効率良く消費させる有酸素運動が推奨されている。一週間の運動による消費エネルギーを約1800kcalになるよう運動量を調節する。

2 糖尿病（Diabetes mellitus; DM）

糖尿病は，インスリンの分泌が低下あるいはその作用の低下により血糖値が上昇し，様々な症状や臓器障害をきたす疾患である。

血液中のブドウ糖の濃度は，健康な人では一晩絶食しても70〜110mg/dlの範囲にあり，糖質を主体とした食事を摂取した後でも，140mg/dlをこえない範囲に調節されている。インスリンは血糖値を低下させる唯一のホルモンである。

人間の体内における糖の代謝に重要な臓器は，膵臓（β細胞），肝臓，筋肉，脂肪組織である。

❶高血糖が起こるメカニズム

糖尿病ではインスリンの分泌あるいは作用のどちらか，あるいは両者の低下が存在する。そのため，血液中から筋肉，脂肪組織，肝臓へのブドウ糖の取込みが低下する。その結果，血液中のブドウ糖の濃度が上昇する。さらに肝臓に

Key word 生活習慣病，肥満，糖尿病，高血圧，高脂血症

おける糖新生が抑制されなくなり，ブドウ糖が肝臓から血中に放出される。これら一連の現象が起こる結果，血中のブドウ糖濃度が著明に増加する。

❷糖尿病の診断[2]

血糖値の測定は診断に不可欠であり，治療にも必要である。血糖値とは，血液中に存在するブドウ糖（グルコース）濃度のことである。

「糖尿病型」と判定する検査結果

次の①～③のいずれかに該当する場合には「糖尿病型」と判定する。

① 随時血糖値200mg/dl以上が確認された場合。
② 早朝空腹時血糖126mg/dl以上が確認された場合。
③ 糖負荷試験で2時間値200mg/dl以上が確認された場合。

「糖尿病」と判断する場合

「糖尿病型」に次のような状態が存在する場合は「糖尿病」と診断できる。

① 口渇，多飲，多尿，体重減少など糖尿病に特徴的な症状がある場合。
② ヘモグロビンA1c（HbA1c）が6.5％以上である場合。
③ 過去に高血糖を示した検査データなどの資料がある場合。
④ 過去に糖尿病として診察された病歴や糖尿病性網膜症が存在する場合。
⑤ 「糖尿病型」の血糖値が別の日に確認できる場合。

HbA1cは赤血球のヘモグロビンにブドウ糖が結合したものである。HbA1cは血糖の1～2ヵ月の平均値を示す。血糖値が高い状態で推移すれば，HbA1c値は高くなる。

❸糖尿病の症状

典型的な糖尿病の症状は，口渇，多飲，多尿である。この他，夜間尿，体重減少，易感染性，創傷治癒の遷延化，全身倦怠感，視力障害，消化器症状（悪心，嘔吐，下痢，便秘），神経・筋症状（しびれ，冷感，疼痛，筋力低下，起立性低血圧，発汗異常，神経因性膀胱，勃起障害），足病変（水疱，壊疽，足変形→下肢切断），意識障害などの症状がみられる。

糖尿病，肥満，高血圧，高脂血症を伴ったものを代謝症候群，インスリン抵抗性症候群，マルチプルリスクファクター症候群，死の四重奏，シンドロームXなどと呼称し，動脈硬化の進展が多くみられる。

❹糖尿病の分類

糖尿病には，2つの分類がある。成因からみた分類（表5-12）では，1型，2型，その他の機序，妊娠糖尿病となっている。日本では1型糖尿病の頻度は少なく1～2％程度とされている。2型糖尿病の割合は95～97％とされている。家系内発生が多く，2型糖尿病にかかわる遺伝子が現在解明されつつある。

病態による分類（表5-13）では，インスリン依存型糖尿病とインスリン非依存型糖尿病に分類する。血中ケトン体の増加は，インスリンの作用不足の鋭敏な指標になる。C-ペプチドはインスリンと等モル膵臓から分泌され，肝臓で

表5-12 1型および2型糖尿病の特徴[2]

糖尿病の成因	1型	2型
発症機構	自己免疫を基礎にした膵β細胞破壊：他の自己免疫疾患（甲状腺疾患など）の合併が少なくない	インスリン分泌の低下にインスリン抵抗性が加わって起こる
遺伝的素因	HLAに特徴がある。他の遺伝子の関与も推定されている。家系内の糖尿病は2型より少ない	家系内血縁者にしばしば糖尿病あり
発症年齢	25歳以下に多い	40歳以上に多い
肥満度	非肥満が多い	肥満または肥満の既往が多い
自己抗体	発症初期の70％位の症例にislet cell antibody，抗glutamic acid decarboxylase抗体，insulin autoantibodyなどが陽性	陰性（陽性の場合は1型である）

表5-13 病態による糖尿病の分類[2]

	インスリン非依存型	インスリン依存型
特徴	自己のインスリン分泌能が維持されているがやや不足し，血糖コントロールにインスリンを用いなくても可能な場合とインスリンが必要なものに分けられる	インスリンが絶対的に欠乏し生命維持のためインスリン治療が不可欠
臨床指標	血糖値：さまざまであるが安定している ケトン体：増加するがわずかである	血糖値：高い，不安定 ケトン体：著増
治療	①食事療法 ②運動療法 ③経口薬またはインスリン療法	①インスリン頻回注射（3〜4回/日） ②食事療法 ③運動療法
インスリン分泌	空腹時血漿CPR 1.0ng/ml以上	空腹時血漿CPR 0.5ng/ml以下 （CPR: C-ペプチド）

分解されず，腎臓からそのまま排泄されるので，C-ペプチドを測定することでインスリン分泌能がほぼ推定できる。

❺糖尿病の合併症

糖尿病の慢性合併症には細小血管症と大血管症があるが，糖尿病に特有のものは細小血管症である。

細小血管症は，小動脈や毛細血管の病変に基づくもので，三大合併症として，糖尿病性網膜症，糖尿病性腎症，糖尿病性神経症が挙げられる。大血管症は動脈硬化によるもので，狭心症や心筋梗塞などの虚血性心疾患，脳梗塞，閉塞性動脈硬化症などがみられる。重症の場合が多いので，生命予後を左右する重要な合併症である。

❻糖尿病の治療

糖尿病の治療目標は，健常者と同様な社会生活を送ることができるよう，合併症の発症阻止，あるいはすでに存在する合併症の進展を阻止することである。高血糖に基づく口渇や全身倦怠感などの自覚症状の改善のみを目標としてはならない。患者の10年後，20年後を見据えた治療が必要である。

①食事療法

膵臓のβ細胞への負担を軽減し，反応性を回復させ，インスリン作用組織におけるインスリン抵抗性を改善することが大切である。

一日の必要カロリーを指示する。実際には標準体重に生活活動強度による必要カロリーから求めることができる。三大栄養素のエネルギー比としては，蛋白質15−20％，脂質20−30％，糖質55−60％が目安となる。蛋白質の割合は，成長期の子どもを除き，腎症の進展防止のために体重1kgあたり1.0−1.2gとする。

②糖尿病と運動

糖尿病における運動療法の目的は，インスリン抵抗性を改善することである。運動によるインスリン抵抗性改善効果は運動後1−2日持続する。少なくとも週3回は運動することが勧められる。

運動強度は中等度で，1回20−30分，できる限り毎日，少なくとも週3回行うように指導する。運動の習慣をつけさせることが大切である。食後に運動すると，食後の血糖上昇を抑えることができる。また薬物療法を併用している患者の場合は，低血糖防止のために，食後1−2時間後に運動を開始することが勧められる。

運動療法の禁忌

血糖コントロールが極めて悪い場合，眼底出血の可能性のある場合，進行した腎症では禁忌である。糖尿病では心血管病の合併が多いので，運動療法が可能かどうかのメディカルチェックが必要である。

③薬物療法

ⓐ**経口糖尿病治療薬** 2型糖尿病に対して用いられる。食事療法と運動療法を行ってもよい血糖コントロールが得られない場合に投与される。

ⓑ**インスリン療法** 1型糖尿病で，インスリン分泌能が枯渇した病態では絶対適応となる。その他には，経口糖尿病薬でコントロールできない2型糖尿病や，経口薬の効果がなくなった場合，よりよい血糖コントロールのためにインスリンが使われる。

3 高血圧（Hypertension）

❶高血圧の診断

高血圧の診断基準は世界共通で，少なくとも3回以上の血圧がいずれも収縮期血圧140mmHg

以上，拡張期血圧90mmHg以上（両者あるいはどちらか）で高血圧と診断する[3]。高血圧の診断に用いられる血圧値は，医療機関で測定された血圧値による。

❷高血圧の分類

高血圧患者の約90-95％は，原因が究明されていない本態性高血圧で，残る10％未満は原因が明らかな高血圧で，これを二次性高血圧と分類する。

心血管病の危険因子としては高血圧，喫煙，高コレステロール血症，糖尿病，高齢（男性60歳以上，女性65歳以上），若年発症の心血管病の家族歴が挙げられる。血圧が高ければ高いほど，血圧以外の危険因子があるほど予後は悪い。

❸高血圧と生活習慣

日本人の1日の平均食塩摂取量は12-13gと非常に多い。これを7g以下に制限しなくてはいけない。

❹高血圧症と運動

高血圧の運動療法では，運動を開始する前に，安静時の問診，診療，身体的検査，臨床検査，運動負荷試験を含んだメディカルチェックが必要である。実際には，自転車やウォーキングなどの有酸素運動を50％運動強度で行うのが望ましい。運動時間は30-60分／週，3回／週以上，できれば毎日行うことが推奨されている。注意すべき点として，ウォーミングアップとクールダウンを行うこと，気温が下がる冬の朝や夜の運動は避けること，食後1時間以内の運動は避けること。高血圧における有酸素運動の利点として，乳酸やアンモニアが上がらないので長時間継続が可能であること，交感神経や昇圧ホルモンが亢進しないことから収縮期血圧の上昇が軽度である点が挙げられる。

4 高脂血症（Hyperglycemia）

❶高脂血症の定義

高脂血症とは，血漿中のコレステロールまたはトリグリセリド（中性脂肪）のいずれか，または両方が標準以上に増加した状態をいう[4]。健康人の平均値を正常とするのではなく，その値をこえれば将来，動脈硬化性疾患の発症危険度が高くなる境界を基準値と定めており，コレステロールは220mg/dl，トリグリセリドは150mg/dlとされている。

HDLコレステロールは善玉コレステロールとも言われ，抗動脈硬化促進作用がある。LDLコレステロールは動脈硬化に関わる極めて強力な危険因子である。

❷高脂血症と運動

速歩，水泳，ジョギングなどの有酸素運動を，一日30-60分間，週3日以上行うことが勧められている。

❸動脈硬化防止のためのライフスタイル

まず，禁煙させることが重要である。食事療法として，一日のカロリーは25-30kg/kgとし，標準体重を維持させる。コレステロールの摂取は一日200-300mg以下とし，不飽和脂肪酸と飽和脂肪酸の比が1-2となるようにする。植物繊維を10g/1000kcal以上摂取させ，アルコールはたしなむ程度とし，一日の食塩摂取量は，7g以下に制限する。

文献
1) 日本肥満学会肥満症診断基準検討委員会(2000)新しい肥満の判定と肥満症の診断基準，肥満研究 6：18-28．
2) 葛谷健，中川昌一，佐藤譲他(1999)糖尿病の診断と治療，糖尿病42：385-404．
3) 日本高血圧学会高血圧治療ガイドライン作成委員会(2000)高血圧治療ガイドライン2000年版(JSH 2000)，日本高血圧学会, p1-25．
4) 馬渕宏(1999)高脂血症の診断と治療 CD-ROM，ライフサイエンス．

参考図書
1) 水野美邦，小俣政男，杉本恒明総編集(2003)内科学　第八版，朝倉書店．
2) 佐藤祐造編集(2002)高齢者運動処方ガイドライン，南江堂．

7 スポーツとメンタルヘルス

土屋裕睦（健康スポーツ心理学）

本節では身体活動とメンタルヘルスの関連，および運動・スポーツ行動に関わる諸要因について概観する。その後，スポーツがこころの健康とどのように関係しあっているのかについて，理解のための視座を提供する。

1 注目される「メンタルヘルス」

❶メンタルヘルスとは

従来こころの健康は，精神衛生（Mental Hygiene）の領域で扱われる問題であった。しかし，現在の精神衛生が精神的不健康状態の予防や精神障害者への対応に重点が置かれていることから，国民すべてのこころの健康を視野に入れ，その増進と啓発をねらう意味で，最近ではメンタルヘルス（Mental Health）という用語が用いられることが多くなっている。

現在メンタルヘルスは，ただ単に「こころが不健康ではない」ことだけを指すのではなく，生活の質（QOL）や生きがい，生きざまの問題として論じられることもあり，社会心理的な概念として捉えることが可能である。

❷メンタルヘルスが注目される社会背景

現代社会はストレスに満ちている。このストレスという用語は，環境からの刺激に対して我々の持つ適応機能が対応しきれなくなった場合に生ずる心身の反応（厳密にはストレス反応という）を示すことが多い。ストレス反応については心身症の観点からも注目されており[1]，たとえば胃潰瘍について「…再発の際の心理社会的なストレスを考えると，三分の二ぐらいのケースが心身症として対応したほうがいい」という心身医学者もいる。日常の生活の中で体験する些細な苛立ち事（たとえば仲間とのトラブル）や，人生の中で直面する重要なライフイベント（たとえば近親者の死）もすべてが潜在的にはストレス反応を引き起こす可能性のあるストレッサーであり，それらから心身の健康を守るための方策が各方面から提言されている。具体的には，図5-34に示すように，ストレッサーとストレス性の疾患（心身症）との間に介在する変数を同定し，認知・行動的な介入を通じてストレスマネジメントを行う試みがなされている。

2 スポーツとこころの関係

❶スポーツとこころに関わる2つの視点

スポーツとこころの健康を考える際，これまで大きく分けて2つの文脈から研究がなされてきた（図5-35）。1つは「こころはスポーツ活動にどのように関与するか」という視点であり，スポーツ活動を支える心理的要因などが注目さ

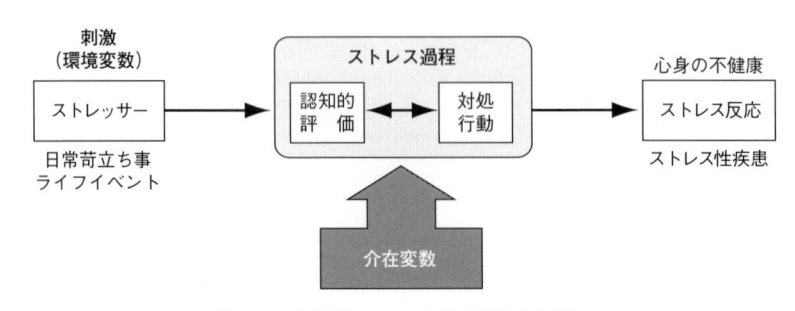

図5-34 心理的ストレスと介在変数のモデル

key word 心の健康，ストレス，心身症，スポーツセラピー，身体表現

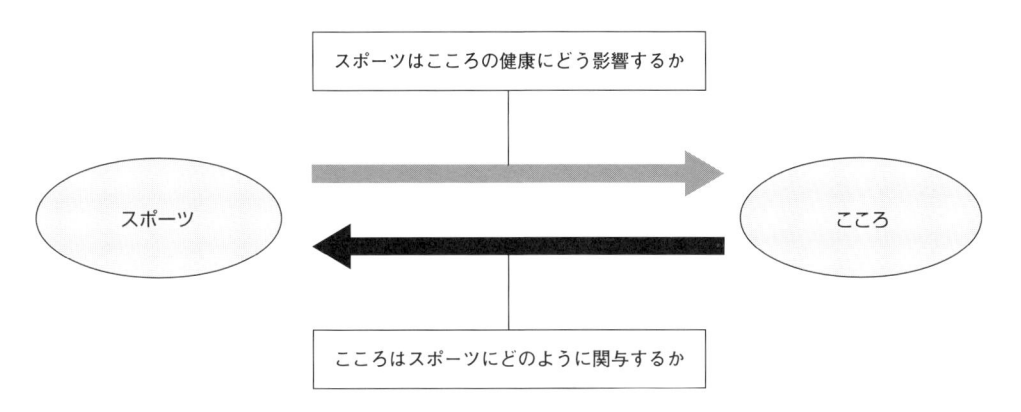

図5-35 スポーツとこころに関わる2つの視点

れてきた。

もう1つの視点は，「スポーツはこころの健康にどのように影響するか」といった視点であり，スポーツのメンタルヘルスに与える様々な影響について検討されている。以下では，それぞれの立場からなされている研究を概観する。

❷こころはスポーツ活動にどのように関与するか

この視点には2つの大きな研究の関心事がある。1つは，とりわけ競技スポーツにおいて，パフォーマンスの発揮や実力の向上に，こころがどのように関わるか，というテーマである。最近では実力発揮のための，様々な心理的スキルが同定されており，そのスキルを学習するメンタルトレーニング技法が確立されている。また，スポーツカウンセリングを通じた人格レベルの成長が，競技力の向上へつながるケースも報告されている[2]。

一方，生涯スポーツの重要性が指摘されるにつれ，競技スポーツだけでなく，健康のためのスポーツにおいても，こころの関与が注目されるようになった。たとえば，健康スポーツ行動の継続にはどのような心理的側面が関与しているか，などについて検討することで，各種の健康スポーツプログラムへの参加率を挙げること

ができるかもしれない。そのような観点から，最近では以下のような理論をもとに，運動行動を予測する研究が盛んになされている。

①健康信念モデル

このモデルでは，本人の健康に対する信念が，運動継続をもたらすと考えられている。具体的には，健康への動機づけを高め，運動プログラムの効用を的確に知らせることで，運動への参加率が向上すると期待されている。

②社会的認知理論

ここでは，そのプログラムや課題がうまく達成できるかどうかの確信，すなわち自己効力感や，自分自身の体力に対する自信，すなわち身体的自己効力感を高めることで運動行動への参加率が向上すると期待されている。

③トランスセオレティカル・モデル
（Transtheoretical Model）

このモデルでは，運動を意図していない段階（計画前段階）―運動を開始しようとする段階（計画の段階）―運動は実施しているが定期的には継続されていない段階（準備段階）―定期的な運動を実施しているがまだ半年未満の段階（行動段階）―運動を開始してから半年以上経過した段階（維持段階）の5段階を想定する。そしてそれぞれの段階に応じてきめ細かな，個別の心理的介入を行うことで

健康スポーツ行動の継続を支援しようと考えている。

❸**スポーツはこころの健康にどのように影響するか**

定期的な身体活動が，健康，とりわけメンタルヘルスに寄与することを示す研究結果は多い。これまで見いだされてきた身体活動のメンタルヘルスに与える効果には以下のようなものが確認されている。

①抑うつ傾向の改善
②不安の低減
③自己概念の改善，あるいは自己効力感の向上
④気分の改善

しかしながら，このような心理的効果がどのようなメカニズムで起こるかについては，生理学的にも心理学的にも様々な仮説が提出されている段階である。たとえば，脳内物質に着目した仮説には，ドーパミンなどの神経伝達物質の増加によって抑うつ状態が改善するといった考え（モノアミン仮説）やβ-エンドルフィンに代表される内因性モルヒネ様物質の増加が気分の向上をまねくといった考え（エンドロフィン仮説）がある。他に身体活動による体温の上昇が気分の改善に寄与するといった考え（温熱仮説）や，運動はストレス社会から心理的に距離をおくことにつながり，気晴らしとなるといった考え（気晴らし仮説）などもある。しかし実証的データはいずれも十分とは言えず，今後の検証が待たれている。

3　セラピーとしてのスポーツ

❶**スポーツはこころの成長にとってどのような活動でありうるか**

前述のとおり，心理的効果を生み出す運動・スポーツのメカニズムは十分に解明されているとは言えない。しかし，体育・スポーツはどのようにあるべきかについては，これまでスポーツ心理学あるいは体育心理学，スポーツ社会学等の立場から様々に論じられてきた。それらを整理すると，スポーツの可能性として以下のような事柄が期待される。

①身体的活動

運動・スポーツにおける身体的活動は，心身の発達にとって刺激となる。単に身体的な発達や体力（免疫力等の生理学的機能も含む）の改善だけでなく，心身両面の調和も促されると期待できる。たとえば運動・スポーツを行うときに，身体感覚へ注意を向けると，身構え，感情・情動，思考への気づきが促進される。身体から心へといったアプローチは，ボディーワークの分野で主張されることが多い。このようなアプローチが可能なのは，前提として運動・スポーツが身体への気づきを生み出す活動であることに他ならない。

②意志的活動・知的活動

運動・スポーツでは，身体のみならず注意の集中や意欲の喚起，頑張り抜く忍耐力など，意志的な活動が求められる。また，状況判断や予測，心理的なかけ引きなどの知的活動も行われる。これらの意志的・知的活動は，認知機能の向上だけでなく，自尊感情や有能感を高め，生活意欲を喚起すると考えられる。

③情緒的活動

運動・スポーツは，楽しさ，興奮，苦痛，恐怖，いらだち，屈辱，驚きなど，種々の情動体験をひき出す。運動・スポーツが情緒的活動であることは，実施者の情緒の発達を促し感受性を高めると期待できる。また，運動・スポーツ後に体験する爽快感は，一種のカタルシスと考えられている。そこでは，運動・スポーツが鬱積した情動やストレスの発散に役立つと考えられており，運動・スポーツの精神浄化作用とも呼ばれている。

④自己コントロール活動

運動・スポーツでは，常に緊張と弛緩がくり返し要求される。場合によっては心身の緊張を適切に緩和するために，意図的にリラクセーションをはかることも必要となる。これらは意識的に心身をコントロールする技術である。特殊教育や心理臨床の分野で用いられ

る動作法では,「動作の自己コントロール能力を高める過程を通して心理的な変容を図る」ことができると考えられており,自閉児・多動児,摂食障害を抱えるスポーツ選手へも適用がなされている。

⑤社会的活動

運動・スポーツは,他者との言語的・非言語的コミュニケーションを伴う社会的活動でもある。社会化(socialization)の視点からは,運動・スポーツにおける他者との相互作用を通してスポーツに参加する過程(スポーツへの社会化)と,そこでの他者との相互作用を通じて,独自の資質やパーソナリティ,望ましいライフスタイルを獲得していく過程(スポーツによる社会化)が着目されている。いずれの過程でも,対人交流の拡大や対人関係の深まりがもたらされると考えられる。

❷身体表現とこころの健康

以上概観したように,体育・スポーツは,心身の健康,とりわけメンタルヘルスにとってなくてはならない身体活動と期待されている。さらに最近では,その心理的効果を積極的に活用して,特定の心身の不健康状態の改善や,疾患の予防に役立てようとする試みがなされている。たとえば,竹中(1998)は,ストレスの自覚が乏しく心臓疾患への罹患を招きやすいとされる行動特性(タイプA 行動パターン)を持つ被験者に対して,週2回9週間に及ぶ有酸素運動プログラムへの参加を求め,このプログラムの効果を検討した。その結果,被験者のタイプA行動パターンの改善は認められなかったにも関らず,ストレス課題遂行時の副交感神経機能の改善が認められたことを報告している[3]。

さらに最近では,スポーツ活動の精神内界に与える影響についても,検討が始まっている。たとえばChodorow(1991)は「身体の動きは最も無意識に近い。舞踏は動きを伴う想像活動によって無意識の層に触れることができる」とし,ダンスセラピーの治療論をユング派の分析家として説明している[4]。臨床心理学の実践では,プレイセラピーに代表されるように非言語的表現やイメージに着目した治療論が古くから展開されており,これらの実践とスポーツカウンセリングにおける知見を照らし合わせることで,スポーツ独自の治療論が展開される可能性もある。

おそらくそこでは,スポーツに共通する「身体表現」がキーワードとなるだろう。そして人間の「生き方」や「生きざま」に関わるような,身体的,社会的側面を包括した全人的健康(Holistic Health)の立場から,こころの健康像が描かれることになろう。

文献
1) 成田善弘(1993)心身症,講談社現代親書.
2) 土屋裕睦(1998)青少年期スポーツ活動の弊害と予防,竹中晃二(編著)「健康スポーツの心理学」,大修館,p147-154.
3) 竹中晃二(1998)運動・スポーツのストレス低減効果,竹中晃二(編著)「健康スポーツの心理学」,大修館書店,p10-17.
4) Chodorow, J.: Dance theraphy and depth psychology : the moving imagination, Routledge, 1991.(ジョアン・チョドロウ著,平井タカネ(監訳)川岸恵子,三井悦子,崎山ゆかり訳(1997)「ダンスセラピーと深層心理-動きとイメージの交感」,不昧堂出版.

参考図書
1) Morgan W.P.: Physical activity and mental health.Taylor & Francis, 1997.(ウイリアム.P.モーガン(編)竹中晃

8 ウォーキング，ジョギングと健康づくり

豊岡示朗（実践体力科学）

　2004年に刊行された『スポーツライフに関する調査』によれば，わが国のウォーキング人口は1495万人，ジョギングは335万人と報告されている[1]。今後，さらなる高齢化社会を向かえるに当り，両スポーツの愛好者が増えると予測される。ウォーキングやジョギングはいつでも，どこでも，気軽に，多額の費用も必要なく行えるスポーツであり，一人でも，友人同士でも実施できる。

　ウォーキング愛好者によれば，その良さを①歩くことは，いつでもどこでもできる。また着替えなくともよい。草花など自然と触れ合うこともでき，心身の健康にきわめてよい影響を与える。②歩くことは古来より聖者の必須条件。③運動不足のときやトレーニング再開時，歩くことで身体ならしができる。④速歩によるエネルギー消費量は，時速6 km以上の場合は，ジョギングと同じ。しかし脚への負荷は，ジョギングの3分の1程度で，障害が少ない──としている。逆にジョギングの愛好者は①エアロビクス効果が，歩くよりも短時間で得られる。②走ると，ベータ・エンドルフィンという一種の麻薬物質が生成され，気持ちよくなる。③ジョギングにより1 km走れた感動が，フルマラソンにまでつながる。④健康のバロメーターとして，一定の距離を走ったタイムから日々の体調を把握できる──ことを好みの理由に挙げている。

　英和辞典によれば，ウォーキングは「歩くこと」，「徒歩」とあり，Walking is good exercise（歩くことはよい運動）と出てくる。ジョギングは「のろのろ進む」，「そろそろ行く」の意味である。2つの運動の違いは，身体の移動速度が異なることと両足が空中に浮いている瞬間のある動き（ジョギング）と片足が必ず地面に着いている動き（ウォーキング）にある。

1　ウォーキングとジョギングの効用

　ウォーキングとジョギングを継続するにつれて，身体とメンタル面に種々の効果が表れてくる。主観的には①足腰が丈夫になった。②風邪を引かなくなった③肩凝りがなくなった。④生活が規則正しくなった。⑤ストレスが解消した，となる。

　客観的には，次のような効果が明らかにされている。

❶呼吸循環系能力の改善
　血管の老化防止，心筋梗塞の予防，最大酸素摂取量の増加，心臓の予備力の向上などが生じる。疲労なく，より強くより長く運動できるようになる。

❷身体組成の改善
　大筋群の使用はエネルギーを消費するカロリーバーナーとなり，体脂肪量の減少が起こる。

❸筋力，筋持久力の向上
　ウォーキングは運動不足気味の人にとって，日常生活以上の筋力発揮となる。特に身体の後面の筋群（大腿二頭筋，腓腹筋，大殿筋など）を鍛え，速歩になると，腕を大きく振るため，上半身の筋群（背中，肩）の使用も増加する。また，ジョギングは筋蛋白の増加を促して，より強い筋力を獲得できるし，着地衝撃は腱の強さを増す。また，30－60分の持続的ウォーキングやジョギングは，筋肉内の毛細血管やエネルギー産生に関与する酵素を活性化させて，筋持久力を高める。

❹免疫システム（※1）の改善
　風邪，インフルエンザへの抵抗力が高まる。

Key word ウォーキング，ジョギング，エネルギー消費量，心拍数，体脂肪燃焼

❺骨粗鬆症(※2)の予防

ウォーキングは体重による下肢への荷重がほぼ体重程度，ジョギングの場合は体重の2−3倍となり，その反復運動が骨を強くして，骨粗鬆症を予防する。

2 ウォーキング・ジョギングのスピードとエネルギー消費量，脂肪燃焼の関係

図5-36はウォーキングおよびジョギングの速度とエネルギー消費量（kcal／kg／km）の関係の典型例を示したものである[2]。ウォーキングの場合，スピードの増加に伴い，エネルギー消費量は急激に増していく。しかしながら，エネルギー消費量が最も低くなるスピード（経済ペース）があったり，速歩となると，ジョギング（黒丸）のラインより，エネルギー消費量が高くなっていくことも特徴的である。逆にジョギングでは，ゆっくりしたスピードでも速いスピードであっても，エネルギー消費量は約0.9−1kcal／kg／kmとなり，スピードが増加してもあまり変わらないのが特徴である。このデータは，1km走ると体重1kg当り0.9−1kcal消費することを意味し，たとえば，体重60kgの人が1km走ると約54−60kcal消費することを表している。それ故，走行距離が分かると我々の消費カロリーは容易に推測が可能となる。

ウォーキングの場合は，歩くスピードによって多少異なってくるが，快適なウォーキングから速歩までのスピードでは，1km歩くと体重1kg当り0.7−0.8Kcalとなる。大きく腕を振り，歩幅を伸ばすとジョギングと同じかそれ以上のエネルギー消費量となるが，1−2分しか続けられない。各自で試してみるとよく分かる。

ウォーキングで体脂肪を燃やし，生活習慣病を防ぐにはどのような強度が効果的であろうか。図5-36で示した経済ペース，快適ペース，速歩の3種類で60分間ウォーキングしたときの，炭水化物と脂肪の燃焼パーセントと脂肪燃焼カロリーを比べてみた（図5-37）[5]。60分間のトータル脂肪燃焼量はどの速度でも差はなかったが，運動30分を過ぎると，速歩の毎分当り

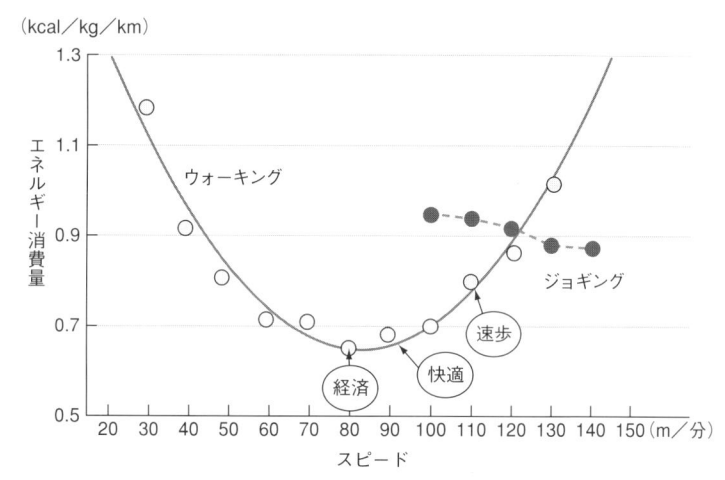

図5-36 ウォーキングとジョギングのスピードとエネルギー消費量の関係[2]

(※1)
「免疫システム」
外来の微生物や異物，生体内に生じた不要物質などを非自己として認識して排除し，恒常性を維持しようとする生体反応。

(※2)
「骨粗鬆症」
骨組織の組成は正常であるが，単位体積当りの骨の量が減少した状態をいう。一般的に骨粗鬆症とは老年性あるいは閉経後骨粗鬆症をさす。

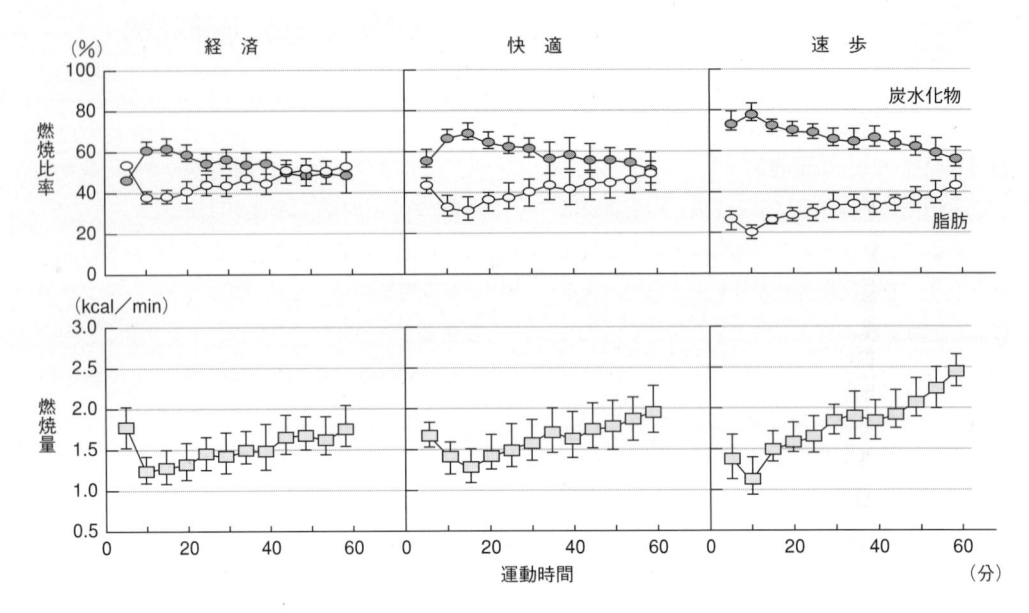

図5-37 3種類のスピードでの60分間ウォーキングにおける脂肪燃焼％と脂肪燃焼量の変化[3]

の脂肪燃焼が他に比べ急に増加している。トレーニングの場面ではこの特徴を生かして内容を考えたい。たとえば，快適ペース5分＋速歩5分×3－5セットのような組み合わせ方式が取り組み易く，脂肪燃焼が高まると思われる。

3 ウォーキング・ジョギングの生理学的特徴と処方の指針

表5-14にウォーキングとジョギングを実施しているときの種々の生理学的反応を示した。多くの項目は類似しているが，違いは心拍数，酸素摂取水準と用いられる筋線維タイプに生じ

表5-14 ウォーキングとジョギングの生理学的特徴（豊岡作表，2006）

	ウォーキング	ジョギング
強度	軽い	中程度
代謝	有酸素	有酸素
エネルギー源	脂肪＋炭水化物	炭水化物＋脂肪
心拍数(拍／分)	120以下	120～150
酸素摂取水準(%VO2max)	30～60％	60～70％
血中乳酸(ミリモル／ℓ)	安静レベル	安静レベル
呼吸	楽である	たやすく話せる
筋線維タイプ	SO	FOG

ている。

ジョギングのはずむ動き（重心の上下動）は，心拍数と酸素摂取量を容易に高め，呼吸循環系能力への負荷は，ウォーキングに比べて強くなり（速歩を除く），効果も大きくなる。

「ウォーキングとジョギングの効用」で示した項目の改善を促す処方は，次のようになろう。トレーニング頻度は週3日以上。時間はウォーキングで30－60分。ジョギングは15－60分となる。トレーニングの3条件はいずれも多いほど効果的である。だが，初心者のジョガーは，トレーニングを週3日以上，運動時間が30分を越えると膝，アキレス腱を痛めることが多いので注意が必要である[4]。トレーニング強度は，図5-36の範囲のウォーキングスピードなら，前述した項目の何らかの効用は期待できる。しかしながら，呼吸循環系を鍛え，体脂肪燃焼を促進するなら，最大心拍数の60－79％でトレーニングしたい[4]。

最大心拍数は(※3)は〔220－年齢〕から求

(※3)
「最大心拍数」
疲労困憊に達するオールアウト状態で得られた心拍数の最大値。

められる。たとえば，18歳の人の最大心拍数の60－79％の値とは約120－160拍／分となる。トレーニング強度の推定に心拍数を用いることは一般的基準となっている。

4 ウォーキング，ジョギングの時間帯と脂肪燃焼

ウォーキングやジョギングの講習会でよく尋ねられる質問の1つに，1日の中で「いつ」走ったら効果的なのか─がある。朝・昼・夕・夜のどの時間帯でウォーキングやジョギングをしたらエネルギー消費量が高いのか，あるいは，脂肪やグリコーゲンの多く燃える時間帯があるのかという意味らしい。トレーニングをしている人にとっては非常に興味ある点である。

これまでの研究結果をみると，ウォーキングとジョギングを実施するなら，朝・昼であろうが，夜に行っても，同じ速度ならそのエネルギー消費量は同量である[5]。しかし，バナナ1本，ヨーグルト1個という軽食を摂った場合，食後すぐ歩いたり，走ったりすると代謝が高まり，エネルギー消費量はわずかに増加する[6]。

エネルギー源である脂肪とグリコーゲンの燃焼比率はどうであろう。両者の燃え方は，運動前の食事時間に強く影響される。たとえば，早朝，空腹状態でジョギングしたときの脂肪の燃え方を100％とすると，昼食4時間後の夕方4時半頃から走った際の脂肪燃焼比率は，75－80％になる[6]。よく，夕食2－3時間後の夜8時頃からウォーキングやジョギングをしている人をみかけるが，そのときの脂肪の燃え方はもっと低いパーセントであろう。

その原因は，食事（混合食）を摂ることによって血中のインスリンというホルモンが高まり，エネルギー源としてグルコース（血糖）を利用する状況になるからである。食後4時間以内の場合，身体はグリコーゲン利用型となり，脂肪の利用は抑制される。規則正しい生活パターンの人が，ランニングで最も脂肪からのエネルギーを利用するのは，夕食後8－10時間絶食した状態である起床後の朝の時間帯といえよう。朝のウォーキング，ジョギングの留意点は①体調が良好なこと②風邪気味や二日酔いの場合は休む③前日の夕食をきちんと摂っておくことなどである。また，ウォーキング，ジョギングでカロリー消費量を高めるには下記の手段を用いると効果的である。

① 1日に2－3回トレーニングする。1回当り15－20分でもよい。
② 1－2kgの重さのダンベルを持って動く。スキーのストックのように軽いものでもよい。上半身を使うことでカロリー消費が高まる。
③ 山道や上り坂にトライヤルする。
④ 横向き，後ろ向きで歩いたり，走ったり，スキップもとり入れる。
⑤ インターバル型の内容もとり入れる。強度が高いと運動後のカロリー消費量は安静に戻るのに時間を要する。

文献

1) 笹川スポーツ財団(2004)スポーツライフに関する調査報告書．p19-29．
2) 豊岡示朗編著(2002)ウォーキング速度の変化とFat Burning, 平成11年度日本私学振興・共済事業団補助対象研究報告書, 大阪体育大学, p1-17．
3) 足立博子,足立哲司,豊岡示朗(2002)中年女性のエネルギー代謝に及ぼすウォーキングスピードの影響,体力科学, 51：p385-392．
4) American College of Sports medicine (1990) The recommended Quantity and Quality of Exercise for Developing and Maintaining Cardiorespiratory and Muscular Fitness in Healthy adults , p265-27．
5) 豊岡示朗編著(2001)JoggingにおけるMaximum Fat Burning, 平成10年度日本私学振興・共済事業団補助対象研究報告書, 大阪体育大学, p38-47．
6) 豊岡示朗他2名(1997)朝と夕方のジョギングにおける血中基質の動態と代謝特性,体力科学, 44：p419-430．

9 水泳運動と健康づくり

滝瀬定文（水泳）

　水中運動は，基本的に陸上で行う運動を水中で行うことで，健康・維持増進や予防医学的見知それに運動療法と幅広い応用範囲として利用されている。保存療法で日常生活に支障が起きないよう浮力を利用して行う水中運動は，膝への負担を軽減させ，泳げない人や変形性膝関節症の人でも大腿四頭筋を鍛えて関節への負担を軽くする。膝が痛い場合どうしても陸上での歩行を避けてしまいがちになる。筋力の低下に伴い関節の可動範囲が悪くなる為，浮力や水の抵抗を利用してゆっくりしたスピードで大腿四頭筋の強化が狙いとなる。また，水中で膝伸展や屈曲動作をくり返し，関節の可動範囲を広げていく。腹直筋や広背筋が弱いと，腰にかかる負担も大きく，腰椎椎間板に負担がかかる。前かがみの姿勢での作業や座ったまま長時間過ごす人は，腰椎椎間板に過度の負担がかかる。肥満は，体重による椎間板への負担が大きく，ストレスの多い生活や不規則な生活も引き金となる。外科的手術後，症状が落ち着いたら積極的に筋力強化に取り組むことが再発防止に役立つ。水中では，身体の動きにより水の抵抗や筋の収縮様式を変えることができる。また，プールの底に平均台を置き，その台上を歩く運動は，高齢者の機能回復や転倒予防，さらに加齢に伴う骨量低下や生活習慣病の予防としての効果も期待できる。骨密度の低下は，骨粗鬆症の危険因子となるからである。水抵抗の利用は，運動支持機構である骨に力学的ストレスを与え，骨の強度や形態を変化させる。閉経後の女性は，卵巣機能の低下に伴い，骨・カルシウム代謝を調節するホルモン分泌も変化し，閉経後の1年間で3%以上の骨密度が低下することもある。このように，加齢に伴う骨密度減少の抑制には，水抵抗が骨細胞へのシグナルとして働き骨リモデリングを高めることが考えられる。また，高齢者に発生する大腿骨頸部骨折は，骨粗鬆症関連骨折で90%以上が転倒を起点とした寝たきりの原因となる。そして，転倒による恐怖感は，閉じこもりを来し下肢の筋力やバランス能力の低下を招く。高齢者の機能回復や転倒防止，寝たきり予防として水中ジャンプや水面たたき運動等が効果的である。

　このように水泳運動は，骨のみでなく心身への影響も大きい。水泳後は心地よい疲労感や爽快感，食欲も増し十分な睡眠も確保できる。ストレス解消，多くの友人とプールへ来る楽しみが増える。まさに，生涯スポーツの花形である。水泳の発展として，ベビースイミング，妊婦水泳，喘息児水泳，脳性麻痺と水泳，身体障害者水泳，自閉症・知的障害者水泳，肥満と水泳，糖尿病と水泳，腰痛水泳，転倒防止水泳，骨関節疾患と水泳，骨密度維持と幅広く活用できる。

1 水中運動処方

　水中での人体の比重は，おおよそ0.97から1.05範囲とされている。体の力を抜くと，この浮力により人の体は浮く。このため，水中では，体重の負担をかけずに歩いたり下肢の筋力を鍛え，運動効果を高めることができる。

❶水圧と呼吸

　体内に酸素（O_2）を取り入れ二酸化炭素（CO_2）を吐き出す。呼吸により取り込まれた空気は肺に送られ，空気中の酸素は血液に取り入れられて絶えず体内に酸素や栄養素を供給する。また，この代謝活動によりO_2を取り入れCO_2を呼出する働きが呼吸である。呼吸は，外呼吸と内呼吸に分けられる。外呼吸は，呼吸器

keyword 健康，水中運動，運動処方，アクアフィットネス

系によって行われ，鼻から吸い込まれた空気は鼻腔から気道を通って肺腔に達し，血液とO_2とCO_2との交換をする。血液に溶け込んだO_2は赤血球のヘモグロビンと結合し，循環器系の働きにより体内の隅々まで運ばれる。血管から体液中に出て筋線維をはじめ種々の細胞膜を通過して細胞中に取り込まれる。

一方，細胞内の代謝で生じたCO_2も細胞膜を通過して血液中に溶け込む。この血液と体細胞間のガス交換を内呼吸という。そして，CO_2の多い空気を体外に排出し，この肺の空気の入れ替えを換気という。換気をくり返し行うのが呼吸運動であり，息を吸い込む吸気と，息を吐き出す呼気からなる。

水中の物体は，水深に応じて等しい圧力を受ける。水中では，陸上とは異なり，水圧に抗する呼吸が強いられるため，各部位をはじめ腹部が水圧を受ける。空気中では，1気圧であるものが水深50cmでは1.05気圧，1mでは1.1気圧と大きくなる。競泳では，水面下50cmの範囲で泳いでいるため，身体は0.03－0.05気圧だけ余分な圧力を受ける。その結果，腹部は圧迫され横隔膜が押し上げられる。水面から顔を上げ空気を体外に吐き出すことに比べ，肺の中に空気を吸い込む方が困難となる。特に初心者において，この呼吸法が"つまづき"となる。したがって，水中での呼吸の反復は，自然と呼吸筋に負荷がかかるため，胸郭の発達が促進される。

一方，心臓から送り出された血液は，末梢に輸送される。各末梢組織には毛細血管が発達し，拡散作用により血中と組織中のガス交換が行われる。心臓は血液を駆出する能力は高いが，静脈血を心臓へ還流させる能力は低い。静脈還流が十分でないと心室の拡張期充満が不十分となり，心拍出量の減少と血液循環の阻害が起こる。また，筋が弛緩していると下肢の静脈に多量の血液が貯留する。筋が収縮すると静脈が圧迫されるので静脈圧が高まるが，静脈弁の働きで血液は心臓の方へ押しやられる。このとき，水中ウォーキングやアクアビクスは，立位での動作が中心となり，各種の泳ぎは水平で行うことが多い。どちらの運動形態も，水中であることから心臓からの一回拍出量も大きく，重力の影響も少ないため血流が促進されやすい。

❷浮力

アルキメデスの原理によると「水中にある物体は，それが排除している水の重さに等しい力で上方に押し上げられる」。水中にある物体は，それと同じ体積の水の等しい浮力を受けることになる。水中で運動を行う場合，この浮力を上手く利用することにより運動効果を高めることができる。具体的に膝に痛みがある場合，水中では膝に体重をかけずに歩くことが出来るので，大腿前面および後面の筋群の筋力を強化できる。

❸比重

人が水面に浮いたとき，重心と浮力の中心が一致するか，あるいは同一鉛直線にあればその姿勢で停止する。重力より浮力が大きい物体では浮き，重力より浮力が小さい場合は沈む。人間が浮くか沈むかは，重力と浮力の大小関係により決まる。この重力と浮力の関係を比重といい1.0を基準とする。人間の体の比重は，おおよそ0.97から1.05（個人差がある）の範囲である。体が水中を進むときには，その進行を阻止する力が働き，形状の大小や進む速さにより変わる。各部位別に見ると頭部1.94，筋肉1.06，脂肪は0.94と比重1より小さい。最大吸気時の比重は，0.96702となり浮きやすくなるが，反対に呼出時には，1.02802ぐらいとなり沈みやすくなる。また，体脂肪率の低い人より体脂肪率の高い人の方が浮きやすく，男性よりも女性の方が浮きやすい。

❹抵抗

陸上で運動を行う場合と水中で行う場合では，体に感じる抵抗感が違う。たとえば，陸上でクロールのPullの模擬をしても何ら抵抗感はないが，水中では水の抵抗により思うほど速くPullを行えない。この水の抵抗が水中運動での負荷となるため，水の抵抗を利用し，一般人の健康・体力などのフィットネス・レベルや筋力アップの方法としても利用されている。また，最大筋力を必要とせず，他のスポーツと比較しても男女差が少ない。さらに，乳幼児から高齢者に至るまですべての年齢層にも適している。

たとえばプールサイドに向かって立ち，両手をついてプールの壁を押す。これは筋の長さを変えずに力を発揮する等尺性収縮である。また，腕のカキや脚のキック動作は，筋を引き延ばしながら力を出している短縮性収縮である。さらに，素早いエキセントリックな収縮後にコンセントリックな収縮運動も可能である。また，オーバートレーニングやスポーツ傷害それに筋疲労で硬くなった筋をほぐし，筋機能や関節可動域を改善させることが主な目的となる。ストレッチには，代表的にバリスティック・ストレッチ，スタティック・ストレッチ，PNFストレッチと3つの種類がある。バリスティック・ストレッチは反動をつけて行うことが特徴で，長時間の水泳で体が冷えているときは筋や腱の損傷の可能性があるため，ゆっくりと呼吸をしながら反動を利用せず静かに筋肉を伸ばす。

❺水温

プールの水温は，従来の27℃前後より29〜32℃前後に保たれている。体温より低い環境下での水中運動は，寒冷刺激となり，皮膚血管が収縮し，皮膚温が低下して皮膚温と水温差が少なくなって熱放散が抑制される。さらに水温が低い場合，熱放散抑制だけでは体温維持が出来なくなり，基礎代謝を上回るような化学的調節あるいは熱産生の促進として筋肉の付随的，拮抗筋同士が同時に収縮する「ふるえ」が生じる。そして，熱産生は基礎代謝の2−3倍に増加する。温度低下は，効果器系に対し"ふるえ"非ふるえ熱産生を促進し，血管収縮による熱放散抑制を行い体温調節機能が向上する。このように，単に水中にいるだけでも，より大きな熱量を身体が放出しなければならない。それは，熱伝導率の高い水中で行うからである。このエネルギーの放出は，水温の高低，体脂肪率によっても異なる。

❻運動形態

水泳運動は，水中で水平姿勢を維持するため，多くの筋群がバランスよく働く。腕のPullに関与する筋群として上腕二頭筋，上腕三頭筋，腕橈骨筋や下肢のKickによる大腿直筋，ハムストリング，前脛骨筋等，全身の大筋群を働かせるので調和のとれた身体づくりに最適な運動である。

❼心理的効果

水中ウォーキングや競技大会に参加する人が増えつつある。このことは，単に病気にならないといった消極的なものでなく，心の充実や満足それに生き甲斐といった生活の中に積極的に水泳を取り入れている人々が増えてきたことによる。

交通手段や通信網の発達は，地域型のコミュニケーションから広範囲へ拡大し，競技会を通して共通の目的をもった仲間とのコミュニケーションへと変化してきている。このことは，ジュニアの大会や成人水泳の活性化を意味している。以上の点から水中運動は，アクアビクスやストレッチ等の種々な運動を幅広い年齢層を対象に行うことが可能な運動である。

❽アクアフィットネス

アクアフィットネスとは「水の特性を生かした水泳を含む水中運動」の総称で，水の運動をスポーツとして楽しみ，健康・体力づくりや運動療法にも役立てる。アクアフィットネスの概念は，水中運動，水療法，水泳の3つに分類することができる。従来から指導されている近代泳法（クロール，バタフライ，背泳，平泳）に広く水中運動や水療法の分野まで取り入れた概念をアクアフィットネスという。

水中運動
    水中歩行
    水中ジョギング
    水中ストレッチング
    水中体操
    ウォータージャギー
    ウォーターエアロビクス
    水中ウェイトトレーニング
水療法
    水中マッサージ
    アクアサーキット
水泳
    クロール，平泳，背泳，バタフライ

飛び込み
    水球
    シンクロナイズド・スイミング
日本泳法
    スキンダイビング
    スキューバーダイビング
    ウインドサーフィン
    サーフィン
水中運動プログラム
    水中では浮力，水圧，水温と陸上とは異なる環境で行われる。それぞれの目的に合ったプログラムにより，高い運動効果が得られる。主な水中運動プログラムを示す（図5-38）。

A：前方ジグザグアクアジョギング　　D：片肩のストレッチング　　G：水中でのツイスト

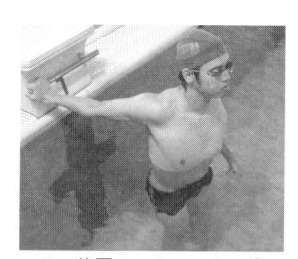

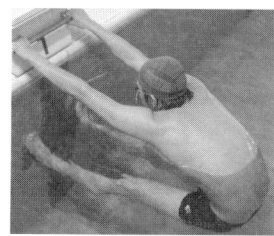

B：後方ジョギング　　E：腰部のストレッチング　　H：片脚曲げ膝引きつけ後伸ばし

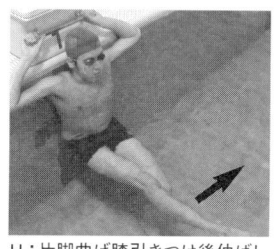

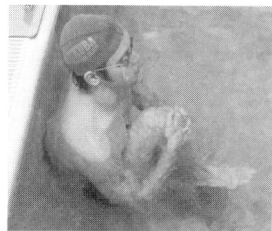

C：ジョギング水中プル移動　　F：股関節及び大腿後面のストレッチング　　I：膝を伸ばし横上げ

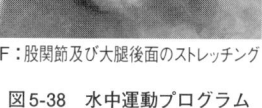

図5-38　水中運動プログラム

参考図書
1) 健康運動指導士養成講習会テキストⅢ (2005) 12. 水泳運動と健康づくり, 財団法人 健康・体力づくり事業団, p243 - 252.
2) 鶴峰浩, 市川宣恭, 増原光彦, 滝瀬定文 (1990) 指導者のための新・水泳指導論, 不昧堂出版.
3) 鶴峰浩, 村川俊彦, 高橋繁治, 市川宣恭, 増原光彦, 滝瀬定文 (1993) [泳ぐ] 水泳の基本からマリンスポーツまで, 不昧堂出版.

10 筋力トレーニングと健康づくり

梅林　薫（体力トレーニング論）

1 筋力の加齢変化

筋力は，一般的に30歳前後まで増加し，50歳ごろまで比較的一定に保たれ，それ以後徐々に低下するといわれている[1]。加齢に伴う筋力の低下は，上肢よりも下肢の筋に顕著であり，神経－筋系に見られる加齢自体の影響と身体活動水準の低下のどちらがどの程度かかわっているのかは，まだ明らかではない。ただ，最近の生活環境の変化によって，体力は全体的に低下傾向を示していることより，筋力についても，低下速度を遅くすることも重要なことでもある。

高齢者を対象としての筋力トレーニングの実験結果では，筋力の増大が認められたものが多くあり[2]，年齢を問わず，筋力トレーニングの必要性を示唆している。

筋力トレーニングについて，述べていくこととする。

2 筋力トレーニングの基本原理

❶過負荷の原則

筋力を効果的に増大させるには，筋に過負荷（Over load）をかけなければならない。すなわち，最大またはそれに近い負荷をかけることが重要であり，低い負荷の場合は，現在の筋力水準を維持するだけになる。

❷負荷漸増の原則

過負荷をかけられたトレーニングが継続されると，筋力が増大しもはやその負荷は，過負荷でなくなる。よって，筋力トレーニングを進めていくうえで，筋に対する負荷を定期的に増大させなければならない。

❸運動配列の原則

筋力トレーニングを行う場合，大筋群を小筋群より先に行うようにしなければならない。この理由としては，小筋群が疲労しやすいからである。また，数種目を行う過程で，同じ筋群が連続されないように配列されるべきである。

❹運動種目特異性の原則

目標とする運動を向上させるためには，その運動に参加する筋群を実際の運動に近い形で行うのが最も効果的である。これについては，スポーツ種目に応じた動きを考慮して行うということで，その動き（たとえば，投げる，走るなど）の動作に類似（筋肉の動きや関節運動など）したトレーニングを行うということである。

3 筋力トレーニングの方法

代表的な筋力トレーニングを挙げてみる。

❶アイソメトリック・トレーニング

アイソメトリック・トレーニングとは，筋の長さを一定に保ったままで力を発揮するトレーニングのことをいう。たとえば，壁のような固定物を押した状態での筋収縮（等尺性収縮）のトレーニングである。このトレーニング方法は，自分の身体を利用して行ったり，アイソメトリックラックなどの器具を使って行う方法や，2人一組のペアになって行う方法がある。一人で，どこでも，手軽に行えることが利点である。

このトレーニングの強度は，全力（最大筋力）で，持続時間は，6～10秒間，頻度は，1週間に20回程度（週に3～4日行うこととして，1日5回程度）行うとよいといわれている。

❷アイソトニック・トレーニング

バーベルやダンベルなどの負荷抵抗を用いて行うトレーニングであり，ウェイトトレーニングが代表的なものである。強度については，最大筋力を効果的に向上させるためには，1RM

> **key word** 筋力，アイソメトリック・トレーニング，アイソトニック・トレーニング，サーキット・トレーニング

(Repetition Maximum：最大反復回数のことで，1 RMは，1回の動作が可能な重量)の2/3以上の負荷を用いるとよい。これは，6～10回くり返すことのできる抵抗負荷（6～10RM）を用いて行う。ただ，筋力の弱い人については，15回前後でもかまわない。この負荷で，最大回数を1種目につき，2～3セット行うようにすると効果的である。セット間の休息は，1～2分程度とる。トレーニング頻度は，週に2～3日を隔日に行うようにする。トレーニングの効果が現れるには，最低5週間程度はかかるといわれており，あせらずに行うことが大切である。

ウェイト・トレーニングのメニューの作成は，まず，大筋群を中心に，そして小筋群へと進めていく。最初は，軽い重量，少ないセット数，反復回数で行い，正しいウェイトトレーニングの技術を学び，徐々に負荷を上げていくことが重要である。

ウェイト・トレーニングの種目例とトレーニングされる筋群を挙げておく（図5-39）。

図5-39 アイソトニック・トレーニング[3]

ⓐ	ベンチプレス	（大胸筋，上腕三頭筋，三角筋，前鋸筋）
ⓑ	ベントオーバー・ローイング	（広背筋，僧帽筋，上腕二頭筋）
ⓒ	ハーフスクワット	（大腿四頭筋，大殿筋）
ⓓ	シットアップ	（腹直筋，外腹斜筋，内腹斜筋）
ⓔ	アームカール	（上腕二頭筋，前腕屈筋）
ⓕ	リストカール	（前腕屈筋）
ⓖ	カーフレイズ	（下腿三頭筋，前脛骨筋）
ⓗ	アップライト・ローイング	（三角筋，僧帽筋，上腕二頭筋，上腕三頭筋）
ⓘ	シーテッド・フレンチプレス	（上腕三頭筋）
ⓙ	レッグカール	（大腿二頭筋）
ⓚ	レッグエクステンション	（大腿四頭筋）

❸ **サーキット・トレーニング（総合的体力トレーニング）**

総合的体力トレーニングとは，筋力，筋持久力，パワー，敏捷性，全身持久力など各種の器官や組織の機能を同時に高めようとするものであり，この代表的な方法がサーキット・トレーニングである。器具を使う（バーベルやダンベルなど）サーキット・トレーニングの負荷の選定は，最大筋力（1 RM）の1/2〜1/3を目安とする。器具を使わない場合は，各種目それぞれ，30〜60秒間に行える最大回数の1/2の回数を反復回数とする。負荷重量や反復回数が決定したら，6〜10種目（全身が鍛えられるように）を休息を入れずに順番に行い，2〜3セット行う（セット間は少し休息をとってもよい）。全体を10〜30分で行えたならば，その所要時間の90％を目標時間としてトレーニングを行う。この目標時間に達したならば，再度負荷を設定して，トレーニングを進めていく（漸増負荷の原則）。

サーキット・トレーニングの種目例を示しておく（図5-40）。

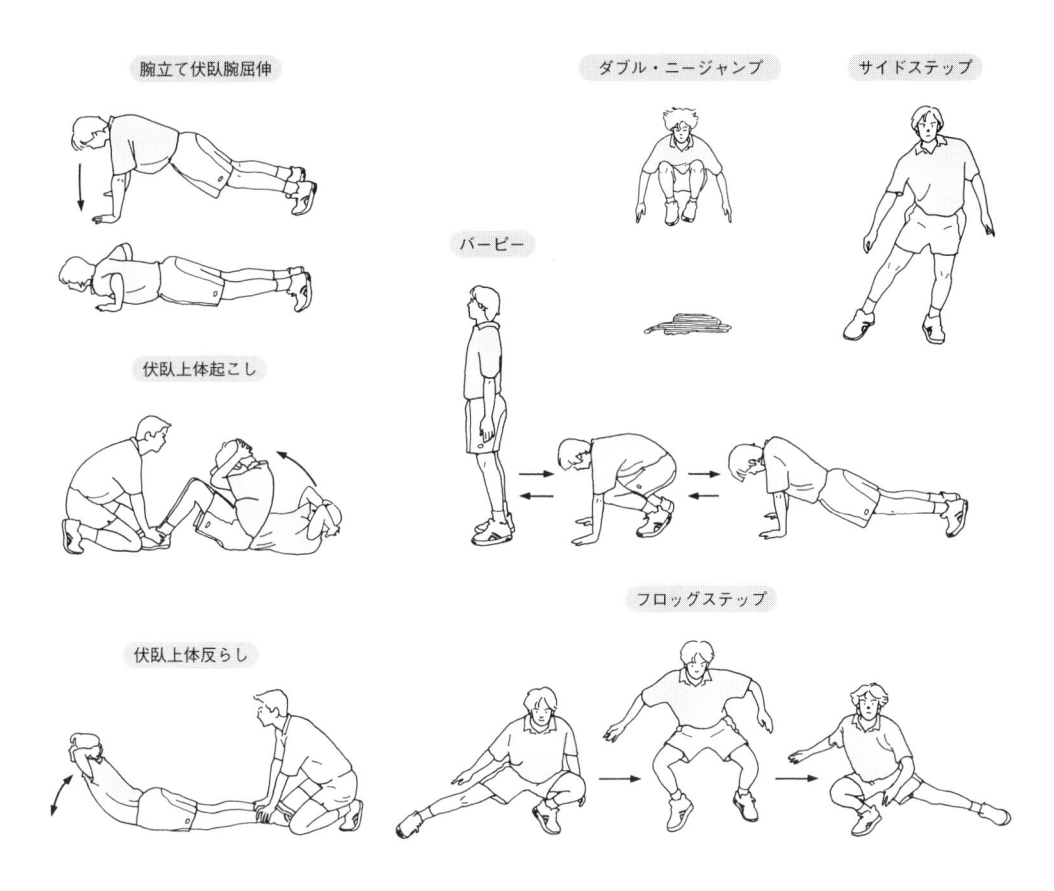

図5-40　サーキット・トレーニング例[3]

文献
1) Larsson, L., Grimby, G. and Karlsson, J. (1979) Muscle strength and speed of movement in relation to age and muscle morphology. J.Appl.Physiol., 46:451-456.
2) Roman, W.J., Fleckenstein, J., Stray-Gundersen, J., Always, S.E., Peshock, R. and Gonyea, W. J. (1993) Adaptation in the elbow flexor of elderly males after heavy resistance training. J. Appl. Physiol., 74：750-754.
3) 日本テニス協会編(2005)新版テニス指導教本,大修館書店.

参考図書
1) 森谷敏夫,根本勇編(1994)スポーツ生理学,朝倉書店.

11 ダンスと健康づくり

北島順子・林　信恵（ダンス）

1 健康づくりとしてのダンスの効果

近年，増加している生活習慣病の治療・予防対策として運動習慣をライフスタイルに組み込むことは，現代人共通の課題であろう。ウォーキングやストレッチング，筋力トレーニング等の適度な運動が，健康づくりに不可欠であることはわかっていても，なかなか継続できないのが世の常である。

このような運動習慣が長続きしない人にとって，ダンスは趣味や生きがいとして楽しく踊っているだけで，運動不足解消になり，筋肉がしなやかになるという身体的効果のみならず，ストレスの解消や心の癒しといった心理的効果もある。また，ダンスは非言語的コミュニケーションを通して，適切な人間関係を築き，社会性を養うことにも役立つ。

ダンスの心身への効果に着目し，教育・体育・スポーツ・医療・健康・福祉等，様々な領域において，ダンスを用いた健康づくりに応用・活用できると考えている。

2 ダンスの身体的効果

❶体力の維持・増進，生活習慣病の予防・治療

1981年に日本に紹介され，大ブームを巻き起こしたエアロビックダンスは，体力の向上，生活習慣病の予防や症状の改善効果が期待され，現在も健康プログラムの定番である。近年，ステップ（昇降）台やトランポリン，チューブ・ダンベルなどを用いたプログラムが普及しており，空手やボクシング等の格闘技，ラテンやジャズの動きを取り入れたプログラムやアクアビクス等に人気がある。その他，高齢者が椅子に座ってできる「チェアビクス」，聴覚障害者のコミュニケーションとしても有効な「手話ダンス」，古武術の動きからヒントを得た「ナンバビクス」等，他のムーブメントの動きを取り入れ，ユニークなプログラムが生まれるなど，工夫が重ねられ，進化し続けている。

また，中高年層に根強い人気のある日本舞踊，社交ダンス，フラダンス等は，どれも脚力の衰えによる転倒防止や，認知症とも関わりがあると言われている脳の老化予防に効果的である。

❷姿勢

ダンスを習ったことによる効果として，「姿勢がよくなった」と実感する人が多く，どのジャンルのダンスや踊りも姿勢制御が基本にある。特に，日本舞踊や能，太極拳，フラダンス等の動きの基本である中腰の姿勢は筋力を鍛え，足腰の強化に役立つだけでなく，丹田を意識することができ，呼吸法と合わせて姿勢が健康法として注目される所以である。

❸バランス感覚

近年，子どもの体力低下が著しく，瞬発力や持久力，柔軟性が低下しているだけでなく，段差のない廊下で転んでケガをしたり，飛んできたボールをよけられなかったり，一昔前までは自然に遊びの中で身につけられた体の動きやバランス感覚が，身についていない子どもの増加が指摘されている。そんな状況に危機感を抱いた中村ら[1]は，昔懐かしい「けんけんぱ」など，歩く，跳ぶ，投げるなどをテーマにした動きの種類に応じて体系化し，「幼少期に身につけておくべき基本動作」のための運動プログラムを開発した。その他，遊び感覚で運動能力を高め，簡単な運動を通じてリズムやバランスなどの能力を引き出す訓練法，ドイツで開発された「コーディネーショントレーニング」の普及に取り組む例や，子どもたちのバランス感覚を養うと

Key word ダンス・ムーブメント，ダンス・ムーブメントセラピー，ストレスマネジメント，リラクセーション，コミュニケーション

ともに，集中力を高めようと，毎朝「つま先立ち」をする取り組みを継続している小学校もある。「つま先立ち」は筋力アップにも効果があり，偏平足の治療法としても用いられている。

ダンスの動きの中には歩く，走る，跳ぶ，つま先立ち等，これらの取り組みと同様の基本的な動きが含まれており，自然とリズムやバランス感覚を身に付けることができる。このような子ども向けプログラムの中にも，ダンスの要素を取り入れることで，子どもたちが楽しく運動に親しむことができるであろう。

3 ダンスの心理的効果

❶ストレスマネジメントとしてのダンス・ムーブメント

近年，ストレスにさらされ，こわばったからだをほぐすことから，徐々に心の癒しへとアプローチしていく「ボディワーク」や「芸術療法」の1つとして，ダンスを媒体にした心理療法である「ダンスセラピー」が注目されている。

1966年，アメリカダンスセラピー協会（American Dance Therapy Association：ADTA）が設立され，ダンスセラピーは，「個人の心身の統合を促進する一過程としてムーブメントを心理療法的に用いること」と定義した[2]。日本では，1992年に日本ダンス・セラピー協会が設立され，医療・福祉・ダンス・教育などに携わる会員が互いに交流しながら活動し，実践・研究を続けている。

ダンスセラピーは，現在，臨床における治療の方法として，精神病疾患等の患者や障害者を対象としているが，健康づくりとしてのダンスセラピーという視点で，ダンスの可能性を探ることにより，子どもから高齢者まで応用範囲が広がっていくであろう。

学校教育においても，「心の健康」が重視されるようになり，増え続けるストレス関連疾患を予防の観点からとらえた「ストレスマネジメント」が注目され，健康教育としての「ストレスマネジメント教育」が小・中学校，高等学校，大学等の一部の学校現場に導入されている。

筆者（北島）が担当する授業では，「ストレスマネジメント演習」の他，「健康ダンスエクササイズ」においても，ストレスマネジメントとしてのダンス・ムーブメントの可能性を追究しつつ，様々なダンスエクササイズを通して，リズムを刻み踊る爽快感を体感することや，ダンス・ムーブメントを用いたリラクセーション法や体ほぐし法等を，実生活に生かすことを目的に実習形態で習得することを重視している。

現在，健康施設のプログラムにおいて，ヨガ，太極拳，気功，ストレッチング，マッサージ，ツボ等が，すでに単独プログラムとして普及しており，近年，パワーヨガ，ホットヨガ，ピラティス，自力整体，ゆる体操等，癒しと痩身効果を兼ね備えたエクササイズやリラクセーション系プログラムが人気を集めている。

ダンスの概念をモダンダンス，ジャズダンス，日本舞踊，社交ダンス等，狭義のダンスに限定するのではなく，ヨガ，太極拳，気功，ストレッチング等のムーブメントも含め，広義の意味でダンス・ムーブメントとしてとらえ，健康づくりを目的としたダンスプログラムのウォーム

図5-41 「健康ダンスエクササイズ」授業におけるリラクセーションプログラムの様子

アップ，クールダウンやリラクセーションパートの中に取り入れることが有効的である。

❷不安・抑うつ気分の低減

運動・スポーツは不安や抑うつ気分の低減に効果があり，運動療法としても注目されており，今後，ダンスの不安や抑うつ気分の低減効果としてのニーズも高まるであろう。

ダンスが気分に及ぼす影響について，リズミカルなダンスの練習によって，「活気」得点が増加し，「緊張―不安」「抑うつ―失意」「怒り―敵意」「疲労」「混乱」の得点が減少することが明らかになっている[3]。また，うつ病患者等へのダンス・ムーブメントセラピーの効果も検討されており，近年，増加傾向にある「うつ」症状の予防・改善としての効果が期待されている。

❸カタルシス（浄化作用）

軽度の運動やスポーツは，「カタルシス」(※)としての効果があることが知られており，カタルシスにより免疫力が増進した結果，身体の健康状態が改善することも認められている。ダンスにおけるカタルシスについて，崎山[2]は「内なるものを外に出すという自己表現（表出）の行為は，心の奥に潜んだしこりやわだかまりを，動きとともに意識的無意識的に外に出すことでもあり，このようなダンスの作用こそカタルシスとして機能する」と述べている。好きなダンスを踊ることにより，知らず知らずのうちにカタルシスの機能が発揮され，ストレス発散の役割を果たしている。

❹リズムの効用

ダンスと言えば，若い女性だけがするものという印象を受ける人がまだまだ多いかもしれないが，最近では，ヒップポップ・ロック・ブレイク等のストリートダンスが人気を集め，女性のみならず男性も夢中になり，子どもから中高齢者に至るまで老若男女を問わずダンス愛好者が増え続けている。ストリートダンスは，中・高・大学の部活動としても人気があり，退屈そうな表情で授業を受けていた学生が，放課後になると，とびっきりの笑顔でリズムにのって踊る姿は，同一人物なのかと目を疑うほどである。ここまで若者を惹き付けるリズムの魅力とはいったい何なのだろう。

リズミカルなノリのいい踊りで全国的にも有名な，北海道の「YOSAKOI（よさこい）ソーラン祭り」は，はけ口を求めるエネルギーを踊りにぶつけることにより，荒れる学校の再生への取り組みとしても紹介されている。その他，徳島県の阿波踊りや青森県のねぶた祭りの跳人（はねと），沖縄県のカチャーシー等，日本の伝統的な躍動リズムは，踊る人だけでなく，観客までもが思わず踊り出したくなる不思議な魅力を持っている。リズミカルなダンスの練習が気分に及ぼす影響について，肯定的な気分が増加し，否定的な気分が減少するという研究結果[2]からも明らかなように，踊りには気分を高揚させる効果[3]がある。

有田[4]によると，ダンス，太鼓をたたく，縄

図5-42　ダンス部活動中の男子大学生

(※)
「カタルシス」
抑制された考えや感情，あるいは内的葛藤を表出して発散すること（出典：日本健康心理学会編（1997）健康心理学辞典，実務教育出版）。

跳び，伝承遊び等，「腹式呼吸をしながら」の「リズム運動」が心を安定させ，セロトニンの活性化を促すという。現代の子どもは，TV・ゲーム等メディアとの接触時間が長く，運動不足による肥満化傾向や早寝早起きなどの生活習慣リズムが乱れがちである。生活の中にダンスのリズム運動を取り入れることにより，子どもの心身の健康に与える影響は大きく，大人の健康にも好影響を与えるということは言うまでもない。

❺呼吸法

近年，呼吸法が健康法として注目され，呼気（吐く息）が心理的な効果と関係が深いと言われ，（丹田）腹式呼吸や鼻呼吸が健康に役立つことが知られている。齋藤[5]は集中力を高める呼吸法を提唱し，呼吸はすべての動きの基本となるもので，学校教育において身につけることを重要視している。また，（丹田）腹式呼吸法が戦前までの日本では，一般的に知られていたが，現代の日本では（丹田）腹式呼吸法を身につけている者は稀で，腰や肚，呼吸を重視した文化の衰退を指摘している。

呼吸は自律神経系の支配下にありながらも，ある程度は自分でコントロール可能であり，ストレスマネジメントやメンタルトレーニングのリラクセーション技法としても，呼吸法が一般的に用いられており，常に動きに適した呼吸を伴うダンスにおいても，自然と身につけることができる。

❻筋肉の緊張と弛緩

ダンスは，言わば，筋肉の緊張と弛緩のくり返しであり，リラクセーション技法において，ダンスの動きを応用し，活用することにより，一般的によく用いられている漸進的筋弛緩法と同様の効果が期待できる。

また，表情筋（顔面筋）には，喜怒哀楽を演出する20種類以上の筋肉があり，加齢によって顔の筋肉も衰えてくる。感情移入が顔の表情にも結びついているダンスは，顔の筋肉を鍛え，豊かな表情や魅力的な笑顔を手に入れることができ，心の健康にもつながる。

❼コミュニケーションとしてのダンス

ダンスセラピーのパイオニアであるマリアン・チェイス（Marian Chace, 1896-1970）が，「コミュニケーションのためのダンス」[6]と述べたように，ダンスは，他者とのコミュニケーションが基本にあり，重要視されている。

「キレる子ども」の存在が社会問題化し，自分の考えを相手に伝えたり，相手の気持ちを理解することが苦手な子どもが増える中，学校教育において，コミュニケーション能力を高める教育が広がっている。現在，「コミュニケーション教育」は総合的な学習の時間などを利用して，一部の学校で実施されており，今後もダンス，演劇，レクリエーションゲーム等，身体を使って自己表現を学ぶニーズが，益々高まっていくであろう。

文献
1) 日本経済新聞(夕刊)2005年10月5日付, 子どもの体力低下に歯止め　普通の遊びもプログラム化.
2) 崎山ゆかり(1999)健康づくりとダンスセラピー, 奈良県健康づくりセンター紀要, 2:5-8.
3) 林信恵(2004)リズミカルなダンスの練習が気分に及ぼす影響について(1)—性差を中心に—, ダンスセラピー研究　Vol.3, 4　No.1, 11-16.
4) 有田秀穂著(2005)朝の5分間脳内セロトニン・トレーニング, かんき出版.
5) 齋藤孝(2000)呼吸法は体育の九九である, 体育科教育8月号, 大修館書店, p9.
6) 平井タカネ編著(2006)ダンスセラピー入門, 岩崎学術出版社, p17.

参考図書
1) ジョアン・ルイン著, 平井タカネ監修(2002), ダンスセラピーノート, 小学館スクウェア.
2) 竹中晃二編著(1997)子どものためのストレス・マネジメント教育　対症療法から予防措置への転換, 北大路書房.

12 アダプテッド・スポーツと健康づくり

矢部京之助・高橋　明（障害者スポーツ概論）

1 アダプテッド・スポーツとは

どのような障害があっても僅かな工夫をこらすことによって，誰でもスポーツに参加（Sport for Everyone）できるようになる。たとえば，1チームに高さの違う2つのバスケット（120cmと305cm）を設置した重度障害者（頸髄損傷など）の車椅子ツインバスケットボールや，ツーバウンドでボールを返す車いすテニスがある。あるいは，障害者と健常者が一緒になって競技する車いすダンスや盲人マラソンなどの例がある。健常な伴走者とロープを握りあって走る盲人マラソンは，一本のロープが障害のある人と，ない人とのバリアーを取り除く手段になっている。

このようなスポーツは，障害者が主役であっても，a）必ずしも障害者に限定したスポーツではないこと，b）国際的に障害者といった包括的な表現を用いない傾向にあることなどから，アダプテッド・スポーツと呼ばれている。具体的には，スポーツのルールや用具を実践者の「障害の種類や程度に合わせたスポーツ」という意味である。これは，健常者が中高年になり視力が衰えた際に，個々の程度に合わせたシニアグラスを利用し，視力を補うのと同じことである。このような工夫や対応策によって，障害者（児）はもちろんのこと，高齢者やリハビリテーション過程の低体力者でも，誰でもスポーツを楽しむことが可能になる訳である。

2 アダプテッド・スポーツの対象者

アダプテッド・スポーツの対象である障害者と高齢者の数は，平成16年版障害者白書によると，障害者（児）は約656万人（人口比5.1％）と推計されている。総人口の20人に1人は障害者ということになる。そのうち，18歳以上の身体障害者（342.6万人）の2／3は65歳以上の高齢者が占め，しかも，70歳以上では2人に1人が何らかの障害のある人である。

他方，65歳以上の老年人口は2,484万人（人口比19.0％）であるので，総人口の5人に1人は高齢者に相当する。10年後には4人に1人の割合に増えると見込まれている。このように身近な存在の障害者や高齢者のQOLを向上させること，加齢に伴って発生する障害を軽減すること，あるいは予防することを目指すアダプテッド・スポーツは，急務の社会的課題になっている。

3 アダプテッド・スポーツの寄与するもの

障害者や高齢者を対象とするアダプテッド・スポーツは，健常者（児）を対象とする体育・スポーツと同様に，身体運動を通じて人間の健康と体力の維持・増進にはたらきかけることを目的としている。なかでも体力を向上させること，いわば体力トレーニングを提供することは最も重要な任務である。体育が他の学問と伍して評価を受けるのは，単に身体運動を負荷したときの心身の反応や，技術の教授だけでなく，トレーニングの課題を取り扱うからである。

しかし，障害者（児）の体力トレーニングに関する資料はきわめて少ないのが現状である[1]。障害者（児）を対象にしてトレーニングを実施する際には，2つのスタンスを理解しなければならない。1つは，事故や疾病によって低下した機能を回復させること，社会に復帰するという意味のリハビリテーションである。他の1つは，生来，正常な体力，運動機能を持たない者が運動機能，適応能力を獲得するというハビリ

> **Key word** アダプテッド・スポーツ，低体力者，知的障害児の運動発達，動機づけの効果，脳性まひ児のスイミング

テーションである。いずれも身体トレーニングを用いる点は共通しており，アダプテッド・スポーツとして行われる体力トレーニングは，この両者の内容を包括するものである。

4 知的障害児の運動発達

知的障害児は運動機能面に障害がないように思われるが，精神発達の遅れに起因する運動機能の遅れが認められる。たとえば，精神遅滞児（MR）の運動能力を文部省スポーツテスト（旧）の結果からみると，その成績はすべての年齢で健常児より下回っている。

健常児の全国平均値を100％として精神遅滞児の測定値を比較すると次のようになる。14歳を例にみると，精神遅滞児の体格は男女とも健常児の86－96％に達している。しかし，体力診断テストでは15－62％，運動能力テストでは41－66％にまでしか達していない。いわば精神遅滞児は健常児に比べて，形態的には10％程度の差異にすぎないものの，エネルギーを発揮する機能的な面になると約40％以上の差異になって現われてくるのである[2]。

同じような傾向は自閉症児（AU）とダウン症候群児にも認められる（図5-43）。したがって知的障害児は身体的エネルギーの発揮の仕方や測定法に問題があると考えられる。特に，体力・運動能力の測定に対する理解，意欲といった心理的条件の占める割合の大きさを考慮する必要がある。

5 動機づけの効果

知的障害児の体力・運動能力を測定する際には，測定に対する興味や関心を高めるための測定器具の改良や，担任教師の声援などの動機づけが求められる。たとえば，短距離走の場面では，まっすぐに走れるように走路に沿って高さ80cmのテープを張り，ゴール前方から声を掛けるなどの動機づけを加える。このような動機づけを加えた試行と加えない試行では，平均値でみる限りでは，その効果は認められないが，個人内の成績の変動についてみると，動機づけを加えることによって分散は小さくなり，成績は向上する。他方，IQの高い児童では動機づけの効果はほとんどみられない[2]。このような傾向は，動機づけの種類や強さによって変わるものであるが，一般的には，指導者などの励ましの声による強化刺激が最も大きな効果を得ることができる。IQの低い児童の体力・運動能力は健常児より劣ると結論づける前に，課題に対する理解の低さや意欲，やる気の乏しさといった心理的条件の確認が必要である。

また，動機づけの効果は事例によっても異なる。図5-44は精神遅滞児の立ち幅跳びにおける動機づけの効果をみたものである。線で結ばれた黒丸と白丸は同一の被検者であり，黒丸は通常の状況での測定値，白丸は動機づけを高めた（跳ぶための目標物となるように前方にカラーリングを置いた）ときの測定値である。

動機づけをした場合の成績をみると，精神遅滞児群では小・中学部で約60％，高等部では約80％の生徒に効果があらわれている。自閉症児群では，精神遅滞児群に比べ著しい伸び幅を示

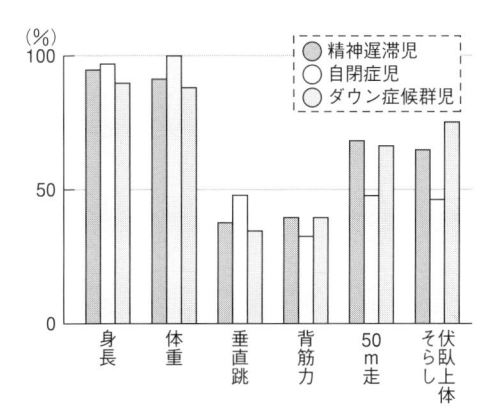

図5-43　A県中学生の平均値を100としたときの同県養護学校中学部生徒の占める割合[3]

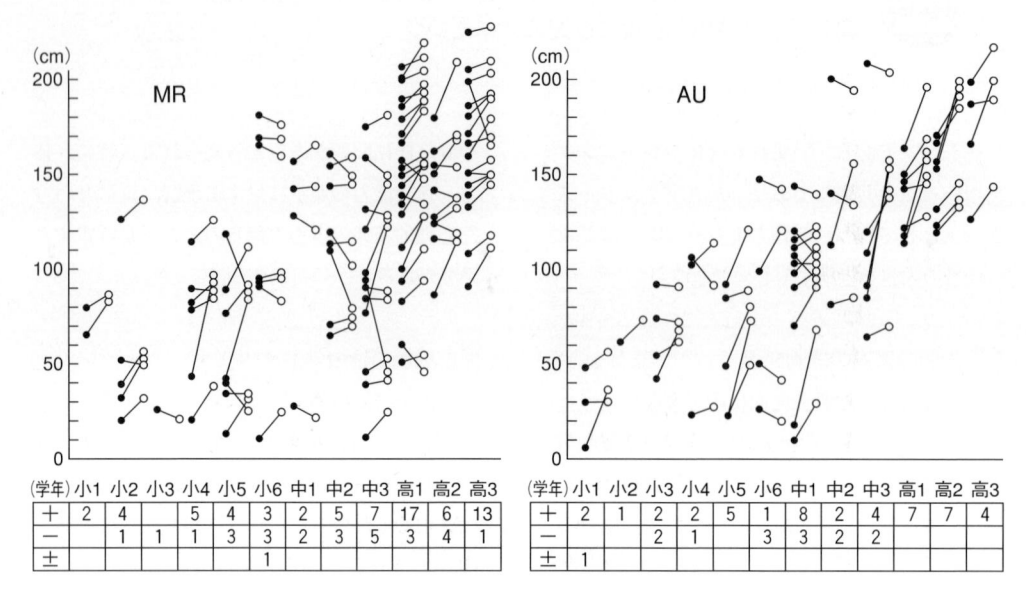

(学年)	小1	小2	小3	小4	小5	小6	中1	中2	中3	高1	高2	高3
＋	2	4		5	4	3	2	5	7	17	6	13
−		1	1	1	3	3	2	3	5	3	4	1
±							1					

(学年)	小1	小2	小3	小4	小5	小6	中1	中2	中3	高1	高2	高3
＋	2	1	2	2	5	1	8	2	4	7	7	4
−			2	1		3	3	2	2			
±	1											

図5-44 立ち幅跳びにおける動機づけの効果[3]

している児童生徒が多く，特に高等部生徒では測定した18名全員に動機づけの効果が認められた[3]。つまり，年齢が増すほど動機づけの効果は顕著にあらわれるのである。このように持てる能力をうまく発揮できなくなる現象は，運動体験の不足から生じる力の出し方の未熟さに起因すると思われる。

6 脳性まひ児のスイミングによる健康づくり

スイミングは，呼吸・循環系の機能を高め，全身の持久力や筋力を向上させるばかりでなく，浮力を利用することによって体重の負荷を軽減させる効果がある。このような利点から，スイミングは循環器疾患，筋神経疾患，リウマチなどの慢性期疾患のリハビリテーション，最近では，精神病やぜん息の治療，出産を円滑にするための妊婦水泳などにも実施されている。

ところが，脳性まひ児がスイミングをすると，不随意な緊張を強め，姿勢のバランスを失わせるといった理由から，スイミングは不適当な運動とみなされてきた。しかし，水中では重力の影響を受けずに骨格，関節，腱などの負担は軽くなり，手足を自由に動かせるようになる。さらに，水中での姿勢の取り方によっては，筋の緊張を軽減させることができる。

また，水の密度は空気の約800倍に相当するため，水中で身体運動をする場合には，からだ全体に大きな抵抗を受けることになる。したがって，陸上では，座ったり，立ったりすることのできない障害児も，水の深さを調節することによって，水がからだを支えてくれることになる。つまり，座位や立位を保つトレーニング環境としては最適な場面になる。加えて，水圧は，からだ全体に均等に加わるので，胸郭は圧迫され，この水圧に打ち勝って呼吸しなければならないことになる。そのため，スイミングは知らず知らずのうちに呼吸のトレーニングをすることになり，ひいては健康づくりを図る運動として最適なスポーツになる。

しかし，障害の多様化と重度化の傾向といったことからも画一的な指導プログラムを展開することは困難である。たとえば，同一の指導プログラムを加えても，脳性まひのタイプによっては異なった生理的反応を示すことがある。図5-45は，テレメータによる心電図記録からみたスイミング中の心拍数変動の典型例である。上段のデータは，アテトーゼを主候とする重度脳性まひ児（10歳，女子）の心拍数変動である。

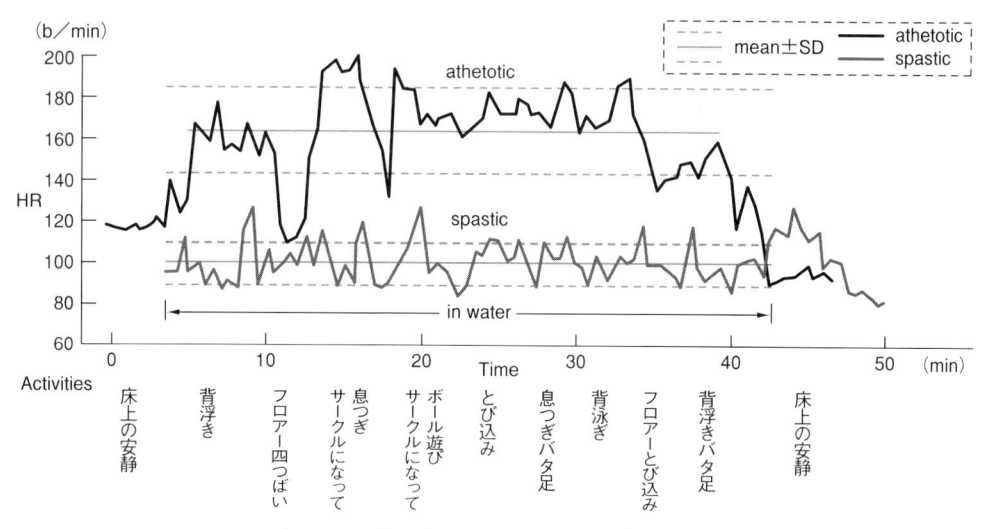

図5-45 脳性まひ児のスイミング中の心拍数変動[4]

水泳中の最大心拍数は，水中で環になって息つぎ泳ぎの際に，1分間に198拍に達している。下段の痙直を特徴とする重度脳性まひ児（9歳，女子）は平均的な心拍数も極めて低い値を示す典型例である[4]。脳性まひ児の場合には，タイプの違いによって同じ運動を負荷しても異なった生理的反応を示すことに留意が必要である。一般的に，アテトーゼ型の脳性まひ児は痙直型の脳性まひ児よりも心拍数は高まる傾向がみられる。

7 まとめ —本学大学院生の研究成果の紹介—

西洋のことわざの「牛乳を飲む人より，牛乳を配達する人の方が長生き」といわれるように，習慣的な身体活動は健康の維持・増進に不可欠な条件である。我々の研究室では，脊髄損傷スポーツ選手の呼吸・循環系の機能を調べてきた。定期的に車椅子ツインバスケットボールを行っている頸髄損傷者（第5～8頸髄完全損傷）の上腕動脈と大腿動脈の内径とコンプライアンス率（伸展率）を超音波画像診断装置によって計測した。その結果，頸髄損傷スポーツ選手の大腿動脈は萎縮し，機能も低下しているが，上腕動脈の内径とコンプライアンス率は健常者と変わらない値であった[5]。上腕動脈については，スポーツをしない頸髄損傷者に比べても有意に高い値を示し，血管機能の優れていることが明らかである。つまり，頸髄損傷者の循環系の機能にトレーニング効果が現れたことである。

文献

1) Yabe, K.(2003)Effects of physical activity on physical fitness and motor performance in persons with disabilities. 障害者スポーツ科学(Jpn. J of Adapted Phys. Sport Sci.)1：2-15.
2) 矢部京之助，三田勝巳，青木久，西村弁作，水野真由美，若林慎一郎(1979)精神遅滞児と自閉症児の体力・運動能力. 体育の科学，29：740-743.
3) 矢部京之助，佐藤賢(1995)知的障害者のフィットネスとスポーツ，臨床スポーツ医学，12：1259-1264.
4) 矢部京之助，篠田達明，村地俊二，夏目玲典(1982)水泳運動における脳性まひ児の心拍数変動，リハビリテーション医学，19：225-230.
5) 大塚靖子(2003)頸髄損傷者の動脈および自律神経機能に対する運動効果，大阪体育大学大学院スポーツ科学研究科修士論文.

参考図書

1) 矢部，草野，中田編著(2004)アダプテッド・スポーツの科学～障害者・高齢者のスポーツ実践のための理論～，初版，市村出版.

索 引

あ行

アイスブレーキング ………………………… 162
アイソトニック・トレーニング ………… 350
アイソメトリック筋収縮 …………………… 46
アイソメトリック・トレーニング ……… 350
アキレス腱 …………………………………… 266
アクアフィットネス ……………………… 348
アクティブスポーツ人口 …………………… 98
アセスメント ……………………………… 259
遊び場開放 ………………………………… 193
アダプテッド・スポーツ ……… 103,216,358
アーチェリー ………………………………… 56
アナリスト ………………………………… 240
アネロビクス ………………………………… 71
アマチュア ………………………………… 288
アマチュアリズム ………………………… 288
アメリカ教育使節団の勧告 ……………… 171
生きがいづくり …………………………… 300
生きる力 …………………………… 78,108,146
移行期 ……………………………………… 245
一般型 ……………………………………… 284
一般的体力 ………………………………… 225
イニシャルコスト ………………………… 306
異文化交流 …………………………………… 4
意味空間 ……………………………………… 10
イメージトレーニング …………………… 260
医療費 ……………………………………… 309
インスリン …………………………… 73,334
インターバルトレーニング ……………… 316
ウエルネス ………………………………… 303
運営費 ……………………………………… 306
運動学 ……………………………………… 42
運動共感能力 ……………………………… 45
運動強度 …………………………………… 191

運動現象 …………………………………… 42
運動処方 …………………………………… 91
運動図式 …………………………………… 24
運動ストレス ……………………………… 255
運動単位 …………………………………… 229
運動の内容 ………………………………… 174
運動の発生 ………………………………… 44
運動把握 …………………………………… 44
運動部活動 ………………………………… 36
運動モルフォロギー ……………………… 43
運動療法 …………………………………… 324
エアロビクス ……………………………… 71
エアロビクスダンスプログラム ………… 123
英国 ………………………………………… 288
エキセントリック筋収縮 ………………… 46
エネルギー …………………………… 58,250
エネルギー源の消耗 ……………………… 186
エネルギー消費量 ………………………… 332
大阪市長居障害者スポーツセンター … 103,217
オーバーユース症候群 …………………… 266
オープンスキル …………………………… 68
泳ぐ ………………………………………… 152
オリエンテーション ……………………… 124

か行

回内 ………………………………………… 266
解剖学 ………………………………………… 50
解剖生理学 …………………………………… 50
カウンセリング …………………… 194,260
カウンセリング・マインド ……… 194,196
学社連携 …………………………………… 118
学習指導要領 ………………………… 80,172
肩関節 ……………………………………… 235
肩関節屈曲 ………………………………… 49

カタルシス	356	競技会検査	271
価値	32	競技スポーツ	79,130
滑液包炎	266	教師行動観察法	179
学校体操教授要目	169	教師の高齢化	119
過負荷の原則	350	凝集性	276
体つくり運動	146	共生社会づくり	18
体の捉え方	147	競争型	148
体ほぐしの運動	146	協働関係	84
加齢	318,327	業務独占資格	132
監視プログラム	273	着るスポーツ	90
完全な健康	91	筋血流量	231
カント	23	禁止薬	272
感動	10	筋収縮様式	46
企業スポーツ	126,128	筋繊維	228
企業スポーツチーム	32	筋繊維組成	230
企業フィットネス	306	筋繊維タイプ	229
基準性	177	近代オリンピック	5,289
帰属意識	276	近代社会の思想	34
基礎代謝量	285,331	筋電図	56
気づき	147	筋力	316
キック動作	232	筋力トレーニング	124
機能解剖学	46,184	グーツムーツ	164
機敏さの修得	315	クオリティ・オブ・ライフ	90
逆U字理論	257	クーベルタン	5
客観的	188	クライオ・エクササイズ	267
ギャング・エイジ	237	クラブ活動	198
球技	153	クラブ経営	127
教育委員会	275	クラブマネジャー資格	117
教育課程	176	クラムジー	236
教育課程外の活動	198	グリコーゲン	251
教育制度	36	グリコーゲンローディング	74
協応動作の修得	315	クローズドスキル	68
教科以外の適切な活動	199	経営資源	33
共感	194	経営目標	33
競技会外検査	271	経験知	42

経済効果	308	国際スポーツ都市宣言	85
経済政策	309	国際比較	100
芸術スポーツ	9	国民医療費	309
傾聴	194	個人的技能	153
ゲーム分析	240,241	コーチング	45,239
健康	296	骨格筋	228
健康運動実践指導者	130	骨折	262
健康運動指導士	130	骨粗鬆症	323,343
肩甲骨外転	49	コニュニケーション	357
健康スポーツ	52	コミュニケーションゲーム	162
健康増進法	176	コミュニティ・スポーツ振興	144
健康づくり	354	コメニウス	161
健康保持増進事業	130	固有受容器	267
言語的フィードバック	211	コラボレーション	84
減量	252	ゴールデン・エイジ	236
広域スポーツセンター	115	コンサルテーション	260
効果的な教師行動	181	コンセントリック筋収縮	46
高血圧	336	コントロールテスト	247
交叉現象	284		
高脂血症	337		
構成的グループダイナミクス	197	**さ行**	
高等学校体育連盟	275	サーキット・トレーニング	352
講道館柔道	14	最大酸素摂取量	190,316
合同部活	200	最大心拍数	344
合同部活動	120	財団法人日本体育協会	266
興奮-収縮連関	229	作業能力の低下	186
高齢者	326	サッカー	242
高齢者のスポーツ	130	サプリメント	251,272,333
コーピング	255	参加活動種目	100
ゴール型・進入型ゲーム	154	参加重視の哲学	6
股関節屈曲	48	参加率	123,125
股関節屈筋群	184	3種の神器	122,305
股関節伸筋群	184	試合期	245
呼吸交換比	72	シーデントップ	139
国際親善や人類平和の実現	6	シェマ	24

視覚的フィードバック	211
自己観察	43
時差	253
思春期の不器用	66
姿勢変化	326
自然教室推進事業	106
自然体験活動	106,159
自他共栄	14
疾走速度	233
膝部の障害	264
指定管理者	145
指定管理者制度	117
指定物質	273
自動化	67
指導者の役割とリーダーシップ	206
指導の質的内容	45
シナップスの可塑性	285
芝生化	193
地面反力	55
社会化	341
社会体育	144
社会的現象としてのスポーツ	26
社会的な権利としてのスポーツ	143
社会病理的現象	26
榊中体操法図	168
重心移動	328
集団的技能	153
柔軟性	315
自由歩行	328
授業分析	178
種子骨疲労骨折	266
受容	195
準備期	244
障害者スポーツ	130
障害者スポーツ支援基金	102

障害者スポーツ指導者資格	131
障害者プラン	102
生涯スポーツ	78,92,142
生涯スポーツの推進	162
少子化	277
少子高齢化	309
象徴的空間	10
情動焦点型コーピング	256
初期投資	306
食事バランスガイド	330
食生活指針	330
食品群	60
助走走度	234
助走速度	182
ジョン・ロック	161
自立する競技者	291
神経型	284
心身関係論	22
心身二元論	22
身体意識	158
身体拘束法	210
新体操	167
身体表現	157,341
身体論	22
伸張性筋収縮	46
心拍数	190
心理療法	260
水泳運動	323
水泳指導の内容	153
水中運動	346
水中運動処方	346
垂直跳	233
スイミングクラブ	122
スウェーデン体操	165
スカウティング	241

スキーマ理論	208
スキャモンの発育曲線	236,284
ストレス	254
ストレスマネジメント	197,338,355
ストレッチング	124
スポーツカウンセリング	194,258,339
スポーツができる人間	35
スポーツ観戦者	112
スポーツ規範	34
スポーツ教育	138,166
スポーツ教育モデル	139
スポーツサービス	31
スポーツ参加の社会的拡大	289
スポーツ産業	90
スポーツ指導者	131
スポーツ社会学	26
スポーツ消費者	30
スポーツ集団	26
スポーツ振興	309
スポーツ振興基本計画	94,99,115,308
スポーツ振興くじ	96
スポーツ振興体制	274
スポーツ振興法	78,94,130
スポーツ政策	94
スポーツ生理学	228
スポーツ組織	32
スポーツ哲学	6
スポーツとナショナリズム	29
スポーツにおける暴力と倫理規範	29
スポーツについての教育	140
スポーツの生きがいづくり機能	17
スポーツの教育的機能	16
スポーツの経済的価値	19
スポーツの健康づくり機能	17
スポーツの高度化	289
スポーツの主人公	145
スポーツの中の教育	140
スポーツの文化的価値	18
スポーツのまちづくり機能	17
スポーツのレクリエーション化	302
スポーツ・ファンの行動と文化	29
スポーツ・フォー・オール憲章	142
スポーツ文化	4
スポーツ文化の継承や創造	36
スポーツマネジメント	33
スポーツメンタルトレーニング指導士	131,258
スポーツ・余暇産業	90
スポーツを通しての教育	140
するスポーツ	90,98,308
正課体育	192
生活習慣病	91,298,334
生活の質	338
青少年のスポーツ	130
生殖型	284
生存曲線	318
精緻化	69
静的バランステスト	327
生理学	50
精力善用	14
世界保健機関	296
セクシュアルハラスメント	200
戦術	238,241
全身持久力	316
先祖かえり説	24
専門知	43
専門的体力	225
戦略	241
総合型地域スポーツクラブ	84,114,121,130
創作ダンス	157,158

創造性	9	たんぱく質	250
想像力	11	地域活性化	83
足底筋膜炎	266	地域スポーツ	82
速度曲線	148	地域力	82
組織化	274	チームビルディング	259
育てるカウンセリング	197	遅筋繊維	229,286
速筋繊維	229,286	恥骨骨炎	266
		知的障害児の運動発達	359

た行

体育	169	遅発性筋痛	47
体育授業	36	中学校体育連盟	275
体育の目標	172	調整力	314
体脂肪	252	跳躍	233
体術	168	直接スポーツ観戦	110
体制化	69	治療目的使用の適用措置	271
大腿骨近位部Ward's	324	ツルネン	165
態度の内容	174	適当な刺激	287
第二次性徴	210	テニスクラブ	122,124
体力	296	テニス肘	264
体力測定	296	テレビスポーツ観戦	110
体力低下	78,193	転移	68,327
体力トレーニング	235	ドイツ体操	165
体錬科	168	動機づけの効果	359
脱臼	262	投球	55
脱自動化	67	動作分析	54
達成型	148	等尺性筋収縮	46
段階別	214	動的バランステスト	327
短距離走	232	糖尿病	334
短縮性筋収縮	46	糖尿病性神経症	336
ダンス	8,354	糖尿病性腎症	336
炭水化物	252	糖尿病性網膜	336
ダンス学習	158	陶冶	138
ダンスセラピー	355	徳育	155
ダンス・ムーブメント	355	特別活動	192
		都市戦略	85

トータル・ヘルス・プロモーション・プラン ……………………………………130
突然死 ……………………………………64
ドーピング ………………………………270
トランスセオレティカル・モデル ……339
トレーナービリティ ……………………320
トレーニング課業 ………………………246
トレーニング期分け ……………………244
トレーニングの原則 ……………………189

な行

内在的フィードバック …………………209
内側脛骨疲労症候群 ……………………266
内的模倣 …………………………………11
内部環境の失調 …………………………187
投げ ………………………………………234
日体協 ……………………………………266
日本スポーツ振興くじ …………………277
ニュースポーツ …………………………303
人間性 ……………………………………238
認知 ………………………………………67
熱中症 ……………………………………63
ネット型・壁型ゲーム …………………154
捻挫 ………………………………………262
脳性まひ児のスイミング ………………360
能力認定資格 ……………………………132
ノン・アマチュア ………………………289

は行

バイオメカニクス ……………54,182,232
ハイタッチ ………………………………82
ハイデッカー ……………………………23
走高跳 ……………………………………234

走幅跳 ……………………………55,234
走り幅跳び ………………………………182
バスケットボール ………………………242
バゼドウ …………………………………164
パーソナルトレーナー …………………124
働きかけの適時性 ………………………287
発育曲線 …………………………………314
発育発達 …………………………………213
発汗 ………………………………………253
発生機序 …………………………………267
バッテリーテスト ………………………297
パフォーマンス …………………………224
パブリック・スクール …………………166
ハムストリング …………………………229
バランス …………………………………329
バレーボール ……………………………242
半健康 ……………………………………91
汎適応症候群 ……………………………254
ハンドボール ……………………………243
反応強制法 ………………………………210
反応時間 …………………………………326
膝関節屈曲 ………………………………48
膝関節伸筋群 ……………………………184
膝関節伸展 ………………………………48
膝伸展パワー ……………………………316
肘関節 ……………………………………235
ビタミン …………………………………250
ピッチャー ………………………………235
美的経験 …………………………………11
肥満 ………………………………………334
評価観点 …………………………………177
表現 ………………………………………8
疲労感の惹起 ……………………………186
疲労骨折 …………………………………266
疲労物質の蓄積 …………………………187

貧血	62	ヘモグロビンAlc	335
フィードバック	208	ベルグソン	24
フィジカルフィットネス	130,304	ヘルスケア・トレーナー	130
フィットネスクラブ	30,122,305	ヘルスケア・リーダー	130
フィットネス参加率	306	方式論争	167
部活動	28,192	保健体育	81
部活動・クラブ活動	192	保健体育審議会	95
付加的フィードバック	209	保健体育審議会答申	102
副交感神経	187	保健体育の目標	172
副腎皮質刺激ホルモン放出因子	257	ボックススコア	241
武芸ー演武・芸道文化	12	歩幅	182
武術ー殺傷・実用文化	12		
普段の練習の発表の場	120		
フッサール	23		

ま行

武道	171	マイネルの8つのカテゴリー	44
不登校	194	マイペース	321
武道ー勝敗・競技文化	12	マクロ周期	244
プレイヤーズコーチ	200	マーケティング・マネジメントサイクル	33
プレー事象	241	学び方の内容	174
フレーベル	161	マネジャー	33
プログラム作成	206	慢性障害	266
プロスポーツ	126	ミクロ周期	246
プロスポーツリーグ	129	水の特性	152
プロスポーツチーム	32	密接な人間関係	199
プロセスープロダクト研究	178	ミネラル	250
プロフェッショナリズム	288	みるスポーツ	90,110,308
プロフェッショナル	288	民間スイミングスクール	304
プロフェッショナル・スポーツ	290	無月経	250
プロ野球	110	無目的動作	9
文化	4	メカニズム	267
文化の学習	35	メゾ周期	246
閉回路理論	208	メタボリックシンドローム	71
閉経	323	メディカルチェック	64,92
ベースボール型ゲーム	154	メルロ・ポンティ	24
ヘモグロビン	62	メンタルトレーニング	258,339

索引 371

メンタルヘルス	338
毛細血管数	231
目的動作	8
モデリング	210
もも上げ動作	232
モルフォロギー的運動観察	43
問題焦点型コーピング	256

や行

野外活動	159
野外教育	106
野外教育の振興	106
野球肘	264
ヤリ投げ	234
有酸素運動	124,321
陽性疲労	185
余暇	300
余暇活動	100
余暇教育	160
ヨハン・ホイジンガ	161
予備力の低下	319
読むスポーツ	90
より速く，より高く，より強く	7

ら行

ラグビー	243
ラジオ体操	170
ランニングコスト	306
リーグ経営	127
リーダーシップのPM概念	206
陸上競技	148
リズム	356
リラクセーション	260,340

リラクセーション技法	357
臨界期	314
リンパ系型	284
ルドルフ・ラバン	8
ルーの法則	51,299
礼儀	156
レクリエーション	300
レクリエーション運動	302
レクリエーションスポーツ	130
レジスタンス・トレーニング	317
レジャー	300
老化	318
老化学説	318
老化現象	326
ロジェ・カイヨワ	161
ロック	23

欧文

ALT-PE	178
Battle of System	167
Citius,Altius,Foltius	7
coping	255
Critical Period	314
C-ペプチド	335
Edmund Fusserl	23
FIFAワールドカップサッカー	110
Henri Bergson	24
I.C.C	216
Immanuel Kant	23
John Locke	23
Jリーグ	110,127
M,Merlea Ponty	24
Martin Heidegger	23
NPO法	145

NPO法人	117
O.グルーペ	138
PFI	116
PHV	226,286
Pierre de Coubertin	5
QOL	90,296,338
Recapturation theory	24
RICE処置	264
RM（Repetition Maximum）	350
Sports for all	102
THP	130
TUE	271
wellness	303
WHO	91,296

編集

大阪体育大学　体育学部

【編集委員】（＊編集委員長）

杉本　政繁（第1部）　　淵本　隆文（第4部）
藤本　淳也（第2部）　　上　　勝也＊（第5部）
伊藤美智子（第3部）

【執筆者】（50音順）

浅井　正仁	木村　　準	中野　尊志
荒木　雅信	栗山　佳也	永吉　宏英
井田　國敬	坂田　好弘	林　　信恵
伊藤　　章	坂本　康博	平野　亮策
伊藤美智子	作道　正夫	福田　芳則
岩田　　勝	宍倉　保雄	藤本　淳也
梅林　　薫	杉本　政繁	淵本　隆文
大西　仁久	高橋　　明※2	古澤　光一
岡村　浩嗣	髙本　恵美	前島　悦子
岡崎　勝博	滝瀬　定文	増原　光彦
金子　公宥	田原　宏晃	松永　敬子
上　　勝也	土屋　裕睦	松村　新也
柏森　康雄	鶴池　政明	森北　育宏
河島　英隆	冨山　浩三	矢部京之助
川島　康弘	豊岡　示朗	山崎　　武
神﨑　　浩	中井　俊行	吉田　精二
北島　順子※1	中大路　哲	

※1 大手前短期大学
※2 （社福）大阪市障害者福祉・スポーツ協会

基礎から学ぶ 体育・スポーツの科学
©大阪体育大学体育学部 2007　　　　　NDC375 vi, 373p 26cm

初版第1刷 ―― 2007年4月1日

編　者 ――― 大阪体育大学体育学部
発行者 ――― 鈴木一行
発行所 ――― 株式会社 大修館書店
〒101-8466　東京都千代田区神田錦町3-24
電話03-3295-6231（販売部）03-3294-2358（編集部）
振替00190-7-40504
［出版情報］　http://www.taishukan.co.jp

装　丁　　　倉田早由美（サンビジネス）
本文デザイン・DTP ―― サンビジネス
印刷所 ――― 厚徳社
製本所 ――― 関山製本社

ISBN987-4-469-26632-0　　Printed in Japan
Ⓡ本書の全部または一部を無断で複写複製（コピー）することは、
著作権法上での例外を除き禁じられています。